地球の歩き方 D10
2023〜2024年版

台湾
Taiwan

地球の歩き方編集室

COVER STORY

台北のシンボルタワーである台北101。
毎年12月31日に開催される趣向を凝らした
カウントダウン花火が有名です。
また、「日台友情」、「台灣加油」など、
世界や世間に向けたメッセージがライトアップ
されることでも話題になります。
コロナ禍を乗り越え、再び自由に行き来できる
ようになった今、改めて定番スポットを巡ると
「ただいま」の気持ちでいっぱいになります。

TAIWAN CONTENTS

出発前に必ずお読みください！　安全情報と健康管理・・・384

■新型コロナウイルス感染症について

新型コロナウイルス（COVID-19）の感染症危険情報について、全世界に発出されていたレベル1（十分注意してください）は、2023年5月8日現在解除されましたが、渡航前に必ず外務省のウェブサイトにて最新情報をご確認ください。

◎外務省 海外安全ホームページ・台湾危険情報
📱www.anzen.mofa.go.jp/info/pcinfectionspothazardinfo_008.html

原住民（族）という表記について

　台湾では現地の少数民（族）を「原住民（族）」と呼称しています。本書ではそれにならい、原住民（族）と表記しています。

季節の休みに注意

　旧正月（春節）、端午節、中秋節には休む習慣があるため、本書データ欄に「無休」と示されていたり、特にこれらの期間中休むことが明記されていない見どころや店などでも、営業していない場合があります。

台湾関連ガイドの紹介

「地球の歩き方」D11
台北
2020 ～ 2021 年版
●定価 1500 円＋税

　進化し続ける大都市・台北の観光、グルメ、マッサージ、ショッピング等の最新情報が詰まった一冊。人気の九份、平溪線は特集ページで詳しく紹介。

「地球の歩き方」D13
台南 高雄
屏東＆南台湾の町
2019 ～ 2020 年版
●定価 1500 円＋税

　人気上昇中の南台湾にフォーカスした待望のガイド。台湾発祥の古都・台南、港町・高雄をはじめ、台湾最南端の墾丁など屏東の人気の町を多数掲載。

本書で用いられる記号・略号

記号	意味
Ⓜ 、MAP P.00-A0	地図の掲載ページと位置
住	住所
☎	電話番号
FREE	無料通話番号
FAX	ファクス番号
⏰	開館時間 営業時間
休	休館、休店日 大晦日を含め、台湾の旧正月（春節）に1日でも休みがある場合、「旧正月」と表記
料	入場料、宿泊料金。学生料金を適用する際は学生証を提示のこと
⊕	サービス料
交	交通アクセス
URL	ウェブサイト
✉	読者からの投稿情報
💡	はみだし情報

電話番号について

本文中では市外局番を括弧()に入れて掲載しています。市外局番が同じエリアから電話する場合は市外局番は不要です。携帯電話から電話する場合は市外局番を頭に付けてください。

台湾北部最大の貿易港

基隆

ジーロン（キールン） Keelung

Map P.49-02

アクセス
台北から
台鐵 台鐵台北駅より西部幹線で終点の基隆駅下車。所要35〜50分。自強號など。區間車41元。
バス 國光客運台北車站バスターミナル（M P.69-C2）より國光客運1813「基隆」行きが多発。所要約50分、57元。
九份、金瓜石から
バス 基隆客運788「基隆」行きバスが多発。所要約30〜40分、30元。

旅遊服務中心
M P.132-A2
住 基隆市仁愛區忠一路5號
☎ (02) 2428-7664
⏰ 9:00〜17:00
休 無休 URL tour.klcg.gov.tw

中正公園
住 自基隆駅より中正公園入口の門柱まで徒歩約12分。階段と坂道を約10分上る

台 北からおよそ30kmの台湾北東部の海岸沿いに位置する基隆。17世紀にはスペイン人が上陸し城を築いた。基隆港は古くから近隣地で採掘される石炭の積み出し港として栄え、現在は大型コンテナ船や国際フェリーが行き交う台湾を代表する国際貿易港のひとつとなっている。郊外には女王頭岩で有名な野柳地質公園（→P.134）がある。

基隆港を見下ろす公園

中正公園 チョンチェンコンユエン

MAP P.132-B1・2

基隆港の東側の小高い丘に広がる広い公園。園内には民俗文物館などがあり、頂上には町のシンボルともいえる高さ22.5mの白い観音像が立っている。公園の入口にある忠烈祠は日本統治時代は神社だった場所。

2023年4月現在、信四路にエレベーターを備えた基隆塔を建設中で、完成すれば中正公園へのアクセス性がぐんと向上する。

展望台になっている中正公園の観音像

基隆市公車（バス）URL www.klcba.gov.tw 基隆客運（バス）URL www.kl-bus.com.tw

132

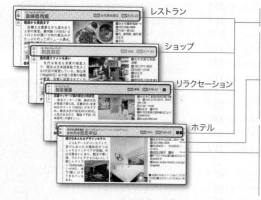

記号	説明
レストラン	
ショップ	
リラクセーション	
ホテル	

レストラン、ショップ、リラクセーション、ホテルをそれぞれ色分けしています。

Ⓢ シングルルーム（1ベッドひとり使用）
Ⓦ ダブルルーム（1ベッドふたり使用）
Ⓣ ツインルーム（2ベッドふたり使用）
Ⓓ ドミトリー（3ベッド以上の相部屋）
日 日本語スタッフ 📶 Wi-Fi

CC 使用可能クレジットカード
A アメリカン・エキスプレス
D ダイナースクラブ
J JCB
M マスターカード
V ビザ
🛏 ホテルの客室数

都市の位置
台湾全図で見つけやすいよう、都市のおよその位置を★で示しています。

アクセス
主要都市からの交通手段を例に挙げています。高速鐵道(新幹線)は「高鐵」、台湾鐵道は「台鐵」と略しています。

地図上の位置
見どころがポイントされている地図の範囲を示しています。

地図について
台湾全図と台北市街地は折込地図に掲載しています。台北市街の詳細地図は、折込地図裏に表示されているページにあります。なお、調査員の実測を基に作成されている地図もあるため、実際の距離や地形などと多少の違いがある場合があります。

地 図

- • 見どころ
- **R** レストラン
- **C** カフェ・茶藝館
- **N** ナイトスポット
- **S** ショップ
- **E** エンターテインメント
- **M** マッサージ、スパ、シャンプー
- **H** ホテル
- **i** 観光案内所
- **B** 銀行
- ✉ 郵便局
- ⊗ 警察
- 卍 廟、寺
- ♠ 教会
- ✛ 病院
- ⊠ 学校
- ⚑ バス停
- □ MRT (台北) 出入口
- ● MRT (高雄) 出入口 中央の数字は出口番号を表す
- ⑦ セブン - イレブン
- Ⓕ ファミリーマート
- Ⓜ マクドナルド

■掲載情報のご利用に当たって
編集部では、できるだけ最新で正確な情報を掲載するよう努めていますが、現地の規則や手続きなどがしばしば変更されたり、またその解釈に見解の相違が生じることもあります。このような理由に基づく場合、または弊社に重大な過失がない場合は、本書を利用して生じた損失や不都合について、弊社は責任を負いかねますのでご了承ください。また、本書をお使いいただく際は、掲載されている情報やアドバイスがご自身の状況や立場に適しているか、すべてご自身の責任でご判断のうえでご利用ください。

■現地取材および調査時期
本書は、2022年12月から2023年2月の取材調査データを基に編集されています。しかしながら時間の経過とともにデータの変更が生じることがあります。特にホテルやレストランなどの料金や営業時間などは、変更されていることも多くあります。本書のデータはひとつの目安としてお考えいただき、現地では観光案内所などでできるだけ新しい情報を入手してご旅行ください。

■発行後の情報の更新と訂正情報について
発行後に変更された掲載物件や訂正箇所は『地球の歩き方』ホームページの本書紹介ページ内に「更新・訂正情報」として可能なかぎり案内しています(ホテル、レストラン料金の変更などは除く)。ご旅行の前にお役立てください。
URL www.arukikata.co.jp/travel-support

■投稿記事について
投稿記事は、原文にできるだけ忠実に掲載してありますが、データに関しては編集部で追跡調査を行っています。投稿記事のあとに(○○ '23.3)とあるのは、寄稿者と旅行年月を表しています。

■見どころの割引料金
見どころの学生割引適用には、国際学生証の提示が必要な場合があります。

■表記について
台湾では、原則的に漢字(繁体字)が使用されています。繁体字であっても、本来の正字のほか、日本の常用漢字と同じ文字が使われていることもあります。本書では、見どころや店名などを表記する際、原則として、繁体字で表記し、英語名のある店名については英文表記を付けました。名称の現地発音については、国語(北京語)標準発音のカタカナ表記を参考に付けました。一部例外もあります。

ジェネラルインフォメーション

台湾の基本情報

▶旅の中国語会話
→ P.387

国 旗
　青天白日満地紅旗。孫文の三民主義で、赤は民族主義で自由、青は民権主義で正義、白は民主主義で友愛を表す。太陽の光線は十二刻を表している。

正式国名
　中華民国（台湾）
　Republic of China（Taiwan）

国 歌
　中華民国国歌

面 積
　約3万6000km²（日本の九州ほど）
　台北市271.8km²
　（東京23区の約半分）

人 口
　台湾約2331万人（2023年2月）
　台北市約249万人（2023年2月）
　　　　（出典：いずれも行政院内政部）

首 都
　台北　Taipei

国家元首
　蔡英文総統（2023年4月現在）

政 体
　民主共和国。1972年に日本が中華人民共和国と国交を結んで以降、中華民国（台湾）と日本は国交を断絶。日本政府は中華民国（台湾）を国家とは認めていないが民間レベルの交流は盛ん。

民族構成
　本省人84%。外省人13%。原住民（原住民族）と呼ばれる民族は約2.5%。新住民と呼ばれる移民も増えている。

宗 教
　仏教、道教、キリスト教など

言 語
　公用語は中国語（北京語）で台湾語も話される。英語の通用度は日本よりも高い。日本語を話せる人も多く、観光地やホテルでは、日本語のほうがよく通じる。

通貨と為替レート

▶通貨と両替→ P.367

　通貨単位は台湾元。略称は元（ユェン）。ニュータイワンドル（NTDollar）、圓（ユェン）とも表記される。口語では塊（クァイ）と呼ばれることも多い。

2023年11月2日現在の為替レートは1元＝約4.6円。表示額の約4.5倍が、日本円相当額。

100元

200元（あまり流通していない）

500元

1000元

2000元（あまり流通していない）

50元　　20元
　　　（あまり流通していない）

10元

5元

1元

※このほか記念通貨もある

電話のかけ方

▶通信事情→ P.370

日本から台湾へかける場合　　例 台北の (02)1234-5678 へかける場合

国際電話会社の番号	+	国際電話識別番号	+	台湾の国番号	+	市外局番（頭の0は取る）	+	相手先の電話番号
0033（NTTコミュニケーションズ） **0061**（ソフトバンク）		**010**※		**886**		**2**		**1234-5678**

※ 携帯電話の場合は「0」を長押しして「＋」を表示させると、国番号からかけられる
※ NTTドコモ（携帯電話）は事前にWORLD CALLの登録が必要

祝祭日

おもに太陽暦（新暦）だが太陰暦（旧暦、農暦）も使用。太陰暦による祝日（※印）は毎年日にちが違うので注意。祝日が土曜と重なる場合は金曜、日曜と重なる場合は月曜が振替休日となる。（★は重要な記念日だが国定休日ではない）

1 月	1/1		元旦
2 月	旧暦 12 月末日 ※		旧暦大晦日、除夕（2024 年は 2 月 9 日）
	旧暦 1/1 ～ 3 ※		旧正月、春節（2024 年は 2 月 10 ～ 14 日）
	2/28		和平記念日（二・二八事件記念日）
4 月	4/4		児童節。子供の日
			清明節。家族全員で祖先を祀る（2024 年は 4 月 4 ～ 7 日が連休）
5 月	5/1		労働節（メーデー）。労働者のみ休日
6 月	旧暦 5/5 ※		端午節（2024 年は 6 月 10 日。6 月 8 ～ 10 日が連休）
8 月	旧暦 7/15 ※★		中元節。死者の魂を迎え、送る（2024 年は 8 月 18 日）
9 月	旧暦 8/15 ※		中秋節（2024 年は 9 月 17 日）
10 月	10/10		国慶節
	10/25	★	光復節。台湾が中華民国に復帰したことを記念する
12 月	12/25	★	行憲記念日。中華民国憲法発布の日

▶旅のシーズン
→ P.354

ビジネスアワー

日本と同じで、原則週休2日。ショップやレストランは比較的遅くまで営業しているが、銀行は営業時間が短いので注意が必要だ。

銀行
月～金曜　9:00 ～ 15:30
土・日曜、祝日は定休日

ショップ、デパート
11:00 ～ 21:30 が目安
レストラン
10:00 ～ 21:00 が目安。無休の店でも旧正月や端午節、中秋節には休むことがある。
コンビニエンスストア
24 時間年中無休であることが多い。

電圧とプラグ
放送＆映像方式

電圧とプラグ
台湾の電圧は 110V、60Hz で、プラグの形は日本と同じ A タイプ。日本は 100V、50/60Hz なので日本の電化製品はほぼ使えるが、パソコンやデジカメなどの精密機器には変圧器を使用したほうが安心だ。また、まれにプラグが C タイプ、O タイプがあるのでプラグセットを用意しておくと安心。

放送＆映像方式
DVD やブルーレイなどの映像ソフト購入時は、放送方式とリージョンコードに注意。台湾の放送方式は日本と同じ NTSC。ブルーレイのリージョンコードは日本と同じ A。DVD は日本が 2 で台湾が 3。ソフトとプレーヤーのコードが一致しないと再生できないが、いずれかがオールリージョン対応なら再生できる。

台湾から日本へかける場合　**例** (03)1234-5678 または 090-1234-5678 へかける場合　　※ ホテルの部屋からは、外線につながる番号を頭に付ける

国際電話※ 識別番号 **002/009**	＋	日本の 国番号 **81**	＋	市外局番と携帯電話の 最初の 0 を除いた番号 **3 または 90**	＋	相手先の 電話番号 **1234-5678**

▶台湾国内通話
▶公衆電話のかけ方

市内へかける場合は市外局番は不要。市外へかける場合は市外局番からダイヤルする。
①受話器を持ち上げる。
②テレホンカードを、カードに示された矢印の方向に入れる。
③相手先の電話番号を押す。
④テレホンカードの残りが画面に表示される。通話が終わったら、受話器を置き、カードを取る。

チップ

台湾にはチップの習慣はない。ただし、無理を通してもらった場合は気持ちで渡そう。目安は100元〜。
なお、高級レストランやラグジュアリーなホテルの場合、料金に10%程度のサービス料が加算されるためチップは不要。

飲料水

水道水はそのまま飲まないこと。屋台のジュースなどの氷にも注意。ミネラルウオーターはコンビニで購入できる。空港や駅、バスターミナル、ホテルなどにはウオーターディスペンサーが設置されていて、水、お湯、ぬるま湯を無料で汲むことができる。

気候

▶旅のシーズン
→ P.354
▶旅の服装と持ち物
→ P.356

1年を通して温暖。台湾本島の中央を横切る北回帰線を挟んで北が亜熱帯、南が熱帯地域。長い夏と短い冬があり、はっきりとした四季はない。夏から秋にかけては台風が通過。
春（3〜5月）
朝晩の気温差が大きく晴れると暑い。
夏（6〜9月）
湿度が高くかなり暑い。外出の際は日射病、紫外線対策が必要。室内は冷房が効いていて寒い。スコールもあり、台風も多い。
秋（10〜11月）
朝晩は涼しいが日中は暑い。
冬（12〜2月）
日本ほどではないが、気温のわりに寒く感じる。真冬の一時期は寒波に覆われて日本くらい寒くなることも。北部、東部は雨が多い。南部は温暖。

台北と東京の気温と降水量

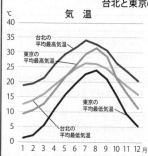

気温

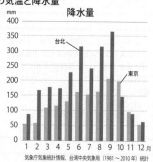

降水量

気象庁気象統計情報、台湾中央気象局（1981〜2010年）統計

日本からのフライト時間

台北には台湾桃園国際空港と台北松山空港のふたつの空港がある。台湾桃園国際空港へは直行便で東京（成田）、仙台から約4時間、札幌からは4時間30分、名古屋、小松、大阪から約3時間、広島、福岡、宮崎から2時間30分、那覇からはわずか約1時間30分となる。台北松山空港には東京（羽田）からの便のみで時間は同じ。
高雄への直行便は、東京（成田）から約4時間30分、名古屋から約3時間20分、大阪から約4時間。

時差とサマータイム

日本との時差は-1時間（グリニッジ標準時+8時間）。日本の正午が台湾の午前11時。サマータイムはない。

郵便

▶郵便事情→ P.371

一般郵便局の営業時間
月〜金曜　　…8:00〜17:00
土・日曜、祝日…休み
日本までの航空郵便料金
はがき…10元
封書　…10gまで13元
小包　…5kgまで920元

出入国

ビザ
日本国民の場合、観光目的での90日以内の滞在ならビザは不要。帰国のための予約済み航空（乗船）券あるいは次の目的地への航空（乗船）券の提示が必要とされている。それ以上の滞在はビザが必要。

パスポートの残存有効期間
台湾到着時に滞在予定日数以上。

入国時に必要な書類
入国時に入国カードと、必要な場合は入国税関申告書を提出する。

▶旅の準備と手続き → P.352
▶台湾の入出国 → P.361

安全とトラブル

治安はおおむね良好だが、公共交通機関の中や夜市など、人が多い所ではスリに注意しよう。夏から秋にかけては台風が多く襲来し、崖崩れや水害が起きることがある。

緊急電話番号
警察　**110**
消防、救急車　**119**

▶情報収集 → P.369
▶安全情報と健康管理 → P.384

税　金

台湾の消費税は5%。外国籍の旅行者を対象に、税金還付制度があり、デパートなど手続き対象店で1日2000元以上買い物をした場合は、算出された還付金額から手数料20%分を引いた額が戻って来る。購入金額4万8000元以下は購入した店で即日還付。申請は当日かぎりでパスポートが必要。

▶台湾のショッピング → P.375

年齢制限

たばこは満20歳以上、アルコールは満18歳以上。

度量衡

距離、重量には日本と同じメートル法（cm、m、g、kg）を使用。市場などでは台湾の伝統的な重さの単位、斤（600g）、両（37.5g）が用いられることも多い。1斤=16両。

その他

MRT、バス
MRTやバスの車内、構内でのマナー違反（喫煙や飲食など）は、日本より厳しい罰則がある。違反者は1500元以上7500元以下の罰金だ。

トイレ事情
トイレットペーパーは便器に流さずゴミ箱に入れるのが主流だが、最近は便器に流せる公共のトイレが増えつつある。公共の場所に設けられているトイレは、トイレットペーパーがない場合があるので持参しよう。

エスカレーター
急ぐ人のために左側を空け、エスカレーターの右側に立って並ぶのがマナー。

レジ袋
コンビニエンスストアやスーパーなどのレジ袋は有料（1〜2元程度）。エコバッグを持参しよう。

運転
台湾では「国際運転免許証」は適用されてない。「日本の運転免許証」と、日本自動車連盟（JAF）または日本台湾交流協会が作成した「中国語翻訳文」、パスポートの3つを所持していれば運転できる。

たばこ
ホテルを含む公共の場での喫煙や歩きたばこは法律で全面的に禁止されており、罰金は2000〜1万元。決められた喫煙スペースで喫煙しよう。電子たばこ（加熱式たばこ）の持ち込みや使用も禁止で、違反者は5万〜500万元の罰金。

タクシー
日本同様、全席シートベルトの着用が義務づけられている。

民國暦
台湾では西暦のほかに「民國」という独自の年号も使われている。西暦2023年は民國112年。

11

台湾早わかりナビ

見どころ満載！

台湾本島は東シナ海の南方に浮かぶ、日本の九州ほどの大きさの島。
温暖で緑にあふれ、16世紀半ばにこの島を発見したポルトガル人に
「Ilha Formosa（麗しの島）」と呼ばれた。周囲を海で囲まれているが、
大部分は山地で、中央を南北に走る山脈は標高3000m級の山々が連なる。
その変化に富んだ地形により、各地に風光明媚な景勝地を有している。

台北と台湾北部

>>>P.47

台湾の首都、台北市とそれを囲む新北市に台湾全体の約30%の人口が集中する。台北は国際的な大都市で見どころも多く、グルメ、ショッピングのバリエーションも豊富。台北の北側には陽明山がそびえ、周辺に温泉が湧く。台北からほんの少し足を延ばせば緑豊かな丘陵地帯となっている。ほかの地域に比べ、冬は雨が多い。

おもな見どころ
總統府（>>>P.82）
中正紀念堂（>>>P.82）
台北101（>>>P.89）
國父紀念館（>>>P.89）
士林觀光夜市（>>>P.92）
忠烈祠（>>>P.92）
國立故宮博物院（>>>P.93）
平溪線（>>>P.126）

おもな都市
基隆（>>>P.132）
台北（>>>P.52）　　三峽（>>>P.135）
九份（>>>P.122）　鶯歌（>>>P.137）
淡水（>>>P.128）　烏來（>>>P.138）
新北投溫泉（>>>P.130）　新竹（>>>P.143）

❶ノスタルジックな雰囲気で人気の九份（→P.122）❷台湾でいちばん高い高層建築、台北101（→P.89）

台湾中西部

>>>P.151

西側はなだらかな平野が広がり、鹿港（→P.179）など清代から栄える町も多い。1年を通して雨が少なく、中心都市の台中（→P.156）は台湾で最も住みやすい都市といわれている。山側には日月潭（→P.188）、阿里山森林遊樂區（→P.201）などの景観が美しい観光地に恵まれている。集集線（→P.186）の周辺にはバナナ畑が広がる。

おもな見どころ
寶覺寺（>>>P.161）
彩虹眷村（>>>P.164）
高美湿地（>>>P.168）
扇形車庫（>>>P.177）
鹿港老街（>>>P.180）
集集線（>>>P.186）
阿里山森林鐵路（>>>P.200）

おもな都市
台中（>>>P.156）　日月潭（>>>P.188）
彰化（>>>P.177）　北港（>>>P.197）
鹿港（>>>P.179）　阿里山（>>>P.200）
埔里（>>>P.182）　嘉義（>>>P.204）

❶山中を走る阿里山森林鐵路（→P.200）❷清代に開港した貿易港、鹿港（→P.179）

金門島

馬祖島

澎湖島

台中
彰化
鹿港
西螺
北港
嘉義

台南

三地門
屏東

高雄

小琉球

恆春

墾丁

台湾東部

おもな見どころ
松園別館（>>> P.222）
太魯閣峡谷（>>> P.229）
宜蘭酒廠（>>> P.234）
三仙台（>>> P.243）
台東糖廠（>>> P.249）
鹿野高台（>>> P.251）

>>> P.213

ほ とんどが山地を占め、高低差が顕著。そのため海岸沿いの道路の一部は断崖絶壁の難所として知られる。各地の港ではホエールウオッチングを扱う旅行会社も多い。スケール満点の大理石渓谷、太魯閣峡谷は台湾東部観光のハイライトだ。原住民族の人々が多く住んでいる地域で、7〜8月は各地で豊年祭が行われる。

おもな都市
花蓮（>>> P.220）　礁渓温泉（>>> P.240）
宜蘭（>>> P.233）　台東（>>> P.246）
蘇澳（>>> P.238）　知本温泉（>>> P.254）

❶圧倒的な迫力で迫る、太魯閣峡谷（→P.229）❷海岸沿いはコバルトブルーの海が広がる

台湾南西部

>>> P.257

北 回帰線を越え、熱帯に位置する台湾南西部は冬も温暖な気候。台湾最大の貿易港である高雄（→P.264）、台湾発祥の古都、台南（→P.291）があり、1年を通じてビジネス客、観光客が多く活気にあふれている。マンゴーやライチなど台湾フルーツの産地も多い。最南端の墾丁（→P.323）は透明な海とサラサラの砂浜が広がるビーチリゾート。

おもな都市
高雄（>>> P.264）
旗山（>>> P.289）
台南（>>> P.291）
屏東（>>> P.317）
恆春（>>> P.321）
墾丁（>>> P.323）

おもな見どころ
六合國際觀光夜市（>>> P.270）
左營蓮池潭（>>> P.271）
打狗英國領事館文化園區（>>> P.275）
旗津半島（>>> P.276）
赤崁樓（>>> P.298）
神農街（>>> P.300）
延平郡王祠（>>> P.301）
安平古堡（>>> P.303）

❶古都の雰囲気が残る台南の安平（→P.303）❷左營蓮池潭の龍虎塔（→P.271）

離島

>>> P.327

中 国大陸と目と鼻の先の金門島（→P.331）と馬祖島（→P.335）、古くから軍事拠点として注目された澎湖島（→P.338）、ヤミ族の伝統文化が息づく蘭嶼（→P.347）、スクーバダイビングが人気の緑島（→P.344）など、個性豊かな離島も見逃せない。

金門島（>>> P.331）
馬祖島（>>> P.335）
澎湖島（>>> P.338）
緑島（>>> P.344）
蘭嶼（>>> P.347）
小琉球（>>> P.350）

おもな見どころ
水頭聚落（>>> P.332）
二崁傳統聚落保存區（>>> P.340）
朝日温泉（>>> P.345）
花瓶岩（>>> P.350）

❶閩南式家居が残る金門島（→P.331）❷ヤミ族が多く住む蘭嶼（→P.347）

ただいま、台湾！
NEWオープンの新名所へGO

進化中の台湾にオープンした新しい観光スポットをチェック！
見どころが次々と生まれている。

優雅な
歴史建築！

鉄道好きは
要チェック！

NEW SPOT

台北 TAIPEI
今によみがえる
鉄道遺産

　一等地にありながら長らく有効利用されていなかった鉄道局本部が、長いリノベーション期間を経て2020年にオープン。中心となる庁舎の建築は森山松之助の設計で、1920年の落成。木造とれんが造りが融合した独特の建築だ。修復は原型をとどめるように進められ、優雅な内部装飾なども目にすることができる。電源室、工務室、八角楼など周囲の付属建築と合わせて、鉄道関連の資料がめじろ押しだ。

クオリータイワンボーウーグアン
國立台湾博物館
ティエダオブーユエンチュー
鐵道部園區

MAP P.68-A2

住台北市延平北路一段2號　☎（02）2558-9790　開9:30〜17:00　休月　料100元　交G13北門駅2番出口より徒歩約3分　URL www.ntm.gov.tw

1.再現された昔の駅構内 2.天井の装飾にも注目！　3.売店ではさまざまな鉄道グッズが購入できる 4.鉄道模型が走る昔の町のジオラマが人気 5.中庭には防空壕跡も 6.売店で売られているレトロな絵はがき

14

景色に波のカーテンがかかったみたい

NEW SPOT

台北 TAIPEI

斬新な建築のコンサートホール

2022年にオープンした、MRT劍潭駅の新しいランドマーク。外からも目立って見える球劇場のほか、分離接合可能な3つの劇場がある。書店やレストランなどがある公共部分は自由に入れる。

タイペイビャオユエンイーシューチョンシン
台北表演藝術中心

MAP P.80-B2

🏠台北市劍潭路1號 ☎(02)7756-3888 🕐11:00〜21:00 休月 料無料(コンサートは有料) 🚇R15劍潭駅3番出口より徒歩約2分 URL www.tpac-taipei.org

1.外の景色が舞台背景のよう 2.不思議な建築 3.劇場への通路。見学ができる時間帯がある(ウェブサイト参照) 4.大きな窓も特殊構造

NEW SPOT

台北 TAIPEI

カフェやショップが入るリノベエリア

永康街にもほど近い、日本統治時代の台北刑務所木造官舎群をリノベしたエリア。和風スイーツや和服レンタルの店、和菓子製作体験などがあり、台北にいながら和の雰囲気を楽しめるエリアとして人気のスポットだ。

長い時を経て復活した家屋群

ロンジンシーグアンションフオユエンチュー
榕錦時光生活園區

MAP P.75-D2

🏠台北市金華街167號 ☎(02)2321-8896 🕐11:00〜20:00 休無休 料無料 🚇R07/006東門駅3番出口より徒歩約7分 URL rongjintimes.com

1.時代劇に出てくる長屋通りのよう
2.内部を大胆にリノベしたカフェ
3.刑務所の石垣が残る通路

最新のテクノロジーと融合した展示

NEW SPOT

桃園 TAOYUAN

大スケールの水族館

横浜・八景島シーパラダイスがプロデュースする2020年オープンの都市型水族館。大型魚が泳ぐ福爾摩沙(フォルモサ)水槽は大迫力。照明効果も巧みで、クラゲのエリアは幻想的な美しさ。

エックスパークシュイツーグアン
Xpark水族館

MAP P.48-B2

🏠桃園市春德路105號 ☎(03)287-5000 🕐10:00〜18:00(土〜20:00) 休無休 料550元 🚇A18高鐵桃園站駅、高鐵桃園駅より徒歩約8分 URL www.xpark.com.tw

1.エイやサメが間近に見られる 2.クラゲの水槽が並ぶ 3.水族館の外観
4.珊瑚礁の宝石のような魚が泳ぐ

台中駅の古い線路沿いにオープン

古い鉄道の線路に沿って歩いてみよう

　台鐵台中駅の高架化により残された線路跡を整備して、2021年にオープン。台中駅旧駅舎裏の古い列車が置かれた鐵道文化園區から、約1.6kmにわたって遊歩道が延びる。途中鉄道関連のオブジェなどが置かれ、歴史を顧みながら緑川の景色なども楽しめる。1908は、台中に鉄道が開通した年にちなんだもの。夜間は台中駅と接する一部が閉鎖される。

リューコンティエダオイージョウリンバー
緑空鐵道1908

`MAP P.159-C3`

營24時間 休無休 料無料 交台鐵台中駅より徒歩約5分

1.早くも台中市民に人気の散歩道になっている 2.台中駅旧駅舎裏から続いている 3.風格がある台中駅旧駅舎

古蹟を改装した美しい美術館

　日本統治時代に煙草酒公売局嘉義分局だった建物をリノベ、増築して2020年にオープンした美術館。新建築部分は旧建築部分との調和を図りながら、全面ガラス張りなど大胆な構造を実現、明るく親しみやすい美術館となっている。旧建築部分は、当時の角建築に特徴的な曲線の美しさを残し、おもにレクチャールームや書店、カフェなどに利用されている。

おしゃれにリニューアルしたレトロ建築

ジアイーシーリーメイシューグアン
嘉義市立美術館

`MAP P.205-A4`

住嘉義市廣寧街101號 ☎(05)227-0016 營9:00〜17:00 休月 料50元 交台鐵嘉義駅より徒歩約4分 URLfb.com/Chiayi.Art.Museum

1.建物の曲線と並んだ青い窓が印象的 2.明るい展示室 3.作品をゆったり鑑賞したい 4.曲線の美を感じる閲覧室 5.ミュージアムショップ、書店も入る 6.くつろげるシックなカフェ

85年前に建てられた消防署

→ P.260

NEW SPOT
高雄
KAOHSIUNG
ウオーターフロントが大変身!

愛河河口に新たなランドマーク、高雄流行音楽中心がオープン。駁二藝術特区には新エリアとを結ぶユニークなつり橋が登場。

NEW SPOT
台南
TAINAN
新リノベスポットが続々登場!

→ P.294

國立台湾文学館の向かいの警察・消防署が博物館として一般公開されるなど、日本統治時代の建物が文化施設としてよみがえっている。

まだある!見逃せない
台湾最新NEWS

MRT環状線が開通

台北の郊外を走るMRT環状線の大坪林駅〜新北産業園區駅が開通。全区間高架を走り、車窓からの眺めもすばらしい。

→ P.56

YouBikeがリニューアル

便利なYouBikeが、アプリと連動したYouBike2.0に進化。台北や台中以外に嘉義や高雄にも進出して、利用範囲も広がった。

→ P.59

鼎泰豐新生店オープン

小籠包の有名店、鼎泰豐の永康街本店はテイクアウト専門に変更。イートインは通りをまたいだ大型店の新生店に移った。

→ P.101

台中MRT緑線が開通

高鐵台中駅から台中市内を経て郊外の北屯總站までを結ぶMRTが開通。台北、高雄などからのアクセスが各段にアップ。

→ P.154

高雄LRT延伸

哈瑪星駅〜愛河之心駅間、籬仔内駅〜凱旋公園駅間が新たに開業。沿線の「トトロのトンネル」と呼ばれる撮影スポットが話題となっている。

→ P.263、267

南迴線電化完了

自強號の運行数が増え、高雄駅〜台東駅間のスピードアップにつながった。人気だったレトロな普快車は観光列車として運行。

→ P.326

台湾ならお金をかけずに楽しめる!

朝 昼 夜 安テク最強プラン

お得に満喫しよう!

安くておいしいローカルグルメ、入場無料の見どころなど、なるべくリーズナブルに楽しむ充実のプランをご提案。

Morning
朝

予算目安
100〜350元

1日の活力をチャージ

伝統の豆漿
朝ご飯

台湾では朝食は外で食べるのが一般的。豆漿店では濃厚な豆乳や肉まんなどの伝統的な朝食メニューを味わうことができ、小籠包もリーズナブル。また、台南のサバヒー粥、牛肉湯のようなその土地ならではの朝食もぜひチェックしたい。

台南では
ぜひサバヒー粥を

アツアツの朝食でお目覚め
ディンユエンドウジアン
鼎元豆漿 →P.105

中正紀念堂の近くにあるローカル、旅行者に人気の豆漿店。日本語メニューも完備。

ローカルな熱気を体感!
朝市 で食べ歩き

市街のあちこちで開かれる、活気あふれるマーケットをのぞいてみよう。すぐ食べられるお総菜やフルーツを朝食にするのも◎。

ローカルの
台所に潜入

旬のフルーツ **1**

鳳梨 2元 100元

デザート **2**

おこわ **3**

1. 季節のフルーツがずらりと並ぶ 2. デザートやフレッシュジュースなどもある 3. できたてのおこわは温かいうちに

ローカルな熱気を体感!
シュアンレンシーチャン
雙連市場

MRT雙連駅すぐの歩道沿いで開催する朝市。フルーツは頼めばカットしてもらえる。買った物は隣の公園で食べることもできる。

MAP P.63-C2·3

住 雙連街 営 6:00〜14:00頃
交 R12雙連駅2番出口よりすぐ

裏ワザtips

フルーツを堪能

折り畳みの果物ナイフがあれば、市場で買った旬の台湾フルーツをホテルの部屋で食べることもできる。バラエティストア(→P.27)などで購入も可。

18 ※予算目安は1人分を想定。交通費、おみやげ代は含んでいません

朝いちばんに パワスポ参り

混雑の少ない朝の時間に寺廟を参拝すれば、すがすがしい気持ちに。運気アップを祈願。無料のおみくじも挑戦して！

若者に絶大な人気を誇る

かわいらしい縁結びの神様
霞海城隍廟 →P.86
シアハイチョンホアンミャオ

赤い糸をつかさどるといわれる月下老人を祀る廟。迪化街にあり、周辺はローカル食堂、漢方薬店が集まっている。

母のような存在の女神様
大天后宮 →P.299
ダーティエンホウゴン

台湾で広く信仰される航海の女神、媽祖を祀る。黄金色に輝く媽祖像は神々しいオーラに満ちあふれている。

信用、ビジネスの神様
祀典武廟 →P.298
チューディエンウーミャオ

三国志の英雄、関羽がモデルの関帝聖君を主神に祀る。台湾における関帝廟の総本山として非常に歴史ある廟。

《 おみくじに挑戦！》

内容は解籤處で解説してもらえる

❶「ポエ」と呼ばれる赤い木片をふたつ手に取り、心の中で質問を唱える

❷ ポエを落とす。裏と表が出たら神様からの「Yes」のサイン

❸ 3回続けて「Yes」が出たら、おみくじの棒を全部つかんで放し、飛び出たものを引く

❹ 再びポエを落とし、3回「Yes」が出たら、棒と同じ番号の引き出しからおみくじをもらう

朝から開いている 観光スポットへ

レストランやショップが開くのは11:00頃から。その前の時間を有効に使って、観光を楽しもう。台湾は入場無料や、良心的な入場料の見どころが多い。

一度は見たい衛兵の交代式
中正紀念堂 →P.82
チョンヂョンジーニエンタン

蒋介石を記念した巨大建造物。毎正時に衛兵交代式が行われる。

美しい駅として有名

色の洪水に包まれる
高雄MRT美麗島駅
メイリーダオ

地下鉄駅のコンコースを覆う壮大なステンドグラス「光之穹頂」は圧巻。定期的に光のショーも開催。

緑豊かなエリアにある

世界四大博物館のひとつ
國立故宮博物院
クオリークーゴンボーウーユエン

→P.93

中華文明の粋を集めた博物館。翡翠を彫刻した翠玉白菜、肉形石は必見。

台南を代表する見どころ
赤崁樓 →P.298
チーカンロウ

鄭成功が政治の中心地とした歴史を物語る。2階から周辺を見渡せる。

19

全土

ローカルグルメの代表格

ルーロウファン
魯肉飯

そぼろタイプ、角煮タイプなどさまざまなバリエーションがある。おかずやスープをプラスすればバランスよく食べられる。

見逃せない地元の味！

安くておいしい
ローカルグルメランチ

台湾グルメの醍醐味は食堂で食べる郷土料理。地元の人々も列に並ぶ老舗の店ならはずれがない。ミニサイズならハシゴも楽しい。

何個でも
食べられそう

全土

薄皮に肉汁たっぷりの小籠包は、滞在中に一度は食べたい魅惑の味。有名店も捨てがたいが、ローカルな店も安くておいしい。食べ比べてみよう。

人気台湾グルメ

シアオロンバオ
小籠包

調味料や高菜で
味変を楽しめる

全土

麺は細いうどんのようで、牛肉のだしがきいたスープによく合う。スープは醤油ベースでピリ辛の紅焼、透明で辛くない清燉がある。

これ一杯で大満足

ニュウロウミエン
牛肉麺

台南は
美食の宝庫

台南

透き通った太く短い米麺が特徴。イカのだしがきいたスープで煮込まれている。海が近い台南を代表する郷土料理のひとつ。イカは絶妙なゆで加減。

並んでも食べたい

シアオチュエンシーフェン
小巻小粉

滋味深く
優しい味

花蓮

台湾東部の主要都市、花蓮はワンタン（扁食）のおいしい店が多いことで有名。トロトロの食感でセロリがきいたスープと相性抜群！

おかわりしたくなる
ワンタン

写真映えスポットへ足を延ばす

午後はMRTやバスでアクセスできる観光スポットへ。角度や距離感を工夫して旅の記念になるような楽しい写真を撮ってみよう!

赤れんがの町並みが続くレトロタウン。おみやげ探しもできる

波と風によって造り出された自然の芸術、女王頭岩

100年前の町並み
ディーホアジエ
迪化街 →P.86

開運スポット!
スオインリエンチータン
左營蓮池潭
→P.271

自然の神秘を感じる
イエリォウティーヂーコンユエン
野柳地質公園 →P.134

大きな口を開けた龍と虎が出入口

裏ワザtips
台湾好行バス

各地方の主要観光エリアを巡る。途中下車時間を設けツアーのように利用できる路線も。車内でお得な1日券も販売(→P.382)。

おやつは安うまスイーツ

トッピング満載のかき氷や豆花はボリューム満点なので、シェアするのがおすすめ。白キクラゲやハトムギなど美容にもいい食材を使ったものも多い。

台湾かき氷はトッピングが主役
フルーツかき氷

旬のフルーツが贅沢にのったかき氷はフルーツ天国台湾ならでは。夏はマンゴーかき氷を味わって。

自分好みにカスタム

プルプルの豆乳スイーツ
ドウホア
豆花

日本でも人気の豆花は、甘く煮たアズキやタピオカなどのトッピングと食べる。夏はアイス、冬はホットで。

大豆のおいしさが詰まっている

裏ワザtips
高雄を起点に

台北に比べるとホテル代や食事代が比較的リーズナブルな高雄を拠点にするのもアリ。台湾新幹線で台北に日帰りで訪れることもできる。

お気に入りの味を見つけよう
タピオカミルクティー

町なかのドリンクスタンドで甘さや氷の量を指定して注文。茶葉もいろいろなバリエーションがある。

モチモチの白玉団子
タンユエン
湯圓

甘いスープでお汁粉のように食べる湯圓は、ほっとする優しい甘さ。寒い季節はホットが人気。

夜

予算目安
250〜900元

象山 シアンシャン →P.89

台北随一の絶景スポット。頂上の展望台まで階段が整備されている。

マジックアワーを逃さないで

夕景&夜景スポットでうっとり

夜景観賞は空の色が刻々と変化する日没直後のマジックアワーがおすすめ。海の近くは夕焼けの名所も多い。

九份 ジォウフェン →P.122

提灯に明かりが灯されると幻想的な雰囲気が出現。忘れられない絶景。

龍山寺 ロンシャンスー →P.87

ライトアップが始まると、黄金色に輝く本殿の姿が夜空に浮かび上がる。

井仔腳瓦盤鹽田 ジンヅジャオワーパンイエンティエン →P.305

台南郊外にある塩田。夕日を映す水鏡があたり一面に広がる様子は圧巻。

おなかいっぱい食べよう!

コスパ◎の大満足ディナー

ローカルが足しげく通う店でおいしいディナーを楽しもう。たくさん食べても財布に優しい店をピックアップ。

酸菜白肉火鍋 スアンツァイパイロウフオグオ →P.103

酸っぱい白菜の漬物と豚バラ肉の鍋は若い女性を中心に大人気。好みに調合したつけだれでいただく。

長白小館 チャンパイシャオグアン

ローカル食堂 →P.104

ひとり旅なら小サイズのおかずを選べる食堂がおすすめ。いろいろな台湾料理を味わうことができる。

梁記嘉義雞肉飯 リアンジーチアイーロウファン

熱炒 ルーチャオ →P.103

一皿100〜200元で海鮮を中心とした炒め物を出すスタイル。台湾ビールと一緒に楽しもう!

臨洋港生猛活海鮮 リンヤンガンションモンフオハイシエン

自助餐をマスター

街角で目にするビュッフェスタイルの食堂は手早くリーズナブルに食事をしたいときに便利

❶ トレーを取って列に並ぶ

❷ 欲しいおかずを指さしで選ぶ。自分で取る場合も

❸ レジで会計。これで180元（丸林魯肉飯→P.104）

裏ワザtips

残した料理は
持ち帰れる

注文し過ぎて食べきれなかった料理は「打包(ダーバオ)」と言えば持ち帰り用に包んでもらえる。

お祭り気分を楽しめる

大にぎわいの夜市へ繰り出そう

屋台グルメの食べ歩きやゲーム、ショッピングなど縁日気分が満載の夜市は台湾の夜に欠かせない存在。そぞろ歩きを楽しもう。混雑時はスリに注意。

ホアユエンイエシー
花園夜市 →P.301

木・土・日曜に開催。他の曜日は違う場所で開かれる。

名物グルメを楽しむ

蚵仔煎（カキオムレツ）はどの夜市にもある定番メニュー

カキやホルモンと一緒に

素麺をかつおだしのスープでトロトロに煮込んだ麺線

高雄の六合國際観光夜市（→P.270）の必食は海鮮粥

ゲームで遊ぶ

子供も大人も楽しめる

パチンコや輪投げなど、誰でも気軽に楽しめるゲーム。成功するとぬいぐるみなどの景品がもらえる。

夜遅くまで営業している

→P.27

バラエティストアでおみやげ探し

夜市の近くによくあるバラエティストアは深夜まで営業。激安みやげを探すことができる。

ひとつから買える

A5サイズの子供用の学習ノート。レトロなデザインがかわいい

パイナップルケーキやお茶など、おみやげ用食品も安く手に入る

台湾産の茶葉を配合した石鹸。さわやかな香りが広がる

インスタント麺。そのまま食べてもおいしい

くつろげるイートインコーナー

台湾コンビニ活用術

システムは日本とほぼ同じ。台湾ならではの品揃えをチェック!

セブン-イレブンのOpenちゃん

ホットスナック

小腹を満たしたいときにぴったり。イートインコーナーで食べたり、ホテルで食べても。

> おでん
>
> 88元

台湾では「關東煮」と呼ばれる。ブタの血で作る米血糕など台湾独特のものもある **7 F**

> 台湾を感じる香り

> 現蒸地瓜
>
> 25元〜

台湾の焼き芋はねっとりとしていて蜜のような甘さ **7 F**

> ぜひ一度お試しあれ

殻付き卵を茶葉や八角、醤油などと煮込んだ茶葉蛋。八角の香りを放つ **7 F H**

> 煮卵
>
> 10元

おにぎり

朝食に便利なおにぎり。台湾らしい味を選んでみて。海苔は味がついていることが多い。

> 雞蛋牛奶卷
>
> 20元

優しい味の饅頭(マントウ)。中身は入っていない **H**

中華まん

バリエーション豊富な中華まん。本場だけあり本格的な味を1年中楽しめる。

> 開け方は日本と同じ

> 嘉義雞肉飯
>
> 30元

嘉義名物の鶏肉ご飯、雞肉飯をお手軽に。クセがなく誰が食べてもおいしい **H**

> 港式叉燒包
>
> 25元

チャーシューまん。少し濃いめの味付けで包子生地との相性抜群 **7**

> デザート系もいろいろ

> 芝麻包
>
> 18元

ごままん。濃厚な黒ゴマペーストがたっぷり入っている **F**

鶏肉をごま油と酒で煮込んで作る麻油雞のおにぎり。温めるとおいしさアップ **7**

> 麻油雞飯糰
>
> 49元

便利なibon

セブン-イレブンに設置されている端末(→P.58)を利用すれば、タクシーを呼んだり、駅に行かなくても列車の指定席切符を購入したりすることができる。ファミリーマートにも同様のファミポートがある。

名店との コラボ商品

有名レストラン、ショップとのコラボ商品も展開。時間を気にせず老舗の味を楽しめる。

甘い物を食べたいときに

紫米紅豆露

FamilyMart 紫米紅豆 49元

紫米とアズキのお汁粉。ボリュームがあり、食事代わりにもなりそう **F**

鼎泰豊の味を手軽に

チャーハン 89元

鼎泰豊の香辣醤(食べるラー油)を使用した炒飯。花椒がきいている **F**

FamilyMart × 林銀杏 杏仁豆腐 almond tofu 38

杏仁豆腐 38元

杏仁茶の専門店、林銀杏とのコラボ商品。アーモンドの味が濃厚 **F**

ドリンク

台湾の人々はドリンク好きで、さまざまな種類が並ぶ。お茶は砂糖入りのものも。

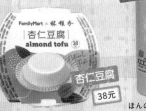

玫瑰蜜香奶茶 35元

ほんのりバラの香りがするミルクティー **7**

すっきりとした甘さ

醇乳奶茶 35元

濃厚なミルクティーのシリーズ「純萃。喝」。さまざまなフレーバーがある **7**

デザート

安くてもおいしい伝統スイーツはおみやげにしても。カットフルーツは種類豊富。

嫩仙草凍 35元

薬草を煮出して作るぷるぷるの仙草ゼリー。胃もすっきりする **H**

フルーツでビタミン補給

黒珍珠蓮霧 58元

食べやすくカットされたワックスアップル。サクサクした食感がクセになる **7**

特色あるコンビニも

地域によっては、古い建物を生かした店舗など個性的な外観のコンビニもある。

コンビニ中国語会話

Q. 有會員卡嗎?(会員証はありますか?)→A. 有(はい)／没有(いいえ)
Q. 要加熱嗎?(温めますか?)→A. 要(はい)／不用(いいえ)
Q. 要買袋子嗎?(袋は要りますか?)→A. 要(はい)／不用(いいえ)
　我要儲嗎悠遊卡(ヨーヨーカードにチャージしたいです)

温めたお弁当を入れてくれる不織布の網

日本でもおなじみ
7 セブン-イレブン

中国語では「統一超商」と呼ばれ、最大の店舗数を誇る。台湾の巨大企業、統一グループによる経営。

セブン-イレブンと並ぶ2大巨頭
F 全家(ファミリーマート)

「全家便利商店」と呼ばれ、入店の際は日本と同じあの音楽が流れる。ソフトクリームも人気。

台湾オリジナル
H 萊爾富(ハイ・ライフ)

台湾資本のコンビニチェーンもぜひチェック。地域によっては24時間営業ではない店舗もある。

何でも揃う！地元民御用達
ローカルストアをチェック

ローカルが日常的に利用するショップでリーズナブルにおみやげをゲット。夜遅くまで開いている。

> ローカル気分で
> お買い物

食品 SUPERMARKET スーパー

「超市」と呼ばれ生鮮食品、調味料、加工食品などローカルの台所にあるものが手に入る。

台湾茶ティーバッグ

180元

> テトラ型の
> ティーバッグ

丸まった茶葉で本格的な味を楽しめる。香りもよい。大容量で職場にもおすすめ ABC

ドライフルーツ

各38元

> 配りやすい
> ミニサイズ

ちょうどよい食べきりサイズのドライマンゴー（右）とドライグアバ（左）。台湾産 A

> 台湾産の
> 食材を使用

鵝油金葱麺

115元

素材にこだわったネギ油のまぜ麺のインスタントヌードル。3個入り B

フルーティで飲みやすい、台湾産パッションフルーツの白ワイン C

マンゴービール

32元

アルコール度数が低く、ゴクゴク飲める。ほかにパイナップル、ブドウ、ハチミツ味などもある ABC

> コンビニでも
> 入手可能

ほんだし

88元

台湾限定のホタテ風味のほんだし。料理はもちろん、お湯に溶かして飲むだけでもおいしい B

台湾産ワイン

780元

> スーパーで
> 買うと安い！

飲料水

5元

水分補給に不可欠なボトル入りの飲料水も激安価格で手に入る A

品揃えはいちばん！
A 家樂福

フランス資本のカルフール。2020年に頂好超市を買収し、頂好の店舗はカルフールとなった。大型店舗では大容量パックも販売。

→P.114

青い看板が目印
B 全聯福利中心

地元に根付いた、台湾最大手のスーパーチェーンで価格も比べて良心的なことが多い。台湾各地に展開している。

→P.114

輸入食品も扱う高級スーパー
C Mia C'bon

かつてのJASONS MARKET PLACEが買収により名称変更。

MAP P.69-D1

台北林森店 住台北市林森北路247号地下1階 ☎(02) 2563-7965 営9:00〜21:30（土・日曜〜22:00）交R11/G14 中山駅3番出口より徒歩約10分

VARIETY STORE バラエティストア

あらゆる生活まわりのグッズを扱う、ドン・キホーテ的な存在。食品も安い。

ポポモフォ練習帳

20元

おみやげに貼るのも◎

台湾で使われる注音符号を学習できる子供用の教材 **E**

中華民国の国旗の柄がモチーフのハート形シール **D E**

シール 20元

軽くてホテルの室内履きにぴったり。プラスチック製 **E**

サンダル 25元

中ぶた付きで湿気から茶葉を守ってくれる **E F**

茶缶 75元

サイズも選べる

文房具が充実
D 光南大批發

ペンやノートなど文房具類の品揃えが豊富で、学生に人気。充電器やプラグなどスマホ、パソコン周辺機器なども販売している。

→P.114

豊富な品揃えで人気
E 勝立生活百貨

台北を中心に展開。必要な生活雑貨はここでほとんど手に入る。パイナップルケーキなどのおみやげもリーズナブルな価格で販売。

→P.114

安さが魅力
F 小北百貨

台湾全土に展開する激安ショップ。夜市の近くにあることが多い。

MAP P.62-B3

台北寧夏店 住台北市寧夏路11號 ☎(02) 8978-6787 営24時間 交R11/G14中山駅5番出口より徒歩約7分

DRUG STORE ドラッグストア

日本と同様、医療品、健康食品、コスメの宝庫。日本の薬も数多く販売されている。

シートマスク 219元

5枚入り。割引きがある店も

「台湾版ニベア」とも呼ばれている、ロングセラー商品 **G H I**

ハンドクリーム 小50元

アイシャドウ 299元

台湾産医療用サージカルマスクは色、柄が豊富でファッション性も高い **H**

カラフルで高品質

美容液たっぷりの「我的美麗日記」シリーズ **H I**

発色がいいと評判の「heme」のアイシャドウパレット **G I**

マスク 各61元

オリジナル商品も充実
G 屈臣氏 Watsons

香港資本のドラッグストア。台湾全土に多数の店舗を展開している。

MAP P.64-B2

松江店 住台北市松江路287號 ☎(02)2503-0603 営24時間 交009行天宮駅3番出口より徒歩約1分

台湾初のドラッグストア
H 康是美 Cosmed

オレンジ色の看板が目印。屈臣氏と同様、駅前などに多数展開。

MAP P.76-A2

永康店 住台北市永康街7-2號 ☎(02)2391-6412 営9:00～23:00 交R07/006東門駅5番出口より徒歩約1分

女性に大人気
I 寶雅 POYA

コスメコーナーが充実したドラッグストア。お菓子なども販売。

MAP P.75-C3

台北古亭店 住台北市羅斯福路二段100號 営10:00～22:30 交G09/005古亭駅9番出口よりすぐ

絶品！台湾グルメBest100

台湾旅行のお楽しみはグルメという人も多いはず。
屋台の小皿メニューから高級料理までチョイスはさまざま。
台湾の食文化の奥深さに触れてみよう。

ご飯もの

○○飯とは台湾流の小ぶりの丼ご飯。少量なのでおやつ代わりにしてもGood!

人気！

紅蟳米糕
ホンシュンミーガオ

子持ちのカニまるごと1杯と炊いたおこわ。台湾で宴席には欠かせない究極のメニュー。台湾料理

クセなし！

鶏肉飯
ジーロウファン

鶏のささみと少量のたれがのったシンプルな丼。あっさり味。台湾料理

鴨肉飯
ヤーロウファン

スライスしたアヒルの肉と煮込んだ豚肉の切れ端がのった丼。台湾料理

定番！

魯肉飯
ルーロウファン

台湾グルメの代表、魯肉飯。コトコト煮込んだ豚肉の切れ端をかけたご飯。こってり味。台湾料理

粽
ゾン

三角形のちまき。縁起物でもあり、端午節に食べる習慣がある。台湾料理

地瓜粥
ディーグアーヂョウ

サツマイモのお粥。味がないのでおかずと一緒に。台湾料理

米糕
ミーガオ

おこわ。甘めのでんぶをかけて。具と一緒にカップで蒸すものもある。台湾料理

クセなし！

碗粿
ワングオ

つぶした米をエビや鶏肉などの具と一緒に碗に入れ蒸したもの。たれをかけ、木のヘラで食べる。台湾料理

定番！

麺

スープ、具材はもちろん、麺の種類や太さもいろいろ。バリエーションに富んだ食感を楽しもう。

擔仔麺
タンツーミエン
エビのだしが効いた台南発祥の麺。ビーフンバージョンもある。台湾料理

定番！

紅焼牛肉麺
ホンシャオニュウロウミエン
こってり醤油味のピリ辛牛肉麺。台湾料理

クセなし！

清燉牛肉麺
チンドゥンニュウロウミエン
日本人好みの辛くない牛肉麺。台湾料理

麺線
ミエンシエン
そうめんのような極細麺で、にゅう麺のようにトロトロになるまで煮込んだりスープに入れたりして食べる。台湾料理

米苔目
ミータイムー
うどんのように太く短い米麺。台湾語ではビータイパッ。かき氷のトッピングになることも。台湾料理

クセなし！

炒粄條
チャオパンティアオ
きしめんのような幅広の米麺を焼きうどん風に。客家料理

廣東炒麺
コウントンチャオミエン
パリパリの揚げ麺に具だくさんのあんをかける。広東料理

炸醤麺
ジャージャンミエン
甘辛いそぼろを冷たい麺とあえて食べる汁なし麺。北京料理

麻醤麺
マージャンミエン
ゴマソースとあえる汁なし麺。台湾料理

鱔魚意麺
シャンユイイーミエン
タウナギのあんかけ麺。麺は一度揚げてある。台南の郷土料理。台湾料理

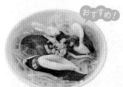

おすすめ！

小巻米粉
シアオチュエンミーフェン
うどんのように太い米麺をプリプリのイカと透明スープで食べる。

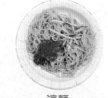

涼麺
リアンミエン
夏に人気のごまだれをかけた冷たい麺。台湾料理

南瓜米粉
ナングアーミーフェン
カボチャビーフン。台湾のおふくろの味。台湾料理

餃子・ワンタン・粉もの

小籠包は人気No.1の台湾グルメ。餃子やワンタンは主食代わりに食べる。

小籠包
シアオロンパオ
スープたっぷりのミニ餃子。薄い皮が台湾流。上海料理

生煎包
ションジエンパオ
焼き小籠包。皮が厚めでボリューム満点。上海料理

韮菜盒子
ジョウツァイホーヅ
ニラがたっぷり詰まったおやき。北京料理

肉圓
ロウユエン
肉をでんぷん質の皮でくるんで揚げたもの。台湾語はバーワン。台湾料理

割包
グアバオ
豚の角煮を饅頭の皮で挟んで食べる中華風バーガー。台湾料理

蔥油餅
ツォンヨウピン
ネギ入りパイ。北京料理

鮮蝦扁食湯
シエンシアビエンシータン
エビワンタンスープ。台湾料理

水餃
シュイジャオ
ホカホカの水餃子。具材は豚肉（猪肉）、牛肉、蝦仁などさまざま。北京料理

鍋貼
グオティエ
焼き餃子。ビールにぴったり。北京料理

紅油抄手
ホンヨウチャオショウ
ラー油とあえたピリ辛ワンタン。四川料理

叉燒包
チャーシャオパオ
チャーシューまん。広東料理

胡椒餅
フージャオピン
胡椒が効いた豚肉とたっぷりのネギを包んでタンドール窯で焼いたもの。肉汁たっぷり。台湾料理

肉

台湾の人は肉が大好き。
よく食べるのは鶏肉、豬肉
(豚肉)、牛肉、鴨肉、羊肉。

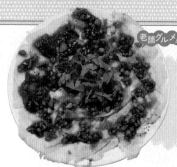

老舗グルメ！

蒜泥白肉
スアンニーパイロウ

豚バラ肉にニンニクソースを
かけて。四川料理

滷肉
ルーロウ

台湾風豚の角煮。八角が効いている。
台湾料理

薑絲大腸
ジャンスーダーチャン

モツとショウガの炒め。ショウガがさわやか。
客家料理

定番！

東坡肉
トンポーロウ

コラーゲンたっぷりの豚の角煮。　バンズ
で挟んで食べる。上海料理

紹興香酔鶏
シャオシンシアンツゥイジー

紹興酒で蒸した鶏肉。前菜に。
上海料理

豬腳
ヂュージャオ

豚足の醤油煮込み。

定番！

北京烤鴨
ベイジンカオヤー

北京ダック。パリパリの皮をクレープで包
みたれをつけて食べる。北京料理

鮮豆鶏絲
シエンドウジースー

鶏ささみとエンドウ豆の塩味炒め。
北京料理

宮保鶏丁
ゴンバオジーディン

鶏肉の唐辛子炒め。
四川料理

青椒肉絲
チンジャオロウスー

ピーマンと牛肉の細切り炒め。日本人にも
なじみが深い中国料理。四川料理

人気！

三杯鶏
サンベイジー

鶏肉を酒、醤油、黒ゴマ油の三杯ソースで
煮込んであり香りがいい。台湾料理

烤鹹豬肉
カオシエンヂューロウ

豚肉の塩漬けをグリルしスライス。ニンニ
クと一緒に食べる。原住民料理のひとつ。
台湾料理

鴨肉
ヤーロウ

アヒルの肉は台湾ではポピュラーな食材。
台湾料理

海鮮

海に囲まれた台湾は新鮮でバラエティ豊かな海鮮料理を味わえる。

清蒸魚
チンヂェンユィ

たっぷりのネギと一緒に蒸した魚。
台湾料理

雪花干貝
シュエホアガンベイ

卵白と貝柱の炒め物。
北京料理

おすすめ！

蝦捲
シアチュエン

エビ、セロリやネギを揚げたもの。おやつ代わりにも◎。台湾料理

乾焼蝦仁
ガンシャオシアレン

エビのチリソース炒め。通称エビチリ。
四川料理

滑蛋蝦仁
ホアダンシアレン

エビとふわふわ卵の炒め物。
台湾料理

定番！

蒜茸蒸龍蝦
スアンロンヂョンロンシア

ロブスターのニンニク蒸し。
広東料理

蚵仔煎
オアジェン

夜市の定番、小ぶりのカキが入ったオムレツ。片栗粉が絶妙な食感を作り出す。
台湾料理

定番！

紅焼排翅
ホンシャオパイチー

フカヒレの醤油煮込み。
広東料理

乾焼原汁鮑魚
ガンシャオユエンヂーパオユィ

アワビの醤油煮込み。
広東料理

人気！

蒜香醎蜆仔
スアンシアンイエンシエンザイ

さっとゆでたシジミのニンニク醤油漬け。鹹蜆仔ともいう。
台湾料理

人気！

花枝丸
ホアヂーワン

揚げたイカダンゴ。シコシコしておいしい。
台湾料理

スープ

台湾の食卓にスープは欠かせない。「羹」はとろみがついたスープのこと。

蛤蜊湯
ゴーリータン
ハマグリのおすましスープ。台湾料理

定番！

おすすめ！

元盅湯
ユエンヂォンタン
鶏の手羽先のスープ。小籠包のお供に。
上海料理

酸辣湯
スアンラータン
キクラゲや豆腐の細切りがたっぷり入った酸っぱくて辛いスープ。四川料理

豆腐羹
ドウフゲン
豆腐のとろみスープ。
台湾料理

肉羹
ロウゲン
肉団子のとろみスープ。
台湾料理

貢丸湯
コンワンタン
肉団子のスープ。
台湾料理

人気！

魠魠魚羹
トゥートゥオユイゲン
サワラのフライをとろみスープに入れて食べる。台南の郷土料理。台湾料理

鍋 グオ

真夏も鍋を食べる人が少なくない台湾。スパイシーな火鍋はデトックス効果が期待できそう。

定番！

魚丸湯
ユィワンタン
白身魚のすり身団子のスープ。セロリの風味がアクセント。台湾料理

麻油鶏湯
マーヨウジータン
産後の肥立ちをよくするために食べる伝統的な鶏肉とごま油のスープ。台湾料理

定番！

麻辣火鍋
マーラーフオグオ
唐辛子たっぷりの辛いスープの鍋。スープには花椒など漢方薬の材料も入っている。辛くないスープと半分ずつにするのは鴛鴦鍋という。
四川料理

人気！

酸菜白肉火鍋
スアンツァイパイロウフオグオ
白菜の漬物と豚バラ肉の鍋。白菜の酸味が食欲をそそる。北京料理

野菜

ビタミン不足にならないように野菜はしっかり。小さな店でも「燙青菜」という青野菜をゆでたサイドメニューがある。

蕃茄炒蛋
ファンジアチャオダン
トマトと卵の炒め物。
北京料理

おすすめ！

炒水蓮
チャオシュイリエン
ガガブタという水草の炒め物。シャキシャキした食感。台湾料理

筍沙拉
スンサーラー
さっとゆでたタケノコを台湾マヨネーズで。夏季のみ。台湾料理

おすすめ！

土豆肉絲
トゥードウロウスー
細切りにしたジャガイモと豚肉の炒め。山椒が効いている。北京料理

地瓜葉
ディーグアイエ
サツマイモの葉をさっとゆでたもの。台湾料理

滷桂竹筍
ルーグイヂュースン
タケノコの煮込み。
台湾料理

定番！

炒空芯菜
チャオコンシンツァイ
空芯菜の炒め。
台湾料理

乾扁四季豆
ガンビエンスージードウ
素揚げしたインゲン豆とそぼろ肉の炒め。四川料理

蒼蠅頭
ツァンイントウ
ニラとそぼろ肉の唐辛子炒め。ピリッとしてご飯とよく合う。四川料理

おすすめ！

半天花蟳腳肉
バンティエンホアシュンジャオロウ
ビンロウの花とカニ肉の炒め物。原住民料理のひとつ。台湾料理

涼拌白菜心
リアンバンバイツァイシン
白菜の芯の細切りのマリネ。
浙江料理

涼拌結頭菜
リアンバンジェトウツァイ
雲南カブとトマトのサラダ。酢とパクチーが効いてさわやかな味。雲南料理

定番！

菜脯蛋
ツァイプーダン
切り干しダイコンが入った卵焼き。台湾料理

豆腐

豆腐はポピュラーな食材。豆腐以外にも湯葉、豆干など豆腐を加工した食品がある。

定番！

麻婆豆腐
マーボードウフ
豆腐の唐辛子煮込み。花椒が味に深みを出している。四川料理

おすすめ！

蟹黄豆腐煲
シエホアンドウフバオ
カニミソと卵豆腐の煮込み。上海料理

客家小炒
クージアシアオチャオ
豆腐を干した豆干、ネギ、スルメなどの炒め物。客家料理

クセなし！

臭豆腐
チョウドウフ
発酵させた汁に漬けた豆腐。蒸したり焼いたり揚げたりして食べる。台湾料理

老皮嫩肉
ラオピーネンロウ
ジューシーな揚げだし卵豆腐。四川料理

鍋塔豆腐
グオタードウフ
揚げだし豆腐とエビの卵の炒め物。北京料理

＼台湾で飲むならやっぱり！ 台湾ビール／

台湾ビールといえば「台湾啤酒」。日本のビールより軽い飲み口で、炒め料理によく合う。

定番！

金牌
定番のスタンダードタイプ。

生
賞味期限18日の生ビール。

おすすめ！

**マンゴー
（芒果）**
ジュースのようで飲みやすい。

人気！

ハチミツ
台湾南部のリュウガンのハチミツを使用。

**クラシック
（経典）**
少し苦味をもつ復刻版。

ヴァイスビア
小麦麦芽を使用したエール。

黒麦
麦芽100％の濃厚な味わい。

**パイナップル
（鳳梨）**
さわやかなパイナップル味。

外で食べる習慣がある台湾の朝ごはんはバリエーション豊富。伝統的な豆漿店のほか、街角にはサンドイッチなどの軽食を売る店がある。

定番！

熱／冰 豆漿
ルー／ビン ドウジャン
プレーンタイプの豆乳。砂糖入りのことが多い。

飯糰
ファントゥアン
具だくさんのもち米おにぎり。

鹹豆漿
シエンドウジャン
豆乳に酢を入れてグズグズになったところを食べる、スープ風豆漿。

燒餅
シャオビン
薄いパイ。卵焼きを挟んだりするが、そのまま食べてもおいしい。

定番！

油條
ヨウティアオ
揚げパン。豆漿に浸して食べるのが本場の食べ方。

蛋餅
ダンビン
卵焼きをクレープで巻いたもの。ハム（火腿）やベーコン（培根）入りのバリエーションも。

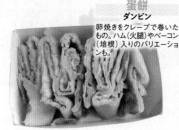

三明治
サンミンツー
朝食に人気のサンドイッチ。

焦糖甜餅
ジャオタンティエンビン
焦がし水飴が入った甘いパン。

厚燒夾蛋
ホウシャオジャーダン
窯焼きパンに卵焼きを挟んだもの。

蘿蔔絲餅
ルオボースービン
ダイコンが入ったおやき。

肉包
ロウバオ
ホカホカの肉まん。これひとつで大満足。

韮菜煎包
ジョウツァイジェンバオ
ニラがたっぷり詰まったジューシー肉まん。

高麗菜包
カオリーツァイバオ
キャベツがぎっしり入ったシャキシャキ肉まん。

このひと皿はハズせない！
名物郷土グルメ

海と山に恵まれた台湾には
バラエティに富んだ
郷土料理がたくさん。
その町へ行ったら絶対食べたい
名物グルメをご紹介。

@新竹
>>> P.143

米粉（ビーフン）

強い風が吹き付ける新竹で
は昔からビーフン作りが盛
ん。肉そぼろをかけただけの
シンプルな一皿がおすすめ。

@彰化
>>> P.177

肉圓（バーワン）

肉やタケノコを芋類など
で作るデンプン質の皮で
包んで揚げたもの。プニ
プニとした食感。

台北

台中

花蓮

@花蓮
>>> P.220

扁食（ワンタン）

花蓮のワンタンは小ぶりでセロリ
ベースのスープに入ったものがポ
ピュラー。つるつるっと食べられる。

@台南
>>> P.291

牛肉湯（牛肉スープ）

生の牛肉を熱いスープにくぐらせ
半生で食べる、台南伝統の朝
食。肉のうま味がスープにしみ出
てご飯が止まらない。

台南
高雄
台東

擔仔麺
（台湾ラーメン）

台湾を代表する人気グルメ、
擔仔麺の発祥地は台南。ぜ
ひ本場の味を堪能したい。

虱目魚粥
（サバヒー粥）

昔から台南で養殖されている、虱
目魚（サバヒー）のお粥は台南人
のソウルフード。鮮度が命なので、
早起きして食べよう。

@池上
>>> P.245

池上便當
（池上弁当）

米どころとして知られる台湾東部
の池上のブランド米を堪能できる
ボリューム満点の豪華なお弁当。

台湾スイーツ大集合

グルメ大国の台湾はスイーツも大充実。
ひんやり系、あったか系ともにバリエーション豊富。

かき氷

マンゴー、イチゴなど旬の
フルーツや甘い豆などトッ
ピングたっぷり。ボリューム
満点なのが台湾かき氷！

マングオビン
芒果冰
高雄婆婆冰 >>> P.283
旬のフレッシュマンゴーがのったか
き氷。

マンゴー
4〜10月限定

マンゴー
4〜10月限定

シンシェンマングオニュウナイビン
新鮮芒果牛奶冰
裕成水果 >>> P.312
ミルク味のかき氷とマンゴーの相性抜群。

シュエディービンチーリン
雪地冰淇淋
陳記百果園 >>> P.108
アイスクリーム、フレッシュフルーツの下にオリ
ジナルソースのかかったかき氷が隠れている。

ホアション　ホアドウ
花生、花豆、
フーユエン　タンユエン
福圓、湯圓
雙連圓仔湯 >>> P.109
ピーナッツ、うずら豆、白玉
団子などをたっぷりトッピン
グしたかき氷。

ヘイシャータンズオビン
黒砂糖剉冰
典欣黒砂糖剉冰 >>> P.283
南部でポピュラーな黒糖かき氷。練
乳をかけるとさらに美味。

おすすめ

ムーグーアーニュウナイ
木瓜牛奶
パパイヤミルク。

マングオヂー
芒果汁
濃厚なマンゴージュー
ス。芒果冰沙はマン
ゴースムージー。

チンヂューナイチャー
珍珠奶茶
タピオカ入りミルクティー。

定番

ジュース

町なかのドリン
クスタンドや夜
市で飲める定番
ジュース

フオロングオヂー
火龍果汁
ドラゴンフルーツ
のジュース

ぷるぷる系

ホンドウフェンユエンドウホア
紅豆粉圓豆花
古早味豆花專賣店 ≫≫ P.108
甘く煮たアズキとタピオカをトッピングした豆花。

豆乳を固めたヘルシーな
ぷるぷるスイーツ、豆花は
夏はかき氷と一緒に。冬は
ホットシロップがGood。

ユエンウェイシンレンドウフ
原味杏仁豆腐
夏樹甜品 ≫≫ P.109
杏仁豆腐に杏仁スープをかけて杏仁尽くし。

ネンシエンツァオ
嫩仙草
瑪露連嫩仙草 ≫≫ P.172
シソ科の生薬を煮出して作ったゼリー。甘くほろ苦い。

アイユイニンモンビン
愛玉檸檬冰
古早味豆花專賣店 ≫≫ P.108
レモンシロップで食べる愛玉というペクチンを含む植物のゼリー。

モチモチ系

QQとは"弾力がある"という意味の言葉。台湾人はみんなQQが大好き

ユィユエン
芋圓
阿柑姨芋圓 ≫≫ P.125
かき氷のトッピングにもなるタロイモ団子。九份の名物。

タンユエン
湯圓
蘇媽媽湯圓 ≫≫ P.185
甘いスープと一緒に食べる白玉団子。素朴な甘さ。

シュエアルシンレンドウフ
雪耳杏仁豆腐
夏樹甜品 ≫≫ P.109
白キクラゲとナツメのスープと一緒に食べる杏仁豆腐。

漢方系

美肌効果のある
ナツメ、クコ、白キ
クラゲを使ったス
イーツに注目。

リュードウイーレンタン
綠豆薏仁湯
夏樹甜品 ≫≫ P.109
夏によく食べられるリョクトウとハトムギの冷たいスープ。

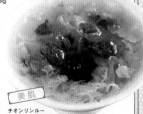

チオンリンルー
穹林露
雙連圓仔湯 ≫≫ P.109
リュウガン、白キクラゲ、ナツメの甘いスープ。話題の白キクラゲがたっぷり。

旬のフルーツを味わおう

台湾フルーツ図鑑

街角のいたるところにあらゆるフルーツが並ぶ台湾。
太陽の恵みがギュッと詰まった
旬のフルーツを気軽に楽しむことができる。

`通年`
ココナッツ (椰子) イェーツ
先をカットしてストローで果汁を飲めばリゾート気分。

`通年`
バナナ (香蕉) シアンジャオ
台湾バナナは太くて短く果実は独特のジューシーさがある。香りも濃厚。

`通年`
グァバ (芭樂) バールー
本来は夏の果物だが、通常1年を通して食べられる。熟すと甘味が増す。

`3〜8月`
パイナップル (鳳梨) フォンリー
消化を促進し、胃腸を助ける働きがある。甘くてジューシー。

`4〜8月`
パパイヤ (木瓜) ムーグアー
消化を促進する働きがあるので、パパイヤミルクは食後に飲もう。

`4〜10月`
マンゴー (芒果) マングオ
かき氷のトッピングとしてもポピュラー。愛文、玉文などさまざまな品種がある。

`6〜7月`
ライチ (荔枝) リーヂー
みずみずしく甘くておいしが、一度に食べ過ぎると毒。

＼ 旬のフルーツはココで食べよう ／

@市場
朝市や夜市のフルーツ売り場ではカットフルーツがパックに入って売られている。

@フルーツパーラー
贈答用果物店にはイートインコーナーもあり、品質のよいフルーツを味わうことができる。

@ジューススタンド
町なかには"現搾果汁"と書かれたジューススタンドがあり、フレッシュジュースをその場で作ってくれる。

6〜8月

モモ（水蜜桃）
シュイミータオ

硬めの果肉でシャッキリとした食感。桃園県の拉拉山が有名な産地。

6〜12月

パッションフルーツ（百香果）
バイシアングオ

半分に切り、種付きの果肉をスプーンで食べる。種も食べられる。酸っぱくてビタミン豊富。

7〜8月

スイカ（西瓜）
シーグアー

台湾のスイカは大きな楕円形。利尿作用と解熱効果がある。ジュースも人気。

7〜8月

リュウガン（龍眼）
ロンイエン

硬い皮を剥くとライチのような白い果実が顔を出す。味もライチに近い。

7〜10月

アビウ（黄金果）
ホアンジングオ

アマゾン原産の果物で、半分に切り半透明の実をスプーンですくって食べる。甘くて不思議な食感。

8〜9月

シャカトウ（釋迦頭）
シージアトウ

クリーミーで濃厚な甘さ。名前の由来はお釈迦様の頭に似ていることから。

8〜11月

ドラゴンフルーツ（火龍果）
フオロングオ

サクサクしていて甘さはあまりない。赤い果肉と白い果肉がある。火の玉のような形。

9月

ユズ（柚子）
ヨウツ

中秋節に食べる、皮が厚い文旦のような柑橘。縁起がよくお供え物にすることも多い。

9〜12月

ナシ（梨子）
リーヅ

味、形も日本の梨とよく似ている。台湾中部がおもな産地。

10〜2月

ワックスアップル（蓮霧）
リエンウー

サクサクした歯触りで皮ごと食べられる。あまり甘くない。

12〜3月

スターフルーツ（楊桃）
ヤンタオ

一度シロップ漬けにしたものを水で戻し、ジュースにしたりかき氷と一緒に食べる。

12〜3月

台湾ナツメ（蜜棗）
ミージャオ

リンゴと梨の中間のようなさわやかな食感。ビタミンCも豊富。皮ごとガブリと食べられる。種は真ん中にひとつ。

心癒やされる台湾茶の世界

数あるお茶のなかでも極上品とされる、のどごしまろやかな台湾の烏龍茶。滞在中に
ぜひ一度味わいたい。茶藝の手順を覚えたいなら、まず茶藝館に足を運んでみよう。

茶藝の手順

1 お湯をかけて茶道具を温める。

2 茶壺に茶葉を入れる。

3 茶壺にお湯を入れる。

4 1分ほど待ち、茶を茶海に注ぐ。

5 茶海から聞香杯へ注ぐ。

6 聞香杯の茶を茶杯に移し、聞香杯の香りをかぐ。

7 茶杯の茶を飲む。

お茶請け

台湾茶と相性ぴったりのお茶菓子。

あと引くおいしさ

核桃棗片
ナツメペーストにクルミが入ったお菓子

美容にも◎

ちょっとしょっぱい

蕃茄乾
ドライミニトマト。

橄欖
ドライオリーブ

サクサクして食べやすい

烏梅
スモークした梅

桃子
ドライスモモ

スモーキーな味わい

お茶の道具　これだけ揃えれば自宅でも茶藝を楽しめる。

茶杯
お茶を飲む小さい器

茶海
茶壺からお茶を注ぎ、
ここから茶杯に注ぐ

聞香杯と茶杯
首の長い聞香杯はお茶の香
りを楽しむもの。茶海から
聞香杯に注いだお茶はすぐ茶
杯に移し、聞香杯に残った
香りを楽しむ。

聞香杯
香りを楽しむ首
の長い器

茶壺
急須。紫砂、磁器な
ど茶葉によって向い
ている材質がある

茶匙
茶葉を茶則から入れ
るときや広がった茶
葉をほぐすのに使う

茶則
茶葉を茶缶から取り
出し、茶壺に入れる
ための道具

茶蓋
これひとつで茶壺と茶海の
役割を果たす。

茶葉の種類　中国茶は発酵の度合いによって緑茶、白茶、青茶、紅茶、黒茶などに分類される。台湾茶は青茶が有名。

高山烏龍茶
海抜 1000m 以上の高地で栽培される。
黄金色で清らかな香りと繊細な味わい。

金萱茶
渋味が少なく、芳醇な味わい。ミルク
のような甘い香りが特徴。

凍頂烏龍茶
南投縣の鹿谷地区がおもな産地。少し
焙煎され、高山烏龍茶より香ばしい。

東方美人茶
ウンカという虫の分泌物で発酵をうな
がす独特の製法。紅茶に近い味わい。

紅茶
台湾産の紅茶は自然の甘味が特徴。台
湾中部の日月潭がおもな産地。

黒烏龍茶
後発酵という独特の製法で作られる。
新陳代謝を活発にするといわれている。

取材協力：紫藤廬→ P.109

台湾各地の名物＆特産品をゲット
台湾ご当地みやげ
おすすめはコレ！

台湾はそれぞれの地方に個性豊かな特産品がある。
訪れた町の思い出と一緒に持ち帰りたい、
その土地の名物みやげを紹介。

Souvenir catalogue

甘めで
飲みやすい

→P.188
日月潭
原住民の粟酒
小米酒
300元

原住民の人々の間でよ
く飲む粟から作るにごり
酒。アルコール度数は
12度程度。やさしい味
で女性にも人気

カットして
食べて

→P.156
台中
食べにくいけどおいしい
太陽餅
10個
280元

パイの中に麦芽糖が入っている。
食べるときにパイ生地がボロボロこ
ぼれるが、素朴な甘さで日本人の
口に合う【糖村 →P.173】

→P.338
澎湖島
ピーナッツ好きはハマる
ピーナッツクッキー
60元～

澎湖島名産のピーナッツの風味がギュッ
と詰まったクッキー、花生酥はお茶請け
にもぴったり【正一食品店→P.343】

→P.137 お気に入りを探そう
鶯歌 ## 茶杯
各 120元～

陶器の町で茶器をリーズナブルにゲット。
烏龍茶を楽しむ小ぶりな茶杯はバリエー
ションが豊富【子土小鋪→P.137】

→P.306
玉井
ビタミンがたっぷり
ドライマンゴー
200元

マンゴーの名産地、玉井の愛文ド
ライマンゴーは肉厚で大判。太陽
の恵みが詰まっている

馬祖島

金門島

台□
鹿港
西□
澎湖島
北港
玉井
台南
三地門
高雄
小琉球

→P.264
高雄
ビールにぴったり
さきいか
100元

高雄近海で取れるイカを
加工。少し甘くてやわらか
い。一度食べるとやみつ
きに【旗津半島→P.276】

濃厚な
味わい

→P.291
台南
丈夫で長持ち
帆布バッグ
1980元

帆布で作った大型トートは丈
夫な素材としっかりした縫製
で型崩れの心配なし。色、デ
ザイン、サイズのバリエーショ
ン豊富【廣富號→P.313】

→P.291
台南
定番の高級おつまみ
カラスミ
1530元

伝統の製法で手作りした台
湾産の高級からすみ。炙り
済みですぐ食べられるものも
【吉利號烏魚子→P.314】

繊細な味と香り

→P.150
北埔

さわやかな飲み心地
東方美人茶

「オリエンタルビューティ」の名でも知られる、紅茶にも似たふんわりした甘味の茶葉。膨風茶とも呼ばれる

600元〜

→P.52
台北 ほか各地

台湾みやげの定番
パイナップルケーキ

人気ナンバーワンの台湾みやげ。近年はあんにパイナップルを100％使用したものがポピュラー。地元のベーカリーなど台湾全土で販売されているので、食べ比べてお気に入りを見つけよう。

パリパリのパイ
牛舌餅

→P.235
宜蘭

細長く、中央に切れ込みがあり牛の舌に似ている薄いパイ。宜蘭餅とも呼ばれる。礁溪（→P.242）でも売っている【奕順軒→P.243】

30元

175元

→P.182
埔里

お酒好きな友達に
紹興酒

水がきれいな埔里は紹興酒の名産地として知られる。中華料理によく合う【埔里酒廠→P.183】

台湾東部の名物
糯糬クッキー

花蓮

→P.220

中に餅が入ったしっとりクッキー。中身はシャカトウ、タロイモなどさまざまなフレーバーがある

100元

1200元

→P.248
台東

台湾素材でおしゃれ！
月桃の帽子

月桃という植物の葉で編んだ帽子。ていねいに編まれていて長年使えそう【台東糖廠→P.249】

万人受けする味

→P.220
花蓮

栄養たっぷり
ハチミツ

太魯閣など台湾各地で採れる希少なハチミツ。水で割って飲んでもおいしい【蜂之郷→P.228】

各190元

450元

→P.319
三地門

お守り代わりに
琉璃玉

原住民の装飾品として用いられる琉璃玉（トンボ玉）をアクセサリーに。模様ごとに意味がある

大きくて便利

990元

→P.291
台南

台南の名店とコラボ
林百貨グッズ

レトロなパッケージがかわいい保湿に優れたシートマスク【林百貨→P.313】

350元

600元

→P.251
鹿野

どんなお菓子にも合う
紅烏龍茶

焙煎度が高く、烏龍茶と東方美人茶の中間のような味わい

45

台北と台湾北部

Taipei and Northern Taiwan

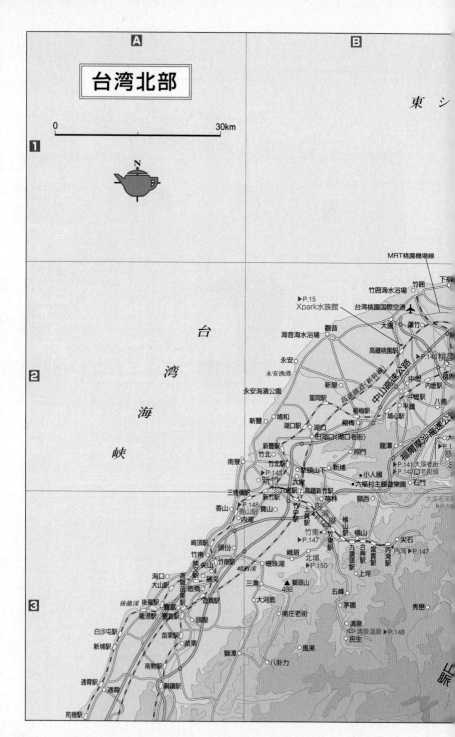

台湾北部

0 ——————— 30km

N

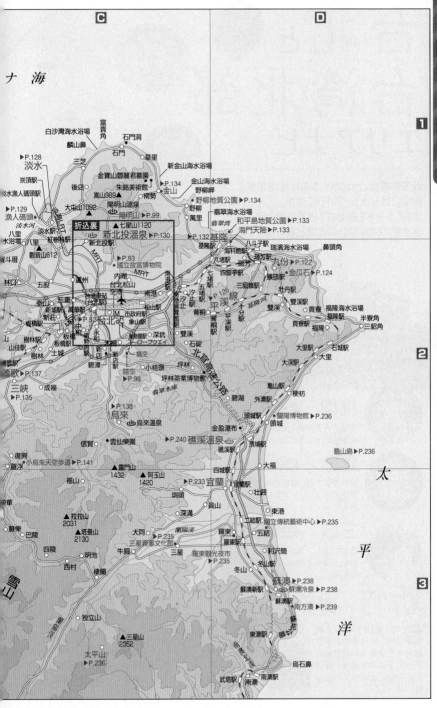

C

D

ナ 海

白沙灣海水浴場
麟山鼻
富貴角
石門洞
▶P.128
石門
草里
淡水
三芝
新金山海水浴場
崁頂駅
後店
金寶山鄧麗君墓園
朱銘美術館
▶P.134
金山
金山海水浴場
淡水漁人碼頭駅
▶P.129
嵩山989
大屯山1092
陽明山温泉
南勢
▶P.99
野柳岬
漁人碼頭
淡水河
陽明山
野柳
翡翠海水浴場
▶P.134
野柳地質公園
八里
水浴場
紅樹林駅
淡水駅
折込裏
七星山1120
新北投温泉
▶P.130
▶P.132
萬里
和平島地質公園
▶P.133
翡翠灣
海門天険
基隆
▶P.133
觀音山612
新北投駅
MRT
▶P.93
海科館駅
基隆駅
八斗子駅
瑞濱海水浴場
鼻頭角
五股
内湖
国立故宮博物院
MRT
台北松山
空港
暖暖駅
瑞芳駅
九份
金瓜石
▶P.122
▶P.124
泰山
蘆洲
南港
七堵駅
四脚亭駅
三貂嶺駅
猴硐駅
牡丹駅
新埔駅
萬華駅
發北車站
(台北駅)
市政府駅
汐止
汐止駅
七堵駅
平溪線
菁桐駅
雙溪
雙溪駅
貢寮
福隆海水浴場
福隆駅
半寮角
板橋駅
新荘
台北
象山駅
松山駅
十分駅
貢寮駅
福隆
三貂角
樹林駅
永和
動物園駅
深坑
双溪
板橋
新北
新店駅
ロープウェイ
石碇
北宜高速公路
大里駅
石城駅
鶯歌
▶P.137
土城
碧潭
貓空
小格頭
坪林
大里
樹林
三峽
▶P.135
成福
坪林茶業博物館
▶P.98
亀山駅
大溪駅
外澳駅
梗枋
烏來
▶P.138
翠翠水庫
碧湖
頭城駅
蘭陽博物館
▶P.236
▶P.240
礁溪温泉
金盈瀑布
頭城
信賢
雲仙樂園
礁溪駅
頭圍
復興
小烏來天空歩道
▶P.141
露門山
1432
阿玉山
1420
頂埔駅
四城駅
大福
龜山島
▶P.236
羅浮
福山
▶P.233
宜蘭
宜蘭駅
壮圍
太
拉拉山
2031
塔曼山
2130
圳頭
員山
深溝
二結駅
國立傳統藝術中心
東港
▶P.235
蘇華
蘇樂
巴陵
大同
▶P.235
三星齊漣文化館
牛鬪
蘭陽溪
三星
羅東駅
五結
羅東
利沢簡
平
四陵
明池
西村
樓蘭
羅東觀光夜市
▶P.235
冬山駅
冬山
蘇澳
蘇澳冷泉
▶P.238
蘇澳駅
蘇澳新駅
蘇花
南方澳
▶P.238
▶P.239

雪
山

独立山

三星山
2352

東澳駅

洋

太平山
▶P.236

烏石鼻

武塔駅
南澳駅
南澳

49

台北と台湾北部
エリアナビ

台湾の首都、台北があるのは台湾北部。
周辺には台北からMRT、電車、バスで気軽に足を延ばせる魅力的な町が多数ある。
うまくルートを組めば1日で複数の町を巡ることも可能。
北東部の海岸沿いには波と風によって削られた奇岩を鑑賞できるスポットが多い。

台北
台中
花蓮
台南
台東
高雄

淡水 >>> P.128

台湾の歴史を物語る古跡も点在する、淡水河河口の町。台湾一美しい夕日を観賞できる人気スポットでもある。

★台湾桃園国際空港

桃園縣

新竹市

新竹縣

桃園 >>> P.140

客家の人々が多く住む。近郊には自然豊かな見どころが点在。

鶯歌 >>> P.137

窯元が集まる陶磁器の名産地。茶器のショッピングなどを楽しめる。

三峡 >>> P.135

彫刻が美しい清水祖師廟と日本統治時代の赤れんがの老街が残る。

新竹 >>> P.143

一大工業団地を抱える新竹は、台湾最古の新竹駅舎や台湾最大の城隍廟など観光スポットも豊富。郊外の新竹縣には客家人や原住民が多く住んでいる。

近郊の見どころ
内湾線 (>>> P.146)
竹東 (>>> P.147)
内湾 (>>> P.147)
清泉温泉 (>>> P.148)
香山駅 (>>> P.148)

北埔 >>> P.150

伝統的な町並みが残る山あいの静かな客家の町。東方美人茶の名産地。

台北 >>> P.52

周囲を山に囲まれた盆地に発展した人口約250万を擁する台湾の首都。総統府（→P.82）、中正紀念堂（→P.82）、台北101（→P.89）など台湾を代表する観光スポットが盛りだくさん。

近郊の見どころ
台北市立動物園（>>> P.98）
貓空（>>> P.98）
陽明山（>>> P.99）

基隆 >>> P.132

台湾北部最大の港町。絶品B級グルメの屋台が並ぶ美食夜市、基隆廟口夜市がある。

近郊の見どころ
野柳地質公園（>>> P.134）
金山（>>> P.134）

新北投温泉 >>> P.130

日本統治時代から続く古きよき温泉街。日帰り入浴できる温泉施設が充実。

基隆市

台北市
✈ 台北松山空港

新北市

九份 >>> P.122

山の上に開けた、ノスタルジックな町並みが人気の町。周辺にはかつて金鉱で栄えた頃の遺跡が点在する。

近郊の見どころ
金瓜石（>>> P.124）

烏來 >>> P.138

原住民のタイヤル族が住む、緑豊かな山あいの温泉郷。ヘルシーな原住民料理や森林浴も楽しめる。

平溪線 >>> P.126

かつて炭鉱で栄えた一帯を走るレトロなローカル線が人気。途中駅では願いを書いた天燈が空高く上がる。

＼ このエリアの観光に便利な台湾好行バス ／ URL www.taiwantrip.com.tw

小9 北投竹子湖線	R22北投駅から出発し、新北投温泉（→P.130）と陽明山（→P.99）の見どころを巡る
716 皇冠北海岸線	R28淡水駅から北海岸沿いを走り、金山（→P.134）の見どころ、野柳地質公園（→P.134）へ行く
856 黄金福隆線	台鐵瑞芳駅から九份（→P.122）、金瓜石（→P.124）を経由し、金瓜石周辺の見どころを回る
795 木柵平溪線	十分瀑布（→P.127）付近の十分遊客中心から十分駅（→P.127）、平溪老街、菁桐老街、深坑を経由しBR02木柵駅へ。平溪老街～木柵駅の路線もある
501 大溪快線	高鐵桃園駅から大溪老街（→P.141）、慈湖（→P.142）へ
502 小烏來線	桃園客運總站バスターミナルから大溪老街（→P.141）、慈湖（→P.142）、大溪老茶廠（→P.142）を経て小烏來天空歩道（→P.141）へ。休日（土・日曜、祝日）のみ運行
5700 獅山線	台鐵竹北駅から出発し、高鐵新竹駅、竹東（→P.147）、北埔老街（→P.150）を経て獅山遊客中心へ

台北

タイペイ Taipei

Map P.49-C2

緊急連絡先
警察☎110（中国語）
日本台湾交流協会台北事務所（日本大使館のような機関）
⚑ P.71-D1
🏠 台北市慶城街28號通泰大樓
☎ (02) 2713-8000（日本語可）
🕐 9:00～17:30
❌ 土・日・祝と一部の日本の祝日
※平日の上記時間外および土・日・祝は、緊急電話代行サービスが24時間対応。

周囲を山に囲まれ淡水河が流れる盆地に発達した人口約250万（2023年）を擁する台湾の首都。先史時代は湖で、17世紀までは原住民の平埔族の凱達格蘭族（ケ・ガ・ラン）が住む土地であった。18世紀に中国大陸から漢民族の移民が増え、まず萬華（→P.87）、大稲埕（→P.86）が淡水河を利用した物産の集積地として栄えた。1874年には清政府により現在の台北車站の南側に台北府城が築かれ、以降、台南に替わって行政の中心地となった。

台北は台湾で群を抜いて近代的な都市であり、日本とほぼ変わらない快適さを享受できる。台北101（→P.89）、中正紀念堂（→P.82）など台湾を代表する観光スポットに加え、数えきれないほどのレストラン、ショッピングスポットがあふれ、短い日数でも台湾を満喫できる。屋台がひしめくにぎやかな夜市や茶藝館、マッサージなどのリラクセーションを楽しむのもおすすめ。

下町の雰囲気が残る龍山寺周辺（→P.87）

台湾桃園国際空港
🌐 www.taoyuan-airport.com

MRT桃園機場線
🌐 www.tymetro.com.tw

機場線の片道切符（トークン）。
直達車、普通車共通

MRT桃園機場線の往復券（下）と台北MRTの48時間乗り放題チケット（上）のセット（520元）もある

空港からのアクセス

台湾桃園国際空港から

台湾桃園国際空港は台北からおよそ40km南西の桃園市にある台湾最大の国際空港で、ふたつのターミナルがある。台北市中心部までのアクセスは、①MRT、②リムジンバス、③タクシー、④MRT＋台湾高速鐵道（高鐵）の方法がある。

①MRT

台北車站（高鐵、台鐵台北駅）とを結ぶMRT桃園機場線が5:57～23:36に運行。快速運転の直達車（所要約39分）、各駅停車（所要約53分）の普通車があり、ほぼ交互に7～15分（直達車は15～30分）に1本運行。運賃はいずれも150元でICカードも使用可能。

台湾桃園国際空港ターミナル2

②リムジンバス

　2023年11月現在、3社が運行しているが、MRTの開通と新型コロナウイルス感染拡大の影響で、路線数も本数も減少している。宿泊予定のホテルのそばを通るバスの発車時間が合えば、便利な存在だ。所要時間は50〜70分。チケットはリムジンバス乗り場に隣接するチケットカウンターで購入する（國光客運の1841中興號はバスの運転手から直接購入）。國光客運はICカードで乗車すると割引きがある。乗り過ごしが心配な人は、乗車時に運転手に降りるバス停を告げておこう。

リムジンバス

バス会社の公式サイトで時刻表をチェック
國光客運
🌐www.kingbus.com.tw
大有巴士
🌐www.airbus.com.tw
長榮巴士
🌐www.evergreen-bus.com.tw

③タクシー

　市内までの料金の目安は距離に応じて1200〜1900元（日本円で約5520〜8740円、2023年11月現在）。所要約50分。客引きをしているタクシーはトラブルが多いので、エアポートタクシーがおすすめ。空港の案内板に「計程車 Taxi」と書かれたところに乗り場がある。

④MRT＋台湾高速鐵道(高鐵)

　MRT桃園機場線普通車で高鐵桃園駅まで行き台湾高速鐵道に乗り換える。所要約20分、35元。高鐵桃園駅から高鐵台北駅までは1時間に2〜3本、所要約22分、155元。

台北松山空港から

　台北松山空港は台北市内にあり、MRT文湖線BR13松山機場駅と接続している。タクシーなら中心部まで85〜120元程度。

台北リムジンバス運行表 (2023年11月現在)

会社	路線番号	発着バス停名	市内から始発〜最終	空港から始発〜最終	間隔(分)	料金(元)
國光客運	1819	台北車站	24時間	24時間	40〜140	132〜
	1840	松山機場	6:50〜19:00	8:10〜22:40	60〜120	129〜
	1841	松山機場	3:30、5:50〜23:45	4:45〜22:30	15〜30	93
大有巴士	1960	市政府轉運站バスターミナル(東線)	4:40〜23:00	6:00〜翌0:20	90〜120	160
	1961	西門(大園線)	4:30〜23:00	5:55〜翌0:20	90〜250	105〜110
長榮巴士	5203	松江路長安口	7:40	16:30	0	90

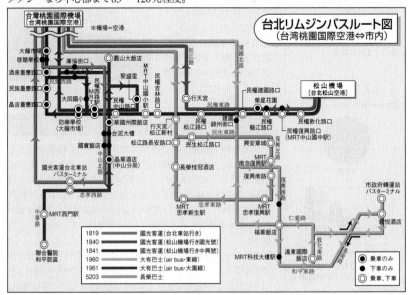

台北リムジンバスルート図
（台湾桃園国際空港⇔市内）

※機場=空港

1819	國光客運(台北車站行き)
1840	國光客運(松山機場行き國光號)
1841	國光客運(松山機場行き中興號)
1960	大有巴士(air bus・東線)
1961	大有巴士(air bus・大園線)
5203	長榮巴士

●乗車のみ
●下車のみ
◎乗車、下車

💡 MRT、リムジンバスのメリット、デメリット：MRT桃園機場線はいつも混んでいて席に座れないことが多い。リムジンバスなら必ず座って行けるが、便数が少なく、所要時間の不確定さもある。

台北車站（台北駅）

台北轉運站バスターミナル

M P.69-C2
住 台北市市民大道一段209
號
電 (02) 7733-5888
URL fb.com/taipeibusstation
　台北最大のバスターミナ
ル。おもなバス会社が集結。

台北轉運站バスターミナル

市政府轉運站
バスターミナル

M P.73-D3
住 台北市忠孝東路五段6號
電 (02) 8780-6252
URL fb.com/TCHBS
　台湾桃園国際空港、基
隆、金山、宜蘭、礁溪などへ。

國光客運台北車站
バスターミナル

M P.69-C2
住 台北市市民大道一段168號
電 (02) 2361-7965
URL www.kingbus.com.tw
　台湾桃園国際空港行きリ
ムジンバス、基隆、金山行
きバスなどが発着。

台北捷運（MRT）

URL www.metro.taipei

單程票

台北捷運一日票（150元）

　購入当日にかぎり貓空ロ
ープウエイ以外のMRT路線
が乗り放題。

各都市とのアクセス

鉄道（鉄道の旅→P.378）

　"新幹線"の愛称で呼ばれる**高速鐵道（高鐵）**と在来線に当た
る**台湾鐵道（台鐵）**が台北車站（高鐵・台鐵台北駅）から発着し
ている。高鐵、台鐵とも改札口は地下1階、ホームは地下2階。

　高鐵は台北〜高雄を最短1時間30分で結ぶ台湾で最も速い
陸上交通機関。これを利用すれば台南、高雄へ日帰り旅行も可
能。ただし台北、板橋、南港、高雄以外の高鐵の駅は町の中心
部から離れていることに注意。

長距離バス（バスの旅→P.382）

　台北最大のバスターミナルは台北車站裏にある**台北轉運站
バスターミナル**で、一部の國光客運バスを除くほとんどの長距
離バスがここに発着している。切符売り場は1階で、乗り場
は2〜4階。台中まで所要約2時間40分で320元、高雄まで
約5時間で590元と台鐵の自強號とそれほど変わらない時間
でリーズナブルに移動できるのが魅力。ただし、道路状況に
より到着予定時刻を大幅に過ぎてしまう可能性もある。運賃
は曜日や時間によって割引になることも。また、MRT板南線
のBL18市政府駅に隣接する**市政府轉運站バスターミナル**から
は、宜蘭、礁溪へ行く首都客運バスなどが発着している。

飛行機（飛行機の旅→P.377）

　国内線は台北松山空港の国内線ターミナルに発着する。ほ
かの交通機関よりコスト
はかかるが、花蓮や台東
など列車では時間を要す
る東部へ向かう場合、大
幅に時間を節約できる。
航空券の購入は各航空会
社のウェブサイトか空港
のカウンターで。

台北松山空港国内線ターミナル

台北市内交通　MRT（捷運）

　台北市内を網羅する交通システムで、多くの路線が地下を
走っている。2023年4月現在、**文湖線（BR）**、**淡水信義線（R）**、**松
山新店線（G）**、**中和新蘆線（O）**、**板南線（BL）**の5路線と新北投
支線、小碧潭支線の2本の支線が運行されている。現在も拡張
工事が行われ、将来的に8路線、88kmの鉄道網で台北市を覆う
計画。台北郊外を走る**環状線（Y）**も一部開通している。

運賃

　20〜65元で区間により異なる。ICカードを使用すると先月の
使用回数に応じたキャッシュバックがある（2020年に運賃2割
引きは廃止）。身長115cm以下の子供は保護者同伴の場合無料。

ICカードで台北MRTに乗車すると、毎月1日から同月末日までの乗車回数による還付金（11〜20回は10%、21〜30
回は15%）が翌月1日以降の最初に改札を通過した際にICカードに還付される。翌月1日から6ヵ月以内に改札
を通過しないと還付金は無効となる。

切符の種類
單程票(片道切符)

プラスチック製のトークンで、中にICチップが内蔵されている。購入は改札付近の自動券売機で。下車の際、料金が足りず改札を出られない場合は窓口(詢門處)で残金を払い、トークンにデータを追加してもらう。トークンは折ったりして変形させると罰金を取られるので注意。改札機のセンサーにタッチして入場し、出る際に投入口に入れる。

ICカード

悠遊卡(Easy Card)、一卡通(iPASS→P.265)などのチャージ式のICカードで、改札はセンサーにタッチするだけ。MRTの詢門處やコンビニで空のカード(100元)を買い、チャージして使用する。チャージはMRT駅の加値機またはコンビニのレジなどで行うことができる。

運行時間

MRTの運行時間は6:00頃〜翌0:50頃。始発電車は各線の両端の駅からそれぞれ6:00に出発し、終電は同様に24:00に発車する。運行間隔はラッシュアワーで3〜7分、それ以外は5〜10分程度。時刻表はなく、電光掲示板に次の発車時刻までの残り時間が表示される。

MRT利用時の注意

改札前の黄色い線を越えたら飲食厳禁。水を飲むのもガムを食べるのも禁止されていて、違反すると7500元の罰金が科せられる。駅構内は全面禁煙。ホームでは整列乗車が守られている。車内の座席のうち、紺色の「博愛座」は優先席。台湾の人はお年寄りに席を譲ることが一般的で、博愛座にかぎらずお年寄りを見かけたら即座に席を譲っている。改札を通ってから出るまでの制限時間は2時間で、それを超えると20元の追加料金を取られるので撮り鉄の人は気をつけよう。

マスク着用について
2023年4月現在、バスやMRTの車内ではマスク着用が推奨されている。

台北捷運24小時票(180元)

初めて改札を通ってから24時間有効。貓空ロープウエイ以外のMRT路線が乗り放題。48時間(280元)、72時間(380元)有効もある。

運行に関する情報は電光掲示板に表示される

台北捷運遺失物中心

☎ (02) 2181-2345
🕐 12:00〜20:00
休 月・日・祝

R10/BL12台北車站駅地下3階のインフォメーション(1號詢問處)からエスカレーターを上がり、中山地下街をとおって、さらに階段を下った所にある忘れ物センター。

🏷 COLUMN　便利な悠遊卡

「悠遊卡」は、JR東日本のSuicaやJR西日本のICOCAなどと同じチャージ式のICカードで、MRTだけでなく、台湾全土の市バス、台鐵、YouBikeで使え、コンビニ、スーパーなどでも電子マネーとして使用可能。一部タクシーでも導入が始まるなど使用範囲は拡大している。高雄を中心に普及している同様のICカード「一卡通」も、台湾全土で使用できる。

MRTの詢門處やセブン-イレブン、ファミリーマートなどの主要コンビニで空のカード(100元)を買い、チャージして使用する仕組み。空港でも買うことができる。登録などは必要なく、旅行者も気軽に入手できる。チャージはMRT駅の加値機を使用するか、コンビニのレジで「我要加錢(ウォーヤオジャーチェン)」と言えばスタッフがチャージしてくれる。残金を確認したい場合は、加値機で「査詢」を選択すれば見ることができる。チャージ額の返金手続きは悠遊卡客服中心で対応しているが、手数料が20元かかる(購入後3ヵ月以上で使用回数が5回以上の場合は無料)ので、出国前に空港のコンビニで使い切ってしまうのがおすすめ。ICカードは切符を買う手間が省けるだけでなく、高雄MRTの運賃は1.5割引きで、バスも割引きになることがあるなど、観光客も1枚あると重宝する。

悠遊卡
🌐 www.easycard.com.tw

悠遊卡

一卡通

台北市内のMRT(台北捷運)とMRT桃園機場線はそれぞれ別会社の運営なので、台北MRTの1日乗車券では桃園機場線に乗車できない(セットのチケットは→P.52)。貓空ロープウエイは台北捷運の運営。

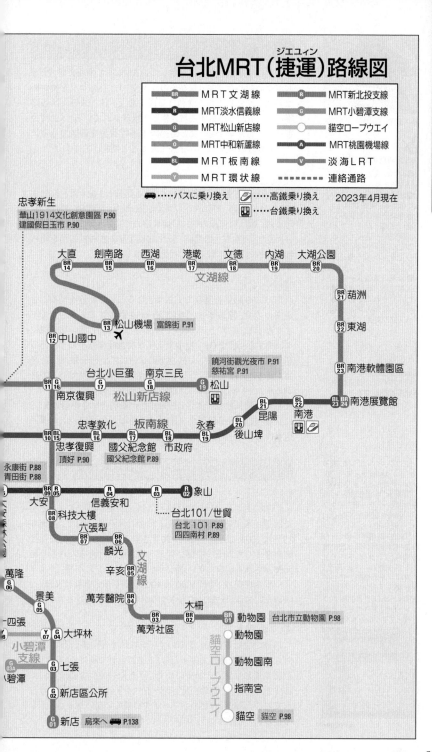

バスを乗りこなせれば上級者

台北市バス案内
（大台北公車）

🌐 ebus.gov.taipei
台北市バスの路線図や運行状況を確認できる。

タクシーを呼びたいときは

セブン-イレブンにあるibonという機械から無料でタクシーを呼ぶことができる。
画面を「生活服務」→「叫車服務」→「下一歩」→タクシー会社を選択&「下一歩」→「一般叫車」&「下一歩」→「同意、繼續下一歩」→台湾の携帯電話番号か固定電話番号（なければ「下一歩」）を入力→支払い方法「現金」を選択→配車情報と待ち時間が表示されるので「列印單據」と操作すると紙がプリントアウトされる。それを持ってタクシーを待つ。

便利なibon

市バス

台北には多数の市バスが走っている。安くて便利だが、土地勘がない初心者が乗りこなすのは大変。しかし、コツをつかめば効率よく移動できる便利な交通手段だ。各バス停には各路線のルート図や停車するバス停名が掲載されている。「台灣公車通」、「台灣等公車」など路線図や運行状況を確認できるアプリも多数あり、ダウンロードしておくと便利。

便利な路線

「紅30」など色の名前がついている路線はMRT駅と接続する。棕は文湖線、紅は淡水信義線、緑は松山新店線、橘は中和新蘆線、藍は板南線の駅に接続するので、初心者にも使いやすい。また、民生路、仁愛路、敦化北・南路など主要道路を走る幹線公車は運行本数も多く利用しやすい。

運賃と支払い方法

市バスの運賃を現金で支払うとなるといろいろ不便なことが多いので、**悠遊卡**などのICカードを利用することを強くおすすめする。ICカードの場合、乗車時と下車時に読み取り機にタッチするだけでOK。現金で支払う場合は運転手の横にある運賃箱に投入するが、お釣りが出ないので小銭を用意する必要がある。また一段票、二段票と料金帯が区切られている場合があり、いくら払えばいいのか非常にわかりにくい。

基本の運賃は15元で、二段にまたがる場合はその倍の30元になる。ICカード使用でMRTから1時間以内に市バスに乗り継ぐ場合、4～8元の割引きがある。

タクシー

料金

台湾のタクシーは日本に比べて料金が安いのでちょっとした距離でも気軽に利用できる。料金はメーター制で、初乗り85元で200mごとに5元ずつ加算される。23:00～翌6:00は夜間料金として20元が加算。後部トランクに荷物を入れると10元加算されるが取らない運転手も多い。チップは不要。チャーターする場合は7時間3000～4000元が目安。事前に交渉し、決めた料金は紙に書いてもらうのがトラブルを避けるコツ。

乗車方法

車体の色は黄色で、空車のサインは日本と同様「空車」と点灯される。手を挙げて停めたら、ドアは自分で開ける。日本語、英語は通じないことが多いので、行き先や住所を紙に書いて渡すとスムーズ。後部座席もシートベルトの着用が義務づけられている。降車時は後ろからバイクが来ていないかよく確認してからドアを開けよう。降車後ドアを閉めるのも忘れずに。

💡 「○○路▲▲口」というのは○○路と▲▲路の交差点という意味。

レンタサイクル

ローカルに触れる観光をしたいなら、レンタサイクルは必須。台北をはじめ多くの都市でYouBikeという自転車シェアサービスが普及している。町なかのどこのスタンドに返却してもよく、移動の自由度を増してくれる優れものだ。

利用方法は、**悠遊卡**などのICカードを登録する方法とクレジットカードを利用する方法のふたつ。台湾の電話番号が必要になるが、使い勝手はICカード登録のほうが断然いい。いずれの場合も「YouBike 2.0」というアプリが必要。なお以前登録したICカードは、そのまま継続して使用が可能だ。

スタンドは各所にある

ICカードを登録して借りる

アプリを立ち上げ「Login/Register」から台湾の電話番号、生年月日、パスポート番号などを入力。「Send verification code」をタップするとSMSで認証コードが送られてくるのでそれを入力。次にICカードの番号を入力して登録。以上で完了。続いて保険加入のページが現れるが、何もしなくてOK。

◎ICカードでの使用法

自転車のハンドル部分の緑のボタンを押す→反応したらICカードをタッチ→「請取車」と表示されたら自転車を引き抜く→返却は空いているスタンドに自転車をセット→表示が出たらICカードをタッチ→使用分の料金が表示されて返却完了。

ICカードをタッチ

「請取車」と出たら引き出す

クレジットカードで借りる

アプリを立ち上げ「Login/Register」から「Single Rental」をタップ。入力したメールアドレスに送られてくる認証コードを入力。次にクレジットカード情報を入力して完了。登録から5日間有効で、最初に3000元がデポジットとして引き落とされるが、レンタルで問題がなければ返却される。

◎クレジットカードでの使用法

アプリを立ち上げ、自転車のハンドル部分の赤のボタンを押す→現れる二次元コードをアプリでスキャンするか、認証コードを入力→確認されたら自転車を引き出す→返却は空いているスタンドに自転車をセット→「還車成功」と表示されて返却完了。

二次元コードをアプリでスキャン

YouBike 2.0のアプリ
どこにYouBikeのスタンドがあるか地図上に表示でき、空き自転車の有無、使用履歴なども表示できる。

YouBikeの使用料金
台北の場合、最初の30分以内が5元で、4時間まで毎30分以内に10元が加算される。4時間を超えると毎30分以内に20元が加算され、長く使うほど高くなる仕組み。各自治体が補助金を出している場合が多く、町ごとに多少料金が異なる。

鍵は穴に差し込んでセットし、解除するにはハンドルのボタンを押してICカードをタッチ、あるいはスキャンする

電動機付自転車もあり、使用料金は少し高い

台北の名所を巡る
台北市雙層観光巴士
主要観光スポットを回る2階建てオープントップバス。始点はMRT台北車站駅M4出口前のバス停（**M**P.68-B2）だが、どのバス停から乗車を開始してもよい。
URL www.taipeisightseeing.com.tw/jp

赤い2階建てバス

台北 （早わかり）エリアナビ

台北市は台湾の首都で人口約250万。形は縦長で見どころは中央に集まっている。町の雰囲気はエリアによってガラリと変わるのが台北の特徴。たくさん歩けば台北のいろいろな顔に出合える。

1 台湾最大の交通ターミナル
MAP P. 68、69、74、75

台北車站周辺 >>> P.81

 通と商業の中心。生活に密着した商店が並び、アジア都市ならではの活気とパワーが感じられる。南側は行政の中心地で、總統府をはじめとする政府の建物が並ぶ。

交通機関が集まる台北車站（台北駅）

2 高級ホテルが並ぶショッピングエリア
MAP P. 63、64、69

中山 >>> P.84

 木が美しい中山北路二段を中心とした区域。ホテルが多く、観光の拠点に便利。MRT 中山駅周辺はショッピングエリア。

メインストリートの中山北路二段

3 文化施設が点在する公園一帯
MAP P. 63

圓山 >>> P.85

台 北市北部一帯に広がる花博公園に代表されるエリア。公園内には美術館や旧跡が点在し、緑豊かな市民の憩いの場となっている。MRT 圓山駅周辺には孔子廟がある。

のんびりした時間が流れている

4 清代から続く問屋街
MAP P. 62

迪化街・大稲埕 >>> P.86

 れんがや石造りのバロック式建築が軒を連ねる問屋街。近年はリノベーションが進み、話題のカフェやショップ、レストランが増えている。

歴史的建築が再生中

5 台北の "原宿" と "浅草"
MAP P. 67

西門町・萬華 >>> P.87

西 門町は中高生に人気のにぎやかな繁華街。萬華は台湾で最も歴史が古い地域で寺廟が多く、お年寄りの姿も多い。どちらもディープな雰囲気。

参拝者が絶えない龍山寺

6 個性的なショップがいっぱい
MAP P. 76

康青龍 >>> P.88

 き氷店や雑貨店が集まる人気の散策エリア。かつての文教地区でもあり、文化を発信する知的なショップも多い。

散策が楽しいエリア

台北
台中　花蓮
台南　台東
高雄

新北投温泉
台北車站（台北駅）
龍山寺

7 開発が進む新興エリア
MAP P.73、78、79

信義 》》P.89

台 北101をはじめとする高層ビルが立ち並び、日夜新しいビルの建設も進んでいる開発著しい商業地区。バーやクラブも多いナイトスポットでもある。

ビルが立ち並ぶ

8 デパート、レストランが集まるショッピングエリア
MAP P.70、71、72、77、78

東區・大安 》》P.90

台 北随一のショッピングタウン。忠孝東路四段の頂好周辺は大型デパートが並び、路地裏には最新のセレクトショップやカフェ、レストランが集まる。大安は自然豊かな大安森林公園がある。

路地裏に店がいっぱい

9 落ち着いたカルチャーエリア
MAP P.65、66、72、73

松山 》》P.91

台 北松山空港がある北東部一帯のエリア。おしゃれな好感度ショップが並ぶ富錦街や壮麗な装飾の慈祐宮、饒河街観光夜市など、最新と定番の見どころが集まっている。

閑静な住宅街にショップが点在する富錦街

10 緑あふれる郊外の高級住宅地
MAP P.80

士林・天母 》》P.92

士 林観光夜市、國立故宮博物院などがある士林は山の麓にさしかかる、自然豊かなエリア。さらに北に離れた天母は外国人が多く居住する高級住宅地区となっている。

11 少し足を延ばせば大自然
MAP P.98、99

台北近郊 》》P.98

台 北南部一帯は茶畑が広がる丘陵地帯。鉄観音茶の産地、貓空にはロープウエイでアクセスできる。台北市北部に広がる陽明山からは台北の町並みを一望できる。

ロープウエイで見どころにアクセス

山を背にして立つ國立故宮博物院

大稻埕・中山北路

台北松山空港

N

0　100m

62-63	64-65	
68-69	70-71	72-73
67	76-77	78-79
74-75		

1

台北松山空港

• 台北松山空港

第2ターミナル
（国内線）

第1ターミナル
（国際線）

タクシー乗り場

タクシー乗り場
2　　　　　　　1

亜通客運南崁、大園區行き

桃園客運
桃園行き

國光客運
台湾桃園国際空港行きリムジン
「松山機場」バス停

ツアーバス
乗り場

市バスバス停

BR13
松山機場駅

3　棕1、2、4、225、275、617、
801、803、906、909路

民航局

民權東路四段

民權公

P.65

2

民權東路三段

敦北公園

fun fun town

Fujin Tree 355

富錦樹咖啡店

楓蓮旅遊

244巷

P.369
交通部觀光局
旅遊服務中心

敦化北路

富錦街
P.91

238巷

民族國小

精忠公園

富錦街
P.91
ビームス台北

慈幼綠地

222巷

兆豐國際商業銀行

華南銀行

「介壽國中」バス停

民生東路五段

Design Buti

茹糸葵

R

「公教住宅」バス停

R

郵便局

微熱山丘
P.113

地下道入口

台湾銀行

民生東路四段

彰化銀行

小上海

モスバーガー

民生公園

キャセイ
パシフィック航空
(12F)

郵便局

延壽2號公園

市立図書館

警察局松山分局
東社派出所

光復北路

介壽國中

勝利文具店

民生國小

199巷

3

THE SPA AT MANDARIN ORIENTAL TAIPEI

マンダリンオリエンタル台北
P.118

松 山 區

敦化北路

長庚紀念
醫院

HSBC

長春路

155巷

OK便利商店

京鼎小館
P.102

145巷

中華公園

P.72

健康路

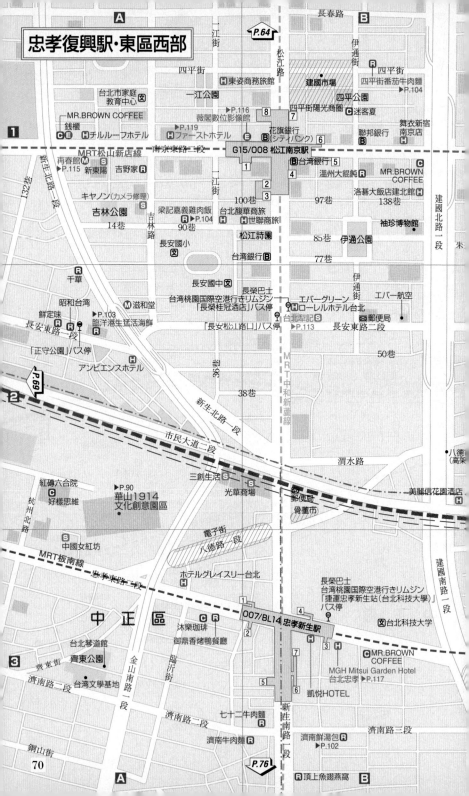

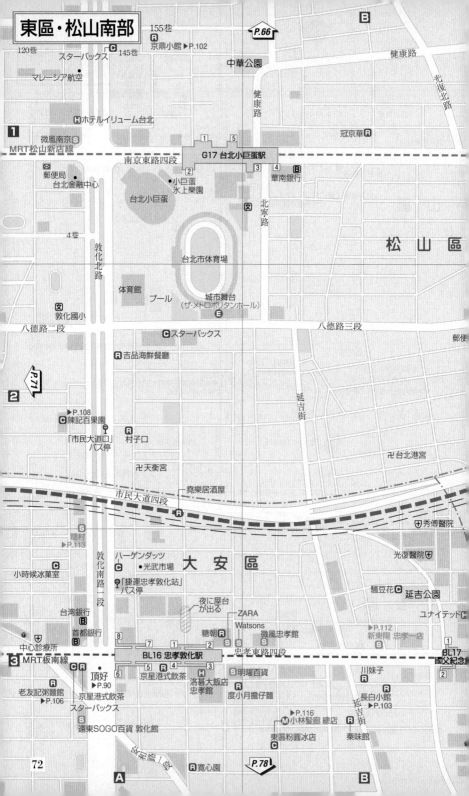

155巷
京鼎小館 ▶P.102

120巷　145巷
スターバックス
マレーシア航空

中華公園

健康路

光復北路

H ホテルイリューム台北

冠京華 **R**

P.66

1

微風南京 **S**

MRT松山新店線

郵便局
台北金融中心

南京東路四段

G17 台北小巨蛋駅

華南銀行 **B**

小巨蛋
氷上樂園

台北小巨蛋

北寧路

4巷

敦化北路

松 山 區

台北市体育場

敦化國小 **文**

体育館

プール

城市舞台
(ザ・メトロポリタンホール)

E

八德路二段

八德路三段

郵便

スターバックス **C**

吉品海鮮餐廳 **R**

延吉街

P.71

2

▶P.108
陳記百果園 **C**

「市民大道口」
バス停

村子口 **R**

天衡宮

台北港宮 卍

市民大道四段

堯樂居酒屋
R

秀傳醫院 ✚

糖村
▶P.113

ハーゲンダッツ

大 安 區

光復醫院 ✚

小時候冰菓室

C
光武市場

「捷運忠孝敦化站」
バス停

敦化南路一段

碗豆花 **C**
延吉公園

夜に屋台
が出る

ZARA
Watsons

微風忠孝館

ユナイテッド

台灣銀行

糖朝

▶P.112
新東陽 忠孝一店

✚
中心診療所

首都銀行
B

8　　**7**　　**1**

忠孝東路四段

S

川妹子
R

3 MRT板南線

BL16 忠孝敦化駅

S 明曜百貨

BL17
國父紀念

頂好 **C R**
▶P.90

6　　**5** **R** **4**

京星港式飲茶

洛碁大飯店
忠孝館

度小月擔仔麺

長白小館
▶P.103

R

老友記粥麺館
▶P.106

R

スターバックス

遠東SOGO百貨 敦化館

▶P.116
M 小林髪廊 總店

東區粉圓冰店

秦味館 **R**

延吉街

A

R 寬心園

P.78

B

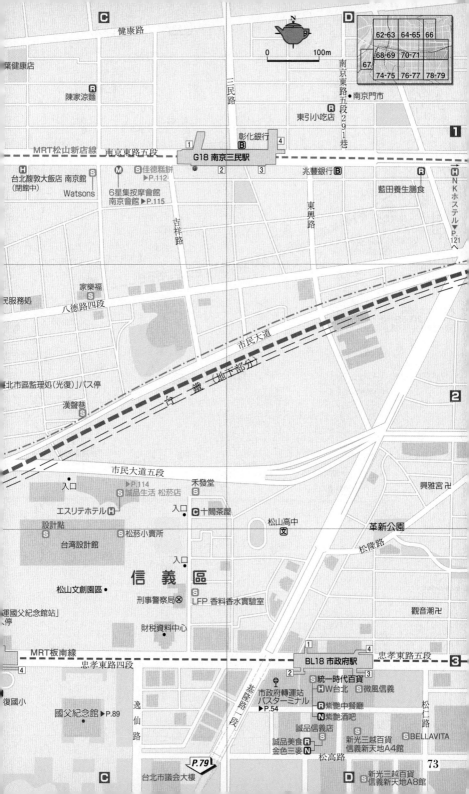

P.69

0 100m

62-63	64-65	66
68-69	70-71	72-73
67	76-77	78-79

龍門客棧餃子館 R
▶P.105

61巷

紹興南街

丹陽街

杭州南路一段

台湾大学付属醫院

東和禅寺跡

泰北中学

睦軒獨享鍋 R

仁愛路一段

1

東門國小

國家音楽廳

信義路一段

由廣場門

藝文廣場

救恩堂

中華電信

M Hair Mall

「信義杭州路口」バス停

N 小地方展演空間

大忠門

C スターバックス

金山南路一段

家戲劇院

真館が並ぶ

地下通路

中正紀念堂
▶P.82

信義路一段
MRT淡水信義線

東門市場

R07/006
東門駅

愛國東路

大孝門

寧波東街

杭州小籠湯包 R
盛園絲瓜小籠湯包 R ▶P.102

▶P.104
永康牛肉麺 R

2

CKS/G10
中正紀念堂駅

峰牛肉飯
▶P.104

羅斯福路一段

寧波西街

金華街

鼎元豆漿
▶P.105

老張牛肉麺店

MRT松山新店線

セブン-イレブン S
▶P.25

信義路二段
114巷

P.76

台北刑務所跡地

▶P.15
榕錦時光生活園區

末世教会

廖家牛肉麺 R
▶P.104

大 安 區

金華街

員林商店 R

金山南路二段

3

劉媽媽飯糰 R

潮州街

羅斯福路一段

福州街

古亭駅 G09/005

7

6

8

5

旧台湾電力達見
堰堤建設部

四海豆漿

和平西路一段

C スターバックス

寧雅 POYA
▶P.27

晋江茶堂 C

S

4

1

3

和平東路一段

國立師範大学

2

南昌路一段

汀州路

P.71

N

0 100m

台湾當代文化實驗場
C-LAB

真的好海鮮餐廳 R

建國假日玉市 ▶P.90

レ・スイーツ台北
大安

OLA鋼琴酒吧 N
宏恩醫院 ⊞

仁愛路三段

ハワードプラザホテル台北 H
福華名品 S

建國假日花市

台北市立総合医院
仁愛醫區 ⊞

知足健康 M
▶P.115

C
Plants EATERY

大有巴士東線
台湾桃園国際空港行き／からの
リムジン「福華飯店」バス停

東豊街

H 豪城大飯店

▶P.103 極膳 R

大
安
路
二
段

▶P.106
驥園川菜餐廳 R

ホテルエクラット H

M
R
T
文
湖
線

スターバックス

6

▶P.111
C
S 茗心坊
仁慈宮 卍

2 1

MRT淡水信義線　　信義路三段

BR09/R05 大安駅

3

4

5

信義路四段

P.78

2

敦
化
南
路
二
段

郵便局

四
維
路

大
安
路
二
段

大 安 區

復
興
南
路
二
段

瑞
安
街

H 台北馥敦飯店 復南館

四維公園

文 大安國中

消防署

一流清粥小菜 R
粥屋街
呉淥豆漿
文 小李子 R
R
R
無名子清粥小菜

安東市場

龍新公園

瑞
安
街

鳳雛公園

大有巴士東線
台湾桃園国際空港からのリムジン
「捷運科技大樓站」バス停
葛瑪蘭客運宜蘭方面行きバス停

BR
08
科
技
大
樓
駅

和平東路二段

S 勝立生活百貨

C

D

信義

P.72

A

B

スターバックス

R 寛心園
R 園爐
▶P.103

● 富邦金控

中國信託銀行

延吉街

■1

R 九如

知足健康 M
▶P.115

仁愛路四段

B 台新銀行

スターバックス C

第一銀行

仁愛國中 ✿

國泰醫院 ✚

市立図書館 ●

中山醫院 ✚

仁愛公園

四維路

仁愛國小 ✿

H ▶P.106
驥園川菜餐廳 R

安和路一段

敦安公園

香城大飯店 H

敦化南路一段

ホテルエクラット

H マディソン
N URBAN331

R04 信義安和駅
1 5

信義路四段

MRT淡水信義線

2 ✕

3
4

P.77

B 華南銀行

■2

安和派出所
R 吉品海鮮餐庁 信義店

S Watsons

台北市文昌家具街

文昌街

大 安 區

信
義
路
四
段
一
八
六
巷

通
安
街

卍 三聖宮

東方工商 ✿

平安公園

台湾銀行 B

山東婆婆

郵便局 ✉

S Watsons

C スターバックス

愛玉之夢遊仙草 C

臨江街觀光夜市 ●

大安國中 ✿

居安公園

臨江街

全聯福利中心

通
化
街

R 瓦城

■3

宏都金殿大飯店 H

樂
利
路

CPC
(ガソリンスタンド)

▶P.102
明月湯包(支店) R
明月湯包(本店) R

鳳雛公園

N 馬可波羅酒廊

▶P.118
シャングリ・ラ
ファーイースタンプラザホテル台北 H

「喬治商職」バス停

仁康醫院 ✚

C 珠宝盒

大有巴士東線
台湾桃園国際空港行き／からの
リムジン「遠東國際飯店」バス停

喬治高職 ✿

梅花数位影院(映画館)
E

高雅旅店 H

MRT文湖線

A 和平東路三段

B

國父紀念館 ▶P.89

P.73

新光三越百貨
信義新天地A4

新光三越百貨A8館

微風松高

ル・メリディアン
台北

台北市議会大樓

台北市政府
行政大樓

松壽廣場

新光三越百貨
信義新天地

微熱山丘
新光三越
信義A9店

中山公園

逸仙路

基隆路一段／路橋

市府路

台北探索館

市府路

市政府

新光三越百貨
信義新天地A9

仁愛路四段

R ▶P.106
北平都一處

新光三越百貨A11館

光復市場

大有巴士東線
台北桃園国際空港行きリムジン
「君悦飯店」バス停

BBC N

台湾桃園国際空港からのリムジン
「君悦飯店」バス停

大有巴士東線

松壽路

信義 A19店

グランドハイアット台北 H
漂亮廣式海鮮餐厅

台北世界貿易
中心3館

ELECTRO N
ATT 4 FUN S

ホームホテル
▶P.117 信義

H

WAVE N
▶P.109

信 義 區

微風南山 S

中興公園

基隆路一段

台北世界貿易中心

欣葉食藝軒 R
台北101美食街 R
▶P.108
鼎泰豐 R

松廉路

郵便局 ✉

信義區
行政大樓

台北市政府
警察局信義分局

國際会議中心

Mia C'bon S

台北101 ▶P.89

台北101
購物中心 ▶P.113

R03 台北101／世貿駅

信義路五段

MRT淡水信義線

R02 象山駅

花旗銀行
(シティバンク) B

莊敬路

松智路

吳寶春麥方店

松勤街

四四南村 ▶P.89

松智路

好,丘 ▶P.108 C

信義國小 文

松仁路

景新公園

景平公園

松平路

莊敬路423巷8弄

莊敬路

民東街

62-63 64-65 66
68-69 70-71 72-73
67
74-75 76-77

D

N
0   100m

79

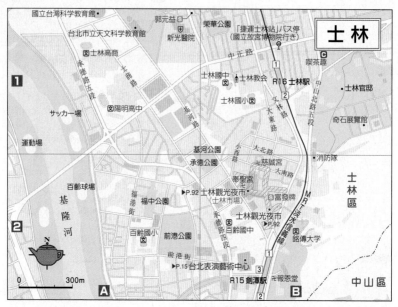

國立台灣科學教育館 •

郭元益

榮華公園

台北市立天文科學教育館

新光醫院

中正路

「捷運士林站」バス停
（國立故宮博物院行き）

喫茶趣

士林高商

士林國中

士林教會

R16 士林駅

士林官邸

1

承德路五段

士林國小

奇石展覽館

陽明高中

サッカー場

基河路

大東路

小西街

運動場

基河公園

大北路

承德公園

慈誠宮

消防隊

義聖宮

大南路

士

林

區

百齡球場

福港街

福中公園

▶P.92 士林觀光夜市
（士林市場）

富發牌

基

隆

河

百齡國小

承德路四段

士林觀光夜市
▶P.92

N

前港公園

百齡國中

銘傳大學

前港街

0　　　300m

2

▶P.15 台北表演藝術中心

R15 劍潭駅

報恩堂

中山區

A　　　　　　　　　　　　　　**B**

磺溪

87巷

郵便局

124巷

士

林

區

天母北路

39巷

81巷

82巷

天母新村
バス停

中山北路七段

天王街

台北是美精品飯店

51巷

天母國小

69巷

李克澄図書館

3

磺溪

天王街

天山公園

「天母廣場」バス停

頂好

台湾銀行

英明内児科

天母西路

天母廣場

方家小館

天母東路

「忠誠路口」
バス停

レストランやショップが集まる

6巷

三玉宮

新光三越百貨

啓明學校

天母

感恩堂

Watsons

台北天母店

「啓智學校」バス停

台北市日僑学校
（日本人学校）

天福公園

405巷

441巷

台北市美國學校
（アメリカンスクール）

誠品商場忠誠店

4

塗姆・埔里小吃

ダンディ天母店

順成蛋糕

天母運動公園

N

「天母棒球場」バス停

天母棒球場
（野球場）

0　　　300m

士東國小

A

士東路

B

台北中心部、士林へ

大葉高島屋

台北車站周辺の歩き方と見どころ

台湾の国鉄に当たる台鐵と高速鐵道、MRTが乗り入れる台北車站（台北駅）の周辺は、食べ物や生活用品などの個人商店が軒を連ねる雑多で生活感あふれるエリア。台北車站地下街のZ4番出口を出ると、繁華街の中心に近い新光三越百貨の前に出る。看板が連なる通りを歩いて、ローカルな雰囲気になじんでみよう。南側は總統府（→P.82）をはじめとする政府機関が集中する行政の中心地となっている。中正紀念堂（→P.82）、國立台湾博物館（→P.83）などの観光スポットも多い。

台湾の鉄道の中心駅

▶ 台北車站（台北駅） タイペイチャーヂャン

MAP P.68-B2

台湾鐵路管理局（台鐵）の台北駅。線路は地下に敷設されており、地上に線路は見えない。鉄道のプラットホームは地下2階にある。駅ビルは地上6階、地下4階建てで、切符売り場は1階ホールと地下1階にある。地下通路でMRTの台北車站駅に接続し、地下ショッピングモールに続いている。地上2階にはフードコート、微風台北車站（→P.107）がある。

あらゆる公共交通機関が集結

今に残る唯一の城門

▶ 北門 ベイメン

MAP P.68-A2

清代光緒5（1879）年落成の台北府城の北門。承恩門とも呼ばれる。1895年5月29日、日清戦争の結果、日本に割譲された台湾の接収のために上陸した日本軍は城内住民の手引きでこの門から台北に無血入場した。町を取り囲んでいた城壁は日本統治時代に取り壊されたが、この北門のみ当時の姿で残されている。門の北側には光緒8年の記載がある「承恩門」の扁額がはめ込まれている。

近年周囲が整備されて芝生や石が敷かれた北門廣場となり、北門へのアクセスも容易になった。

中をくぐることができる

アクセス

中心部へはR10/BL12台北車站駅、G12/BL11西門駅が近い

台北車站（台北駅）

🏠 台北市北平西路3號
☎ (02)2371-3558
🚇 R10/BL12台北車站駅よりすぐ

1階の台北車站大廳

北門

🏠 台北市忠孝西路一段、延平南路、博愛路の交差点
🚇 G13北門駅1番出口より徒歩約2分

台北北門郵局も歴史建築

向かいにある國立台湾博物館
鐵道部園區（→P.14）

今も昔も権力の中枢

總統府 ゾントンフー

1919年に台湾総督府として建てられた左右対称5階建ての建築で、ふたつの中庭があり上から見ると「日」の形をしている。日本統治終了後、中国国民党政府が大陸より移り、内部を改築して總統府として使用し現在にいたっている。

總統府の周囲は諸官庁が集まり、いわば台湾の"霞が関"となっている。道路幅も驚くほど広い。總統府前を東西に走る道路はかつて介壽路と呼ばれていたが、もと総統の陳水扁が台北市長時代に現在の名である凱達格蘭大道に改名した。この名は台湾原住民の族長の名に由来している。

總統府は平日午前中に1階部分のみが公開されている（15人以上の団体は要予約）。年に数回、總統府が決定する休日参観日には全館が公開される（予約不要）。休日参観日は總統府のウェブサイトで確認できる。

高い塔が目立つ壮麗な建築

衛兵の交代式がある

MAP
P.75-C2

中正紀念堂 チョンヂォンジーニエンタン

高さ70mの青い八角形瓦屋根が目立つ壮大な紀念堂。日本統治終了後、台湾を支配した中国国民党政府の故蒋介石総統（中正は蒋介石の字）を記念し、1980年に建てられた建築だ。内部には巨大な蒋介石の座像が置かれ、毎正時に衛兵の交代式が行われている。紀念堂の基台の階段は89段で蒋介石の享年と同じ数。

紀念堂の前方両脇にある中国古典風の建物は國家音楽廳と國家戯劇院で、コンサートや演劇が催される。入場券は各建物の窓口で販売されるほか、ウェブサイトからも購入できる（🔗npac-ntch.org/zh）。

紀念堂前の広大な庭園は手入れが行き届き、緑が美しい。ここは結婚記念撮影の人気スポットで、シーズンには花嫁花婿であふれている。

外せない観光名所

🏠 台北市重慶南路一段122號

☎ (02)2312-0760

🕐 9:00～12:00（入場は11:30まで）

❌ 土・日、旧正月

💴 無料（要パスポート）

🚇 R09台大醫院駅1番出口より徒歩約7分。G12/BL11西門駅3番出口より徒歩約4分

🔗 www.president.gov.tw

總統府見学

ほぼ毎月1回開催される休日参観日（予約不要）には、平日は非公開の1階エントランスホールや2階のオーディトリアムを参観できる。入場は裏口から。近くの台北賓館（🗺P.68-B3）も同日に開放される。

かつての迎賓館、台北賓館

🏠 台北市中山南路21號

☎ (02)2343-1100（紀念堂管理所）

🕐 9:00～18:00

❌ 旧正月、2月28日

💴 無料

🚇 R08/G10中正紀念堂駅5番出口よりすぐ

🔗 www.cksmh.gov.tw

衛兵交代が行われる紀念堂

衛兵の交代式は必見

台湾に関する基本的知識を得られる

國立台湾博物館　クオリータイワンボーウーグアン

MAP P.68-B3

日本統治時代の1915年に建てられた博物館。台湾の文化、歴史、自然、原住民族に関する展示を中心に、企画展も行われる。さまざまな建築様式が混在した建築自体も観賞のポイント。前庭には中国最初の呉淞鉄道で走った「騰雲號」が展示されている。裏陽路を挟んだ向かいには、旧土地銀行を利用した分館（古生物展示）がある。

建物の美しさも観賞したい

悲しい歴史を秘めた都会のオアシス

二二八和平公園　アルアルバーホーピンコンユエン

MAP P.68-B3

1899年に造園された台湾初の西洋風公園。1947年に起きた二・二八事件（→P.394）を記念して1996年に改名された。人懐っこいタイワンリスや野鳥も生息し、心安らぐ都心のオアシスとなっている。

公園内には、二・二八事件発生の背景と経緯について説明する二二八紀念館がある。当時、事件の情報を台湾全土に発信した歴史の証人である放送局の建物で、外観だけでも見てみたい。

緑あふれる公園

歴史ある植物園

台北植物園　タイベイヂーウーユエン

MAP P.74-A2

台湾で初めて設立された由緒ある植物園で、約8ヘクタールの敷地に2000種に及ぶ植物が収集されている。都会の真ん中で森林浴やバードウオッチングができる市民の憩いの場だ。園内には植物標本を収蔵する腊葉館、移築された清代の布政使司衙門（2023年4月現在休館中）など、歴史的建築物もある。

荷花池（蓮池）の見ごろは7月。満開の蓮の花を見るなら朝早めに到着したい。

蓮のシーズンはぜひ訪れたい

國立台湾博物館

- 台北市襄陽路2號
- (02)2382-2566
- 9:30〜17:00（入場は16:30まで）
- 月（祝日の場合は翌日）、旧正月
- 30元
- R09台大醫院駅4番出口より徒歩約2分
- www.ntm.gov.tw

台湾民主国国旗の完全なレプリカ

二二八和平公園

- 台北市凱達格蘭大道3號
- R09台大醫院駅1、4番出口よりすぐ

二二八紀念館

- P.68-B3
- 228memorialmuseum.gov.taipei
- ※2023年4月現在、修復作業のため休館中。2025年2月以降再開予定。

放送局だった二二八紀念館

台北植物園

- 台北市南海路53號
- (02)2303-9978
- 6:00〜20:00（園内の一部は8:30〜17:00）
- 無休　　無料
- G11小南門駅3番出口より徒歩約7分
- tpbg.tfri.gov.tw

標本が収められた腊葉館

アクセス

雙連 7分 / 6分
4分
寧夏觀光夜市
赤峰街 1分 **林森北路**
7分 / 6分
中山

中心エリアはR11/G14
中山駅下車

赤峰街
🏠 台北市赤峰街周辺
🚇 R11/G14中山駅5番出口より徒歩約1分

寧夏觀光夜市
Ⓜ P.62-B3　🏠 台北市寧夏路
🕐 18:00頃〜24:00頃
🚇 R12雙連駅1番出口より徒歩約7分

行天宮
🏠 台北市民權東路二段109号　☎ (02) 2502-7924
🕐 4:00〜22:00頃
休 無休　料 無料
🚇 O09行天宮駅3番出口より徒歩約3分
🌐 www.ht.org.tw

占い横町
　行天宮の民權東路二段と松江路の交差点の地下道は、占い師が集まる占い横町として知られている。日本語を話せる占い師も多く、程度の差はあれ日本語で占ってもらうこともできる。料金は四柱推命1000元〜、米粒占い300元〜が相場。

日本語OKの占い師が多い

中山の歩き方と見どころ

　MRT中山駅周辺はデパートやショップ、レストランが密集する商業エリア。メインストリートである中山北路沿いには大型ホテルが点在し、日本人観光客の姿も多い。林森北路はネオンが連なる夜の街として知られ、日本人向けのスナックやバーが集まっている。MRT中山駅と雙連駅をつなぐ全長500mの遊歩道、**中山線形公園（Ⓜ P.63-C3、P.69-C1）**もオープン。

並木通りの中山北路二段

▶ **最旬おさんぽエリア**
赤峰街 チーフォンジエ

MAP P.69-C1

　MRT中山駅4番出口を出てすぐの、南京西路、中山北路二段、赤峰街に囲まれた一帯には、ここ数年、若いオーナーが運営するユニークでクリエイティブな雑貨店やカフェ、レストランが続々とオープンし、若者の人気を集める話題の散策エリアとなっている。台湾らしいコンクリートの集合住宅の風景とうまくマッチしているところも人気のポイント。

カフェ、ショップが集まる

▶ **関羽を慕う人々が集う**
行天宮 シンティエンゴン

MAP P.64-B2

　行天宮は関帝廟で、祀られている関帝は三国時代の英雄の関羽である。関羽はたぐいまれな武将で、武神として祀られているが、信用の神すなわち商業の保護神としても信仰されている。その理由は裏切りが日常の中国の武将のなかで、最後まで節を曲げず劉備に忠誠を尽くしたため。関羽は一介の武将であったが宋代にその忠節がたたえられ、帝の称号を授けられた。以後、関帝もしくは関聖帝と呼ばれ、広く信仰の対象となった。

ビジネス街で商売繁盛の神を祀る廟

圓山の歩き方と見どころ

台北市街北部一帯は緑あふれる花博公園が広がり、その敷地内に台北市立美術館などの見どころが点在している。MRT圓山駅の西側には儒教の始祖孔子を祀る孔子廟、医学の神様を祀る大龍峒保安宮といった清代に創建された由緒ある古跡もある。

孔子廟 コンヅーミャオ
学問の神様を祀った廟

MAP 折込裏-A2

孔子廟は光緒5（1879）年の創建。建設当初の孔子廟は台北城内の小南門付近にあったが、日本軍によって破壊され、その後1939年に現在の場所に再建された。台北の孔子廟は典型的な福建南部の建築様式で、よい状態で保存されている。

毎年9月28日の孔子生誕記念日には大きな祭礼も行われる。

美しい姿の大成殿

大龍峒保安宮 ダーロンドンバオアンゴン
医学の神様を祀った廟

MAP 折込裏-A2

孔子廟の隣にある医学の神様、保生大帝を祀った廟。清代嘉慶10（1805）年創建。保生大帝は名を呉諱本といい、宋代に泉州で生まれた実在の名医である。建築は正殿の四方を回廊が囲む、重厚かつ華麗なたたずまい。旧暦3月15日に開催される保生大帝誕生祭は、台北三大祭りである。

健康を祈願

台北市立美術館 タイペイシーリーメイシューグアン
台湾アートの動向を示す

MAP 折込裏-A2

近代的な外観の美術館。「現代化、国際化、本土（台湾）化、精緻（洗練）化」という理想と目標を掲げ、台湾の現代美術の発信地として新進気鋭の芸術家の発表の場となっている。

都会的なデザイン建築

R14圓山駅下車

孔子廟
🏠台北市大龍街275號
☎(02)2592-3934
🕐8:30〜21:00
休月　無料
🚇R14圓山駅2番出口より徒歩約7分
🌐www.ct.taipei.gov.tw

孔子のゆるキャラ

大龍峒保安宮
🏠台北市哈密街61號
☎(02)2595-1676
🕐7:00〜21:00
無休　無料
🚇上記孔子廟参照
🌐www.baoan.org.tw

台北市立美術館
🏠台北市中山北路三段181號
☎(02)2595-7656
🕐9:30〜17:30（土〜20:30、入場は閉館の30分前まで）
休月（祝日の場合は開館）
30元
🚇R14圓山駅1番出口より徒歩約10分
🌐www.tfam.museum

アクセス

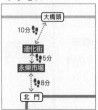

G13北門駅または012
大橋頭駅下車

迪化街

🚇 G13北門駅3番出口より
徒歩約6分、012大橋頭駅1
番出口より徒歩約10分

バロックスタイルの建築が並ぶ

霞海城隍廟

🏠 台北市迪化街一段61號
☎ (02) 2558-0346
🕐 6:16〜19:47
休 無休　料 お供え50〜300元
🚇 G13北門駅3番出口より
徒歩約9分
🌐 tpecitygod.org

良縁を願う女性に人気

永樂市場

🏠 台北市迪化街一段21號
🕐 5:00〜20:00 (店により異
なる)
休 1階は月、2〜4階は日
料 無料
🚇 G13北門駅3番出口より
徒歩約8分

迪化街・大稲埕の歩き方と見どころ

　漢方薬店が軒を連ねる迪化街の周辺は「大稲埕」と呼ばれ、萬華 (→P.87) に次いで発展した、台北のなかでも特に長い歴史を誇るエリア。港に隣接していることから清代、日本統治時代に茶や乾物の貿易で栄えた。当時流行のバロック様式の装飾を施したアーケード街は近年古い建物のリノベーションが進み、往年の美しい町並みがよみがえりつつある。センスのよいショップやカフェも増え、人気の散策スポットとなっている。

清代の町並みが進化中

迪化街 ディーホアジエ

MAP
P.62-
A2・3

　カラスミやフカヒレなどの乾物、漢方薬などの問屋商店が並ぶストリート。台北市内でも有数の古い町並みが残る一帯で、老街 (ラオジエ) とも呼ばれる。バロック建築をウオッチングしながら往時の繁栄を思い浮かべつつ歩くのが楽しい。近年はリノベーションが進み、おしゃれなショップも増えている。

漢方薬店の看板が並ぶ

女性参拝客でにぎわう

霞海城隍廟 シアハイチョンホアンミャオ

MAP
P.62-A3

　創建は1859年、縁結びの御利益があるといわれる古い廟。ここの月下老人像に手を合わせれば、赤い糸で結ばれた相手を手繰り寄せられるといわれている。参拝方法は日本語ができるスタッフが説明してくれる。廟内には家庭円満の神様などもいて、良縁を願う女性の参拝客でにぎわっている。

縁結びの神様、月下老人

布を買うならここで

永樂市場 ヨンルーシーチャン

MAP
P.62-A3

　霞海城隍廟に隣接した広場に立つ、大きな市場ビル。日本統治時代このあたりは永楽町と呼ばれ、公営の食品市場が開かれたのがその起源とされる。現在は「永樂布業商場」と呼ばれるように、生地の商いが盛ん。2階はまるで迷路のようにさまざまな布地が並んでいる。1階は食品市場で、油飯 (おこわ) に行列ができる。

客家花布もバリエーション豊富

西門町・萬華の歩き方と見どころ

台北車站の南西に位置する西門町は、10～20代向けのファッションやキャラクターグッズの店が密集。日本の原宿と秋葉原を合わせたようなにぎやかな繁華街だ。「西門」という地名はかつて台北城の西門があったことに由来する。劇場やショップが入る赤れんがの**西門紅樓**は日本統治時代の演芸場だった歴史的建築物。西門町に隣接する萬華はかつて「艋舺」と呼ばれた台北最古の繁華街で、龍山寺など清代に建てられた廟も残る下町だ。

赤れんがの西門紅樓

台北の原宿&渋谷といえばここ

西門町 シーメンディン

MAP P.67-B1

カジュアルな衣服や雑貨の店、映画館、ゲームセンター、カフェなどが密集している。とりわけ「哈日族」と呼ばれる日本大好き少年少女たちに人気のエリアで、西門新宿プラザを筆頭に日本のファッション、キャラクターグッズなどを売る店が多い。庶民的な食堂やファストフード店が多く、夜になると屋台が並び夜市のようになっている界隈もある。

宅男(オタク)カルチャーも人気の町

台北で最も古い歴史を誇る

龍山寺 ロンシャンスー

MAP P.67-A3

清代の乾隆3(1738)年創建、約280年の歴史をもつ台湾で最も有名な寺院のひとつで、四合院の伝統をふまえた宮殿式建築。台湾の寺廟の常で、龍山寺も神仏混交である。観音菩薩が正殿の主祀であるが、道教の媽祖、関帝、月下老人などの文武諸神も多く祀られている。神や仏など細かいことにはこだわらず何でも祀る台湾の宗教観がよく表れている。

台北で最も古い廟

G12/BL11西門駅またはBL10龍山寺駅下車

西門紅樓

Ⓜ P.67-B2
🏠 台北市成都路10號
☎ (02) 2311-9380
🕐 1階11:00～20:00(土～22:00、日～21:30)
🈑 劇場は公演による
🚇 G12/BL11西門駅1番出口より徒歩約1分
🌐 www.redhouse.taipei

西門町

🚇 G12/BL11西門駅6番出口よりすぐ

龍山寺

🏠 台北市廣州街211號
☎ (02) 2302-5162
🕐 6:00～22:00(入場は21:45まで) 🈑無休 🈔無料
🚇 BL10龍山寺駅1番出口より徒歩約2分
🌐 www.lungshan.org.tw

龍山寺近くにある
剝皮寮歴史街區

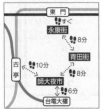

アクセス

東門
すぐ
永康街
8分
青田街
古亭 10分 8分
師大夜市
6分
台電大樓

R07/O06東門駅下車

永康街

⊠ R07/O06東門駅5番出口
よりすぐ

青田街

⊠ R07/O06東門駅5番出口
より徒歩約15分

青田街のリノベカフェ

🄲 青田七六
Ⓜ P.76-B3
🏠 台北市青田街七巷6號
☎ (02)2391-6676
🕐 11:30〜21:00
㊡ 第1月曜 🄲🄲 不可
⊠ R07/O06東門駅5番出口
より徒歩約15分
🌐 qingtian76.tw

日本家屋をカフェに

師大夜市

🏠 台北市龍泉街付近
🕐 18:00頃〜翌1:00頃
⊠ G09/O05古亭駅4番出口
より徒歩約10分

康青龍の歩き方と見どころ

　レストランやショップ、カフェが集まる永康街、青田街、龍泉街の3本の通りとその周辺のエリアは「康青龍」と呼ばれている。近くに大学が多く、日本統治時代は大学教授などが多く住んだ文教地区であり、路地裏にはその面影を残すように知的で個性的なショップが点在している。

▌ ショップやレストランが集まるストリート
永康街 ヨンカンジエ

MAP
P.76-
A2・3

　永康街は、中心部から少し外れた個性的でおしゃれなエリアとして最初に注目された地域のひとつ。MRT東門駅もすぐ近くにあり、アクセスもよい。観光客、ローカルを問わず幅広い層に人気の散策エリアだ。

かき氷店や茶藝館、雑貨ショップなどが集まる

▌ 瓦屋根の家屋が残る
青田街 チンティエンジエ

MAP
P.76-B3

　永康街の南東にあり、日本統治時代の建物を転用したシックなカフェやショップが、かつて文化人らが多く居を構えた文教地区としての名残を伝えている。

緑が生い茂る閑静な通り

▌ 大学生でにぎわう夜市
師大夜市 シーダーイエシー

MAP
P.76-A3

　夜市の名前にもなっている國立師範大学の東側、龍泉街周辺にある夜市。周辺に大学が多いことから、生活の場の一部としてここに足を運ぶ学生の姿が多く見られる。規模は小さいが、台湾の大学生の生活ぶりを垣間見られるのがおもしろい。場所柄若者向けの服やアクセサリーを売る店も多い。

プチプラファッションをチェック

信義の歩き方と見どころ

台北市中心部の東南を占める信義は、台湾のランドマークである台北101などの高層建築が並び、現在も開発が進んでいる新興エリア。デパートやショッピングセンター、シネマコンプレックスなど大型商業施設が集中し、深夜までにぎわう。

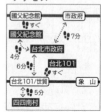

MAP
P.79-D2

台湾最大の高さを誇る

台北101　タイペイイーリンイー

高さ508m、地上101階、地下5階からなる台北のランドマーク。風水で縁起がいいとされる竹の形がデザインの基になっている。88〜91階が展望台で、地下1階から5階までがショッピングセンター。

展望台には5階のチケット売り場から時速60キロの世界最速エレベーターで行く。38秒で89階の展望台に到着し、高さ382mから四方に向かって台北市街のパノラマが眺められる。天候がよければ91階の屋外展望台に階段を使って行ける。

勇気のある人は、101階の屋外展望台「Skyline460」（3000元）からの眺めを楽しんでみては？

台湾いち高い建物

MAP
P.73-C3

国父孫文の生誕100年を記念した

國父紀念館　クオフージーニエングアン

建国の父、孫文の生誕100年を記念し1972年に建てられた中国宮殿風の建物。2階には蔵書数30万冊を誇る孫逸仙（逸仙は字）博士図書館、中山画廊、1階には孫文に関する資料を展示した国父史蹟展覧室などがあり、国内最大級の劇場も備えている。館内の孫文像の前では、公開時間内の正時ごとに衛兵交代が行われる。衛兵を間近で見られると人気。

堂々とした本館

MAP
P.79-C2

かつての軍人村が現代風に変身

四四南村　スースーナンツン

国共内戦後大陸から逃れてきた人々を収容するため造られた居住区が台湾各地にあり、眷村と呼ばれている。ここは日本統治時代の倉庫を利用した軍人用眷村のひとつで、おしゃれなカフェやショップが入ったリノベーションスポットとして人気。週末はフリーマーケットが開かれる。

人気のインスタ映えスポット

国立故宮博物院
士林観光夜市
中山駅
台北松山空港
西門駅
台北車站(台北駅)
東門駅
台北101

アクセス

國父紀念館　→すぐ　市政府
國父紀念館　→7分
→4分
台北市政府
→6分
台北101　→すぐ
象山
台北101/世貿
→5分
四四南村

R03台北101/世貿駅、
BL17國父紀念館駅下車

台北101
台北市信義路五段7號
(02) 8101-8800
◆展望台
11:00〜21:00（入場は20:15まで）　無休
600元（ファストパスは1200元）
R03台北101/世貿駅4番出口よりすぐ
www.taipei-101.com.tw

絶景スポット、象山
折込裏-B4
台北市信義路五段150巷342弄（登山口）
R02象山駅2番出口より徒歩約7分（登山口）
頂上まで階段で約20分。展望台から台北101周辺のすばらしい眺望を得られる。

國父紀念館
台北市仁愛路四段505號
(02) 2758-8008
9:00〜18:00
旧正月　無料
BL17國父紀念館駅4番出口よりすぐ
www.yatsen.gov.tw

四四南村
台北市松勤街50號
(02) 2723-7937
24時間（カフェやショップは11:00〜21:00頃）
月・祝　無料
R03台北101/世貿駅2番出口より徒歩約5分

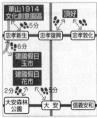

アクセス

華山1914
文化創意園區　　頂好
　　　　　5分
忠孝新生　忠孝復興　忠孝敦化
　　　　　6分
建國假日
玉市
建國假日
花市
2分　　　　5分
大安森林
公園　　　大　安　信義安和

BL16忠孝敦化駅、BR10/
BL15忠孝復興駅下車

頂好

🏠台北市忠孝東路四段と敦
化南路一段の交差点周辺
🚇BL16忠孝敦化駅下車。ま
たはBR10/BL15忠孝復興駅
下車

華山1914文化創意園區

🏠台北市八德路一段1號
📞(02)2358-1914
🕐24時間（カフェやショッ
プは11:00〜21:00頃）
🈳無休
🚇O07/BL14忠孝新生駅1番
出口より徒歩約5分
🌐www.huashan1914.com

酒工場の跡地をリノベーション

建國假日玉市

🏠台北市建國南路一段と仁
愛路三段の交差点付近
🕐土・日9:00頃〜18:00頃
（12:00頃からにぎやかにな
る）
🚇O07/BL14忠孝新生駅6番
出口より徒歩約7分
🌐tckjm.mmweb.tw

東區・大安の歩き方と見どころ

　MRT忠孝復興駅から國父紀念館駅一帯は「東區」と呼ばれ、忠孝東路を中心にデパートが並ぶショッピングエリア。忠孝東路の北側の小道にはおしゃれなショップやカフェ、南側の小道には実力派レストランが集まる。

台北の流行の発信地
頂好 ディンハオ

MAP
P.71-D3 〜
P.72-A・B3

　忠孝東路四段と敦化南路一段の一帯は、おしゃれな百貨店やブティック、レストランなどが密集する、台北の"銀座"のようなエリア。ここに集まってくる若者たちもセンスがよい。裏道にはショップやカフェが点在している。裏道のショップは昼過ぎ頃から開きだす。

20〜30代のおしゃれな若者の姿が多い

イベントスペースが充実したリノベエリア
華山1914文化創意園區 ホアシャンイージョウイースーウェンホアチュアンイーユエンチュー

MAP
P.70-
A2・3

　日本統治時代から1987年の移転まで、酒の醸造所であった大規模な工場跡を改装した総合文化スペース。かつて酒蔵や倉庫として使われた建物群がショップやカフェ、イベント空間などに転用されているが、歴史的価値を損なわないよう注意が払われている。園内は緑にあふれ、人工物との調和が不思議な魅力を醸し出している。外れには、赤れんがの倉庫をリノベーションした、紅磚六合院もある。

ガード下の週末マーケット
建國假日玉市 ジエンクオシャーリーユイシー

MAP
P.77-C1

　建國南路の高架道路ガード下で土・日曜のみ開催される市場。玉市で売られているのは特産の台湾ヒスイ。ただ本物かどうかは地元の人でも判別が難しい。真珠や水晶、金髪晶などのパワーストーンも豊富に揃う。薄暗いガード下に露店が並び、長く連ねた色とりどりの玉を売っているさまは壮観。買うときは値切りに挑戦してみよう。南側には花を扱う建國假日花市がある。

台湾の人にはヒスイが人気

松山の歩き方と見どころ

台北松山空港から南の松山エリアには、MRT松山新店線でアクセスできる饒河街観光夜市や、かつてのたばこ工場の跡地に建てられた松山文創園區などのリピーターに人気の見どころがある。大人気のパイナップルケーキ、微熱山丘（→P.113）があるのもこのエリア。

台北二大夜市のひとつ
饒河街観光夜市　ラオホージエクワングアンイエシー

MAP 折込裏 -B3

庶民的で、台北っ子たちの人気も高い夜市。屋台料理やデザートをはじめ雑多なあらゆる物が売られていて、見て歩くだけでも楽しめる。金魚すくいやゲームの店などもあり、夢中になっている大人の姿も見られる。1本の通りがそのまま夜市になっているので、約600mほどの道を往復すればすべての屋台を見ることができる。慈祐宮側の入口付近にある胡椒餅の屋台が人気。

ネオンでいろどられた入口の門

きらびやかな装飾が光る
慈祐宮　ツーヨウゴン

MAP 折込裏 -B3

饒河街観光夜市の東側入口に立つ壮麗な媽祖廟。福建省と広東省からの移民によって清代の乾隆18（1753）年に建てられた。饒河観光夜市はこの廟の門前市から発展したものである。主神の媽祖のほか、観音菩薩や関帝、誕生日を司る神様、誕生娘娘も祀られている。屋根には神の加護を意味する2匹の龍と福禄寿の三仙人が飾られている。夜市観光のついでに参拝してみよう。

夜市の入口のすぐそばに立つ

高感度ショップが並ぶおしゃれな通り
富錦街　フージンジエ

MAP P.66- A・B2

台北松山空港近くの富錦街は、真っすぐな通りに街路樹が続き、西洋風な雰囲気をもった通り。そんな閑静な並木道にセレクトショップやカフェが次々と出店し、近年おしゃれスポットとして注目されている。富錦街は、2012年に公開された映画『台北カフェ・ストーリー』のロケ地になったことでも注目を集めた。台北松山空港に近いので帰国前に寄ってみてもいいかも。

日本の有名セレクトショップも進出

アクセス

G19松山駅、BR11/G16
南京復興駅下車

饒河街観光夜市

🏠台北市饒河街
🕐18:00頃～翌1:00頃
🈳無休　🚇G19松山駅5番出口より徒歩約1分

行列ができる胡椒餅の屋台

慈祐宮

🏠台北市八德路四段761號
☎(02) 2766-3012
🕐5:00～22:30頃
🈳無休　🎫無料
🚇G19松山駅5番出口より徒歩約1分

富錦街

🚇BR13松山機場駅3番出口より徒歩約3～15分

⚠ \ Attention! /

富錦街はふたつある
　富錦街は途中で分断していて東の民権公園周辺、西の敦北公園周辺に分かれている。タクシーで行く場合は正確な住所を告げよう。

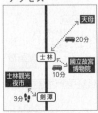

アクセス

天母
🚌 20分
士林
🚌 10分 國立故宮博物院
士林觀光夜市
🚶 3分 劍潭

R15劍潭駅下車または
R16士林駅よりバスなど

士林觀光夜市

🏠 台北市文林路、大東路、安平街ほか
🕐 美食區やショップは昼間から営業。屋台は18:00頃〜翌1:00頃 🈲 旧正月
🚇 R15劍潭駅1番出口より徒歩約3分

屋台が集まる美食區は
2023年11月現在休業中

忠烈祠

🏠 台北市北安路139號
☎ (02) 2885-4376
🕐 9:00〜17:00
🈲 3月28日、3月29日の正午まで、9月2日、9月3日の正午まで 💰 無料
🚇 R14圓山駅1番出口より紅2、21、208、247、287路バスで「忠烈祠」下車、徒歩約1分
🌐 afrc.mnd.gov.tw/faith_martyr/index.aspx

屋外で行われる衛兵交代式

士林・天母の歩き方と見どころ

台北の北部に位置する士林は台北最大規模を誇る士林観光夜市や中華文明の粋を集めた國立故宮博物院（→P.93）など台北観光の目玉となる観光スポットが点在。このあたりは陽明山（→P.99）の麓に当たり、建物の裏手には木々が生い茂り、都会でありながら自然豊かな地区である。さらに北に離れた天母は外国人が多く住む高級住宅地で日本人学校などインターナショナルスクールがある。

落ち着いた高級住宅地の天母

台北最大級の夜市
士林觀光夜市 シーリンクワンアンイエシー

MAP
P.80-B2

台北でいちばん有名な夜市。メインの建物である士林市場地下のグルメ屋台が集まる美食區は改装工事のため2024年6月まで休業予定だが、その周辺の大東路、文林路、安平街などにもたくさんの食べ物屋台のほか、若者に人気のファッションアイテムやアクセサリーなどを販売する店が並んでいて十分楽しめる。食べ歩きにはウエットティッシュがあると便利。観光客が多くごった返すのでスリには十分注意したい。

台北でいちばんにぎわう夜市

戦死者の霊を祀る
忠烈祠 ヂョンリエツー

MAP
折込裏
-A2

抗日戦争や共産党軍との戦いで国民党政府のために戦死した約33万人の霊を祀り、1969年に創建された廟。美しい色彩の中国宮殿式の建物が本殿で、北京故宮の大和殿を模して建てられたという。廟は軍の管理下にあり、公開時間内は正時ごとに正門の衛兵の交代式がある。廟内は禁煙、参観の際は脱帽しなければならない。3月29日の青年節と9月3日の軍人節には記念式典が行われ、一般公開は制限される。

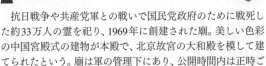

厳かな雰囲気をたたえている

世界に誇る中華文明の至宝が集結！

國立故宮博物院
National Palace Museum

台 北の北郊外の外雙溪にある國立故宮博物院は、おもに中国の歴代皇帝が所有していた宝物や芸術品を収蔵する中華文明の殿堂。収蔵品は69万点以上にのぼり、そのすべてを見るには8年以上はかかるといわれる、中華文明のコレクションにおいては世界一の博物館である。展示エリアは本館（第一展覧區）と図書文献館（第二展覧區）があり、翠玉白菜や肉形石などの主要な展示品は本館に展示。第二展覧區は2023年4月現在閉館中。敷地内には至善園、至德園というふたつの中国式庭園もある。

國立故宮博物院
M 折込裏-B2
住 台北市至善路二段221號
電 (02) 2881-2021
時 9:00～17:00（入場は閉館の30分前まで）
休 月
料 350元（元旦/1月1日、元宵節/旧暦1月15日、国際博物館の日/5月18日、世界観光の日/9月27日、国慶節/10月10日は無料）
CC J M V
URL www.npm.gov.tw

ACCESS

台北中心部から
バス G12/BL11西門駅3番出口近くのバス停より「故宮博物院」行き304路バスで終点下車。12～20分に1本、所要約40分、30元。

タクシー 本館地下1階のエントランスホールまで乗り入れ可能。台北中心部から約250～300元。

MRT士林駅から
バス 1番出口正面を進んで中正路右側のバス停より255、300、304、815、紅30、小18、小19路バスで「故宮博物院」下車、所要約10分、15元。紅30路バスは本館地下1階のエントランスホールまで行く。

タクシー 90～100元。

國立故宮博物院から台北中心部へ
バス 「天下為公」のアーチ前のバス停より255、304路バスなどでR16士林駅まで所要約10分、15元。304路バスで台北車站までは30元。紅30路バスは本館地下1階エントランスホールよりR16士林駅、R15劍潭駅まで15元。

タクシー 入口付近で客待ちしているタクシーのなかには悪質な運転手もいるので要注意。事前におおまかな料金を聞くなどしてけん制しよう。本館地下1階のインフォメーションセンターでもタクシーを呼んでもらえ、この場合は入口まで歩かなくて済む。道路の混雑により、R16士林駅まで行きMRTに乗り換えたほうが中心部まで早く着けることが多い。

院内エリアMAP
Area Map

広大な敷地を有する國立故宮博物院。入口から本館までは約200mほどあり、歩いて5分ほど。時間があれば中国式庭園の至善園もぜひ散策してみよう。

ミュージアムショップ、多寶格

本館地下1階のミュージアムショップには、展示品をモチーフにした、遊び心にあふれたオリジナルグッズがたくさん販売されている。

多寶格
🏠 國立故宮博物院地下1階
☎ (02) 2881-2021
🕐 9:00～17:00
休 月　CC A D J M V

▶ マスキングテープセット（200元）

➡ 毛公鼎の小物入れ（200元）

本館（第1展覧區）

1階から3階までが展示室で、主要な展示物はこの建物で鑑賞できる。出入口は1階と車寄せがある地下1階のエントランスホール。

至善園

約7000坪の本格的中国式庭園。明、宋代の名園をヒントにした美しい庭園で、記念撮影を楽しむ人も多い。
🕐 8:00～17:00
休 月
料 20元（チケット提示で無料）

故宮晶華

高級ホテル、リージェントがプロデュースする広東料理レストランでは有名展示品をモチーフにしたメニューも楽しめる（要予約）。地下2階の府城晶華は2023年7月現在休業中。

⬆ 傳統擔仔麺（75元）

→ 至善路二段
← 士林へ

MRT「士林」駅行きバス停

• タクシー乗り場

至德園

本館から車で西側に下りる坂の途中にある小さな公園。入場無料で24時間開放されている。

旧図書文献館（第2展覧區）

牌楼をくぐってすぐ左側の階段を上ったところにある建物。不定期で企画展が開催される。
※2023年4月現在閉館中

「天下為公」の牌楼

敷地の入口にある大きな門。「天下為公」とは「天をもって公と為す（＝天下は公のものである）」という中華民国の祖、孫文が好んだ言葉。

國立故宮博物院

参観ガイド

國立故宮博物院の展示方法は、文物を青銅器、陶磁器などジャンルごとのカテゴリーに分け、そのなかで時代順に展示するという方式。例外もあるが、本館3階の玉器、青銅器から下に下りていくように順に観ていくと、おおまかに歴史を追える形になっている。チケットにスタンプを押してもらえば再入館もできる。

チケット購入＆入場

チケット売り場は1階の出入口を入って右側のカウンター。国際学生証を提示すれば150元の学生料金になる。入場時間を予約して二次元コードで入場できるオンラインチケット（350元）なら、混雑を回避できる。

ロッカー、手荷物預かり所はチケット売り場のすぐ近くにあり、無料で利用可能。館内は空調が強く寒いので、羽織るものは持っていったほうがよい。

オーディオガイドは日本語もあり、左側のカウンターで貸し出している。料金は150元で、借用時にパスポートか現金3000元を預ける。

本館フロアMAP
Floor Map

青銅器
（器物特展）

乾隆朝の宮廷銅器コレクション。康鼎、祖乙尊など乾隆帝所蔵の銅器を展示。

〈3F〉

4階へ

304　303
302　301
306
308　300　307
305

玉石の彫刻芸術展

故宮の名宝、肉形石と翠玉白菜を展示。まずはここから見学スタート。

● 肉形石 ▷▷▷ P.96
● 翠玉白菜 ▷▷▷ P.96

青銅器
（中国歴代銅器展）

殷、周、漢など古代中国で作られた作品は考古学的価値の高いものが多い。

● 毛公鼎 ▷▷▷ P.96
● 嘉量 ▷▷▷ P.96

〈2F〉

204
206　203
202　201
208　205
210　212　207

マルチメディア放映室

陶磁器
（中国歴代陶磁器展）

新石器以降の陶磁器の名品を時代順に展示。特に宋代以降の作品が充実している。203室の特別展示室で展示されることもある。

● 灰陶加彩仕女俑 ▷▷▷ P.97
● 青磁蓮花式温碗 ▷▷▷ P.97
● 白磁嬰児型枕 ▷▷▷ P.97
● 青花蟠龍天球瓶 ▷▷▷ P.97

玉
（中国歴代玉器展）

新石器時代から約8000年にわたって制作された玉の彫刻を展示。

● 玉琮 ▷▷▷ P.96
● 玉辟邪 ▷▷▷ P.96

〈1F〉

104　103
102　101
106　105
108　107

オーディオガイドカウンター
チケット売り場
ロッカー、手荷物預かり所
入出口
出入口

書画

書と絵画は3ヵ月ごとに変わる特別展で展示される。

特別展

2023年4月現在、「故宮博物院所蔵珍玩精華展」として多寶格など、精緻な彫刻作品を展示。

● 鏤雕象牙雲龍紋套球 ▷▷▷ P.97

故宮名宝ガイド

故宮博物院が誇る数ある名宝のなかから、特に知名度の高い必見リストを厳選してご紹介

3階

有名な肉形石と翠玉白菜をはじめとする、考古学的価値も高い玉器、青銅器を展示。

毛穴までリアルに表現

清 肉形石 302室

おいしそうに煮えた「東坡肉（豚の角煮）」を模した玉の彫刻。素材は瑪瑙で、自然石のままではなく、皮、脂肪、肉部分の三層に分かれた豚肉に見えるよう細かな加工が施されている。高さ5.7cm、幅6.6cm、厚さ5.3cm。 ※2024年5月中旬まで嘉義の南部院区で展示

子孫繁栄を象徴するイナゴとキリギリス

清 翠玉白菜 302室

緑と白の2色からなる翡翠（硬玉）の特色を生かし、白菜を彫り上げた翠玉彫刻の最高傑作。光緒帝の妃、瑾妃（1874～1924年）の持参品と考えられている。高さ18.7cm、幅9.1cm、厚さ5.07cmで実際の白菜よりかなり小さい。

新石器時代晩期 玉琮 306室

中国古代に祭祀に用いられた筒状の玉器。上から下にかけてしだいに細くなる立方体で、17節に区切られ、側面角にはそれぞれ角を中心にした面紋（巫女、あるいは獣の顔）がある。

胸部に乾隆帝の詩が刻まれている

漢 玉辟邪 308室

辟邪は西域から伝わったとされる想像上の神獣。災いを取り除く力をもつとされ、漢代以降墓前などに辟邪の巨大な石像が置かれることが多かった。

内側に500字の銘文が鋳込まれている

西周後期 毛公鼎 305室

周の宣王から毛公にあてた冊命が鋳込まれた鼎。鼎は底に火を置き肉などを煮た調理器具であるが、後に権威の象徴とされる礼器となった。

外側に銘文が鋳込まれている

新莽 嘉量 307室

前漢を簒奪した王莽の「新」王朝が、斛、斗、升、合、龠の単位を普及させるために製作した青銅の計量標準器。

2階

陶磁器と書画を展示。
書画は3ヵ月ごとに内容が変わる企画展示。

唐 灰陶加彩仕女俑 201室

灰陶と呼ばれる粗製陶器に着色した俑。仕女は宮廷に仕えた女性、俑はおもに人型の副葬品である。高さ75.5cm、色は薄れてしまっているが、ふくよかな姿態に細い目、小さな口と、典型的な唐美人の姿を彷彿とさせる。

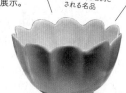

青磁の代名詞とされる名品

北宋 汝窯 青磁蓮花式温碗 205室

蓮の花をかたどった酒壺を温める器。青い色合いが「雨過天青（雨上がりのしっとりと水気を含んだ空の色）」と称される汝窯の名品。

象牙のようなクリーム色

北宋 定窯 白磁嬰児型枕 205室

愛らしい幼児を写した白磁の枕。底には「乾隆癸巳三十八年（1773年）春」と題された乾隆帝の詩が彫り込まれている。

西アジアからもたらされたコバルトで絵付け

明 官窯 青花蟠龍天球瓶 205室

白地に青の文様を描いた「天球瓶」と呼ばれる器。形状はイスラーム金属器に影響されたものともいわれる。

東晉 王羲之快雪時晴帖

楷書、行書、草書の3書体を確立し、「書聖」と称される王羲之の作品。
特別な企画展示時にのみ公開される。

1階

106室では2023年4月現在、宮廷の工房で制作された精緻な彫刻のコレクションを展示する「故宮博物院所蔵珍玩精華展」を開催中。

清 鏤雕象牙雲龍紋套球 106室

上部の球体は1本の象牙から彫られた24層の球になっていて、すべての層が回転することができる。制作方法はいまだ不明。親子3代が100年にわたって制作したといわれている。

台北市立動物園

🏠 台北市新光路二段30號
☎ (02) 2938-2300
🕐 9:00～17:00（入場は16:00まで。7～8月の土曜と10月最終土曜～21:00）
📅 6月12～21日、旧正月（教育中心は月、パンダ館は毎月第1月曜）
💰 60元、教育中心20元（悠遊卡使用可）
🚇 BR01動物園駅1番出口よりすぐ。貓空ロープウエイ動物園駅よりすぐ
🌐 www.zoo.gov.tw

貓空

🏠 台北市文山區指南里
🚇 貓空ロープウエイ貓空駅下車。またはBR03萬芳社區駅より小10路バスで「貓空」下車。茶藝館は付近に点在しているので、運転手に告げて降ろしてもらうといい。帰りは茶藝館でタクシーを呼んでもらうといい

貓空ロープウエイ

☎ (02) 2181-2345
🕐 9:00～21:00（土・日・祝～22:00）　📅 月（祝日の場合は翌日）、強風の日、旧正月
💰 片道70～120元（悠遊卡使用可）　🚇 BR01動物園駅2番出口より徒歩約5分
🌐 www.gondola.taipei

近郊の見どころ

鉄格子の檻がない動物園
台北市立動物園　タイペイシーリードンウーユエン

MAP
折込裏
-B4

　敷地面積182ヘクタールを有する台湾最大の動物園。人気があるのはパンダやコアラ、皇帝ペンギン、ゾウなど。パンダ館は、週末は整理券がないと入れない。夜行性動物館や爬虫類館、昆虫館なども人気がある。広い園内は旅遊列車（バス）で移動できる（5元）。

大人気のパンダ

ロープウエイでアクセスできる鉄観音茶の名産地
貓空　マオコン

MAP
P.49-C2
P.98

　台北の南郊外、文山區指南里の丘陵地帯は台湾でも有名な鉄観音茶の栽培地。眺めのよい茶藝館や茶葉料理店などが点在し、週末ともなれば訪れる地元の人々でにぎわい、貓空ロープウエイもフル回転となる。茶藝館やカフェはロープウエイの駅を出て左へ10分ほど歩いた指南路三段38巷33號付近に集中している。指南路三段をさらに先へ進むと茶に関する資料を集めた台北市鐵觀音包種茶研發推廣中心もあり、茶を理解し、より深く楽しむためにも立ち寄ってみたい。

ロープウエイからの眺めは抜群！

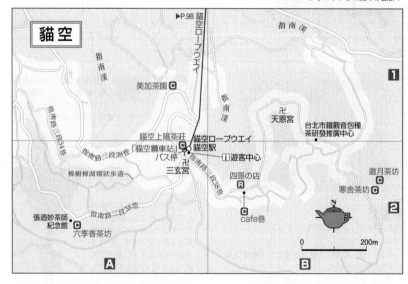

台北から気軽に足を延ばせる自然の宝庫

陽明山 ヤンミンシャン

MAP
折込裏-A・B1
P.99

　台北市街を見守るように北部にそびえる陽明山は、七星山や大屯山など複数の火山から形成され、国家公園に指定されている。森林浴を楽しめる遊歩道や温泉があり、台北の近くにありながら気軽に大自然に触れられる憩いの場として台北市民のお気に入りの場所だ。

　春は桜、梅、ツツジなど花が咲き乱れる**陽明公園**、蒋介石の別荘だった**草山行館**、七星山頂上付近で山肌から噴煙を上げる地獄谷のような**小油坑**など、広い範囲に見どころが点在している。

夜景観賞の人気スポット

陽明山

陽明山

🚌 R15劍潭駅より紅5路バスで「陽明山」、「陽明山總站」下車。5:30～翌日0:40に8～15分に1本。所要約40分、15元。または台北車站北側の鄭州路より260路バスで「陽明山」、「陽明山總站」下車。所要約1時間、30元

観光バス

　陽明山遊客中心から陽明山の見どころを回る108路バスが出ている。

108路バス

陽明公園

Ⓜ P.99-A1・2
☎ (02) 2861-3601
🚌「陽明山」バス停より徒歩約11分
🌐 www.ymsnp.gov.tw

草山行館

Ⓜ P.99-A2
🏠 台北市湖底路89號
☎ (02) 2862-2404
🕙 10:00～11:00、16:00～17:00（レストランは11:00～17:00）
休 月
料 無料
🚌「陽明山」バス停より小8、小9、128、260區路バスで「陽明山立體停車場（草山行館）」下車すぐ
🌐 www.grassmountain chateau.com.tw

小油坑

Ⓜ P.99-A1外
🏠 台北市竹子湖路69號（遊客服務中心）
☎ (02) 2861-7024
🕘 9:00～16:30　料 無料
🚌「陽明山總站」バス停より108路バスで「小油坑」下車、徒歩約2分

山肌から水蒸気が立ち上る

台湾料理

チンイエ
青葉

AREA 中山　MAP P.69-D1　日

台湾料理の老舗

　レベルの高い料理を手頃な価格で味わえる老舗。日本語メニューも完備。日本人の好みを理解するベテランスタッフもいる。おすすめは干し大根入り卵焼きの菜脯蛋（小228元）。

🏠 台北市中山北路一段105巷10号
☎ (02)2571-3859
🕐 11:00～14:30、17:15～21:30
休 月、旧正月　⊕10%
CC AJMV
🚇 R11/G14中山駅2番出口より徒歩約5分　📱 fb.com/aoba1964

フォンチョンシータン
豊盛食堂

AREA 康青龍　MAP P.76-A2

台湾家庭料理の店

　昔の農家をイメージしたレトロな内装でカジュアルに台湾家庭料理を楽しめる。料理の味付けは客家風で少し濃いめながら、素材を生かしており食べやすい。おすすめは炒水蓮（140元）。

🏠 台北市麗水街1-3号
☎ (02)2396-1133
🕐 11:30～14:00、17:00～21:00
休 旧正月　⊕10%
CC JMV
🚇 R07/O06東門駅5番出口より徒歩約3分
📱 fb.com/100064209302893

ダーインジョウシー
大隱酒食　James Kitchen

AREA 康青龍　MAP P.76-A3

アットホームな居酒屋

　シェフ自ら仕入れる厳選素材を使用する。エビのカツ、澎湖花枝蝦排（240元）など、ビールにぴったりのメニューが豊富。黒板に書かれているおすすめの日替わりメニューからもいろいろと選べる。

🏠 台北市永康街65号
☎ (02)2343-2275
🕐 17:00～23:30
休 旧正月　⊕10%
CC AJMV
🚇 R07/O06東門駅5番出口より徒歩約7分
📱 fb.com/dayin.Izakaya

ハオジーダンザイミエン
好記擔仔麺

AREA 中山　MAP P.64-A3

1867年創業の老舗

　店頭に並ぶさまざまな食材を指さしで注文するスタイルが楽しめる。人気の看板メニュー、擔仔麺（40元）はエビの殻と豚肉でとったスープにやや太い麺と肉そぼろを絡めて食べる。

🏠 台北市吉林路79号
☎ (02)2521-5999
🕐 11:30～14:00、17:00～21:30
休 旧正月　⊕10%（隣接の同経営「阿美餐廳」のみ）
CC JMV　🚇 O09行天宮駅1番出口より徒歩約7分
📱 fb.com/haojidanmian

ダーライシァオグァン
大來小館

AREA 康青龍　MAP P.76-A2

名物滷肉飯ならココ

　滷肉飯（魯肉飯）のコンテストでチャンピオンになった滷肉飯（小30元）は油少なめで甘辛だれが香ばしい絶品の味。ひとり用のセット（380元）もある。わかりやすい写真付きメニューあり。

🏠 台北市永康街7巷2号
☎ (02)2357-9678
🕐 11:00～14:00、17:00～21:30
休 月、旧正月　CC 不可
🚇 R07/O06東門駅5番出口より徒歩約2分
📱 www.dalaifood.com.tw

ジージアヂュアン
鶏家荘

AREA 中山　MAP P.63-D3

鶏肉好きは必食

　鶏肉料理で有名な老舗の台湾料理店。烏骨鶏と鶏のロースト、蒸し鶏の3種が味わえる三味鶏（600元～）が看板メニュー。鶏飯、デザートのプリンも必食。2022年の台北ミシュランにも選ばれた。

🏠 台北市長春路55号
☎ (02)2581-5954
🕐 11:00～21:00
休 旧正月
CC AJMV
🚇 R11/G14中山駅3番出口より徒歩約10分
📱 fb.com/279425032095

台湾料理

欣葉 SHIN YEH
シンイエ

AREA 中山　**MAP** P.63-D1　日

多彩な台湾伝統のメニュー

　台湾料理の有名店。おすすめ料理は紅蟳米糕（カニおこわ1080元）、イカを手で練って弾力を出した手打花枝丸（375元）、手打杏仁花生豆腐（100元）。「新光三越百貨 台北南西店」（→P.113）などに支店あり。台北ミシュランにも選ばれている。

住 台北市雙城街34-1號
☎ (02)2596-3255
🕐 11:00〜21:30
休 無休
⊕ 10%
CC ADJMV
🚇 O10中山國小駅1番出口より徒歩約8分
🔗 www.shinyeh.com.tw

1 完全手作りの杏仁豆腐も必食！ **2** ていねいに作られる台湾の伝統料理は素材のおいしさが生かされている

龍鮑翅 專賣店
ロンバオチー デュアンマイディエン

AREA 中山　**MAP** P.64-B3　日

高級海鮮をお値打ちに

　店名のとおり、高級食材ロブスター、フカヒレ、アワビの専門店。フカヒレのスープは金華ハムや貝柱など、天然素材だけを用いただしの効いたスープ仕立てでいただく。コース中心のメニューで、高級海鮮を気軽に堪能できる。

住 台北市民生東路二段140號
☎ (02)2100-2187、0921-002-187（携帯、日本語予約）
🕐 11:00〜14:30、17:00〜21:00
休 無休　⊕ 10%
CC AJMV
🚇 O09行天宮駅1番出口よりすぐ
🔗 www.lbs.com.tw

1 高級海鮮料理をリーズナブルに味わえる **2** フカヒレスープ150g（小/1680元）はフカヒレをたっぷり堪能できる一品

山海樓 Mountain and Sea House
シャンハイロウ

AREA 東區　**MAP** P.76-A1

豪勢な酒家菜を再現

　酒家菜とは1930年代に酒樓（料亭）で食べられていた宴会料理。迪化街にあった高級酒樓、蓬萊閣のレシピを再現したメニューを中心に、台湾で取れる最上級の山の幸、海の幸を使用し、盛り付けや器にもこだわった豪華な料理を楽しめる。

住 台北市仁愛路二段94號
☎ (02)2351-3345
🕐 12:00〜14:30、18:00〜22:00
休 無休　⊕ 10%
CC AJMV
🚇 O07/BL14忠孝新生駅6番出口より徒歩約6分
🔗 www.mountain-n-seahouse.com

1 1人用のコース、蘭（2980元）は前菜からデザートまで全9品を味わえる **2** 蓬萊閣の黄シェフのレシピを再現した烏魚春捲

小籠包

鼎泰豐 新生店
ディンタイフォン シンションディエン

AREA 康青龍　**MAP** P.76-B2　日

必食の小籠包

　小籠包といえば必ず名の挙がる有名店。店内で食事ができる店舗は信義路の斜め向かい側のビルに移り、かつての本店（**M** P.76-A2）はテイクアウト専用になった。入口で整理券をもらい、電光掲示板で順番を確認できるシステム。

住 台北市信義路二段277號
☎ (02)2395-2395
🕐 11:00〜20:30（土・日、祝日10:00〜）
休 旧正月　⊕ 10%
CC JMV
🚇 R07/O06東門駅6番出口より徒歩約4分
🔗 www.dintaifung.com.tw

1 2020年にオープンした新生店は席数約280の大型店 **2** 日本に支店もあるが、台湾で食べる小籠包の味は格別

ハオコンダオジンジーユエン
好公道金雞園

AREA 康青龍　**MAP** P.76-A2

安くておいしい小籠包

　創業60年を超す、ローカルに愛される人気店。小籠包（160元）、カニ味噌入りの蟹黄小包（220元）が人気。写真と日本語付きのメニューを見ながら注文票に記入する。ミシュランビブグルマン獲得。

🏠台北市永康街28-1號
☎(02)2341-6980
🕘9:00～21:00
🈚水　🈂10%　💳不可
🚇R07/O06東門駅5番出口より徒歩約5分

カオジー
高記 Kao Chi

AREA 康青龍　**MAP** P.76-B2　🇯🇵

1949年創業の老舗の味

　上海料理店のリーダー的存在。元籠小籠包（10個220元）は皮、あん、肉汁それぞれに独特のうま味があり、口の中においしいハーモニーが広がる。近年、永康街近くの新店舗に移転した。

🏠台北市新生南路一段167號
☎(02)2325-7839
🕘10:00～20:00（土・日8:30～）
🈚無休　🈂10%（テイクアウトは不要）　💳JMV
🚇R07/O06東門駅6番出口より徒歩約4分
🌐www.kao-chi.com

ジーナンシエンタンバオ
濟南鮮湯包

AREA 東區　**MAP** P.70-B3

極薄の皮が特徴

　注文を受けてから包むという小籠包（濟南鮮湯包、8個190元）は薄い皮に包まれスープたっぷり。パンに挟んで食べる東坡肉（小460元）、シラスたっぷりの魩仔魚炒飯（220元）も人気。

🏠台北市濟南路三段20號
☎(02)8773-7596
🕘11:20～14:30、17:00～21:00
🈚旧正月　🈂10%
💳JMV
🚇O07/BL14忠孝新生駅6番出口より徒歩約2分
🌐fb.com/Jinan.dumpling

ミンユエタンバオ
明月湯包

AREA 信義　**MAP** P.78-B3

スープがあふれだす名物湯包

　豚肉のあんに鶏などからとったスープで作った煮凝りをプラスして、薄い皮で包んで蒸した明月湯包（8個140元）は油が控えめでヘルシー。涼拌白菜心や招牌鍋貼もおすすめ。

🏠台北市通化街171巷40號
☎(02)2733-8770
🕘11:00～14:00、17:00～21:00
🈚旧正月
💳不可
🚇BR07六張犁駅より徒歩約7分

チョンユエンスーグアーシアオロンタンバオ
盛園絲瓜小籠湯包

AREA 台北車站周辺　**MAP** P.75-D2

ヘルシーなヘチマ入り小籠包

　看板メニューはヘチマ入り絲瓜小籠湯包（8個170元）。少し青臭いヘチマだが肉汁にマッチして食べやすい。店内ではスタッフが一生懸命小籠包を包む様子も見られる。

🏠台北市杭州南路二段25巷1號
☎(02)2358-2253
🕘11:00～14:30、16:30～21:30
🈚旧正月　💳JMV
🚇R07/O06東門駅3番出口より徒歩約10分
🌐shengyuan.com.tw

ジンディンシアオグアン
京鼎小館

AREA 松山　**MAP** P.72-A1

地元の人に愛される絶品

　鼎泰豐（→P.102）で修業したオーナーが作る小籠包が大人気。小籠包（10個230元）はコクのある肉汁がたっぷり。小籠湯包（20個320元）は小籠包を別碗のスープと一緒に食べる。

🏠台北市敦化北路155-13號
☎(02)2546-7711
🕘10:30～14:00（土・日9:30～14:30）、17:00～21:00
🈚月、旧正月　🈂10%　💳不可
🚇G17台北小巨蛋駅1番出口より徒歩約5分
🌐jin-din-rou.net/xiaokan_taiwan

熱炒

ウーロウチョンフオハイシエン
鵝肉城活海鮮

AREA 松山　MAP P.71-C2

海鮮夜市でひときわ目立つ

　海鮮料理の店が集まる夜市「遼寧街」にある。店頭にはさまざまな海鮮素材が並び、ここで素材と調理法をオーダーするスタイル。素材の重さで価格が決まるので価格を確認しながら注文を。

- 🏠台北市遼寧街77號
- ☎(02) 2752-2142
- 🕐16:00～翌2:00
- 休旧正月
- CC不可
- 🚇BR11/G16南京復興駅3番出口より徒歩約5分

リンヤンガンションモンフオハイシエン
臨洋港生猛活海鮮

AREA 中山　MAP P.70-A2

リーズナブルな台湾版居酒屋

　「熱炒店」が並ぶ長安東路一段にある人気店。新鮮な食材と多彩な味付けの料理が1皿100～200元程度で食べられる。時間帯によっては混雑するので予約がベター。

- 🏠台北市長安東路一段99號
- ☎(02) 2531-1010
- 🕐17:00～翌1:30(L.O.0:45)
- 休旧正月
- CC不可
- 🚇G15/O08松江南京駅3番出口より徒歩約10分

鍋

ティエンシアンホェイウェイ
天香回味

AREA 中山　MAP P.69-D1

薬膳＆香辛料がたっぷり

　スパイスが効いた赤色スープの天香鍋と、ニンニクや薬膳がメインの白色スープの回味鍋を同時に味わえる天香回味鍋底（小310元）が人気。異なる味わいのスープを堪能できる。

- 🏠台北市中山北路一段135巷35號　☎(02) 2511-7275
- 🕐11:30～14:30、17:30～22:00(土・日・祝11:30～22:00)
- 休旧正月　⊕10%　CCJMV
- 🚇R11/G14中山駅2番出口より徒歩約3分
- 🌐www.tansian.com.tw

チャンバイシアオグアン
長白小館

AREA 東區　MAP P.72-B3

酸菜白肉火鍋の老舗

　酸菜（白菜の漬物）と豚バラ肉の鍋、酸菜白肉火鍋（小鍋2人分、1180元）を求めて、地元の人が集まってくる。つけだれは12種類あり組み合わせは自由。肉は豚、牛、羊から選ぶ。

- 🏠台北市光復南路240巷53號
- ☎(02) 2751-3525
- 🕐11:30～14:00、17:00～21:00
- 休月、火（夏期のみ）、端午節、8月、中秋節、旧正月　CC不可
- 🚇BL17國父紀念館駅2番出口より徒歩約2分
- 🌐fb.com/ChangBaiBistro

ウェイルー
圍爐

AREA 東區　MAP P.78-A1

やみつきになる酸味

　中国北方地方伝統の炭火＆煙突付きの鍋で食べる酸菜白肉火鍋（小鍋3人以下、650元～）が大人気。辣炒酸菜（290元）を小燒餅（2個70元）で挟んで食べるのもおすすめ。

- 🏠台北市仁愛路四段345巷4弄36號
- ☎(02) 2731-3439
- 🕐11:30～14:00、17:30～21:30
- 休旧正月　⊕10%　CCJMV
- 🚇BL16忠孝敦化駅3番出口より徒歩約3分
- 🌐www.weiluhotpot.com.tw

ジーシャン
極膳

AREA 東區　MAP P.77-D1

女性にうれしい漢方鍋

　子宮を温める効果があるという帝王養生膠スープの鍋（955元～）が女性に人気。不妊、アンチエイジングなどの対策のために食べる人も多い。平日昼はお得なランチセット（388元～）もある。

- 🏠台北市復興南路一段295巷23號　☎(02) 2708-0101
- 🕐11:30～14:30、17:30～21:00
- 休無休　⊕10%
- CCJMV(2000元～)
- 🚇BR09/R05大安駅6番出口より徒歩約3分
- 🌐fb.com/DENGQIYI

ご飯もの

金峰魯肉飯
ジンフォンルーロウファン

AREA 台北車站周辺　　**MAP** P.75-C2

昼食から夜食まで

　店構えは質素ながら混み合う人気の食堂。魯肉飯（小35元）はトロトロの豚バラ肉の煮込みがたっぷりのってボリューム満点。滷鴨蛋（煮玉子、20元）をトッピングするのもおすすめ。

🏠台北市羅斯福路一段10號
☎(02)2396-0808
🕐11:00～翌1:00
休月、清明節、端午節、國慶節、旧正月
💳不可
🚇R08/G10中正紀念堂駅2番出口より徒歩約1分

丸林魯肉飯
ワンリンルーロウファン

AREA 圓山　　**MAP** P.63-D1　　日

魯肉飯の名店で家庭の味を

　看板メニューの魯肉飯（小35元）をはじめ、台湾の家庭料理が豊富に並ぶ。最初にカウンターでショーケースからおかずを選び、席に着いてからご飯ものやスープを注文するシステム。

🏠台北市民族東路32號
☎(02)2597-7971
🕐10:30～21:00
休旧正月
💳不可
🚇R14圓山駅1番出口より徒歩約10分

梁記嘉義雞肉飯
リアンジージアイージールーロウファン

AREA 中山　　**MAP** P.70-A1

少量サイズであっさりした味

　嘉義の名物、鶏肉飯（40元）を求めてビジネスマンらでにぎわう店。店内で食べる場合は4種類ある套餐（定食、120元～）で頼むのが必要条件。もちろん追加も可能。魯肉飯（35元）もおいしい。

🏠台北市松江路90巷19號
☎(02)2563-4671
🕐10:00～14:30、16:30～20:00
休土・日、旧正月
💳不可
🚇G15/O08松江南京駅1番出口より徒歩約2分
🌐liang25634671.business.site

麺

永康牛肉麺 Yong-Kang Beef Noodle
ヨンカンニュウロウミエン

AREA 康青龍　　**MAP** P.76-A2

存在感のある牛肉がのった牛肉麺

　創業以来50年以上地元の人から愛される牛肉麺はボリューム満点。紅燒牛肉麺（醤油ベースの辛口スープ、280元）と清燉牛肉麺（牛骨塩味スープ、280元）はクセがなく食べやすい。

🏠台北市金山南路二段31巷17號
☎(02)2351-1051
🕐11:00～20:40
休旧正月　💳不可
🚇R07/O06東門駅3番出口より徒歩約2分
🌐www.beefnoodle-master.com

廖家牛肉麺
リアオジアニュウロウミエン

AREA 台北車站周辺　　**MAP** P.75-D2

行列してでも食べたい牛肉麺

　じっくり煮込んだ牛骨スープの牛肉麺（小220元）は軟らかく煮た牛肉と野菜がたっぷりのっていて、食事時は行列ができるほど人気。ハチノスなど牛モツの料理も豊富。

🏠台北市金華街98號
☎(02)2351-7065
🕐10:00～14:00
休月
🚇R08/G10中正紀念堂駅3番出口より徒歩約5分

四平街番茄牛肉麺
スーピンジエファンチエニュウロウミエン

AREA 中山　　**MAP** P.70-B1

トマトの酸味がさわやかな刀削麺

　麺を専用包丁で削る、ボリュームある刀削麺を、トマトをたっぷり使った酸味の効いたスープで食べる番茄牛肉麺（160元）が人気。ほろっとした軟らかい牛肉はオーストラリア産。

🏠台北市四平街93號
☎(02)2509-0220
🕐11:00～14:00、17:00～20:00
休日、旧正月
💳不可
🚇G15/O08松江南京駅6番出口より徒歩約3分
🌐fb.com/100057530256532

麺

アーゾンミエンシエン
阿宗麺線

AREA 西門町・萬華　MAP P.67-B1

だしの効いたトロトロ麺

　麺線とは超極細の麺のこと。この麺をカツオだしの効いたとろみスープで食べる（小60元、大75元）。ニンニクとパクチーは入れるかどうか注文時に聞かれる。席はなくて立食いスタイル。

🏠台北市峨嵋街8-1號
☎(02)2388-8808
🕐8:30～22:30(金～日～23:00)
休無休
CC不可
🚇G12/BL11西門駅6番出口より徒歩約3分

餃子・ワンタン

ロンメンクーチャンジアオヅグアン
龍門客棧餃子館

AREA 台北車站周辺　MAP P.75-C1

夜に食べる絶品水餃子

　日本統治時代の家屋をリノベーションしたレトロな店内。水餃子は、豚肉の豬肉水餃（1個7元）、牛肉の牛肉湯餃（90元）の2種類。牛肉麺（小140元、大160元）、滷味各種（30元～）などもおすすめ。

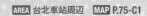

🏠台北市林森南路61巷19號
☎(02)2351-0729
🕐17:00～23:30
休月、旧正月
CC不可
🚇BL13善導寺駅3番出口より徒歩約8分
🌐fb.com/longmendumpling

チャオジーツァイロウフンドゥンダーワン
趙記菜肉餛飩大王

AREA 台北車站周辺　MAP P.68-A3

ボリューム満点の特大ワンタン

　庶民的な店構えのワンタン屋。チンゲンサイ多めの菜肉餛飩（小碗6個入り110元、中碗8個入り145元、大碗10個入り180元）は特大サイズで皮はモチモチ、ボリューム満点。通常は小で十分。

🏠台北市桃源街5號&7號
☎(02)2381-1007
🕐8:00～21:30
休旧正月
CC不可
🚇G12/BL11西門駅4番出口より徒歩約3分
🌐www.chao60.com.tw

トンメンジアオヅグアン
東門餃子館

AREA 康青龍　MAP P.76-A2

1961年創業の餃子と麺に定評あり

　人気の水餃子（各10個90元～）は牛肉、豚肉、ニラがあり、もっちりとした皮とあんからにじみ出るうま味にリピーターも多い。鍋貼（焼き餃子、1皿170元～）は香ばしさと焼き色が食欲をそそる。

🏠台北市金山南路二段31巷37號　☎(02)2341-1685
🕐11:00～14:30(土・日～15:00)、17:00～21:00(土・日～21:30)
休旧正月　CC不可
🚇R07/O06東門駅4番出口より徒歩約2分
🌐www.dongmen.com.tw

朝食

フーハンドウジアン
阜杭豆漿

AREA 台北車站周辺　MAP P.69-D3

行列必至の朝食店

　華山市場の2階にある、開店前から行列ができる超人気の朝食店。朝食時は市場の外まで行列ができ、2時間待ちということもある。豆漿（30元）は濃厚でなめらかな口当たり。

🏠台北市忠孝東路一段108號華山市場2階
☎(02)2392-2175
🕐5:30～12:30
休月、端午節、中秋節、旧正月
CC不可
🚇BL13善導寺駅5番出口よりすぐ

ディンユエンドウジアン
鼎元豆漿

AREA 台北車站周辺　MAP P.75-C2

中正紀念堂の近く

　回転が速く、できたてを食べられる。明るい店内で、イートインは奥のレジ、持ち帰りは手前のレジに並ぶ。並ぶ前に日本語メニューをもらって注文を決めておくとスムーズ。鹹豆漿（30元）など。

🏠台北市金華街30號-1
☎(02)2351-8527
🕐4:30～11:30
休旧正月
CC不可
🚇R08/G10中正紀念堂駅3番出口より徒歩約3分

ダーサンユエンジョウロウ
大三元酒樓

AREA 台北車站周辺　MAP P.68-B3　日

1970年創業のミシュラン1つ星

広東料理版北京ダックの港式片皮鴨（3480元）が絶品と評判。種を取ったパパイヤを器にした海鮮グラタン海鮮焗木瓜（360元）はこの店の名物なのでぜひ食べてみたい。

- 台北市衡陽路46號
- (02)2381-7180
- 11:30〜14:00、17:30〜21:00
- 月、旧正月　10%
- A J M V
- G12/BL11西門駅4番出口より徒歩約5分
- fb.com/threecoins

ラオヨウジーヂョウミエングァン
老友記粥麵館

AREA 東區　MAP P.72-A3

香港の本場の味を台北で

リーズナブルに香港料理が楽しめる店。ひとりでも入りやすいカジュアルな雰囲気。汁なしエビワンタン麺＝鮮蝦雲呑撈麺（145元）は人気の一品。ホタテだしが効いた粥類（110元〜）も絶品。

- 台北市敦化南路一段232巷16號
- (02)2731-9098
- 11:30〜21:00
- 旧正月　CC不可
- BL16忠孝敦化駅6番出口より徒歩約3分
- fb.com/100064074365985

ティエンチューツァイグァン
天廚菜館

AREA 中山　MAP P.69-C1

北京料理の老舗

名物の北平烤鴨（北京ダック、1羽1600元〜）は、一吃は皮と肉だけを食べるスタイルで、二吃は北京ダック＋アヒルのだしのスープ、三吃は二吃にアヒル肉の炒め物が付く。

- 台北市南京西路1號3〜4階
- (02)2563-2380
- 11:00〜14:00、17:00〜21:00
- 月、端午節、中秋節　10%
- J M V
- R11/G14中山駅3番出口より徒歩約2分
- fb.com/TianChuCaiGuan

ベイピンドゥーイーチュー
北平都一處

AREA 信義　MAP P.79-C1

北京料理専門の老舗

北京など伝統的な中国北方料理を得意とし、地元の人に長年愛されているレストラン。冬の人気メニューは自家製の白菜の漬物を使った酸菜白肉鍋（880元〜）。漬物の酸味と豚肉が合う。

- 台北市仁愛路四段506號
- (02)2720-6417
- 11:00〜14:00、17:00〜21:00
- 旧正月　10%
- CC不可
- BL18市政府駅2番出口より徒歩約5分
- fb.com/doittrue.com.tw

ホアチンスーチュアンツァイツァンティン
樺慶四川菜餐廳

AREA 中山　MAP P.69-C1

日本人の好みに合う四川料理

定番の麻婆豆腐（260元）、蒜泥白肉（豚バラ肉のニンニクソースがけ、280元）は誰もが注文する人気メニュー。アツアツの炸銀絲巻（中華風揚げパン、1本70元）もおすすめ。

- 台北市南京西路12巷5號
- (02)2561-6549
- 11:30〜14:30、17:00〜21:30
- 火曜、旧正月　10%
- A J M V
- R11/G14中山駅2番出口より徒歩約2分
- www.huachin1978.com.tw

ジーユエンチュアンツァイツァンティン
驥園川菜餐廳

AREA 東區　MAP P.78-A1

控えめな実力派四川料理

地鶏を10時間ほど煮込んで、また地鶏や貝柱などを加えてさらに2時間ほど煮込んでできあがる黄金色のスープ（砂鍋土雞、2600元〜）が名物。平日昼のみ個人用セット（550元）がある。

- 台北市敦化南路一段324號
- (02)2708-3110
- 11:30〜14:00、17:30〜21:30
- 旧正月
- 10%
- A J M V
- R04信義安和駅1番出口より徒歩約6分

素食

長春食素名人館
チャンチュンシースーミンレングアン

野菜をたくさん食べられる

ベジタリアンバイキングの店。営業時間はランチ（825元）とアフタヌーンティー（715元）、ディナー（825元、週末のみ）の時間帯に分かれ、すべて食べ放題。
※2023年9月現在、クローズ

- 🏠台北市新生北路二段38號
- ☎(02) 2511-5656
- 🕐11:30～14:00、14:30～16:30、17:30～20:30
- 休月・火、水～金の夜、旧正月
- CC不可　🚇G15/O08松江南京駅8番出口より徒歩約12分
- 🔗fb.com/100064044494405

三來素食館
サンライスースーグアン　AREA 台北車站周辺　MAP P.68-B3

自助餐スタイルの精進料理店

食べたいものを食べたいだけ自分で皿に取り分け、重さで値段計算（100g26元）するスタイルの精進料理店。白飯15元、スープは無料。ひとりでも気軽に利用でき、健康にもいい。

- 🏠台北市武昌街一段23號
- ☎(02) 2381-5218
- 🕐9:00～18:30
- 休旧正月
- CC不可
- 🚇R10/BL12台北車站駅Z10番出口より徒歩約5分
- 🔗www.sunlike.tw

中国地方料理

人和園雲南菜
レンホーユエンユンナンツァイ　AREA 中山　MAP P.63-C2

絶妙な味わいが特徴の雲南料理

珍しい雲南地方の料理。アツアツのスープに生肉を入れてから麺、野菜も入れる過橋麺（150元）は必食。マイルドな味つけで日本人の好みに合う料理が多い。入口がわかりにくいのでよく観察して。

- 🏠台北市中山北路二段112號2階
- ☎(02) 2568-2587
- 🕐11:30～14:00、17:30～21:00
- 休月、旧正月　🈺10%
- CC不可　🚇R12雙連駅2番出口より徒歩約7分
- 🔗fb.com/ren.he.yuan

你家我家客家菜
ニージアウォージアクージアツァイ　AREA 中山　MAP P.64-A3

伝統的な客家料理

酸味、塩味が効いた客家料理はご飯のおかずにぴったり。客家小炒（スルメイカやネギの炒め物、220元）、薑絲大腸（ショウガと豚の大腸の炒め物、180元）などが代表的なメニュー。

- 🏠台北市吉林路135號
- ☎(02) 2561-1869
- 🕐11:30～14:00、17:30～21:00
- 休月、旧正月
- 🈺10%　CC J M V
- 🚇O09行天宮駅1番出口より徒歩約5分
- 🔗fb.com/100064230721851

西洋料理

Buttermilk
バターミルク　AREA 中山　MAP P.63-C3

女子会にもおすすめのおしゃれ店

amba台北中山（→P.120）1階のモダンアメリカンレストラン。おすすめは、台湾クラフトビール（200元～）とよく合うサクサクのフライドチキン、美國阿嬤秘方炸雞（420元～）。

- 🏠台北市中山北路二段57-1號
- ☎(02) 2565-2898
- 🕐6:30～10:00、11:30～22:00
- 休無休　🈺10%
- CC A D J M V
- 🚇R11/G14中山駅3番出口より徒歩約7分　🔗amba-hotels.com/jp/songshan

フードコート

微風台北車站
ウェイフォンタイベイチャーヂャン　AREA 台北車站周辺　MAP P.68-B2

鉄道利用時に便利

台北駅2階にあるフードコート。軽食や小吃、カフェ、ステーキ、イタリアン、定食、ラーメンなどバリエーション豊か。食事を軽く済ませたいときやひとり旅にも重宝する。

- 🏠台北市北平西路3號2階
- ☎(02) 6632-8999
- 🕐10:00～22:00　休無休
- CC店によって異なる
- 🚇R10/BL12台北車站駅よりすぐ
- 🔗www.breezecenter.com.tw/branches/003

台北101美食街
タイペイイーリンリーメイシージエ

AREA 信義　MAP P.79-D2

観光やショッピングの合間に

台北101の地下1階にあるフードコート。ファストフードやチキンライス、薬膳スープ、カレー、韓国料理など約30店が並ぶ。ランチ時や週末は混雑するので時間帯を選んで賢く利用しよう。

🏠 台北市信義路五段7號　台北101地下1階
☎ (02)8101-8800
🕐 11:00～21:30
休 無休　CC 不可
🚇 R03台北101/世貿駅4番出口よりすぐ
🌐 www.taipei-101.com.tw/tw/food

森高砂咖啡
センカオシャーカーフェイ

AREA 迪化街・大稲埕　MAP P.68-A1

台湾産コーヒー専門のカフェ

台湾で初めて喫茶店がオープンした場所で営業。南投縣や台東縣などへ店主が足を運び、厳選したコーヒー豆を使っている。台湾各地の稀少なコーヒーがカップ200元～、ポット300元～。

🏠 台北市延平北路二段1號
☎ (02)2555-8680
🕐 12:00～20:00
休 無休
⊕ 10%　CC A J M V
🚇 G13北門駅3番出口より徒歩約8分
🌐 www.sancoffee.com.tw

好,丘 GOOD CHO'S
ハオチョウ

AREA 信義　MAP P.79-C2

台湾カルチャーに囲まれたカフェ

四四南村（→P.89）内にある、眷村を改装したカフェ。良質なMIT（メイドイン台湾）のグッズを揃えるショップも併設している。手作りベーグル（109元～）が人気。ドリンクは150元前後。

🏠 台北市松勤街54號　信義公民會館C館　☎ (02)2758-2609
🕐 11:00～18:00
休 第1月曜、旧正月
⊕ 10%　CC J M V
🚇 R03台北101/世貿駅2番出口より徒歩約5分
🌐 www.goodchos.com.tw

陳記百果園
チェンジーバイグオユエン

AREA 東區　MAP P.72-A2

台湾版フルーツパーラー

高級ホテルやレストランにもフルーツを卸すフルーツ専門店。最高級のフルーツをふんだんに使った手作りスイーツが好評。おみやげに人気のジャム（大300元～、小100元～）は種類豊富。

🏠 台北市敦化南路一段100巷7弄2號
☎ (02)2772-2010
🕐 7:00～19:00
休 日　CC J M V
🚇 BL16忠孝敦化駅8番出口より徒歩約10分
🌐 www.jfstore.com

冰霖古早味豆花
ビンリンクーザオウェイドウホア

AREA 中山　MAP P.62-B3

昔ながらの手作り豆花

豆花（豆乳スイーツ）の有名店。昔ながらの秘伝の手作り製法で、添加物は不使用。豆花（55元～）はアイスかホットを選び、粉圓（タピオカ）、花生（ピーナッツ）、紅花（アズキ）などトッピングを選ぶ。

🏠 台北市民生西路210號
☎ (02)2558-1800
🕐 11:00～翌1:00
休 無休
CC 不可
🚇 R12雙連駅1番出口より徒歩約7分
🌐 fb.com/gozavi

白水豆花
バイシュイドウホア

AREA 康青龍　MAP P.76-A2

天然にがりなど素材にこだわる

礁溪温泉に本店がある豆花の店。メニューは麥芽糖花生桃膠豆花と麥芽糖花生粉圓豆花（各85元）のふたつ。桃膠は薬膳にも使われる美容食材。シロップは追加でかけることもできる。

🏠 台北市永康街34號
🕐 13:00～21:00（土・日～21:30）
休 木
CC 不可
🚇 R07/O06東門駅5番出口より徒歩約5分
🌐 fb.com/baishuidouhua

スイーツ

雙連圓仔湯
シュアンリエンユエンヅタン

AREA 中山　**MAP** P.63-C3

下町の人気伝統甘味店

1951年より3代続く老舗甘味店。湯圓（白玉）入りスイーツのメニューが豊富。宵林露（130元）は竜眼や白きくらげ、ナツメなどが入った豪華なスイーツ。コラーゲンたっぷりで美容にもよさそう。

- 台北市民生西路136號
- (02) 2559-7595
- 10:30〜21:30
- 休 月
- CC 不可
- R12雙連駅1番出口より徒歩約3分
- www.sweetriceball.tw

夏樹甜品
シアシューティエンピン

AREA 迪化街・大稲埕　**MAP** P.62-A2

ヘルシーな伝統スイーツ

台湾伝統の甘味を味わえる。人気の杏仁豆腐（80元）は杏仁豆腐に杏仁スープがかかった杏仁尽くしの一品。美容にいいと評判の白キクラゲを使ったスイーツもある。添加物不使用。

- 台北市迪化街一段240號
- (02) 2553-6580
- 10:30〜18:30
- 休 旧正月
- CC 不可
- O12大橋頭駅1番出口より徒歩約8分
- fb.com/summertreesweet

茶藝館

紫藤廬
ヅートンルー

AREA 康青龍　**MAP** P.76-B3

茶藝館の雰囲気に浸れる

台湾の茶藝館の草分け的存在。日本統治時代の木造家屋を使用。天然の湧き水で入れたお茶を味わいたい。食事時には定食（420元〜）もあって、ひとり旅の食事にも便利。予約がおすすめ。

- 台北市新生南路三段16巷1號　(02) 2363-7375
- 11:30〜18:30（金・土〜21:30）
- 休 火、旧正月　⊕10%
- CC AJMV
- R07/O06東門駅5番出口より徒歩約15分
- www.wistariateahouse.com

バー

掌門精釀啤酒
デュアンメンジンニアンピージョウ

AREA 康青龍　**MAP** P.76-A2

台湾のブリュワリーによる直営

20種類近い自社製造クラフト生ビール（220元〜）を楽しめる。好みのテイストを伝えて、おすすめを試飲させてもらおう。6種類を飲み比べできるBeer flight（660元）もある。台湾各地に支店あり。

- 台北市永康街4巷10號
- (02) 2395-2366
- 16:00〜24:00（金〜翌1:00、土・日13:00〜翌1:00）
- 休 無休　CC ADJMV
- R07/O08東門駅5番出口より徒歩約2分
- www.zhangmen.co

Jolly
ジョリー

AREA 松山　**MAP** P.71-D1

クラフトビールで乾杯！

自社製造のクラフトビール（250mℓ、132元〜）は6種類。違う味を一度に楽しめるジョリービアーセット（160mℓ×6種類510元、160mℓ×3種類255元）がおすすめ。

- 台北市慶城街29號B室
- (02) 8712-9098　11:30〜13:30（土・日11:00〜）、17:30〜21:00（金・土17:00〜22:00、日17:00〜）　休 旧正月　⊕10%
- CC JMV　BR11/G16南京復興駅7番出口より徒歩約4分
- www.jollys.tw

クラブ

WAVE
ウェイヴ

AREA 信義　**MAP** P.79-D1

飲み放題のクラブ

クラブが多いショッピングセンター ATT 4 FUNにある20〜30代に人気のクラブ。入場料は火〜木・日曜は女性は無料、男性は400〜750元。週末は23:30まで女性は無料。無料入場は要パスポート。

- 台北市松壽街12號　ATT 4 FUN7階（入口は1階）
- 0911-439-897
- 22:00〜翌4:00　休 月
- CC 不可
- R03台北101/世貿駅4番出口より徒歩約5分
- fb.com/waveclubtaipei

雑貨

ブーディアオ
布調
AREA 康青龍　MAP P.76-A2

オリジナルの台湾花布雑貨
　華やかな花布を使ったグッズをラインアップ。実用性が高いハンドメイドのバッグはデザイン豊富。ポーチ（390元）も人気。台湾の伝統人形劇である布袋戯の人形も一見の価値あり。

🏠台北市永康街47巷27號
☎(02) 3393-7330
🕐11:00〜17:00
🛏火〜木、旧正月
💳J M V
🚇R07/O06東門駅5番出口より徒歩約7分
🌐fb.com/changyifangtw

インホアズオフオ
印花作夥 in Blooom
AREA 迪化街・大稲埕　MAP P.62-A2

女性デザイナーが手がける雑貨
　台湾の鳥や花などをモチーフにしたオリジナルテキスタイルのグッズが人気。おすすめは台湾の竹の箸とスプーンがセットされたランチョンマット（440元）。バッグにプリントできるDIY教室も。

🏠台北市迪化街一段248號
☎(02) 2557-0506
🕐10:00〜18:00
🛏毎月最終火曜、旧正月
💳J M V
🚇O12大橋頭駅1番出口より徒歩約9分
🌐www.inblooom.com

モーグー
蘑菇 MOGU
AREA 中山　MAP P.69-C1

オリジナルの帆布バッグ
　タフで使うほどに味わいを増す帆布バッグと、台湾の藍染めのコットンを使用したファッションアイテムが看板商品。バッグは、ショルダーやトート、ボストンタイプなど種類豊富。

🏠台北市南京西路25巷18號
☎(02) 2552-5552内線11
🕐13:00〜20:00
🛏旧正月
💳J M V
🚇R11/G14中山駅4番出口より徒歩約3分
🌐www.mogu.com.tw

ライハオ
來好
AREA 康青龍　MAP P.76-A2

永康街のかわいいお店
　文具やバッグ、アクセサリーなど、台湾をイメージさせるオリジナル雑貨を豊富に揃えている。少量をかわいくパッケージしたお茶やドライフルーツなどは、女性へのおみやげにも喜ばれそう。

🏠台北市永康街6巷11號
☎(02) 3322-6136
🕐10:00〜21:30
🛏旧正月
💳J M V
🚇R07/O06東門駅5番出口より徒歩約3分
🌐www.laihao.com.tw

コスメ

ジアンシンビーシン
薑心比心 ginger
AREA 康青龍　MAP P.76-A2

ナチュラルなジンジャーコスメ
　ショウガを使ったオリジナルコスメのブランド。血行をよくするというショウガ成分が入ったヘアケア、ボディケア、フェイシャルケア、入浴剤、ルームフレグランスなどバリエーション豊富に揃う。

🏠台北市永康街28號
☎(02) 2351-4778
🕐12:00〜20:00
🛏無休
💳J M V
🚇R07/O06東門駅5番出口より徒歩約5分
🌐www.ginger800.com.tw

アーユエン ヨンカンジエンジュティーディエン
阿原 永康間主題店 YUAN
AREA 康青龍　MAP P.76-A2

無添加天然ハーバルソープ
　自家ハーブ園で栽培された薬草を使用した手作り石鹸やナチュラルコスメを製造販売するブランド。看板商品のハーバルソープをはじめ、ヘア＆スキンケアのシリーズが充実。

🏠台北市永康街8巷2號
☎(02) 3393-6891
🕐10:30〜21:00
🛏無休
💳J M V
🚇R07/O06東門駅5番出口より徒歩約4分
🌐www.yuancare.com

ホーチャンチャーヂュアン
和昌茶荘

AREA 東區　MAP P.71-D3　日

長年通うファンも多い

先代は有名な茶葉の検査人で、現在は日本語堪能で気さくな2代目が経営している。梨山茶（100g600元）ほか扱う茶葉の種類は豊富、気軽に試飲させてくれる。値段設定もリーズナブルだ。

- 🏠 台北市敦化南路一段190巷46號
- ☎ (02) 2771-3652
- 🕙 10:00～21:00
- 休 旧正月
- CC 不可
- 🚇 BR10/BL15忠孝復興駅4番出口より徒歩約6分

シンチュンシアンクアンチャーブー
新純香款茶舗

AREA 中山　MAP P.69-D1　日

オリジナルのお茶請けが好評

種類豊富な台湾茶が揃う。日本語を話せるスタッフがいて、お茶選びのアドバイスも可。茶梅やマイタケチップス（110元～）、ドライフルーツ、パイナップルケーキなどのお茶請けも好評。

- 🏠 台北市中山北路一段105巷13-1號　☎ (02) 2543-2932
- 🕙 9:30～21:30（日10:00～18:00）
- 休 旧正月　CC AJMV
- 🚇 R11/G14中山駅2番出口より徒歩約5分
- 🌐 www.taiwangoodtea.com.tw

リンホアタイチャーハン
林華泰茶行

AREA 中山　MAP P.62-B2

朝から営業する老舗茶問屋

120年もの歴史をもつ老舗の茶問屋。茶葉が入った大きな缶が並ぶ飾り気のない店内。茶葉は、1斤（約600g）売りが基本だが300gや150gでも購入できる。朝7:30からの営業なので便利。

- 🏠 台北市重慶北路二段193號
- ☎ (02) 2557-3506
- 🕙 7:30～21:00
- 休 旧正月
- CC 不可
- 🚇 O12大橋頭駅2番出口より徒歩約4分
- 🌐 linhuatai.okgo.tw

イーファンウー
一番屋

AREA 中山　MAP P.63-D3　日

パイナップルケーキが人気

幅広いランクの茶葉を揃えている店。おすすめは高山春茶（500元～）と凍頂春茶・冬茶（670元～）。自家製パイナップルケーキ（4個200元）は添加物不使用。お茶を飲みながら休める休憩室を併設。

- 🏠 台北市中山北路二段45巷35號3階
- ☎ (02) 2567-5388
- 🕙 10:00～20:00（日～18:00）
- 休 旧正月　CC JMV
- 🚇 R11/G14中山駅3番出口より徒歩約7分
- 🌐 ichibanya.waca.tw

フォンプーチャーヂュアン
峰圃茶荘

AREA 台北車站周辺　MAP P.68-B2　日

卸売り価格で買える

創業1883年の老舗の茶葉店。茶葉は箱入り、缶入り、袋入りがあり、目的に合わせてチョイスできる。会長と社長夫人は日本語が堪能で、試飲させてくれながらいろいろとアドバイスをしてくれる。

- 🏠 台北市漢口街一段86號
- ☎ (02) 2382-2922
- 🕙 9:00～21:00（日～19:00）
- 休 旧正月
- CC AJMV
- 🚇 R10/BL12台北車站駅Z10番出口より徒歩約5分
- 🌐 www.fongpuu.com.tw

ミンシンファン
茗心坊

AREA 東區　MAP P.77-D2　日

独自の技術で仕上げた茶葉

もとエンジニアのオーナーが開発した高密度烘焙法で茶葉を烘焙し、仕上げる。扱う茶葉はすべて無農薬。看板商品は、高級高山烏龍茶の「茗心茶皇」(1900元～)。品質の高さに定評がある。

- 🏠 台北市信義路四段1-17號
- ☎ (02) 2700-8676
- 🕙 12:00～19:00
- 休 日、旧正月
- CC JMV
- 🚇 BR09/R05大安駅6番出口より徒歩約2分
- 🌐 msftea.weebly.com

ジアダーガオビン
佳德糕餅

パイナップルケーキの有名店

台湾人から絶大な支持を得ているお菓子とパンの有名店。パイナップルケーキのあんは冬瓜入り。クランベリーやストロベリー、メロンなど、あんのバリエーションが数種ある。ばら売りもしているので、いろいろ味見をしてみよう。

- 🏠 台北市南京東路五段88號
- 📞 (02) 8787-8186
- 🕐 8:30〜20:30
- 休 旧正月
- CC J M V
- 🚇 G18南京三民駅2番出口より徒歩約1分
- 🌐 www.chiate88.com.tw

❶ 店の前にはいつも行列ができている ❷ あんがすき間なく詰まっていて、食べ応え満点

シントンヤン ヂョンシアオイーディエン
新東陽 忠孝一店

台湾みやげを扱うチェーン店

台湾全土の町なか、デパート、国際空港、サービスエリア、バスの乗換駅にも新東陽の店舗がある大手みやげ物店。パイナップルケーキをはじめとしたお菓子、台湾茶、カラスミなどの人気商品や各地元産の特産品がギフトボックスに入った定番みやげが豊富に揃っている。

- 🏠 台北市忠孝東路四段303號
- 📞 (02) 2752-8805
- 🕐 8:30〜22:00
- 休 無休
- CC A D J M V
- 🚇 BL17國父紀念館駅1番出口より徒歩約2分
- 🌐 www.hty.com.tw

❶ 多種の定番人気商品と台湾全土の特産品がズラリ ❷ 町なかのいたるところに新東陽の店舗があり便利

ウェイルーサンチゥ
微熱山丘 Sunny Hills

AREA 松山　MAP P.66-B3

台湾産パイナップルあん100%

　あんは、台湾産パイナップル100％。素材にこだわり、ニュージーランドのバターと日本産の小麦粉、高級な卵を使用している（2個100元〜）。お茶と試食のサービスがある。

🏠台北市民生東路五段36巷4弄1號1階　☎(02)2760-0508
🕐10:00〜18:00
🈺端午節、中秋節、旧正月
CC A J M V
🚇BR13松山機場駅3番出口より徒歩約17分
🌐www.sunnyhills.com.tw

タイペイリージー
台北犁記

AREA 中山　MAP P.70-B2

1894年創業の老舗菓子店

　パイナップルケーキのほか、月餅や太陽餅、タロイモあんが包まれた香芋酥（1個60元）など、さまざまな中華菓子を販売する老舗。中秋節には、月餅を買い求める客で長い行列ができる。

🏠台北市長安東路二段67號
☎(02)2506-2255
🕐9:00〜21:00
🈺無休
CC J M V
🚇G15/O08松江南京駅4番出口より徒歩約6分
🌐www.taipeileechi.com.tw

タンツン
糖村 Sugar & Spice

AREA 東區　MAP P.72-A2・3

バリエーション豊富なヌガー

　パイナップルケーキに次ぐ人気の台湾スイーツ、ヌガー（牛軋糖）の人気店。フランス産のバターを贅沢に使った濃厚なミルク感。パイナップルケーキ（8個304元）も人気。

🏠台北市敦化南路一段158號
☎(02)2752-2188
🕐9:00〜22:00
🈺無休
CC J M V
🚇BL16忠孝敦化駅8番出口より徒歩約5分
🌐www.sugar.com.tw

ザ・ナイン
The Nine

AREA 中山　MAP P.69-C1

キュートなパッケージも魅力

　オークラプレステージ台北のベーカリーで人気を集めている特製手作りヌガー。イラスト入りパッケージ（380元〜）でギフトに最適。個包装でひと口サイズ。パイナップルケーキも販売。

🏠台北市南京東路一段9號大倉久和大飯店1階
☎(02)2181-5138
🕐8:30〜20:30　🈺無休
CC A D J M V
🚇R11/G14中山駅3番出口より徒歩約4分
🌐www.okurataipei.com.tw

タイペイイーリンイーゴウウーチョンシン
台北101購物中心 TAIPEI 101 MALL

AREA 信義　MAP P.79-D2

台北のランドマーク的存在

　台北のシンボル、台北101の地下1階〜5階がショッピングモールになっており、世界の一流ブランドのショップが並ぶ。地下1階のフードコートには小籠包の鼎泰豐（→P.101）もある。

🏠台北市信義路五段7號
☎(02)8101-8800
🕐11:00〜21:30（金・土・祝前日〜22:00）　🈺無休
CC A D J M V（店舗により異なる）　🚇R03台北101/世貿駅4番出口よりすぐ
🌐fb.com/101mall

シングアンサンユエバイフォ タイペイナンシーディエン
新光三越百貨 台北南西店

AREA 中山　MAP P.69-C1

有名レストランの支店も入る

　比較的高級路線の1號館と、南京西路を挟んで向かいにある若者をターゲットにした3號館の2館を展開している。「鼎泰豐」などグルメも充実。かつての2號館は「誠品生活 南西店」になった。

🏠台北市南京西路12號（1號館）、15號（3號館）
☎(02)2568-2868
🕐11:00〜21:30（金・土・祝前日〜22:00）　🈺無休
CC A D J M V
🚇R11/G14中山駅2、4番出口よりすぐ　🌐www.skm.com.tw

デパート

チョンピンションフオ ソンイエンディエン
誠品生活 松菸店

AREA 信義　MAP P.73-C2

おみやげ探しが楽しい

誠品書店グループの台湾最大級の店舗。リノベーションスポット「松山文創園區」にあり、本だけでなくトレンドの雑貨やファッション関連のショップやカフェ、レストランなどが充実している。

- 🏠 台北市菸廠路88號
- ☎ (02) 6636-5888
- 🕐 11:00～22:00
- 休 無休
- 💳 A D J M V
- 🚇 BL18市政府駅1番出口より徒歩約10分
- 🌐 meet.eslite.com

スーパー

チュエンリエンフーリーチョンシン
全聯福利中心

AREA 東區　MAP P.71-C2

最大手のスーパーチェーン

青い看板が目印で、台湾各地に支店がある。地元に密着した品揃えと低価格で人気。悠遊卡での支払いも可能。MRT中和新盧線行天宮駅の近くの支店（M P.64-B2）も便利。

- 🏠 台北市龍江路15號
- ☎ (02) 2721-0291
- 🕐 7:30～22:30
- 休 無休
- 💳 不可
- 🚇 BR11/G16南京復興駅2番出口より徒歩約10分
- 🌐 www.pxmart.com.tw

ジアルーフー
家樂福 carrefour カルフール

AREA 中山　MAP P.62-B2

ビッグなスーパーマーケット

フランス資本の巨大スーパーマーケット。台湾全土に展開している。広々とした売り場に食料品から日用雑貨、家電まで揃えている。扱っている商品はファミリー向けの大容量パックが多い。

- 🏠 台北市重慶北路二段171號
- ☎ (02) 2553-7389
- 🕐 9:00～24:00(金・土～翌2:00)
- 休 無休
- 💳 J M V
- 🚇 O12大橋頭駅2番出口より徒歩約7分
- 🌐 www.carrefour.com.tw

生活雑貨

グアンナンダーピーファー
光南大批發

AREA 台北車站周辺　MAP P.68-B2

バラまきみやげの宝庫

スーパーマーケットより安価にお菓子やおみやげを購入できるディスカウントストア。台湾柄のマスキングテープなど、文具も充実。日用品やCDも扱う。台湾主要都市に支店がある。

- 🏠 台北市許昌街40號
- ☎ (02) 2311-0528
- 🕐 10:30～22:30
- 💳 不可
- 🚇 R10/BL12台北車站駅Z4番出口より徒歩約2分
- 🌐 knn.com.tw

ションリーションフオバイフオ
勝立生活百貨

AREA 中山　MAP P.64-A3

台北で激安店といえばココ！

生活に欠かせない日用品や雑貨、食品などが揃う地元密着型のディスカウントストア。あらゆるジャンルの商品がところ狭しと陳列されている。おみやげ探しにもおすすめ。

- 🏠 台北市吉林路133號
- ☎ (02) 2511-2803
- 🕐 9:00～翌1:00
- 休 無休
- 💳 不可
- 🚇 O09行天宮駅1番出口より徒歩約4分

ジンシンファーションフオバイフオ
金興發生活百貨

AREA 中山　MAP P.69-C1

文具系も豊富

コスメや雑貨などが充実した女子に人気のバラエティストア。店内は明るく、商品も見やすく陳列。1階はコスメと食品が中心、2階では文具を扱っている。台湾メイドのかわいい雑貨も揃う。

- 🏠 台北市南京西路5-1號
- ☎ (02) 2100-2966
- 🕐 9:30～23:30
- 休 無休
- 💳 J M V
- 🚇 R11/G14中山駅3番出口より徒歩約4分
- 🌐 www.jsf.com.tw

台北リラクセーション

マッサージ

知足健康
ツーズージエンカン

AREA 東區　MAP P.78-A1　日

足裏マッサージ師の草分け的存在
　有名マッサージ師、謝武夫氏が家族で営む店。足裏45分+全身45分のコース（1500元）がおすすめ。謝武夫氏の指名料は300元。人気があるので、電話で予約（日本語可）が望ましい。

- 📍 台北市仁愛路四段62號13階10　☎ (02) 2703-8315、0910-388-728
- 🕐 11:00～19:00
- 休 旧正月　CC 不可
- 🚇 BL16忠孝敦化駅6番出口より徒歩約10分
- 🌐 tw.wufu1982.com

金樂足體養生會館 Kin Raku Foot MASSAGE
ジンルーズーティーヤンションホェイグアン

AREA 東區　MAP P.71-C2　日

設備が整ったきれいなチェーン店
　店内は広々として開放的なマッサージ店。リラックスして日々の疲れをリセットできる。足湯と肩もみのあとに行う足裏マッサージ（60分990元）や全身マッサージ（60分1100元）がおすすめ。

- 📍 台北市八德路二段324號
- ☎ (02) 2777-1222
- 🕐 10:00～翌2:00
- 休 無休
- CC A J M V
- 🚇 BR10/BL15忠孝復興駅1番出口より徒歩約7分
- 🌐 www.kinraku.com

6星集按摩會館 南京會館
リョウシンジーアンモーホェイグアン　ナンチンホェイグアン

AREA 松山　MAP P.73-C1

心を込めた6つの理念で経営
　女性ひとりでも入りやすいおしゃれな店内で、ISO国際認証を取得した実力派。足裏マッサージ、全身マッサージ（各60分、1200元）などメニューも豊富。割引きがあるお得な回数券もある。

- 📍 台北市南京東路五段76號
- ☎ (02) 2762-2166
- 🕐 9:00～翌1:00
- 休 無休
- CC A J M V
- 🚇 G18南京三民駅2番出口より徒歩約3分
- 🌐 www.footmassage.com.tw

再春館
ツァイチュングアン

AREA 中山　MAP P.70-A1　日

信頼と実績のマッサージ店
　ビルの2階と7階の2フロアを占める、比較的規模の大きなマッサージ店。40年近い歴史をもつ老舗で制度がしっかりしており、厳しいトレーニングを受けたマッサージ師のみが施術をしている。足裏30分＋全身指圧60分のマッサージ（2000元）が人気。背中の温湿布付きで、希望により時間配分は変更できる。デトックス効果がある淋巴排毒コース（120分、2600元）もある。店オリジナルのマッサージオイル沐春（15ml399元～）は、わざわざこれを求めに来る人もいるほど。人気があるので予約は必須（日本語可）。

1 ていねいにコリをほぐしてくれる
2 足裏と全身を組み合わせたコースが人気

- 📍 台北市南京東路二段8號2階
- ☎ (02) 7702-8985
- 🕐 9:30～23:00
- 休 無休
- CC J M V
- 🚇 G15/O08松江南京駅1番出口より徒歩約5分
- 🌐 fb.com/tckmassage

台湾シャンプー

曼都髪型
マンドゥーファーシン

AREA 康青龍　MAP P.76-A2

ふらっと立ち寄りできる
　台北市内各所に支店をもつチェーンの美容室。座ったままでソフトクリームのようにシャンプーを泡立てる台湾シャンプー（40分、350元）を気軽に楽しめる。予約は不要でふらっと立ち寄れる。

- 📍 台北市信義路二段257號2階
- ☎ (02) 3322-1228
- 🕐 9:30～20:00（日～19:00）
- 休 無休
- CC 不可
- 🚇 R07/O06東門駅6番出口より徒歩約2分
- 🌐 www.mentor-hair.com.tw

シアオリンファーラン ゾンディエン
小林髪廊 總店

AREA 東區　**MAP** P.72-B3

座ったままの台湾シャンプー

　台湾全土に支店がある人気美容院の本店。台湾シャンプーのみの料金はスタイリストにより300〜350元。マイシャンプーの持ち込みも可能。値段やメニューは各支店によって異なる。

🏠台北市忠孝東路四段216巷36-1號2階
☎(02)2752-6868
🕘9:00〜19:00（日12:00〜）
休第2・4日曜、旧正月
CC不可　❎BL16忠孝敦化駅3番出口より徒歩約4分
🌐fb.com/showlinsalonjp

エイチギャラリーヘアサロン
H Gallery Hair Salon

AREA 康青龍　**MAP** P.76-A2

おしゃれサロンで台湾シャンプー

　AVEDA製品を使った台湾式シャンプー（30分、700元〜）は頭皮、ハンドマッサージも含まれ極楽気分。人気があり要予約（ウェブサイトより可）。永康街にあるので、観光予定に組み入れて行こう。

🏠台北市永康街31-1號
☎(02)2341-5643
🕘11:00〜19:00
休無休
CC A J M V（2000元以上）
❎R07/O06東門駅5番出口より徒歩約4分
🌐www.hgalleryhair.com

ウェイグーシューウェイインシアングアン
薇閣數位影像館 VIGOR Photo Studio

AREA 中山　**MAP** P.70-B1
日

ファンタジーな世界で撮影

　日本語が通じる変身写真館。Aコース（ドレス2着、写真20枚、4800元）とBコース（ドレス3着、アルバム、8000元）があり、所要3〜3時間半。郵送も可能（送料1000元）。ウェブサイトも参考に。

🏠台北市南京東路二段97號2階
☎(02)2567-7771
🕘9:00〜18:00
休無休
CC J M V
❎G15/O08松江南京駅8番出口より徒歩約2分
🌐vg168.com.tw

グッデイイーリンイー ハオリーシエヂェン
Gooday101 好日寫真

AREA 中山　**MAP** P.69-D1
日

日本語がよく通じる

　林森北路にある変身写真館。体験コース（ドレス1着、修正済み写真データ5枚、所要約2時間5500元）をはじめ、A2コース（ドレス2着、修正済み写真データ10枚、所要約3時間9800元）などがある。

🏠台北市林森北路101號3階
☎(02)2521-1016
🕘9:00〜18:00
休無休
CC J M V
❎R11/G14中山駅2番出口より徒歩約10分
🌐gdtaipei.com

タイペイ アイ
臺北戲棚 TaipeiEYE

AREA 中山　**MAP** P.63-C2

伝統劇を観るならここで

　1915年発足の台湾新舞台の流れをくむ、長い歴史を誇る劇場。演目は中国伝統の京劇、雑技、人形劇の布袋戯などのほか、台湾原住民の歌舞など多岐にわたる。劇中は日本語の字幕も出る。

🏠台北市中山北路二段113號3階
☎(02)2568-2677
❎R13/O11民權西路駅8番出口より徒歩約5分
🌐www.taipeieye.com
※2023年4月現在休業中

ホンディンチームー
横町之母

AREA 中山　**MAP** P.64-B2
日

母を彷彿とさせる語り口

　「横町の母」の愛称で慕われるベテラン占い師、林秀氏が流暢な日本語で占ってくれる。米粒占い2件600元、四柱推命と米粒占い4件1000元。要予約。母のような優しい口調で安心できる。

🏠台北市松江路362巷4號
☎(02)2543-3227、0933-898-446（携帯）
🕘10:00〜22:00
休無休　CC不可
❎O09行天宮駅4番出口より徒歩約2分
🌐www.yokocyo-uranai.com

台北ホテルガイド

高級

台北喜來登大飯店（タイペイシーライトンダーファンディエン）
シェラトングランド台北
AREA 台北車站周辺　MAP P.69-C2　日 🛜

アクセス便利な高級ホテル

　MRT善導寺駅に近く、町歩きに最適なロケーション。地下はショッピングモールになっており、高級ショップが並ぶ。地下1階の飲茶のレストラン、「辰園」も人気が高い。

- 🏠台北市忠孝東路一段12号
- ☎(02) 2321-5511
- 🏠Ⓢ1万2000元〜　Ⓣ1万3000元〜　⨁10%
- 💳ＡＤＪＭＶ　🛏688
- 🚇BL13善導寺駅2番出口よりすぐ
- 🌐www.sheratongrandtaipei.com

台北晶華酒店（タイペイジンホアジゥディエン）
リージェント台北
AREA 中山　MAP P.69-D1　日 🛜

VIP御用達の高級ホテル

　芸能人やVIPの利用も多いラグジュアリーホテルでレストランが充実している。広々とした客室でゆったりくつろげる。日本人スタッフが常駐しており、24時間日本語対応が可能。

- 🏠台北市中山北路二段39巷3号
- ☎(02) 2523-8000
- 🏠ⓈⓉ1万6000元〜　⨁15.5%
- 💳ＡＤＪＭＶ
- 🛏538
- 🚇R11/G14中山駅3番出口より徒歩約6分
- 🌐www.regenttaiwan.com

老爺大酒店（ラオイエダージゥウディエン）
ホテル・ロイヤル・ニッコー台北
AREA 中山　MAP P.69-C1　日 🛜

日本人に人気の日系ホテル

　台湾初のニッコーホテルチェーンで、日本人および日本語が堪能なスタッフが多くサービス面も好評。客室は落ち着いたオフホワイトを基調としたモダンなデザイン。

- 🏠台北市中山北路二段37-1号
- ☎(02) 2542-3266
- 📠(02) 2543-4897
- 🏠ⓈⓉ9800元〜　⨁15%
- 💳ＡＤＪＭＶ　🛏202
- 🚇R11/G14中山駅3番出口より徒歩約5分
- 🌐www.royal-taipei.com.tw

大倉久和大飯店（ダーツァンジォウホーダーファンディエン）
オークラプレステージ台北
AREA 中山　MAP P.69-C・D1　日 🛜

ホテルオークラ系の高級ホテル

　滞在中の相談は台北の観光やグルメ情報に精通したコンシェルジュにおまかせ。最上階のヘルスセンターには台北を一望できる屋外温水プールや大浴場（6:00〜22:00）を完備。

- 🏠台北市南京東路一段9号
- ☎(02) 2523-1111
- 🏠ⓈⓉ1万5000元〜　⨁15%
- 💳ＡＪＭＶ
- 🛏208
- 🚇R11/G14中山駅3番出口より徒歩約4分
- 🌐www.okurataipei.com.tw

エムジーエイチミツイガーデンホテルタイペイヂョンシアオ
MGH Mitsui Garden Hotel 台北忠孝
AREA 台北車站周辺　MAP P.70-B3　日 🛜

三井ガーデンホテルの台北支店

　オープンは2020年。台湾産の天然石などを使いながら日本の伝統建築様式を取り入れ、非常にユニーク。九份や台湾スイーツなどをイメージしたコンセプトルームもある。最上階に大浴場がある。

- 🏠台北市忠孝東路三段30号
- ☎(02) 2781-1131
- 🏠ⓌⓉ9030元〜
- 💳ＡＪＭＶ　🛏279
- 🚇O07/BL14忠孝新生駅3番出口よりすぐ
- 🌐www.gardenhotels.co.jp/taipei-zhongxiao

逸聚文旅 信義館（イークアンウェンリュー シンイーグアン）
ホームホテル 信義
AREA 信義　MAP P.79-D1　日 🛜

Made in Taiwanにこだわる

　客室の調度品から小物までメイドイン台湾にこだわるホテル。台北101に徒歩約2分と近く、80%の客室から台北101を間近に眺められる。3階にレセプションがある。台湾を愛するリピーターにおすすめ。

- 🏠台北市松仁路90号
- ☎(02) 8789-0111
- 📠(02) 8789-0222
- 🏠ⓈⓉ1万2800元〜
- 💳ＡＪＭＶ　🛏113
- 🚇R02象山駅1番出口より徒歩約5分
- 🌐www.homehotel.com.tw

台北と台北近郊

台北　リラクセーション／ホテル

117

台北遠東香格里拉（タイペイユエントンシアングリーラー）
シャングリ・ラ ファーイースタンプラザホテル台北
AREA 信義　**MAP** P.78-A3　日 📶

台北101のすぐ近く

43階建てのツインタワー内にあるシャングリ・ラ系の高級ホテル。全室36m²以上と余裕ある広さ。38階には台北101のビューを満喫できるバー「馬可波羅酒廊」がある。

🏠台北市敦化南路二段201號
☎(02)2378-8888　FM(02)2377-7777　料1万600元～1万1200元～　⊕15%
CC A D J M V　室420
🚇BR07六張犁駅より徒歩約10分
🌐 tpe.fareasternhotel.com.tw

台北文華東方酒店（タイペイウェンホアドンファンジョウディエン）
マンダリンオリエンタル台北
AREA 松山　**MAP** P.66-A3　日 📶

高級感漂うラグジュアリーホテル

エントランスホールには大理石が敷かれ、クリスタルシャンデリアが輝きを放つ豪華なインテリア。ゲストルームは、55m²～と台北最大級の広さを誇る。広東料理の「雅閣」はミシュラン1つ星を獲得。

🏠台北市敦化北路158號
☎(02)2715-6888　料S①1万6500元～　⊕10%
CC A D J M V　室303
🚇BR11/G16南京復興駅7番出口より徒歩約10分
🌐 www.mandarinoriental.com/taipei

JR東日本大飯店 台北（ジェーアールドンリーベンダーファンディエンタイペイ）
ホテルメトロポリタン プレミア 台北
AREA 松山　**MAP** P.71-C1　日 📶

2021年開業 日本品質で安心

JR東日本グループ海外第1号ホテルで、ホテルメトロポリタンの上級ブランド。台北松山空港、MRT駅に近く便利。プール、サウナ、スパ、レストランなど施設が充実しており、日本語も通じる。

🏠台北市南京東路三段133號
☎(02)7750-0900　料W①1万5000元～
CC A J M V
室288
🚇BR11/G16南京復興駅2番出口より徒歩約1分
🌐 taipei.metropolitan.tw

ユエンシャンダーファンディエン
圓山大飯店
AREA 圓山　**MAP** 折込裏-A2　日 📶

クラシックな宮殿式ホテル

台北のランドマーク的存在として知られる中国宮殿式の豪奢な建物。日本統治時代、剣潭山に建てられた台湾神宮の跡地を利用し、「台湾大飯店」として1952年に開業した。

🏠台北市中山北路四段1號
☎(02)2886-8888　FM(02)2885-2885　料S①8800元～　⊕10%
CC A D J M V　室500
🚇R14圓山駅よりシャトルバスを利用
🌐 www.grand-hotel.org

台北世民酒店北門（タイペイシーミンジョウディエンベイメン）
シチズンM タイペイノースゲート
AREA 台北車站周辺　**MAP** P.68-A2　📶

**新しい時代を体感できる
ユニークなホテル**

「シチズンM」はオランダの革新的なホテルチェーン。まずは自動チェックイン機でセルフチェックイン。2階は「リビングルーム」と呼ばれるラウンジ兼ロビーで、Vitra社のデザイン家具やアートピースに囲まれてくつろぐことができる。客室は徹底して無駄を省いているが、人間工学に基づいた使い勝手のよいデザイン。ベッドの寝心地もよい。照明、空調、テレビなどすべての電源はタブレットでコントロールする。不明な点はスタッフがサポートしてくれる。

🏠台北市中華路一段3號
☎070-1016-1061　料W3200元～
CC A J M V
室267
🚇G13北門駅1番出口より徒歩約6分
🌐 www.citizenm.com

1 気軽にくつろげるリビングのようなラウンジ **2** 近未来的でまるで宇宙船のキャビンのような客室

中級

天成大飯店（ティエンチョンダーファンディエン）
コスモスホテル

AREA 台北車站周辺　MAP P.69-C2　日 🛜

台北車站間近でアクセス最高
　台北車站に隣接する4つ星ホテル。台鉄や高鉄で地方への旅を予定している人にとっては非常に利用価値が高い。ツアーで利用されることも多い。スタッフの日本語レベルも高い。

🏠台北市忠孝西路一段43號
☎(02) 2361-7856　FAX (02) 2311-8921　🛏Ⓢ6000元～
Ⓣ6500元～　➕10%
CC A D J M V　🛌226
🚇R10/BL12台北車站駅M3番出口よりすぐ
URL www. cosmos-hotel.com.tw

洛碁大飯店（ルオチーダーファンディエン ホアホアフェングアン）
洛碁大飯店 花華分館

AREA 台北車站周辺　MAP P.68-B2　日 🛜

手頃な予算で宿泊可能
　昔から日本人に人気の高いホテル。台北駅から徒歩3分という立地のよさと手頃な宿泊料金でリピーターが多い。周囲は学生向けの安い飲食店が多く、リーズナブルにステイできる。

🏠台北市漢口街一段36號
☎(02) 2312-3811
FAX (02) 2312-3800
🛏Ⓦ Ⓣ2000元～
CC A J M V　🛌53
🚇R10/BL12台北車站駅Z6番出口より徒歩約3分
URL flora.greenworldhotels.com

燦路都飯店（ツアンルードゥーファンディエン）
ホテルサンルート台北

AREA 中山　MAP P.63-C2　日 🛜

親しみやすい日系ビジネスホテル
　日本のサンルートホテルチェーンの台北ブランチ。フロントには常時日本語のできるスタッフがいる。シングルルームが多く、女性のひとり旅でも安心。日本人客率は90％。

🏠台北市民權東路一段9號
☎(02) 2597-3610
FAX (02) 2597-6523
🛏Ⓢ2400元～　Ⓣ3350元～
CC A J M V　🛌125
🚇O10中山國小駅1番出口より徒歩約2分　URL sotetsu-hotels.com/tw/sunroute/taipei

柯達大飯店 台北一店（クーダーダーファンディエン タイペイイーディエン）
Kホテル 台北1

AREA 中山　MAP P.69-C1　日 🛜

便利なビジネスホテル
　旧名はコダックホテル。中山の便利なロケーションにあり、日本人ビジネスマンの利用が多い。無料で使えるランドリーなど、長期滞在者向けのサービスも充実。市内各所に系列ホテルがある。

🏠台北市中山北路二段11巷1號　☎(02) 2542-2222
FAX (02) 2543-5507
🛏Ⓢ5600元～　Ⓣ8900元～
CC A J M V
🛌58　🚇R11/G14中山駅3番出口より徒歩約4分
URL taipei1.khotels.com.tw

第一大飯店（ティーイーダーファンディエン）
ファーストホテル

AREA 中山　MAP P.70-A1　日 🛜

ビジネス客に高い人気
　南京東路と吉林路の交差する角に立つ10階建ての中級ホテル。日本人ビジネスマンの利用が多い。コーヒーショップのほか、湖南料理や鉄板焼きなど、レストランが充実している。

🏠台北市南京東路二段63號
☎(02) 2541-8234
FAX (02) 2581-2411
🛏Ⓢ4000元～　Ⓣ4500元～
➕10%　CC A D J M V　🛌184
🚇G15/O08松江南京駅8番出口より徒歩約3分
URL www.firsthoteltaipei.com

ホテルパパホエール
HOTEL PAPA WHALE

AREA 西門町・萬華　MAP P.67-B1　🛜

大きなクジラの絵が目印
　北門や西門に近いヨーロッパ風のホテル。設備はシンプルだが、アート感覚でおしゃれにまとめられている。地下の部屋もあるが、Wi-Fiなども問題なし。ロビーも広く、宿泊客がくつろげる。

🏠台北市昆明街46號
☎(02) 2331-1177
FAX (02) 2331-2551
🛏Ⓢ2350元～　Ⓣ2900元～
CC A J M V
🛌300　🚇G12/BL11西門駅6番出口より徒歩約7分
URL www.papawhale.com

台北中山意舎酒店（タイペイチョンシャンイーシャージョウディエン）
amba台北中山

遊び心あふれるデザインホテル

　エコ＆アートがコンセプトで、遊び心あふれる機能的かつおしゃれなインテリアが特徴。中山北路沿いにあり、観光や買い物、グルメとアクセスもいい。1階にレストラン「Buttermilk」（→P.107）、地下1階にはすてきなバーもある。

🏠台北市中山北路二段57-1號
☎(02)2565-2828
💰Ⓢ3500元〜　Ⓣ4200元〜
⊕15%
💳ＡＤＪＭＶ　🛏90
🚇R11/G14中山駅3番出口より徒歩約7分
🌐www.amba-hotels.com/jp/songshan

❶各階の共有スペースはくつろぎの空間 ❷光がよく入り心地よい客室

オリジンスペースダーダオチョン
OrigInn Space 大稲埕

文化的な時間に浸れる

　迪化街の入口にある古い住宅をリノベした民宿。1階はカフェ＆ショップで、宿泊客は無料でコーヒーを注文できる。ショップの営業時間は11:00〜19:00で、それ以外の時間は自分で鍵を開けて入る。英語が堪能なスタッフが夜間も常駐。

🏠台北市南京西路247號
☎(02)2558-8843
💰Ⓦ2880元〜（エクストラベッド1000元）
💳ＪＭＶ
🛏5
🚇G13北門駅3番出口より徒歩約6分
🌐originnspace.squarespace.com

❶1階はカフェとショップ ❷地元住民になったような親しみやすい客室

皇家季節酒店台北 南西館（ホアンジアジージェジョウディエン ナンシーグアン）
ロイヤルシーズンズ台北

ローカルな夜市も楽しめる

　寧夏観光夜市や迪化街に近いホテルで、經典館と皇家館のふたつの棟からなる。各浴室にはジャクージ付きのバスタブが設置されている。1階のビジネスセンターは24時間利用できる。割引き料金で提供されることも多く、コスパが高いホテルだ。

🏠台北市南京西路326號＆330號
☎(02)2555-6488
📠(02)2555-6499
💰Ⓦ5300元〜　Ⓣ5900元〜
💳ＡＤＪＭＶ
🛏110
🚇R11/G14中山駅6番出口より徒歩約10分
🌐www.royalseasons.com

❶向かい合ったふたつの建物からなる ❷客室は清潔に保たれている

萬事達行旅 中華館（ワンシードゥーシンリュー チョンホアグアン）
ウォンスターホテル 中華館

大通りに面しているのに静か

　MRT桃園機場線台北車站駅にも歩いて行ける便利な立地。家具やインテリアは台湾デザイナーが手がけた。全部屋シャワートイレ完備。シックルームとスタールーム以外はバスタブあり。西門町にも近く、夜遊びしてしまっても大丈夫。

🏠台北市中華路一段82號
☎(02)2382-0889
📠(02)2382-0719
💰Ⓢ4800元〜　Ⓣ8400元〜
💳ＪＭＶ
🛏63
🚇G12/BL11西門駅6番出口より徒歩約5分
🌐www.wonstar.com.tw

❶通りの角にあって目立つ建物 ❷落ち着いて過ごせる客室

経済的

璞邸城市膠囊旅店（プーティーチョンシージャオナンリューディエン）
ブティ シティ カプセル イン

AREA 台北車站周辺　**MAP** P.68-B2　日 📶

扉を開けると開放的なラウンジ

台北車站と北門の中間あたりに位置する洗練されたデザインのゲストハウス。ドミトリーはシングルベッドとダブルベッドの部屋がある。女性専用のドミトリーもある。共用キッチン完備。

🏠 台北市重慶南路一段7號
☎ (02) 2381-5566
FAX (02) 2381-0990
💰 Ⓣ1600元～　Ⓓ700元～
CC JMV　🛏15（89ベッド）
🚇 R10/BL12台北車站駅Z8番出口より徒歩約1分
🔗 bouti.com.tw

台北北門窩泊旅（タイペイペイメンウオーボーリュー）
WOW ポッシュテル

AREA 台北車站周辺　**MAP** P.68-B1　📶

隠れ家的おしゃれゲストハウス

太原路から路地を入った少し奥まった所にあるゲストハウス。部屋はスタイリッシュで機能的なデザイン。女性専用のドミトリーもある。ツインの部屋はシャワー、トイレ付き。

🏠 台北市太原路92巷2-1號
☎ (02) 2552-5068
💰 Ⓢ1350元～　Ⓣ1890元～
Ⓓ540元～
CC JMV　🛏17（55ベッド）
🚇 R10/BL12台北車站駅Y13番出口より徒歩約5分
🔗 www.wowposhtel.com

品格子旅店 北車館（ピングーズリューディエン ベイチャーグアン）
インキューブ 北車館

AREA 台北車站周辺　**MAP** P.68-B2　📶

立地抜群のエコノミーホテル

台北車站まで歩いてすぐという便利な立地。客室はテレビ、エアコン、机というミニマムな設備で、経済性を求める人にはうってつけ。トイレ、シャワーは共用。有料で使える洗濯機、乾燥機、パソコンもある。

🏠 台北市公園路13號10階
☎ (02) 2311-4511
FAX (02) 2381-7987
💰 Ⓢ750元～　Ⓣ1300元～
CC JMV　🛏38
🚇 R10/BL12台北車站M8番出口よりすぐ
🔗 www.inncube.com.tw

故事所 _ 來腳拖的家 花園（グウシースオ ライジャオトゥオダジア ホアユエン）
オウルステイ フリップフロップホステル ガーデン

AREA 中山　**MAP** P.69-C1　日 📶

1970年代のビルをリノベーション

部屋はかなりシンプルだが、そのぶん中庭やキッチンなどの公共エリアが充実している。みんなで楽しめるイベントを多く開催している。手作りの朝ごはんもおいしい。

🏠 台北市長安西路122號
☎ (02) 2558-5050
💰 Ⓦ1352元～　Ⓣ1532元～
Ⓓ678元～　CC不可
🛏30（35ベッド）
🚇 R11/G14中山駅6番出口より徒歩約4分
🔗 flipflophostel.com

台北漫歩旅店（タイペイマンブーリューディエン）
ミアンダー台北ホステル

AREA 西門町・萬華　**MAP** P.67-A1　日 📶

インターナショナルなホステル

ヨーロッパにあるホステルのような、旅を楽しむ人々が集まるホステル。スタッフはみな英語対応で、旅人の必要事を心得ている。ロビーの共用スペースは広く、キッチンやランドリーも使用可。

🏠 台北市成都路163號
☎ (02) 2383-1334
💰 Ⓢ1800元～　Ⓣ2000元～
Ⓓ580元～　CC AJMV
🛏27（100ベッド）　🚇 G12/BL11西門駅6番出口より徒歩約7分
🔗 www.staymeander.com/meandertaipei

小公館人文旅舎（シャオコンアンレンウェンリューシャー）
NKホステル

AREA 松山　**MAP** 折込裏-B3　日 📶

ドミトリーもゆったり

ドミトリーからシャワー、トイレ付きの部屋まで、幅広く対応している規模の大きなホステル。どの部屋もモダンなデザインで、映えスポットもたくさん。野菜たっぷりの無料の朝食も大満足。

🏠 台北市南京東路五段399號5階
☎ (02) 2769-0200
💰 Ⓢ2200元～　Ⓣ3000元～
Ⓓ680元～
CC AJMV　🛏30（86ベッド）
🚇 G18南京三民駅4番出口より徒歩約5分
🔗 www.nkhostel.com

赤い提灯が連なるノスタルジックタウン

九份

ジョウフェン Jiufen

Map P.49-D2

アクセス

台北から

台鐵＆バス 台鐵台北駅から東部幹線で瑞芳（レイファン）駅まで行き、788、825、827、965、1062など「金瓜石」行きバスに乗り換える。瑞芳駅までは自強號76元、區間車49元など多数便がある。所要約40〜60分。金瓜石行きのバスは、駅を出て左側約200mの所にある「區民廣場」バス停から発車。所要約15〜20分、15元。

バス 「捷運忠孝復興站」バス停（MP.71-D3）より基隆客運1062「金瓜石」行きが多発。または「捷運西門站」バス停（MP.68-A3）より台北客運965「金瓜石」行きが30〜60分に1本。いずれも「九份派出所」または「九份老街」下車。所要約1時間15分、90〜101元。

基隆から

バス 基隆駅近くの「城隍廟」バス停より788「金瓜石」行きが多発。所要約30〜40分、30元。

九份は台北の東北約30kmに位置する山あいの小さな町。1893年に金鉱が発見され、空前の繁栄を誇るが、金鉱脈が尽きるとともに急激にさびれてしまった。ところが、大ヒットした台湾映画『悲情城市』のロケ地になったことで人気観光地となり、近年はノスタルジーあふれる古きよき町並みに出合えるとして、外国人観光客にも絶大な人気を誇っている。

九份のメインストリートは「九份老街」バス停の近くから曲がりながら東西に延びる基山街（→P.123）と、「九份派出所」バス停から南へ上る石段で、九份の町の中央を南北に走る豎崎路（→P.123）。「九份老街」バス停からショップやレストランが軒を連ねるにぎやかな基山街を通って豎崎路の階段を下りていくのが定番ルートだ。基山街と並行する輕便路にもショップ、茶藝館、民宿などが点在している。

眺めのいい茶藝館でのんびり

酔いやすい人、時間が限られている人はタクシーもおすすめ。「捷運忠孝復興站」バス停より九份まで所要約40〜50分、1000〜1200元が相場。事前に要交渉。

ショップが連なるアーケード
基山街 ジーシャンジエ

MAP
P.122-
A1〜B1

みやげ物店や食堂、スイーツの店がびっしりと並んでいる小道。店のひさしが連なりアーケードのようになっていて、昼でも薄暗く、まるで不思議の町に迷いこんだかのような雰囲気。九份の町並みは宮崎駿監督のアニメーション映画『千と千尋の神隠し』の舞台とイメージが重なる景色が多いこともあり、映画のシーンを思い浮かべながら散策するのも楽しい。

九份のメインストリート

人気の記念撮影スポット
豎崎路の階段 シューチールー

MAP
P.122-
B1・2

赤いランタンがどこまでも連なる、九份らしい景色に出合えるスポット。階段沿いには絶景を誇る茶藝館が並び、特に有名なのは、軒先にランタンを連ねた「阿妹茶樓」（→P.125）。輕便路との交差点から階段を見上げた風景は定番の写真撮影スポットとなっている。大ヒットした映画『悲情城市』のロケ地であり、交差点の上には『悲情城市』と書かれた看板が掲げられている。

人気の記念撮影スポット

よみがえった映画館
昇平戯院 ションピンシーユエン

MAP
P.122-B2

この地が空前のゴールドラッシュに沸いていた1927年に、台北に先がけ台湾北部で初めてオープンした映画館「昇平戯院」。1986年の閉館後はしばらく放置されていたが、現在は往年の姿を再現し、金〜日曜には『悲情城市』、『多桑』など九份が舞台となった映画を上映している。上映以外の時間は内部を開放している。

往年の姿を取り戻した

基山街

🏠 新北市瑞芳區基山街
🚶 「九份老街」バス停より徒歩約2分

ウワサの名物クレープ

🏪 阿珠雪在燒
📍 P.122-A1
🏠 新北市瑞芳區基山街20號
☎ (02) 2497-5258 🕐 12:00〜18:00 🈺 無休 💳 不可
🚶 「九份老街」バス停より徒歩約4分

削ったピーナッツ飴にバニラアイスとパクチーをのせてクレープで巻いた変わり種スイーツの店。

パクチー抜きも可

豎崎路の階段

🏠 新北市瑞芳區豎崎路
🚶 「九份（九份派出所）」バス停より徒歩約5分

> **おすすめ撮影ポイント**
> 九份ならではの絶景が撮れる人気スポットはココ。
> Ⓐ 阿妹茶樓の前（📍P.122-B1）
> Ⓑ『悲情城市』の看板がある豎崎路の階段（📍P.122-B2）
> Ⓒ基山街の突き当たりの見晴らし台（📍P.122-B1）

見晴らし台は絶好の撮影スポット

昇平戯院

🏠 新北市瑞芳區輕便路137號
☎ (02) 2496-9926
🕐 9:30〜17:00（土・日、祝日〜18:00）
🈺 第1月曜（祝日の場合は翌日）
🚶 「九份（九份派出所）」バス停より徒歩約5分

> **映画『悲情城市』**
> 第2次世界大戦終戦後の日本撤退から二・二八事件の勃発とそれに翻弄される一家の物語を描いた1989年公開の映画。侯孝賢監督。ヴェネチア国際映画祭金獅子賞受賞。

金瓜石

MAP
P.49-D2
P.124

📍台鐵瑞芳駅近くの「區民廣場」バス停より基隆客運788、825、965、1062など「金瓜石(黄金博物館)」行きバスで「金瓜石(黄金博物館)」下車。所要約20～30分、15元。または「捷運忠孝復興站」バス停(MP.71-D3)より基隆客運1062、「捷運西門站」バス停(MP.68-A3)より台北客運965「金瓜石」行きバスで終点下車。所要約1時間30分、90～113元。
九份からは「九份派出所」、「九份老街」バス停より「金瓜石」行きバスで所要約10分、15元。

黄金博物園區

M P.124-A・B2
🏠新北市瑞芳區金光路8號
☎(02)2496-2800
🕐9:30～17:00(土・日・🌙18:00)
休第1月曜(休日の場合は翌日)、選挙日、旧正月
💴80元(本山五坑見学50元、砂金採り体験チケット100元)
📍「金瓜石」バス停より徒歩約1分 🌐www.gep.ntpc.gov.tw

黄金に触ろう!

近郊の見どころ

町全体がミュージアム

金瓜石 ジングアーシー

　九份から東へ約1kmの所に位置する金瓜石は、かつて金鉱が発掘され、九份とともにゴールドラッシュに沸いた小さな町。その頃の町並みが保存され、一帯は屋外博物館になっている。その**黄金博物園區**には、職員の家屋の内部を見学できる生活美学体験坊、日本統治時代に皇太子(後の昭和天皇)のために建てられた和風邸宅の**太子賓館**(2023年4月現在閉館中)、世界最大の220kgの金塊に触れることができる**黄金博物館**などがある。坑道の見学(本山五坑見学)や砂金採り体験などのアトラクションもあり、別料金で楽しめる。また、トロッコ道から延びる階段を上ると金瓜石神社の跡地があり、石灯籠や鳥居が残っている。本殿跡がある高台からの眺めは最高。

　黄金博物園區から小さい階段や道に沿って北側に歩いていくと、細い道が連なる金瓜石ならではの町並みを散策することができる。このあたりは人も少なく、時が止まったような雰囲気だ。

拝殿の列柱が残る金瓜石神社跡

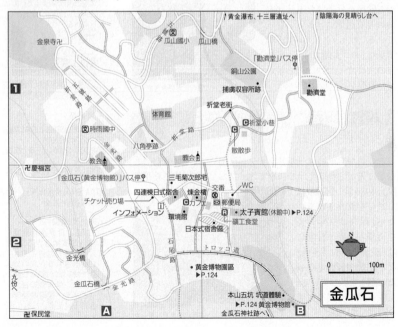

グルメ

ジョウフェンチャーファン
九份茶坊

茶藝館　MAP P.122-B1

茶器もかわいい絶景茶藝館

　歴史的建築に認定された木造家屋をリノベーションした茶藝館。オリジナルデザインの茶器は購入も可能。階下にはギャラリー。烏龍茶入りチーズケーキ烏龍起司蛋糕（150元）が美味。

- 🏠 新北市瑞芳區基山街142號
- ☎ (02) 2496-9056
- 🕐 12:00～19:00
- 休 無休
- CC ADJMV
- 🚌 「九份（九份派出所）」バス停より徒歩約6分
- 🌐 www.jioufen-teahouse.com.tw

アーメイチャーロウ
阿妹茶樓

茶藝館　MAP P.122-B1

九份の名物茶藝館

　金鉱業で栄えた頃の大邸宅をリノベーションした茶藝館。赤いランタンを連ねた味わいのある建物で、九份のイメージを体現。屋上はオープンテラスで、絶景を楽しめる。自称「湯婆婆の屋敷」。

- 🏠 新北市瑞芳區市下巷20號
- ☎ (02) 2496-0833
- 🕐 11:00～21:00（土・日10:00～22:00）　休 無休
- CC 不可
- 🚌 「九份（九份派出所）」バス停より徒歩約4分
- 🌐 www.a-meitehouse.com

ユイヅファンシュウ
芋仔蕃薯

台湾料理　MAP P.122-B1

おふくろの味を楽しめる

　豎崎路に面した小さなトンネルをくぐって店の入口へ。テラス席で絶景を眺めながら麻油麵線（180元）、滑蛋蝦仁（420元）、筍絲扣肉（420元～）などのおいしい郷土料理を堪能しよう。

- 🏠 新北市瑞芳區市下巷18號
- ☎ (02) 2497-6314
- 🕐 10:00～21:00頃（金・土不定）
- 休 無休　CC AJMV
- 🚌 「九份（九份派出所）」バス停より徒歩約4分。入口は豎崎路の階段に面したトンネル
- 🌐 fb.com/TaiwanSweetPotatoTeahouse

アーガンイーユイユエン
阿柑姨芋圓

スイーツ　MAP P.122-B1

九份名物のイモ団子

　九份の名物スイーツはタロイモと小麦粉で作ったお団子、芋圓（55元）。食べ方は温かいシロップをかけるホットかかき氷風のアイスの2種類。奥には絶景を遠くまで見渡せる客席が広がっている。

- 🏠 新北市瑞芳區豎崎路5號
- ☎ (02) 2497-6505
- 🕐 9:00～19:00頃（土～20:00頃）
- 休 無休
- CC 不可
- 🚌 「九份（九份老街）」バス停より徒歩約8分

アーラン
阿蘭

菓子　MAP P.122-A1

できたてほやほやの草餅

　1950年創業の老舗の菓子店。店先で作る草餅（20元）が大人気でいつも行列。日本人の口に合うのはアズキあんの甜紅豆で、台湾の人には菜蒲米（切り干し大根入り）が人気。

- 🏠 新北市瑞芳區基山街90號
- ☎ (02) 2496-7795
- 🕐 9:00～18:00
- 休 無休
- CC 不可
- 🚌 「九份（九份老街）」バス停より徒歩約7分

ホテル

🔑

ジョウフェンシアオディン
九份小町

中級　MAP P.122-A1　日 🛜

九份の絶景を楽しめる和風旅館

　日本人オーナー高野氏が経営する民宿。九份の町並みを見下ろす高台にあり、部屋からの眺めは最高。朝ご飯は焼き魚定食。場所がわかりにくいが、電話をすれば迎えに来てくれる。

- 🏠 新北市瑞芳區永慶里崙頂路70號
- ☎ 0963-985-377
- FAX (02) 2497-6402
- 料 ⑤①2700元～　CC 不可　室 4
- 🚌 基山街から豎崎路の階段を上り、左折し約5分
- 🌐 www.komachi-tw.com

北部の山間を走る人気ローカル線

平溪線

ピンシーシエン　Pingxi Line

Map P.49-D2

アクセス
台北から
台鐵 瑞芳駅へは毎日多発、所要約40分〜。自強號76元、區間車49元。瑞芳駅から菁桐駅へは1日16本。所要約50分、30元。
※台鐵台北駅、瑞芳駅などで平溪線の1日乗車券80元が販売されている。台鐵海科館駅〜菁桐駅間の区間が1日乗降自由。

台鐵ウェブサイト
🖳 www.railway.gov.tw
平溪線の時刻表も検索可。

猫パイナップルケーキの店
🛍 煤之郷貓咪鳳梨酥
Ⓜ P.126-B
🏠 新北市瑞芳區柴寮路48號
☎ (02) 2497-1240
🕙 10:00〜18:00(土・日9:00〜19:00)
🈳 無休 💳 不可
🚉 台鐵猴硐駅よりすぐ
猫型のパイナップルケーキ(6個180元)はおみやげに最適。

パイナップルケーキも猫の形

平溪線は台湾北部の山あいを基隆河に沿って走る人気のローカル線。2〜3両編成の観光列車で車窓からはのどかな景色を楽しめる。この路線は日本統治時代に石炭を運ぶために敷かれ、沿線にはその面影を残す炭鉱業の関連施設の跡地が点在している。現在はカメラ片手の観光客を乗せて走る大人気の観光路線となり、十分駅、菁桐駅などではこの沿線の名物である、願いごとを書いて空に放つスカイランタン(天燈上げ)を楽しむことができる。

平溪線としての正式な区間は三貂嶺駅〜菁桐駅までだが、列車は八斗子駅、八堵駅から出発している。瑞芳駅から乗車するのが一般的。

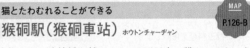

猫とたわむれることができる

猴硐駅(猴硐車站) ホウトンチャーヂャン

MAP
P.126-B

改札を出て跨線橋を越えると100匹以上の猫がいるという"猫村"と呼ばれる集落があり、カメラを手にした猫好きの観光客でにぎわっている。猫をテーマにしたカフェや猫グッズのショップもあり、まさに猫尽くし。駅の反対側にはかつての石炭の集積場の跡地を博物館にした猴硐煤礦博物園區がある。付近では猫型のパイナップルケーキを売る店がある。

あちこちに猫がいる

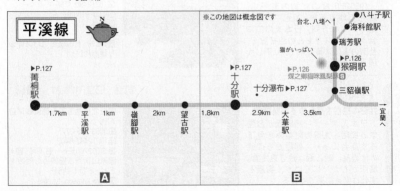

平溪線

※この地図は概念図です

▶P.127
菁桐駅

1.7km

平溪駅

1km

嶺脚駅

2km

望古駅

1.8km

▶P.127
十分駅

猫がいっぱい
台北、八堵へ→
八斗子駅
海科館駅
瑞芳駅

▶P.126
猴硐駅

🛍煤之郷貓咪鳳梨酥

▶P.126

十分瀑布 ▶P.127

2.9km

大華駅

3.5km

三貂嶺駅

→宜蘭へ

A

B

💡 夏の昼間の暑い時間帯、雨の日は猫の出没率が下がる。

町の真ん中を列車が走る
十分駅（十分車站）シーフェンチャーヂャン

MAP
P.126-B

平溪線沿線で最も乗降客数の多い駅で、沿線中いちばんのにぎわいを見せる。線路沿いは商店が並ぶ老街が広がり、屋台やおみやげ屋が軒を連ねている。町の真ん中を線路が走り、列車通過時はスリル満点。列車が通過した後は線路の上から願いごとを書いた天燈が次から次へと大空へ放たれていく。天燈の色は願いごとによって異なり、1色200元から。

町の真ん中を列車が通る

天燈に願いごとを書き空に放つ

台湾のナイアガラ？
十分瀑布 シーフェンプーブー

MAP
P.126-B

大華駅と十分駅の中間地点、十分駅から歩いて30分ほどの所にある滝。滝の付近は長いつり橋があるなど景色も美しく、ちょっとしたハイキングコースとして楽しめる。落差20m、幅40mのこの滝は「台湾のナイアガラ」と呼ばれることも多い。本物のナイアガラと比べるのはさすがに難しいかもしれないが、水量が多い季節は迫力がある。滝のある一帯は公園として整備されている。

いろいろな角度から眺めることができる

十分瀑布

🏠新北市平溪區乾坑路10號
🕐9:00～17:00（6～9月～18:00）。入場は閉園30分まで
🈂無休
💴無料
🚉台鐵十分駅より徒歩約30分。十分老街を最後まで直進し、車道をさらに直進。分かれ道を右に進み（ここを直進すると出口まで約20分で行ける）、十分旅遊服務中心裏のつり橋、遊歩道、平溪線と並走するつり橋と進んでいくコースが眺めがよくおすすめ（十分旅遊服務中心前の道を直進しても滝へ行ける）。

入口へ行く途中にある
十分旅遊服務中心

ひなびた味わいのある終着駅
菁桐駅（菁桐車站）ジントンチャーヂャン

MAP
P.126-A

平溪線の終着駅で、白い木造の駅舎は日本統治時代の1929年に建てられたものが現在でも使用されている。この駅舎は台湾に現存する4つの日本式木造家屋のうちのひとつで、古蹟に指定されている。駅前はノスタルジックな雰囲気が漂う商店街で、線路沿いの柵には願いごとを書いた竹筒が掛けられている。線路の向かいの炭鉱施設の跡地には見晴らしのいいカフェもある。

味わいのある木造建築

願いごとを書いた竹筒

夕日が美しい河口の町

淡水

ダンシュイ　Tamsui

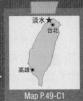

淡水★
台北
高雄

Map P.49-C1

アクセス
台北から
MRT R10/BL12台北車站駅より淡水信義線で終点のR28淡水駅下車。所要約40分、50元。
金山から
バス 淡水客運863「淡水」行きが5:40〜19:50に1時間に2〜3本。所要約1時間10分、75元。基隆発金山経由の862バスもある。

淡水老街
🏠環河道路と中正路の一帯
🚇R28淡水駅1番出口より徒歩約5分

真理大学
Ⓜ️P.128-A
🏠新北市淡水區真理街32號
☎(02) 2621-2121
🕐9:00〜18:50
🚫土・日
🚉R28淡水駅より紅26、836路バスで「紅毛城」下車、上り坂を徒歩約5分
🌐www.au.edu.tw

赤れんがの理学堂大書院

淡水はかつての名前を滬尾といい、台北を流れる淡水河の河口に開けた港町。17世紀にスペイン、オランダが上陸し、19世紀にはイギリス領事館がおかれるなど、古くから西洋の影響を受けてきた。そのためか町全体に異国情緒が漂う。

　MRT淡水駅を出ると淡水河沿いに老街が広がる。港町ならではの海鮮料理の屋台や巨大ソフトクリームの屋台などが並び、のどかな散歩道が続いている。老街を抜けて少し歩いた山の手には、紅毛城などの古跡が点在している。淡水名物の美しい夕日を見るなら川沿いのカフェのテラス席に陣取るか、少し遠出して漁人碼頭（→P.129）へ向かうのがおすすめ。

> 食べ歩きが楽しい通り
> ## 淡水老街　ダンシュイラオジエ
>
> MAP
> P.128-
> A・B

淡水河沿いの環河道路と中正路に延びる老街。名物のロングソフトクリームやイカ焼きなどの食べ物の屋台が並び、連日縁日のようなにぎわいを見せる。途中の船乗り場からは対岸の八里への渡し舟が運行（片道34元）。クルーズ代わりに乗っても楽しい。

海風が心地よいお散歩ストリート

💡 淡水は、河岸の老街以外はほとんどが急な坂道。歩きやすい靴がおすすめだ。

スペイン人、オランダ人が建てた城

紅毛城 ホンマオチョン

MAP P.128-A

眺めのよい高台に立つ赤れんが造りの城。1629年にスペイン人によって建設され、その後オランダの手に渡り、鄭成功がオランダを駆逐してから約200年後にイギリスの領事館となった。1972年に中華人民共和国を承認した英国と台湾は断交し、1980年に台湾に返還された。

歴史の変遷を見届けた城

紅毛城

🏠 新北市淡水區中正路28巷1號
☎ (02) 2623-1001
🕐 9:30～17:00（土・日～18:00）
🈺 第1月曜（祝日の場合は翌日）、旧正月
💴 80元
🚍 R28淡水駅より紅26、836路バスで「紅毛城」下車すぐ。所要約7分、15元。または駅前の中正路を徒歩約23分
🌐 www.tshs.ntpc.gov.tw

ロマンティックな夕日の名所

漁人碼頭 ユィレンマートウ

MAP P.128-A 外

淡水河右岸の河口に位置する観光漁港。小さな漁港と公園、河口に突き出た長い桟橋（情人橋）があり、夕日見物の名所になっている。桟橋の地階にはカフェやみやげ物屋が並ぶ。桟橋の先から発着する、漁人碼頭と淡水碼頭、対岸の八里を結ぶミニクルーズも人気。

ライトアップされる情人橋

漁人碼頭

🚍 R28淡水駅より紅26、836路バスで「漁人碼頭」下車すぐ。所要約20分、15元。または、淡水老街の渡し船乗り場から出ている快速艇漁人碼頭行きも利用可。所要約15分、90元。またはR27紅樹林駅より淡海LRT藍海線でV26淡水漁人碼頭駅下車、徒歩約3分。所要約28分、30元

gourmet

ホンロウ 紅樓

台湾料理　MAP P.128-A

古跡を利用したレストラン

淡水の高台に立つ赤れんがの洋館を利用したレストラン。1899年建造のコロニアル様式の邸宅で、その色合いから「紅樓」と呼ばれる。1、2階が台湾料理のレストラン、3階がカフェになっている。

🏠 新北市淡水區三民街2巷6號
☎ (02) 8631-1168
🕐 12:00～20:00（土・日～21:00）
🈺 無休　⊕10%　💳 J M V
🚍 R28淡水駅1番出口より徒歩約10分
🌐 fb.com/redcastle1899、fb.com/cafe1899

グルメ

ウェンホアーゲイ 文化阿給

ローカルフード　MAP P.128-A

淡水名物のB級グルメ

淡水名物のB級グルメ、阿給（アゲ）の店。阿給（45元）は中に春雨が入った豆腐の厚揚げで、辛めのトマトソースがかかっている。魚のすり身だんごのスープ魚丸湯（35元）との相性は抜群。

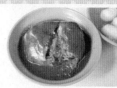

🏠 新北市淡水區真理街6-4號
☎ (02) 2621-3004
🕐 6:30～18:00（土・日～19:30）
🈺 月1日不定休
💳 不可
🚍 R28淡水駅より紅26路バスで「淡水圖書館」下車、上り坂を徒歩約5分

shop

アーポーティエダン 阿婆鐵蛋

鐵蛋　MAP P.128-A

淡水名物のおみやげ

淡水特産の醤油煮卵の老舗。白身が詰まっていて食感は硬いが、かむほどに味がしみ出てくる。大きいニワトリの鐵蛋（100元）と小さいウズラの鐵蛋（100元）がある。

🏠 新北市淡水區中正路135-1號
☎ (02) 2625-1625
🕐 9:00～21:00
🈺 無休　💳 不可
🚍 R28淡水駅1番出口より徒歩約10分
🌐 www.apoironegg.com

ショッピング

MRT淡水信義線R27紅樹林駅と接続する路面電車、淡海LRT（淡海輕軌）緑山線のV11崁頂駅までが2018年に開通。藍海線のV26淡水漁人碼頭駅までが2022年に開通した。🌐 www.ntmetro.com.tw

台北
新北投温泉

高雄

Map P.49-C1

台 北北部、陽明山の麓に位置する新北投は、清代末期に発見され、日本統治時代に開発された温泉郷。町の中心に広がる公園には、かつての公共浴場だった北投温泉博物館やプールのような公共露天風呂の親水公園露天温泉浴池などの見どころが集まり、その周りに温泉旅館やホテルが立ち並んでいる。台北市中心部からMRTで30分でアクセスできるという便利さもあり、日帰りで各ホテルが提供する立ち寄り湯を楽しむ人も多い。多くのホテルがMRT新北投駅か北投駅からの送迎バスを用意している。

アクセス
台北から
MRT R10/BL12台北車站駅より淡水信義線でR22北投駅下車、新北投支線に乗り換え、終点R22A新北投駅下車、所要約30分、35元。R22北投駅からは光明路、幽雅路とこの一帯を反時計回りに巡回する小25路バスが出ている。
陽明山から
バス230路バスが5:30〜22:45に30分に1便。所要約20分、15元。台湾好行バス北投竹子湖線(小9路)も運行。

北投温泉博物館
🏠 台北市北投區中山路2號
☎ (02) 2893-9981
🕙 10:00〜18:00(入場は17:45まで)
休 月
料 無料
🚶 R22A新北投駅より徒歩約4分
🖥 hotspringmuseum.taipei

巨大な北投石

MAP
P.130-A

▶ 畳敷きの大広間もある

北投温泉博物館　ベイトウウェンチュエンボーウーグアン

　1913年建設の北投温泉公共浴場を修復した博物館。新北投温泉に関する歴史や資料を展示している。ひときわ目を引く赤れんがの洋風建築で、設計は總統府を手がけた森山松之助。1階には当時の浴場が修復され、保存されている。2階の畳敷きの大広間は風通しがよく心地よい休息所。

和洋折衷の独特なスタイル

新北投温泉

水着で入る露天風呂

親水公園露天温泉浴池 チンシュイゴンユエンルーティエンウェンチュエンユイチー

MAP P.130-A

格安な料金で楽しめる庶民的な温泉。男女混浴なので水着が必要（水着やタオルは販売もされている）。露天風呂は計5つで、それぞれ温度が違う。湯は地熱谷源泉の酸性泉だが、レジャー客が多く、落ち着いて温泉を楽しむには不向き。見学のみの入場は禁止。

水着で入る公園の露天風呂

もうもうと湯気が上る

地熱谷 ティールーグー

MAP P.130-B

90℃の高温温泉が湧き出す谷。崖下から湯気が立ち上り、あたりには硫黄の臭いも充満している。この湯は翡翠に似た緑色をした酸性泉で、一般に「青湯」と呼ばれる。北投石という特殊な岩石の影響で微量のラジウムが含まれていて、健康にもよいという。無料の岩盤浴場が設置されている。

周辺は熱気が充満している

親水公園露天温泉浴池
🏠台北市北投區中山路6號北投温泉親水公園内
☎(02) 2896-6939
🕐5:30～7:30、8:00～10:00、10:30～13:00、13:30～16:00、16:30～19:00、19:30～22:00（すべて入場は終了30分前まで）　休旧正月
💴60元（コインロッカー20元）　CC不可　🚃R22A新北投駅より徒歩約5分

地熱谷
🕐9:00～17:00（5月15日～9月14日～18:00）
休月、旧正月　💴無料
🚃R22A新北投駅より徒歩約15分。小25路バスも近くを通る

Ⓜ瀧乃湯
MAP P.130-A
🏠台北市北投區光明路244號　☎(02) 2891-2236
🕐6:30～11:00、12:00～17:00、18:00～21:00（入場は終了1時間前まで）　休水　💴150元
🌐www.longnice.com.tw
　泉質がいいと評判の温泉。裸で入浴。

シオシュアイチャンユエン
少帥禪園

台湾料理　MAP P.130-B

温泉も併設するレストラン
日本統治時代の歴史的建築をリノベーションしたレストラン。張学良夫妻が軟禁されていた建物で、彼らが食べていた料理にちなんだ各種コース料理がある（2580元～）。温泉浴の施設も併設。

🏠台北市北投區幽雅路34號
☎(02) 2893-5336
🕐12:00～14:30、18:00～21:00（入園は11:00～21:00）
休水　⊕10%　CC AJMV
🚃R22A北投駅より230、小25路バスで「北投文物館」下車すぐ
🌐sgarden.com.tw

日勝生加賀屋（リーションションジアフーウー）
日勝生加賀屋

高級　MAP P.130-A　日 📶

着物姿でお出迎え
日本の加賀屋と提携し日本流のおもてなしと快適さを提供する。客室は純和室とベッドの寝室付き和洋室を選べる。大浴場の日帰り入浴（7:00～23:00、1200～1500元+10%、30名限定）も人気。

🏠台北市北投區光明路236號
☎(02) 2891-1238
FAX(02) 2892-2222
💴Ⓦ①2万3000元～　⊕10%
CC ADJMV　室90
🚃R22A新北投駅より徒歩約3分
🌐www.kagaya.com.tw

ナンフォンティエンユエチュアンウェンチュエンホェイグアン
南豐天玥泉溫泉會館

高級　MAP P.130-A　📶

きれいで新しいホテル
駅に近く、淡水に行った帰りに立ち寄るにも便利。大浴場は400坪で広々。日帰り入浴（月～金680元、土・日・祝780元）は9:00～22:00に営業。海鮮や薬膳のレストラン「天饗食坊」がある。

🏠台北市北投區中山路3號
☎(02) 2898-8661
FAX(02) 2928-8662
💴Ⓦ①8000元～　⊕10%
CC ADJMV　室27
🚃R22A新北投駅より徒歩約2分
🌐www.tyq.com.tw

台湾北部最大の貿易港

基隆

ジーロン（キールン）　Keelung

Map P.49-D2

アクセス

台北から

台鐵 台鐵台北駅より西部幹線で終点の基隆駅下車。所要35～50分、自強號64元、區間車41元。

バス 國光客運台北車站バスターミナル（M P.69-C2）より國光客運1813「基隆」行きが多発。所要約50分、57元。

九份、金瓜石から

バス 基隆客運788「基隆」行きバスが多発。所要約30～40分、30元。

旅遊服務中心

M P.132-A2

🏠 基隆市港西街5號

☎ (02) 2428-7664

🕐 9:00～17:00

🚫 無休 ● tour.klcg.gov.tw

中正公園

🚫 2023年7月現在、信二路の門柱を通る参道は工事中で通行止め。タクシー利用が無難

台北からおよそ30kmの台湾北東部の海岸沿いに位置する基隆。17世紀にはスペイン人が上陸し城を築いた。基隆港は古くから近隣地域で採掘される石炭の積み出し港として栄え、現在は大型コンテナ船や国際フェリーが行き交う台湾を代表する国際貿易港のひとつとなっている。郊外には女王頭岩で有名な野柳地質公園（→P.134）がある。

▶ 基隆港を見下ろす公園

中正公園 チョンヂォンコンユエン

MAP P.132-B1・2

基隆港の東側の小高い丘に広がる広い公園。園内には民俗文物館などがあり、頂上には町のシンボルともいえる高さ22.5mの白い観音像が立っている。公園の入口にある忠烈祠は日本統治時代は神社だった場所。

2023年7月現在、信四路にエレベーターを備えた基隆塔を建設中で、完成すれば中正公園へのアクセス性がぐんと向上する。

展望台になっている中正公園の観音像

港町の美食夜市

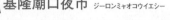

基隆廟口夜市 ジーロンミャオコウイエシー

MAP
P.132-A2

仁三路にある奠濟宮の周りに開けた夜市で、台湾一の美食夜市として知られている。頭上に黄色い提灯が並び、この夜市ならではの景観をつくり出している。仁三路の屋台には番号がついていてわかりやすい。新鮮な魚介を使用した屋台料理はどれもおいしい。

夜市ではあるが、昼間からほとんどの店が営業している。

屋台グルメを堪能しよう

基隆廟口夜市

住 基隆市仁三路、愛四路
時 11:00頃～深夜
交 台鐵基隆駅より徒歩約10分

夜市の人気グルメ

ひんやりデザートの泡泡冰

カニのバターホイル焼き

かつての要塞

海門天險 ハイメンティエンシエン

MAP
P.132-B1

1840年に勃発したアヘン戦争の際に、基隆湾防衛を目的として建設された砲台。基隆二沙湾砲台と呼ばれる。1884年の清仏戦争の際に破壊されたがその後修復され、砂岩をれんが状に積んだ城門や砲台と大砲のレプリカが見られる。基隆湾を一望できる高台にあり、最高の眺めが堪能できる。歩く前に虫よけを忘れずに。

大砲のレプリカが残る

海門天險

住 基隆市中正區
交 「總站」バス停より101、103、104路バスで「海門天險」下車。所要約10分、15元。下車後「海門天險」と書かれた所から階段を15分ほど上る。または中正公園の東端から寿山路を徒歩約20分

階段の上り口

町の近くで奇岩が見られる

和平島地質公園 ホーピンダオティーヂーコンユエン

MAP
P.49-D1

基隆港の北側の和平島にある海浜公園。半島を囲む遊歩道を歩けば、石畳のような「豆腐岩」や、キノコのような岩が立ち並ぶ「萬人堆」など、波の浸食で形成された珍しい風景を見ることができる。園内には海水を引き入れたプールもあり、海の生物を観察することもできる。

人が立ち並んでいるような萬人堆

和平島地質公園

住 基隆市平一路360號
電 (02)2463-5452
時 8:00～19:00（11～4月は～18:00。入場は閉園の1時間前まで）
休 無休
料 120元
交 「總站」バス停より101、205路バスで「和平島公園」下車。所要約25分、15元。下車後徒歩約7分。バスは巡回するので、帰路も同じバス停で乗車すればいい
URL www.hpipark.org

野柳地質公園

🏠 新北市萬里區野柳里港東路167-1號
📞 (02) 2492-2016
🕐 8:00～17:00　💴 120元
🚌 基隆駅近くの「城隍廟」バス停より基隆客運790「金山」行き、淡水客運862「淡水」行きバスで「野柳」下車、徒歩約10分。790バスには港を経由するものもあり、その場合「野柳地質公園」下車すぐ。所要約35分、30元。台北からは國光客運台北車站バスターミナル（Ⓜ P.69-C2）より國光客運1815「金山青年活動中心」行きバスで「野柳」下車。所要約1時間、98元。淡水から台湾好行バス皇冠北海岸線も停車する
🌐 www.ylgeopark.org.tw

金山

🚌 基隆からは上記790、862バスで「金山區公所」下車すぐ。所要約1時間、45元。台北からは上記1815バスで「金山區公所」下車。所要約1時間30分、117元

レトロな温泉浴場

ユニークな奇岩が並ぶ
野柳地質公園 イエリョウティーヂーコンユエン

MAP P.49-C1

　基隆の北西約15kmの海岸沿いにある自然公園。波と風によって少しずつ削られ、まるでクレオパトラの横顔のような形となった**女王頭岩**をはじめ、名前がついた20以上の奇岩を観賞できる。混雑時には入場制限を実施。駐車場に隣接するスタジアム、海洋世界ではイルカやアシカのショーを行っている。

"クレオパトラの横顔"と呼ばれる女王頭岩

テレサ・テンが眠る北海岸沿いの町
金山 ジンシャン

MAP P.49-C1

　金山は台湾の北海岸に面する山の中腹に開けた町。**金包里老街**は清代から台北へ物資を運ぶために利用された古道から発展したという歴史ある老街で、週末は観光客でにぎわう。金山は黄金色の温泉でも有名で、金包里老街から福徳街に入ったところに中山温泉公園があり、無料の足湯やレトロな温泉浴場がある。青く広がる海を望める山の上にはアジアの歌姫、テレサ・テンの眠る**金寶山鄧麗君墓園**、台湾の有名彫刻家、朱銘の作品を展示した**朱銘美術館**がある。

清代から続く金包里老街

🍴 gourmet グルメ

ユィワンバイヅ
魚丸伯仔

ローカルフード　MAP P.132-A2

基隆の三宝を試してみよう

　基隆を代表する小吃、豆干包と魚丸湯、乾冬粉を味わえる店。豆干包（30元）は厚揚げ豆腐に具を挟み、つみれで包んでゆでたもの。満腹になる3品のセット（90元）でどうぞ。

🏠 基隆市愛二路56號
📞 (02) 2424-8831
🕐 10:00～18:30
休 旧正月
CC 不可
🚌 台鐵基隆駅より徒歩約8分

🔑 hotel ホテル

長榮桂冠酒店（チャンロングイグアンジォウディエン）
エバーグリーンローレルホテル基隆

高級　MAP P.132-A1　日📶

エバー系列のホテル

　エバー航空と同じ長榮グループ系列の高級ホテル。港に臨む19階建てのホテルで、当然眺めもすばらしい。18～19階のレストランとラウンジからは港町の豪華な夜景も楽しめる。

🏠 基隆市中正路62-1號
📞 (02) 2427-9988
FAX (02) 2422-8642
料 Ⓦ①9000元～　⊕10%
CC ADJMV
🛏 140
🚌 台鐵基隆駅より徒歩約15分
🌐 www.evergreen-hotels.com

保存状態のよい老街がある

三峡

サンシア　Sanxia

Map P.49-C2

清 代末期より淡水河の水運を利用した物資の集散地として栄えた三峡。日本統治時代に建てられた200mに及ぶ赤れんが造りの老街と、息をのむほど細かな彫刻が施された清水祖師廟がこの町のシンボルだ。この廟の再建に尽力した画家の李梅樹の博物館は川の向こう側にある。三峡は小さな町なので、隣町の鶯歌（→P.137）とセットで回るのがおすすめ。

アクセス

台北から
MRT＆バス BL02永寧駅より916路バスで「文化路」下車。5:30～23:30に8～15分に1便。所要約25分、30元。ほか002/Y11景安駅より908路バス、G12/BL11西門駅より705路バスなど多発。

鶯歌から
バス 台鐵鶯歌駅前または陶瓷博物館前より桃園客運5005「三峡」行きで「三峡國小」か「文化路」下車。5:00～22:00に多発。所要約10分、25元。

三峡出身のリアリズムの巨匠

李梅樹紀念館　リーメイシュージーニエングアン

MAP
P.135-A2

　三峡が生んだ偉大な芸術家、李梅樹の功績を後世に伝えるべく遺族を中心に設立された私設記念館。彼は1902年に生まれ、東京美術学校で学んだ後、台湾美術界に大きな影響を与えた。清水祖師廟の復興に全力を傾けたことでも知られる。

巨匠の作品を展示

李梅樹紀念館
🏠 新北市三峡區中華路43巷10號　☎ (02) 2673-2333
🕐 土・日・祝10:00～17:00（入場は16:30まで）　💴 100元
🚌「安溪國小」バス停より徒歩約2分　🌐 limeishu.org.tw

清水祖師廟
🏠 新北市三峡區長福街1號
☎ (02) 2671-1031
🕐 5:00～22:00
🚌「文化路」バス停より徒歩
約3分
🌐 www.longfuyan.org.tw

三角湧老街
🚌「文化路」バス停より徒歩
約4分
🌐 www.sanxias.com.tw

三峡の名物クロワッサン、
金牛角を売る店が多い

三峡の文化と歴史を知る
三峡區歴史文物館
　かつての村役場を改修した展示館。三峡の古い生活用具などが展示されている。
🅼 P.135-A1
🏠 新北市三峡區中山路18號
☎ (02) 8674-3994　🕐 9:00～17:00　🈵 月・祝　💴 無料
🚌「文化路」バス停より徒歩
約4分
🌐 www.culture.ntpc.gov.tw/
sanchiaoyung

れんが造りの建築

精緻な彫刻に息をのむ

MAP P.135-A1

清水祖師廟　チンシュイズーシーミャオ

　清代の乾隆34 (1769) 年に創建された宋代の清水祖師を祀る廟。1947年、李梅樹の尽力によって3度目の再建がなされ、現在もなお細かい修復が続いている。御影石の壁面や石柱には龍や虎、武将、動植物、物語の場面などが精緻に彫り込まれている。そのすばらしさから民間芸術の殿堂ともいわれている。

清水祖師を祀る壮麗な廟

修復された赤れんがの美しい通り

MAP P.135-A2

三角湧老街　サンジアオヨンラオジエ

　祖師廟の裏手から延びる民權街には日本統治時代のれんが造りの家屋が道の両側に200m以上並び、三角湧老街と呼ばれている。この町並みはかつて三峡が製材や樟脳、茶の販売で潤っていた頃の名残で、現存多くの家屋が修復され、みやげ物屋や骨董品屋などになっている。

レトロな町並みを散策しよう

🍴 グルメ

ヒデガワグオチャンドウヂースオ
禾乃川國産豆製所　スイーツ　MAP P.135-A1

国産の豆にこだわる
　築70年の病院をリノベした豆乳工場の直営店。新鮮な豆花や豆腐、アイスクリームが味わえると評判だ。豆花 (55元～) は抹茶味など種類が豊富。豆腐味噌湯 (味噌汁、85元) もある。

🏠 新北市三峡區民權街84巷12之1號
☎ (02) 2671-7090
🕐 9:00～18:00 (土・日～19:00)
🈵 無休　💳 不可
🚌「文化路」バス停より徒歩
約5分
🌐 fb.com/taiwandou

🛒 ショッピング

サンシアランゴンファン
三峡染工坊　ファッション　MAP P.135-A1

三峡の伝統を伝える藍染め工房
　馬藍 (リュウキュウアイ) の栽培に適した三峡は、藍染めの本場となった。伝統を伝えるこの工房では製品販売のほか、藍染め体験DIYを行っている (ハンカチ250元～)。週末は予約なしでも可。

🏠 新北市三峡區中山路20巷3號
☎ (02) 2671-8058
🕐 10:00～12:00、13:00～17:00
🈵 月　💳 不可
🚌「文化路」バス停より徒歩
約4分
🌐 www.sanchiaoyung.org.tw

台湾最大の陶磁器の町
鶯歌
インゴー　Yingge

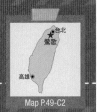

Map P.49-C2

清 代から陶磁器産業が発達していた鶯歌は現在でも60を超える窯元が集まる台湾最大の陶器の町。尖山埔路と重慶街には陶器の店が集まり、リーズナブルな量産品から作家の一点物まで幅広い製品が揃う。

ショッピングが楽しい通り
陶瓷老街　タオツーラオジエ

MAP
P.137-
A1・2

鶯歌中心部の尖山埔路は、200年の歴史を誇る鶯歌窯業発祥の地。現在は遊歩道に整備され、両側に陶磁器を扱う店が100軒ほど並んでいる。工場を併設し、陶磁器の制作体験ができる店もある。通りの入口にある煙突が目印。

窯元が集まる陶瓷老街

陶磁器の町、鶯歌を紹介する博物館
陶瓷博物館　タオツーボーウーグアン

MAP
P.137-B2

陶磁器関連の資料を集めた博物館。2階が常設展になっており、美しい壺や皿、茶碗などのほかタイル、携帯電話やオートバイの部品（セラミック製）なども展示されている。

大規模な博物館

建國路

台鐵鶯歌駅

桃園客運5005路バス
「鶯歌火車站」バス停

スターバックス

富貴陶園 R

鶯歌光點 C

P.137
子士小舗 S

安達窯 S

陶瓷老街 S
▶P.137

新旺集瓷

尖山埔路

中山一路

中山二路

文化路

重慶街

建國路

國慶街

A　B

1

2

▶P.137
陶瓷博物館

0　　100m

鶯歌

「陶瓷博物館」バス停↓三峡へ

アクセス

台北から
台鐵 台鐵台北駅より西部幹線の莒光號、區間車で鶯歌駅下車。1時間に3〜4本。自強號は停車しない。所要約30分。莒光號37元、區間車31元。

三峡から
バス 文化路を西へ向かう桃園客運5005「桃園」行きで「鶯歌火車站」、「福德祠」、「陶瓷博物館」下車。6:00〜21:00に多発。所要約10分、25元。文化路を東へ向かう702路バスも鶯歌を通る。

桃園客運
www.tybus.com.tw

陶瓷老街
台鐵鶯歌駅より徒歩約10分

陶瓷老街の陶磁器店
S 子士小舖
MAP P.137-A2　住 新北市鶯歌區重慶街63-1號　電 (02)2678-4335　営 10:00〜18:00（土・日〜19:00）
休 火　カード J M V
台鐵鶯歌駅より徒歩約12分

お得に茶器をゲット

陶瓷博物館
住 新北市鶯歌區文化路200號
電 (02)8677-2727
営 9:30〜17:00（土・日・祝〜18:00。入場は閉館の30分前まで）
休 第1月曜、旧正月　料 80元
台鐵鶯歌駅前より桃園客運5005「三峡」行きバスで「陶瓷博物館」下車、所要約5分。または台鐵鶯歌駅より徒歩約10分
www.ceramics.ntpc.gov.tw

安くてかわいい茶器を売る店は重慶街に多い。

タイヤル族が住む山あいの温泉郷

烏來

ウーライ　Wulai

Map P.49-C2

アクセス
台北から
MRT＆バス G01新店駅
で新店客運849「烏來」
行きバスに乗り換え
「烏來站」下車。5:30〜
21:40の間15〜20分に1
本。所要約30分、15元。
このバスは台北駅近く
のバス停（**M**P.69-C2）な
どからも乗れるが、中
心部で時間がかかるこ
とが多いので、新店駅
から乗車したほうがス
トレスは少ない。

新店客運
URL www.sindianbus.com.tw

M 小川源温泉

M P.138-B1
住 新北市烏來區烏來街
32號　**☎**（02）2661-6222
⌚8:00〜22:00　**休**旧正月
料 300元（タオル付き）
交 新店客運バスターミナ
ルより徒歩約4分
URL protospring.com.tw
　裸で入る日本と同様
の温泉施設。混んでい
るときのみ90分の時間
制限がある。12歳以下
の入浴は不可。

H 烏來璞石麗緻温泉會
館

M P.138-A1
住 新北市烏來區新烏路
五段88號　**☎**（02）2661-
8000　**料** **W**8000元〜
T9500元〜
CC A D J M V　**室**30
交 台北より「烏來」行き
バスで「堰堤」下車すぐ
URL www.pauselandis.com.
tw
　きれいで快適な日帰
り湯OKの大浴場を備え
るホテル。温泉浴は
8:00〜21:30（月13:00
〜）、**料**1100元〜。

烏 來は台北から南へ約28km、標高1000ｍの山あい
に位置する小さな村。エメラルドグリーンに輝く
南勢溪には温泉が湧き、「ウーライ」という地名は古来
よりこの地に住むタイヤル族の言葉で「温泉」を意味し
ている。レストランや屋台、おみやげ店が並ぶ烏來老街
を抜けて攬勝大橋を渡ると、大自然が広がる烏來特定風
景區（→P.139）。ここか
ら白糸の滝まで、トロッ
コで行ける。ゴトゴト走
るレトロなトロッコに
揺られていけば、烏來
の旅の忘れられない思
い出となるだろう。

ショップが並ぶ烏來老街

白糸の滝がある
烏來特定風景區　ウーライトゥーディンフォンジンチュー

MAP P.138-A1・2、B2

南勢溪の西側一帯は烏來特定風景區に指定されている。トロッコの終点近くには、落差約80mにもなる**白糸の滝（烏來瀑布）**やロープウエイで渡った対岸の山中にある自然豊かな**雲仙樂園**、タイヤル族の歌舞のショーを見せる酋長文創園區などの見どころがある。トロッコ沿いの道は約1.5km。いくぶん下りなので、帰りはぶらぶら歩いても楽しい。

白糸の滝（烏來瀑布）

烏來特定風景區
🏠 新北市烏來區瀑布路
🚌 新店客運バスターミナルより徒歩約10分

雲仙樂園
M P.138-A2
🏠 新北市烏來區瀑布路1-1號
☎ (02)2661-6510
🕐 9:00〜17:00（土・日・祝〜17:30）
休 無休
🎫 220元（ロープウエイ含む）
🌐 www.yun-hsien.com.tw

ロープウエイで行く雲仙樂園

トロッコ
M P.138-A1・2
☎ (02)2661-7826
🕐 9:00〜17:00
休 無休　🎫 片道50元
攬勝大橋付近から烏來特定風景區の中心部までを約5分で結ぶ。

タイヤル族の文化について知るなら
烏來泰雅民族博物館　ウーライタイヤーミンズーボーウーグアン

MAP P.138-B1

烏來に住む原住民、タイヤル族の歴史や文化、生活習慣、儀式など幅広く展示している。手工芸品や道具の展示も多く、彼らの生活を身近に感じることができる内容となっている。原住民族について興味がある人はぜひ訪れてみたい。

日常的に使われていた道具も展示

烏來泰雅民族博物館
🏠 新北市烏來區烏來街12號
☎ (02)2661-8162
🕐 9:30〜17:00（土・日〜18:00。入場は閉館の1時間前まで）
休 第1月曜、選挙日、旧正月
🎫 無料　🚌 新店客運バスターミナルより徒歩約3分
🌐 www.atayal.ntpc.gov.tw

---

gourmet

🍴 グルメ

タイヤーパレメイシーディエン
泰雅巴萊美食店

原住民料理　MAP P.138-B1

ヘルシーな原住民料理
タイヤル族の郷土料理の店。老街の店のなかではひとりでも入りやすい雰囲気。月桃の葉で包んだ月桃飯（80元）や竹筒飯（70元〜）、山のスパイス馬告を使った青木瓜鶏湯（100元〜）などが独特。

🏠 新北市烏來區烏來街14號
☎ (02)2661-6349
🕐 11:00〜21:00
休 旧正月
🚌 新店客運バスターミナルより徒歩約3分
🌐 fb.com/100070140645579

---

hotel

🏨 ホテル

馥蘭朵烏來（フーランドゥオウーライ）
馥蘭朵烏來　Volando

高級　MAP P.138-A1　日 🛜

タイヤル族と自然がコンセプト
スパとレストランも併設する高級リゾートホテル。日帰りで大浴場（750元〜。土・日・祝800元〜）や、貸し切り風呂（1120元〜）を楽しめる。8歳以下の宿泊と12歳以下の大浴場の利用は不可。

🏠 新北市烏來區新烏路五段176號　☎ (02)2661-6555
FAX (02)2661-6995
🎫 ⑤1万6000元〜　①1万8000元〜　⊕10% 含む CADJMV
🛏23 🚌 台北より「烏來」行きバスで「堰堤」下車、徒歩約1分
🌐 www.volandospringpark.com

桃園

タオユエン　Taoyuan

Map P.48-B2

台 湾の空の玄関口、台湾桃園国際空港を擁する町で、229万（2023年）の人口を抱える工業地域である。

その昔、ここは一面の荒れた草原であったため「虎茅荘」と呼ばれた。後に入植した客家人が桃を植えて「桃仔園」と呼ばれ、土地の名となったという。

現代も客家文化が息づき、近郊には雄大な自然が広がる。台湾桃園国際空港とのアクセスもよく、帰国直前などにも滞在を楽しめるハンディな町だ。

アクセス
台北から
高鐵 高鐵台北駅より毎日多発。所要約20分、155元〜。高鐵桃園駅から桃園市中心部へは桃園客運206、302バスで。
台鐵 台鐵台北駅より毎日多発。所要約23分〜、自強號66元。
台湾桃園国際空港から桃園客運5059、統聯客運706バスが多発。台鐵桃園駅まで所要約50分、48元〜。

旅遊服務中心
📍P.140-B2
🏠台鐵桃園駅内
☎(03)367-3743
🕐8:30〜17:30
休無休
🌐fb.com/taoyuan.vic

桃園77藝文町
🏠桃園市桃園區中正路77巷5號
☎(03)332-1969
🕐10:00〜22:00
休月　料無料
🚇台鐵桃園駅より徒歩約5分
🌐www.77artzone.com

よみがえった大正時代の家並み

MAP
P.140-B2

▶桃園77藝文町　タオユエンチーチーイーウェンディン

ビル群が立ち並ぶ台鐵桃園駅前の一角に、突如現れる和風の家並みが桃園77藝文町だ。前身は大正時代の木造警察宿舎群。計5軒が修復され、和の雰囲気漂うカフェやショップに利用されている。そのひとつ警察本部の建物は一般見学が可能で、当時の建材、瓦などが展示されている。

ここは昔の日本に戻ったかのよう

朝食街として有名な文化街

台湾に残る神社建築
桃園神社 タオユエンシェンシャー

MAP
P.140-B1
外

台鐵桃園駅から3kmほど北東の虎頭山麓に立つ、日本統治時代の神社跡。現在は忠烈祠となっているが、台湾で唯一、当時の姿をほぼとどめている神社である。

神社の創建は1938（昭和13）年。今も本殿、拝殿、社務所、中門、手水舎など当時の建物が残り、参道に導かれ歩んでいくと厳かな雰囲気に包まれる。

日本と台湾が断交したとき、多くの神社は破壊された。だが桃園神社は住民や学者の反対で保存されることになり、修復もされ、現在は神社文化園區となっている。

どっしりとした造りの拝殿

近郊の見どころ

日本とも縁の深い美しい老街
大溪老街 ダーシーラオジエ

MAP
P.48-B2

大溪は清代から日本統治時代にかけて大漢溪を利用した木材の集散地として栄えた町。MRT板南線永寧駅からバスも出ていて、台北から気軽に訪れることができる。中心部の和平路には、約400mにわたって1919（大正8）年に整備された美しいバロック様式のファサードを掲げた商店街が残る。老街の突き当たりを左に曲がると見晴らしのいい中正公園があり、周辺には相撲場や神社の跡地など日本統治時代の遺構が残る。

当時の姿のまま残る

大自然のなかでリフレッシュ
小烏來天空歩道 シャオウーライティエンコンブーダオ

MAP
P.49-C2

土・日曜、祝日のみ運行する台湾好行バス小烏來線の終点には、落差70mの滝の上にせり出すように造られたガラス床のミニつり橋があり、人気スポットとなっている。天空歩道を楽しんだら、天空縄橋を渡り、約15分のハイキングコースを回って大自然を満喫しよう。

全長11mながらスリル満点

桃園神社（桃園市忠烈祠）

🏠桃園市桃園區成功路三段200號
☎(03)332-5215
🕐9:00～17:00
休月、旧正月　料無料
交復興路の「桃花園飯店」バス停より213路バスで「忠烈祠」下車すぐ。YouBikeの利用も便利（所要約15分）
🔗confucius.tycg.gov.tw

神社の本殿だった建築

大溪老街

🏠桃園市大溪區和平路
交桃園客運桃園總站バスターミナル（M P.140-B2外）より桃園客運5096「大溪」行きバス、台湾好行バス小烏來線で「新街尾（和平老街）」下車、徒歩約2分。所要約45分、37元。台北MRTBL02永寧駅より710路バス、高鐵桃園駅より台湾好行バス大溪快線も可

相撲場が再現されている

小烏來天空歩道

🏠桃園市復興區4-6號
☎(03)382-1835
🕐8:00～12:00、13:00～17:00　休火
料50元（台湾好行バス小烏來線1日券利用者は30元）
交土・日・祝のみ桃園客運桃園總站バスターミナルより台湾好行バス小烏來線で「小烏來」下車、徒歩約5分。所要約1時間40分、101元。150元の1日券がお得

全長70mの天空縄橋

慈湖

住 桃園市大溪區復興路一段
1097號
電 (03)388-4437
時 9:00～17:00(慈湖陵寢の
み、彫塑公園は24時間)
休 火(慈湖陵寢のみ、彫塑
公園は無休) **料** 無料
交 高鐵桃園駅より台湾好行
バス大溪快線で「慈湖」下車
すぐ、所要約50分、85元。
あるいは桃園客運桃園總站
バスターミナルより土・日・
祝のみ運行の台湾好行バス
小烏來線で「慈湖」下車す
ぐ、所要約1時間、49元。い
ずれも1日券がお得

蒋介石が眠る慈湖陵寢

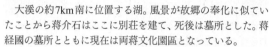
慈湖 ツィーフー

大溪の約7km南に位置する湖。風景が故郷の奉化に似ていたことから蒋介石はここに別荘を建て、死後は墓所とした。蒋経國の墓所とともに現在は兩蒋文化園區となっている。

「慈湖」バス停で降りるとすぐ導覽服務站があり、隣接して台湾各地から集められた200を超える蒋介石の銅像が立ち並ぶ**彫塑公園**がある。民主化後に次々と撤去された蒋介石像が、オブジェとして再利用されている。蒋経國、孫文の像もある。虚空にほほ笑みかける無数の像が周囲の自然の美しさに調和し、まるで現代アートのような趣もある。

隣接した慈湖沿いに10分ほど歩いた所に、蒋介石が眠る**慈湖陵寢**がある。こちらは衛兵に固く守られていて、厳かな雰囲気だ(内部見学は不可)。

シュールな景色が広がる

---

gourmet

グルメ

ラオジエトウ
老街頭
湯圓 **MAP** P.48-B2

おいしいローカル食堂
大溪老街(→P.141)の入口にあり、週末のみ営業。看板メニューの手工大湯圓(80元)は豚肉あんを包んだ大きな白玉団子。ゆで上がり(約20分)を待つ間は伝統スイーツ、粉粿(40元)をどうぞ。

住 桃園市大溪區和平路5號
電 (03)388-1678
時 12:00～19:00
休 月～金
CC 不可
交 「新街尾(和平老街)」バス停より徒歩約2分

---

shop

ショッピング

ダーシーラオチャーチャン
大溪老茶廠
茶 **MAP** P.48-B2

お茶好きなら訪れたい
1926年に建てられた製茶工場を再建。ショップコーナーでは特産の有機蜜香紅茶、有機青心甘緑茶を購入することができる。入場料が150元かかるが、券が100元の金券として使用できる。

住 桃園市大溪區新峰里1鄰復興路二段732巷80號
電 (03)382-5089
時 9:30～17:00
休 無休 **CC** J M V
交 土・日・祝のみ台湾好行バス小烏來線で「大溪老茶廠」下車、徒歩約2分 **URL** daxitea.com

ホテル

タオホアユエンファンディエン
桃花園飯店
高級
MAP P.140-B2

桃園でも快適な滞在を
台鐵桃園駅にほど近い高級ホテル。清潔感が漂う温かい色合いの客室は、心和む雰囲気。5階に蝴蝶谷餐廳レストランがある。

住 桃園市桃園區復興路151號
電 (03)286-8333
FAX (03)286-8357
料 W T 5800元～
CC J M V **室** 240
交 台鐵桃園駅より徒歩約3分
URL www.taogarden.com.tw

台湾のシリコンバレーと呼ばれる

新竹

シンヂュー　Hsinchu

Map P.48-B2

新竹は台北の南西約80kmに位置する中都市。古名を平埔族、道卡斯族（ダオカス）の言語から竹塹（テクツァム）といい、17世紀末に漢人が入植して竹塹城が築かれた。その名残として唯一今に残る東門城（→P.143）を中心に、新竹の町が広がっている。

　現在の新竹はIT関連企業が集中し、「台湾のシリコンバレー」とも呼ばれるハイテクの町。寺廟参拝など伝統文化も根強く残り、そのアンバランスがおもしろい。

アクセス

台北から

高鐵 高鐵台北駅より毎日多発、所要約34分、280元〜。高鐵新竹駅から新竹市中心部へは台鐵六家線に乗り換えて台鐵新竹駅下車。所要約20分、16元。
台鐵 台鐵台北駅より毎日多発、所要約49分〜、自強號177元。
バス 台北轉運站バスターミナル（M P.69-C2）より國光客運1822、新竹客運9003、豪泰客運2011「新竹」行きが毎日多発、所要約1時間30分、135元。
台湾桃園国際空港から日豪客運1250「新竹轉運站」行きバスが1日2便。所要約50分、150元。

台湾最古の駅舎

新竹駅（新竹車站）　シンヂューチャーヂャン

MAP
P.145-B4

　日本統治時代の1913年に建てられた、現存する台湾最古の駅舎。建築家松ケ崎萬長によるバロックとゴシックの要素が混在する建築で、ヘルメットをかぶったような鐘楼が特に目立つ。地元住民の保存運動によって、1998年に国家二級古蹟に指定された。また近年修復された東京駅（1914年完成）とは1歳違いの兄貴分で、その縁で姉妹駅関係が締結されている。

東京駅の姉妹駅

旅遊服務中心

M P.145-B4
台鐵新竹駅内
☎ (03) 525-8977
⏰ 9:00〜18:00　無休
fb.com/Hsinchu.Railway.Station

東門城

台鐵新竹駅より徒歩約5分

竹塹城の城門跡

東門城　トンメンチョン

MAP
P.145-B3

　1829年に建てられたかつての竹塹城の東門（迎曦門）で、上に楼閣が築かれ東門城と呼ばれている。名実ともに新竹の中心となる建築で、ここから数本の道が放射状に延びている。

　東門城があるロータリー中心部には護城河親水公園からトンネルを通ってアクセスできる。トンネルの内部には発掘現場が保存され、清代の橋脚などを見ることができる。傍らにはステージが設けられ、城の防御用堀であった護城河とともに市民の憩いの場となっている。

町の中心にある東門城

旧有楽館

M P.145-B3
新竹市中正路65號
台鐵新竹駅より徒歩約6分

　1933年に台湾初の冷房を備えた劇場として建設された。ローマ建築とアラビア建築が融合した独特の外観。

日本統治時代の映画館

城隍廟
住 新竹市中山路75號
☎ (03) 522-3666
⏰ 7:00～22:00　**休** 無休
🚇 台鐵新竹駅より徒歩約10分
🌐 www.weiling.org.tw

ビーフンが有名な阿城號
(→P.149)

廟の前は中庭になっている

■ **新竹随一の観光スポット**

城隍廟　チョンホアンミャオ

1748年に創建され、土地の守護神である城隍爺を祀る廟。城隍廟としては台湾でも最大規模で、「新竹城隍爺、北港媽祖婆」という褒め言葉もある。

境内には常に、参拝者が供える線香の煙がもうもうと立ちこめている。廟周辺には路地が縦横に走り、さながら迷宮に迷いこんだかのよう。

また中山路側の一画は廟口小吃となっていて、おいしい小吃の屋台がぎっしりと軒を並べている。お参りをしておなかも満たせて、台湾的幸せを感じられる場所である。

廟の入口。内部に小吃店がひしめく

新竹市美術館
住 新竹市中央路116號
☎ (03) 524-7218
⏰ 9:00～17:00
休 月、清明節、端午節、中秋節、旧正月　**料** 無料
🚇 台鐵新竹駅より徒歩約10分
🌐 fb.com/hsinchuartgallery

内部はギャラリーのよう

■ **新竹ゆかりの作品を展示**

新竹市美術館　シンチューメイシューグアン

1925年に新竹街役場（後に新竹市役所）として建設された官庁建築。赤れんが造りに日本式の瓦屋根をのせた和洋折衷建築で、小ぶりながら風格を感じさせる建築だ。植物紋様や7つの輪、燃えるトーチのように見える花輪などで装飾された玄関ポーチにも注目してみたい。内部は改築され、開放感あふれる美術館となっている。

ほかにも新竹には、多くの日本統治時代の官庁建築が残っているので、それをテーマに訪ねてみてもおもしろい。おもなものは、**新竹市政府**（旧新竹州庁 **MAP**P.145-B3）、旧新竹市消防局（**MAP**P.145-B3）、映画館の旧有樂館（→P.143）、招待所だった玻璃工藝博物館（→P.146）などがある。

赤れんがが美しい新竹市美術館

旧新竹市消防局は今も現役

1927年に完成した新竹市政府（旧新竹州庁）

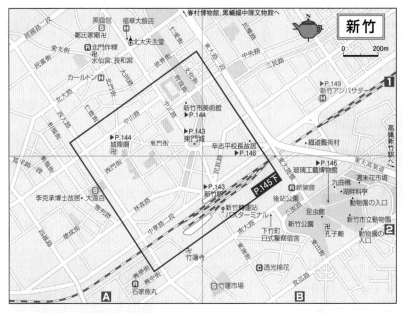

新竹

譽村博物館、黑蝙蝠中隊文物館へ

黑貓包
鄭氏家廟卍
福華大飯店
愛文街
北門炸粿R
北門街
水仙宮、長和宮
カールトンH
仁愛街
中山路
新竹市美術館
▶P.144
▶P.144
城隍廟卍
東門街
東門城
▶P.143
辛志平校長故居
▶P.146
玻璃工藝博物館
▶P.146
西門街
林森路
▶P.143
新竹駅
P.145下
新築宮
後站公園
李克承博士故居・大遠百S
勝利路
徳政街
新竹轉運站
バスターミナル
新竹公園
昆虫館
卍
孔子廟
週末花市場
湖畔料亭
動物園の入口
新竹市立動物園
動物園の入口
下竹町
日式警察宿舍
竹蓮寺卍
興中街
東中街
石家魚丸
透光棉花C
竹蓮市場S

新竹アンバサダー
▶P.149 H
鐵道藝術村
高鐵新竹駅へ

新竹中心部

▶P.148
廟口鴨香飯
淵明餅舖S
成家肉粽大王R
西大發
慧心冰店C
三億客家湯圓
柳家肉燥飯
▶P.148
雅珍號R
阿城號R
新復珍S
城隍廟卍
▶P.144
阿忠冰店
▶P.149
▶P.149
中央市場S
関帝廟卍
旧新竹公會堂
大遠百S
郵便局
警察局⊗
(旧新竹郡役所)
或者工藝櫥窗
旧新竹市消防局
▶P.144
新竹市政府
(旧新竹州庁)
▶P.144
新竹市美術館▶P.144
迎曦大飯店H▶P.149
中央路
新竹舊城再生基地
東門市場
享初食堂
旧有樂館▶P.143
福宏商務旅店
東門文昌雞排
東門城▶P.143
西米露之家C
182路バス停
(高鐵新竹駅へ)
台湾菸酒公司
(旧台湾総督府専売局)
水蜜桃時尚旅店
李澤藩美術館
月桃拌麵R
▶P.149
南門當歸鴨R
豪美旅店
勝利路
暗室微光C
左岸假期ホテル
華泰旅店S
寶城大飯店S
晶品城S
東賓快捷旅店S
光南大批發
金燕精緻ホテル
TAIVII菸酒館
辛志平校長故居
▶P.146
101ホテルH
旅遊服務中心H▶P.143
新竹客運新竹總站バスターミナル
(竹東へ)
新竹駅
▶P.143
新竹客運新竹北站
バスターミナル(関西へ)
中華路二段
地下道
新竹轉運站
バスターミナル

辛志平校長故居

住 新竹市東門街32號
電 (03) 522-0351
時 9:00〜17:00
休 月　**料** 無料
交 台鐵新竹駅より徒歩約7分
URL fb.com/Hsinchiping.former.residence

畳敷きの和室

玻璃工藝博物館

住 新竹市東大路一段2號
電 (03) 562-6091
時 9:00〜17:00（入館は〜16:30）
休 月、清明節、端午節、中秋、旧正月
料 50元
交 台鐵新竹駅後站（裏口）より徒歩約10分
URL glassmuseum.moc.gov.tw

内湾線

交 台鐵新竹駅から1時間に1本。または、高鐵新竹駅に隣接する台鐵六家駅から台鐵六家線に乗り、ひとつ隣の竹中駅で内湾線に乗り換えることができる

レトロな車両

終点の内湾駅

美しい木造日本式家屋
辛志平校長故居　シンヂーピンシャオジャンクージー

MAP
P.145-B4

　大正時代に建設され、新竹中学校（現新竹女中）の校長宿舎だった純日本式木造建築。日本統治終了後ここに移った初代校長辛志平を記念して、建築内部が公開されている。障子や擦りガラス、タイル張りの台所、浴室などがていねいに修復され、当時の雰囲気を現代に伝えている。

ガラス工芸について展示
玻璃工藝博物館　ボーリーコンイーボーウーグアン

MAP
P.145-B2

　新竹駅の裏側に位置する新竹公園内にあるガラス工芸に関する博物館。原料となるシリカと加工に必要な天然ガスが産出されたことから、新竹ではガラス産業が発展した。館内には工芸品をはじめ、ガラス製造について幅広い展示がある。

　博物館の建物は日本統治時代に皇族や高官のための招待所として建てられた「自治会館」で、各所に特色が残り、建築自体も興味深い。新竹公園内には新竹市動物園や孔子廟、氣象站などもある。

日本統治時代の建物

近郊の見どころ

車窓にはのどかな田園風景
内湾線　ネイワンシエン

MAP
P.48-B3
P.146

　台鐵新竹駅から山間部へ向かって全長約28km、13駅をガタゴトと走るローカル線の内湾線は、人気観光路線としても知られる。沿線の町には質素・勤勉を美徳としながらこの地を切り拓いた客家の人々の子孫が多く住む。彼らの文化に触れることができる**竹東**（→P.147）、終点の**内湾**（→P.147）は途中下車地におすすめだ。竹東からは**清泉温泉**（→P.148）、**北埔**（→P.150）へ行くバスも出ている。台北から日帰りもできるが、1時間に1本の運行なので上手に時間を使って回りたい。

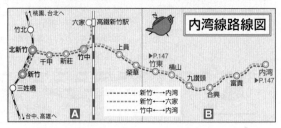

内湾線路線図

竹細工が特産の客家の町

竹東 ヂュートン

MAP
P.48-B3
P.147

竹東駅は内湾線でいちばん大きな駅。かつては樟脳を中心に林業の集散地として栄えた。客家人口が多く、客家語を聞く機会も多い。駅近くのロータリー周辺ににぎやかな**竹東客家市場**があり、人々の生活を見ながら散策しても楽しい町だ。

篁城竹簾文化館は、竹東の竹を使ったすだれの製造過程が見学でき、竹製品の販売もしている。**蕭如松藝術園區**は、そこだけ昭和の日本に戻ってしまったような空間。画家の蕭如松（1922～1992年）が住んだ家を中心に、6棟の日本式家屋がレストランやギャラリーに使われている。

竹東

🚆台鐵新竹駅より内湾線で台鐵竹東駅下車、所要約30分、24元

篁城竹簾文化館

ⓂP.147-B
🏠新竹縣竹東鎮仁愛路370巷31號 ☎(03)595-6965
🕐9:00～17:30 休日 料無料
🚆台鐵竹東駅より徒歩約5分
🌐www.grand-curtain.com

蕭如松藝術園區

ⓂP.147-A
🏠新竹縣竹東鎮三民街60號
☎(03)595-6009
🕐10:00～18:00 休火 料100元
🚆台鐵竹東駅より徒歩約10分 🌐fb.com/hsiaojusun

仁愛路と東林路には市場が広がる

内湾線の終着駅

内湾 ネイワン

MAP
P.48-B3
P.147

客家名物にも出合える**内湾老街**は週末は大にぎわい。駅の裏手の丘には鉄道局の宿舎をリノベーションした**好客好品希望工場**があり、若手クリエイターによるショップ兼工房やカフェが集まる。カフェのテラス席は内湾駅と入線する列車を見下ろせる絶好の撮影スポットだ。老街近くに客家の伝統建築である円楼を模したレストラン、**内湾圓樓人文客家餐廳**があり、台湾の古い映画を観ながら本場の客家料理を味わえる。

内湾

🚆台鐵新竹駅より所要約1時間、42元。または竹中駅より所要約40分、30元

好客好品希望工場

ⓂP.147
🏠新竹縣橫山鄉内灣村内灣139-1號
☎(03)584-9569
🕐10:00～17:00 休火
料50元（金券として使用可）
🚆台鐵内湾駅より徒歩約3分
🌐necupark.com

🍴**内湾圓樓人文客家餐廳**
ⓂP.147外 🏠新竹縣橫山鄉内灣村大同路99號
☎(03)584-9260
🕐11:00～19:00（12～3月～18:00、日～19:00）
休無休 ⓒⓒ不可
🚆台鐵内湾駅より徒歩約7分
🌐fb.com/100064191575447

多くの人でにぎわう内湾老街

円楼のような建築

清泉温泉

🚌 新竹客運竹東站バスターミナルより5630「清泉」行きバスで終点「清泉」下車。所要約1時間、90元。

張学良故居

🏠 新竹縣五峰郷桃山村清泉256-6號
📞 (03) 585-6613
🕐 9:00～17:00　休月
🎫 無料　🌐 fb.com/zxlcp

張学良故居の入口

香山駅

🚃 台鐵新竹駅より約8分、區間車15元

建材には阿里山のヒノキが使われた

深い渓谷につり橋が架かる風光明媚な温泉郷

MAP
P.48-B3

清泉温泉　チンチュエンウェンチュエン

新竹の南東約40km、タイヤル族とサイシャット族が暮らす五峰郷の山中にある温泉で、日本統治時代には「井上温泉」あるいは周囲の景色から「嵐山温泉」と呼ばれた。

バス停のある広場からつり橋を渡った所に、ただ1軒の清泉温泉會館（2023年4月現在閉館中）がある。そこから少し坂を下った所に将軍湯と呼ばれる足湯があり、無料で利用できる。温泉は無味無色の中性炭酸水素塩泉で、温度は43～48℃。

その上の高台に、西安事件を引き起こした張学良が1946年から13年間軟禁されていた**張学良故居**（旧井上温泉療養所）がある。台風被害から修復された木造建築内に、張学良の資料や遺品、歴史資料などが展示されている。

40℃でいい湯加減の将軍湯

昔懐かしい木造駅舎

MAP
P.48-A3

香山駅（香山車站）　シアンシャンチャーヂャン

新竹から台中方向に2つ目にある台湾鐵路の駅。古い映画に出てきそうな1928年建造の日本統治時代の木造駅舎が残っており、一見の価値がある。

駅の西側には干潟となった海岸線、香山濕地があり、夕日観賞の名所となっている。駅前にYouBikeがあるので、利用して海岸通りをサイクリングするのも楽しい。

グルメ

廟口鴨香飯　ミャオコウヤーシアンファン

ご飯もの　MAP P.145-A3

優しい味のシンプル鴨肉飯

城隍廟の近くにある鴨肉料理の人気店。鴨香飯（小65元、大75元）はジューシーな鴨肉と焦がしネギの風味がベストマッチ。地元の人は目玉焼き（荷包蛋15元）をのせて食べている。

🏠 新竹市中山路142號
📞 (03) 523-1190
🕐 11:00～15:00、15:30～21:00
休 火・水
💳 不可
🚃 台鐵新竹駅より徒歩約10分
🌐 fb.com/208058359219862

柳家肉燥飯　リュウジアロウヂオファン

ご飯もの　MAP P.145-A3

食事時は行列を覚悟

絶品の肉燥飯（小40元、大50元）で知られる。トロトロに煮込まれた豚肉は意外に油っぽくなく、あらびき胡椒がアクセント。ビーフンや摃丸湯もあり、メニューのバリエーションが豊富。

🏠 新竹市城隍廟口
📞 (03) 526-7990
🕐 10:30～22:00
休 第2・4火曜
💳 不可
🚃 台鐵新竹駅より徒歩約10分

グルメ

ユエタオバンミエン
月桃拌麺

麺　MAP P.145-A4

コクがある拌麺を気軽に

女性ひとりでもすんなり入れそうな、カフェのような店舗で伝統の豆瓣麺（65元）を提供。麺は手打ち、意麺、板條から選べる。ヘルシーな剝皮辣椒雞湯（90元）や蒜頭胡椒雞湯（90元）も人気。

- 🏠 新竹市武昌街33號
- ☎ 0988-581-966
- 🕐 11:30～14:00、16:00～20:30
- 休 月
- CC 不可
- 🚉 台鐵新竹駅より徒歩約7分
- 📱 fb.com/100063998356227

アーチョンハオ
阿城號

ビーフン　MAP P.145-A3

一度は食べたい名物のビーフン

新竹の名物といえばビーフン（米粉）と摃丸（肉団子）。廟口小吃の真ん中にあるこの店は、その両方で有名。炒米粉（45元）はコクのあるソースがかかっているだけのシンプルな一品。

- 🏠 新竹市城隍廟口
- ☎ 0981-821-345
- 🕐 7:00～21:30
- 休 第2・4火曜
- CC 不可
- 🚉 台鐵新竹駅より徒歩約10分

ヤーチェンハオ
雅珍號

スープ　MAP P.145-A3

肉とつみれとイカのとろみスープ

中山路から廟口小吃に入ってすぐ左側にある、カウンターのみの小さな店。ガガキン（45元）という肉とつみれとイカが入ったとろみスープが名物。個性的な味が仲よく同居している。

- 🏠 新竹市城隍廟口
- ☎ (03) 524-0220
- 🕐 10:00～20:30
- 休 不定休
- CC 不可
- 🚉 台鐵新竹駅より徒歩約10分

シーミールーヂージア
西米露之家

ドリンク　MAP P.145-B4

自然な甘さがおいしい

新竹の懐かしの味、西米露（35元～）はタピオカ、ココナッツミルク、練乳などから作るほんのり甘いドリンク。奶茶（ミルクティー）、胚芽、芋泥（タロイモ）など10種類以上の味が選べる。

- 🏠 新竹市民族路33-25號
- ☎ (03) 528-4410
- 🕐 10:30～21:00
- 休 無休
- CC 不可
- 🚉 台鐵新竹駅より徒歩約7分

ホテル

新竹國賓大飯店（シンヂュークオビンダーファンディエン）
新竹アンバサダー

高級　MAP P.145-B1　日 📶

設備の整った高級ホテル

新竹駅の東、新光三越百貨の14階から24階に入った高級ホテル。広東料理の「玫樓」、「A CUTステーキハウス」などレストランは特に充実。「Corner Bakery 63」はケーキが評判。

- 🏠 新竹市中華路二段188號
- ☎ (03) 515-1111
- FAX (03) 515-1112
- 料 Ⓦ Ⓣ1万元～　サ15%
- CC A D J M V　室257
- 🚉 台鐵新竹駅より徒歩約15分
- 📱 www.ambassador-hotels.com/jp/hsinchu

インシーダーファンディエン
迎曦大飯店

中級　MAP P.145-B3　日 📶

落ち着いた静かな環境

町の中心部、護城河の傍らにあるホテル。ホテル名は東門城の別名から。落ち着いた客室は観光にもビジネスにも向いている。会議室、ランドリーなど長期滞在にも対応。

- 🏠 新竹市文化街10號
- ☎ (03) 534-7266
- FAX (03) 533-5750
- 料 Ⓦ Ⓣ4500元～　サ10%
- CC A D J M V
- 室152
- 🚉 台鐵新竹駅より徒歩約8分
- 📱 www.solhotel.com.tw

アットホームでのどかな客家の町

北埔

ベイプー Beipu

Map P.48-B3

アクセス
竹東、新竹から

台鐵＆バス 台鐵竹東駅前より台湾好行バス獅山線で「北埔老街」下車、所要約15分、25元。または高鐵新竹駅より同バスで所要約40分、60元。1日券（100元）もある。

北埔老街
📍 新竹縣北埔郷廟前街
🚍 上記アクセス参照

町の中心は慈天宮

金廣福公館
Ⓜ️ P.150-A
📍 新竹縣北埔郷中正路6號
🌐 sites.google.com/view/jinguangfu

予約で見学可能

Ⓒ **水井茶堂**
Ⓜ️ P.150-A
📍 新竹縣北埔郷中正路17號
☎ (03) 580-5122
🕙 10:00〜17:00
休 旧正月 ＣＣ 不可
　東方美人茶や擂茶を楽しめる茶藝館。

Ⓢ **賓記製茶所**
Ⓜ️ P.150-B
📍 新竹縣北埔郷廟前街14號
☎ (03) 580-9498
🕙 10:00〜22:00
休 無休 ＣＣ 不可
🌐 fb.com/100063897703839
　5代続く茶農家が経営。

　のんびりとした山裾の町、北埔はおもに客家によって開かれた。清代に設けられた原住民居住地と平地との緩衝地に入植する「隘墾」という制度のもと、土地を求めた客家は武装しながらの開墾を行い、今に残る細い路地に家屋が密集した独特の町並みをつくり上げた。また、烏龍茶と紅茶の中間のような繊細な味わいの東方美人茶（膨風茶）の名産地としても知られ、茶葉店では良質な茶葉が手に入る。

東方美人茶の名産地

▶ **北埔老街** ベイプーラオジエ

MAP
P.150

　メインストリートは、古い建築が数多く残る廟前街。そこにある**金廣福公館**は北埔の防衛と開拓を指揮した組織の公館で、廣は広東の客家、福は福建の閩南人を表し、両者の協力関係を意味している。その向かいに立つ**天水堂**は地元の名士、姜氏の邸宅である見事な四合院住宅。現在も人が住んでいるので、内部非公開。町の中心である**慈天宮**の門前には、客家料理のレストランや擂茶を体験できる茶館、名産の柿餅（干し柿）や東方美人茶を売る店が並んでにぎやか。慈天宮周辺には雰囲気ある細い路地が縦横に延びているので、通ってみよう。人々の生活が身近に感じられておもしろい。

町は小さく2、3時間で回れる

北埔

台湾中西部
Midwestern Taiwan

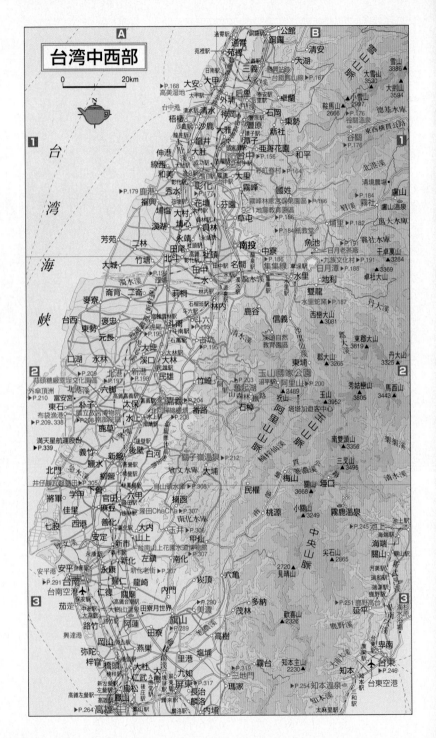

台湾中西部
エリアナビ

台湾海峡に面する西側は晴天の日が多く、
台湾全体でも最も天候に恵まれる地域。東側は山脈が走り、
台湾の最高峰、玉山をはじめ標高3000m級の山々が連なる。
山間部に広大な面積を占める南投縣は台湾茶の名産地である。

近郊の見どころ
東海大学（>>> P.165）
921地震教育園區（>>> P.166）
霧峰林家宮保第園區（>>> P.166）
台鐵舊山線（>>> P.167）
高美湿地（>>> P.168）

台中 >>> P.156

台 湾中西部の旅の拠点と
なる台湾第2の大都市。

彰化 >>> P.177
電車を放射状に格納する扇
形車庫（→P.177）が人気。

鹿港 >>> P.179
赤 れんがの老街が残る清代
から栄えた歴史ある港町。

斗六 >>> P.193
日本統治時代の面影を残す
素朴で味わいのある地域。

北港 >>> P.197
媽祖廟の総本山、北港朝天宮
（→P.197）があり全国から
参拝客が訪れる。

新港 >>> P.198
北港朝天宮に劣らず由緒正
しい媽祖廟がある小さな町。

谷關 >>> P.176

100年以上続く温泉郷。

埔里 >>> P.182
台 中から日月潭へ向かう途中にある町。
水がきれいで酒、紙づくりが盛んだった。

近郊の見どころ
紙教堂（>>> P.184）
霧社（>>> P.184）

集集線 >>> P.186
沿線は緑豊かなローカル線。

日月潭 >>> P.188
台 湾八景に数えられる、山
に囲まれた風光明媚な湖。

阿里山 >>> P.200
御 来光見物で有名な山。嘉義
駅〜十字路駅、阿里山駅
〜神木駅、沼平、對高岳駅間を阿
里山森林鐵路（→P.200）が運行。

嘉義 >>> P.204

映 画『KANO』の舞台にもなっ
た、阿里山（→P.200）、關子
嶺温泉（→P.212）観光の拠点の町。

近郊の見どころ
北回歸線標塔（>>> P.208）
國立故宮博物院南部院區（>>> P.208）
蒜頭糖廠蔗埕文化園區（>>> P.209）
布袋漁港（>>> P.209）

（地図内の地名）
台北 台中 花蓮 台南 台東 高雄
苗栗縣
台中國際空港
台中市
彰化縣
雲林縣
南投縣
嘉義空港
嘉義縣

\ このエリアの観光に便利な台湾好行バス / URL www.taiwantrip.com.tw

6670 日月潭線	台中干城總站バスターミナルから出発し、台鐵台中駅、高鐵台中駅、埔里（→P.182）、紙教堂（→P.184）、九族文化村（→P.191）、日月老茶廠（→P.191）を経て日月潭（→P.188）へ
11 台中時尚城中線（11路バス）	台鐵台中駅から出発し、台中市内の見どころを回る
6936 鹿港祈福線	高鐵台中駅から出発し、彰化（→P.177）を経て鹿港（→P.179）へ
Y02 北港虎尾線	台鐵斗六駅から出発し、虎尾（→P.195）を経て北港朝天宮（→P.197）へ
Y01 斗六古坑線	台鐵斗六駅から出発し、雲林科技大学を経て古坑（→P.195）へ
66 光林我嘉線（黄線バス）	嘉義の交通轉運中心バスターミナルから出発し、台鐵嘉義駅を経て嘉義市内の見どころを回る
106 故宮南院線	台鐵嘉義駅から出発し、檜意森活村（→P.206）、蒜頭糖廠蔗埕文化園區（→P.209）、國立故宮博物院南部院區（→P.208）を経て高鐵嘉義駅へ
7322D 阿里山-B線（奮起經由）	台鐵嘉義駅から出発し、石棹、奮起湖（→P.203）を経て阿里山（→P.200）へ
7329A 阿里山-A線（奮起湖經由）	高鐵嘉義駅から出発し、石棹、奮起湖（→P.203）を経て阿里山（→P.200）へ

1回券　1日券

全線高架を走る新しいMRTが新登場

台中最新NEWS
台中MRT緑線が開通!!

→P.160

切符の買い方は
台北MRTと同じ

市政府駅をハブに周辺部へのアクセスがグンと向上。沿線の見どころを紹介。

「流れ」を感じる建築

複合的アートスペースの役割も担う

「音の洞窟」をイメージ
タイチョンクオジアコージウエン
台中國家歌劇院 →P.163

日本人建築家伊東豊雄によるオペラ劇場。曲線を大胆に使用し、内装は壁と屋根の境を取り払ったような独特のものとなっている。ショップやカフェも入る。

ちゃんと薬も買える

台湾のオーガニック化粧品なども売られている

美し過ぎる薬局！
フェンズヤオジュイ
分子藥局

まるでアートギャラリーのようにディスプレイが美しい現役の薬局。内部は吹き抜けの2階建てになっており、いろいろな方向からセンスよい店内を眺められる。話題の台湾コスメなど、品揃えも豊富。

MAP P.157-A1
住 台中市惠來路二段236-1號　電 (04)2251-3080　営 10:00〜21:00　休 無休　カード M V　交 300〜301路バスで「新光/遠百」下車、徒歩約5分　URL www.molecure.com.tw

徒歩約13分
台湾大道を走るバスに乗り換えできる

市政府

水安宮

文心森林公園

豐樂公園

大慶

南屯

九張犁

台鐵大慶駅に連絡

徒歩約5分

烏日　九德

高鐵台中駅に連絡

高鐵臺中站

高鐵台中駅1階のバス乗り場から緑1仁友停車場行きバス、99路バスで「彩虹眷村」下車。所要約10分

カラフルなイラスト村
ツァイホンジュエンツン
彩虹眷村 →P.164

99歳の黄おじいさんが描くイラストで彩られた町並みは撮影スポットとして大人気。

地元民の夕食用台所
ウェンシンディーイーホアンホンシーチャン
文心第一黄昏市場

夕方から営業する市場。野菜や果物などの生鮮品から、調理済みの肉やおかず、パン、デザートまでさまざまな食品が並び、見て歩くだけでも楽しい。値段もリーズナブル。

ホテルで食べよう！

1.ローカル食品の店舗が並ぶ 2.すぐ食べられるおかずがたくさん 3.鮮肉湯包

MAP P.157-A2
住 台中市南屯區大墩四街　営 14:00頃〜19:00頃　休 無休　カード 不可　交 南屯駅より徒歩約5分

英名は FUSION SPACE

台中新スポット

1. 中庭はこのセンターのイベント会場となる 2.1階にあるカフェは、間接照明がアートな雰囲気 3.3階のアンティークショップはレトロ感満点！

工場時代の雰囲気が残る
フーシンゴンチャンイージョウリョウアル
富興工廠1962

化粧品工場を大幅にリノベーション。当時の雰囲気が残る建築内に、カフェやショップが入居している。

MAP P.159-D3

住台中市復興路四段37巷2號 ☎(04)2222-0538 営11:00～20:00（2～3階は～18:00）休カード店による 交台鐵台中駅より徒歩約6分 URLwww.fusionspace1962.com

| 文心櫻花 |—| 文華高中 |—| 文心中清 |—| 文心崇德 |—| 四維國小 |—| 松竹 |—| 舊社 |—| 北屯總站 |

台鐵松竹駅に連絡

文心櫻花駅より33、37路バスで「逢甲大学（逢甲路）」か「逢甲大学（星新路）」下車。所要約10分

徒歩約5分

食べ物の屋台が多い

1. 通り沿いに長く続く夜市
2. 大甲芋頭城（→P.172）のかき氷

大学生主体のにぎやかな夜市
フォンジアイエシー
逢甲夜市
→P.164

台中中心部からは少々離れているが、夜市の範囲が広く、小吃やスイーツ、雑貨、ファッションまでいろいろ楽しめる。若者が多く、雰囲気もキラキラした華やかさがある。

映える四合院建築！

1. 台湾民俗文物館の中庭 2. 文物の展示もある

台湾らしい写真が撮れる
タイチョンミンスーコンユエン
台中民俗公園

住宅街のなかにある市民憩いの公園。園内には古い機関車の展示や、伝統的な四合院建築を利用した台湾民俗文物館があり、古い台湾の建築を背景に「映え」写真が撮れる。

MAP P.157-C1外

住台中市旅順路二段73號 ☎(04)2245-1310 開24時間（台湾民俗文物館は10:00～17:00）休無休（台湾民俗文物館は月）料無料 交文心崇德駅より徒歩約5分 URLfb.com/ttfm1990

CHECK! 台中定番モデルルート

山河魯肉飯	寶覺寺	台中國家歌劇院	宮原眼科	逢甲夜市
第二市場で朝ご飯。トロトロに煮込まれた角煮でご飯が進む。	黄金に輝く彌勒大仏像は台中のシンボル。笑顔に癒やされる。	斬新な建築のオペラハウスは独創的な内装デザインも必見。	レトロかわいいパッケージのお菓子を購入したりアイスで休憩。	台中を代表する夜市。地元の学生に交じって屋台グルメに舌鼓。
→P.169	→P.161	→P.154、163	→P.173	→P.164

気候に恵まれた近代都市

台中

タイチョン　Taichung

Map P.152-B1

アクセス

台北から

高鐵 高鐵台北駅より毎日多発、所要約50分〜、700元〜。駅から中心部へは隣接する台鐵新烏日駅から台鐵台中駅まで台鐵で所要約10分、15元。

台鐵 台鐵台北駅より毎日多発、所要1時間37分〜、自強號375元。

バス 台北轉運站バスターミナル（M P.69-C2）より國光客運1827「台中」行きなどが毎日多発。所要約2時間45分、300元。

高雄から

台鐵 台鐵高雄駅より毎日多発、所要約1時間52分〜、自強號469元。

バス 國光客運高雄站バスターミナル（M P.265-B）より國光客運1872「台中」行きなどが毎日多発、所要約3時間10分、350元。

台南から

台鐵 台鐵台南駅より毎日多発、所要約1時間26分〜、自強號363元。

バス 台南轉運站バスターミナル（M P.293-C1）より國光客運1871「台中」行きが毎日多発、所要約2時間30分、270元。

台中国際空港から市内へ

302路バスで所要約1時間10分、56元。タクシーは500元前後。

人口約282万（2023年）の台中市は、人口で台湾第2の都市。1年を通じて雨が少なく、台風の被害も少ない気候に恵まれた土地である。「文化城」とも呼ばれ、台湾の住みやすい町No.1に何度も選ばれている。

　清代の1888年、現在の台湾中西部に台湾縣がおかれ、日本統治時代になって台北と台南の間に位置することから台中縣と改められた。その後、立地のよさから中西部を束ねた台中州の中心となり、町が発展した。日本統治時代には碁盤状の計画的な町並みが造られた。町の中心部にはこの頃に建てられた歴史建築が数多く残り、修復保存されて今も利用されている。また近年、市内を流れる柳川、緑川などの河川もよみがえり、ノスタルジックな雰囲気を漂わせる観光都市としても人気を集めている。

　2010年の合併の結果、現在の行政上の台中市は西の湾岸部から東の中央山脈まで、東西に広大な面積を有している。

台中の歩き方と見どころ

　台中中心部は、ほぼ碁盤の目のように整然と通りが並んでいる。その真ん中を、台中駅を起点に北西へ一直線に貫くのが台湾大道だ。台中の最も古い部分は台中駅に面した地域で、日本統治時代に計画された斜め碁盤の目のような区画が現在も残っている。台中駅前以外は、台湾大道を境に道がほぼ東西南北に延びている。このような街路の構造を覚えておくと、町の位置関係がわかりやすい。

　台中駅前は長く繁華街だった地域で、レストランやショップなども多く、日本統治時代の歴史的建物も集中しており、台中観光の中心となる部分だ。

　台中駅北側の台中公園を中心にした地域は庶民的なエリアで、古い台中の雰囲気がよく残っている。

　台湾大道沿いに位置する國立自然科学博物館周辺や、草悟道周辺には近年おしゃれなカフェやショップなどがオープンし、若者が集う台中の新しい繁華街として注目されている。

近代的な建築も多い

台中駅旧駅舎

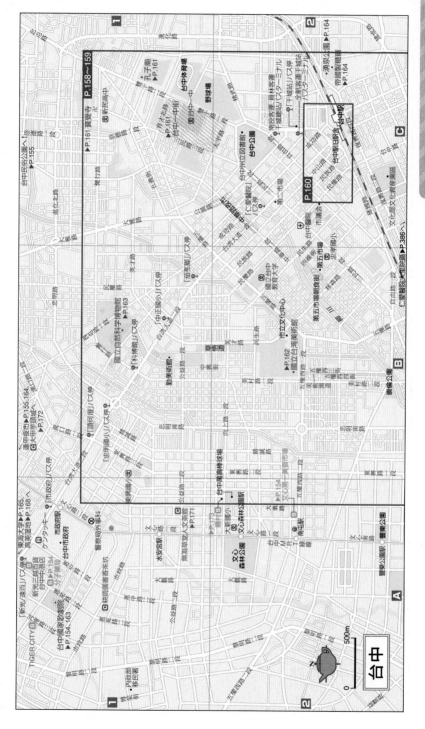

台湾大道三段
「頂何厝」バス停
エバーグリーン
ローレルホテル台中
▶P.174
「忠明國小」バス停
台湾大道三段
R 健康高水果行
可口牛肉麺 ▶P.170
白出 旅人店 S
▶P.173
▶P.172
瑪露連嫩仙草 C
▶P.163
國立自然科学博物館
植物園温室
十二月 R
▶P.170
S 第六市場
台中金興酒店 ▶P.174
東興國小
「科博館」バス停
廣三SOGO百貨
▶P.174
全國大飯店 H
「中正國小」バス停
勤美術館
勤美誠品綠園道
中正國小
莊家火雞肉飯 ▶P.169
公益路二段
公益路一段
R 富狀元豬腳極品 ▶P.170
S 今日蜜麻花之家
阿根早點店
公正路
S 印花樂 園道店
喫茶室 台中 N
中興街
草悟道
綠光計畫
▶P.173
S 鞄村
英才路
台中萬壽棒球場
▶P.172
C 美軍豆乳冰
C 兆兆茶苑 ▶P.171
東興路一段
審計368新創聚落 ▶P.163
本冊 S
民生路
▶P.171 民伽咖啡 C
C 三時福利社
「向上國中」バス停
S ONE SHOE
華美街
向上國中
市立文化中心
C 路地 氷の怪物
美村路一段
▶P.162
國立台湾美術館
五權西路二段
「美術館」バス停
五權西路一段
忠信市場
美術園道
五權西三街
留白計畫
blank plan
五權西四街
美村路二段
▶P.173
S 上下游市集
柳川
忠明南路
東興路一段
N
0   500m

台中中心部

A   B

▶P.161
寶覺寺卍

新民高中

▶P.169
香蕉新樂園 R

孔子廟
▶P.161

C 豐仁冰 ▶P.172

▶P.161
台中一中街

台中体育場

台中一中

旧台中市長公館・
▶P.161

台中放送局・
▶P.165

C 三時茶房
▶P.171

野球場

雲端商務旅館 H

台中州立図書館・

▶P.165
台中公園

湖心亭

▶P.174
ホリデイ・イン エクスプレス台中パーク

R ▶P.169
山河魯肉飯

H 南投客運、員林客運
干城總站バスターミナル

「仁愛醫院」
バス停

▶P.165

阿水獅豬腳大王 ▶P.170

茂川肉丸 R 第二市場

國光客運台中站バスターミナル

「第二市場」バス停

「干城站」バス停

嘉園上海點心 R
林記古早味 R ▶P.170

瑪露連嫩仙草 總店
▶P.173

全航客運干城站
バスターミナル

阿嬤a相思麵店 R
▶P.169

S 中央書局

天天饅頭 C
▶P.172

統聯客運、
台中客運台中站
バスターミナル

台中醫院 ✚

P.160

台中文学館 ▶P.162

旧台中市政府 ▶P.165

湧泉公園・ ▶P.164

忠孝國小

春水堂
▶P.171

帝國製糖廠
▶P.164

台中駅旧駅舎

台中駅

大魯閣新時代
TAROKO mall S

歲月人文茶館
171

富興工廠1962
▶P.155

道禾六藝文化館
▶P.162

R ▶P.170
台中肉員

綠空鐵道1908
▶P.16

文化部文化資産園區

C 仁愛醫院大里院區 ▶P.386へ

台中市政府交通局

🔗 citybus.taichung.gov.tw

旅遊服務中心

Ⓜ P.160-B
🏠 台中台中駅舎内
☎ (04) 2221-2126
🕘 9:00～18:00　休 無休
🔗 www.taichung.travel

台中MRT緑線は高架を走る

市街を貫く台湾大道に沿って、300～310路のバスが専用レーンを走っている。中心部の見どころなどの大半は、多少の距離の差はあるが、このバス路線のどこかで下車すれば徒歩でたどり着ける。観光客がよく利用する範囲内ではずっと台湾大道を直進しているので、困ったらこのバスのどれかに乗れば台鐵台中駅に戻れる。特に300、309、310路バスは台中駅1階のバス停に発着するので乗りやすい。台中駅前の建國路から出て、公益路を走る27路も乗りこなせると便利。

バス路線は複雑だが、バス停の路線図で確認しバス番号で覚えればわかりやすい。台中市政府交通局のサイトでは路線図や時刻表を検索できる。悠遊卡や一卡通などのICカードで支払えば、現金の場合20元～のところが15元～になる。

また、台北や高雄でおなじみのレンタサイクル、YouBike（→P.59）が台中にもあり、市内の観光に便利に使える。

2021年に高鐵台中駅と台中市北東部の北屯總站を結ぶ台中MRT緑線（→P.154）が開通し、市内の移動の利便性がぐんと高まった。

バスを使う機会はまだ多い

台中にもYouBikeがある

新しい台鐵台中駅の駅舎

駅前にあったバスターミナルは、2023年4月現在建て直し工事中。ここに集まっていた各バス会社は現在それぞれの場所で営業しているので注意。

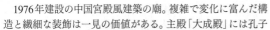

孔子廟 コンツーミャオ

台湾では珍しい中国宮殿風の廟

1976年建設の中国宮殿風建築の廟。複雑で変化に富んだ構造と繊細な装飾は一見の価値がある。主殿「大成殿」には孔子と弟子たちが祀られており、孔子の牌位の上には「明徳至善」と書かれた額がかけられている。新暦9月28日は孔子生誕記念日でたいへんにぎわう。

孔子と弟子たちが祀られている大成殿

台中一中街 タイチョンイーチョンジエ

台中ティーンの欲しいものが集結

P.159-D1・2

台中の名門校、台中一中周辺は「台中一中街」と呼ばれる若者向きの飲食店やファッション雑貨店が集まったエリア。台中の若者たちの活気が感じられる場所だ。また雙十路に面した一角に**旧台中市長公館**がある。1929年に宮原武熊（宮原眼科の院長）の住宅として建てられた折衷様式の建築で、1階はカフェ、2階が展示室になっている。

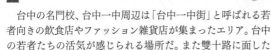

昼も夜も学生でにぎわう

寶覺寺 バオジュエスー

大小の彌勒さまは縁起よし

P.159-D1

台中では数少ない仏教寺院で「台中大仏」と呼ばれる黄金色の彌勒大仏像が有名。参道にある白い彌勒像はなでると開運の御利益があるとも。れんが造りの本殿は中国風の建物に覆われている。境内には日本軍人として戦った台湾人の慰霊碑もあり、手を合わせて帰りたい。

金色に輝く大きな仏像

孔子廟

🏠 台中市雙十路二段30號
☎ (04) 2233-2264
🕐 9:00～17:00
休 月　料 無料
🚌 台鐵台中駅より50、59、65、81路バスで「台湾體大體育場」下車すぐ
🌐 www.confucius.taichung.gov.tw

台中一中街

🏠 台中市雙十路一段、育才北路、三民路三段、太平路に囲まれた一帯
🕐 12:00～24:00頃
🚌 台鐵台中駅より50、59、65路バスで「台中一中」下車、すぐ

ウズラの卵を焼いた鮮烏蛋

旧台中市長公館

Ⓜ P.159-D2
🏠 雙十路一段125號
☎ (04) 2227-0125
🕐 7:00～20:00
休 月　料 無料
🌐 www.bulao125.com

台中の旧市長公館

寶覺寺

🏠 台中市健行路140號
☎ (04) 2233-5179
🕐 9:00～17:00
休 無休　料 無料
🚌 「第一廣場」バス停より303、304、307、308路バスなどで「新民高中（健行路）」下車すぐ

白い彌勒像

道禾六藝文化館

住 台中市林森路33號
☎ (04) 2375-9366
◎ 敷地は24時間開放
休 台風災害時など
料 敷地内見学は無料
交 台鐵台中駅より1、15、21路バスなどで「台中刑務所演武場」下車すぐ。徒歩なら約15分
URL www.sixarts.org.tw

中庭の傳習館

演武場だった惟和館

台中文学館

住 台中市樂群街38號
☎ (04) 2224-0875
◎ 10:00〜17:00
休 月・祝 **料** 無料
交 台鐵台中駅より1、21、99、158路バスなどで「臺中科大民生校區」下車、徒歩約5分。徒歩なら約15分
URL www.tlm.taichung.gov.tw

日本統治時代の木造建築

國立台湾美術館

住 台中市五權西路一段2號
☎ (04) 2372-3552
◎ 9:00〜17:00（土・日〜18:00）
休 月（祝日の場合は開館）、旧正月、選挙日 **料** 無料
交 台鐵台中駅より11、71路バスなどで「美術館」下車すぐ
URL www.ntmofa.gov.tw

現代によみがえった修練の場

MAP
P.159-C3

▶ 道禾六藝文化館 ダオフーリョウイーウェンホアグアン

　日本統治時代から刑務所があった敷地の一角に残された日本式建築群。2006年に火災により損傷を受けたが見事に修復され、2011年より中国古来の「六藝」の思想を生かした教育の場として利用されている。

　中心にある建築は、日本統治時代の1937年に建てられた台中刑務所演武場。監獄官や警察官が日常の鍛錬のため、ここで武道に励んだ。れんが造りの建築で一部が木造、入口上部には「武」の文字を描いた装飾が見られる。現在は「惟和館」と名づけられ、おもに剣道場として使われている。

　演武場の隣と裏側には、再建された日本式建築がある。隣のかつてサロンだった建築は「心行館」となり、茶道や囲碁、水墨画などの教室に使われている。雰囲気のいい茶館として、一般にも開放されている。

　樹齢100年の榕樹を挟んで裏側にはかつての宿舎が立ち、「傳習館」と名づけられて書道や弓道などの教室として、またギャラリーとしても利用されている。

　かつて修練の場だった日本の建築が、現代台湾で再び心身を鍛える場としてよみがえったことに感銘を受ける。

警察の宿舎をリノベーション

MAP
P.159-C3

▶ 台中文学館 タイチョンウェンシュエグアン

　「文化城」の名をもつ台中は台湾文壇の中心地として知られ、現在も文芸活動が盛んな地。その柳川のほとりに残る日本統治時代の警察宿舎群が修復され、2016年に台中文学館として開放された。6棟の木造建築がそれぞれテーマを設けた展示館や研修所、カフェなどになっており、文化活動に加えて、異国情緒を楽しむ台湾人観光客でにぎわう人気スポットになっている。

あらゆる年代のアートをカバー

MAP
P.158-B2

▶ 國立台湾美術館 クオリータイワンメイシューグアン

　約3ヘクタールの敷地を有し、アジア一の規模を誇る美術館。芝生が広がる庭にも作品が展示されている。建物は地上3階、地下1階で、1・2階は特別展、3階が常設展となっている。美術関連の図書館やカフェもあり、ゆったりアートに触れながら1日を過ごせる。

アジアでいちばん大きい美術館

注目のリノベスポット

審計368新創聚落 シェンジーサンリョウバーシンチュアンジュールオ

MAP
P.158-B2

1969年に建てられた公務員宿舎群がある一帯をリノベーションし、ショップやカフェが20店ほど入るクリエイティブ施設としてオープン。人気の杏仁茶カフェ「三時茶坊」(→P.171)の支店「三時福利社」、台中デザイナーによる靴ショップ「ONE SHOE」、などがあり、写真撮影やショップ巡りを楽しめる。午後からは手作りマーケットが開かれ、クリエイターと交流できる。

台中女子にも人気

自然科学への興味が湧いてくる

國立自然科學博物館 クオリーズーランクーシュエボーウーグアン

MAP
P.158-B1

台湾で最も規模が大きい自然科学に関する博物館。常設展示は生命科学、人類文化、地球環境の各ホールがあり、そのほか体験型施設の科学中心、植物園がある。

人気は、生命科学ホールの動く恐竜展示。ジオラマや模型を多用した、人類文化ホールの台湾に関する人類学展示も興味深い。

このほか立体劇場や鳥瞰劇場、太空劇場(プラネタリウム)などの施設もあり、多くの人が楽しめる博物館になっている。

幅広い展示内容を誇る

斬新なフォルムのオペラ劇場

台中國家歌劇院 タイチョンクオジアコージウユエン

MAP
P.157-A1

2016年にオープンした大型の多目的劇場。「流れ」をイメージし曲線を多用した斬新なデザインは、日本人建築家伊東豊雄によるもの。2000席の大劇場のほか中劇場、小劇場がある。

外観同様に館内インテリアも革新的で、自由に見学できる。カフェやショップも充実しているので、公演のない時間に訪れてもおもしろい。

公演のプログラムはウェブサイトで確認できる。

ユニークな外観で注目を集める

審計368新創聚落

- 🏠 台中市民生路368巷2弄8號
- 🚪 店舗により異なる
- 🕐 12:00～18:00(店舗により異なる)
- 🈂 店舗により異なる
- 🚌 台鐵台中駅より11、71路バスなどで「向上國中」下車、徒歩約3分
- 🌐 fb.com/shenji368

店の入口もかわいい

國立自然科學博物館

- 🏠 台中市館前路1號
- ☎ (04) 2322-6940
- 🕐 9:00～17:00
- 🈂 月、旧正月
- 💴 常設展示100元。そのほか企画展示、立体劇場など別料金で20元～
- 🚌 300～310路バスで「科博館」下車、徒歩約5分
- 🌐 www.nmns.edu.tw

植物園の温室

台中國家歌劇院

- 🏠 台中市惠來路二段101號
- ☎ (04) 2251-1777
- 🕐 11:30～21:00(金・土・祝～22:00)
- 🈂 月 💴 館内入場は無料
- 🚌 300～310路バスで「新光/遠百」下車、徒歩約5分
- 🌐 www.npac-ntt.org

1階の広大なホール

湧泉公園

🕐24時間
🚇台鐵台中駅より徒歩約10分

帝國製糖廠

🏠湧泉公園内
☎(04) 2211-2898
🕐10:00～18:00
休月
📷fb.com/atsugarstudio

帝國製糖廠の建物

逢甲夜市

🏠台中市逢甲路と福星路の交差点
🕐夕方～24:00頃(土・日～翌2:00)
🚇台鐵台中駅より8、25、35、45路バスなどで所要40分～1時間、「逢甲大學(逢甲路)」下車。台中MRT線緑線「文心櫻花」駅より33、37路バスで同バス停下車、所要約10分

名物の紅茶臭豆腐

彩虹眷村

🏠台中市春安路56巷25號
🕐9:00～17:00　休月
🆓無料
🚇高鐵台中駅16、17番バス乗り場より線1、99路バスで所要約10分、「彩虹眷村」下車すぐ。または台鐵台中駅周辺の「第一廣場」バス停(MP.160-B)より70路バス、「干城站」バス停(MP.159-D2)より56路バスで所要約1時間、「彩虹眷村」下車すぐ

どこを切り取ってもかわいい

台中駅裏の憩いの場

MAP
P.159-D3

湧泉公園　ヨンチュエンコンユエン

　台鐵台中駅の裏にある湖を囲む公園。星泉湖という人造湖周辺が生態園区となり、自然を楽しみながらのんびり散策できる。遊歩道には「滿月指輪」という円形の橋や「文明之基」という上って湖を見渡せる塔もあり、映え写真を狙う若者たちでいつもにぎわっている。

　一帯は日本統治時代は帝国製糖の工場だった場所。帝國製糖廠の台中営業所の建物がリノベされて、ショップと雰囲気のいいレストランが入居している。

水辺の散歩は気持ちいい

学生支持率ナンバーワンの夜市

MAP
P.157-B1外

逢甲夜市　フォンジアイエシー

　逢甲大学そばのホットな夜市。安くてかわいい服や雑貨の掘り出し物に出合えると学生たちの絶大な支持を得ている。特に週末の夜は人があふれ、身動きが取れないほど。アパレルや雑貨だけでなく、フードの屋台もたくさんあるので、少しずつ食べ歩きするのがおすすめ。座って食べる店はほとんどなく、立ち食いが中心。

台中を代表する夜市

極彩色のフォトジェニックな村

MAP
P.152-A1

彩虹眷村　ツァイホンジュエンツン

　嶺東科技大学のそばにある眷村＝軍人村。一帯の建物は老朽化が激しく取り壊される予定だったが、壁や道路を独創的な絵で彩ったアートな住宅街に変身して評判に。ペインティングを施したのは1924年生まれの黄さんだ。訪れる人も増え、今では世界中に知られる観光スポットとなった。

村中がペイントされている

緑豊かなのびのびキャンパス

東海大学　トンハイダーシエ

MAP
P.157-
A1外

台中市の北西に位置する東海大学は、1955年創立の台湾で最初のキリスト教系私立大学。

大学を象徴する存在が、アメリカ人宣教師H.W.ルースを記念し1962年に建設された路思義教堂だ。やや開いた合掌をイメージし、カーブした壁面のみで造られた建築で、緑の芝生に浮かぶように立つ姿が美しく、記念撮影する観光客でいつもにぎわっている。

このほか大学構内には、東海湖、牧場草原、牧場で作られた乳製品やアイスクリームなどを味わえるショップ（乳品小棧、緑之心）などがある。

キャンパスの中心にある路思義教堂

東海大学

住台中市台湾大道四段1727號

交300〜310路バスで「榮總/東海大學」下車。地下道を渡り、キャンパス内の大通り沿いを徒歩約10分で路思義教堂に着く

URL www.thu.edu.tw

乳品小棧で乳製品が味わえる

COLUMN　台中で見られる日本統治時代の建築

台中にも日本統治時代から残る建築は多く、今も市民に愛されて利用されている。以下、おもなものを簡単に紹介したい。

その代表格は、町を貫く台湾大道の起点にもなっている台中駅旧駅舎（MP.160-B）だ。建設は1917年、新竹駅（→P.143）と並んで日本統治時代の駅舎建築の傑作といえる。高架の新駅完成で駅舎としての役割は終えたが、歴史建築として保存されることが決まっている。

駅にほど近い旧台中市政府（MP.159-C3）も、台中を象徴する建築だ。台中州廳として1913年に建てられたバロック建築で、總統府と同じ森山松之助の設計。交差点に面した角をカットして円柱やバルコニーで装飾された荘厳な入口を設けている。入口正面には階段があって、両脇に中庭に面した回廊が伸びる。2023年現在、隣接した大屯郡役所、倉庫群などとともに修復作業が行われ、その後は文化施設として活用される予定だ。

その向かいに立つ白亜の建築が、1911年建造の旧台中市役所（MP.160-A）だ。ビルに囲まれて小ぶりに見えるが、力強い4本の円柱が2階まで真っすぐ延び、宗教建築のような威厳を感じさせる。現在はショップとレストランに使われている。

彰化銀行本店（MP.160-A）は1938年建造、クラシック様式の重厚な建築だが、外壁の細かい装飾にも注目してみたい。

現在もにぎわう第二市場（MP.159-C2）は1917年に開場し、当時は新富町市場と呼ばれた。中央の六角樓を囲んで、放射状に通路が延びているのが特徴だ。

合作金庫銀行台中分行（MP.160-A）は、1929年に台中州立図書館として建てられた建築。似たような赤れんが建築に、1909年建設の全安堂薬局（現在は太陽餅博物館 MP.160-A）がある。

駅の北側にある台中公園（MP.159-D2）も時間があったら散策してみたい。1903年に整備され、当初中之島公園と呼ばれていた。湖に浮かぶ湖心亭は、1908年に台湾縦貫鉄道全線開通記念式典が公園で行われた際、賓客の休憩所として建てられた。かつて公園内には台中神社があり、現在も基壇などのほか鳥居が地面に横たえられて保存されている。

台中公園周辺には1935年建設の台中放送局（MP.159-D2）、湧泉公園の中にある帝國製糖廠（→P.164）、旧台中市長公館（→P.161）なども残っている。

旧台中市政府は修復工事中

近郊の見どころ

MAP
P.152-B1

災害の現場を教育施設として保存

▶921地震教育園區 ジョウアルイーティーヂェンジャオュィユエンチュー

1999年9月21日未明、台湾中部を襲ったマグニチュード7.3規模の地震はおびただしい被害を残し、今も「921大地震」として人々の記憶に焼きついている。

台中南郊外霧峰區の光復中学校は、この地震で動いた断層上にあったため大きな被害を受けたが、現在は防災教育を目的とした教育園區となっている。敷地内には倒壊した校舎や断層が現れた運動場などが保存され、遊歩道を通って被害の様子を観察できる。車籠埔断層保存館では、模型や地震前後の写真などを使って、地震のメカニズムなどを学ぶことができる。地震體驗劇場では、「921大地震」と同じ規模の揺れを実際に体験することができる。このほか防災教育館や3Dシアターなどがあり、総合的な防災教育施設となっている。

また921地震教育園區から徒歩約5分ほどの所には、1950年代に疎開村として築かれた**光復新村**があり、現在はリノベされた古い家屋にショップやカフェが並ぶ人気のスポットになっている。

倒壊した校舎がそのまま保存されている

林家三世紀の歴史を物語る

MAP
P.152-B1

▶霧峰林家宮保第園區 ウーフェンリンジアゴンバオティーユエンチュー

清代に兵を引き連れ、太平天国の乱の平定にも赴いた台湾五大家族のひとつ、霧峰林家の邸宅。邸宅は林家の武功により朝廷から「宮保第」の名を賜っている。今も林家家族が住むその邸宅の一部が、一般に公開されている。邸宅は漳州式、福州式の建築様式で建てられ、後に洋式、和式も加わった。台湾に現存する唯一の清代官職の邸宅でもある。

切符売り場のある広場の奥にある茅葺きの三合院が、修復された林家最初の建築、1830年代の草厝。隣にある一連の建築が宮保第で、最も古い第三進（1858年）の建築を中心に第一進

大花廳の木造舞台

921地震教育園區

🏠 台中市霧峰區坑口里新生路192號
☎ (04) 2339-0906
🕘 9:00～17:00（入場は16:30まで）
📅 月、旧正月
💰 50元
🚌 台鐵台中駅より50路バスで約45分、終点「921地震教育園區」下車、橋を渡ってすぐ
🌐 www.nmns.edu.tw/park_921

光復新村

🏠 台中市霧峰區坑口里和平路周辺
🚌 台鐵台中駅より50路バスで「光復新村圓環」下車、徒歩約2分。または921地震教育園區より徒歩約5分

注目のリノベスポット

霧峰林家宮保第園區

🏠 台中市霧峰區民生路26號
☎ (04) 2331-7985
🕘 9:00～12:00、13:00～17:00（1時間ごとに団体で入場し、その後は自由見学）
📅 無休　💰 250元
🚌 台鐵台中駅より50路バスで「霧峰」下車、徒歩約5分。所要約35分、26元。あるいはMRT緑線「豐樂公園」駅より緑3路バスで「霧峰」下車、所要約35分
🌐 www.wufenglins.com.tw

宮保第の第五進

から第五進までの建築が並ぶ（第四進は現存しない）。見事な扉絵や透かし彫り、支摘窓を飾る木彫りの文様などが伝統建築の優雅さを伝えている。

第五進から進み、円洞門をくぐると、林家の象徴でもある大花廳（1890年）の木造舞台がある。麒麟や鰲魚などの見事な彫刻で飾られた台湾唯一の福州式舞台建築で、ここで清朝時代の服を借りて記念撮影もできる。

ここに隣接して林家に関連した林家花園や頤圃などがあり、興味のある人は訪れてみるといい。

見事な彫刻

100年前の技術水準がわかる

台鐵舊山線 タイティエジョウシャンシエン

MAP
P.152-B1

ユネスコとの不幸な関係から台湾に世界遺産はないが、潜在的世界遺産とされるスポットがいくつもあり、ここ台鐵舊山線もそのひとつ。日本統治時代に敷設された三義駅から勝興駅を経て后里駅にいたる区間で、当時は南北台湾を結ぶ唯一の鉄道路線であった。しかし輸送量に限界があり、1998年に迂回するトンネルが完成したため廃線となった。

1907年開設の**勝興駅**は、観光地として人気が高い。標高は402.326mで、台湾縦貫鉄道で最も高所にある駅であった。現在の木造駅舎は1912年に落成。駅前は客家料理のレストランやみやげ物店が並ぶ老街になっている。

龍騰断橋は1935年の大地震で損傷し、放棄された最初の鉄道橋の一部。建設は1906年で、当時は魚藤坪溪橋と呼ばれた。高品質のれんがを使用したアーチ橋で、橋柱だけとなった現在も周囲の自然と調和し、現役当時の美しい姿が想像される。

勝興駅と龍騰駅、鯉魚潭間は、今も残る線路を大部分利用した観光用**レールバイク、舊山線鐵道自行車**に乗ることができる（ウェブサイトより要予約）。

1907年に開設された勝興駅

1935年の大地震で損傷した龍騰断橋

台鐵舊山線

🚇 台鐵台中駅より台鐵三義駅まで毎日多発、所要約30分、區間車50元。土・日・祝のみ台鐵三義駅から三義郷幸福巴士丁線が出ている。バス乗り場は駅から直進した交差点の尚園餐庁前。9:00、11:00、13:00、15:00、17:00発の5便で、勝興駅に20分後、龍騰断橋に35分後着。折り返さず循環しているので、帰路も同じ方向に乗る。平日は三義駅前交差点から南方向に徒歩約10分の中華電信隣の広場から三義郷幸福巴士バス甲線が10:00発車。1往復のみで帰路は龍騰断橋16:43発、勝興駅17:02発のみ。三義駅からタクシーを利用すると勝興駅と龍騰断橋の2ヵ所で各1時間の観光時間も含め往復1000元〜

レールバイクは大人気

舊山線鐵道自行車

🏠 苗栗縣三義郷勝興村14鄰勝興88號
☎ (03) 787-8599
🕐 9:00〜17:30
🚫 ウェブサイトで告知
💰 220元〜
🌐 www.oml-railbike.com

レールバイク事情

A線:勝興駅〜龍騰南断橋、B線:龍騰駅〜勝興駅、C線:龍騰駅〜鯉魚潭の3路線が各4往復。途中下車時間を含む往復70〜80分。A線は勝興駅、B、C線は龍騰駅から発車する。チケットは発車駅で購入/引き換えできる。安全講習が始まる発車時刻の20分前に集合。

台中から北西へ約20km、大甲溪の河口に広がる高美湿地は、潮、天気など条件が重なると周りの風景を鏡面のように反射させることから、「台湾のウユニ塩湖」と呼ばれている。

ガオメイシーティー

高美湿地

高美湿地
MAP P.152-A1　@台中市大甲溪出海口　☎(04)2656-5810
⊙桟橋8:00～18:00(満潮の前後2時間は閉鎖)　☒台鐵台中駅より304、306路バスで「清水」下車(清水火車站ではないので注意)、同じバス停で下記の「高美濕地」行き178、179路バスに乗り換え、約20分。または台鐵台中駅から309路バスで「高美濕地(三順路)」下車、徒歩約25分。近くにYouBikeもある

> 開放時間は
> 毎日変わる

　高美湿地は絶滅危惧種の動植物が生息する野生生態保護区。湿地にはおよそ500mの木道が渡してあり、先端以外から湿地内に入ることは禁止されている。周辺には海から吹き付ける風を利用した風力発電の施設が立ち、独特の景観をつくり出している。

絶景に出合うためのPOINT

その1 夕方に干潮を迎える日を選ぶ
日没時間 URL「臺中市 清水區 日出日落」などで検索
引き潮時間 URL「臺中市 清水區 天潮汐預報」などで検索

その2 晴れ&風がない日を選ぶ

台中から高美湿地へ

> ファミリーマート
> の前

> カニが
> いっぱい！

鉄道&バスでの行き方

台鐵台中駅から區間車で台鐵清水駅へ。所要約45分、45元。本数が少ないので要注意。

台鐵清水駅で下車。駅では有料で荷物を預かってくれる。高美湿地まで駅前からタクシーを利用するなら300元前後。

清水駅前100mほどの「清水火車站」バス停から178、179路バスで「高美濕地」下車。所要約30分、21元。
URL www.g-bus.com.tw

桟橋を歩いて湿地へ。先端から靴を脱いで湿地の中に入ることができる。トイレや買い物は入口付近の駐車場や屋台で済ませておこう。

台北から清水へ

高鐵台中駅下車、隣接する台鐵新烏日駅で台鐵に乗り換え、台鐵清水駅下車。台鐵新烏日駅から台鐵清水駅までは所要約35分、34元。

高美湿地から台中へ

台鐵清水駅行きの最終バスは20:00発(土・日・祝、夏休み、冬休みは21:00)、台中行きの最終電車は21:18清水駅発。タクシーなら清水まで300元、台中まで900元～。

清水から台北へ

台鐵新烏日駅へ行き高鐵に乗り20:04発の自強號か20:41発の區間快速に乗って、台鐵で台北まで帰る方法もある。所要約2時間30分～、自強號369元。

台中グルメガイド

台湾料理

シアンジャオシンルーユエン
香蕉新楽園

AREA 台中一中街周辺　MAP P.159-D1

調度品も音楽も1950年代

1950年代の台中の町並みを再現したレストランで、古きよき時代にタイムスリップしたような雰囲気のなか、楽しく食事ができる。塩たまごと豆腐を炒めた金沙豆腐（220元）が店のおすすめ。

🏠台中市雙十路二段111-1號
☎(04)2234-5402
🕐11:00〜20:30　休水　⊕10%
CC M V
🚌台鐵台中駅より7路バスで「雙十興進路口」下車、徒歩約1分。孔子廟から徒歩約3分
🌐fb.com/BananaNewParadise

小籠包

シンユエンチュンツァンティン
沁園春餐廳

AREA 台中駅周辺　MAP P.160-A

VIPが愛する上海料理

故蔣経國総統らも愛したという名店。定番の小籠包（210元）や蝦仁蒸餃（240元）は台北の有名店と比べてもかなりビッグサイズ。ほか、煮込んだ手羽先のスープ＝元盅土雞湯（180元）がおいしい。

🏠台中市台湾大道一段129號
☎(04)2220-0735
🕐11:00〜14:00、17:00〜21:00
休月、旧正月
⊕10%
CC A J M V
🚌台鐵台中駅より徒歩約5分
🌐qin-yuan-chun1949.com

ご飯もの

シャンホールールーファン
山河魯肉飯

AREA 台中駅周辺　MAP P.159-C2

ボリューム満点の魯肉飯

第二市場内にある有名な店。大きな魯肉がゴロンとのった魯肉飯（65元）はボリューム満点。この店が閉まると隣の李海魯肉飯が開店し、ほぼ全日ここに来ればおいしい魯肉飯が食べられる。

🏠台中市台湾大道一段 第二市場内　☎(04)2220-6995
🕐5:30〜15:00
休水　CC不可
🚌300〜310路バスで「仁愛醫院」下車、徒歩約2分
🌐fb.com/strong.2015.morn.and.morn

デュアンジアフォージーロウファン
莊家火雞肉飯

AREA 博物館周辺　MAP P.158-B1

お目当ては絶品雞肉飯

店名のとおり、看板メニューは火雞肉飯（小30元、大40元）。鶏肉にたれをかけただけの素朴な味で、何杯でも食べられそう。青菜のお浸し（30元）などもある。注文はカウンターで、料金は後払い。

🏠台中市美村路一段171號
☎(04)2310-7708
🕐11:00〜20:00
休月4日、不定休
CC不可
🚌台鐵台中駅より11、71路バスで「美村公益路口」下車、徒歩約1分

ミンションジアイーミーガオ
民生嘉義米糕

AREA 台中駅周辺　MAP P.160-A

クセになるおいしさ

1979年創業の人気店。売り切れ仕舞いなので朝ご飯に訪れたい。濁水溪で栽培したもち米に肉そぼろをかけた米糕（かつおだしスープ付き、40元）は素朴でクセになる味。

🏠台中市建國路51-3號
☎(04)2222-0948
🕐5:30〜13:00頃
休火、旧正月
CC不可
🚌台鐵台中駅より徒歩約6分

麺

アーマーエーシアンスーミエンディエン
阿嬤a相思麵店

AREA 台中駅周辺　MAP P.159-C2

第二市場の人気店

きしめんのような平たい麺にゆでたモヤシ、焦がしネギをあえた相思麻醬麵（45元）は、テーブルに置かれた麻醬を加えて混ぜて食べる。ほかにも麺やスープなどの種類が豊富。

🏠台中市台湾大道一段 第二市場内
☎(04)2222-6621
🕐7:00〜18:00
休木
🚌300〜310路バスで「仁愛醫院」下車、徒歩約2分
🌐fb.com/lovesicknoodles

台湾中西部

台中　グルメ

シーアルユエ
十二月

AREA 博物館周辺　MAP P.158-B1

じっくり煮込んだ広東粥

　カジュアルで入りやすい広東料理店。土鍋で登場する18種類の「砂鍋粥」（230元〜）が人気。土鍋の大きさに驚くが、あっさりした上品な味わいで、意外に食べられてしまう。

🏠台中市健行路1041號
☎(04) 2328-9393
🕐11:00〜翌1:00
🈺旧正月
💳J M V
🚌300〜310路バスで「科博館」下車、徒歩約2分
🌐www.12moon.com.tw

クーコウニュウロウミエン
可口牛肉麺

AREA 博物館周辺　MAP P.158-A1

5時間煮込むスープ

　台中で牛肉麺を食べるならここ。醤油ベースの紅焼牛肉麺（150元〜）と澄んだスープの清燉牛肉麺（180元〜）から選べる。どちらも余分な脂は抜けていてあっさり食べやすい。

🏠台中市大墩路911號
☎(04) 2329-9789
🕐11:00〜14:00、16:30〜20:00
🈺土・日
💳不可
🚌300〜310路バスで「頂何厝」下車、徒歩約12分
🌐fb.com/100063795400695

タイチョンロウユエン
台中肉員

AREA 台中駅周辺　MAP P.159-D3

台中の名物肉圓専門店

　広めの店内だが開店直後に満席となり、以降、いつ訪れても盛況だ。サツマイモ粉で作ったモチモチの皮と新鮮な豚肉のあんが絶品の肉圓（45元）、春雨スープ＝冬粉湯（30元）などがある。

🏠台中市復興路三段529號
☎(04) 2220-7138
🕐11:00〜19:30
🈺旧正月、不定休
💳不可
🚌台鐵台中駅より徒歩約12分

リンジークーザオウェイ
林記古早味

AREA 台中駅周辺　MAP P.159-C2

台中のソウルフード、麻薏湯

　第二市場内にある店。シラスとサツマイモ入りモロヘイヤスープ、麻薏湯（50元。4〜10月のみ）が有名。とろりとして少々苦味もあり、体によさそう。そのほかいろいろなおかずがたくさん。

🏠台中市台湾大道一段 第二市場内
☎(04) 2220-1732
🕐6:00〜14:00
🈺不定休（廟の祭日）
💳不可
🚌300〜310路バスで「仁愛醫院」下車、徒歩約2分

アーシュイシーヂュージャオダーワン
阿水獅豬腳大王

AREA 台中駅周辺　MAP P.159-D2

開運フードの豬腳麺線も

　1979年に屋台からスタートした老舗豚足料理店。肉が軟らかくとろける豬腳がおすすめ。厄よけの意味があるという豬腳麺線（130元）が人気。定食のセット、商業簡餐（130元〜）もある。

🏠台中市公園路1號
☎(04) 2224-5700
🕐11:00〜20:00
🈺旧正月
💳不可
🚌台鐵台中駅より徒歩約8分
🌐www.assfood.com.tw

フーヂュアンユエンヂュージャオジーピン
富状元豬腳極品

AREA 博物館周辺　MAP P.158-B2

地元で超人気の豚足の店

　定番の豬腳（100元）は軟らかくコラーゲンがたっぷり。珍しい豬尾（150元）も試してみたい。魯肉飯（35元）も手抜きがないおいしさ。行列は長いが、客席は広く待ち時間は少ない。

🏠台中市西區美村路一段203號
☎(04) 2301-3588
🕐11:00〜20:30
🈺月
💳不可
🚌300〜310路バスで「科博館」下車、徒歩約10分
🌐www.fu-deka.com

カフェ

民生咖啡
ミンションカーフェイ

AREA 台中市中心部　**MAP** P.158-B2

居心地いい古民家カフェ

手造り感があるテラスの奥に扉がある、小ぢんまりとしたカフェ。ナッツやカカオ、桂花など風味が選べる拿鉄（ラテ、160元〜）や、プリン（100元）などのデザートがおいしく、のんびりできる。

🏠 台中市民生路384號
📞 090-7450-728
🕐 12:00〜18:00（土・日〜20:00）
休 水
CC 不可
🚍 台鐵台中駅より11、71路バスで「向上國中」下車、徒歩約2分
🌐 fb.com/People.Life.Cafe

兆兆茶苑
ジャオジャオチャーユエン

AREA 台中市中心部　**MAP** P.158-B2

こだわりの喫茶空間

茶葉の焙煎師であるオーナーによる台湾茶サロン。茶葉の栽培からすべての工程に携わることで最高品質を実現している。おすすめはリュウガンの木で焙煎した屹品烏龍（380元）。

🏠 台中市向上路一段79巷66弄22號
📞 (04) 2301-1222
🕐 12:00〜18:00　休 日
CC M V
🚍 台鐵台中駅より11、71路バスで「向上國中」下車、徒歩約5分
🌐 www.zhaozhaotea.com

春水堂
チュンシュイタン

AREA 台中駅周辺　**MAP** P.159-C3

タピオカミルクティーの元祖店

今では台湾を代表するドリンクとなった珍珠奶茶（タピオカミルクティー、小90元、大170元）を発明した店。常連も多く、砂糖や氷の量も好みに指定できる。食事をしに来る人も多い。

🏠 台中市四維街30號
📞 (04) 2229-7991
🕐 8:00〜22:00
休 無休
CC 不可
🚍 台鐵台中駅より徒歩約15分
🌐 chunshuitang.com.tw

三時茶房
サンシーチャーファン

AREA 台中一中街周辺　**MAP** P.159-D2

コクのある杏仁茶

ナチュラルな手作り杏仁茶が楽しめるカフェ。体を温める、咳を止める、美肌になるなど、さまざまな効用が期待できる杏仁茶（80元）は優しい味わい。杏仁豆腐（55元〜）もおいしい。

🏠 台中市太平路107巷11號
📞 (04) 2225-1930
🕐 11:45〜19:00
休 月、旧正月　CC 不可
🚍 台鐵台中駅より8、25路バスなどで「國立台中科技大學」下車、徒歩約3分
🌐 fb.com/sanshi2007

茶藝館

悲歡歲月人文茶館
ベイホアンスイユエレンウェンチャーグアン

AREA 台中駅周辺　**MAP** P.159-C3

席は畳敷きで落ち着ける

純日本式木造家屋と中国風家具や調度が絶妙にマッチした茶藝館。壺庭に面した3畳ほどの小部屋は隠れ家気分。茶やコールドドリンクなど飲み物と茶請けが選べるセットは360元〜。

🏠 台中市大全街29號
📞 (04) 2371-1984
🕐 11:00〜18:00（金・土〜21:00）
休 旧正月
CC A J M V
🚍 台鐵台中駅より71路バスで「林森三民路口」下車、徒歩約1分　🌐 www.laughtea.com.tw

無為草堂人文茶館
ウーウェイツァオタンレンウェンチャーグアン

AREA 市政府周辺　**MAP** P.157-A1　**日**

贅沢な時を過ごせる茶藝館

水と緑が豊かな庭園にあり、都会にいることを忘れさせるオアシスのような茶藝館。昼時と晩にはヘルシーな定食もあり、食事にも便利。土曜の18:30からは古典音楽の生演奏（約1時間）を聞ける。

🏠 台中市公益路二段106號
📞 (04) 2329-6707
🕐 10:30〜21:30　休 無休
CC A J M V　🚍 台中MRT緑線「水安宮」駅より徒歩約10分。または台鐵台中駅より81路バスで「公益大墩路口」下車すぐ
🌐 www.wuwei.com.tw

第四信用合作社
ディースーシンヨンホーズオシャー

AREA 台中駅周辺　MAP P.160-A

銀行をリノベしたアイス店

1966年に建てられた銀行ビルをリノベした、ユニークなアイスクリームショップ。宮原眼科とほぼ同じメニューのアイスクリームを、店内で座って味わえる。並ぶ列もこちらのほうが短いようだ。

- 台中市中山路72號
- (04)2227-1966
- 10:00～21:00
- 無休
- CC JMV
- 台鐵台中駅より徒歩約5分

豐仁冰
フォンレンビン

AREA 台中一中街周辺　MAP P.159-D1

パイナップル味の氷がおいしい

台中一中街にある、創業70年になるというかき氷店。綜合豐仁冰（70元）は、パイナップル味のかき氷に芋圓やタピオカ、花豆とアイスクリームがのった一品。梅味や紅茶味の氷を選ぶことも可能。

- 台中市雙十路二段15號
- (04)2225-7611
- 10:00～22:00
- 無休
- 不可
- 台鐵台中駅より50、59、65、81路バスで「台湾體大體育場」下車、徒歩約1分

美軍豆乳冰
メイジュィンドウルゥビン

AREA 台中市中心部　MAP P.158-B2

おいしくて美容にいい豆乳スイーツ

大豆は台湾産にこだわる。たっぷりのトッピングを豆乳のかき氷で閉じ込めた原味豆乳冰（85元）がおすすめ。紅茶と豆乳をミックスした紅茶豆漿（85元）も人気。レトロな器もかわいい。

- 台中市民生路380-2號
- 0989-008-801
- 12:00～21:00（月～18:00）
- 無休　CC不可
- 台鐵台中駅より11、71路バスで「向上國中」下車、徒歩約2分
- fb.com/twsoymilk

大甲芋頭城
ダーフォンユィトウチョン

AREA 逢甲夜市周辺　MAP P.157-B1外

ごろんとのったタロイモ

逢甲夜市（→P.164）に行くバス停がある福星路をさらに進んだ右側にある。芋圓總合冰（65元）はタロイモがのったボリューム満点のかき氷。冷凍してから煮たタロイモは柔らかく、自然な味わい。

- 台中市福星路461巷2-2號
- (04)2452-5817
- 13:30～24:00
- 無休
- 不可
- 台鐵台中駅より5、8、25、35、37路バスなどで「逢甲大學（福星路）」下車、徒歩約2分

瑪露連嫩仙草
マールーリエンネンシエンツァオ

AREA 博物館周辺　MAP P.158-B1

仙草と芋Qの名コンビ！

たっぷりの仙草ゼリーに、タロイモ生まれの「芋Q」がのった芋Q嫩仙草（50元）が名物。ほかに、芋Qと小豆のかき氷＝招牌剉冰（60元）、芋Qの皮で包んだ肉団子＝鹹肉芋Q（70元）も人気。

- 台中市健行路1029號
- (04)2328-3068
- 11:00～21:00
- 日
- 不可
- 300～309路バスで「科博館」下車、徒歩約3分
- www.malulian.com.tw

天天饅頭
ティエンティエンマントウ

AREA 台中駅周辺　MAP P.159-C2

サクサク揚げドーナツの屋台

創業60年以上の歴史をもつ、台中では有名な屋台。家族経営で、その場で作りながら饅頭を揚げている。1個6元。日本饅頭の看板があり、確かにあんドーナツに似ている。

- 台中市台湾大道一段336巷巷口
- (04)2225-0868
- 9:00～18:00
- 月、不定休　CC不可
- 300～310路バスで「第二市場」下車すぐ
- fb.com/DDMT1949

台中ショッピング

菓子

ゴンユエンイエンクー
宮原眼科

AREA 台中駅周辺　MAP P.160-B

女性に人気のおしゃれ空間

　1927年築の宮原眼科の建物を
リノベーション。パイナップル
ケーキをはじめ、バラエティ豊か
な伝統菓子を販売。商品ごとに
デザインが異なるパッケージも
魅力的。アイス店も併設。

- 住 台中市中山路20號
- ☎ (04) 2227-1927
- ⏰ 10:00〜21:00
- 休 無休
- CC J M V
- 交 台鐵台中駅より徒歩約4分
- URL www.miyahara.com.tw

リーチュー リューレンディエン
日出 旅人店

AREA 博物館周辺　MAP P.158-A1

美しいパッケージに魅了される

　パイナップルケーキ＝土鳳梨
酥（15個入り430元〜）を生み出し
たケーキ店。原種パイナップルを
使用した甘酸っぱい土鳳梨酥は、
皮がほんのりチーズ味。パッケー
ジもかわいくおみやげに最適。

- 住 台中市台湾大道二段512號
- ☎ (04) 2311-2001
- ⏰ 10:00〜21:00
- 休 旧正月
- CC J M V
- 交 300〜309路バスで「科博館」
  下車、徒歩約3分
- URL dawncake.com.tw

アーミンシーラオディエンタイヤンタン
阿明師老店太陽堂

AREA 台中駅周辺　MAP P.160-A

太陽餅の激戦区でいちばん人気

　パイの中に麦芽糖が入った台
中名物、太陽餅の店が集まる自
由路にあり、最も有名な店。太
陽餅は10個（320元）、20個（640
元）、30個（960元）入りのほかに
バラ売りもOK。

- 住 台中市自由路二段11號
- ☎ (04) 2227-4007
- ⏰ 8:00〜22:30
- 休 無休
- CC J M V
- 交 台鐵台中駅より徒歩約10分
- URL www.suncake.com.tw

タンツン
糖村 Sugar & Spice

AREA 台中市中心部　MAP P.158-A2

ヌガーやパイナップルケーキを販売

　台湾全土に支店をもつ台中発祥
の菓子店。フランス産のバターを
使用したヌガー（250g320元〜）は
ミルク、ストロベリー、クランベ
リー、抹茶、トフィーの5種類。か
わいい包装で贈り物にも最適。

- 住 台中市向上路一段588號
- ☎ (04) 2320-5381
- ⏰ 10:00〜22:00
- 休 無休
- CC J M V
- 交 台中MRT緑線「文心森林公
  園」駅より徒歩約5分
- URL www.sugar.com.tw

食品

シャンシアヨウシージー
上下游市集

AREA 台中市中心部　MAP P.158-B3

オーガニックの農産加工品

　扱う商品の95％が台湾産でその
多くがオーガニック。奥にカフェ
コーナーもある。毎週土曜に店
で作る純度100％の濃厚ピーナッ
ツバター（100g130元、200g235元）
が人気。

- 住 台中市五權西二街100號
- ☎ (04) 2378-3835
- ⏰ 10:30〜19:00
- 休 日
- CC J M V
- 交 台鐵台中駅より11路バスで
  「美術園道」下車、徒歩約1分
- URL www.newsmarket.com.tw

本

チョンヤンシュージュイ
中央書局

AREA 台中駅周辺　MAP P.159-C2

個性的な本が揃う

　1927年に産声をあげた書店が、
リノベで美しくよみがえった。専
門書や絵本などのほか、文具や
台中の特産品などもセンスよく
並べられており、思わず手に取
りたくなる。カフェも併設。

- 住 台中市台湾大道一段235號
- ☎ (04) 2225-9024
- ⏰ 11:00〜19:00
- 休 火
- CC J M V
- 交 台鐵台中駅より徒歩約7分
- URL fb.com/centralbook.1927

台湾中西部

台中　グルメ／ショッピング

高級

長榮桂冠酒店（チャンロングイグアンジォウディエン）
エバーグリーンローレルホテル台中
AREA 博物館周辺　MAP P.158-A1　日 📶

バス停そばの老舗ホテル

台湾大道に立つ大きなホテル。客室は落ち着いたインテリア。浴室などに配慮したバリアフリーの部屋もある。1階はカフェとバー、2階には鉄板焼きや中国料理のレストランがある。

住 台中市台湾大道二段666號
☎ (04) 2313-9988
FAX (04) 2313-8642
料 ⑤①8500元〜　⑭10%
CC ADJMV　室354
交 300〜310路バスで「頂何厝」下車すぐ
URL www.evergreen-hotels.com

台中李方艾美酒店（タイチョンリーファンアイメイジォウディエン）
ル メリディアン台中
AREA 台中駅周辺　MAP P.160-A・B　📶

駅前に燦然と輝く高層ホテル

2022年にオープンした、台中のランドマーク的存在のホテル。どの客室も眺めがよく、180度の視界が得られる皇家套房は映画の世界。屋上には台中市街を見渡せるプールもオープン予定。

住 台中市建國路111號
☎ (04) 2224-0888
FAX (04) 2224-0999
料 ⑭①1万8000元〜
CC AJMV　室228
交 台鐵台中駅より徒歩約2分
URL www.lemeridien-taichung.com.tw

タイチョンジンディエンジォウディエン
台中金典酒店
AREA 博物館周辺　MAP P.158-B1　日 📶

設備が揃った大規模ホテル

台湾大道を見下ろす高級ホテル。ベージュが基調の客室は落ち着いた雰囲気。浴室などにも配慮したバリアフリーの部屋もある。3階にグルメみやげが買える第六市場がある。

住 台中市健行路1049號
☎ (04) 2328-8000
FAX (04) 2322-9000
料 ⑭①8000元〜　⑭10%
CC ADJMV　室222
交 300〜310路バスで「科博館」下車すぐ
URL www.splendor-taichung.com.tw

チュエングオダーファンディエン
全國大飯店
AREA 博物館周辺　MAP P.158-B1　日 📶

老舗ホテルでサービス良好

14階建てで眺めよし。台中を代表する老舗だけあり、サービスは良好だ。レストランやカフェなどの設備も充実し、快適に過ごせる。SOGOやショッピングセンターそばで買い物も便利。平日は割引き可。

住 台中市館前路57號
☎ (04) 2321-3111
FAX (04) 2321-3124
料 ⑭5600元〜　①6500元〜
⑭10%　CC ADJMV　室178
交 300〜310路バスで「科博館」下車、徒歩約3分
URL www.hotel-national.com.tw

中級

成旅晶贊飯店 台中民權（チャンリュージンザンファンディエン タイチョンミンチュエン）
パークシティホテル 台中民權
AREA 台中駅周辺　MAP P.160-A　📶

駅近の10階建てホテル

コンセプトは新しい形の都市型ホテルで、利便性とシンプルさを追求。客室をはじめ、ホテルのテーマカラーのグリーンが各所に取り入れられ、落ち着いた印象を与える。

住 台中市民權路66號
☎ (04) 2223-5678
FAX (04) 2223-0505
料 ⑭4200元〜　①5000元〜
⑭10%　CC AJMV
室109　交 台鐵台中駅より徒歩約5分　URL www.parkcthotel.com/central-taichung

台中公園智選假日飯店（タイチョンコンユエンデーシュエンジャーリーファンディエン）
ホリデイ・イン エクスプレス台中パーク
AREA 台中駅周辺　MAP P.159-D2　📶

台中公園を望む一角に立つ

ホリデイ・インのシンプルライン、エクスプレスのホテル。余分なものを省いた機能的なシンプルさがコンセプト。台中一中街や、多くの長距離バスのターミナルとなる干城總站にも近い。

住 台中市自由路二段94號
☎ (04) 3505-9898
FAX (04) 3505-0595
料 ⑭①2400元〜　⑭10%
CC ADJMV
室168
交 台鐵台中駅より徒歩約10分
URL www.ihg.com/holidayinnexpress

中級

紅點文旅 Red Dot Hotel

AREA 台中駅周辺　MAP P.159-C2　日 🛜

台湾レトロと現代の気分をミックス

　ドアを開けるとスタイリッシュなネオンとステンレス製の大きな滑り台が迎えてくれるという、今、台中で注目を集めるデザインホテル。

　ロビーの壁には不良品のタイルを再利用して作られた火頭磚をあしらい、台湾伝統のれんが造りの建築を思わせる造り。客室は"家"の雰囲気を出すため木や石、客家伝統の花布など、地元の素材を使用している。アメニティはお茶の天然素材を使用し人気の茶籽堂。地下のレストラン「MARIPOSA Bistro」では洋風の創作料理が楽しめる。

住 台中市民族路206號
☎ (04) 2229-9333
FAX (04) 2229-5333
料 ⑤①4300元〜
CC A J M V　室55
交 台鐵台中駅より27路バスで「民權中華路口」下車、徒歩約2分
URL www.reddot-hotel.com

■1 台湾デザインの家具やインテリアでくつろげる ■2 全長27mの滑り台は 11:00 〜 12:00、15:00 〜 18:00 に2階から1階まで滑り降りられる

台中輕行旅

AREA 台中駅周辺　MAP P.160-B　日 🛜

バス移動に便利

　台鐵台中駅にも長距離バスが発着する各バス会社のターミナルにも近い、移動に便利なビジネスホテル。無料のランドリーやジムなどもあり、アメニティも充実している。各種割引きもあり。

住 台中市建國路180號
☎ (04) 2226-9666
料 ⑩2400元〜　①3800元〜
CC J M V
室81
交 台鐵台中駅よりすぐ
URL butlerhotel180.com.tw

安可旅店

AREA 台中駅周辺　MAP P.160-B　日 🛜

コスパのいいビジネスホテル

　駅前にあるおしゃれなビジネスホテル。部屋はあまり広くないが、寝たまま見られる大画面テレビなど、まとまりがいい。スタッフも親切。平日は約6割引き、休日は約5割引きも可能。

住 台中市中山路3-1號
☎ (04) 2222-5005
FAX (04) 2222-5006
料 ⑤3200元〜　①3600元〜
CC J M V
室40
交 台鐵台中駅よりすぐ
URL bravo-hotel.com.tw

経済的

富春大飯店

AREA 台中駅周辺　MAP P.160-B　🛜

駅近でリーズナブル

　駅前なので交通量が多く、通りに面した部屋は少々うるさいが、奥の部屋は静か。まず部屋を見てから決めよう。駅前の同クラスのホテルのなかではリーズナブルな料金設定。

住 台中市中山路3號
☎ (04) 2228-3181
FAX (04) 2228-3187
料 ⑤750元〜　①1400元〜
CC 不可
室61
交 台鐵台中駅よりすぐ

背包41青年旅館 台中館

AREA 台中駅周辺　MAP P.160-A　🛜

明るく清潔なホステル

　ドミトリーのみだが、部屋は男女別で、女性でも安心して泊まれる。キッチンやラウンジもいい、おしゃれなカフェといってもいいぐらい。浴室も新しくきれい。近くにコンピューター屋街がある。

住 台中市繼光街59號
☎ 0952-612212
料 ⑩410元〜
CC 不可
室15 (150ベッド)
交 台鐵台中駅より徒歩約5分
URL www.kaobp41.com/taichung

台湾中部を代表する温泉郷
谷關
クーグアン　Guguan

Map P.152-B1

アクセス
台中から
台鐵＆バス 台鐵台中駅
裏の「台中車站（復興
路）」バス停（**M**P.160-B）
より豐原客運850「谷關」
行きバスで「谷關」下車。
6:00～20:00に1時間に約
1便、所要約2時間、177
元。高鐵台中駅からも
153路バスが1日約20便
出ている。所要約2時
間、197元。

谷關は大甲溪が流れる雪山山脈の谷間にある海抜
800mの温泉郷。日本統治時代は明治温泉の名で
親しまれていた。現在は谷關風景區の中心である。

　庶民的な温泉郷として知ら
れるが、2019年に日本の星野
リゾート系列の温泉リゾート
ホテルがオープンし、注目を
集めている。

タイヤル族の故郷でもある

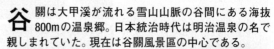

日本統治時代に発掘された温泉
▶ 谷關温泉　クーグアンウェンチュエン

MAP P.176

　源泉は明治時代の1907年に発見され、そのため明治温泉と
呼ばれた。泉質は無色の炭酸水素ナトリウム泉で、かすかに硫
黄のにおいがする。皮膚病や関節炎などに効能があるといわ
れている。

　温泉街の中心は公園になっていて、温泉に関する展示があ
る遊客中心や
足湯、無料の
温泉魚池など
がある。いく
つかのつり橋
で対岸と結ば
れ、緑あふれ
る遊歩道に続
いている。

水着で入る露天風呂

足の角質を食べる温泉魚

谷關マップ（略図）

ホテル

虹夕諾雅 谷關（ホンシーヌオヤー クーグアン）
星のやグーグァン
　　　　　高級　MAP P.176-B

2019年オープンの温泉リゾート
　経営は日本の星野リゾート。
自然と調和した美術館のような
建築で、非日常的な滞在を楽し
める。露天風呂、内湯のほか客
室にもかけ流し天然温泉がある。
館内アクティビティも豊富。

住 台中市和平區東關路一段温
泉巷16號　**☎**(04)2595-0008(日
本の星のや統合予約050-3134-
8091)　**料** ⓌⓉ1万8000元～
CCⒶⒹⒿⓂⓋ　**室**50
交各空港、駅などから送迎あ
り(有料)
URLhoshinoya.com/guguan

クーグアンウェンチュエンファンディエン
谷關温泉飯店
　　　　　中級　MAP P.176-B
住 台中市和平區東關路一段温泉巷6號
☎(04)2595-1355　**FAX**(04)2595-1359
料 Ⓦ2699元～　Ⓣ3199元～　**CC**ⒿⓂⓋ
室60　**交**谷關バスターミナルより徒歩約3分
URLwww.kukuan.com.tw

　つり橋のそばに立つ家族連れに人気のホテル。
水着で入る露天風呂は老若男女でにぎわっている。

肉圓と扇形車庫が人気

彰化

チャンホア Changhua

Map P.152-A1

彰化は貿易の要衝であった鹿港に近く、清代から台湾中部の政治や商業の中心地として栄えてきた。近年は放射状に機関車を格納する扇形車庫が人気を集め、観光地としても注目を集めている。また、小吃の文化が盛んで、豚ひき肉をでんぷん質の皮でくるんだローカルフード、肉圓の発祥地としても知られている。

現役で活躍する機関車保管庫

扇形車庫 シャンシンチャークー

MAP P.177-A 外

　1922年創建の扇形車庫で、かつては台湾内に5ヵ所あったが現存しているのは彰化のみ。中央の転車台から車庫に向かって放射状に12本の線が敷設され、扇形を形成している。SNSで人気が高まり、人気の撮影スポットになった。タイミングが合えば、格納されている蒸気機関車の出入庫や転車台を使う様子も見ることができる。

機関車がずらりと並ぶ様子は圧巻

彰化

200m

A

B

蒸気機関車もある

1895八卦山抗日保台史蹟館

- 🏠 彰化市中山路二段500號
- ☎ (04) 728-8941
- 🕐 9:30～17:30
- 休 月　料 無料
- 🚶 台鐵彰化駅より徒歩約15分

防空壕に展示がある

八卦山
- 🏠 彰化市卦山路
- ☎ (04) 722-2290
- 料 無料
- 🚶 彰化客運彰化站バスターミナルより18路バスで所要約20分、「八卦山天空歩道」下車、25元。天空歩道を渡ってすぐ

▼ 日台関係の知られざる歴史を知る

1895八卦山抗日保台史蹟館 イーパージョウウーバーグアシャンカンリーバオタイシーヅーグアン

MAP P.177-B

　日本軍の台湾接収に抵抗した台湾民衆との戦いで、最も激しい戦闘が行われたのが1895年の「八卦山抗日の役」であった。ここではかつての防空壕を利用し、写真やイラストなどを多用して日清戦争以後の日本と台湾の歩みを詳しく解説している。

▼ 彰化のシンボルである大仏が鎮座する

八卦山 バーグアシャン

MAP P.177-B

　彰化市の中心部の小高い丘の頂上に高さ23mの八卦山大仏像があり、その横には立派な石の獅子像も控える。大仏像前には展望台があり、彰化市内を一望できる。仏像の内部は展示室になっている。周辺は公園として整備され、寶塔などの見どころが点在している。

アジアの第一大仏といわれる八卦山大仏像

グルメ

マオシューミエン
貓鼠麵　　　麵　MAP P.177-A

1921年創業の有名食堂
　店主のニックネームがネズミだったところからこの店名に。看板メニューは、豚足やハマグリなどのだしで作ったスープで食べる3種の団子入り招牌三寶麵（小65元）や三寶湯（40元）。

- 🏠 彰化市陳稜路223號
- ☎ (04) 726-8376
- 🕐 9:00～20:00
- 休 不定休
- CC 不可
- 🚶 台鐵彰化駅より徒歩約4分
- 📱 fb.com/100057350774168

アーヂャンロウユエン
阿璋肉圓　　　肉圓　MAP P.177-A

彰化を代表する肉圓店
　米汁から手作りするこだわりの皮で、豚肉やシイタケ入りのあんを包んで油で揚げた肉圓（55元）。あんかけ風のたれで食べる肉圓はソフトな口当たり。メディア登場回数も多い人気店だ。

- 🏠 彰化市長安街144號
- ☎ (04) 722-9517
- 🕐 9:30～22:00
- 休 旧正月
- CC 不可
- 🚶 台鐵彰化駅より徒歩約4分

リンシャオバンヅァンロウファン
林小胖爌肉飯　　　ご飯もの　MAP P.177-A

彰化名物のひとつ爌肉飯
　南門市場に隣接したこの店は、夕方開店前から行列ができる地元の人気店。爌肉飯（55元）は柔らかい脂身と味が染みた赤身の両方がのっていて、ご飯が進む。客の回転は速く待ち時間は短い。

- 🏠 彰化市民族路483號
- 🕐 18:00～23:00
- 休 火・水
- CC 不可
- 🚶 台鐵彰化駅より徒歩約10分
- 📱 fb.com/linporkrisotto

ホテル

タイワンダーファンディエン
台湾大飯店　　中級 日　MAP P.177-A 📶

　台鐵彰化駅の隣に立つロケーション抜群の中級ホテル。旧正月以外は3割引きも可。

- 🏠 彰化市中正路二段48號
- ☎ (04) 722-4681　FAX (04) 724-6474
- S 2500元～　T 3000元～
- CC J M V　室 45　🚶 台鐵彰化駅よりすぐ
- 🖥 www.hoteltaiwan.com.tw

ノスタルジックな老街を散策

鹿港

ルーガン　Lukang

Map P.152-A1

天然の良港をもつ鹿港は清代には貿易で栄え、三大港のひとつとして「一府（台南）、二鹿（鹿港）、三艋舺（台北の萬華）」と呼ばれた。鉄道の開通で貿易港としての役割は終えたが、今も古い福建風の町並みや寺廟がそこかしこに残る。伝統的な小吃や工芸品なども多く、参拝客や観光客でにぎわう町となっている。

台湾で最も歴史ある媽祖廟

MAP P.179-A1

天后宮 ティエンホウゴン

　鹿港を代表する三大史跡のひとつ。民間信仰を集める航海の女神、媽祖を祀っている。1591年に台湾初の媽祖廟として建立され、1683年に中国福建の天后宮から媽祖を迎えた。大陸から直接媽祖像を迎えた寺は台湾本島ではここのみ。毎日、参詣者でにぎわっており、特に旧暦の端午の節句と、媽祖の誕生日（3月23日）と進香期と呼ばれる媽祖の誕生日1週間前後は台湾各地の廟から媽祖像を携えた参拝団で混雑する。

アクセス
台北から
バス 台北轉運站バスターミナル（MP.69-C2）より統聯客運1652「芳苑」行きで「鹿港」下車。1日7便〜、所要約3時間、380元。
台中から
バス 台鐵台中駅裏の「台中車站（復興路）」バス停（MP.160-B）より中鹿客運9018「鹿港」行きが多発。所要約1時間、91元。高鐵台中駅、台鐵彰化駅より彰化客運6933「鹿港」行きもある。

彰化縣旅遊服務中心
MP.179-A1
彰化縣鹿港鎮復興路506號
(04)778-7753
9:30〜17:30　無休
tourism.chcg.gov.tw/Service.aspx

天后宮
彰化縣鹿港鎮中山路430號
(04)777-9899
6:00〜22:00
無休　無料
中鹿客運鹿港站バスターミナルより徒歩約8分
www.lugangmazu.org

いつも参拝客が絶えない

廟会の際に練り歩く人形

鹿港老街
🏠 彰化縣鹿港鎮埔頭街周辺
🚌 中鹿客運鹿港站バスター
ミナルより徒歩約4分

摸乳巷
Ⓜ P.179-A2

すれ違うのがやっとの摸乳巷

九曲巷
Ⓜ P.179-A・B2

龍山寺
🏠 彰化縣鹿港鎮金門街81號
☎ (04) 777-2472
🕐 5:00～21:30
休無休 料無料
🚌 中鹿客運鹿港站バスター
ミナルより徒歩約10分

八卦藻井の見事な彫刻

鹿港民俗文物館
🏠 彰化縣鹿港鎮中山路152號
☎ (04) 777-2019
🕐 9:00～17:00 休月
料 130元
🚌 中鹿客運鹿港站バスター
ミナルより徒歩約5分
🌐 www.lukangarts.tw

美しい装飾

タイムスリップしたような路地

鹿港老街 ルーガンラオジエ

MAP
P.179-A1

メインストリートの中山路と平行に延びる埔頭街は、赤れんがの細い小道で、懐かしのおもちゃやみやげ物を売る出店が並び、観光客でにぎわう。このほか、すれ違うとぶつかってしまうほど細い**摸乳巷**や、曲がりくねった**九曲巷**など、静かで情緒ある路地ものぞいてみよう。鹿港の老街に曲がり道が多いのは、強い北東季節風を避けるためだといわれている。

店が並んでそぞろ歩きを楽しめる

鹿港が誇る古刹

龍山寺 ロンシャンスー

MAP
P.179-A2

鹿港一の名刹として知られ、台湾の第一級古蹟に指定されている。清朝初期の1653年建立。1786年に現在の場所に移された。四進三院の建築様式で五門の「八卦藻井」と呼ばれる八角形の天井には、繊細な細工の木の彫刻が施されている。正殿には韋駄天と伽藍尊者を従えた観音菩薩、後殿には日本統治時代に西本願寺が持ち込んだ阿弥陀如来が祀られている。

1786年よりこの地に立つ

昔の鹿港の生活がわかる

鹿港民俗文物館 ルーガンミンスーウェンウーグアン

MAP
P.179-B2

台湾五大名家のひとつ、辜顕榮の邸宅に、鹿港の歴史、文化に関わる文物を集めた博物館。

博物館は正面の洋楼と、奥の築200年になる閩南式建築の古風楼からなる。洋楼には豪勢な会議室が保存され、古い鹿港の写真や地図、服飾、生活用品などが展示されている。

古風楼は間取りなども清代のままに保存され、当時の生活を示す品々が展示されている。当時の女性の寝室、新婚夫婦の部屋などがマネキンを使って臨場感をもって再現されている。

貿易で財を成した商人の豪邸

ヘイソンチーツーミエン

黒松趖仔麺

麺 MAP P.179-A1・2

バラエティに富んだ具が入った麺

第一市場の東側で夕方から営業する店のひとつ。趖仔麺（65元）は切仔麺のこと。さっぱりしたスープにコシのある麺、そこに鹿港名物の蝦丸（エビ肉ダンゴ）や肉丸、炸巻が入っている。

- 彰化縣鹿港鎮第一市場夜市
- (04) 777-9248
- 16:30～翌1:00
- 不定休
- CC 不可
- 中鹿客運鹿港站バスターミナルより徒歩約4分

アージェンロウバオ

阿振肉包

肉まん MAP P.179-B2

鹿港名物の肉まん

台湾中にその名を知られる肉まん店。プレーンな原味肉包（25元）がいちばん人気。ニラとネギが入った翡翠肉包（25元）もある。通常は10個250元の箱売りだが、頼めばバラ売りしてくれる。

- 彰化縣鹿港鎮中山路71號
- (04) 777-2754
- 9:00～19:00（売り切れまで）
- 無休
- CC 不可
- 中鹿客運鹿港站バスターミナルより徒歩約6分
- www.a-zen.com.tw

ルーヅーガンヨウユィロウゲン

鹿仔港魷魚肉焿

スープ MAP P.179-A1

お参り前に腹ごしらえ

イカと肉が入ったとろみスープ、魷魚肉焿（小50元）が名物の店。タケノコとキクラゲも入って食感がいい。このスープを麺や米粉、またご飯にかけたメニューもある。

- 彰化縣鹿港鎮後車巷34號
- (04) 776-0556
- 6:30～21:00
- 無休
- CC 不可
- 中鹿客運鹿港站バスターミナルより徒歩約2分

チウインロンシャンミエンシェンフー

蚯蚓龍山麺線糊

スープ MAP P.179-A2

にぎやかな第一市場前にある

メニューは鹿港名物のひとつ、麺線糊（30元）一品のみ。かつて中国大陸の泉州から伝わったという麺線糊はとろみスープに豚肉、卵、干し海老と極細麺の麺線を入れて煮込んだもの。

- 彰化縣鹿港鎮民族路193號
- 098-0779-734
- 6:00～17:00（売り切れまで）
- 無休
- CC 不可
- 中鹿客運鹿港站バスターミナルから徒歩約5分

ユィチェンヅァイ

玉珍齋

菓子 MAP P.179-A1

老舗のパイナップルケーキ店

1877年創業の鹿港の名物菓子店。伝統菓子の種類は100種類以上。パイナップルのあんに卵黄を加えた鳳黄酥（10個260元）を求める客が多い。土鳳梨酥（8個350元）も劣らず人気。

- 彰化縣鹿港鎮民族路168號
- (04) 777-3672
- 8:00～21:00
- 無休
- CC 不可
- 中鹿客運鹿港站バスターミナルより徒歩約3分
- www.1877.com.tw

ルーガンティエンホウゴンシアンクーダーロウ

鹿港天后宮香客大樓

経済的 MAP P.179-A1

劇場と馬祖歴史文物館もある

天后宮のすぐ近くにある参拝者用のホテルで、一般の観光客も泊まれる。大きな建物で、単なる宿坊ではなく中級ホテル並みの設備を整えている。客室は5階から10階。

- 彰化縣鹿港鎮中山路475號
- (04) 775-2508
- FAX (04) 775-2518
- Ｗ1300元～　Ｔ1500元～
- CC 不可　室61　中鹿客運鹿港站バスターミナルより徒歩約9分
- www.lugangmazu.org

台湾の中心にある町

埔里
プーリー　Puli

Map P.152-B1

アクセス

台北から
バス 台北轉運站バスターミナル（M P.69-C2）より國光客運1832「埔里」行きが1日13便〜、所要約3時間10〜40分、395元。

台中から
バス 全航客運干城站バスターミナル、干城總站バスターミナル（M P.159-D2）より全航客運6268「埔里」行き、南投客運6899、6670（国道経由）「埔里」行きが多発、所要約1時間10分、110元〜。6670バスは高鐵台中駅を経由する。

台湾地理中心碑

X 霧社方面へのバスで「中心碑」下車すぐ。山頂まで徒歩約15分

埔里は台湾の中央、山あいの盆地に位置する人口約8万の町。タイヤル族とブヌン族の土地に清代に漢人が入植し、徐々に漢化が進んでいった。原住民と日本入植者との軋轢は日本統治時代にも続き、原住民が蜂起した霧社事件は埔里の近郊で起きている。

埔里にはよい水が湧き、酒造や製紙などが伝統産業となった。さらにキノコやビーフンも名産で、おいしい郷土料理が味わえる。

霧社や日月潭、集集線などの観光も、ここ埔里を基地にして訪れると非常に便利だ。

東経120° 北緯23° を表す

MAP
P.182-B1

▲ **台湾地理中心碑** タイワンティーリーチョンシンベイ

文字どおり、台湾の地理的中心を示す碑。1979年に改築され、蔣経國による「山清水秀」という字が見える。

戦後計測し直されて、実際の中心は東経120度58分25.975秒、北緯23度58分32.34秒、碑の背後の海抜555mの虎頭山頂にあるとわかった。

漆工芸に関する総合的博物館

龍南天然漆博物館 ロンナンティエンランチーボーウーグアン

MAP
P.182-A1

長年日本との漆貿易に携わってきた徐玉富氏が館長の博物館。美しい漆工芸品や漆の生産技術、現役の漆精製室などを見学できる。また漆塗り椀の絵付け体験も可能（350元〜、少人数なら予約不要）。売店では質のよい漆製品を購入できる。

館長は日本統治時代の日本語で解説してくれる。

オーナーは日本語堪能

名産の紹興酒の観光工場

埔里酒廠 プーリージォウチャン

MAP
P.182-A1

1911年創業、紹興酒で有名な酒工場の一部が観光客に開放されている。中心にある酒文化館では、台湾の酒の歴史や埔里酒廠の歴史などを展示している。酒文化館1階では自社の酒類を販売している。売店では紹興酒で味付けしたソーセージ、紹興香腸（40元）にいつも長い列ができている。

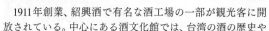

酒文化館

大型のカブトムシも見られる

木生昆蟲博物館 ムーションクンチォンボーウーグアン

MAP
P.182-A1外

昆虫に関する規模の大きな私設博物館。1階にはナナフシやカブトムシ、コノハムシなどビジュアル系の大型昆虫が飼育されている。2階は標本の展示室で、美しくも奇妙な昆虫の世界にどっぷり浸れる。前庭の胡蝶生態園區には台湾産の蝶が放し飼いにされており、身近に観察できる。

葉っぱと見分けがつかない

紙すき体験もできる

廣興紙寮 コワンシンヂーリャオ

MAP
P.182-A1外

埔里の伝統産業である和紙生産を学べる紙工場。製造工程を見学できるほか、紙すきやうちわなどの紙製品の作成など、各種DIY体験ができる（150元〜）。

紙作りに挑戦！

龍南天然漆博物館
🏠 南投縣埔里鎮北平街211-1號
☎ (049) 298-2076
🕐 9:00〜12:00、13:30〜17:00 🈲 月 料 無料
🚌 埔里轉運站バスターミナルより徒歩約10分
🌐 fb.com/longnanlacquer

レンタサイクル
Ⓜ P.182-A2
🏠 南投縣埔里鎮東榮路119號 ☎ (049) 298-7735
🕐 9:00〜18:00 🈲 無休
🌐 www.545bike.com
　埔里は見どころが離れているので自転車が便利。4時間200元〜。周辺の自転車ツアーなども行っている。

埔里酒廠
🏠 南投縣埔里鎮中山路三段219號
☎ (049) 298-4006
🕐 9:00〜16:50（土・日・祝〜17:15）
🈲 旧正月 料 無料
🚌 埔里轉運站バスターミナルより徒歩約15分
🌐 event.ttl.com.tw/pl

酒甕で造られたトンネル

木生昆蟲博物館
🏠 南投縣埔里鎮南村路6-2號 ☎ (049) 291-3311
🕐 9:00〜17:00 🈲 水
料 150元
🚌 日月潭方面へのバスで「坪頂」下車、徒歩約5分。タクシー利用が便利
🌐 www.insect.com.tw

廣興紙寮
🏠 南投縣埔里鎮鐵山路310號 ☎ (049) 291-3037
🕐 9:00〜17:00 🈲 旧正月
料 50元
🚌 中心部からタクシーで150元
🌐 www.taiwanpaper.net

紙教堂

住 南投縣埔里鎮桃米里桃米
巷52-12號
電 (049) 291-4922
時 9:30〜17:00
休 旧正月
料 70元
交 日月潭方面へのバスで所
要約15分「桃米坑」下車、前
方の坂を下って徒歩約3分
URL paperdome.homeland.org.
tw

日本からこの地へ移築された

霧社

交 埔里轉運站バスターミナ
ルより南投客運6658「翠
峰」、6664「清境農場」、6660
「廬山」行きなどのバスで「霧
社」下車、所要約40分、86元

モーナ・ルーダオの像

モーナ・ルーダオの墓

日本生まれの紙でできた教会

MAP
P.152-B1

▲ **紙教堂** ヂージャオタン

　紙教堂 (ペーパードーム) は阪神大震災の際、カトリックた
かとり教会で使われた紙製の仮設聖堂で、震災の10周年に、
ボランティア交流の縁でやは
り震災経験がある埔里に移築
された。58本の紙管でできた
構造物で、日台友好と震災記
憶の象徴として、多くの人々
が訪れる場所となっている。

　周囲は自然豊かな記念公園
になっていて、カエルの観察
池ほか、カフェや屋外彫刻群
などがある。

これが紙でできているとは!

悲しい事件を秘めたのどかな山あいの町

MAP
P.152-B1

▲ **霧社** ウーシャー

　埔里の北東約20km、霧社は日本人には霧社事件で知られる
町。霧社事件とは、1930 (昭和5) 年10月27日、モーナ・ルーダ
オをリーダーとする周辺のセデック族6社が運動会中の日本
人を襲った事件。原住民の伝統や文化を無視した日本の植民
地統治に対する爆発的な抵抗闘争であったといえる。事件は
日本軍も出動し、村がほぼ全滅する悲劇的結果に終わった。霧
社事件は近年台湾の魏徳聖監督により『セデック・バレ』のタ
イトルで映画化され、話題を集めた。

　現在の霧社は、1本のメインストリートにおもな施設が集
まった、のどかな山あいの町となっている。バス停から埔里方
向に2分ほど歩いた所に、霧社事件紀念公園がある。鬱蒼と
木々が生い茂る園内にモーナ・ルーダオの立像と墓があり、蜂
起に参加した人々の姿を銅像にした記念碑がある。さらに約
5分歩いた所に台湾電力の敷地がある。ここが惨劇の現場と
なった霧社公学校があった場所だ。

　さらに少し先に仁愛郷清潔隊があるが、この建物の横の階
段を上ったあたりに、事件で犠牲になった人々の墓とされた記
念碑があった。日本統治終了後、記念碑は撤去されている。

　霧社のメインストリート
の消防署横の坂を上ると、
中国風に衡門の形をした赤
い鳥居がある。ここはかっ
ての武徳殿 (後の霧ヶ岡神
社) 跡。現在は徳龍宮とい
う廟になっている。

徳龍宮の赤い鳥居

グルメ

金都餐廳
ジンドゥーツァンティン

台湾料理 | MAP P.182-B1 | 日

埔里の名物を味わおう

埔里地方の郷土料理を美しいアレンジで提供するレストラン。ふたりから楽しめる闔歡套餐セット（880元）がおすすめ。大人数ならいろいろ楽しめる郷土宴セットがある。炒米粉など単品料理も。

- 南投縣埔里鎮信義路236號
- (049) 299-5096
- 11:00～14:30、17:00～21:00（ラストオーダー19:50）
- 無休　10%　CJMV
- 埔里轉運站バスターミナルより徒歩約20分
- fb.com/pulijindu

胡國雄古早麵
クークオシオンクーザオミエン

麵 | MAP P.182-A1

伝統の味を守っている

伝統的な作り方を守り続けている切仔麵（45元）、五香酢とよく合う切仔米粉（45元）のほかに紹興酒風味の紹興冰Q蛋（30元）、油豆腐（30元）も人気。豚肉を使った料理も充実している。

- 南投縣埔里鎮仁愛路319號
- (049) 299-0586
- 10:00～19:30（土・日・祝～20:00）　旧正月
- 不可　埔里轉運站バスターミナルより徒歩約15分
- tommy705993.wixsite.com/website

振松記米粉
ジェンソンジーミーフェン

麵 | MAP P.182-A1

埔里名物のビーフン

創業60年以上になる埔里名物ビーフンの有名店。シンプルな炒米粉（50元）がおいしい。煮卵や肉団子を追加すれば味もボリュームもアップ。タロイモが入った芋頭米粉湯（70元）も人気。

- 南投縣埔里鎮中山路三段215號
- (049) 298-2277
- 10:30～16:00
- 水、旧正月　不可
- 埔里轉運站バスターミナルより徒歩約15分
- fb.com/PuLiRiceNoodle

蘇媽媽湯圓
スーマーマータンユエン

スイーツ | MAP P.182-A1・2

本格的伝統スイーツの店

芝麻、花生、芋頭、紅豆の4種類の湯圓（55元～）とキクラゲ、リュウガン入りのスープは美容にもよさそう。デザート系以外に肉が入った湯圓もあり、ワンタン、小吃類も充実。

- 南投縣埔里鎮中山路三段118號
- (049) 298-8915
- 11:00～20:00
- 水　不可
- 埔里轉運站バスターミナルより徒歩約12分
- pulisumama.blogspot.com

ホテル

承萬尊爵渡假酒店
チェンワンズンジュエドゥジアジョウディエン

高級 | MAP P.182-B2 | 🛜

埔里のランドマークの高級ホテル

屋外プールやスパ、会議室など、観光にもビジネスにも対応した設備が整っている。またホテルの自慢は、13階の360度回転レストラン。埔里の町並みが一望でき、夜景も美しい。

- 南投縣埔里鎮樹人路131號
- (049) 299-5757
- FAX (049) 290-1100
- W3880元～　T5280元～
- 10%　CADJMV
- 121　埔里轉運站バスターミナルより徒歩約10分
- www.chengwanhotel.com.tw

ゲストハウス・プリ
埔里背包客之家（プーリーベイバオクーヂージア）

経済的 | MAP P.182-B1 | 日 🛜

日本人が経営するゲストハウス

日本人オーナー経営のフレンドリーなゲストハウス。一般住宅や市場が多い庶民的な地域にある。個室はシャワーとトイレの有無を選べる。希望があれば郊外の観光案内も可能（有料）。

- 南投縣埔里鎮東榮路303巷6號
- 0931-347-432
- S1100元～　T1300元～
- D560元　不可
- 8（30ベッド）
- 埔里轉運站バスターミナルより徒歩約10分
- guesthousepul.blogspot.com

集集線

ジージーシエン　Jiji Line

Map P.152-B2

集集線は台中と嘉義の間にある二水駅を起点に、明潭水庫（ダム）がある山あいの車埕駅に向かうローカル線だ。日本統治時代の1919年に発電所建設の資材運搬に敷設された鉄道がその起源。1999年の921地震で大きな被害を受けたが、木造駅舎などが往時のままに再建され、レトロ感漂うローカル鉄道として人気が上昇した。沿線にはバナナ畑や水田、ヤシ林などが続き、のどかな雰囲気を楽しむ多くの観光客でいつもにぎわっている。

ローカル色が強い路線

アクセス

台北から二水へ

台鐵 毎日多発、所要約3時間55分〜。莒光號376元、區間車313元。自強號はほとんど停車しない。

※台鐵台中駅、二水駅などでは集集線の1日乗車券を販売している。乗降自由で90元。

※2023年11月現在、崖崩れのため集集駅〜車埕駅間は運行が停止され、バスによる振り替え輸送が行われている。バスは切符か1日券があれば利用可能。

のんびり車窓の旅を楽しめる

添興窯陶藝村

- **M** P.186-B
- **住** 南投縣集集鎮田寮里楓林巷10號
- **(049)** 278-1130
- **時** 9:00〜12:00、13:30〜17:30
- **休** 木、旧正月　**料** 150元
- **CC** M V
- **交** 台鐵龍泉駅より徒歩約10分
- **URL** www.txkiln.com

MAP P.186-A

緑のトンネルが美しい無人駅

龍泉駅（龍泉車站）ロンチュエンチャーヂャン

かつての名称は隘寮駅。現在はほぼホームだけの無人駅になっている。駅を出て緑のトンネルをしばらく歩くと**添興窯陶藝村**がある。カフェと店の裏手が工房で、現役の蛇窯がある。蛇窯の火入れは年に数回で、そのほかの期間は窯内部の見学が可能（入場券は100元の商品券か50元の飲食券として使用可）。竹炭を練り込んだ陶器は遠赤外線により保温、防湿効果がある。陶芸体験は要予約（450元〜）。

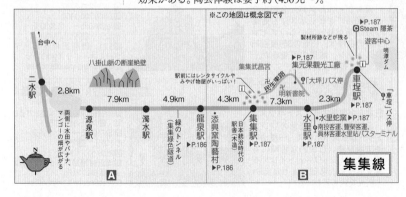

※この地図は概念図です

集集線

のどかな雰囲気を満喫

集集駅（集集車站）ジージーチャーヂャン

MAP P.186-B

1921年に開業した集集駅の見どころは駅舎。1930年に完成したオリジナルの駅舎は日本統治時代の木造の建物が使われていたが、1999年9月の台湾中部大地震により倒壊。現在の駅舎はもとの姿に修復された建物で、レトロな雰囲気は当時のまま保たれている。駅前には電動自転車レンタル（2時間300元）店が並び、これを使えば周辺の見どころを訪ねるのにも便利。

地元の要望によりもとの姿に再建

集集線の要衝

水里駅（水里車站）シュイリーチャーヂャン

MAP P.186-B

水里は駅のすぐそばに日月潭や埔里、台中行きのバスが発着するバスターミナルがあり、古くから交通の要所としてにぎわってきた集集線沿線最大の町。かつては水里坑と呼ばれた。駅前にコンビニや商店が並び、ホテルやレストランもある。水里は陶芸の町としても知られており、近くには100年の歴史をもつ**水里蛇窯**がある。

いにしえの姿をうかがえる終着駅

車埕駅（車埕車站）チャーチェンチャーヂャン

MAP P.186-B

かつては集集線の終点車埕駅から埔里まで軽便鉄道が走り、ダム建設用資材の運搬と林業の運搬という役割を担ってきた。現在の駅舎は往時の姿に復元されたもの。当時使われていた機関庫や給水塔なども展示館やみやげ物店としてその姿を残しており、駅だけでなく、町全体がノスタルジックな雰囲気。駅の東には台湾最大級の明潭ダムがある。

往時の姿に復元された駅舎

集元果観光工廠

Ⓜ P.186-B
🏠 南投縣集集鎮富山里大坪巷38號　☎ (049) 276-4562
🕘 9:00～17:00
🏠 無休　料 無料
🚌 集集駅前の「集集」バス停より總達客運6333「水里」行きバスで「大坪」下車、徒歩約5分。集集駅から電動自転車レンタルが便利
🌐 www.jijibanana.net

集集駅から約1.5kmの場所にある観光バナナ園。世界各地のバナナが育てられている。バナナ製品のショップやカフェもあり、バナナアイスクリームやバナナミルクが人気。

バナナの森を歩いているよう

水里蛇窯

Ⓜ P.186-B
🏠 南投縣水里鄉頂崁村水信路一段512巷21號
☎ (049) 277-0967
🕘 8:30～17:30　🏠 火・水
料 150元　CC Ⓥ
🚌 南投客運、豐榮客運、員林客運水里站バスターミナルより埔里、日月潭行きバスで「蛇窯」下車、所要約5分、27元～。またはタクシーで約5分、150～200元。入口まで徒歩約3分
🌐 www.snakekiln.com.tw

蛇のような蛇窯

グルメ

スティーム インチャー
Steam 隱茶
カフェ　MAP P.186-B

貯木池に面したカフェ

林業で栄えた一族の子孫が開いた茶藝館風のカフェ。木材を貯める貯木池にせり出すように設けられた客席で、緑色に輝く池を目の前にしてゆっくりお茶を楽しめる。

🏠 南投縣水里鄉車埕村民權巷101-3號
☎ (049) 277-6471
🕘 10:00～17:00（土・日・祝～18:00）　🏠 火、旧正月
CC 不可　🚌 台鐵車埕駅より徒歩約3分
🌐 fb.com/steam.grove

💡 總達客運🌐alldaybus.com　南投客運🌐www.ntbus.com.tw　豐榮客運🌐www.gbus.com.tw
員林客運🌐www.ylbus.com.tw

Map P.152-B2

アクセス

台北から
バス 台北轉運站バスターミナル（MP.69-C2）より國光客運1833「日月潭」行きが1日3便、所要約4時間、470元。

台中から
バス 干城總站バスターミナル（MP.159-D2）より南投客運6670「日月潭」行きバスが多発、所要約1時間45分～、193元。または高鐵台中駅からも上記南投客運バスが多発、所要約1時間20分、166元。

埔里から
バス 埔里轉運站バスターミナル（MP.182-A2）より南投客運6670、6668「日月潭」行きが多発、所要約35分、58元。

水里から
バス 南投客運6671、6801「日月潭」行き、豐榮客運6289「埔里」行きが多発、所要約30分、56元～。

向山遊客中心

M P.188-A2
南投縣魚池鄉中山路599號
(049) 285-5668
9:00～17:00　無休
www.sunmoonlake.gov.tw

日月潭水陸空好行套票

南投客運バスの日月潭への往復と日月潭ロープウエイ、九族文化村、水上バス1日券、遊湖バス1日券などがセットになったお得な切符（台中発1250元）。九族文化村を含まないものなど各種あり。南投客運干城總站バスターミナル、高鐵台中駅バス停で購入できる。
www.ntbus.com.tw/p-1.html

　　日月潭は埔里の南約18kmの山あいに位置する美しい湖。海抜748m、面積約8km²で、台湾最大の天然湖である。

　日月潭という名の由来は、湖に浮かぶ拉魯（ラルー）島から東側が太陽、西側が月の形をしていることによる。湖周辺に住む原住民サオ族には、1頭の白鹿に導かれて湖を発見し、ここに定住したという伝承が残っている。

　山と湖とが織りなす景観は変化に富み、遊覧船やバス、自転車、あるいは徒歩などでも水墨画のような風景を楽しめる。湖は湖面の色が刻々と変化する夜明け頃が最も美しいという。ぜひ宿泊してじっくり眺めてみたい。

遊覧船に乗ってみよう

日月潭の歩き方と見どころ

　まずは湖から周囲の景色を眺めてみたい。日月潭バスターミナルがある水社と対岸の玄光寺、伊達邸に埠頭があり、水上バス（遊覧船）が運航されている。数社が反時計回りに周回しており、1周約1時間、1日券300元。水社から乗船し伊達邸で下船して、あとは遊湖バスで見どころを訪ねながら戻ってもいい。

日月潭

　日月潭バスターミナルから員林客運が毎日8:00発の阿里山へのバスを運行。所要約3時間20分、336元。席が限られているので、確実に乗るには予約が必要（(049) 277-0041 員林客運水里站）。

　遊湖バスは湖岸を走り、日月潭バスターミナルと玄光寺間を往復している（湖を一周はしない）。1時間に2～3便運行。何度でも乗降できる1日券（80元）が便利だ。

　湖岸にはサイクリングコースがあり、レンタサイクル（150元～）で水社周辺だけでも走ってみれば、湖の美しさを堪能できる。

レンタサイクルは町なかにたくさんある

湖を望む高台に位置する廟

文武廟　ウエンウーミャオ

MAP P.188-B1

　1938年に行われたダム工事により水没した水社村の龍宮宮と益化堂を移転し、文武廟とした。中国宮殿式で建てられており、孔子、武聖関公、開基神明を祀っている。1999年の台湾中部大地震で倒壊したが再建。前殿に上がる階段の両側に立つ高さ8mの獅子像と前殿と中殿の間にある9頭の龍の彫刻も必見。最も高所にある廟まで上り、日月潭を眺めてみよう。

オレンジ色の屋根と湖のコントラスト

文武廟

🏠 南投縣魚池郷日月村中正路63號
☎ (049) 285-5122
🕐 8:00～21:30
休 無休　料 無料
🚌 遊湖バスで「文武廟」下車すぐ

北朝式という建築様式

三蔵法師の舎利を安置した

玄奘寺　シュアンヂュアンスー

MAP P.188-A2

　西遊記でおなじみの唐代の高僧、玄奘大師（三蔵法師）を祀った寺で、彼の遺骨の一部が納められている。遺骨は日中戦争時に南京から埼玉県慈恩寺に移されたが、1965年に玄奘寺の落成とともにここに納められた。

　遺骨を納めた舎利は本殿の3階にあり、参観も可能。境内の展望台からは湖の美しい景色を一望できる。

三蔵法師の遺骨を祀る

玄奘寺

🏠 南投縣魚池郷日月村中正路389號
☎ (049) 285-0220
🕐 7:30～17:30
休 無休　料 無料
🚌 遊湖バスで「玄奘寺」下車すぐ
🌐 fb.com/xuanzangTemple

美しい眺めを楽しめる

高さはちょうど1000m

慈恩塔　ツイーエンター

MAP P.188-A2

　沙巴蘭山（二龍山）の上にある八角10層の塔で、1971年に蒋介石が母をしのんで建てたもの。山頂が海抜954m、塔の高さが46mなので、天辺はちょうど海抜1000mになる。

　塔の上からは息をのむ360度の周囲のパノラマが楽しめる。

上まで上れる

慈恩塔

🏠 南投縣魚池郷日月村
☎ (049) 285-5668
🕐 9:00～16:30
休 無休
料 無料
🚌 遊湖バスで「慈恩塔」下車、徒歩約15分。玄奘寺より徒歩約20分

向山自行車道

向山自行車道

🏠日月潭バスターミナル裏の大駐車場から向山遊客中心まで。レンタサイクル店は水社、伊達邵などにたくさんあり、1日150元～。要パスポート

湖をまたぐ同心橋

少し揺れる向山眺望平台

湖岸を爽快にサイクリング

向山自行車道 シアンシャンズーシンチャーダオ

水社から向山遊客中心まで続く、全長約3kmのサイクリングロード。道はほぼ平坦で、気軽にサイクリングを楽しめる。途中には湖上をぬうように走る**水上自行車道**や、眺めがいい**水社壩堰堤公園**、湖上を大きくまたぐ永結橋、**同心橋**などがあり、道中も湖の美しい景色を堪能できる。向山旅客中心は、むき出しのコンクリートが特徴的な近代的な建物。近くの岬には金属のしなりを利用した**向山眺望平台**がある。

スリリングな水上自行車道

伊達邵

伊達邵

🚌遊湖バスで「伊達邵」下車すぐ。または水社碼頭より遊覧船で「伊達邵碼頭」下船

伊達邵の埠頭

サオ族が住む集落

MAP
P.188-B2

伊達邵 イーターツァオ

水社の対岸にあるサオ族の集落で、遊覧船や遊湖バスで行ける。湖に面して埠頭があり、湖岸には民宿やホテルが建ち並んでいる。町の中ほどには老街があり、サオ族料理のレストランやカフェ、みやげ店が並び、地域のグルメやショッピングを楽しめる。特産のアワを原料とした小米酒（300元～）は飲みやすく、おみやげにもおすすめだ。

レストランやみやげ物店が集まる

Kalapaw 瞭望台 鹿臺教室

Kalapaw 瞭望台 鹿臺教室

🏠南投縣魚池郷日月村義勇街62號
☎(049) 285-0036
🚌伊達邵碼頭より徒歩約3分
🌐fb.com/thaotribe

古くからこの地に住む邵族の踊り

サオ族の文化に触れてみよう

MAP
P.188-B2

Kalapaw 瞭望台 鹿臺教室 リャオワンタイ ルータイジャオシー

邵（サオ）族の文化の保存と発展を目的にした団体で、伝統工芸DIY体験や邵族生活のガイドツアーなど誰もが参加できる活動を行っている。月・火曜以外の毎日2回（11:00 ～、16:00 ～。日曜は13:00 ～も）伊達邵碼頭のステージで、伝統食材である小米（アワ）を突きながら歌われる杵歌などの実演を行っているので、ぜひ観てみたい。

空中散歩でドラマチックな眺望を堪能
日月潭ロープウエイ

MAP
P.188-
B1・2

日月潭の湖畔から山を越えて九族文化村とを結ぶロープウエイ。全長1.87km、所要約8分。最大斜度は43度。86台の8人乗りゴンドラが1分間隔で次々と運行されている。ゴンドラから望む、湖と周囲の山々が織

キャビンから日月潭の絶景を楽しめる

りなす美しい景観は日月潭観光のハイライト。

日月潭ロープウエイ
🏠 南投縣魚池郷日月村中正路102號
📞 (049) 285-0666
🕐 10:30〜16:00 (土・日・祝10:00〜16:30。チケット販売は運行30分前から最終30分まで)
🚫 ウェブサイトで告知 (一般に毎月第1水曜)
💰 往復350元 (九族文化村入場券購入者は無料)
🚌 伊達邵碼頭より徒歩約10分
🌐 www.ropeway.com.tw

台湾最大級の原住民テーマパーク
九族文化村 ジョウズーウェンホアツン

MAP
P.188-B1

台湾原住民の伝統文化を紹介する総合テーマパーク。村落や住居などが民族ごとに移築・復元されており、伝統的な生活について知ることができる。工芸体験や歌と踊りのステージが頻繁に行われており、敷地内に遊園地もあるので、家族連れでも楽しめる。急な斜面上に広がっているので、日月潭ロープウエイ駅から見学しながら下って行き、下からは園内ロープウエイで上に戻るコースがベスト。

ショーや体験コーナーが充実している

九族文化村
🏠 南投縣魚池郷大林村金天巷45號
📞 (049) 289-5361
🕐 9:30〜17:00 (土・日・祝〜17:30。入場〜15:00)
🚫 無休
💰 900元 (ロープウエイ往復運賃を含む)
🚌 ロープウエイ駅よりすぐ
🌐 www.nine.com.tw

パイワン族の伝統住居

レトロな製茶工場で 特産の紅茶をゲット
日月老茶廠 リーユエラオチャーチャン

MAP
P.188-
A1外

茶畑に囲まれた高台にある60年余の歴史を刻んだ茶工場。一時アジア諸国との競争で衰退したが、近年自然農法による台湾オリジナル紅茶の生産で復興を遂げた。観光客にも開放され、機能的な美しさを感じさせる建物や製茶工程なども見学できる。ショップでは、シナモンの香りがする台茶18號 (紅玉) や柑橘系の香りの台茶21號 (紅韻) などが人気。

古めかしい揉捻機も現役

日月老茶廠
🏠 南投縣魚池郷中明村有水巷38號
📞 (049) 289-5508
🕐 8:00〜17:00
🚫 旧正月
🚌 台湾好行バス日月潭線で所要約8分、「日月老茶廠」下車すぐ
🌐 www.assamteafarm.com.tw

さまざまな品種の紅茶を販売している

碼啡館
マーフェイグアン

原住民料理　MAP P.188-A1

エキゾチックな盛りつけ

水社の船着場を望むホテルの1階にあるレストラン。おすすめのサオ族風味套餐（345元）は山の幸、湖の幸満載で、飲み物とデザートも付いて非常にお得。肉料理は3種類から選べる。

🏠 南投縣魚池鄉水社村名勝街11號
☎ (049) 285-5143
🕐 11:00～20:00　休 無休
💳 M V
🚌 日月潭バスターミナルより徒歩約3分
🌐 www.sunmoonhotel.com.tw

阿榮邵族麵
アーロンシャオズーミエン

原住民料理　MAP P.188-A1

日月潭の名物料理を味わえる

みやげ物店が並ぶにぎやかな名勝街、水社碼頭のほぼ向かい側にある。山の幸や日月潭名物の総統魚を味わえるひとり用セット総統魚簡餐（299元）や邵族麵（120元）などがおすすめメニュー。

🏠 南投縣魚池鄉日月潭名勝街18號
☎ (049) 285-5065
🕐 11:30～14:30、17:00～19:30
休 不定休
💳 不可
🚌 日月潭バスターミナルより徒歩約5分

邵族頭目・袁家美食
シャオズートウムー　　ユェンジアメイシー

原住民料理　MAP P.188-B2

總統魚を食べるなら

伊達邵の繁華街にある邵族料理の店。日月潭でしか食べられない總統魚の蒸し物を含む總統魚套餐（1300元～）なら、3～4人でシェアして楽しめる。山菜の炒め物などのアラカルト料理も豊富。

🏠 南投縣魚池鄉義勇街97-1號
📱 0919-736-383
🕐 10:00～14:30、17:00～20:00
休 無休
💳 不可
🚌 伊達邵碼頭より徒歩約3分

雲品溫泉酒店
ウンピンウェンチュエンジォウディエン

高級　MAP P.188-A1　日 📶

湖岸に立つ温泉ホテル

各部屋に温泉が引かれ、男女別の大浴場もある。屋上のレストランでは日月潭を眺めながら朝食が取れる（要追加料金）。夜は原住民の歌と踊りなど日替わりのショーが催される。

🏠 南投縣魚池鄉日月潭中正路23號　☎ (049) 285-6788
📠 (049) 285-6600
💴 W T 1万6500元～　⊕ 10%
💳 A D J M V　🛏 211　🚌 日月潭バスターミナルより送迎バスあり（要予約、有料）
🌐 www.fleurdechinehotel.com

ザ・ラルー
涵碧樓大酒店（ハンビーロウダージォウディエン）

高級　MAP P.188-A1　日 📶

スタイリッシュな建築

水社西側の高台に立つ高級ホテル。外観も内装も木の感触を生かした造り。内装は間接照明が美しく、東洋的な趣を感じさせる。湖向きの部屋はバルコニー、ほかの部屋は中庭付き。

🏠 南投縣魚池鄉水社村中興路142號　☎ (049) 285-5311
📠 (049) 285-5312
💴 W T 1万8000元～　⊕ 10%
💳 A D J M V　🛏 96
🚌 日月潭バスターミナルより徒歩約10分
🌐 www.thelalu.com.tw

儷山林會館
リーシャンリンホイグアン

高級　MAP P.188-B2　日 📶

総ヒノキ造りのホテル

日月潭バスターミナルから対岸の伊達邵にあり、湖上に浮かぶように立っている。近くに2軒の姉妹ホテルがある。予約すれば日月潭バスターミナルより無料送迎あり。

🏠 南投縣魚池鄉日月村水秀街31號　☎ (049) 285-0000
📠 (049) 285-0077
💴 W T 7800元～　⊕ 10%
💳 A J M V　🛏 45
🚌 遊湖バスで「伊達邵」下車、徒歩約3分
🌐 sunmoonlake.lealeahotel.com

"台湾の台所"の中心都市
斗六
ドウリョウ　Douliu

Map P.152-A2

斗六は、農業県としても知られる雲林縣の県庁所在地。地名はかつてこの辺りに住んでいた洪雅族（ホアヤ）がこの地を呼んだ「タウラグ」に漢字を当てたもので、清代には「斗六門」と呼ばれた。その後雲林縣が設置されたとき、行政の中心の座を虎尾と争ったが、斗六に県政府、虎尾に地方法院をおくことで決着した。

斗六駅近くにはにぎやかな市場があり、地方都市の活気が感じられる。農業県だけに食べ物もおいしく、豊富なB級グルメを楽しめる。日本統治時代の建築も多い。

上を向いて歩いてみよう
太平老街　タイピンラオジエ

MAP P.193-A1・2

日本統治時代に建てられたバロック様式の2階建て建築が約600mも続く、台湾最長の老街。「女兒牆」と呼ばれる建物正面上部がそれぞれ凝ったデザインで飾られており、眺めながら歩いても楽しい。保存状態はよいが観光化されておらず、一般の商店が営業していてのどかな味わいがある。

アクセス
台北から
高鐵 高鐵台北駅より高鐵雲林駅へ毎日多発、所要約1時間15分〜、900元〜。駅から斗六、西螺、虎尾各方面へのバスが運行。
台鐵 台鐵台北駅より毎日多発、所要3時間3分〜、自強號 511元。
バス 台北轉運站バスターミナル（M P.69-C2）より統聯客運7000「斗六」行きが1日8便。所要約3時間50分、420元。

旅遊服務中心
M P.193-A1
住 台鐵斗六駅内
☎ (05)534-6806
◯ 9:00〜18:00（土・日〜19:00）　休 無休
URL fb.com/aa5346806

太平老街
住 斗六市太平路
交 台鐵斗六駅より徒歩約3分

市民の生活に溶け込んだ老街

酒、たばこの専売所だった建物

行啟記念館

住 斗六市府前街101號
☎(05)536-2290
🕐13:00〜18:00（土・日は9:00〜12:00も）
休 月・火　**料** 無料
🌐 fb.com/Xingchi.Public

東宮行啓に関する展示

西螺

🚌 台鐵斗六駅後站の台西客運斗六總站バスターミナルより多発。所要約25分、47元。虎尾からのバスもある

老街文化館

M P.194-B
住 雲林縣西螺鎮延平路92號
☎(05)586-1444
🕐8:30〜17:30
休 月・祝　**料** 60元
🚌 西螺轉運站バスターミナルより徒歩約5分
🌐 www.louyoung.org.tw

茶荘だった老街文化館

丸荘醤油

M P.194-B
住 雲林縣西螺鎮延平路25號
☎(05)586-3666
🕐8:00〜20:00
休 無休　**料** 無料
🚌 西螺轉運站バスターミナルより徒歩約5分
🌐 www.wuanchuang.com.tw

醤油を仕込む甕

細部にもこだわった造りの多目的会館

MAP
P.193-A2

▶行啓記念館 シンチージーニエンタン

　1923年の皇太子裕仁（後の昭和天皇）の台湾訪問（東宮行啓）を記念して、1927年に建てられた公会堂。れんが造りに瓦屋根をのせた典型的な折衷建築だが、外壁の細かな装飾やそれぞれ構造が異なる窓など、見どころも多い建築だ。現在は展示およびイベントスペースに使われている。

　ちなみに、裕仁は斗六で下車することはなく、乗った列車が水の補給のためしばらく停車しただけだったという。

れんがの積み方にも特徴がある

近郊の見どころ

農業で栄えた老街が残る町

MAP
P.152-A2
P.194

▶西螺 シールオ

　濁水溪のほとりの稲作が盛んな町。豊かな水を生かして醤油作りも行われている。

　西螺の中心は昭和初期の建築が残る**延平老街**。延平路92號は裕福な茶荘だったが、現在は**老街文化館**として内部が公開され、中華風と洋風が折衷した内部の構造がよくわかる。ここで地図やパンフレットなども入手できる。

　丸荘醤油は黒豆を原料に醤油を作る老舗の醸造元。店舗は資料館も兼ねており、醤油だねを作る体験も行われている（300元）。ここでしか味わえない醤油アイス（55元）も試してみよう。

モダンな建築もある延平老街

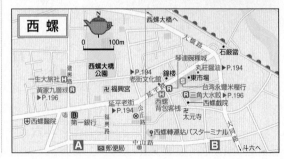

サトウキビ列車が走る精糖の町

MAP P.152-A2 P.195

▲ 虎尾 フーウェイ

かつては「糖都」としておおいに栄えた町。今も精糖業は続けられ、台湾最後のサトウキビ列車が走る町となっている。

台西客運虎尾站バスターミナルがある林森路一段には、日本統治時代の歴史建築が残っている。**雲林布袋戯館**はかつての郡役所、**雲林故事館**は木造の虎尾郡守官邸、かつての消防警察合同庁舎は誠品書店とカフェになっている。その少し北側の水源路には、1930年建造の虎尾水塔、日本統治時代の高級招待所、湧翠閣が残っている。中山路を南下すると、サトウキビ列車の線路、**旧虎尾駅**、虎尾精糖工場、虎尾鉄橋と続く。鉄橋の上は遊歩道で、虎尾溪の対岸まで続いている。サトウキビ列車が走るのは冬の間（12月下旬～3月）のみ。踏み切り保守に尋ねれば、列車が何時頃走るか教えてくれる。

虎尾

🚍 台鐵斗六駅後站の台西客運斗六總站バスターミナルより多発。所要約30分、52元。西螺からのバスもある

カラフルな雲林布袋戯館

雲林故事館

MP P.195-1
住 雲林縣虎尾鎮林森路一段528號
☎ (05) 631-1436
🕙 10:00～18:00
休 月・火　🎫 50元
🌐 ylstoryhouse.org.tw

木造の雲林故事館

サトウキビを運んできた列車

香り高きコーヒーの産地

MAP P.152-A2

▲ 古坑 グーコン

阿里山の麓に近い古坑郷は、日本人によって最初にコーヒー栽培が始められた地域のひとつ。自然条件に恵まれた古坑の良質なアラビカ種コーヒーは、かつては皇室にも献上されたという。現在は「台湾コーヒーの故郷」とも呼ばれ、毎年11月には**台湾咖啡節**（コーヒーフェスティバル）が開かれて、産地のコーヒーを求めて訪れる観光客でにぎわう。

台湾好行バス斗六古坑線終点の「華山咖啡大街」バス停周辺には、地元のコーヒーを味わえるカフェがいくつか集まっている。咖啡大街を山の方向に上っていくと、約30分で小天梯つり橋に到着する。このつり橋を渡らず木の階段を上りきると、ロープ製の情人橋がある。情人橋を渡ると、その先は一面のコーヒー園となっている。

古坑

🚍 台鐵斗六駅後站の台西客運斗六總站バスターミナルより台湾好行バス斗六古坑線で終点「華山咖啡大街」下車。所要約50分、63元。1日券100元

台湾咖啡節

🌐 tw-coffee.com.tw

たわわに実ったコーヒーの実

斗六

ドウナンミーガオジア
斗南米糕甲

ご飯もの　MAP P.193-A1

何度もお代わりをしたくなる

斗六駅近く、愛國街の市場通りをとおり抜けた先にある小さな店。米糕（30元）はもち米を小さなカップに入れて蒸したシンプルな料理。魚丸湯（20元）などと一緒に。

🏠 斗六市興南街6號
📞 (05) 534-9133
🕐 12:00～20:30
休 不定休
CC 不可
🚃 台鐵斗六駅より徒歩約8分

アークオシーズイダーワンヨウユィゲン
阿國獅嘴大王魷魚焿

スープ　MAP P.193-B1

イカのくちばし入りスープ

イカのくちばしがたっぷり入ったとろみスープ、嘴焿（50元）が看板料理。くちばしは歯応えがよく、イカのうま味が凝縮した感じ。隣接してライバル店があり、食べ比べてみてもおもしろい。

🏠 斗六市大同路112號
📞 (05) 535-4010
🕐 9:00～19:30
休 水
CC 不可
🚃 台鐵斗六駅より徒歩約10分

アオトゥーカーフェイグアン
凹凸咖啡館

カフェ　MAP P.193-A2

和の空間でくつろぎのひとときを

日本統治時代の木造警察宿舎群を修復した雲中街文創聚落。その中の1軒を利用したカフェ。壁を取り払い開放感がある和風空間で、くつろいで各種ドリンクや軽食類を楽しめる。

🏠 斗六市雲中街9巷12號
📞 (05) 533-9610
🕐 11:30～23:00（土・日10:30～）
休 火
CC 不可
🚃 台鐵斗六駅より徒歩約10分
fb.com/ottocoffe

サンジアオダーシュイジャオ
三角大水餃

餃子・ワンタン　MAP P.194-B

大きな水晶餃子

西螺の延平路沿い東市場の裏側にある店。水餃はその名のとおり巨大で三角。皮はサツマイモ粉を使って透明でもちもち。1個30元。スープに入ったものとたれをかけたものが選べる。

🏠 雲林縣西螺鎮觀音街12號
📞 (05) 586-3955
🕐 10:30～14:30
休 月・木、旧正月
CC 不可
🚃 西螺轉運站バスターミナルより徒歩約5分

ホアンジアジョウツィングオ
黄家九層粿

ローカルフード　MAP P.194-A

西螺の定番朝食

九層粿（30元）とは米粉を溶いて蒸し、九層に重ねたもの。焦がしネギとニンニク、特製たれをかけて食べる。この店は朝から混み、11時前には完売してしまうことが多いので、早起きして行こう。

🏠 雲林縣西螺鎮建興路286號
📞 0932-591-537
🕐 5:45～11:30（売り切れまで）
休 月、旧正月
CC 不可
🚃 西螺轉運站バスターミナルより徒歩約7分

ヂーリーボージュエジョウディエン
緻麗伯爵酒店

中級　MAP P.193-A1　日🛜

ロケーション抜群

斗六で最も高級なホテル。六方に道が延びるロータリーにあり、ロケーションもいい。12階、13階にレストランとバーがあり、周囲の景色も楽しめる。無料で使える自転車がある。

🏠 斗六市中山路6號
📞 (05) 534-1666
💴 Ⓦ①2800元～
CC AJMV　☎119
🚃 台鐵斗六駅より徒歩約3分
www.grandearl-hotel.com

由緒正しい媽祖廟を誇るふたつの町

北港／新港

ペイガン／シンガン　Beigang/Xingang

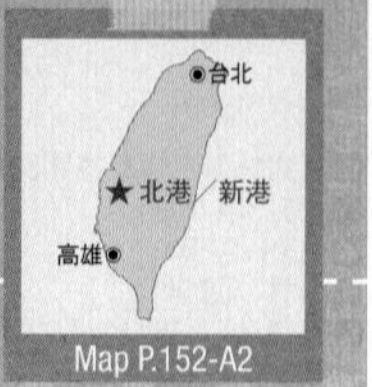
台北
★北港／新港
高雄
Map P.152-A2

北港と新港はどちらも小さな町だが、由緒正しい媽祖廟があることで知られている。特に北港にある媽祖廟は、台湾全島に点在する媽祖廟の総本山とされる。宋の時代、ある女性が霊力によって家族を海難事故から守った故事をもとに、その女性を神格化したものが媽祖。天妃、天后、天上聖母とも呼ばれており、航海の守り神として信仰されている。

いずれの媽祖廟も、小吃やみやげ店が並び参拝客でにぎわう門前町があり、食べ歩きをしても楽しい。

北港と新港はバスで所要約10分と近い距離にあるが、北港は雲林縣、新港は嘉義縣に属している。いずれも、斗六（→P.193）や嘉義（→P.204）とアクセスがいい。

アクセス

台北から北港へ
バス 台北轉運站バスターミナル（ⓂP.69-C2）より統聯客運1633「四湖鄉」行きで「北港」下車。1日8便、所要約4時間30分、450元。

嘉義から北港へ
バス 嘉義客運中山站バスターミナル（ⓂP.205-A4）より嘉義客運7201、7202「北港」行きが多発、新港経由で所要約50分、70元。

北港から新港へ
バス 嘉義客運、嘉義縣公車バスが多発、所要約10分、25元。

高鐵雲林駅から北港へ
バス 台西客運301「北港」行きが1日8～9便。所要約1時間、60元。

媽祖廟の総本山

北港朝天宮　ペイガンチャオティエンゴン

MAP P.197-B2

1694年に建立された媽祖廟で、朝天宮といわれる。台湾で最も分身の多い媽祖を祀る、いわば総本山のような媽祖廟だ。媽祖の両脇を守っているのは、千里眼と順風耳の神像。千里眼は海上千里内外を監視して災害から媽祖を守り、順風耳は悪の兆候や悪巧みを聞き分けて媽祖に報告する任務をもつといわれる。

進香期は全国から参拝客がやってくる

北港朝天宮
住 雲林縣北港鎮中山路178號
☎（05）783-2055
🕒5:30～21:00
休 無休　料 無料
交 嘉義客運北港站バスターミナルより徒歩約5分
URL www.matsu.org.tw

北港遊客中心
Ⓜ P.197-B1
住 雲林縣北港鎮仁和路11號
☎（05）783-7427
🕒9:00～17:30　休 無休
交 嘉義客運北港站バスターミナルより徒歩約5分
URL fb.com/Peikangmazu

北港
0　100m
大同路
公民路
統聯客運北港站バスターミナル（台北、台中、高雄へ）
嘉義客運北港站バスターミナル
第一銀行
文化路
義民路
1
台西客運北港站（斗六、西螺、台中、高鐵雲林駅へ）
▶P.197
北港遊客中心
仁和路
益安路
郵便局
中正路
中興路
彰化銀行
金山商務旅館
民主路
褒忠街
笨港宮棧
民蔡路
石彫媽祖景觀公園（ビルの5階）
台湾好行バス北港虎尾線「北港朝天宮」、嘉義県公車「北港國泰人壽」、嘉義客運「北港派出所」バス停
▶P.197
北港朝天宮（媽祖廟）
親和旅社
民主路
煌明廟邊假魚肚 ▶P.199
2
義民廟
旌義街
厚生路
▶P.199
北港日香珍
義民路
博愛路
中山路
忠義堂
中華路
A
金捷發煎粿粿 ▶P.199
保生堂漢方咖啡館 ▶P.199
B
老受鴨肉飯 ▶P.199

ビルの上に立つ媽祖像

新港奉天宮

- **住** 嘉義縣新港鄉新民路53號
- **☎** (05) 374-2034
- **⏰** 4:00〜23:00
- **休** 無休　**料** 無料
- **交** 嘉義客運「新港」バス停より徒歩2分
- **URL** www.hsinkangmazu.org.tw

間口が広い廟だ

板陶窯交趾剪黏工藝園區

- **住** 嘉義縣新港鄉板頭村45-1號
- **☎** (05) 781-0832
- **⏰** 9:30〜17:30
- **休** 旧正月　**料** 100元
- **交** 新港奉天宮前より台湾好行バス故宮南院線で約10分、「板陶窯」下車すぐ、24元
- **URL** www.bantaoyao.com.tw

制作体験もできる

媽祖廟の祭り、進香

　媽祖の誕生日は旧暦3月23日。毎年、元宵節（旧暦1月15日）に媽祖におうかがいをたて、旧暦3月23日までの7晩8日をその年の進香と決定。元宵節から1ヵ月は花灯展覧会の開催もあり、この時期は各地から参拝者が訪れ、おおいににぎわう。

大甲の媽祖遶境進香

北港朝天宮より古い歴史をもつ廟

新港奉天宮　シンガンフォンティエンゴン

MAP
P.198-B1

　1622年に福建からの移民が航海安全を祈願して建立した奉天宮とも呼ばれる媽祖廟。一説によると、北港の媽祖は新港の媽祖から分かれたともいわれる歴史ある媽祖廟だ。

　見どころのひとつは、龍をからませたレリーフが見事な正殿の石柱。雌雄対になった龍や石獅子は伝統的な様式で、右側が口を開いた雄の阿形像、左が口を閉じた雌の吽形像となっている。

各地の廟から神様の像が里帰りする

廟を彩る鮮やかな伝統工芸

板陶窯交趾剪黏工藝園區　バントウヤオジャオチージエンニエンゴンイーユエンチュー

MAP
P.198-A1
外

　嘉義地方の伝統工芸である交趾陶と剪黏について、詳しく解説した文化館。交趾陶は色鮮やかな焼き物で、おもに人物像などが作られる。剪黏は色の付いた陶器をカットし、鱗や角などに見立てて貼り付けていく工芸で、いずれも台湾の寺廟に欠かせないものだ。新港では1904年の大地震後、奉天宮をはじめ多くの寺廟で修理が必要となり、一気に技術が発展したという。工芸館ではそのこまやかな製法と、制作にかかる膨大な労力についてうかがい知ることができる。

瀬戸物のかけらで作る芸術

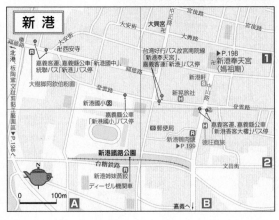

新港 の地図（P.198）

- 宮後路
- 大安街 / 大興宮
- 台湾好行バス故宮南院線「新港奉天宮」バス停、嘉義客運「新港」バス停
- ▶P.198
- 新港奉天宮（媽祖廟）
- 福徳路／北港　板陶窯交趾剪黏工藝園區▶P.198へ
- 西安寺
- 嘉義客運、嘉義縣公車「新港國中」、統聯バス「新港」バス停
- 大樹脚阿欽伯粉圓
- 福徳路
- 登雲路
- 新港軒
- 新晃旅社
- 新港國小
- 嘉義縣公車「新港國小」バス停
- 郵便局
- 新港鴨肉羹 ▶P.199
- 嘉義客運、嘉義縣公車「新港客大樓」バス停
- 德王商旅
- 新港鐵路公園
- 台糖鐵路
- 新港姉妹蒸殿
- ディーゼル機関車
- 文昌街
- N 0 100m
- 嘉義へ▶
- A / B / 1 / 2

老受鴨肉飯
ラオショヤーロウファン

`ご飯もの` `MAP P.197-B2`

鴨肉飯の老舗

北港朝天宮参道の中山路の中ほどにある。鴨肉飯（小30元）は独特の風味があり、普通の鶏肉などより野生的な味がする。鴨のだしがよく出た燉鴨湯（40元）もぜひ一緒に。

🏠 雲林縣北港鎮中山路104號
☎ (05)783-0389
🕐 10:30～19:00（売り切れまで）
休 不定休
CC 不可
🚌 嘉義客運北港站バスターミナルより徒歩約6分
🌐 fb.com/lsy222

煌明爾邊假魚肚
ホアンミャオビエンジアユイトゥー

`スープ` `MAP P.197-B2`

庶民料理の神髄

假魚肚（35元）は、豚の皮の部分を揚げて魚の浮き袋に似せた珍味。キャベツや卵とじっくり煮込まれたスープはまろやかな味。酢や辛子を加えるとまた違った風味になる。

🏠 雲林縣北港鎮中山路186號
☎ (05)783-5172
🕐 8:00～17:00
休 不定休
CC 不可
🚌 嘉義客運北港站バスターミナルより徒歩約5分

新港鴨肉焿
シンガンヤーロウゲン

`スープ` `MAP P.198-B2`

お代わりしたくなる味

新港奉天宮参道にある店。看板料理の鴨肉焿（45元）は、細切り鴨肉のうま味と細切りタケノコのしゃきしゃきとした食感がたまらないシンプルなとろみスープ。黒酢を加えてもおいしい。

🏠 嘉義縣新港鄉中山路17號
☎ (05)374-7950
🕐 7:30～18:30
休 無休
CC 不可
🚌 嘉義客運「新港」バス停より徒歩約2分

金捷發煎盤粿
ジンジエファーチェンパングォ

`ローカルフード` `MAP P.197-B2外`

北港庶民の朝食の定番

北港朝天宮の参道にある店。煎盤粿は米粉を溶いて蒸したものを焼いて作る。綜合（60元）は米のソーセージ、モツ煮込みなどを加え、甘いたれをかけた料理。お好みでおろしニンニクを加えて。

🏠 雲林縣北港鎮中山路80號
☎ (05)783-5108
🕐 6:30～11:30
休 月
CC 不可
🚌 嘉義客運北港站バスターミナルより徒歩約7分

保生堂漢方咖啡館
バオアンタンハンファンカーフェイグアン

`カフェ` `MAP P.197-B2外`

身体に優しい漢方コーヒー

北港朝天宮の参道にある日本統治時代から立つ漢方薬店をリノベした趣あるカフェ。旧漢方薬店ならではの人蔘咖啡（200元）や枸杞咖啡（160元）、甘檸涼（100元）などが楽しめる。

🏠 雲林縣北港鎮中山路61號
☎ (05)783-3827
🕐 11:00～19:00（金・土10:00～20:00、日～19:00） 休 水
CC 不可
🚌 嘉義客運北港站バスターミナルより徒歩約10分
🌐 fb.com/BaoShengHall

北港日香珍
ベイガンリーシアンチェン

`菓子` `MAP P.197-B2`

祝いごとに欠かせない大きな月餅

朝天宮参道でひときわ大きな囍餅の店。状元囍餅（150元）は卵黄や干し肉、緑豆のあんなどがぎっしり入った豪華な月餅。餅と小豆あんが入った糯糬囍餅（150元）もおいしい。

🏠 雲林縣北港鎮中山路141～143號
☎ (05)783-5360
🕐 7:00～22:00 休 無休
CC 不可
🚌 嘉義客運北港站バスターミナルより徒歩約5分
🌐 www.rsj.com.tw

自然、鉄道、歴史を楽しめる

阿里山
アーリシャン　Alishan

Map P.152-B2

アクセス
台北から
バス 台北轉運站バスターミナル（MP.69-C2）より國光客運1835「阿里山」行きバスが金曜のみ20:45発（11〜2月は21:45発）、所要約6時間10分、690元。
嘉義から
阿里山森林鐵路 台鐵嘉義駅より十字路駅まで1日1便（土・日3便、祝2便。土・日の1便は奮起湖まで）、所要約3時間、459元。
バス「嘉義火車站」バス停（MP.205-A4）より台湾好行バス阿里山線B線が毎日10便、所要約2時間30分、240元。または高鐵嘉義駅より台湾好行バス阿里山線A線が毎日5便、所要約3時間、278元。
日月潭から
バス 員林客運6739「阿里山」行きが8:00発、所要約4時間、336元。

阿里山は台湾で最も人気がある観光地のひとつ。神木と呼ばれる巨木の森や祝山での御来光見物、春を彩る満開の桜、山並みをぬって走るレトロな森林鉄道、原住民ツオウ族の文化など、阿里山には自然の豊かさと歴史文化を感じさせる多くの見どころがある。また花のような香りがする阿里山高山茶や、阿里山コーヒーの産地でもある。ほとんどの地域が2000m以上の高地にありながら、観光設備も十分に整い、安心して訪れることができるのも人気の理由だ。

阿里山は、広い意味では2000m級の山を20以上擁する阿里山山脈を指すが、一般の観光地としては阿里山森林鐵路の沿線と阿里山森林遊樂區がメインとなる。

山をぐるぐる登っていく阿里山森林鐵路

森の中を走る観光列車

阿里山森林鐵路 アーリーシャンセンリンティエルー

MAP P.200

嘉義から2000mの高度を上り阿里山にいたる狭軌の山岳鉄道が、阿里山森林鐵路だ。2023年4月現在、残念ながら全線運行はされていないが、線路の修復が進められ、十字路駅までが運行可能になっている。

前身は、日本統治時代に阿里山の森林資源に目をつけた台

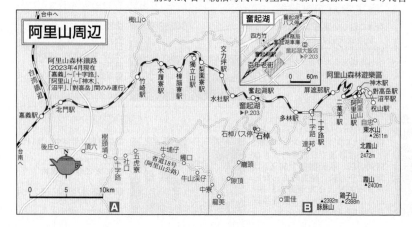

湾総督府が敷設した木材運搬用の鉄道。1904年から建設が始まり、1912年には主線がほぼ開通した。敷設は難工事で、急勾配を緩和するループ線や折り返し式のスイッチバックを多用していた。この鉄道で運び出された阿里山の檜の大木は、日本の名だたる寺社の建材に使われた。

戦後は観光客を運ぶ旅客鉄道として活躍し、1986年には御来光見物客を運ぶ祝山線も開通したが、度重なる地震や水害により不通となる区間が多く、2008年に支線の眠月線が運行停止になった。2023年4月現在、嘉義〜十字路（土・日曜の1便は奮起湖まで）、阿里山〜神木、阿里山〜沼平、阿里山〜對高岳の間のみ運行されている。

国内外の観光客でいっぱい

深い森の中にある神木駅

阿里山森林鐵路の切符
　人気があるので、必ず事前購入を。台鐵嘉義駅の専用窓口では、当日を含む12日後までの切符を8:00〜16:30に売り出す。台鐵各駅でも購入可。下記サイトでは14日前から切符を予約できる。
🔗afrch.forest.gov.tw

森林浴を楽しめるハイキングコース

阿里山森林遊樂區 アーリーシャンセンリンヨウルーチュー

MAP P.201

阿里山駅から沼平駅、神木駅周辺の海抜2000mを超えるエリアで、ホテルなども多く、阿里山観光の中心となる遊樂區。台湾檜や紅檜など樹齢800年から2000年を超える巨木が立ち並び、なかには「神木」と呼ばれるほど巨大なものもある。常に霧が漂い、木漏れ日揺れる遊歩道を歩けば、神秘的な雰囲気を十分感じられることだろう。

遊樂區を歩く際のカギは高低差。まず沼平線で最も高所にある沼平駅へ行き、巨木群桟道などを散策しながら神木駅まで歩けば道程は下りのみ。この間約1.5km、ゆっく

大自然のなかに遊歩道がある

阿里山森林遊樂區
☎(05) 267-9917
🕐24時間 休無休
🎫300元（バスで入った場合は150元）
🚌阿里山アクセス参照
🔗www.ali-nsa.net

旅客服務中心
📍P.201
🏠嘉義縣阿里山郷中正村東阿里山59號
☎(05) 278-7006
🕐8:00〜17:00 休無休
🔗fb.com/AlishanForest

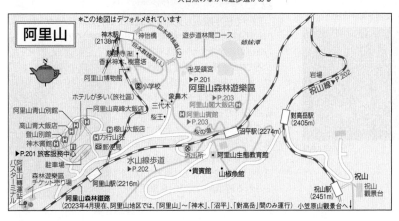

阿里山

*この地図はデフォルメされています

神木駅（2138m）　神怡橋　巨木群棧道（1）　遊歩道林間コース　姊妹潭
葵頭寺卍　樹霊塔
香林神木
阿里山博物館
卍受鎮宮
▶P.201
小学校
阿里山森林遊樂區
ホテルが多い（旅社區）
象鼻木
三代木
阿里山閣大飯店 ▶P.203
岩場
阿里山青山別館
桜王　阿里山賓館 ▶P.203
阿里山高峰大飯店
高山青大飯店
櫻山大飯店
登山口駅
神木賓館
力行山莊
桜の道
沼平駅（2274m）
▶P.201 旅客服務中心
對高岳駅（2405m）
祝山線 ▶P.202
駐車場
水山線歩道 ▶P.202
派出所・阿里山生態教育館
森林遊樂區チケット売り場
阿里山駅（2216m）
貴賓館
山椒魚館
祝山
祝山駅（2451m）
祝山観景台
阿里山轉運站バスターミナル
阿里山森林鐵路
（2023年4月現在、阿里山地区では、「阿里山」〜「神木」、「沼平」、「對高岳」間のみ運行）小笠原山観景台へ

樹齢約2000年の28号巨木。巨木群桟道(2)にある

り歩いて1時間30分程度。神木駅からは神木線に乗って阿里山駅に戻ることができる。逆のコースをたどると最後まで上りのみで、非常にきつい。

巨木群桟道散策は、象鼻木から歩き始めるとわかりやすい。三代木を過ぎると小さな木造の阿里山博物館がある。そこから右へ巨木群桟道(1)が神木駅まで続いている。また三代木の先の分かれ道を右へ行くと、巨木群桟道(2)に続いている。

象鼻木

MAP
P.201

御来光列車が走る
祝山線 ヂューシャンシエン

夜明け前に阿里山駅を出発し、祝山で御来光を拝む乗客を運ぶ阿里山森林鐵路の支線。

2023年4月現在、終点で海抜2451m地点にある祝山駅が2023年後半までの予定で修復工事中の

小笠原山観景台での御来光

ため、ひとつ手前の海抜2405mの對高岳駅が終点となっている。對高岳駅のホームの延長に観日台があり御来光を拝めるが、徒歩でより高所の祝山駅に隣接した祝山観景台(約20分)や小笠原山観景台(約30分)まで行くことも可能。ただし上り坂で標高も高いため、非常にきつい。

MAP
P.201

線路跡をたどって神秘の森へ
水山線歩道 シュイシャンシエンブーダオ

かつて沼平駅から東埔まで続いていた森林鐵路の支線、水山線の線路道が近年整備され、約1.6kmの遊歩道となっている。

そこは緑深く、静寂に満ちていて、まるで精霊のすむ森に足を踏み入れていくかのよう。木立ちの中の線路をたどっていくと、歩道の終点近くに水山駅のプラットホームと、カーブが美しい木製の鉄道橋、仿古木棧橋が現れる。線路が途切れた所から石段を上ると、樹齢2700年とされる阿里山の神木、水山巨木と出合うことができる。

水山巨木

祝山線

⊠切符は限定で、12日前から嘉義駅、北門駅、奮起湖駅、阿里山駅2階窓口、ウェブサイト(14日前)で販売。片道120元。正確な発車時刻は前日16:30以降に駅やホテルで告知される

祝山線は日の出前に発車する

水山線歩道

⊠沼平駅より徒歩約5分。遊歩道は往復約1時間

仿古木棧橋

阿里山森林鐵路沿線で最大の町

奮起湖 フェンチーフー

海抜1405mにあり、阿里山森林鐵路沿線で最大の町。阿里山へ行くバスに乗り換えることができる。駅前には「南台湾の九份」と呼ばれる老街があり、ノスタルジックな雰囲気の商店街が斜面と並行に重なって延びている。駅周辺の小高い丘には遊歩道があり、日本統治時代の神社跡も見られる。町には神木と呼ばれる巨木、文史陳列室（日本統治時代の警察所）、百年老街などがある。

またここは珍しい冬のホタル「雪螢」が見られることで知られている。

奮起湖駅

奮起湖

🚌台鐵嘉義駅より阿里山森林鐵路で奮起湖駅下車。所要約2時間30分、384元。嘉義からのバスは高鐵嘉義駅と台鐵嘉義駅から1日計3便、所要約1時間40分〜、175元〜。阿里山からのバスは1日3便以上、所要約50分、98元

ノスタルジックな雰囲気の
百年老街

阿里山賓館 アーリーシャンビングアン

高級 MAP P.201 日🛜

充実したサービスを受けられる

創業から100年以上になる老舗。日本統治時代には台湾総督などの要人も宿泊した。優雅な檜造りの歴史館と近年新設された現代館からなる。平日は割引きが可。

🏠嘉義縣阿里山鄉香林村16號
☎(05)267-9811
FAX(05)267-9596
💰Ⓦ①1万5800元〜
CC JMV 客137
🚌阿里山轉運站バスターミナルより無料送迎バスあり
🌐www.alishanhouse.com.tw

阿里山閣大飯店 アーリーシャングーダーファンディエン

中級 MAP P.201 日🛜

大自然に囲まれたホテル

阿里山森林鐵路の沼平駅近くにある。自然に囲まれ、静かな環境にある。スタッフの多くが原住民族ツオウ族の人々。2023年4月現在建物の一部を改修中で、部屋数が減っている。

🏠嘉義縣阿里山鄉香林村1號
☎(05)267-9611
FAX(05)267-9614
💰Ⓦ①4600元〜 CCMV
客79 🚌沼平駅より徒歩約2分。阿里山轉運站バスターミナルより無料送迎バスあり
🌐www.agh.com.tw

奮起湖大飯店 フェンチーフーダーファンディエン

中級 MAP P.200-B 日🛜

ホタル観賞に便利な宿

奮起湖老街にあるホテル。季節により宿泊客に無料のホタル観賞ツアーを行っている。平日は割引きが可。畳敷きの部屋もある。1階の食堂では名物の奮起湖便當（160元〜）を販売。

🏠嘉義縣竹崎鄉中和村奮起湖178-1號
☎(05)256-1888
FAX(05)256-1899
💰Ⓦ1960元〜 ①2940元〜
CCMV 客46
🚌奮起湖駅より徒歩約3分
🌐www.fenchihu.com.tw

COLUMN 阿里山のバス

阿里山へのバスは混むことが多く、切符は事前購入が望ましい。2023年4月現在、高鐵嘉義駅発のバスも、台鐵嘉義駅発のバスも全家便利商店（ファミリーマート）の端末FamiPortを使って1ヵ月前から事前購入ができる。支払いはレジで。ただし、阿里山から奮起湖までの切符は事前予約できない（嘉義までなら可）ので早めに並ぼう。

映画『KANO』の舞台となった町

嘉義
ジアイー　Chiayi

Map P.152-A2

アクセス

台北から
高鐵 高鐵台北駅より毎日多発。所要約1時間13分～、1045元～。駅から中心部へは、嘉義客運BRT7211、7212バスで「嘉義市轉運中心」などで下車。所要約25分、48元(高鐵の切符提示で無料)。
台鐵 台鐵台北駅より毎日多発。所要約2時間30分～、自強號598元。
バス 台北轉運站バスターミナル(M P.69-C2)より國光客運1834「嘉義」行きなどが多発。所要約3時間30分、440元～。
高雄から
台鐵 台鐵高雄駅より毎日多発、所要1時間1分～、自強號245元。

旅遊服務中心

M P.205-A4
📍 台鐵嘉義駅内
☎ (05) 225-6649
🕐 8:00～17:00　休無休

嘉義公園

🚌 台鐵嘉義駅前より綠線、黃綠バスで「嘉義高商(嘉義公園)」下車すぐ。嘉義市轉運中心バスターミナルより嘉義客運BRT7211バスで「嘉義公園」下車すぐ、25元。台鐵嘉義駅より徒歩約30分

射日塔

☎ (05) 275-1357
🕐 9:00～17:00(土・日・祝～21:00)　休月・火　料50元

嘉義市史蹟資料館

☎ (05) 277-0518
🕐 10:00～18:00
休清明節、端午節、中秋節、旧正月　料80元

人口約27万の嘉義は台南と並んで古い歴史をもつ町。古名を山が連なるという意味の「諸羅山」といい、漢人やオランダ人が砦を築いた。1786年の林爽文の乱では清朝側について戦い、乾隆帝から「嘉其死守城池之忠義(城を死守した忠義を嘉す)」との旨を受けて「嘉義」と改称した。日本統治時代は阿里山の木材の集積地として栄えた。この頃のエピソードとしては、1931年に全国中等学校優勝野球大会(現在の甲子園)に台湾代表として出場し、準優勝した嘉義農林野球部の活躍が有名で、『KANO』のタイトルで映画化されている。

市内の見どころは点在しているが、YouBikeが普及し、市バス(市區公車)でもアクセスできる。故宮南院や阿里山観光の基地となる町でもある。

台鐵嘉義駅前から阿里山行きバスが出る

日本統治時代の面影も残る公園

嘉義公園 ジアイーコンユエン

MAP P.205-B1

1911(明治44)年開園、嘉義の歴史が凝縮された広大な公園。かつて中心には嘉義神社があり、今も旧参道には狛犬や灯籠、手水舎、神輿庫などが残っている。神社があった場所は現在、**射日塔**という12階建ての塔が立っている。

参道には書院造りの神社齋館と社務所があり、修復されて**嘉義市史蹟資料館**となり、嘉義の歴史資料が展示されている。中には「昭和j十八」というカフェとショップが入り、和の雰囲気を楽しむ若者でにぎわっている。

さらに園内には第一代神社跡、孔子廟、蒸気機関車展示、野球場などもあり、ゆっくり散策してみたい。

嘉義市史蹟資料館はかつての嘉義神社の社務所

射日塔

獄政博物館（嘉義舊監獄）

住 嘉義市維新路140號
電 (05) 362-1873
時 9:30～12:00、13:30～16:00
休 月・祝、旧正月　**料** 無料
交 台鐵嘉義駅前より黄線バスで「獄政博物館」下車すぐ
URL prison museum.moj.gov.tw

実際に使われた監獄

檜意森活村

住 嘉義市林森東路1號
電 (05) 276-1601
時 10:00～18:00
休 店により異なる
交 台鐵嘉義駅前より黄線バスで「檜意森活村」下車すぐ。台鐵嘉義駅より徒歩約20分
URL www.hinokivillage.com.tw

和服のレンタルが人気

北門駅（北門車站）

住 嘉義市共和路428號
電 (05) 276-8094
交 台鐵嘉義駅前より黄線バスで「檜意森活村」下車、徒歩約2分
※2023年11月現在修復中

檜列車に乗ろう
　土・日曜のみ、北門駅と台鐵嘉義駅の間を檜列車が往復している。北門駅を10:00、11:00、13:00、14:00、15:00発、30分後に折り返し。片道100元。

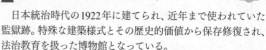
古蹟に指定された監獄跡
▶ 獄政博物館（嘉義舊監獄）ユィーヂョンボーウーグアン
MAP P.205-A1

　日本統治時代の1922年に建てられ、近年まで使われていた監獄跡。特殊な建築様式とその歴史的価値から保存修復され、法治教育を扱った博物館となっている。
　獄舎は状況把握しやすいよう3棟が放射形に広がり、その周りに作業場などが配置されている。回廊、天井などは木造部分が多く、監獄なりに美しい建築となっている。内部は特殊な雰囲気で、当時の様子を残した監獄や、古めかしい展示品の数々を見ることができる。

堅固な要塞のような建築

檜造りの日本式宿舎群
▶ 檜意森活村 ホェイイーセンフオツン
MAP P.205-B3

　阿里山森林鐵路の起点であった北門駅に隣接したこの地域には、林業に携わる人々の宿舎があった。そんな檜造りの日本式宿舎群を修復して、集落をまるごと文化園區としたのが檜意森活村だ。
　各家屋は檜細工や竹製品、コーヒー、蜂蜜など嘉義周辺の特産品のショップや、雰囲気を生かした和風小物の店、カフェなどになっている。着物や浴衣など和服の貸衣装もあり、異国情緒を楽しんでいる台湾人観光客が多い。映画『KANO』の撮影で使われた家屋（園内T21-Aの建物）も残っている。

檜造りの町並み

阿里山の檜を使った木造の駅舎
▶ 北門駅（北門車站）ベイメンチャーヂャン
MAP P.205-B3

　阿里山森林鐵路の起点として、1912年に建てられた木造檜造りの駅。現在も阿里山森林鐵路の途中駅として現役で使われており、ここから乗車もできる。

瓦屋根の駅舎

隠れたインスタ映えスポット!

阿里山森林鐵路車庫園區　アーリーシャンセンリンティエルーチャークーユエンチュー

MAP
P.205-B3

北門車站から線路沿いに3分ほど嘉義駅寄りに戻った所にある、修理工場の敷地に広がる鉄道公園。かつて阿里山森林鐵路で活躍した蒸気機関車やディーゼル機関車、客車などが保存展示されている。各車両には案内板も掛けられ、100年に及ぶ森林鐵路の歴史に触れることができる。上に上ったり中に入れる車両もあり、家族連れや鉄道ファンでいつもにぎわっている。

昔の機関車はなぜか親しみやすい

阿里山森林鐵路車庫園區

住 嘉義市林森西路2號
☎ (05) 278-7006
🕘 8:00～18:00
休 無休　料 無料
🚌 台鐵嘉義駅前より黄線バスで「檜意森活村」下車、徒歩約4分
🔗 afrch.forest.gov.tw/0000149

機関車「中興號」のプレート

嘉義で発掘された化石を展示

嘉義市立博物館　ジアイーシーリーボーウーグアン

MAP
P.205-B3

規模の大きい3階建ての博物館。嘉義の歴史や文化を広く紹介している。2階は嘉義の古い町並みを再現した展示や、鉄道模型が走る大きなジオラマが親しみやすく楽しい。3階には地域の伝統工芸である交趾陶が展示解説されている。

また博物館裏には、かつて阿里山産の木材の集積加工場だった**嘉義製材所**が修復整備され、乾燥室などさまざま設備を見学できる。

近代的で大きな博物館

嘉義市立博物館

住 嘉義市忠孝路275-1號
☎ (05) 278-0303
🕘 9:00～17:00
休 月、清明節、端午節、中秋節、旧正月　料 50元
🚌 台鐵嘉義駅前より黄線バスで「檜意森活村」下車、徒歩約5分
🔗 fb.com/cymmuseum

嘉義製材所

住 嘉義市林森西路4號
☎ (05) 276-5909
🕘 9:00～17:00
休 月・火
料 無料
🚌 台鐵嘉義駅前より黄線バスで「檜意森活村」下車、徒歩約5分
🔗 afrch.forest.gov.tw/0000047

優雅でレトロな台湾の装飾タイル

台湾花磚博物館　タイワンホアジュアンボーウーグアン

MAP
P.205-A3

花磚と呼ばれる美しい装飾タイル（マジョリカタイルとも呼ばれる）を集めた博物館。装飾タイルは日本統治時代に流行し、家屋の装飾にも使われていた。そんなタイルを、取り壊される民家から救い出しコツコツと集めたのがこの博物館の始まり。ここではリノベされた古民家の2階に古いタイルを使った生活用品が展示され、古風な優雅さを漂わせている。タイルの風呂とトイレは必見。1階は壁一面に装飾タイルが飾られていて壮観。ショップでは、現在も作られている装飾タイルや、タイルをモチーフにした雑貨などを購入できる。

古民家に入居した博物館

台湾花磚博物館

住 嘉義市林森西路282號
☎ 090-501-2390
🕘 10:00～17:30
休 火
料 100元
🚌 台鐵嘉義駅より徒歩約10分
🔗 www.1920t.com

美しい装飾タイル

北回帰線標塔(太陽館)

🏠 嘉義縣水上郷下寮村鴿溪寮21-25號

📞 (05) 286-4905

🕐 9:00～12:00、13:30～16:30

🚫 日・月、清明節、端午節、中秋節、旧正月　🆓 無料

🚌 嘉義客運中山站バスターミナルより7209「布袋港」、7205「朴子」行きなどのバスで所要約10分、「北回帰線」下車、25元

🔗 sec235.cyc.edu.tw

初代の北回帰線標塔

國立故宮博物院南部院區

🏠 嘉義縣太保市故宮大道888號

📞 (05) 362-0777

🕐 9:00～17:00(土・日・祝～18:00)

🚫 月　💴 150元

🚌 高鐵嘉義駅より嘉義縣公車105「蒜頭蔗埕文化園區」、嘉義客運7235「北港」行きバス、台湾好行バス故宮南院線で所要約7分、「故宮南院」下車、徒歩約5分、25元。またはタクシー約150元。嘉義市内からはまず高鐵嘉義駅へ行くと便利。あるいは台鐵嘉義駅前の「嘉義火車站」バス停より嘉義縣公車7303「雙溪口」、「長庚紀念醫院」行きバスで所要約40分、「故宮南院北口」下車、徒歩約25分、71元。またはタクシー約400元。台湾好行バス故宮南院線は遠回りになるので、市内から直接故宮南院に行きたい人には向かない

🔗 south.npm.gov.tw

茶器の展示は名品揃い

近郊の見どころ

熱帯、亜熱帯を分ける北回帰線上に立つ

▶ 北回帰線標塔　ベイホイグイシエンビャオター

MAP
P.152-A2

　嘉義の南西約3kmの所にある北緯23度27分4秒51、東経120度24分46秒5を示す標塔。この線より南は緯度上の熱帯、北は亜熱帯である。初代の北回帰線標塔は1908年に建てられた。その後北回帰線が赤道傾斜角の変化によって移動するのにともない塔も移動し、現在の塔は6代目。

　近くにはUFOのような**太陽館**が立ち、天文学や地球科学などについて、体験型の展示が行われている。

熱帯と亜熱帯の境目に立つ

アジアの文化がテーマ

▶ 國立故宮博物院南部院區　クオリークーゴンボーウーユエンナンブーユエンチュー

MAP
P.152-A2

　嘉義から西に約15kmの郊外に、2015年12月にオープンした國立故宮博物院の初めての分館。中国の文物のみを展示する台北の國立故宮博物院に対して、國立故宮博物院南部院區(以下故宮南院)ではアジアの文物を広く展示している。また日本をはじめアジアの博物館との交流を進め、テーマを絞った文物のコラボレーション展示なども行っている。

　故宮南院は70ヘクタールの広大な庭園の中にある。曲線を組み合わせた奇抜な建築は、水墨画の「濃墨」「渇筆」「ぼかし」の3つの技法をイメージしたもの。140mのアーチ橋、景観橋が入口になっている。展示階は3階から地下1階まで。

　常設展示は「アジア仏教芸術」、「アジア茶文化」、「アジアの芸術」など。「アジア茶文化」では中国、台湾、日本の茶道を紹介しており、中国明代の茶寮、台湾の工夫茶セット、日本の茶室が実物大で再現されている。北宋定窯の白磁、安土桃山時代の茶入れなど貴重な文物が多い。「アジア仏教芸術」でも広くアジアにまたがる文物が展示されている。

　地下1階には家族連れの参観者も楽しめる児童創意中心をはじめ、ミュージアムショップやカフェ、郵便局などがある。

水墨画にインスパイアされたという建築

製糖工場の跡地をリニューアル

蒜頭糖廠蔗埕文化園區 スアントウタンチャンシューチェンウェンホアユエンチュー

MAP
P.152-A2

故宮南院に隣接する旧砂糖工場。1906年に創業、2001年の生産停止後は蔗埕文化園區となっている。

ここの目玉は保存状態のよいサトウキビ列車。土・日曜、祝日（平日は団体の予約があった場合のみ）の13:10と13:50に乗客を乗せて工場跡地と周囲のサトウキビ畑の間を走る（乗車券100元）。2022年には線路が高鐵嘉義駅まで延伸された。こうした列車は台湾でよく五分車と呼ばれるが、軌道の幅が通常の五分（半分）であることからららしい。

園内には木造の駅舎や蒜頭糖廠文物館などがあり、台糖直営の売店ではおいしいアイスクリームが販売されている。

木造家屋の裏にも介壽堂というバロック様式の講堂や日本統治時代に建てられた宿舎群などが残り、散策しても楽しい。

サトウキビを運んでいた五分車

蒜頭糖廠蔗埕文化園區

⬤ 嘉義縣六腳鄉工廠村1號
☎ (05) 380-0741
🕐 8:00～17:00
休 無休　**料** 敷地内無料
交 土・日曜、祝日のみ高鐵嘉義駅より五分車（サトウキビ列車）が10:15、11:45、15:15、16:45発、片道200元。または高鐵嘉義駅より嘉義縣公車105「蒜頭蔗埕文化園區」、嘉義客運7235「北港」行きバス、台湾好行バス故宮南院線で所要約10分、「蒜頭蔗埕文化園區」下車すぐ、25元。または故宮南院より徒歩約30分
🖥 fb.com/iceku.Chiayi

台糖の製品も販売

嘉義縣が誇る最大の漁港

布袋漁港 ブーダイユィガン

MAP
P.152-A2

嘉義縣で最大の漁港で、近年観光開発が進められている。

布袋漁港と本土側を結ぶ橋が布新橋。橋を渡ってすぐの所に布袋漁港観光魚市がある。新鮮な魚を売る店が並び、海鮮料理の店がそれを取り囲んでいる。

新鮮な魚が売られている

魚市から中正路を南下し、「猫星人の壁」を見ながら西に進むと青く輝くガラスのハイヒールが目に入ってくる。布袋海景公園の中央に立つ玻璃高跟鞋教堂で、高さは約17m、320枚のガラス板を使った礼拝堂だ。2017年2月に完成し、観光客や婚礼写真の撮影などで常に混雑している。

シーズン中、布袋観光碼頭からは、カキの養殖場や沿岸の浅瀬などを巡る観光船も出る。また本土側の布新橋のたもとの路地裏には、1895年の日本軍上陸を記念した貞愛親王殿下御上陸記念之碑がひっそりと立っている。

布袋漁港

⬤ 嘉義縣布袋鎮
交 台鐵嘉義駅前の「嘉義火車站」バス停より嘉義縣公車7327「布袋」行きバス、嘉義客運中山站バスターミナルより7209「布袋」行きバスで「布新橋」か「遊客中心」下車、所要約1時間30分、131元～。または土・日・祝のみ台鐵新營駅より台湾好行バス61西濱快線で「高跟鞋教堂」下車。所要約1時間、92元

巨大なハイヒールの形の礼拝堂

貞愛親王殿下御上陸記念之碑

外傘頂洲

海上に顔を出す神秘の砂州

外傘頂洲 ワイシャンディンジョウ

東石の約10km沖に浮かぶ台湾最大の砂州で、傘に似た形からその名がついた。陸地とはつながっておらず、特殊な船でのみ訪問することができる。近年河川の砂防が進んだことから縮小し続け、「失われゆく領土」として台湾で注目を集めている。強い風と動く砂が建設や居住を許さず（7代目の鉄骨製の灯台のみ立つ）、常に姿を変え続ける神秘的な存在である。日本統治時代には佐々木島と呼ばれ灯台が建設されたが、わずか6年で倒壊している。

外傘頂洲を訪れる観光船は東石漁人碼頭から出ている。カキの養殖場が広がる沿岸を約1時間進むと、海上に突然砂の陸地が現れ、船がそこに乗り上げて上陸する。熊手が用意されていて貝などを探して遊べるが、沿岸の潮流は速く危険なので、ガイドの指示を守ること。

周辺は一面砂と水だけの世界

外傘頂洲

🚶東石漁人碼頭から凱旋海上旅遊ほか数社が観光船を運航している。通常9:00、12:00、15:00発の3便だが、冬季は欠航も多いので、ホテルのコンシェルジュなどに事前に電話確認してもらうといい。行程約2時間30分、650元（食事付き）。要パスポート。東石漁人碼頭までは嘉義客運中山站バスターミナルより8:40発の「温港」行きバスで所要約1時間20分、「東石」下車、徒歩約20分、106元

凱旋海上旅遊

🏠嘉義縣東石鄉觀海三路302號 ☎0905-727-997 🌐www.0905727997.com

上陸するときは素足で

グルメ

gourmet

リョウリーチャンジーロウファン
劉里長雞肉飯

ご飯もの MAP P.205-B4

地元の人に愛される雞肉飯

雞肉飯に使われるのは鶏肉ではなく火雞（七面鳥）の肉。地元の人が絶賛する火雞肉絲飯（50元）や火雞肉片飯（55元）は必食。売り切れ次第で閉まってしまうので早めに。

🏠嘉義市公明路197號
☎(05) 222-7669
🕐7:30～14:30、16:30～19:00（売り切れまで）
🈺月、不定休 💳不可
🚶台鐵嘉義駅より徒歩約18分
🌐fb.com/LiuLiZhangJiRouFan

グオジアグオズータンジーロウファン
郭家粿仔湯雞肉飯

ご飯もの MAP P.205-B4

夜市の人気店でもある

文化路夜市の中ほどにある人気店。雞肉飯（50元）もおいしいが、もうひとつの看板メニューは米のゼリーとたっぷりとモツが入ったスープ粿仔湯（50元）。一緒に食べよう。

🏠嘉義市文化路148號
☎(05) 225-6214
🕐10:00～翌3:00
🈺旧正月
💳不可
🚶台鐵嘉義駅より徒歩約10分

アアンミーガオ
阿岸米糕

ご飯もの MAP P.205-B4

シンプルでおいしい庶民の味

文化路夜市の近くに店を構える人気店。米糕（小35元）は素朴なおいしさ。揚げだし豆腐と肉団子が入った総合湯（20元）はかつおだしが利いた優しい味。夜市のシメにも便利。

🏠嘉義市民族路420號
☎(05) 225-9359
🕐16:00～24:00
🈺不定休
💳不可
🚶台鐵嘉義駅より徒歩約12分
🌐fb.com/100052786676981

gourmet グルメ

リンツォンミンシャーグオユイトウ
林聰明沙鍋魚頭
`スープ` **MAP P.205-B4**

こってり味の魚スープ
　油で揚げた魚（レンギョ、鮭、龍虎班魚など）の頭や身、豆腐、白菜などを鍋で煮込んだ濃厚スープ。頭のほうが高級で、頭入りは1人分170元で、身入りは120元。最大5人分（520元）まである。

住嘉義市中正路361號
☎(05)227-0661
🕐12:00～20:00
休旧正月
CC不可
交台鐵嘉義駅より徒歩約12分
URLwww.smartfish.com.tw

ワンジアニュウザータン
王家牛雜湯
`スープ` **MAP P.205-B4**

モツを煮込む大鍋は大迫力
　呉鳳北路と中正路の交差点近くに入口がある東市場の食堂街に店を構える牛モツスープ店。まずは牛のさまざまな部位を味わえる牛雜湯（150元）がおすすめ。スープは塩味であっさり。

住嘉義市東市場飲食區13號
☎(05)223-6660
🕐6:00～13:00(売り切れまで)
休月
CC不可
交台鐵嘉義駅より徒歩約15分

ティーナードゥオカーフェイ
提娜多咖啡
`カフェ` **MAP P.205-B4**

日本統治時代の診療所をリノベ
　築100年余の木造洋風建築を「適度に」リノベした、レトロな雰囲気のカフェ。猫がまどろむ中庭など、開放的な空間でゆっくりできる。こだわりのコーヒーもほとんどが100元以下とリーズナブル。軽食もある。

住嘉義市公明路167號
☎(05)228-7787
🕐8:00～18:00
休日
CC不可
交台鐵嘉義駅より徒歩約20分
URLfb.com/100063638936828

タイワンレンファンシュータンユエンヅータン
台湾人蕃薯糖圓仔湯
`スイーツ` **MAP P.205-B4**

台湾の伝統スイーツ店
　黒糖シロップがおいしい綜合冰は、小（50元）は5種類、大（60元）は6種類のトッピングをショーケースから選ぶ。大鍋で煮ている台湾版大学芋、蕃薯糖（30元～）も旅の疲れを癒やしてくれる甘さ。

住嘉義市蘭井街249號
☎(05)222-2773
🕐12:30～20:30
休不定休(水曜が多い)
CC不可
交台鐵嘉義駅より徒歩約10分
URLfb.com/tw052222773

タオチョンドウホアア
桃城豆花
`スイーツ` **MAP P.205-B4**

老舗が新店舗で再オープン
　築60年以上のリノベ建築に入った豆花店。建物は風通しがよく開放的。中庭も居心地いい。豆花（35元～）は、豆乳かシロップのスープを選べる。サンドイッチなどの軽食のメニューも充実。

住嘉義市光華路65號
☎(05)228-7789
🕐9:00～22:00
休水
CC不可
交台鐵嘉義駅より徒歩約15分
URLfb.com/100070999128320

hotel ホテル

ホアンジュエダーファンディエン
皇爵大飯店
`中級` **MAP P.205-A4** 日🛜

ロケーション抜群
　嘉義駅に近い繁華街に位置するコスパが高いホテル。客室はシンプルだが、必要十分な設備が整っている。無料の自転車あり。レストランも人気があり、地元の人がよく利用している。

住嘉義市新榮路234號
☎(05)223-3411
FAX(05)223-8977
料ⓌⓉ3520元～
CCJMV
室91
交台鐵嘉義駅より徒歩約3分
URLwww.chiayikinghotel.com

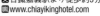

世界でも珍しい泥温泉

關子嶺溫泉

グアンヅーリンウェンチュエン　Guanziling Hot Spring

Map P.152-A2

アクセス
嘉義から
バス　嘉義客運中山站バスターミナル（MP.205-A4）より嘉義客運7214「關子嶺」行きが7:00～17:40に11便（土・日・祝は10便）、所要約1時間15分、90元。「關子嶺」バス停を経て「嶺頂公園」バス停が終点。タクシーなら約600元。

嘉義の南東28kmに位置する關子嶺溫泉は、台湾で唯一の「泥温泉」。日本統治時代から台湾の四大温泉のひとつとして栄えてきた。泉質はアルカリ性炭酸泉で、泥岩の微粒子とミネラルを大量に含むため、まさに泥のような灰色をしている。神経痛、関節炎などに効能があるほか、天然の泥パック効果で「美人の湯」としても知られる。肌がつるつるになる感覚は、入浴中にもわかるほどだ。

ミネラルを含んだ泥の温泉

關子嶺溫泉

---

hotel

ホテル

ジンダードゥージャーヂュアンユエン
景大渡假莊園

高級　MAP P.212-2

高台にある高級温泉山荘
　緑に囲まれたヨーロッパ風の温泉山荘。山あいに広がる温泉スパは、泥温泉はもちろん泥パックやマッサージを体験できる。入浴のみは9:00～22:00で420元（土・日・祝520元）。

- 台南市白河區關子嶺56號
- (06) 682-2500
- (06) 682-2304
- Ｗ3480元～　Ｔ5280元～
- ＪＭＶ　65
- 「嶺頂公園」バス停より徒歩約15分
- www.myspa.com.tw

リィジィンウェンチュエンホェイグアン（ションフォグアン）
儷景溫泉會館（生活館）

中級　MAP P.212-2

明るい雰囲気の温泉会館
　關子嶺溫泉に展開する儷景溫泉會館の分館のひとつ。小ぢんまりとした温泉宿泊施設だが露天風呂などはゆったりとした造りで、ゆっくりできる。室内にも泥湯につかれる湯舟がある。

- 台南市白河區關子嶺61-5號
- (06) 682-2588
- Ｗ3800元～　Ｔ5000元～
- 10%
- ＪＭＶ　16
- 「嶺頂公園」バス停より徒歩約8分
- www.reikei.com.tw

グアンヅーリンダーリューシャー
關子嶺大旅社

経済的　日　MAP P.212-1

　歴史のある温泉宿で、日本情緒が残っている。個室の温泉浴は1時間200元。

- 台南市白河區關嶺里20號
- (06) 682-2321　(06) 682-2986
- Ｓ1500元～　Ｔ2200元～
- 不可　45
- 「關子嶺」バス停より徒歩約2分

台湾東部

Eastern Taiwan

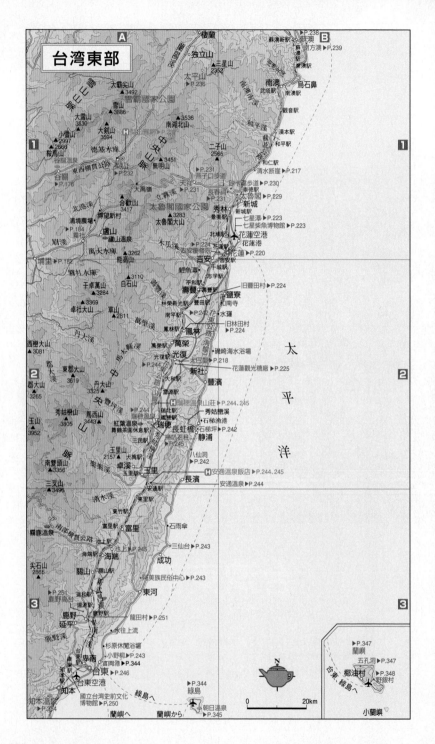

台湾東部

▶P.238
▶P.238
蘇澳新駅 蘇澳 ▶P.239
蘇澳 南方澳 ▶P.239
蘇澳駅
武塔駅 南澳
南澳 烏石鼻
観音駅
和平渓 和平
漢本駅
和平駅
和仁駅
清水断崖 ▶P.217
砂卡礑歩道 ▶P.230
景美駅
太魯閣 ▶P.229
新城駅 太魯閣 ▶P.231
新城 ▶P.231
七星潭 ▶P.223
七星柴魚博物館 ▶P.223
花蓮空港
花蓮港
花蓮 ▶P.220
旧豊田村 ▶P.224
豊田駅
和南寺
旧林田村 ▶P.224
晩崎海水浴場
太巴塱 ▶P.218
花蓮観光糖廠 ▶P.225
瑞穂温泉山荘 ▶P.244、245
秀姑巒渓
▶P.244
紅葉温泉 石梯漁港
蝴蝶谷温泉休息区 長虹橋 石梯坪 ▶P.242
▶P.245 静浦
八仙洞 ▶P.242
安通温泉飯店 ▶P.244、245
安通温泉 ▶P.244
▶P.245
石雨傘
三仙台 ▶P.243
▶P.345
阿美族民俗中心 ▶P.243
▶P.251
龍田村 ▶P.251
永往上流
杉原休閑浴場
小野柳 ▶P.243
富岡港 ▶P.344
▶P.246
富岡港 ▶P.344
綠島へ
▶P.344
綠島
知本温泉 ▶P.254 台東空港 國立台湾史前文化 朝日温泉
蘭嶼へ 蘭嶼から 博物館 ▶P.250 ▶P.345

N

0 20km

▶P.347
蘭嶼 五孔洞 ▶P.347
椰油村
野銀村 ▶P.348
台東、綠島へ
小蘭嶼

台湾東部
エリアナビ

中央山脈を隔てた東側、太平洋に面する台湾東部は
西部に比べるとのんびりとした雰囲気。
農業が盛んな穀倉地帯でもある。花蓮以南は台湾原住民族のうち、
最大の人口を占めるアミ族やブヌン族などの人々が多く住み、
夏は各地で豊年祭が行われる。

礁渓温泉 >>> P.240
(台) 北から1時間ほどでアクセスできる温泉郷。

宜蘭 >>> P.233
(伝) 統芸能が盛んな町。礁渓温泉(→P.240)、蘇澳(→P.238)への拠点となる。

近郊の見どころ
國立傳統藝術中心 (>>> P.235)
三星青蔥文化館 (>>> P.235)
羅東觀光夜市 (>>> P.235) 蘭陽博物館 (>>> P.236)
龜山島 (>>> P.236) 太平山 (>>> P.236)

花東公路（山線） >>> P.244
花蓮と台東を結ぶ山側を通るルート。温泉地が点在する。

台東 >>> P.246
(空) 気がきれいで大自然を満喫できるのどかな町。緑島(→P.344)、蘭嶼(→P.347)へ行く際の拠点となる。

近郊の見どころ
國立台灣史前文化博物館 (>>> P.250)
卑南遺址公園 (>>> P.250)
太麻里 (>>> P.250)
鹿野高台 (>>> P.251)
龍田村 (>>> P.251)

蘇澳 >>> P.238
シュワシュワはじける冷泉が湧く町。

太魯閣 >>> P.229
(大) 理石が削られてできた、大スケールの渓谷。台湾を代表する景勝地。

花蓮 >>> P.220
(ア) ミ族が多く住む台湾東部最大の町。郊外に日本統治時代の開拓村が残る。

近郊の見どころ
七星潭 (>>> P.223)
七星柴魚博物館 (>>> P.223)
吉安慶修院 (>>> P.224)
旧豐田村 (>>> P.224)
旧林田村 (>>> P.224)
花蓮觀光糖廠 (>>> P.225)

知本温泉 >>> P.254
美人の湯として知られる大自然に囲まれた温泉郷。

花東公路（海線） >>> P.242
(花) 蓮と台東を結ぶ海岸沿いを通るルート。バスの車窓に青い海が広がる。

宜蘭縣
花蓮縣
台東縣
花蓮空港
台東空港

台北
台中
花蓮
台南
台東
高雄

このエリアの観光に便利な台湾好行バス / URL www.taiwantrip.com.tw

310 太魯閣線	台鐵花蓮駅を出発し、七星潭(→P.223)を経て太魯閣(→P.229)へ
303 縱谷花蓮線	台鐵花蓮駅前の旅遊服務中心から出発し、吉安慶修院(→P.224)、旧豐田村(→P.224)、旧林田村(→P.224)の近くを通り花蓮觀光糖廠(→P.225)を経て大農大富平地森林園區站へ
304 洄瀾東海岸線	台鐵花蓮駅を出発し、石梯坪(→P.242)へ
8168A 縱谷鹿野線	台東轉運站バスターミナルから出発し、台鐵台東駅、卑南遺址公園(→P.250)を経て鹿野(→P.251)へ
8101 東部海岸線	台東轉運站バスターミナルから出発し、台鐵台東駅、小野柳(→P.243)、阿美族民俗中心(→P.243)、成功を経て三仙台(→P.243)へ

大迫力！
台湾東部の絶景を

山と海の高低差があり、ダイナミックな地形をしている台湾東部。
海に山に雄大な自然が生み出した絶景をハンティング！
忘れがたい景色を目に焼き付けよう。

太魯閣峡谷
>>> P.229

珊 瑚礁の海底が隆起してできた、壮大なスケールの大理石渓谷。荒々しい断崖絶壁が目の前に迫り、自然の偉大さを感じずにはいられない。

花東公路（海線）
>>> P.242

花 蓮と台東をつなぐ海岸沿いのルート。はるかかなたまで広がるマリンブルーの海と青く抜けた空を眺めていると時間を忘れてしまう。

訪ねて

鹿野高台 >>> P.251

周囲を山々と茶畑に囲まれた高原、鹿野では気球ツアーやパラグライダーが人気。予約すれば気球に乗ることができる。夏季に開催される気球フェスティバルでは早朝に色とりどりの気球が空へ飛びたつ。

©台湾観光局/劉諭鴻

清水断崖

清水山の頂からわずか4kmで海に切れ落ちる、蘇澳と花蓮を結ぶ蘇花公路のハイライト。台湾八景のひとつに数えられている。

MAP P.214-B1
交 花蓮市内からタクシーで約1000元、「太魯閣」バス停からなら約500元

©台湾観光局/陳池

©台湾観光局/林惠美

金針花海

金針花はワスレグサ・カンゾウとも呼ばれるユリ科の花。7月中旬から9月末頃までの間花東公路（山線）沿線の富里、南迴線沿線の太麻里（→P.250）周辺の山の頂上にオレンジの花畑が広がる。

住 花蓮縣富里郷六十石山風景區
住 台東縣太麻里郷金針山休閒農業區

21

太巴塱の豊年祭は専用に設けられた祭祀廣場で行われる

東台湾の夏の風物詩
in 太巴塱

アミ族の豊年祭に潜入

2019年8月16日に開催された太巴塱の豊年祭の様子をリポート。

華やかな歌と踊りで1年の豊作を感謝

7、8月になると、アミ族が多く住む台湾東部の花蓮、台東の町で豊年祭が開かれる。豊年祭は歌と踊りを先祖に捧げ、1年の豊作を感謝する祭り。普段は都会で働く若者もこの期間は地元に帰り、家族や親戚、友人たちと一緒に過ごす。

祭りの規模は部落によって異なるが、花蓮縣光復郷の太巴塱部落の豊年祭は大規模で見応えがある。4日間開催される祭りの初日は「宴客の日」として招待客をもてなすための踊りが披露される。

太巴塱へのアクセス
MAP P.214-A2
台鐵花蓮駅より台鐵光復駅下車。台鐵光復駅から会場（祭祀廣場）まで約3.8km。台鐵光復駅から花蓮客運1125「豊濱」行きバスが1日5本。「東富村」下車、徒歩約5分。

音楽が流れると自然と体が動いちゃう

みんなで食べるとおいしい！

① 踊りのチームは年齢によって分かれている。これは10代女性の踊り。創作的な踊りもある ② 部落の長である頭目によるスピーチと儀式のあと、祭りがスタート ③ 出番が来るまで親戚とごちそうを囲むだんらんタイム ④ 子供も一生懸命踊る。こうして伝統が受け継がれてゆく
※宴客の日は部落により異なる

218

躍動感の
ある男性の
踊りは圧巻

熱気と興奮に包まれる祭りの会場

祭りは10:30頃に始まり、年齢層ごとによる踊りが次々と披露される。女性の踊りは華やかで、男性の踊りは力強い。音楽は独特な節回しで、見ているこちらも気分が高揚してくる。13:30頃に昼の部が終了し、18:30頃から夜の部が始まる。

1 歌いながらステップを踏む 2 食べ物や飲み物を販売する屋台も出ている 3 アクセサリーや小物の販売もある 4 みんな下げている情人袋

会場で
買えるよ

子供も
この日は
盛装するよ

カラフルな民族衣装に大注目

アミ族の民族衣装を大解剖。違いがわかるとより楽しめる。※地域による違いもある

子供
幼児もいるので衣装はわりとバラバラ。共通しているのは頭に飾りひもを巻くこと

衣装の
メインカラーは
赤と黒

既婚女性
衣装は上衣とスカートに分かれる。胸当てを腰ひもで固定。踊るときに頭飾りの装飾が揺れてきれい

10代
ひざ上丈のスカートで軽やか。鳥の羽根と羽毛で作った髪飾りをつける

頭飾り
大花帽と呼ばれる最も華やかな頭飾り

情人袋
かつては女性が意中の男性の情人袋にビンロウの実を入れることでカップルが成立していた。現在は小物入れ

ブレスレット
鈴が付いていて手を動かすと音がする

脚絆
脱げないように白いテープで止める

20代
衣装は既婚女性とほぼ同じ。頭飾りは小さめで、鳥の羽根がついたシンプルなデザイン

男性
若者は上半身裸に腰巻きと腰ひも。年齢が上がると足布を巻いたり上衣を着用する。役職者は羽根のついた帽子をかぶる

豊年祭を見学するには

開催日当日に会場に行けば、祭りを見学することは可能。詳しい日程が決まるのは直近になってから。6月末頃に花蓮縣政府 URL www.hl.gov.tw、台東縣政府 URL www.taitung.gov.tw のHPで公開される。一般的に、台東から花蓮の町へ北上するように開催されるといわれている。祭りの写真を撮る場合は必ず同意を得てからにしたい。

ここの豊年祭もおすすめ！
比較的アクセスがよく、見応えのある豊年祭に出合えるのはココ！

台東からバス		
都蘭部落	in台東縣	7月中旬

太巴塱の近く		
馬太鞍部落	in花蓮縣	8月第3週頃

花蓮の近く		
宜昌部落	in花蓮縣	8月終わり

※実際の日程はHPで要確認

台湾東部の都市

花蓮

ホアリエン　Hualien

Map P.214-B1

人口約10万、東海岸では大きな都市の花蓮は、台湾では比較的新しい町といえる。19世紀半ば、阿美族をはじめ原住民の土地だったこの地を初めて訪れた漢人は、波打ち逆巻く海岸を見て「洄瀾」と名づけた。地名はその後、発音が近い「花蓮」に改められた。

そんな海岸に港を築いたのが日本人であった。日本統治時代は「花蓮港」と呼ばれ、商業港として栄えるとともに、日本から多くの移民を受け入れる玄関口ともなった。

現代の花蓮は、いつも海の気配が感じられる明るい町。原住民と台湾、日本の文化が交錯し融合した、不思議な魅力がある町である。

リニューアルされた台鐵花蓮駅

アクセス

台北から

飛行機 台北松山空港より立榮航空が毎日3便、所要約50分、1781元。

台鐵 台鐵台北駅より毎日多発、所要約2時間～、太魯閣號、普悠瑪號、自強號440元。

バス 南港轉運站バスターミナル西站より統聯客運1663、台北客運1071「花蓮」行きが毎日1～2便。所要約3時間30分、320元。

台東から

台鐵 台鐵台東駅より台鐵花蓮駅まで毎日多発、所要約1時間30分～、自強號343元。

高雄から

飛行機 高雄国際空港より華信航空が毎日1便、所要約1時間5分、1678元。

花蓮空港から市内へ1123路バスで「花蓮轉運站」バスターミナル下車、市内に行くバスに乗り換える。1123路バスは一方通行なので空港から市内中心部には行けないが、その逆は可能。「大同市場」、「東大門夜市」などから乗車できる。中心部へはタクシーなら所要約15分、200～300元。

花蓮駅から市内へ駅前の花蓮轉運站バスターミナルから301、308A、1123路など多くのバスが中心部を経由。「東大門夜市」、「中華路」などで下車、25元。タクシーなら130元～。

花蓮鐵道文化園區

🏠 花蓮市中山路71號
☎ (03) 833-8061
🕐 10:00～18:00　休 水
🎫 無料
🚌 「東大門夜市」バス停よりすぐ
🌐 fb.com/HRCP2021

花蓮の歩き方と見どころ

花蓮の町は美崙溪の南の古い地域と、その北の港に沿って延びる新しい地域に分けることができる。

台鐵花蓮駅は市街中心部から1.5kmほど北にある。中心部といえるのは、中山路と中正路、中華路が交わる一帯。碁盤の目のように整然とした区画を斜めに横切る中華路の位置を覚えておくと、町の位置関係が理解しやすい。

昔はここに花蓮駅があった

花蓮鐵道文化園區

ホアリエンティエダオウェンホアユエンチュー

MAP P.221-B4

かつては盲腸線終点として市街中心部にあった旧花蓮駅の付属施設が修復され、公開されている。

福町路を挟んで一館と二館がある。一館の中心は1932年に改築された鉄道部花蓮港出張所の木造の弁公庁舎で、所長室や総務室などが再現され、鉄道の歴史資料や旧花蓮駅周辺のジオラマなどが展示されている。また集会室が映画館（花蓮鐵道電影院）として利用され、内外の映画が上映されている。

二館は旧工務段跡地で、2023年4月現在修復工事中（外からも蒸気機関車などが見える）。

駅舎のように見える木造の弁公庁舎

220

花蓮

花蓮中心部

Ⓜ P.221-A1
住 花蓮轉運站バスターミナル内
☎ (03) 836-0634
🕘 9:00〜18:00 休 無休
🌐 tour-hualien.hl.gov.tw

花蓮文化創意產業園區
住 花蓮市中華路144號
☎ (03) 831-3777
🕘 9:00〜21:00
休 施設による
🚌 「文創園區」バス停下車すぐ
🌐 hualien1913.nat.gov.tw

松園別館
住 花蓮市松園街65號
☎ (03) 835-6510
🕘 9:00〜18:00（入館は17:30まで） 休 第2火曜、旧正月
💴 60元
🚌 花蓮轉運站バスターミナルまたは「東大門夜市」などのバス停より1129、1132、1136路などのバスで「松園別館」下車、徒歩約3分
🌐 www.pinegarden.com.tw

花蓮港が一望のもとに

昭和初期の町並み

酒工場をリノベーションしたアートスポット

MAP
P.221-A3

▶ 花蓮文化創意産業園區 ホアリエンウェンホアチュアンイーチャンーユエンチュー

　1913年創業の花蓮酒廠の跡地に設立された総合文化スペース。広大な敷地に工場関連建築が並び、コンサートホールや小劇場、展示会場として利用されている。特に原料倉庫として使われてきた日本式檜造りの建築群は、今に残る貴重な建築遺産である。

レトロな雰囲気がたまらない

　かつて発酵工場だった緑色の建物内に遊客服務中心があり、イベント情報なども入手できる。

日本統治時代の軍事施設が市民の憩いの場に

MAP
P.221-A2

▶ 松園別館 ソンユエンビエグアン

　花蓮港を一望にする、松の大木が茂る高台に立つ日本統治時代の軍事建築。前身は1944年建設の花蓮港兵事部で、日本軍高級将校のサロン兼最高司令部として使われ、敗戦間際には神風特攻隊に出陣するパイロットもここで御前酒をいただいたという。外観はアーチが目立つくらいのシンプルな建築だが、三方から行き来可能な階段などに軍事施設の面影が残る。

敷地内には琉球松の大木が茂る

館内には古い写真や新聞などの資料が展示されている。

　園内には特攻隊の資料を展示した防空壕や、日本軍人が自害した小木屋なども修復され残っている。

かつて日本軍の将校たちが住んでいた

MAP
P.221-B3

▶ 將軍府 ジャンジュンフー

　松園別館から徒歩約5分、美崙溪近くの路地に將軍府と呼ばれる日本式家屋が残る一画がある。將軍府の由来は、そこが日本軍将校たちの官舎であったこと。中正路から入ってすぐ左側が指揮官中村大佐の家。現在は將軍府を管理するボランティア団体の事務所で、内部の見学もできる。隣の家は保存のためすっぽりと鉄筋の構造物で覆われている。内部には花蓮の歴史のパネル展示、日本統治時代の町並みを再現した模型などがあり、昔の花蓮の姿が想像できるようだ。

最も大きい中村大佐の家

花蓮らしい屋台フードを試してみよう
東大門國際観光夜市　トンダーメンクオジークワングアンイエシー

MAP
P.221- A・
B4

花蓮中心部海側の重慶路と北濱街の間にある夜市。原住民風味や大陸各省餐食といった一風変わった食べ物屋台が軒を連ねているのが特色。近くには花蓮産の玉や大理石の専門店が集まった石藝大街もある。

規模が大きな夜市だ

近郊の見どころ

太平洋に面した海岸
七星潭　チーシンタン

MAP
P.214-B1

花蓮市内から約15kmほど北に、弧を描くように広がる海岸。遠く中央山脈を望み、コバルトブルーに輝く海は非常に美しい。波が高く泳ぐことはできないが、ただこの海を見ているだけで気持ちよくなれる。海の色がきれいに見える午前中がおすすめ。海岸路を通って市内からサイクリングロードが延びており、海を見ながらサイクリングが楽しめる。七星潭周辺にもレンタサイクル店がある。

海の色は午前中が美しい

花蓮は鰹節が特産品
七星柴魚博物館　チーシンチャイユィボーウーグアン

MAP
P.214-B1

歴史ある鰹節工場があった場所に創設された博物館。花蓮近海で取れる鰹などの魚に関する展示や、鰹節の製作過程などに関する展示が見られる。小さな水族館があり、鰹節削りなどの体験もできてファミリーで楽しむ観光客が多い。

博物館内にはショップやカフェもあり、質のいい海産物加工品を購入でき、食事もできる。

魚の実物大模型は迫力がある

東大門國際観光夜市
🏠重慶路と北濱街の間
🕐18:00頃～24:00頃
🈳無休
🚌「東大門夜市」バス停下車徒歩約2分

ライブステージもある

見たことのない野菜が並ぶ

七星潭
🏠花蓮縣新城郷海岸路
🚌花蓮轉運站バスターミナルより台湾好行バス310太魯閣線、308路バスで「七星潭」下車、すぐ。24元～。308路バスは「東大門夜市」などのバス停でも乗車できる（308路バスは空港行きと七星潭行きのふたつがあるので注意）

七星柴魚博物館
🏠花蓮縣新城郷大漢村七星街148號
📞(03)823-6100
🕐9:00～17:30　🈳無休
💴100元（50元分のクーポンとして使用可）
🚌花蓮轉運站バスターミナルより台湾好行バス310太魯閣線、308路バスで「七星潭」下車、バス停のある通りを花蓮方向に徒歩約10分。あるいはひとつ手前の「花蓮曼波園區（華西路）」下車、徒歩約5分
🌐www.katsuo.com.tw

新築された博物館

吉安慶修院

住 花蓮縣吉安郷吉安村中興路345-1號
☎ (03) 853-5479
⏰ 8:30〜17:00
休 月
料 30元
🚌 花蓮轉運站バスターミナル、あるいは「東大門夜市」などのバス停から花蓮客運1139C「壽豐」行きバスで「吉安郷公所」下車、所要約15分、26元。バス停より徒歩約3分。台湾好行バス303縦谷花蓮線も停車する
🌐 www.yoshino793.com.tw

昭和3年に建立された百度石

旧豐田村

住 花蓮縣壽豐郷豐裡村
🚌 台鐵花蓮駅より豐田駅下車、所要約30分、29元〜。一帯が旧豐田村

豐田文史館

住 花蓮縣壽豐郷豐裡村民族街23號
🚌 台鐵豐田駅より徒歩約15分
※2023年4月現在閉館中

修復された旧豐田神社の参道

かつての吉野村の精神的中心地

▶ **吉安慶修院** ジーアンチンシュウユエン

　日本統治時代、台湾初の官製移民村がこの地に設けられ、四国徳島の吉野川周辺から人々が移り住んで吉野村と名づけられた。人々の拠り所として1917年に創建されたのが、吉安慶修院の前身となる真言宗「吉野布教所」である。不動明王と弘法大師を祀り、とがった宝形造の屋根をもつ江戸風の建築で、当時は布教のほか医療所、現地住民への日本語教育の場としても使われた。

　日本人移民が去った後、吉野村は吉安郷と改名され、吉野布教所も吉安慶修院となった。1997年に県の古蹟に指定後、修復されて、昔の姿を今に伝えている。

　境内には四国八十八ヵ所を表す石仏が置かれている。吉野村の歴史を刻んだ写真なども展示されている。

宝形の屋根の本堂

日本人開拓村

▶ **旧豐田村、旧林田村** ジョウフォンティエンツン、ジョウリンティエンツン

　台湾東部を訪れると日本にもありそうな地名が多く、不思議に思われた方も多いのではないだろうか？　早くから大陸から漢人が入植した台湾西部に比べ、台湾東部はほとんど未開のままだった。そこに初めて土地を開墾し、村落を築いたのが日本からの移民であった。そうした移民村は多くの場合地名にその名残をとどめるのみだが、花蓮に近いこの地域には比較的多くその痕跡が残っている。

　旧豐田村は現在は豐裡と名を変えたが、駅名は今も豐田のままだ。豐田駅前から延びる中山路を15分ほど直進し、忠孝街で左折すると**豐田文史館**がある。ここにレンタサイクルがあるので利用するといいだろう。

　中山路をさらに直進すると右側に鳥居がある。この旧参道の先に戦前は豐田神社があった。現在そこには中国風の碧蓮寺が立っているが、碑文や狛犬、ご本尊であった不動明王などが現在も保存されている。中山路をさらに進むと、かつて日本人の学校だった豐裡國小がある。その少し手前、道の右側の282番地の家の脇の路地を入ると日本人墓地の跡があり、ふたつの墓石と記念碑が今も残ってる。

　旧林田村は今は鳳林鎮となった。台鐵鳳林駅を出てふたつ目の道、中美街を左折するとすぐレン

表情豊かな旧豐田神社の狛犬

タサイクル店があるので利用しよう。旧林田村の範囲は広く、徒歩では回れない。

　客家文物館がある中和路を自転車で5分ほど走ると、道のほぼ突き当たりで復興路と交差する。左折して3分ほど走ると旧林田神社が現れる。立派に再建された鳥居の先に、旧神社の階段と土台だけが残っている。このあたりが第二村と呼ばれた日本人移民村の中心で、旧警察庁、日式宿舎などの日本式建築が残っている。

　またここには栽培されたたばこの葉をいぶした菸樓という特殊な建築が数軒残っている。途中の中和路に道筋を示す案内板があり、復興路沿いにも菸樓が見られる。

製糖工場の跡地を利用した観光スポット

花蓮觀光糖廠　ホアリエンクワングァンタンチャン

MAP P.214-A2

　日本統治時代、砂糖産業振興により多くの製糖工場が設立された。現在の花蓮觀光糖廠も、1921年創業の「大和」工場が前身。多くの工場は米軍の爆撃で破壊されたがこの工場は再建され、「光復」工場と名を変えて操業を続けた。

　観光糖廠となった現在は機関車や貨車、線路の一部などが保存され、製糖工場の雰囲気を伝えている。敷地の北側に文物館があり、砂糖の製造方法や工場の歴史などに関する展示がある。ここでは新渡戸稲造が「台湾製糖の父」とされて、展示の1コーナーを設けられている。

　多くの観光客のお目当ては、名物のアイスクリーム。種類は30近くあり、売り場にはいつも長蛇の列ができている。敷地の南側には修復された日本式宿舎群があり、和式の生活を体験できるホテルとなっている。

中国風の池の周りにショップが集まっている

開拓100年の記念碑

洋風建築にも見える菸樓

旧林田村

🏠 花蓮縣鳳林鎮
🚃 台鐵鳳林駅下車

花蓮觀光糖廠

🏠 花蓮縣光復鄉大進村糖廠街19號
📞 (03) 870-5881
🕐 8:00〜20:00
休 旧正月　料 無料
🚃 台鐵花蓮駅より台鐵光復駅下車、所要約50分〜、自強號97元。台鐵光復駅からは徒歩約12分。駅前を直進し大通りに出たら右折、大きな橋が現れたら渡らず左側に入り、その先の小さな橋を渡ってすぐ。あるいは台鐵花蓮駅より台湾好行バス縦谷花蓮線で「花蓮觀光糖廠」下車すぐ、所要約1時間30分、205元
🌐 www.hualiensugar.com.tw

入口は工場らしい雰囲気

🍴 花蓮グルメガイド

海鮮料理

シンシンミェングァン
欣欣麵館　SHIN YEH

AREA 花蓮中心部　**MAP** P.221-B3

活気あふれる海鮮店

　もとは麺料理店として開業したが、少しずつ海鮮料理が増え、今では花蓮屈指の人気海鮮レストランに成長。自前の漁船で取った魚介を中心に使用するため、毎日メニューが異なる。店頭の魚を指さして注文もできる。

🏠 花蓮市民國路125號
📞 (03) 833-6147
🕐 12:00〜14:00、16:30〜20:00
休 月
CC 不可
🚃 「大同市場」バス停より徒歩約4分
🌐 fb.com/100057185241296

1 地元の人たちでにぎわう **2** 青蟹脚（中央）をはじめ新鮮な海の幸がずらり

ワンタン

イエシアンビエンシーディエン
液香扁食店

AREA 花蓮中心部　MAP P.221-A3

メニューはワンタンのみ

　花蓮でとても有名なワンタン（75元）の店。あんは豚肉のみで、セロリが効いたあっさりスープと一緒に食べる。揚げタマネギがアクセント。売り切れたら閉店なので、早めに行くのがおすすめ。

🏠花蓮市信義街42號
☎(03) 832-6761
🕐10:00～13:30（売り切れまで）
休日　CC不可
🚃「文創園區」バス停より徒歩約3分
🌐est.idv.tw/yexiang/index.html

タイジービエンシー
戴記扁食

花蓮はワンタンパラダイス

　メニューはワンタンスープ（80元）のみ。スープはセロリと焦がしネギの優しい塩味。ワンタンの皮は薄く長めで、スープの中で広がる姿がレースのようで美しい。
※2023年9月現在、クローズ

🏠花蓮市中華路120號
☎(03) 835-0667
🕐10:00～16:30
休水
CC不可
🚃「文創園區」バス停より徒歩約2分
🌐www.daiwa.url.tw

肉

ウーロウシェンション
鵝肉先生

AREA 花蓮中心部　MAP P.221-B3

煮しめた滷鵝珍や麺類も人気

　こってりとしたガチョウ肉が看板料理の店。ガチョウ肉は前段（胸肉）と後段（腿肉）を選ぶ。1人分なら最低150元で、皿に薄く切り分けてくれる。ショウガ醤油で食べるとおいしい。

🏠花蓮市中山路259號
☎(03) 833-1902
🕐11:00～20:00
休木
CC不可
🚃「台灣企銀」バス停よりすぐ
🌐fb.com/100064020282074

飲茶

チンジーヂュアンユエンヂョウプゥ
陳記狀元粥舖

AREA 花蓮中心部　MAP P.221-B4

リーズナブルに楽しめる飲茶

　ひとりでも入りやすいカジュアルな広東料理店。粥は10種類あり、狀元及第粥（110元）は肉やレバー、シイタケ、紫山芋などが入った満足いく一品。小吃、点心類はカウンターに並んだ実物を見て選べる。

🏠花蓮市軒轅路10號
☎(03) 833-3864
🕐11:00～14:30、17:00～20:40
休旧正月　㉛+10%
CC不可
🚃「東大門夜市」バス停より徒歩約2分

小籠包

ヂョウジアヂェンヂアオシアオロンバオ
周家蒸餃小籠包

AREA 花蓮中心部　MAP P.221-B3

肉まんのような小籠包

　創業から40年以上という老舗。小籠包（10個60元）は、昔ながらの肉まんのような厚い皮でボリューム満点。たれをつけて食べるとおいしい。

🏠花蓮市公正街4-20號
☎(03) 835-0006
🕐10:00～翌2:00
休無休
CC不可
🚃「中華路」バス停より徒歩約2分
🌐fb.com/chouchia1975

ローカルフード

ラオパイジャーダンツォンヨウビン
老牌炸蛋蔥油餅

AREA 花蓮中心部　MAP P.221-A2

香ばしくて大人気の炸蛋蔥油餅

　花蓮市復興街には蔥油餅を売る店が点在するが、なかでも1969年創業のこの店は超人気店。油で揚げた蔥油餅で半熟の揚げ卵を挟み、ピリ辛ソースで食べる（45元、卵なし30元）。

🏠花蓮市復興街110巷2號
☎0955-282-038
🕐12:40～18:30頃（売り切れまで）
休不定休
CC不可
🚃「大同市場」バス停より徒歩約5分
🌐scallion-pie.com

カフェ

ミャオコウホンチャー
廟口紅茶

AREA 花蓮中心部　**MAP** P.221-A4

パイプから注がれる名物紅茶

　花蓮城隍廟の前にある軽食店。冷やしたパイプから注がれる昔ながらの紅茶（25元〜）がこの店の名物。朝食は蛋餅（28元）と蘿蔔糕（30元、卵入り40元）、おやつは台湾版マカロンの西點（16元）が人気メニュー。おみやげに買って帰る人も多い。

住 花蓮市成功街216號
☎ (03) 832-3846
◷ 6:00〜22:00
休 水
CC 不可
文 「東大門夜市」バス停より徒歩約5分

1 昔ながらの味を楽しめる
2 2階の冷蔵庫から延びたパイプから飲み物を注ぐ

カフェ フィオーレ カーフェイホア
Caffe Fiore 珈琲花

AREA 花蓮中心部　**MAP** P.221-A3

手作りスイーツが絶品

　緑との調和が美しい古い古民家でていねいにドリップされたおいしいコーヒーを味わえる。オーナーが手作りするケーキはどれも絶品で、イチゴタルト（150元）など旬の食材を使用。尼尼と仔仔の2匹の猫も迎えてくれる。2階にも席がある。

住 花蓮市忠孝街79號
☎ (03) 832-5172
◷ 13:00〜18:00
休 不定休
CC 不可
文 「文創園區」バス停より徒歩約3分
URL fb.com/100076840345347

1 緑いっぱいの古民家で営業
2 ていねいに作られたスイーツをじっくり味わいたい

ジアオホーウーバー
昭和58

AREA 花蓮中心部　**MAP** P.221-A4

台湾発の昭和レトロ

　日本の製菓学校でお菓子作りを学んだオーナーが、古きよき昭和レトロの雰囲気漂う喫茶店を故郷にオープン。レモンタルト（150元）はゆずの風味も加えたさっぱり味。焙じ茶風味のパリブレスト、昭和之心（150元）も人気が高い。

住 花蓮市成功街306號
☎ (03) 835-7365
◷ 13:00〜19:00
休 金
CC 不可
文 「中華路」バス停より徒歩約4分
URL fb.com/shouwa58

1 クラシックな純喫茶を思わせる内装
2 レトロな姿が新鮮なスイーツが勢揃い

ライジアレガザオウーツァン
萊迦LEGA早午餐

AREA 花蓮中心部　**MAP** P.221-A3

写真付きのメニューが目を引く

　ブランチで人気の明るいカフェ。20種類以上あるブランチプレート（130元〜）は、サラダ、フルーツ、パン、揚げ物、おにぎりなどが選べて、カラフルで楽しい。単品でトーストやハンバーガー、麺なども頼める。内部は広く、中庭に面した席もある。

住 花蓮市博愛街185號
☎ (03) 836-0198
◷ 7:30〜14:30
休 水
CC 不可
文 「中華路」バス停より徒歩約2分
URL fb.com/100063997480754

1 モダンな店構え
2 冰心雙色地瓜蔬食拼盤（130元）は冷やしたサツマイモと温かいサツマイモの2種類がのっている

雑貨

ユエンフォンイーヂャン
原風藝站

AREA 花蓮中心部　MAP P.221-A3

原住民アーティストの店

アクセサリーやファッション小物など、伝統を守りながら普段使いできるモダンな感覚でデザインされている。原住民文化に興味がある人はぜひ。美しいハンドメイドのポーチは1000元前後。

住 花蓮市博愛街116號
電 (03)836-1736
時 11:00～20:00
休 無休
CC MV
交 「中華路」バス停より徒歩約2分
URL fb.com/isas.com.tw

ハチミツ

フォンヂーシアン
蜂之郷

AREA 花蓮中心部　MAP P.221-A3

台湾東部で採れたハチミツも

太魯閣風味蜜（130g190元）、達仁森林蜜（130g190元）、高雄玉荷包蜜など台湾産のハチミツが種類豊富。試食して好みの味を見つけよう。台鐵花蓮駅前にも支店がある。

住 花蓮市中華路99號
電 (03)833-2373
時 10:00～22:00
休 旧正月
CC JMV
交 「中華路」バス停より徒歩約2分
URL bee-pro.com

高級

捷絲旅 花蓮中正館（ジエスーリュー ホアリエンチョンヂョングアン）
ジャストスリープ 花蓮中正館

AREA 花蓮中心部　MAP P.221-A3　

都会的なデザインホテル

花蓮市街中心にあり、周辺の散策に便利な立地。ほかのジャストスリープ支店に比べて落ち着いた雰囲気で、客室も広くゆったりとくつろげる。宿泊客は無料で使える洗濯機、乾燥機もある。

住 花蓮市中正路396號
電 (03)890-0069
FAX (03)890-0066
料 Ｓ Ｔ 7000元～
＋ 10%
CC AJMV　室94
交 台鐵花蓮駅より送迎バスあり
URL www.justsleep.com.tw

カンチャオシャンリュー ホアリエンヂャンチェングアン
康橋商旅 花蓮站前館

AREA 花蓮駅周辺　MAP P.221-A1　日

台鐵花蓮駅前のホテル

鉄道やバスを利用する旅行者に便利な立地。バスターミナル前の道を市街に向かって行くと、遠くからも黄色いこのホテルが見える。宿泊客用の自転車あり。20:00開始の夜食付き。

住 花蓮市國聯五路101號
電 (03)835-9333
FAX (03)835-8222
料 Ｗ 6800元～　Ｔ 9400元～
＋ 10%
CC JMV　室220
交 台鐵花蓮駅より徒歩約6分
URL www.kindness-hotel.com.tw

経済的

シンヂーヂンヂーミンスー
馨憶精緻民宿

AREA 花蓮中心部　MAP P.221-A4　日

安全、安心、日本人経営の宿

市の中心街にあり、何をするにもたいへん便利。部屋も清潔で快適だ。オーナーは日本人で花蓮や台湾の歴史に詳しく、観光ガイドも行っている。無料で自転車が使える。

住 花蓮市南京街218號
電 0928-076-750（オーナー携帯）、(03)835-8767
FAX (03)835-7256
料 Ｗ 1300元～　Ｔ 1900元～
CC JMV　室7　交 「東大門夜市」バス停より徒歩約5分
URL shinyi.net

ジンロンダーリューシャー
金龍大旅社

AREA 花蓮中心部　MAP P.221-B4　日

バス停のそばに立つ

市街の中心にあり便利な経済的ホテル。建築は古いが清潔に保たれている。親切な女性オーナーは日本人のように日本語を話す戦前世代。尋ねれば花蓮の昔のことを教えてくれる。

住 花蓮市中山路77號
電 (03)832-3126
料 Ｓ 1200元～　Ｔ 2400元～
CC 不可
室 17
交 「東大門夜市」バス停よりすぐ

切り立つ岩山が織りなす絶景

太魯閣

ターールーグー　Taroko

Map P.214-B1

花蓮の北約30km、台湾随一の景勝地として知られる太魯閣は、立霧溪の流れが長い年月をかけて大理石の岩盤を削ってできた大峡谷。深い谷間に沿って曲がりくねった細い道路やトンネルが続き、自然の偉大さを感じさせる奇観を造り出している。

太魯閣が知られるようになったのは日本統治時代で、原住民タロコ族の「Truku」に大魯閣の字をあて、1937年に次高大魯閣国立公園が設立された。戦後、1960年に東西横貫公路が開通して、観光客も容易に太魯閣を訪れることができるようになった。

ちなみに、現在の太魯閣國家公園は花蓮縣、南投縣、台中市に及ぶ非常に広い公園で、一般に太魯閣といえば国家公園の一部である太魯閣峡谷のことを指す。

太魯閣は、台湾好行バス太魯閣線など一般のバスを使って、個人でも訪れることができる。ただしバス停は少ないし、バスを待つ時間も長く、よく混雑する。効率よく太魯閣を観光したいなら、やはりホテルや旅行会社で車を手配したり、ツアーに参加することを考慮してもいいかもしれない。

絶景というよりほかない景色（九曲洞）

アクセス
花蓮から
バス 花蓮轉運站バスターミナル（MP.221-A1）より花蓮客運1133「天祥」、1126「洛韶」、1141「梨山」行きが1日各1往復、台湾好行バス310太魯閣線が1日6往復（土・日・祝は10往復）。「天祥」まで所要約1時間15分～、140元。花蓮客運のバスはみな中山路を通って「東大門夜市」バス停まで南下し、それから太魯閣に向かうので、花蓮中心部からも乗車もできる。
リーズナブルに太魯閣を回る場合、台湾好行バス太魯閣線1日券（250元）が便利。2日券（400元）もある。このほか、台鐵新城駅より太魯閣客運302「天祥」行きが1日9～12便運行。「天祥」まで所要約40分、69元。1日券（150元）もある。
タクシー チャーター相場は太魯閣峡谷1日2500元（天祥～花蓮間は片道 約1200元）。1台4人まで乗車可。清水断崖（→P.217）を回る場合は事前に要料金交渉。

台湾好行バス太魯閣線1日券で乗れるのは310路バス（統聯客運が運行）のみ。バス停で待っているときに花蓮客運や太魯閣客運のバスが来ても1日券では乗れないので、急いで回る人には不向き。

太魯閣國家公園遊客中心

M P.229-B
住 花蓮縣秀林鄉富世村富世
291號
☎ (03) 862-1100
⏰ 8:30〜17:00
休 第2月曜、旧正月
交 「太魯閣遊客中心」バス停
よりすぐ
URL www.taroko.gov.tw

大理石でできた欄干の獅子

砂卡礑歩道

交 「砂卡礑」バス停よりすぐ

小錐麓遊歩道にはつり橋もある

布洛湾吊橋

⏰ 8:30〜16:30（入場は16:00
まで）
休 強風時
料 無料
交 「布洛灣」バス停より徒
歩約5分。台湾好行バス310
太魯閣線の花蓮からの往路
と、花蓮客運1133路のバス
のみ停車するので注意

構造も美しい橋だ

崖に穿たれた狭い遊歩道が続く砂卡礑歩道

渓谷沿いの平坦な遊歩道
砂卡礑歩道 シャーカーダンブーダオ

P.229-B

　砂卡礑歩道入口近くにもバス停があるが、太魯閣の出発点、太魯閣牌樓から砂卡礑歩道入口まで約1.5km、徒歩で1時間ほどなので、下記のように歩いてみることをおすすめしたい。

　まず「太魯閣」バス停で下車し、しばらく進むと東西横貫公路の入口を示す中国風の門、太魯閣牌樓がある。ここに架かる橋を渡って坂を上ると、**太魯閣國家公園遊客中心**だ。自然や地質などに関する展示があり、ビデオ放映もある。さらに天祥方向に進むと砂卡礑トンネルに入る。このトンネルを抜けると、橋の手前に砂卡礑歩道入口に続く階段がある。余力があればトンネルの途中から分岐する小錐麓遊歩道に迂回しても終点は同じ砂卡礑歩道
入口に出る。

　砂卡礑歩道は日本統治時代に発電所建設のために造られたもので、崖を削った細い道が続いている。

岩の中を歩いているよう

台湾最高のつり橋を渡ろう
布洛湾吊橋 ブールオワンディアオチャオ

P.229-A

　バスがつづら折りの坂道をぐんぐん上っていくと、そこがかつてタロコ族の集落があった布洛湾だ。布洛湾管理站や太魯閣族展示館などがある広場の先に3分ほど進むと、2019年に完成した長さ196mの布洛湾吊橋がある。下からの高さは最高で153mもあり、台湾で最も高いつり橋となっている。深い谷を望む景色は雄大で、上流側には燕子口歩道の様子もうかがえる。

　この橋のルーツは1914年の太魯閣戦争で日本軍が架けた山月橋で、その後何度か架け替えられた。布洛湾管理站などでかつての橋の古い写真が見られる。

深い谷をまたぐ橋

 太魯閣溪谷は天候などにより落石が発生しやすい状態になる。訪れる際は必ず最新の現地情報を確認し、遊歩道を歩く場合はヘルメットを着用したい。

イワツバメの巣がいっぱい

燕子口歩道 イエンヅーコウブーダオ

MAP
P.229-A

遊歩道の長さは約1.4km、ゆっくり歩いて往復1時間ほど。壁面の穴に無数のイワツバメが巣を作っていることから「燕子口」と呼ばれた。太魯閣峡谷で両岸の絶壁が最も狭まった部分で、「一線天」とも呼ばれる。途中には壺穴、インディアン岩などの奇岩も見られる。進んだ先にバス停はないので、バス利用の人は引き返さなければならない。

ここは落石が多い所でヘルメット着用がすすめられているが、ヘルメット借用所はバス停より1kmほど戻った所にある（遊客中心か各管理站で借りることもできるが要返却）。

太魯閣随一の絶景歩道

九曲洞 ジョウチウドン

MAP
P.229-A

切り立った断崖を最も間近に見ることができる歩道。長らく閉鎖されていたが、補強工事を経て2019年に再オープンを果たした。2023年4月現在、全長700m地点まで開放され、行き止まりで折り返す形となる。歩道の往復で30分程度の時間を見込んでおけばいいだろう。あちこち回る時間がない場合は、この歩道だけでも存分に太魯閣を楽しめるだろう。

歩道の一部は床が透明になっている

美しい滝が流れ出る

長春祠 チャンチュンツー

MAP
P.229-B

東西横貫公路建設中に事故で亡くなった225名を祀るため1958年に建てられた祠。白糸のような湧き水の滝が美しく、中国の風景画を彷彿とさせる。橋のたもとからトンネルを通る約300mの遊歩道があり、長春祠を訪ねることができる。

祠と滝のコントラストが美しい

太魯閣の折り返し点

天祥 ティエンシャン

MAP
P.229-A

太魯閣峡谷では唯一の町。太魯閣へバスで行った場合、ここが終点となり、折り返し点となる。レストランやホテルがあるので、いっときをここで過ごすこともあるだろう。見どころとしては、つり橋とその対岸の天峯塔、孟母亭、祥德寺、地名の由来となった文天祥の像などがある。

燕子口歩道

🚌「燕子口」バス停よりすぐ

洞窟のようになっている

落石に注意して歩こう

九曲洞

🚌「九曲洞」バス停よりすぐ

岩肌が目の前に迫り迫力満点

長春祠

🚌「長春祠歩道」バス停よりすぐ。ほとんどのバスが天祥からの帰路のみ停車するので注意

天祥

🚌「天祥」バス停よりすぐ

天祥のつり橋と天峯塔

梨と高山茶で有名な峠の町

梨山 リーシャン

海抜約2000m、「台湾のスイス」と呼ばれ、タイヤル族が多く住む中央山脈中の小さな町。宜蘭方面、花蓮方面と台中方面からの道が出合う地で、台湾の西と東を結ぶ中部横貫公路の要衝である。梨や柿、桃などの果物や高原野菜、高山茶の産地として知られている。

「梨山」のバス停前は展望台になっており、雪山山脈の稜線が一望できる。その背後には蒋介石が賓客招待所として建設した中国宮殿風ホテル、梨山賓館がある。梨や柿を売る露店の前の道を上っていくと、ホテルやレストランがある町の中心部だ。ここから梨畑が広がる斜面の階段を上ると、タイヤル族の文化や生活に関する展示が充実した梨山文物陳列館がある。

梨山は平地より10℃以上気温が低く、天気が悪くなるとさらに冷える。冬は防寒の準備も忘れずに。

展望台から周囲の山々を望める

まるまる太った梨山の梨

🚌花蓮轉運站バスターミナル（**M**P.221-A1）より花蓮客運1141「梨山」行きバスで所要4時間30分、447元。宜蘭轉運站バスターミナル（**M**P.233-B2）より國光客運1751「梨山」行きバスで所要約4時間、352元。豊原客運豊原站バスターミナルより豊原客運865臨「梨山」行きバスで所要約4時間、428元。谷關と梨山を結ぶバスは運休中

ホテル

タールーグージンインジョウディエン

太魯閣晶英酒店

高級　MAP P.229-A　日🛜

太魯閣の高級リゾートホテル

かつて蒋経国の「天祥招待所」があった敷地に建てられた。快適でありながら自然を満喫でき、癒やしのひとときを過ごせる場所だ。レストラン、スパをはじめ一流の設備が整っている。

🏠花蓮縣秀林郷天祥路18號
☎(03)869-1155
📠(03)869-1160
🏨Ⓦ①1万元～
🈂10%
💳**A D J M V**　🛏160
🚌「天祥」バス停よりすぐ
🌐taroko.silksplace.com

ティエンシャンチンニエンフオドンチョンシン

天祥青年活動中心

経済的　MAP P.229-A　🛜

リーズナブルに泊まりたいなら

いわば国民宿舎のようなホテルだが清潔で、基本的な設備は完備している。レストランとカフェ、コンビニがある。週末、旧正月、夏休み期間は満室になることもあるので早めの予約がベター。

🏠花蓮縣秀林郷天祥路30號
☎(03)869-1111
📠(03)869-1167
🏨①2400元～
💳**J M V**
🛏64　🚌「天祥」バス停より徒歩約7分
🌐tienhsiang.cyh.org.tw

リーシャンビングアン

梨山賓館

高級　MAP P.214-A1　英🛜

台湾三大宮殿ホテルのひとつ

標高1956mに位置する中国宮殿風のホテル。1965年落成で、その後地震と台風の被害を受けたが、2012年末に全面リニューアルで再オープンした。敷地内に梨山遊客中心がある。

🏠台中市和平區中正路91號
☎(04)2598-0887
📠(04)2598-0366
🏨Ⓦ①6000元～　🈂10%
💳**A D M V**　🛏97
🚌「梨山」バス停より徒歩約1分
🌐www.lishanguesthouse.com.tw

ノスタルジックな伝統芸能のふるさと

宜蘭

イーラン　Yilan

Map P.49-D3

宜蘭は台湾北部の肥沃な蘭陽平原に広がる宜蘭縣の中心の町。18世紀半ばから原住民噶瑪蘭(クヴァラン)族の地に漢人が侵入し、城壁を築いたのが町の始まり。城壁は日本統治時代に取り壊されたが、中心部を丸く取り囲む舊城路にその名残が見られる。

町の中心部には寺廟が多く、台湾の伝統文化が色濃く感じられる。日本統治時代の建築も残り、日台の歴史が融合したレトロな雰囲気が漂う。

台北とは高速道路で結ばれ、台北からの日帰りスポットとしても人気がある。周辺にも見どころが多い。

アクセス

台北から

台鐵 台鐵台北駅より台鐵宜蘭駅まで毎日多発、所要1時間8分～、自強号218元。

バス 台北轉運站バスターミナル（MP.69-C2）より葛瑪蘭客運1916「宜蘭」行きが毎日多発、所要約1時間10分、140元。または市政府轉運站バスターミナル（MP.73-D3）より首都客運1571「宜蘭」行きが毎日多発、所要約1時間10分、131元。

花蓮から

台鐵 台鐵花蓮駅より台鐵宜蘭駅まで毎日多発、所要54分～、自強號223元。

絵本の世界が広がる

幾米廣場　ジーミーコワンチャン

MAP P.233-B2

台鐵宜蘭駅周辺は、宜蘭出身で世界的にも有名な絵本作家、幾米（ジミー）の作品にちなんだモニュメントで彩られている。線路沿いにある幾米廣場は、彼の絵本に登場する場面や登場人物の一部を再現した公園で、撮影スポットとして人気。

旅遊服務中心

MP.233-B2
☎(03)931-2152
🕘9:00～18:00　休無休
交台鐵宜蘭駅よりすぐ

宜蘭轉運站バスターミナル

MP.233-B2
住宜蘭市校舎路190號
☎(03)938-4171
交台鐵宜蘭駅後站から出て右へ徒歩約5分。駅改札で通行証をもらえば、駅構内を無料で通り抜けられる

幾米廣場

交台鐵宜蘭駅より徒歩約2分

絵本の世界観を味わえる

中山公園

住 宜蘭市中山路二段482號
交 台鐵宜蘭駅より徒歩約5分

公園内に立つ献祓碑

宜蘭設治紀念館

住 宜蘭市舊城南路力行3巷3號
☎ (03) 932-6664
🕐 9:00～17:00
休 月、毎月の末日、旧正月
料 30元
交 台鐵宜蘭駅より徒歩約15分
URL memorial.e-land.gov.tw

畳の上を歩くと気持ちいい

宜蘭酒廠

住 宜蘭市舊城西路3號
☎ (03) 932-1517
🕐 9:00～17:00 (7～9月～17:30)
休 旧正月
料 無料
交 台鐵宜蘭駅より徒歩約15分
URL event.ttl.com.tw/yl

れんが造りの台湾紅麴館

伝統芸能に触れることができる
中山公園 チョンシャンコンユエン

MAP P.233-A・B2

　1909年に設置された公園で、「三角公園」とも呼ばれる。園内には日本統治時代の忠霊塔や日本軍の通信所跡、タイヤル族が首狩りの習慣を絶ったことを記念した献祓碑などがある。また園内に宜蘭演藝廳があり、宜蘭の伝統芸能の歌仔戲ほか、さまざまな歌舞劇の公演が行われる。

記念撮影スポットとして人気
宜蘭設治紀念館 イーランシャーヂージーニエングアン

MAP P.233-A2

　1906年に宜蘭庁長の西郷菊次郎により建設された和洋折衷様式の建築。以後地方長官の官邸として使われ、1997年に記念館として公開された。明治時代の木造家屋が美しく修復され、訪問者は畳敷きの部屋を巡りながら、200年に及ぶ宜蘭の歴史資料を観覧できる。屋敷を囲む日本庭園には、樹齢100年になるクスノキの大木が葉を茂らせている。

　周辺はかつて南門地区と呼ばれ官舎が多かった所で、ほかにも監獄門庁や県庁宿舎、農学校校長宿舎などが修復され、文学館やカフェ、レストランなどに利用されている。

日本より日本らしい風景

宜蘭の名酒を製造する工場
宜蘭酒廠 イーランジォウチャン

MAP P.233-A1

　創立は1909年、長い伝統と歴史をもつ酒工場。工場の一部が開放されており、酒造の歴史を展示した甲子蘭酒文物館や、発酵の仕組みを学べる台湾紅麴館などを見学できる。
　主力の紅露酒はうるち米を紅麴で発酵させた酒で、口当たりは甘く、冷やしたり燗して飲んだり、また料理や菓子にも使われる。ショップでは紅露酒のほか、麴の健康食品、化粧品なども売られている。また購入者が自分の酒を預けられる「酒銀行」などもある。
　工場内には日本統治時代の建築も多く、今なお現役で稼働している。

酒造の歴史を学べる甲子蘭酒文物館

近郊の見どころ

台湾の伝統芸能のテーマパーク

MAP P.49-D3

國立傳統藝術中心 クオリーチュアントンイーシューチョンシン

台湾の伝統芸術の保存と伝承、調査などを目的に設立された国立の文化センター。敷地内に古い町並みが再現され、伝統工芸を体験したり、手作りの民芸品を購入できる工房が並んでいる。また戯劇館や屋外ステージでは、歌仔戯や台湾歌劇、雑技などさまざまな伝統芸能が毎日数回演じられている。移築された古い建物や規模の大きな資料展示館もある。

古い町並みを再現した大通り

ユニークなネギ製品がいっぱい

MAP P.49-C3

三星青蔥文化館 サンシンチンツォンウェンホアグアン

三星葱は白い部分が長い青葱で、宜蘭地方を代表するブランド作物。ここは地元農会が運営する三星葱に関する文化館で、建物の手前に三星葱に関する展示があり、奥は三星葱関連商品のショップになっている。葱アイス（55元）は一度食べて損はしない想像を超えた味。

宜蘭はネギの名産地

全国に知られる人気夜市

MAP P.49-D3

羅東觀光夜市 ルオトンクワンアンイエシー

庶民的でにぎやかな夜市で、台湾の十大夜市などのランキング企画では常連になっている。

夜市は中山公園を取り囲むように続いている。民生路沿いは服などのファッション小物の店が多く、民權路沿いに小吃の店が多い。地元名物の三星葱を使った小吃が多いのが特徴で、葱油餅、葱多餅、葱巻肉などおいしいネギがたっぷりと楽しめる。また薬膳スープで羊肉を煮込んだ當歸羊肉湯の屋台が多く、滋養強壮に効きそうな漢方の香りがあたり一帯に漂っている。

食べ物屋台が並ぶグルメ夜市

國立傳統藝術中心

🏠 宜蘭縣五結鄉五濱路二段201號
☎ (03) 970-5815
🕐 9:00～18:00　休 旧正月
料 150元
🚉 台鐵宜蘭駅より台鐵羅東駅下車、所要約10分、15元～。羅東駅後站の羅東轉運站バスターミナルから241、621路バス、台湾好行バスG21冬山河線で約25分、「國立傳統藝術中心」下車、徒歩約3分
🔗 www.ncfta.gov.tw

雑技のステージ

三星青蔥文化館

🏠 宜蘭縣三星鄉義德村中山路二段41號
☎ (03) 989-3170
🕐 8:00～17:00（土・日・祝9:00～18:00）　休 旧正月
料 無料
🚉 台鐵宜蘭駅より台鐵羅東駅下車、所要約10分、15元～。羅東轉運站バスターミナルより1792、1798、1794路バスなどで30～40分、「三星一站」か「三星三站」下車、徒歩約2分、40元～
🔗 fb.com/100063716726611

羅東觀光夜市

🏠 宜蘭縣羅東鎮中山公園周辺
🕐 17:00頃～24:00頃　休 無休
🚉 台鐵宜蘭駅より台鐵羅東駅下車、所要約10分、15元～。羅東駅より徒歩約10分。駅前の道を直進し、興東路を左折して真っすぐ

特産のネギがたっぷりの葱多餅

蘭陽博物館

住 宜蘭縣頭城鎮青雲路三段750號
電 (03) 977-9700
時 9:00〜17:00
休 水、旧正月 **料** 100元
交 宜蘭轉運站バスターミナル（「宜蘭火車站（光復路）」、「北門」などのバス停からも乗車可）より、紅1、1766路バスで所要40分、「蘭陽博物館」下車すぐ、46元〜
URL www.lym.gov.tw

人形など模型を使って
わかりやすく展示

蘭鯨號 (亀山島クルーズ船)

住 宜蘭縣頭城鎮港口里港口路15-30號
電 0937-157-740
時 3〜11月8:00〜22:00
休 12〜2月
交 宜蘭轉運站バスターミナルより、紅1、1766路バスで所要40分、「烏石港站」下車すぐ、46元
URL www.hotweb.com.tw/blueship

荒々しい亀山島の岩肌

太平山

交 宜蘭轉運站バスターミナルより國光客運1750太平山専車バスが7:40発。所要約2時間30分、243元。途中で森林遊楽區の入場料100元を払う。このバスの利用者は11:30発の蹦蹦車に優先的に乗れる。帰りは太平山14:30発。帰路の途中で鳩之澤温泉に立ち寄る

蹦蹦車

料 180元 **時** 7:30〜14:30に1時間に1本 **休** 第2・4火曜
URL tps.forest.gov.tw
太平山駅から茂興駅まで約3kmの道のりを約20分で結ぶトロッコ電車。

蘭陽平原について幅広く展示

MAP
P.49-D2

▌**蘭陽博物館** ランヤンボーウーグアン

　宜蘭の北約30km、海に面した頭城にある規模の大きな博物館。片側が地面に沈み込んでしまったかのような、特異な外観の建築も特徴。宜蘭が位置する蘭陽平原の自然、文化、歴史、産業などの資料を幅広く展示している。太平山の林業の発展史など、日本にかかわる展示も多い。解説は中国語と英語がある。

シャープで斬新な建築

手つかずの自然が残る離島

MAP
P.49-D2

▌**亀山島** グイシャンダオ

　頭城の沖約10kmに浮かぶ東西約3.3km、南北約1.7kmの火山性の島。蘭陽平原の海岸線を走る車窓などからも、息継ぎに現れた海亀のような島影がよく見える。

　蘭陽博物館から徒歩約5分ほどの烏石港から、3〜11月にほぼ毎日クルーズ船が出ている。船はクジラやイルカ観賞のものと亀山島に上陸するもの、またその両方を行うものがある。

　船は約30分で島に到着。上陸するものは軍事坑道や日本統治時代の施設跡、冷泉などを巡り、帰りに島を一周する。所要時間は全行程で約3時間。

　烏石港の環教中心1階にクルーズ船会社のオフィスがある。天候によるがシーズン中は1日4便以上、オフシーズンは午前中に1便（おもに9:00発）出発。ひとり1000〜1500元。要パスポート。運航状況は事前にホテルのコンシェルジュなどに電話で尋ねてもらうといい。

原生林の中をハイキング

MAP
P.49-C3

▌**太平山** タイピンシャン

　宜蘭から南西へ約35kmに位置する太平山は、標高1950mの山。周辺の山々との山頂一帯は森林遊楽區に指定されていて、見晴懐舊歩道など眺めのよいハイキングコースがいくつも設けられている。日本統治時代に木材の運搬のために敷設されたトロッコ路線を観光用にリニューアルした**蹦蹦車**も人気。宜蘭、羅東から早朝発車する太平山専車バスを使えば個人でも日帰りで訪れることができる。

森の中を駆け抜ける蹦蹦車

グルメ

gourmet

ヂォンハオシエンロウシアオロンバオ
正好鮮肉小籠包

小籠包　**MAP** P.233-A2外

いつも行列の人気店

うっすら緑に見えるほど特産のネギがぎっしり詰まった小籠包（100元）が有名。ひと口かじれば、ネギと肉汁のうま味が口中に広がる。ピーク時を外せばさほど待たなくても大丈夫。

🏠宜蘭市泰山路25號
☎(03)932-5641
🕙10:00～15:00
休月
CC不可
🚇台鐵宜蘭駅より徒歩約18分
🌐fb.com/gogogoeateat

ベイハイダオブーロウ
北海道卜肉

ローカルフード　**MAP** P.233-A1

揚げるときの音が名称の由来

宜蘭の伝統料理卜肉（プーロウ）は、豚肉を厚い衣で包んで揚げた料理。この店の黄金蔥卜肉（150元～）はサクサクした口当たりと豚肉の甘みがおいしい一品。ほかに炒意麺（90元～）などもおすすめ。

🏠宜蘭市舊城北路136號
☎(03)932-6408
🕙16:00～22:00
休木
CC不可
🚇台鐵宜蘭駅より徒歩約12分

ユェンライドウホア
原來豆花

スイーツ　**MAP** P.233-A1

コスパが高くて味もグッド

人気の豆花冰（50元）は、黒糖シロップのかき氷の上に豆花がのったもので、芋圓など14種類のトッピングから3つが選べる。トッピングは別皿で出てくるので、食べ方自由。冬はサトウキビ、ショウガの汁に入った熱い豆花もある。

🏠宜蘭市舊城北路171-1號
☎(03)935-5158
🕙10:00～21:30
休水
CC不可
🚇台鐵宜蘭駅より徒歩約13分

ショッピング

shop

ラオゾンショウミージエンプー
老增壽蜜餞舗

菓子　**MAP** P.233-A1

1861年創業の老舗蜜餞店

宜蘭名物の金棗蜜餞（キンカンの砂糖漬け）を中心に、さまざまなドライフルーツを扱っている。自社製品の梅の蜜餞（50元～）や牛舌餅（25元～）も種類が豊富でおみやげとして人気がある。試食も可。

🏠宜蘭市中山路三段68號
☎(03)932-2555
🕙9:00～21:00（土～22:00）
休無休
CC不可
🚇台鐵宜蘭駅より徒歩約8分
🌐www.laojansow.com.tw

ランヤンユエンチュアングァン シュアンピンディエン
蘭陽原創館 選品店

雑貨　**MAP** P.233-A2

地域の原住民文化を紹介

2021年にオープンした蘭陽地方の原住民文化を紹介する蘭陽原創館のセレクトショップ。おしゃれにアレンジされた原住民テイストの品々がいろいろ並ぶ。ここにはほかにも原住民文化関連の店や工房、カフェなどがある。

🏠宜蘭市中山路二段430巷1號
☎(03)936-0098
🕙10:00～18:00
休火
CC不可
🚇台鐵宜蘭駅より徒歩約5分
🌐www.yilanstyle.com.tw

ホテル

hotel

ランチョンジンイエジォウディエン
蘭城晶英酒店

高級　**MAP** P.233-A2　📶

ショッピングセンターの上階にある

蘭城新月廣場の6階以上を占める。客室は宜蘭の伝統を意識した落ち着いた造り。4つのレストラン、沐蘭SPA、最上階に屋外プールがある。ホテル入口は建物の南側にある。

🏠宜蘭市民權路二段36號
☎(03)935-1000
FAX(03)935-4000
料ⓌⓉ2万800元～
CCAJMV
🛏193
🚇台鐵宜蘭駅より徒歩約15分
🌐www.silksplace-yilan.com.tw

世界でも珍しい冷泉がある

蘇澳
スーアオ　Su'ao

★台北
★蘇澳

高雄

Map P.49-D3

アクセス
台北から
台鐵 台鐵台北駅より
台鐵蘇澳新駅まで毎日
多発、所要2時間～、自
強號261元。台鐵蘇澳
駅まで所要2時間50分
～、區間車173元。直接
蘇澳に行く列車は區間
車なので。自強號などで
蘇澳新駅で下車し、蘇
澳行き列車に乗り換え
ると多少早い。
バス 圓山轉運站バスタ
ーミナルより國光客運
1879「南方澳」行きで
「蘇澳」下車。毎日多発、
所要約2時間10分、190
元。G04大坪林駅より
大都会客運9028「蘇澳」
行きも1日3便ある。

阿里史冷泉
M P.238-A
⏱ 24時間　休 木
🚉 台鐵蘇澳駅より徒歩約5分

蘇澳冷泉公園
M P.238-A
🏠 宜蘭縣蘇澳鎮冷泉路6-4
號
☎ (03) 996-0645
⏱ 9:30～19:30
休 木　料 120元
🚉 台鐵蘇澳駅より徒歩約5分

蘇澳は山と海に囲まれた小さな町だが、台湾で唯一、世界でも珍しい炭酸カルシウム冷泉で有名な観光地となっている。日本にいちばん近く（与那国島まで約110km）天然の良港にも恵まれており、南方澳は近海、遠洋漁業の一大基地となっている。

珍しい冷泉に入ろう

▶蘇澳冷泉 スーアオロンチュエン

MAP
P.238-A

蘇澳の冷泉は、豊富な雨量と深い石灰岩層の関係から生じたもの。大量の二酸化炭素を含み生物が生存できないため、かつては有毒と考えられていた。日本統治時代にその効能が確認され、これを利用してラムネや羊羹も作られている。

町には2ヵ所、冷泉浴ができる場所がある。無料の**阿里史冷泉**は裸で入る男女別浴場と浅いプールがある。有料の**蘇澳冷泉公園**には冷泉プールと温水が出る伝統湯屋がある。冷泉の温度は22℃ほど。最初は冷たいが、しばらくじっとつかっているとじわじわと温かく感じるようになる。うぶ毛に小さな気泡がびっしりと付き、手足を激しく動かすと泡立って、まさに炭酸水につかっているようだ。

阿里史冷泉の浴場

ひざまでの浅いプール

活気があるコンパクトな漁港の町

南方澳 ナンファンアオ

MAP P.49-D3

蘇澳市街から1.5kmほど南にある漁港の町。港に沿ったコの字形の通りに海鮮料理店や乾物店、みやげ店、魚市場などが並び、非常に活気がある。

漁師の信仰を集める媽祖を祀った南天宮は規模が大きく、純金でできた媽祖像が有名だ。また内埠路から階段を10分ほど上った所にある南方澳觀景台からは、漁港の様子が一望できる。

南方澳觀景台から漁港を望む

南方澳

🚌 蘇澳轉運站バスターミナルより紅2、1766、1791路バスなどで所要約5分、「進安宮」下車。目の前に遊客中心がある。徒歩なら約30分

漁港の観光魚市場

---

gourmet グルメ

アートンバイユィワン
阿通伯魚丸

海鮮料理　MAP 地図外

1921年創業の有名食堂

南方澳漁港にある庶民的な海鮮料理店。シイラの肉を使った飛虎魚丸湯（30元）が名物。珍しいマンボウの皮（曼波魚皮煙、50元）や魚卵の燻製など写真付きメニューから選ぶことができる。

🏠 宜蘭縣蘇澳鎮漁港路73號
☎ (03)996-3985
🕐 9:00～17:30（土・日・祝～18:00）
休 水
CC 不可
🚌「進安宮」バス停より徒歩約3分

---

shop ショッピング

タイワンシアンチンシーピン
台湾郷親食品

菓子　MAP P.238-A

蘇澳名物のラムネ

蘇澳冷泉公園のすぐ近くにあるみやげ物店。炭酸カルシウム冷泉を使用したラムネ（彈珠汽水、35元）や冷泉羊羹（200元～）、牛舌餅（50元～）などさまざまなみやげが売られている。

🏠 宜蘭縣蘇澳鎮中原路10巷35號
☎ (03)996-0360
🕐 8:00～19:00
休 無休
CC JMV
🚌 台鐵蘇澳駅より徒歩約3分

スーアオマーヘイタンガオ
蘇澳媽黑糖糕

菓子　MAP 地図外

優しい甘さの黒糖カステラ

南方澳の媽祖廟南天宮近くにある黒糖カステラの店。お参りに来た人が買っていく人気のおみやげで、もちもちした食感と素朴な黒糖の風味がおいしい。1パック120元でボリュームもある。

🏠 宜蘭縣蘇澳鎮漁港路99號
☎ (03)995-5311
🕐 10:00～20:00
休 無休
CC 不可
🚌「進安宮」バス停より徒歩約3分
🌐 www.suaoma.com.tw

---

hotel ホテル

ロンシャンリンスーアオロンルーチュエントウージャーファンディエン
瓏山林蘇澳冷熱泉度假飯店
高級 日 📶 MAP P.238-A

冷泉と温泉の両方を楽しめる高級ホテル。裸で入れる展望露天風呂も備えている。

🏠 宜蘭縣蘇澳鎮中原路301號
☎ (03)996-6666　FAX (03)996-6000
料 Ｗ①1万元～　⊕10%　CC AJMV　室152
🚌 台鐵蘇澳駅より徒歩約3分
🌐 suao.rslhotel.com

スーアオダーファンディエン
蘇澳大飯店
中級 日 MAP P.238-B

町の東側にある大きなホテル。蘇澳港の夜景が見える部屋もある。平日は5割引きも可。

🏠 宜蘭縣蘇澳鎮蘇東中路7號
☎ (03)996-5186　FAX (03)996-8641
料 Ｗ①3300元～
CC MV　室59　🚌 台鐵蘇澳駅より徒歩約5分
🌐 www.suaohotel.com

アクセス便利な温泉リゾート

礁溪温泉
ジャオシーウェンチュエン　Jiaoxi Hotspring

Map P.49-D2

駅を出るとすぐそこから温泉街が始まる、礁溪温泉は台湾では数少ない平地にある温泉地。泉質は弱アルカリ性の炭酸水素ナトリウム泉、無色透明、くせのない温泉水は野菜栽培や魚の養殖などにも使われている。アクセスがよく、観光開発も進んでいる。台北からの日帰りでも十分楽しめる。

アクセス
台北から
台鐵 台鐵台北駅より台鐵礁溪駅まで毎日多発、所要約1時間8分～、自強199元。
バス 台北轉運站バスターミナル（Ⓜ P.69-C2）より葛瑪蘭客運1915「宜蘭」行きで「礁溪」下車。毎日多発、所要約1時間、112元。または市政府轉運站バスターミナル（Ⓜ P.73-D3）より首都客運1572「羅東轉運站」行きで「礁溪」下車。所要約1時間、96元。
宜蘭から
台鐵 台鐵宜蘭駅より毎日多発、所要約7分～、區間車15元。

湯圍溝温泉公園
🚉 台鐵礁溪駅より徒歩約8分

湯圍風呂
Ⓜ P.240-A
🏠 宜蘭縣礁溪鄉德陽路99-11號 ☎(03)987-4882
🕕 6：30～12：20、13：00～21：30
🈺 旧正月　💴 80元

礁溪温泉公園
🚉 台鐵礁溪駅より徒歩約10分

▲ 足湯のある公園
MAP P.240-A

湯圍溝温泉公園　タンウェイゴウウェンチュエンコンユエン

　温泉が流れる小川に沿って、和風庭園のような遊歩道を造った公園。無料で利用できる足湯が各所に設けられており、足の古い角質を食べてくれる温泉魚の池（50元～）も増えている。

　公園内には男性のみ入れる無料の公共浴場もある。檜風呂がある**湯圍風呂**はおすすめ。裸で入れてもちろん男女別。石鹸やタオルなどは準備して行こう。

温泉魚の足湯

▲ バスターミナル裏にある温泉公園
MAP P.240-B 外

礁溪温泉公園　ジャオシーウェンチュエンコンユエン

　礁溪轉運站バスターミナルのすぐ裏、礁溪駅からは徒歩約10分ほどの所にある、小高い丘を取り囲んだ公園。近年整備され、旅遊服務中心が設置された。無料の足湯や温泉プール（有料）、裸で入れる露天の森林風呂（有料）がある。

gourmet

グルメ

宜蘭滷之郷
イーランルーヂーシアン

`ローカルフード` **MAP** P.240-A

台湾のソウルフード、滷味

台湾庶民の味「滷味」の人気店。ショーケースに並ぶ煮込んだ内臓や肉の部位を選んでカウンターに持っていくと、食べやすい大きさに切り分けてくれる。鴨腿麺（80元）と食べるとおいしい。

🏠宜蘭縣礁溪郷礁溪路五段69號
☎(03)987-4600
🕙10:00～23:00
休旧正月
CC不可
交台鐵礁溪駅より徒歩約5分
🌐www.039874600.tw

shop

ショッピング

奕順軒
イーシュンシュエン

`菓子、パン` **MAP** P.240-A

名物の宜蘭餅をおみやげに

いつも大勢の客でにぎわっている地元密着型ベーカリー。その見た目から牛舌餅とも呼ばれる宜蘭餅（30元）は薄いパイで、この地方の特産品。三星葱を使ったパンもおすすめ。

🏠宜蘭縣礁溪郷礁溪路五段96號
☎(03)987-6336
🕙9:30～21:30
休無休
CC不可
交台鐵礁溪駅より徒歩約5分
🌐www.pon.com.tw

hotel

ホテル

晶泉丰旅 WELLSPRING by SILKS
ジンチュエンフェンリュー

`高級` **MAP** P.240-B 日📶

大人のリゾートデザインホテル

リージェント系列の高級温泉ホテル。各部屋に半露天風呂、シャワー、温水便座を完備。浴衣やサンダルは台湾の伝統工芸である藍染めを取り入れたオリジナル。ロビーにはお茶やお菓子が置かれ、17:00～18:30（土・日14～19:00）にはアルコールも供される。

レストラン「三燔礁溪」では東海岸の漁港から仕入れた季節の海産物や地元で取れる新鮮な温泉野菜をたっぷり使った鍋料理を提供。宿泊客は隣の系列ホテル、「ジャストスリープ 宜蘭礁溪館」の大浴場を無料で利用することができる。

🏠宜蘭縣礁溪郷温泉路67號
☎(03)910-0000
FAX(03)910-0009
料Ⓢ①1万1000元～
⊕10%
CCAJMV 室109
交台鐵礁溪駅より送迎バスあり 🌐www.silksspring.com

1 屋上の温泉プールからは遠くに龜山島が望める。夜景もきれい **2** 家具の配置、設計には経験の長いホテルスタッフたちも参加し、徹底的に使いやすさを追求

エバーグリーン・リゾートホテル（礁溪）
長榮鳳凰酒店（チャンロンフォンホアンジォウディエン）

`高級` **MAP** P.240-B外 日📶

屋上の露天風呂が自慢

9つのグレードに分かれた温泉付き客室は、禅をイメージした落ち着いた造り。スパ、岩盤浴など設備も充実。また客室と同様の設備を備えた湯屋もある（90分2600元～）。

🏠宜蘭縣礁溪郷健康路77號
☎(03)910-9988
FAX(03)987-6383
料Ⓢ①1万6600元～
⊕10% CCADJMV
室231
交台鐵礁溪駅より徒歩約10分
🌐jiaosi.evergreen-hotels.com

ジャストスリープ 宜蘭礁溪館
捷絲旅 宜蘭礁溪館（ジエスーリュー イーランジャオシーグアン）

`中級` **MAP** P.240-B 日📶

家族で楽しめる

スタイリッシュで機能的なデザインが人気。大浴場もある。子供用図書館、劇場など小さい子供が楽しく過ごせる設備が充実している。朝食は新鮮な温泉野菜をたっぷり食べられる。

🏠宜蘭縣礁溪郷德陽路24巷8號
☎(03)910-2000
FAX(03)910-2009
料Ⓢ6500元～ ⊕10%
CCAJMV 室149
交台鐵礁溪駅より徒歩約6分
🌐www.justsleep.com.tw

花蓮と台東を結び南北に走る花東公路。そのうち、海岸に沿って走る全長約169kmのルートを海線という。美しい太平洋を眺めながらのドライブが楽しい省道で、路線バスで移動するだけではもったいない。サイクリングロードも整備されているので、秋や春のさわやかな季節ならサイクリングやハイキングもおすすめ。

　このあたりの住民の半数以上は原住民であるアミ族。夏であれば華やかな衣装に身を包んで踊る豊年祭に遭遇する可能性が高い(特集→P.218)。豊年祭情報は各地の旅遊服務中心などで手に入る。

アクセス
花蓮→靜浦へ
バス 花蓮轉運站バスターミナルより花蓮客運1140「靜浦」行きバスが1日8便。このバスで石梯坪にアクセスできる。
台東から靜浦へ
バス 台東轉運站バスターミナルより興東客運8102「靜浦」行きバスが1日4〜6便。このバスで小野柳、阿美族民俗中心、成功、三仙台、八仙洞にアクセスできる。
台東から成功へ
バス 台東轉運站バスターミナルより興東客運8103「成功」行きバスが1日6便。このバスで小野柳、阿美族民俗中心にアクセスできる。

石梯坪
🏠花蓮縣豐濱鄉石梯坪52號
📞(03) 878-1452
🕐24時間　💴無料
🚌花蓮轉運站バスターミナルより花蓮客運1140「靜浦」行きバスで「石梯坪遊憩區」下車、所要約1時間45分、199元。台湾好行バス304洄瀾東海岸線利用が便利
🌐www.eastcoast-nsa.gov.tw

八仙洞
🏠台東縣長浜鄉三間村水母丁1-4號　📞(089) 88-1418
🕐24時間(遊客中心は8:30〜17:30)　💴無料
🚌台東轉運站バスターミナルより興東客運8102「靜浦」行き、8119「花蓮」行きバスで「八仙洞(仙洞)」下車、所要約2時間20分、283元

台湾好行バスが便利

白い岩と海のコントラストが美しい
▲ 石梯坪　シーティーピン
MAP
P.214-A2

　火山岩が波に削られ階段のようになった海岸段丘。岩の上に上ると、海の青さと凝灰石が混じった白い岩のコントラストが美しいパノラマが広がる。なかでも、壺のように削られた壺穴景観は台湾一の景色といわれるほど有名。また、潮だまりで熱帯魚やエビ、カニの姿を見つけることも。当然、ダイビングや磯釣りに絶好のスポットでもある。

波によって削られた海岸

旧石器時代の遺跡でもある洞窟
▲ 八仙洞　バーシエンドン
MAP
P.214-A2

　海に面した崖の上に、地殻上昇の際に海水が浸食することによって生まれた海蝕洞窟が点在していて、各洞窟に通じる遊歩道が整備されている。洞窟の数は11。洞窟内で2万年以上前(旧石器時代)の住居跡が発見され、台湾最古の遺跡として「第一級古蹟」に指定された。洞窟はそれぞれ霊岩、潮音などと名前がつけられており観音様や仏様が祀られている。

原始人が住んでいた洞窟

珊瑚礁の海に架かる赤い橋

三仙台 サンシエンタイ

MAP
P.214-A3

日本統治時代から景勝地として知られている大岩礁で、3つの巨石が並ぶ。もとは岬だったが海水に浸食され、離れ小島となった。3人の仙人がいた痕跡が3つの巨岩だと言い伝えられており、三仙台と名づけられたという。島と岬を結ぶのは、長く延びる太鼓橋、龍橋。以前は干潮時に海を歩いて島へ渡れたが、サンゴ保護のため現在は禁止されている。

美しい橋が海へと延びる

三仙台

🏠台東縣成功鎮三仙里基翬路74號
☎(089)85-4097
🕐24時間（旅遊服務中心は8:30～17:30）　🈵無料
🚌台東轉運站バスターミナルより興東客運8102「靜浦」行き、8119「花蓮」行きバスで「三仙台」下車、所要約1時間30分、208元。台湾好行バス8101東部海岸線利用が便利

アミ族の文化センター

阿美族民俗中心 アーメイズーミンズーチョンシン

MAP
P.214-A3

東部海岸旅遊服務中心に併設された、アミ族の文化を体験することができる施設。広大な敷地内には竹でできたアミ族の伝統家屋が建てられ、内部も公開。11:00、14:00（日曜は14:00、15:30）から始まる約20分間のショーは無料で見ることができる。別料金で伝統の竹砲や射的を体験することもできる。

歌と踊りのショー

阿美族民俗中心

🏠台東縣成功鎮信義里新村路25號
☎(089)84-1751
🕐9:00～17:00（日13:00～）
🈶水（ショー、体験は月）
🈵無料（体験は50元～）
🚌台東轉運站バスターミナルより興東客運8103「成功」行き、8102「靜浦」行きバスなどで「東管處」下車徒歩約10分、所要約1時間10分、131元。台湾好行バス8101東部海岸線利用が便利
🖥fb.com/Amiskakeng

キノコ岩、カエル岩など地質好きは大興奮

小野柳 シアオイエリョウ

MAP
P.214-A3

花東公路最南端の風景區で、近くには杉原海水浴場と、綠島への船が出る富岡港がある。このあたりは砂岩と泥岩からなる海岸線が続き、歩いていると浸食によって生まれたキノコ岩、カエル岩など奇妙な岩が見つかり、自然が生んだ彫刻に見とれるだろう。遊客中心には地質展示館が設けられ、解説フィルムを上映。地質好きでなくても楽しめる。

豆腐岩と呼ばれる奇岩

小野柳

🏠台東市松江路一段500號
☎(089)28-1136
🕐24時間（遊客中心は8:30～17:00）　🈵無料
🚌台東轉運站バスターミナルより興東客運8103「成功」行き、8102「靜浦」行きバスなどで「小野柳」下車、所要約30分、43元。台湾好行バス8101東部海岸線利用が便利

✎ **COLUMN**

便利な台湾好行バス

花東公路（海線）の見どころはいずれも距離が離れていて、バスを使って訪れるのは大変。台東発の台湾好行バス8101東部海岸線を利用すれば、いくつかの見どころを効率よく訪れることができる。このバスは、各見どころで観光に必要な時間停車し、東部海岸を巡る、いわばツアーバスのような形式。行程は1日、午前、午後の3種類。1日と午前の便では阿美族民俗中心の公演を観ることができる。1日券399元、半日券250元。

山あいの秘湯を経由する
花東公路(山線)
ホアトンゴンルー(シャンシエン)　Huadong Highway (Mountain Line)

Map P.214-A2・3

●台北
花東公路
(山線)
高雄

アクセス
花蓮から瑞穂、玉里、池上へ
台鐵 台鐵花蓮駅より台鐵瑞穂駅まで所要約36分〜、自強號143元。台鐵玉里駅まで所要約49分〜、自強號189元。台鐵池上駅まで所要約1時間6分〜、自強號247元。
台東から瑞穂、玉里、池上へ
台鐵 台鐵台東駅より台鐵瑞穂駅まで所要約56分〜、自強號200元。台鐵玉里駅まで所要約41分〜、自強號154元。台鐵池上駅まで所要約27分〜、自強號96元。

瑞穂温泉山荘
🏠 花蓮縣萬榮鄉紅葉村23號
☎ (03) 887-2170
🕐 7:00〜23:00
休無休　料200元
🚍 台鐵瑞穂駅を出て直進し、突き当たる通りを左折して300mほど歩いた所にある「瑞穂站」バス停から1143路「紅葉」行きバスが7:00、11:00、14:00、17:10発。「紅葉派出所」下車、所要約7分、25元。上り坂を徒歩約5分。タクシー利用(約170元)が無難
🌐 www.js-hotspring.com.tw

瑞穂温泉山荘

安通温泉飯店
🏠 花蓮縣玉里鎮樂合里溫泉36號　☎ (03) 888-6108
🕐 8:00〜23:00(男女別浴場14:00〜22:30)　休無休
料380元
🚍 台鐵玉里駅より興東客運8181「成功」行きバス、台湾好行バス309玉長豐濱線で「安通温泉」下車、所要約15分、26元。タクシー約250元
🌐 www.an-tong.com.tw

花蓮と台東を結んで内陸側を走る約200kmの道路。日本人の移民村が多かった地域で、今も水田が広がり、おいしい米を産出している。中央山脈に沿って温泉も点在している。並行する鉄道を利用すると便利。

茶色く濁った温泉

MAP
P.214-A2

▶ **瑞穂温泉** ルイスイウェンチュエン

　瑞穂駅の西、約4kmの所にある温泉。台湾で唯一といわれる鉄分を含む炭酸塩泉で大量の鉱物を含み、空気に触れて黄土色に変わる。その色から「黄金温泉」ともいわれている。湯には結晶化した湯の花が浮かび、浴槽にも茶色い温泉成分がこびり付いている。美肌や疲労回復の効果があり、この湯につかると男子の子宝に恵まれるともいわれる。

　温泉の起源は1919年に開かれた滴翠閣という公共浴場。今も**瑞穂温泉山荘**という名で営業している。露天風呂は水着着用。

鉄分を多く含む湯

通好みの山中の秘湯

MAP
P.214-A2

▶ **安通温泉** アントンウェンチュエン

　日本統治時代の1903年に発見された、歴史のある温泉郷。泉質は弱アルカリ性の塩化物硫酸塩泉でほぼ透明、わずかに硫黄臭があり66度の高温で湧出している。温泉通が好む名湯として台湾でもよく知られている。

　かつて日本統治時代の旅館があった場所には**安通温泉飯店**が立ち、当時の木造建築の一部が保存されている。ここでは日帰りの入浴も可能で、水着着用の温泉プールと、本格的な裸で入れる男女別の浴場がある。

大自然を目の前に入浴できる

ミステリアスな石柱

掃叭石柱 サオパーシーヂュウ

MAP P.214-A2

瑞穂駅から南に約5kmの所にある古代遺跡。5.75mと3.39m の2本の石柱が並んで立っている。考古学的検証により約 3000年前の巨石文明、卑南文化に属することはわかったが、 何のために、どのように建てられたのかはいまだに謎のベール に包まれている。遺跡の近くには北回帰線標誌がある。

"池上便當"でおなじみの米どころ

池上 チーシャン

MAP P.214-A3

台湾を代表するブランド米、池上米のふるさととして有名。 台湾に駅弁は数々あれど、誰もが真っ先に思い浮かべるのが この「池上便當」だ。

池上駅周辺には全美行池上便當、家郷池上飯包などいくつ かの駅弁屋があり、食べ比べをしてもおもしろい。駅前の道を 300mほど進んだ所には池上飯包文化故事館もある。ここは池 上便當の元祖を自認する悟饕池上飯包が運営する店舗兼文化 館で、2階に池上便當の歴史に関する展示がある。

駅近くからは、稲田をぬって走るサイクリングロードが整備 されている。伯朗大道と呼ばれる真っすぐに延びる道の途中 に、エバー航空のCMで俳優の金城武が木陰でお茶を飲んだ 木(金城武樹)が保存されており、多くの人がここを目指す人 気スポットとなっている。

伯朗大道沿いにある金城武の木。稲が伸びる季節はもっと美しい

掃叭石柱

🏠 花蓮縣瑞穂鄉舞鶴村
🚌 「瑞穂站」バス停より統 聯客運1137「富里」、1142「玉 里」行きバスで「掃叭頂」下 車すぐ。所要約7分、25元

まるでストーンヘンジ

池上

🏠 台東縣池上鄉
🚌 台鐵台東駅より台鐵池上 駅下車、所要約27分〜、自 強號96元
　駅前にレンタサイクル店 がいくつかあり、1日150元〜。

池上飯包文化故事館

🏠 台東縣池上鄉忠孝路259 號 ☎ (089) 86-2326
🕐 10:30〜19:00
休 無休　料 無料
🚌 台鐵池上駅から徒歩約3分
🌐 www.wu-tau.com

入口に本物の列車が置かれた 池上飯包文化故事館

いろいろある駅弁。 食べ比べてみよう

 hotel

瑞穂温泉山荘 ルイスイウェンチュエンシャンヂュアン

経済的 日 MAP P.214-A2

高台にあり、露天風呂からの眺めもいい。畳 部屋もある。一般客室は2〜4割引きが可。

🏠 花蓮縣萬榮鄉紅葉村23號
☎ (03) 887-2170　📠 (03) 887-2220
料 Ⓦ2500元〜　Ⓣ3000元　Ⓓ700元
CC 不可　室 42　🗺 P.244参照
🌐 www.js-hotspring.com.tw

安通温泉飯店 アントンウェンチュエンファンディエン

中級 🛜 MAP P.214-A2

客室内の風呂にも温泉が引かれている。レス トランや売店も完備。周辺に商店などはない。

🏠 花蓮縣玉里鎮樂合里温泉36號
☎ (03) 888-6108　📠 (03) 888-3108
料 Ⓦ5600元〜　Ⓣ6600元〜
CC JMV　室 38　🗺 P.244参照
🌐 www.an-tong.com.tw

ホテル

のんびりムードのリゾート地

台東

タイトン　Taitung

Map P.214-A3

アクセス

台北から
飛行機 台北松山空港より立榮航空が毎日3～4便、華信航空が毎日3～4便、所要約1時間5分、1498元～。
台鐵 台鐵台北駅より台鐵台東駅まで毎日多発、所要約3時間45分～、自強號783元。

花蓮から
台鐵 台鐵花蓮駅より台鐵台東駅まで毎日多発、所要約1時間32分～、自強號343元。

高雄から
台鐵 台鐵高雄駅より台鐵台東駅まで毎日多発、所要約1時間43分～、自強號362元。

台東空港から市内へ 台東轉運站バスターミナルへ、興東客運8128路バスが8:50～18:20間に6便運行。所要約20分、25元。タクシーなら市内中部まで250元前後。

駅から市内へ 駅を出て右のバス乗り場より「台東市區」と表示されたバスが1時間に1～2便。いずれも終点は台東轉運站バスターミナル。所要約20分、25元。タクシーなら所要約15分、250元前後。

ここからバスに乗ると
市内に行ける

鯉魚山公園
🕐24時間　🈳無休　💰無料
🚃旧台東駅より徒歩約5分

台　東縣の県庁所在地で、人口約10万。海食台地や珊瑚礁の海岸、急峻な山並みなど、変化に富んだ景観と、アミ族やプユマ族らの文化を楽しめる。知本温泉（→P.254）や緑島（→P.344）、蘭嶼（→P.347）への拠点でもある。夏は気温が高いが北部に比べて湿度が低く、気持ちよく過ごすことができる。どこまでも広がる青い空と海、そして生い茂るヤシの木が南国ムード満点で、台湾のハワイと呼びたくなるような雰囲気だ。

台東の歩き方と見どころ

町の中心はかつて鉄道が通っていた旧台東駅（台東鐵道藝術村）の周辺で、現在の台鐵台東駅から約6km離れている。

町の中心部には新鮮な魚やトロピカルなフルーツなどを売る市場街が広がり、南国の活気を感じさせる。中心部は徒歩でも回れるが、少し足を延ばすなら自転車がおすすめ。かつての鉄道線路跡を整備し、海岸まで続く美しいサイクリングロード（台東山海鐵馬道）があり、心地よい風を受けながら台東の魅力に触れられる。レンタサイクル店もあり、多くのホテルが宿泊客用に自転車を用意している。

台東は近郊にも見どころが多く、台湾好行バスや鉄道などでアクセスできる。

サイクリングロードの途中にある旧馬蘭駅

緑豊かな憩いの場

▶ **鯉魚山公園** リーユィシャンコンユエン

MAP
P.248-A2

日本統治時代に建てられた台東神社の跡地。現在は本殿跡地に戦没した軍人の霊を祀る忠烈祠が立つ。観音菩薩を祀る龍鳳寺からは台東市街を一望できる。晴れた日は緑島を望める。

龍鳳寺の塔

 乗降自由の台湾好行バス1日券（東部海岸線半日券250元、1日券399元、縦谷鹿野線190元）がある。沿線には見どころが多く、1日存分に楽しめる。🖥 www.taiwantrip.com.tw

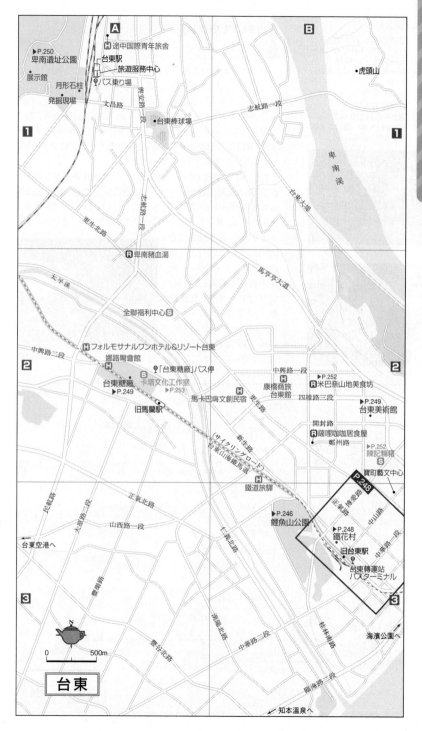

A

H 途中国際青年旅舎
台東駅
旅遊服務中心
バス乗り場

▶P.250
卑南遺址公園

展示館

月形石柱

発掘現場

文昌路

B

・虎頭山

志航路一段

卑
南
溪

台
東
大
橋

1

志
航
路
一
段

東
生
北
路

R 卑南猪血湯

太
平
溪

馬
亨
亨
大
道

全聯福利中心 S

中興路二段

H フォルモサナルワンホテル&リゾート台東
H 郷路驛會館
「台東糖廠」バス停

台東糖廠
▶P.249

卡塔文化工作室
▶P.253

旧馬蘭駅

馬卡巴嗨文創民宿 H

中興路一段

康橋商旅
台東館

四維路三段

▶P.252
米巴奈山地美食坊

▶P.249
台東美術館

開封路

R 薩哩咖咖居食屋

鄭州路

陳記麻糬
▶P.252
S

2

中
興
路
二
段

東
生
北
路

新
生
路

（
サ
イ
ク
リ
ン
グ
ロ
ー
ド
）

台
東
山
海
鐵
馬
道

鐵道旅驛

▶P.246
鯉魚山公園

寶町藝文中心
▶P.248

正
義
路

博
愛
路

中
山
路

▶P.248
鐵花村

旧台東駅

台東轉運站
バスターミナル

中
華
路
一
段

台東空港へ ←

民
航
路
一
段

大
原
路
一
段

正氣北路

山西路一段

仁
愛
北
路

豊
榮
路

豊
原
北
路

豊
谷
北
路

瑞
光
北
路

中華路一段

3

N

0   500m

台東

海濱公園へ ←

桂
林
路
一
段

臨
海
路
二
段

知本温泉へ ←

▶ 鐵花村 ティエホアツン

鐵花村

⏰14:00頃～22:00頃（フリ
ーマーケットはおもに金～
日15:00頃～）休月
🚶旧台東駅より徒歩約2分

TTstyle原創館

M P.248-A2
🏠台東市新生路105號
⏰10:00～23:00 休店による
🌐fb.com/Taitungstyle

フリーマーケット

ステージの熱演

かつて台東駅の倉庫や宿舎などがあった広大な敷地に広が
る、音楽や芸術などを主題にした文化村。2010年に「鐵花村音樂
聚落」としてスタートし、寂しかった台東の夜を盛り上げ、地元
の若者や観光客を集める存在となった。現在は音楽の域を越え
て若者たちが活動する場となり、アート作品や手作りのアクセサ
リー、自前の農産物などを売るフリーマーケットが催され、夜は
小吃の屋台や音楽ステージがにぎわう。

2017年には鉄筋を組んで無数のコンテナを積み重ねた特異な
建物**TTstyle原創館**がオープン、台東の山と海を象徴する曲線
の屋根の形状から「波浪屋」と呼ばれている。4階まであるコン
テナ群には、アーティストの店やアクセサリー店、カフェなどが
入っている。原住民文化を
取り入れたものが多く、ど
れもクオリティが高い。特
に木材や木の実を独自の
感覚でアートにした法拉
撒手作工坊、カジュアル
なハンバーガーショップ、
Wow's 邦査 Pangcah など
に立ち寄ってみたい。

TTstyle原創館

台東中心部

旧台東駅の面影が残る公園

台東鐵道藝術村(旧台東駅) タイトンティエダオイーシューツン

P.248-A2

かつて台東と花蓮を結んでいた軽便鉄道の終着駅を改装した記念公園で、今は市民の憩いの場となっている。路線は2001年に廃止されたが、80年の歴史をもつ鉄路局が残され、光華號などが保存されている。ホームや改札口、台湾唯一の折り返しループ、ポイントを切り替えるレバーなどが残り、鉄道好きでなくても心が躍る。

鉄道駅の跡地

カフェやアトリエが楽しい製糖工場跡地

台東糖廠 タイトンタンチャン

P.247-A2

日本統治時代の1913年に設立された製糖工場の跡地。現在は歴史遺産の保存と文化の活性化を目的とした「台東糖廠文化創意産業園區」となっている。

敷地内には工場や鉄道、機関車、貨車などが保存され、自由に見学できる。中興路二段のバス停がある入口近くには、製糖の歴史資料を展示した東糖文物館がある。

また倉庫などの建物は改装されてショップや工房、カフェなどが入居している。卡塔文化工作室(→P.253)をはじめ原住民文化関連の文物を扱う施設が多く、台東らしさが感じられる。

ショップやカフェが入る倉庫が点在

ふたつの建物からなる美術館

台東美術館 タイトンメイシューグアン

P.247-B2

町の北側にあるユニークな建築の美術館。2007年のオープンで、一期館と二期館のふたつの建物からなっている。

内側にある一期館は日本の象設計集団の設計で、和のシンプルさと原住民文化が融合した建物。台東の気候に合わせたエコロジーの手法も取り入れている。「山の歌」や「海の舞」など、おもな展示ホールが一期館にある。

道路側にある半月形の建物が二期館で、イベントスペースやレクチャールーム、カフェなどが入っている。

二期館が手前にある

旅遊服務中心

🏠 台鐵台東駅内、旧台東駅舍内、台東空港内
☎ (089) 23-8231
🕐 8:30～17:30(土・日8:00～18:00)

レンタサイクル

Ⓜ P.248-A1
🏠 台東市正氣路362號
☎ (089) 32-3427
🕐 8:30～20:00
休 無休 CC 不可 料 レンタサイクル1日150元～

台東鐵道藝術村

🏠 台東市鐵花路369號
🕐 24時間 休 無休
料 無料
交 旧台東駅よりすぐ

台東糖廠

🏠 台東市中興路二段191號
☎ (089) 22-7721
🕐 8:00～22:00 休 無休
料 無料
交 市區循環線順向バス、台湾好行バス縦谷鹿野線、8138路バスなどで「台東糖廠」下車すぐ。サイクリングロード台東山海鐵馬道沿いにあり、自転車が便利

機関車も動体保存

台東美術館

🏠 台東市浙江路350號
☎ (089) 33-0252
🕐 9:00～12:00、13:30～17:00 休 月、祝、旧正月
料 無料
交 市區循環線順向バス、台鐵台東駅に向かう8172路バスなどで「美術館」下車すぐ
🌐 tm.ccl.ttct.edu.tw

町にもアートがあふれる

國立台湾史前文化博物館

住 台東市豊田里博物館路1號 **電** (089)38-1166
時 9:00～17:00(入場は16:30まで)
休 月、旧正月 **料** 100元
交 台鐵台東駅より台鐵で台鐵康樂駅下車、徒歩約5分
URL www.nmp.gov.tw

卑南遺址公園

住 台東市南王里文化公園路200號
電 (089)23-3466
時 9:00～17:00(入場は16:30まで) **休** 月、旧正月
料 敷地内無料、展示館30元
交 台鐵台東駅より徒歩約10分。または台東轉運站バスターミナルより台湾好行バス縱谷鹿野線で「卑南文化公園」バス停下車すぐ

月形石柱

太麻里

住 台東縣太麻里郷大王村
交 台鐵台東駅より台鐵太麻里駅下車、所要約22分～、自強號53元。または台東轉運站バスターミナルより東台湾客運8151「太麻里」行きバスなどで「太麻里」下車。所要約50分、80元

新興(撒布優)部落

陳媽媽工作室

住 台東縣太麻里郷金萱路77號
電 0910-556-543
時 10:00～18:00(要予約)
休 土・日 **CC** 不可
交 台鐵太麻里駅より徒歩約5分
URL chenmommom.weebly.com

近郊の見どころ

先史からの台湾文化がよくわかる
▶ **國立台湾史前文化博物館** クオリータイワンシーチエンウェンホアボーウーグアン

MAP P.214-A3

　たくさんの石棺と精巧で美しい副葬品が見つかったプユマ人の遺跡(→下記)発見をふまえて設立。台湾で初めて先史、原住民文化を扱った博物館で、台湾全域の自然史、考古学、人類学、民族学

先史時代の生活についても展示

に関する充実した資料を集めている。台湾文化に興味がある人は必見だ。ミュージアムショップも充実。なお、館内では三脚とフラッシュの使用は禁止。

古代のプユマ人の暮らしがよくわかる
▶ **卑南遺址公園** ベイナンイーヂーコンユエン

MAP P.247-A1

　1980年、鉄道工事中に5000～3000年前のプユマ人の石器や土器、石棺などが大量に発見されたのがこの場所。約1.2ヘクタールという広大な敷地に、遺跡をそのまま保存した発掘現場や、遺跡に

発掘現場を見ることができる

関する展示が充実した展示館などがある。発掘現場から陸橋を渡った所には、プユマ時代のものだがまだ用途はわかっていないというミステリアスな月形石柱が保存されている。

パイワン族の文化に触れる
▶ **太麻里** タイマーリー

MAP P.258-B1

　台東からおよそ30km南西に位置する太麻里は、パイワン族が多く暮らすのんびりとした海沿いの町。台鐵太麻里駅から徒歩5分ほどの所には、パイワン族の伝統刺繍の工房兼ショップの**陳媽媽工作室**があり、見事な手仕事に出合える。台鐵太麻里駅から山のほうへ徒歩約30分ほど歩くと、パイワン族の彫刻に彩られた新興(撒布優)部落がある。8～9月は金針花の花畑で有名(→P.217)。

陳媽媽工作室の陳利友妹さん

条件が合えば熱気球で空中散歩

鹿野高台　ルーイエカオタイ

MAP
P.214-A3

鹿野高台は、台東から北北東へおよそ20kmの花東縦谷沿いの町、鹿野にある周囲を茶畑や山に囲まれた高原。新鮮な空気を体いっぱい吸い込んだり、草滑りや凧揚げを楽しめる。熱気球やパラグライダーといったスカイスポーツも盛んで、ここから下の龍田村までのパラグライダー飛行体験は2500元。毎年6月30日〜8月は国際的な熱気球フェスティバルが開催される。

なだらかな高原

日本の移民村

龍田村　ロンティエンツン

MAP
P.214-A3

台鐵鹿野駅近くにある龍田村は、戦前おもに長野県や新潟県出身の日本人によって開拓されたかつての移民村。鹿野庄役場、日本小学校の校長宿舎、台湾初の託児所など日本統治時代の遺構が一部残存している。2015年には崑慈堂の敷地内に鹿野神社も再建された。

龍田村は小さな村で、道は碁盤の目状に走っている。この地の特産である紅烏龍茶、アッサムティーの畑の間に整備されたサイクリングロードをぐるりと一周するには所要約20分。民宿に宿泊して、自然のなかで1日を過ごすのもおすすめ。

夏は緑が生い茂る緑色隧道

再建された鹿野神社

鹿野高台

🚌🚶台湾好行バス縦谷鹿野線で終点「鹿野高台」下車すぐ
所要時間30分、120元
🌐balloontaiwan.taitung.gov.tw

天際航空

🏠台東縣鹿野郷中華路三段399號　☎(089)55-2233
🚶「飛行夢工場」バス停下車すぐ
🌐www.skyrainbow.com.tw
台湾唯一の熱気球飛行会社。空中遊覧自由飛行(30分1人9000元、2人以上で受付)は早朝出発。要予約。

熱気球ツアーが人気

龍田村

🏠台東縣鹿野郷龍田村
🚶台東轉運站バスターミナルより鼎東客運(山線)8161「富里」、8167「關山」、8163「池上」行きバス、台湾好行バス縦谷鹿野線で「龍田」あるいは「崑慈堂」下車、所要約1時間、84元〜

レンタサイクル店、阿度的店

🏠台東縣鹿野郷龍田村光榮路232號　☎(089)55-0706
🕐8:30〜17:30　休無休
💰自転車1日150元、サイクリングガイドツアー300元
🚶「崑慈堂」バス停より徒歩約6分
🌐fb.com/adobike

Ⓗ 薇妮民宿

🏠台東縣鹿野郷龍田村光榮路590號　☎0932-345-997
💰①2200元〜　💳不可
🛏7　🚶「龍田」バス停より徒歩約2分
🌐www.love-taitung.com/winnie
熱気球飛行、サイクリングなど周辺の観光のアレンジ可能。

Ⓢ 鹿嶺記休閒茶荘

🏠台東縣鹿野郷龍田村龍馬路251巷10號
☎(089)55-1370
🕐12:00〜18:00　休火
🚶「龍田」バス停より徒歩約15分　🌐fb.com/LDJ551370
有機栽培の茶農家。紅烏龍茶、蜜香紅茶などを販売。民宿も経営。

米巴奈山地美食坊
ミーバーナーシャンティーメイシーファン

原住民料理 | MAP P.247-B2

原住民料理の専門店

　台湾原住民料理や地元の食材を使ったレストラン。原住民風の衣装を着たスタッフがいる。ビンロウの花の炒め物（檳榔花250元）など珍しい食材が食べられる。ふたり以上から受付。

🏠 台東市傳廣路470號
☎ (089) 22-0336
🕐 11:30〜14:00(L.O.13:30)、17:30〜21:00(L.O.19:30)
休 無休 CC MV
🚶 台鐵台東駅よりタクシーで約8分

榕樹下米苔目
ロンシューシアミータイムー

麺 | MAP P.248-B1

もちもちしたうどんのような麺

　米で作る太麺の米苔目は台東の名物。かつおだしスープに入った湯的米苔目（小碗50元）がいちばん人気。汁なしの乾的米苔目もある。紅烏龍茶など、台東ならではのドリンクも充実。

🏠 台東市中華路一段360號
☎ 0963-148-519
🕐 10:30〜14:30、17:00〜19:30
休 水
CC 不可
🚶 旧台東駅より徒歩約8分
🌐 fb.com/rongshuxia176

客來吃樂
クーライチールー

麺 | MAP P.248-A2

気軽に味わえる小吃の店

　いつも行列ができている麺線と緑豆算というスイーツの店。看板の大腸蚵仔麺線（小45元）はモツとカキが入ったコクのある味。緑豆算（緑豆のとろみスープ、小40元）は、ホットとかき氷がある。

🏠 台東市新生路218號
☎ (089) 34-3096
🕐 10:00〜20:00
休 無休
CC 不可
🚶 旧台東駅より徒歩約5分
🌐 fb.com/localdelicious

鐵花吧
ティエホアバー

ライブハウス | MAP P.248-A2

民族系のライブが楽しい

　鐵花村の中心的存在で、おもに原住民系アーティストの表現の場となっている。ライブは20:00からで、敷地には自由に入れるが座って楽しむにはドリンクの注文が必要。カクテル180元〜。

🏠 台東市新生路135巷26號
☎ (089) 34-3393
🕐 17:00〜22:00
休 月・火
CC 不可
🚶 旧台東駅より徒歩約3分
🌐 fb.com/tiehua

台東帆布行
タイトンファンブーハン

バッグ | MAP P.248-B1

テント生地で作ったエコバッグ

　老舗の帆布店が、カラフルな横ストライプのテント生地で作ったバッグ（100元〜）を販売。防水加工で、軽くて強度もあり、普段使いにしても重宝しそう。近くに縦ストライプ専門の店もある。

🏠 台東市正氣路202號
☎ (089) 32-2915
🕐 9:00〜21:00
休 日
CC 不可
🚶 旧台東駅より徒歩約5分

陳記麻糬
チェンジーマーシュウ

菓子 | MAP P.247-B2

池上産のもち米で作る

　1934年創業の餅店。創業者は日本人から餅づくりを学んだそう。紅豆、緑豆、ピーナッツなど味のバリエーションが豊富。ユニークなのは、カジキの肉が入った旗魚麻糬（28元）。1個22元〜。

🏠 台東市博愛路186號
☎ (089) 35-3286
🕐 6:30〜18:00(売り切れまで)
休 旧正月
CC 不可
🚶 旧台東駅より徒歩約15分
🌐 www.machi.net.tw

shop

東東市
トントンシー

雑貨　MAP P.248-A2

ここに来ればすべてが揃う

　町の中心、旧台東駅の駅舎跡に入ったセレクトショップ。定評のある台東県産の品物のみを集めており、ここに来れば間違いのないおみやげ選びができる。食品から生活用品まで60以上のブランドを揃え、なかでも原住民に伝わるスパイスや、薬草を使った石鹸、アロマオイルなどは台東ならでは。生産者と協力して、買いやすいように小さなパッケージを揃えているのも特徴だ。またバーコーナーでは地元のフルーツを使ったさまざまな果実酒をセットでテイスティング（160元〜）でき、味を確かめて納得して購入できる。

住台東市鐵花路371號
時11:00〜21:00
休無休
CCJMV
交旧台東駅よりすぐ
URLwww.dondonstyle.com

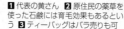

1 代表の黄さん　2 原住民の薬草を使った石鹸には育毛効果もあるという　3 ティーバッグはバラ売りも可

卡塔文化工作室
カーターウェンホアコンヅオシー

雑貨　MAP P.247-A2

華やかな文化に魅了される

　台東糖廠内、バス停近くの入口すぐの倉庫内にある、原住民文化を紹介するギャラリーと工房。内部にはパイワン族を中心に各民族の美しい工芸品が並び、購入もできる。オーセンティックなものから現代ファッションに合わせたものまで、品物はさまざまだ。店名の「Qkata」はパイワン族の言葉で「美しい果物」の意味で、すなわち琉璃珠（トンボ玉）のこと。ここではバーナーで琉璃珠を制作し、オリジナルアクセサリーを作る体験（300元〜、所要約30分）ができる。的確に指導してもらえるので、誰にでもできる。

住台東市中興路二段191號
TEL(089) 22-8107
時9:00〜17:30
休無休
CCJMV
交台東糖廠（→P.249）のアクセス参照
URLfb.com/atabeads

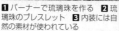

1 バーナーで琉璃珠を作る　2 琉璃珠のブレスレット　3 内装には自然の素材が使われている

hotel

桂田喜来登酒店（グイティエンシーライドンジォウディエン）
シェラトン台東ホテル

高級　MAP P.248-A1　日📶

シェラトン系列の高級ホテル

　台東で最高級クラス。旧クイーナプラザホテルが2016年よりスターウッドホテル&リゾートグループに加盟し、シェラトンとなった。モダンなインテリアで落ち着いた滞在ができる。

住台東市正氣路316號
TEL(089) 32-8858
FAX(089) 61-1698
料ST9800元〜　サ10%
CCADJMV
室290
交旧台東駅より徒歩約5分
URLwww.sheraton-taitung.com

リューレンイージャン ティエホアウェンチュアングアン
旅人驛站 鐵花文創館

中級　MAP P.248-A2　日📶

コスパが高いデザインホテル

　台東轉運站バスターミナルのそばで、近郊の町を訪れる起点にとても便利。レンタサイクル、洗濯機と乾燥機（有料）もある。アメニティは人気の台湾ブランド、茶籽堂の製品。

住台東市中山路402號
TEL(089) 35-2200
料ST4000元〜　サ10%
CCAJMV
室64
交旧台東駅より徒歩約1分
URLwww.traveller-inn.com

周りを森に囲まれたワイルドな温泉郷

知本温泉

ヂーベンウェンチュエン　Jhiben Hot Spring

★知本温泉

台北

高雄

Map P.214-A3

アクセス

台東からはバスが便利。知本温泉の多くのホテルが事前予約で台鐵知本駅、台東駅、台東空港まで送迎バス（有料）を出しているので利用すると便利。

台東から

台鐵 台鐵台東駅より台鐵知本駅まで毎日多発、所要約10分。自強號26元。台東からのバスはすべて台鐵知本駅を経由するのでそれに乗車するか、タクシーで所要約10分、200元前後。タクシーは要事前交渉。

バス 台東轉運站バスターミナル（MP.248-B2）より東台湾客運8129「森林遊樂區（内温泉）」行きバスが、6:55〜20:55の間に14便。「知本温泉」は所要約45分、51元。「清覺寺」は所要約50分、61元。「内温泉」は約55分、66元。

白玉瀑布

🏠 台東縣卑南郷温泉村
🎫 無料
🚌 東台湾客運8129路バスで「白玉瀑布」下車、上りの山道を徒歩約15分

日本統治時代から温泉郷として開発されていた知本温泉。バス停「知本温泉」周辺にはホテルやみやげ物屋が軒を連ね、にぎやかな雰囲気だ。知本溪に沿って3ヵ所の源泉があり、泉質は無色透明の炭酸泉。美白とアンチエイジングが期待できる“美人の湯”として知られ、大型の温泉リゾートホテルが点在している。バスは知本温泉から先、知本溪に沿って進む。清覺寺を経由し「内温泉」が終点。内温泉は森林遊樂區の入口で、キャンプやバーベキューも可能。ホテルも4〜6人用の部屋を用意しているところが多く、家族での利用にぴったりだ。

▼ 落差50m！　優美な滝に見とれる

MAP
P.254-B

白玉瀑布　バイユイプーブー

古くから景勝地として名高く、日本統治時代は「白玉の滝」と呼ばれていた。落差は約50m。細い道を約1kmほど歩いた先に、何層にも分かれて流れ落ちる優美な滝が見え、風に吹かれると水煙が増えていっそう華やかさを増す。滝の近くまでは階段の遊歩道を上って行けるが、天候によりすべりやすくなったり、倒木があったりするので気をつけよう。タイワンザルも出没する。

清涼感のある滝

知本温泉

0　300m

▶P.256 橙品温泉民宿
アヤ旺

東台湾客運「内温泉」バス停

東台湾客運「清覺寺」バス停
卍清覺寺 P.255

▶P.256 田媽媽東遊季養生美食餐館
東遊季温泉渡假村
農会農特産品展售中心

台鐵知本駅、台東へ▶

受天宮卍

東台湾客運「知本温泉」バス停

知本SPA温泉養生館

東台湾客運「泓泉飯店」バス停

Hホテルロイヤル知本
宏宣大阪店

▶P.255 忠義堂公共浴池

東台湾客運飯店
▶P.256

名泉旅遊山荘

東台湾客運「東台飯店」バス停

大頭目野食屋
▶P.256

富野温泉休閒会館
知本センチュリーホテル ▶P.256

東台湾客運「白玉瀑布」バス停

チケット売り場

知本森林遊樂區 ▶P.255

A

B

白玉瀑布 ▶P.254

東台湾客運 ett333023.com.tw

白ゾウが迎える清楚な尼寺

清覺寺 チンジエスー

MAP
P.254-B

　台湾の多くの寺院は極彩色の派手なイメージがあるが、この廟はすっきりとした印象。清楚なたたずまいを見せる尼寺だ。門で迎えてくれるのは狛犬ではなく、白いゾウ。これは釈迦を祀ってあるためだ。2体の釈迦牟尼像は、タイとミャンマーより招来したもので、手前の小さな仏像がご本尊となっている。堂内は靴と帽子を脱いで拝観しよう。

インドの雰囲気が漂うエキゾチックな寺

清覺寺

🏠 台東縣卑南鄉溫泉村龍泉路113巷21號
📞 (089) 51-2568
🕐 6:00～17:00 　休無休
💴 無料 🚌 東台湾客運8129路バスで「清覺寺」下車、徒歩約10分

釈迦牟尼像が祀られている

3本の遊歩道で自然を満喫

知本森林遊樂區 ヂーベンセンリンヨウルーチュー

MAP
P.254-A

　樹齢数百年の木が茂る森にいくつかの遊歩道が整備されていて、体力に合わせて知本の自然を楽しむことができる。「景観歩道」は45分ほどで花園をとおり滝へ向かう子供や年長者向きのコースだ。「森林浴歩道」は1周約1.8km。のんびり歩いて1時間ほどで文字どおり森林浴に最適だ。最長の「榕蔭歩道」は2.1km。2時間ほどのコースで、タイワンザルに合えるかも。

野生動物が姿を現すことも

知本森林遊樂區

🏠 台東縣卑南鄉溫泉村龍泉路320號
📞 (089) 51-0961
🕐 7:00～17:00（7・8月～18:00。入場は閉館30分前まで）
休 荒天の日
💴 80元（土・日・祝100元）
🚌 東台湾客運8129路バスで「内溫泉」下車、徒歩約5分

高台から知本の町を見晴らす

ローカルと一緒に温まろう

忠義堂公共浴池 ヂョンイータンコンコンユイチー

MAP
P.254-B

　三国志の関羽を祀る廟が管理する温泉施設。2023年4月現在、廟のほうは建て替え工事中だが、温泉は同じ場所で営業し、リーズナブルに入浴することができる。
　浴室は個室になっていて、入浴する際に蛇口から温泉を出して湯舟に注ぎ、出るときに栓を抜いて空にする。湯舟は浅く、横になって入らなければならない。また脱衣所はなく足元もぬれるので、短パン、サンダルなどで行くと便利。タオル類も持参しよう。

湯量豊富な温泉

忠義堂公共浴池

🏠 台東縣卑南鄉溫泉村龍泉路38號
📞 (089) 51-2884
🕐 7:30～21:30
休 無休
💴 100元
🚌 東台湾客運8129路バスで「白玉瀑布」下車すぐ

浴室の内部

田媽媽東遊季養生美食餐館
ティエンマーマートンヨウジーヤンションメイシーツァングアン

台湾料理　MAP P.254-B

ヘルシー料理で体をいたわる

「低糖、低油、低塩、高繊維」の三低一高をテーマに、地元産品を使った自然食料理を提供する。ホテル東遊季温泉渡假村内で営業するレストラン。ひとり用の定食、個人套餐は300元～。

🏠 台東縣卑南鄉溫泉村溫泉路376巷18號
☎ (089) 51-6111
🕐 11:00～14:00、17:00～20:00
休 無休　CC J M V
🚌 東台灣客運8129路バスで「遊季」下車、徒歩約5分
🌐 www.toyugi.com.tw/food

大頭目野食館
ダートウムーイエシーグアン

原住民料理　MAP P.254-B

野趣あふれるローカル料理

あっさりした味つけの原住民料理を楽しめるレストラン。あまり目にすることはない野菜や猪の肉など、食材は野趣あふれるものが多い。1品250元ぐらいからで、5人なら2500元のコースで大満足できる。

🏠 台東縣卑南鄉溫泉村龍泉路45號
☎ (089) 51-0280
🕐 16:00～23:00
休 不定休
CC M V
🚌 東台灣客運8129路バスで「白玉瀑布」下車、すぐ

ホテルロイヤル知本
知本老爺大酒店（ヂーベンラオイエダージョウディエン）

中級　MAP P.254-A　日 🛜

温泉スパリゾートを満喫

全客室石造りの浴槽完備（温泉）のほか、大浴場や露天風呂、温泉プール（水着着用）など、温泉を満喫できる老舗の高級リゾートホテル。毎晩行われる原住民ダンスショーも人気。

🏠 台東縣卑南鄉溫泉村龍泉路113巷23號　☎ (089) 51-0666
📠 (089) 51-0678
料 Ⓢ Ⓣ 1万200元～　➕10%
CC A J M V　室183
🚌 台鐵知本駅より送迎バスで約20分（要予約）
🌐 www.hotelroyal.com.tw/chihpen

知本センチュリーホテル
知本金聯世紀酒店（ヂーベンジンリエンシージージョウディエン）

中級　MAP P.254-B　日 🛜

ゆったり滞在したいリゾートホテル

閑静なリゾートホテルで、知本溪や龍泉橋、周囲の山々を望む落ち着いた雰囲気の客室が心地よい。屋上のアルカリ性温泉露天風呂「四季風呂美人湯」は宿泊者にかぎり無料で利用可。

🏠 台東縣卑南鄉溫泉村龍泉路30號
☎ (089) 51-5688　📠 (089) 511-234　料 Ⓢ Ⓣ 5010元～
CC A D J M V　室280
🚌 東台灣客運8129路バスで「知本溫泉」下車、すぐ
🌐 centuryhotel.com.tw

東台溫泉飯店
トンタイウェンチュエンファンディエン

中級　MAP P.254-A　🛜

プールのような露天風呂がある

向かいの東台SPA温泉養生館には流れるプールのような広大なジャングル露天風呂があり、宿泊客は無料で利用可（宿泊客以外は350元）。客室は広々としていて、家族連れに人気。

🏠 台東縣卑南鄉溫泉村龍泉路147號　☎ (089) 51-2918
📠 (089) 51-3269
料 Ⓢ 5600元～　Ⓣ 7200元～
CC A J M V　室146
🚌 東台灣客運8129路バスで「東台飯店」下車、徒歩約1分
🌐 www.dongtair-spa.com.tw

橙品溫泉民宿
チェンピンウェンチュエンミンスー

中級　MAP P.254-A　🛜

オレンジ色が目立つホテル

道路沿いにある西洋風の民宿。こぢんまりとしているが、それだけにアットホームな雰囲気でくつろげる。川に面した客室はバルコニーに温泉湯舟があり、雄大な自然を眺めながら入浴できる。

🏠 台東縣卑南鄉溫泉村龍泉路118號
☎ (089) 51-6263
料 Ⓦ 3000元～　Ⓣ 4000元～
CC J M V　室15
🚌 東台灣客運8129路バスで「清覺寺」下車、すぐ
🌐 www.chengping.idv.tw

台湾南西部
Southwestern Taiwan

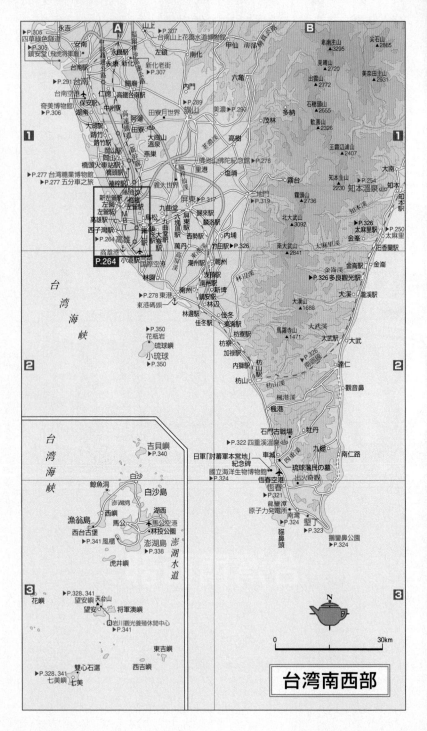

台湾南西部

台湾南西部
エリアナビ

台湾発祥の古都、台南と台湾南部最大の都市、高雄を擁する台湾南西部。
海に面する西側には古くから貿易や漁業で栄える港町が多い。
一方、山間部は原住民族の居住地で、町並みには彼らの
独自の文化が反映されている。台湾最南端の墾丁は
台湾随一のビーチリゾートで、マリンスポーツが盛ん。

旗山 >>> P.289

バ ナナの名産地として知られる、バロック様式の老街が残る小さな町。

近郊の見どころ
美濃（>>> P.290）

屏東 >>> P.317

原 住民が住む山あいの町に行く際に拠点となる台湾南部の中部市。

近郊の見どころ
三地門（>>> P.319）
台湾原住民族文化園区
（>>> P.319）

台南 >>> P.291

台 湾発祥の町とされる古都。古跡や寺廟が多く、安平（→P.303）には伝統的な町並みが残っている。

近郊の見どころ
四草緑色隧道（>>> P.305）
鎮安堂（飛虎將軍廟）（>>> P.305）
井仔腳瓦盤鹽田（>>> P.305）
奇美博物館（>>> P.306）
玉井（>>> P.306）
烏山頭水庫（>>> P.308）

台南市

高雄市

屏東縣

台南空港

高雄国際空港

恆春空港

墾丁 >>> P.323

台 湾最南端の町。海岸沿いはビーチが続く。

高雄 >>> P.264

ア ジア屈指の港湾都市で、南部最大の町。清代、日本統治時代の古跡、リノベーションスポットなど見どころが充実している。

近郊の見どころ
衛武營國家藝術文化中心（>>> P.277）
台湾糖業博物館（>>> P.277）
五分車之旅（>>> P.277）
佛光山佛陀紀念館（>>> P.278）
東港（>>> P.278）

恆春 >>> P.321

映 画の舞台にもなったのんびりとした町。墾丁（→P.323）観光の拠点となる。

近郊の見どころ
四重溪温泉（>>> P.322）

＼このエリアの観光に便利な台湾好行バス／ URL www.taiwantrip.com.tw

88 府城巡廻線	台南市中心部の主要観光スポットを一方向に巡回する
99 安平台江線	台南轉運站バスターミナルから出発し、台南市内の見どころを回り安平（→P.303）、四草緑色隧道（→P.305）、台湾博物館を経て七股鹽山へ
61 西濱快線	台鐵新營駅から玻璃高跟鞋教堂（→P.209）、井仔腳瓦盤鹽田（→P.305）を経て 台湾鹽博物館へ
9127D 大鵬灣琉球線	高鐵左營駅から東港旅客船ターミナル（→P.350）を経て大鵬灣へ
9189 墾丁快線	高雄左營駅から出発し大鵬灣、恆春（→P.321）を経て墾丁（→P.323）中心部の小灣へ

新スポットが続々登場！新しくなった
高雄ウオーターフロントへ

近年高雄で最も大きく変化したのがこのウオーターフロント。
個性的な建築が港町を彩る。

いま話題の
高雄流行音樂中心

ウワサの
巨大建築

砕ける波をイメージ
カオシォンリョウシンインユエチョンシン
高雄流行音樂中心

2021年に正式オープンした巨大な複合音楽センター。泡立つ白波をイメージした音浪塔が中心建築で、ふたつの塔と海音館コンサートホール、海風広場からなる。開館時間内は内部の見学も可能。博物館「POP! POP! POP!」は、台湾の音楽シーンに興味のある人は必見。対岸に珊瑚礁群多目的スペースもある。

MAP P.268-B3

住 高雄市真愛路1號 ☎ (07) 521-8012
開 10:00〜22:00 休 月 料 無料（博物館199元、コンサート有料）交 C11真愛碼頭駅より徒歩約2分 URL kpmc.com.tw

体験型の
展示も

1.夜間はライトアップされる 2.吹き抜けの塔内 3.模擬音楽スタジオで楽器に触れる 4.「POP! POP! POP!」の電子オブジェ

つり橋の
一種だ

15:00に旋回！

旋回する橋
カオシオンガンダーガンチャオ
高雄港大港橋

　2022年に完成した、駁二藝術特区と大港倉をつなぐ橋。長さは110m、船を通せるよう主軸を中心に旋回する構造になっている。毎日15:00（週末は19:00も）に旋回が始まり、その様子を見物する人々でにぎわう。

MAP P.268-A3

住高雄市新化街1號　☎(07)561-2311
開24時間　休無休　料無料　交C12駁二大義駅よりすぐ

1.白一色の流線型の橋 2.旋回中はもちろん通行禁止 3.展望デッキもある

かつての倉庫が大変身
ダーガンツァン
大港倉

　高雄港大港橋が開通したことにより息を吹き返した、2022年オープンの倉庫群。リノベされ、明るく広い4つの倉庫にショップ、カフェなどが並ぶ。周氏蝦捲（→P.311）などの有名店も入り、行楽客でにぎわっている。9番庫の広場には計38のベルを備えたオブジェ、大港迴聲があり、毎正時に音楽が演奏される。

ヤシの木が
トロピカル！

MAP P.268-A3

住高雄市蓬萊路6-6號（大港倉410）☎(07)2626-128（大港倉410）営10:00～21:00（金・土・祝、祝前日～22:00）休無料　料無料　交C12駁二大義駅より徒歩約2分

1.倉庫の間の通路には露店も並ぶ
2.大港迴聲
3.高雄みやげのセレクトショップ

夕暮れ時の散策が心地よい
ヂャンアルクー
棧貳庫

アートが
いい感じ

夕日を
見ながら乾杯！

1.古い倉庫が現代のテイストで復活 2.ショップなどが入る 3.掌門のクラフトビール 4.台湾ブリュワリー、掌門精醸啤酒餐廳のテラス席

　1914年に建てられた古い倉庫をリノベーション。メイドイン台湾の雑貨や食品を販売するショップ、カフェやレストランが入っている。窓の外には高雄港が広がり、窓際の席やテラスでは夕日を眺めながらくつろぐことができる。ミニ機関車、メリーゴーラウンドなど子供用のアトラクションもある。高雄港を巡るクルーズの船も出航。

MAP P.268-A3

住高雄市蓬萊路17號　☎(07)531-8568
営10:00～21:00（金・土～22:00）休無休
料無料　交C13駁二蓬萊駅より徒歩約9分

写真映えSPOT

思わずカメラに収めたくなるカフェや見どころも続々登場！

ランチやブレイクに

浪漫あふれるリノベカフェ
シンビン イーチェン
新濱・駅前

日本統治時代の、ここが高雄駅の駅前だった時代からある旧三和銀行の建物をリノベーションし、2022年にオープンしたカフェ。大正時代を感じさせるレトロモダンな雰囲気のなか、軽食や特製コーヒー、洋風スイーツなどを楽しめる。

MAP P.274-2

住高雄市臨海三路5號 ☎(07)531-5770 営11:00～20:00 休無休 カード J M V 交01西子灣駅2番出口、C14哈瑪星駅より徒歩約1分 URL fb.com/100063812155095

1.昭和金布丁(100元) 2.金庫冰滴咖啡(210元)は旧金庫室で作られる 3.椅子やテーブルなどのセレクトも見事にレトロ 4.いかにも旧銀行という厳格な建築

宝箱のようなゴージャスかき氷
チュンティエンビンティン
春田氷亭

ホテルのような入口

こちらも哈瑪星にある、リノベされた日本統治時代の高級旅館「春田館」の4階にあるカフェ。レトロな和の雰囲気のなかで個性的で美しいかき氷や、鍋焼麺などの和食を提供している。3階は厳選された台湾茶を気軽に楽しめる「春田茶室」。2階はユニークな雑貨売り場。フロントで販売されているロビーケーキにも注目。

MAP P.274-2

住高雄市臨海三路5號貿易商大樓4階 ☎(07)531-2770 営11:00～20:00 休無休 カード J M V 交01西子灣駅2番出口、C14哈瑪星駅より徒歩約1分

1.入口は角にある 2.春田茶室の台湾紅茶 3.グレープフルーツ味のかき氷、纈(180元) 4.料亭イメージの宮・九枡(200元、2人用280元)

2022年に新設

郵便について広く展示
ヨウヂョンボーウーグァンカオシォングァン
郵政博物館高雄館

建設工事が進む台鐵高雄駅のそばにある小さな博物館。稀少な中華民国初期の切手が見ものだ。

MAP P.265-B

住高雄市建國三路2-2號2階 ☎(07)285-8907 開9:00～17:00(入場は16:30まで) 休月、旧正月、清明節、端午節、中秋節 料20元 交台鐵高雄駅より徒歩約1分 URL museum.post.gov.tw/post/Postal_Museum/museum/Kaohsiung

1.テレサ・テンの切手 2.高雄の新しい博物館 3.台湾の郵便の歴史がわかる 4.中華民国初の記念切手

1 高雄港を一望できる

→P.276

高雄港の夜景を堪能！

カオシォンドンター
高雄燈塔

夜景観賞に訪れて

2022年から開放時間を延長し、夜景を楽しめるようになった高雄燈塔。カフェもオープンし、コーヒーを片手に高雄港の夜景を眺める若者でにぎわっている。夜空に浮かび上がる灯台の姿もロマンティック。灯台までの坂道も街灯があるので安心だ。

1.眼下には高雄港が広がる
2.灯火をともした今も現役の灯台だ 3.絶景を眺めながらコーヒーブレイク

並木のトンネルを電車が走る

ロンマオスイダオ
龍貓隧道

トトロのトンネル

2022年に延伸された高雄LRTの内惟藝術中心駅と美術館駅の間には小葉欖仁樹の並木が線路の両脇に続く区間があり、龍貓隧道（トトロのトンネル）と呼ばれ、人気の撮影ポイントになっている。ただし電車が接近しているときに線路に近づくことは禁止。線路上での撮影は非常に危険なので絶対しないように。

MAP P.264-A1
住 高雄市美術館路120號周辺
休 無休 料 無料 交 C21美術館駅よりすぐ

1.緑の枝が連なりトンネルのよう
2.内惟藝術中心駅
3.近くにある高雄市立美術館

CHECK! 高雄定番モデルルート

1日目	左營蓮池潭 →P.271	MRT美麗島駅	六合國際觀光夜市 →P.270
	龍と虎が大きな口を開ける龍虎塔など、ユニークな楼閣を巡る。	壮麗なステンドグラスのホール、光之穹頂を鑑賞できるMRTの駅。	パパイヤミルクや海鮮粥など名物グルメを楽しもう。

2日目	打狗英國領事館文化園區 →P.275	駁二藝術特區 →P.273	高雄流行音樂中心 →P.260
	見晴らしのいい丘にある赤れんがの古跡。高雄港をぐるりと一望。	アートスポットの倉庫街を散策。新登場の大港橋も渡ってみよう。	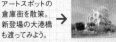 斬新なデザインの巨大建築の中に潜入。ポップ音楽の展示もある。

3日目	旗津輪渡 →P.276	旗津半島 →P.276	高雄燈塔 →P.263,276
	台湾本土とわずか5分で結ぶフェリーで旗津半島へ向かう。	サイクリングや海鮮グルメを楽しもう。のんびりとした雰囲気。	西子灣に沈む夕日を眺めるロマンティックなひととき。

高雄

カオシオン　Kaohsiung

アクセス

台北から
高鐵 高鐵台北駅より高鐵左營駅まで所要約1時間30分〜2時間20分、普通車両1445元。高鐵左營駅は、MRT紅線のR16左營駅と台鐵新左營駅に隣接。

台鐵 台鐵台北駅より台鐵高雄駅まで毎日多発、所要約3時間40分〜。自強號843元。

バス 台北轉運站バスターミナル（M P.69-C2）より國光客運1838「高雄」行きなどが毎日多発。所要約5時間、590元。

台東から
台鐵 台鐵台東駅より台鐵高雄駅まで毎日多発、所要約1時間46分〜。自強號362元。

台中から
台鐵 台鐵台中駅より台鐵高雄駅まで毎日多発、所要約2時間〜。自強號469元。

バス 統聯客運バス、國客客運バスなどが毎日多発。所要約3時間〜、350元〜。

高雄国際空港から市内へMRT紅線が接続、R4高雄國際機場駅からR11高雄車站駅まで所要約20分、35元。タクシーは300元程度。

旅遊服務中心

🕐10:00〜19:00頃 🈂無休
台鐵高雄駅や新左營駅、R10/O5美麗島駅、旗津フェリー乗り場、愛河沿いなど各地にオフィスがある。

人口約273万（2023年）の高雄は、台湾最大の貿易港である高雄港を擁するアジア有数の港町。

駅前から真っすぐ延びる中山路など主要道路は広く、大工場や町工場も多数集まる工業都市でもある。日本からの直行便も毎日就航しており、高雄を起点に南台湾を巡る旅もおすすめ。滞在費も台北に比べるとかなりリーズナブルだ。

起伏に富んだ地形による風光明媚な観光スポットが西側の海沿いに多く、特に西子湾に沈む夕日の美しさは台湾全土に知られている。

ベイエリアの発展は目覚ましい

高雄主要部

高雄市内交通　MRT（捷運）

　高雄には地下鉄、高雄捷運鉄道（MRT）があり、多くの見どころへ簡単にアクセスできる。高雄の町を南北に走る紅線（R）と東西に走る橘線（O）が中心部で十字に交わり、市内交通の中心的役割を果たしている。紅線は高鐵左營駅、台鐵高雄駅、高雄国際空港を結んでいる。

美麗島駅のステンドグラスは必見

MRTの運賃

　片道切符（QR單程票）は二次元コードが印刷された紙の切符で、改札機の読み取り部分に二次元コードをかざして改札を通る。乗車料金は20〜60元。一卡通、悠遊卡などのICカード（→P.55）使用で1.5割引き。

運行時間

　紅線は5:55〜翌0:48、橘線は6:00〜翌0:21。

乗車の注意点

　台北のMRTと同様、飲食、喫煙は厳禁。違反すると罰金を科される。博愛座（優先席）は必要とする人に譲ろう。

　ホームは長いが、車両は3両編成と短い。進行方向前寄りに停車するので、ホーム前方で待つようにしよう。

片道切符の買い方

① 「QR單程票」をタッチパネルで選択
② 運賃と人数を選択
③ 表示された額を投入
④ 切符とおつりを取る
※日本語も選択できるので簡単

緊急連絡先

日本台湾交流協会高雄事務所
MP.269-D2・3
住 高雄市和平一路87號南和和平大樓9、10階
☎ (07)771-4008
🕘 9:00〜12:30、13:30〜17:30
休 土・日・祝、一部日本の祝日
🚇 O7文化中心駅3番出口より徒歩約15分
URL www.koryu.or.jp/about/kaohsiung

高雄市警察局外事科
MP.268-B2
住 高雄市中正四路260號
☎ (07)215-4342（24時間外国人サービス専用回線）
URL kcpd.kcg.gov.tw

高雄捷運（MRT）
URL www.krtc.com.tw

QR單程票（片道切符）

高雄発祥のICカード、一卡通（iPASS）はMRT駅やコンビニなどで購入できる。
URL www.i-pass.com.tw

台湾全土で使える

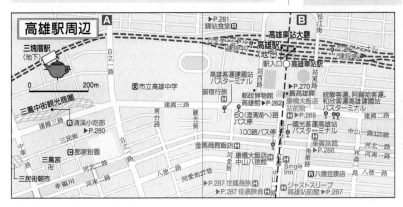

高雄駅周辺　A

三塊厝駅（地下）

🚇 市立高雄中学

三鳳中街観光商圈

🍴 清泉小吃部 ▶P.280

三鳳宮

🍴 郭家粉園

三民街朝市

自立一路
建國三路
南台路
繼光街
金馬商務飯店
康橋大飯店
中山八德館
同愛街9巷

▶P.281 駅站食堂 R
バスターミナル 建設街
▶高雄駅（地下）站前路
郵政博物館
高雄館 ▶P.262
60（澄清湖へ）バス停
100路バス停

▶P.287 世國旅店 ▶P.287 佳適旅店 H

B 松江街
高雄車站大廳
バスターミナル 建設街
高雄駅
站入口 高雄車站駅 站東路
站東街
▶P.270
舊高雄駅
康橋大飯店 站前路
▶P.288
國光客運高雄站 バスターミナル
華賓飯店 ▶P.288
南華路
林森一路
Single Inn
八德豆漿店
ジャストスリープ
高雄站前館 ▶P.287

統聯客運、阿羅哈客運、和欣客運高雄建國站 バスターミナル
建國二路
中山一路325號
河北一路
河南一路
八德一路

0 200m

自動券売機の使い方

①枚数を選択後、「確認」を押す
②料金を硬貨で入れる。紙幣は使えず両替機もない
③切符、おつりを受け取る

タッチパネル式の自動券売機

ICカードは乗車時にホームか車内の読み取り機にタッチ。降車時は不要

降りるときはボタンを押す

近郊へはタクシーが便利

見どころが多いO2塩埕埔駅、O1西子灣駅、旗津には民営のレンタサイクル店もある

LRT（輕軌）

環境に優しい次世代型路面電車（Light Rail Transit）の敷設が進んでいる。将来的には市街地を一周する環状線になる予定。2023年4月現在、**C24**愛河之心駅～**C32**凱旋公園間が開通。MRTとは**C24**愛河之心駅（**R13**凹子底駅）、**C14**哈瑪星駅（**O1**西子灣駅）、**C3**前鎮之星駅（**R6**凱旋駅）で接続している。

6:30～22:00に10～15分間隔で運行。乗車は1回30元（ICカードで支払うと1回10元に割引き）で、ICカードを読み取り機にタッチするか、LRT駅で單程票（片道切符）を購入する。

環境と景観に配慮した新しい交通機関

市バス

観光に便利な路線は**O1**西子灣駅から西子灣（→P.275）へ向かう橘1、99路バスや、**R15**生態園區駅や**R16**左營駅から左營蓮池潭（→P.271）へ向かう紅35、301路區間バスなど。1回の乗車は12元～。一卡通で2回乗車すれば3回目の乗車は無料。一卡通でMRTと乗り換えれば6元割引き。悠遊卡も使用可能。

MRTと上手に併用したい

タクシー

初乗りは85元。高雄では荷物代10元を取られることが多い。チャーターする場合は事前に時間と値段を交渉する。相場は1時間500元程度。

レンタサイクル

台北や台中、嘉義などでも使われている自転車シェアサービス、YouBike（→P.59）が、高雄でも市全域に普及している。料金は最初の30分は5元、それを超える30分毎に＋10元、4時間を超えると30分ごとに＋20元となる。スタンドはMRT駅、主要観光スポット近くにある。

URL www.youbike.com.tw

スタンドは町中にある

高雄MRT&LRT路線図

MRT紅線(Red Line)
MRT橘線(Orange Line)
LRT(ライトレール)

2023年4月現在

R24 南岡山
R23 橋頭火車站〔台鐵橋頭駅乗り換え〕
R22A 橋頭糖廠〔台湾糖業博物館 P.277〕〔五分車之旅 P.277〕
R22 青埔
R21 都會公園
R20 後勁
R19 楠梓加工區
油廠國小 R18　左營 R16〔台鐵新左營、高鐵左營駅乗り換え〕〔佛光山佛陀紀念館へ P.278〕
R17 世運
西子灣へ P.275　R15 生態園區〔左營蓮池潭へ P.271〕〔鳳山縣舊城へ P.271〕
打狗英國領事館文化園區へ P.275
壽山情人觀景台 P.275
旗津輪渡 P.276
內惟藝術中心　R14 巨蛋〔瑞豐夜市 P.271〕
　　　　　　　龍華國小
C20 C21A C21 C22 C23 C24 ——愛河之心
美術館
馬卡道 C19　臺鐵美術館　聯合醫院　R13 凹子底
鼓山 C18
鼓山區公所 C17　駁二藝術特區 P.273　R12 後驛　〔衛武營國家藝術文化中心 P.277〕
　　　　　　　高雄市立歷史博物館 P.273　　　　　大東 O13
文武聖殿 C16　　　　　　　　　　　　　　　　　大寮 OT1
壽山公園 C15　西　鹽　愛河 P.273　R11 高雄車站〔台鐵高雄駅乗り換え〕〔舊高雄驛 P.270〕　鳳山國中 O14
哈瑪星 C14 O1　子　埕　市議會 O2　　　　　　　　　　　五塊厝技擊館　鳳山 O12
　　　　　灣　埔　　　O4　R10 O5　O6 O7 O8 O9 O10 O11 鳳山西站
C13 駁二蓬萊〔駁二藝術特區 P.273〕　美麗島　信義　文化　　衛武營
C12 駁二大義　　　　　　　　中央公園 R9　國小　中心　C32 凱旋公園
C11 真愛碼頭〔愛河 P.273〕　　　　　　　　　　　　　C33 衛生局
C10 光榮碼頭　　　　　　　　　　　　　　　　　　　C34 五權國小
C9 旅運中心　　　　　R8 三多商圈　　　　　　　　　　C35 凱旋武昌
C8 高雄展覽館〔新光碼頭 P.272〕〔高雄市立圖書館 P.272〕　C36 凱旋二聖
軟體園區 C7　　　　　R7 獅甲　　　　　　　　　　　　C37 輕軌機廠
C6 經貿園區　　　　　　　　　　　　　　　　　　　C1 籬仔內
夢時代 C5　R6 凱旋 C2
　　　C4　C3 凱旋瑞田
凱旋中華　前鎮之星　R5 前鎮高中
高雄國際機場〔高雄国際空港に隣接〕
草衙 R4A
〔紅毛港保安堂 P.272〕　R4　R3 小港

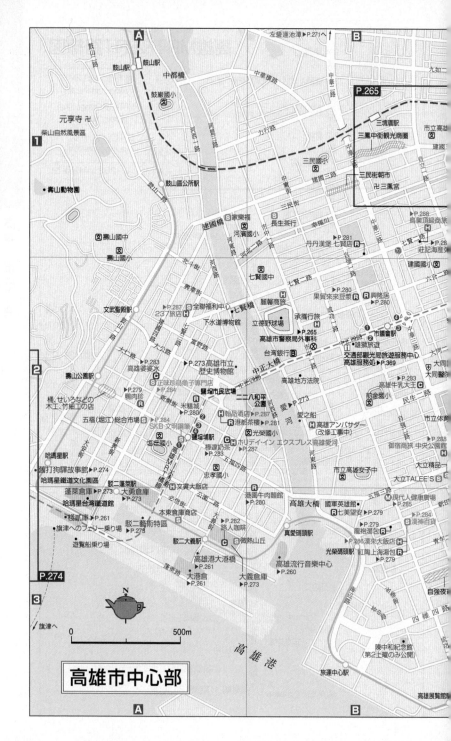

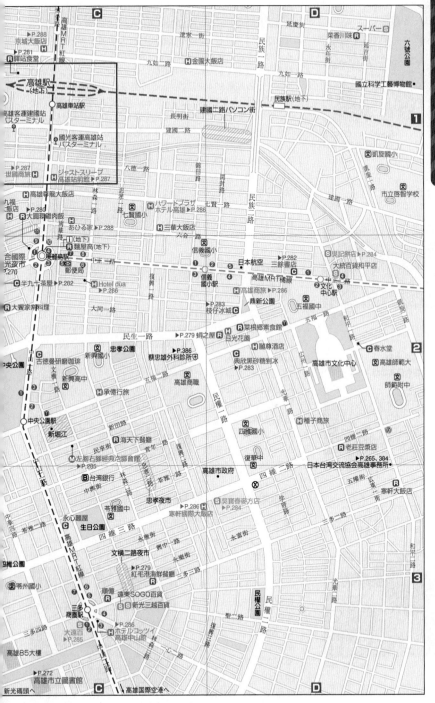

C
D

▶P.288
京城大飯店
R ▶P.281
驛站食堂
H
高雄MRT
紅線

六號
公園

延慶街

菜香川味 スーパーS

水流街

延吉街

九如一路
H 金國大飯店

民族二路

九如一路

國立科学工藝博物館●

C
高雄駅
(地下)

D
民族駅(地下)

高雄車站駅

建國二路パソコン街

凱旋國小

高雄客運建國站
バスターミナル

長明街

市立陽智学校

國光客運高雄站
バスターミナル

建國二路

建國一路

1

ジャストスリープ
H 高雄站前館 ▶P.287

八德一路

鈴田路

▶P.287
世園商旅

H 高雄華龍大飯店

林森二路

ハワードプラザ
H ホテル高雄 ▶P.286

七賢一路

七賢國小

民族一路

飯店
H R 大圓環龍肉飯

博愛一路

H 三華大飯店

六合一路

あひる家 ▶P.288

麺(地下)

信義國小

凱旋一路

愛河

R 麺屋高(地下)

H
鼓山駅

郵便局

信義
國小駅

三民二路

日本航空

三餘書店 ▶P.282

高雄MRT橘線

吳記餅店 ▶P.284

大統百貨和平店

中

文化
中心駅

春水堂

2

R 大饗家常料理

半九一茶屋 ▶P.282

復興二路

Hotel dùa
▶P.286

▶P.283
枝仔冰城 C

大同一路

鼎新公園

五福國中

民生一路

▶P.279 蝦之屋

菜根郷素食館

五福一路

和平一路

鳳儀街

古德曼研磨珈琲

忠孝公園

新興國小

▶P.386
蔡忠雄外科診所

日光花園

騰尊酒店

高雄市文化中心

高雄師範大

央公園

文横

新興高中

承德行旅

五福二路

典欣黒砂糖剉冰
▶P.283

廣州二路

師範附中

2

新田路

高雄商職

四維一路

種子商旅

中央公園駅

新堀江

民享街 R 海天下鬻麵

青年一路

復華中

四維二路

R 老荘豆漿店

▶P.265, 384
日本台湾交流協会高雄事務所●

寒軒大飯店

M 左腳右腳經典泡腳會館
▶P.285

B 台湾銀行

林森一路

自強二路

四維二路

高雄市政府

五權街

中華三路

中山二路

忠孝市

寒軒國際大飯店
▶P.286

吳寶春麦方店
S ▶P.284

3

永心麺屋

忠孝國中

生日公園

苓雅二路

文横二路夜市

四維三路

興中一路

三多一路

永富街

民權公園

公園

苓州國小

紅毛港海鮮餐廳
▶P.279

三多二路

民權二路

三多
商圈駅

順儷

遠東SOGO百貨

新光三越百貨
S S

聖二路

▶P.286

三多四路

大遠百
S 高雄中山館
H ホテルコッツイ
▶P.285

復興三路

光華二路

高雄85大樓

▶P.272
高雄市立図書館

新光碼頭へ

C

高雄国際空港へ

D

3

1

2

3

高雄駅への入口の広場
（高雄車站大廳）

高雄駅の完成予定図

舊高雄驛
住台鐵高雄駅よりすぐ

周辺は交通量が多い

六合國際觀光夜市
住高雄市六合二路
🕐18:00頃～24:00頃
🚇R10/O5美麗島駅11番出口
よりすぐ

海の幸が豊富

高雄駅周辺の歩き方と見どころ

2023年4月現在、台鐵高雄駅周辺は大規模工事の最中にある。2018年に鉄道が地下化され、更地になった地上には旧高雄駅舎が曳家で戻され、その両側にホテルとショッピングセンターとなる高層ビルを建設中。その裏側に台鐵高雄駅とMRT高雄車站駅への唯一の入口となる広場（高雄車站大廳）がある。その両側のかつて線路があった部分には、長距離バスターミナルと市バスのバスターミナルを建設中だ。

すでに、かつて駅の表と裏だったエリアは新しい站東路と站西路で結ばれ、行き来に障害はなくなっている。少々不便な工事期間（2025年終了予定）が終われば、名実ともに高雄の中心となるエリアだ。

2018年に地下化された台鐵高雄駅

再び高雄駅の象徴に
舊高雄驛 ジウカオションイー
MAP P.265-B

日本統治時代の1941年の竣工、「高」の字をイメージしたとされる帝冠様式の駅舎。駅の地下化工事にともない、2002年に曳家でそっくりそのまま100mほど南東に移され、駅の歴史の展示館となっていた。2021年に再び曳家で中山路の正面に移された。2023年4月現在見学はできないが、工事が終われば生まれ変わった高雄駅の象徴となるだろう。

和洋折衷の帝冠様式

海鮮粥など高雄の味を満喫
六合國際觀光夜市 リョウホークオジークワングアンイエシー
MAP P.269-C1・2

戦後、アメリカ統制下の大港埔地区にはパブや劇場があり、人々が集い、しだいに夜市ができあがったという。今では、数百mにわたってフード中心の屋台が並び、夕方18:00頃から深夜まで観光客やローカルでにぎわう。海に近い高雄なので海鮮粥など新鮮な海の幸も楽しめる。歩行者天国だが、バイクと自転車は通行可なので注意。

町の中心部にある夜市

✉ 六合國際觀光夜市にある鄭老牌木瓜牛奶のパパイヤ牛乳（60元）が非常においしく、おすすめです。牛のキャラクターが目印の看板には有名人のサインがびっしりと書かれています。（さくら '23.4）

高雄駅北部の歩き方と見どころ

　台鐵高雄駅北部には美術館や科学館が点在するほか、龍虎塔で知られる左營蓮池潭（→下記）、鳳山縣舊城（→下記）など歴史的な見どころも多い。台湾高速鐵道（台湾新幹線＝高鐵）の左營駅にも近い。

数々の寺廟に囲まれた池
左營蓮池潭　ズオインリエンチータン

MAP P.264-A・B1

　市街地の北、左營區にある面積約7ヘクタールの淡水湖で、龍と虎が待ち構える**龍虎塔**はあまりに有名。トンネルになっている龍と虎の内部には、仏教説話の壁画が描かれており、龍から入って虎の口から出ると罪が浄化されるという言い伝えがある。また、湖畔を歩き、春秋閣などの中国式楼閣や孔子廟などを巡るのもおもしろい。

龍虎塔があるのは湖の南端

高さ4mの城壁が残る
鳳山縣舊城　フォンシャンシエンジォウチォン

MAP P.264-A1

　1722年に創建した土城が2度の落城を経て、1826（清代道光6）年、この地で再建された。鳳山縣舊城はその跡地だ。かつては東西南北に城門をもち高さ4mほどの城壁で囲まれていたが、現在は東南北の門と一部の城壁が残るのみ。「蓮池潭」バス停前の道、勝利路を西へ向かうと、北門があり、アクセスしやすい。第一級古蹟。

龍虎塔の近くにある北門

ローカル色たっぷりの夜市
瑞豐夜市　ルイフォンイエシー

MAP P.264-B1

　観光客が多い六合國際観光夜市（→P.270）に比べ、ローカルが多くリーズナブル。目の肥えたツーリストが注目している夜市だ。台湾らしいグルメな屋台が充実しており、さまざまな料理を試しつつはしごするのが楽しい。ステーキが名物だ。食べ物だけでなく、雑貨やウエアの店、輪投げなどのゲームができるコーナーもあり、いろいろな楽しみ方ができる。

左營蓮池潭（龍虎塔）
🏠高雄市蓮池潭路9號（慈濟宮管理処）
📞(07) 581-9286
🕐8:00〜18:00　休無休
🚊R15生態園區駅2番出口より紅35バス、R16左營駅より紅35、301路區間バス、台鐵高雄駅より301路區間バスで「蓮池潭（勝利路）」下車すぐ。R15生態園區駅からが早くてわかりやすい
※2023年4月現在、塔は修理中で上れないが、龍と虎の口の中を通ることは可能。

龍虎塔
　台湾の人は十二支のなかで「龍が最もよい動物で、虎が最も悪い動物」と信じており、虎の口から出たら善人になれるといわれている。龍虎塔に入るときは、必ず龍から入って虎から出よう。

鳳山縣舊城
🚊北門へはR15生態園區駅2番出口より紅35路バス、R16左營駅より紅35、301路區間バスで「蓮池潭」下車、徒歩約3分。南門へは北門より徒歩約15分。東門へは南門より徒歩約5分

東門

瑞豐夜市
🕐18:00頃〜24:00頃
休月・水
🚊R14巨蛋駅1番出口より徒歩約3分

夜市グルメを楽しもう

高雄85大樓

新光碼頭

住 高雄市新光路
24時間
休 無休　料 無料
交 C8高雄展覽館駅より徒歩約2分

独特なデザインの高雄展覽館

高雄市立圖書館

住 高雄市新光路61號
☎ (07)536-0238
🕐 10:00～22:00(土・日～21:30、祝～16:30)　休 月、旧正月
交 R8三多商圏駅2番出口より徒歩約8分、またはC8高雄展覽館駅より徒歩約5分
🌐 www.ksml.edu.tw

紅毛港保安堂

住 高雄市南成里國慶七街132號
☎ (07)796-6198　🕐 6:00～21:00　休 無休　料 無料
交 R4A草衙駅3番出口より紅7路バスで「國慶六街」下車、徒歩約2分
🌐 fb.com/shintojinja

海を感じさせる外観

高雄駅南部の歩き方と見どころ

　台鐵高雄駅から南へ延びる中山路がメインストリートで、このあたりに主要ホテルやショッピングセンターが集中している。高雄のランドマークである高雄85大樓(2023年4月現在、展望台は閉鎖)や「大遠百」(→P.285)などのデパートが立ち並ぶエリアに行くには、MRTやLRTの利用が便利だ。

のんびりくつろげる港
新光碼頭　シングワンマートウ

MAP P.264-B2

　ユニークなデザインの高雄展覽館近くにある埠頭は、海の生物のオブジェやクレーンのような噴水池、港が展望できる空中迴廊などが点在する、アートな雰囲気漂う憩いの場となっている。ここからは高雄85大樓が間近に見え、記念写真の撮影に訪れる人も多い。

背後にそびえる高雄85大樓

まるでおしゃれな書店のよう
高雄市立圖書館　カオシォンシーリートゥーシューグアン

MAP P.269-C3

　高雄85大樓の向かいに立つ、四角いユニークなデザインの建築。蔵書の並べ方はまるで書店のようで、勉強や読書ができるリーディングスペースも充実している。屋上からは開発が進む周辺地区を一望することができる。夜間にライトアップされた姿はとても美しい。

新世代の図書館

軍艦を祀る廟
紅毛港保安堂　ホンマオガンバオアンタン

MAP P.264-B2

　日本の軍艦とその艦長を主神に祀った廟。この不思議な廟の由来は、戦後漁師が頭蓋骨を引き上げたことによる。夢のお告げで「日本の38番軍艦の高田又男艦長」とわかり、保安堂で祀ったところ大漁が続いた。その後軍艦も祀られて、日本人も多くお参りに来る特別な場所となった。現在の立派な建物は、紅毛港が再開発されたため、2013年にこの場所に新築されたもの。

日本の軍人が祀られている

高雄駅西部の歩き方と見どころ

もともと高雄は海沿いに開かれ、高雄港のある旧駅周辺が中心地だった。そのため、打狗英國領事館文化園區（→P.275）をはじめとする古跡やリノベーションスポットの駁二藝術特區（→下記）など目玉となる観光スポットが集中している。

ランタン祭りやドラゴンボートの舞台
愛河 アイホー

MAP P.268-A1～B3

日本統治時代に運河として開削され「高雄運河」と呼ばれた。愛河の美しい景色は高雄市のシンボルのひとつで、ランタン祭りや端午節のドラゴンボートレースの舞台となっている。夜は高雄大橋と中正大橋、七賢橋がライトアップされ、川面に映る姿は美しい。川岸の整備された散歩道を歩くほか、遊覧船で夜景を楽しみたい。

近年水もきれいになった

建物に残る日本を探して
高雄市立歴史博物館 カオシォンシーリーリーシーボーウーグアン

MAP P.268-A2

日本統治時代の1939年に建てられた高雄市役所の建物を利用した博物館。1階は常設展で、港、鉄道、河川などのテーマから高雄の歴史を解説している。2階は企画展と、実際にこの建物が現場となった高雄の二・二八事件の史料が展示されている。建築自体に歴史的価値があり、桃形や八角形の窓、梅や菊、菱形の外壁装飾などにも注目してみたい。

建築そのものが展示物

レトロな倉庫に最新アートが集結
駁二藝術特區 ボーアルイーシュートウーチュー

MAP P.268-A3

鉄道や倉庫の跡地を利用した人気のアートスポット。1kmに及ぶ倉庫群や資材置き場がギャラリーやカフェ、ショップとして利用されている。倉庫街は**蓬萊倉庫、大勇倉庫、大義倉庫**の3つのエリアに分かれ、大勇倉庫と大義倉庫はおしゃれな雑貨ショップやカフェが並ぶ。蓬萊倉庫は哈瑪星台湾鐵道館のミニ鉄道も走り家族連れに人気。

屋外アートが並ぶ大勇倉庫

愛河の遊覧船（愛之船）
🏠 高雄市河東路沿い
☎ (07) 335-9909
🕐 15:00～22:00（土～23:00）
💰 150元
🚇 ○4市議會駅2番出口より徒歩約10分、またはC11真愛碼頭駅より徒歩約10分
🌐 fb.com/loveboat.KH

愛之船に乗ろう！

夜はライトアップがきれい

高雄市立歴史博物館
🏠 高雄市中正四路272號
☎ (07) 531-2560
🕐 9:00～17:00
休 月、旧正月　💰 無料
🚇 ○2鹽埕埔駅2番出口より徒歩約4分
🌐 khm.org.tw

高雄港の歴史ジオラマ

駁二藝術特區
🏠 高雄市大勇路1號
☎ (07) 521-4899
🕐 10:00～18:00（金～日曜・祝日～20:00）　休 旧正月
💰 無料
🚇 ○2鹽埕埔駅1番出口より徒歩約5分、またはC13駁二蓬萊駅、C12駁二大義駅下車すぐ　🌐 pier2.org

大義倉庫はショップやカフェが入る

　近代高雄発祥の地ともいえる高雄港西側の一帯は「哈瑪星（台湾語でハマセンと発音）」と呼ばれる。名前の由来は「濱線」。日本統治時代に商業港や漁港をつないで海岸沿いに鉄路が延びていたことから、地域全体がいつしか「濱線」と呼ばれるようになり、それが現代の「哈瑪星」に受け継がれた。正式な名称は鼓山区（の一部）となるが、鼓山区と聞けば単なる地名だが、「ハマセン」と言われれば、波止場のにぎわいや船の汽笛、駅の信号音などが今にも聞こえてきそうな響きがある。

当時の高雄駅を写した絵はがき

当時は湊町と新濱町

　哈瑪星は1912年（大正元年）、4年の歳月をかけて誕生した埋立地である。線路沿いは新濱町、内陸側は湊町と呼ばれ、駅に隣接した利便性や、上下水道や電気が引かれた当時としては近代的な街区が人気を集め、商業や金融の中心地としてにぎわった。大正時代の自由な雰囲気を反映した洋風、和洋折衷の建築が次々と建ち、埋立地はたちまちモダンで整然とした町並みに変身した。哈瑪星には現在もそうした建築の一部が残り、よくも悪くも、植民地時代初期の活力を感じさせてくれる。

哈瑪星

0　　　200m

今に残る哈瑪星

　哈瑪星の中心は何といっても旧高雄駅だ。1908年に2代目の打狗停車場として開業し、1920年に高雄駅と改名した。大勢の旅客が行き来する駅前広場は、旅館や飲食店で大にぎわいだったという。1941年に現在の位置に高雄駅が完成すると高雄港駅となり、おもに貨物を扱う駅となった。現在は舊打狗驛故事館（Ⓜ P.274-2）となっている。

　哈瑪星で最も日本統治時代の特色を伝える建築が、登山街に立つ武德殿（Ⓜ P.274-1）だろう。1924年（大正13年）落成の和洋折衷れんが造りの建築で、剣道場、柔道場を備えていた。旧名は「振武殿」で、文字どおり武芸を振興する場だった。

　武德殿を利用したのは多くは警官だったが、彼らが勤務した旧高雄警察署（Ⓜ P.274-2）も臨海二路に残る。1917年にまずは台南庁打狗支庁舎として建てられ、後に郡役所、その後高雄警察署となった。れんが造りの華麗な建築で、現在は永光行というオフィスになっているが、玄関以外は原型をとどめている。

　哈瑪星は商業も盛んだった。駅前通りで旅人に雑誌や絵はがき、文具などを販売した旧山形屋書店（Ⓜ P.274-1）は、1920年落成のアーケードを備え丸みを帯びた哈瑪星の典型的な「角」建築である。

　旧高雄駅前から続く鼓山一路の建築は多くが日本統治時代のもので、当時旅館や料亭だった建物も見られる。この近くに哈瑪星の情報発信地、打狗文史再興會社（Ⓜ P.274-2）がある。

　2017年にはLRTの哈瑪星駅が開設された。その線路の一部分は、かつての濱線とも重なっている。長い時を経て、哈瑪星に再び列車の姿がよみがえったことに、深い感慨を覚える。

哈瑪星を走るLRT

💡 一二三亭や新濱・駅前、春田氷亭など、日本統治時代の多くの建物がリノベーションされてよみがえり、カフェやショップなどとして人気を集めている。

夕日を眺める人気スポット

西子灣 シーヅワン

MAP P.264-A1

　高雄港の北の入口を守る長い防波堤の一帯は西子灣と呼ばれ、ここから見る夕日は高雄八景のひとつに数えられるほど有名。そのため日没の時間が近づくと、家族連れやカップルが観賞スポットに続々と集まってくる。遠く台湾海峡に浮かぶ船のシルエット、たそがれ色に染まる高雄の海は絶景だ。海からの心地よい風に吹かれ、ロマンティックな気分に浸れる。

西子灣観景台は絶好の観賞スポット

市内最古の西洋建築

打狗英國領事館文化園區 ターゴウインクオリンシーグアンウェンホアユエンチュー

MAP P.264-A2

　中山大学グラウンドから高雄港入口方面を見ると、丘の上に赤いれんが造りの重厚な建物が目に入る。清朝期の高雄英國領事官邸、現在の高雄史蹟文物陳列館だ。現存する市内最古の西洋式建物（1866年建設）で、1986年に修復されて一般公開されるようになった。三方を海に囲まれており、ここから見る夕暮れ時の高雄港は特に美しい。

赤れんがの古跡

高雄っ子のデートスポット

壽山情人觀景台 ショウシャンチンレンクワンジンタイ

MAP P.274-1

　哈瑪星地区の後方に控える壽山の忠烈祠の隣に設けられた展望台で、高雄港に沈む夕景と高雄市街の夜景を望むことができる絶好のスポット。「LOVE」のモニュメントで記念撮影をするのが定番。車どおりがない場所なので、夜に行く場合はタクシーを利用し、帰るまで待っていてもらおう。

高雄の夜景を楽しめる

西子灣

🚇〇1西子灣駅1、2番出口より橘1、99路バスで「西子灣」下車すぐ

中山大学

Ⓜ P.264-A1
🏠高雄市蓮海路70號
☎(07) 525-2000
🚇〇1西子灣駅1、2番出口より橘1、99路バスで「中山大學行政大樓」下車、または鼓山輪渡站の北西の奥からトンネルを通ると近い

トンネルは歩行者専用

打狗英國領事館文化園區

🏠高雄市蓮海路20號
☎(07) 525-0100
🕙10:00～19:00（土・日・祝9:00～。入場は閉館の30分前まで）
休水　料99元
🚇〇1西子灣駅1、2番出口より橘1、99路バスで「雄鎮北門（打狗英國領事館）」、「西子灣（英國領事館官邸）」下車すぐ
🌐britishconsulate.khcc.gov.tw

絶景を楽しめる

丘の下にある事務所跡

壽山情人觀景台

🏠高雄市忠義路30號
🕙24時間
休無休　料無料
🚇〇1西子灣駅、C14哈瑪星駅より徒歩約20分、またはタクシーで約10分

旗津輪渡

☎ (07) 551-4316
⏰ 6:20〜20:00に5〜10分お
き(20:00〜翌6:00は10〜30分
おき)に運行 休無休
料30元 交01西子灣駅1番
出口より徒歩約5分
🔗 kcs.kcg.gov.tw
※休日はたいへん混み、長蛇
の列ができる。

> フェリーを降りて旗津
> に上陸すると、レンタサ
> イクル店が並んでいる。
> 平らな旗津半島は自転
> 車が便利。1日100元〜。
> YouBikeもある。

ファミリー用電動自転車もある

高雄燈塔

住高雄市旗下巷34號
⏰ 敷地内10:00〜21:00
休無休 料無料
交旗津輪渡站より麓まで徒
歩約10分。その後坂を上っ
て約5分
🔗 fb.com/kaohsiunglighthouse

高雄港を見守る灯台

旗后砲台

住高雄市旗後山上
⏰ 24時間 休無休 料無料
交旗津輪渡站より麓まで徒
歩約10分。その後坂を上っ
て約5分

旗津半島周辺の歩き方と見どころ

　高雄市の西側、高雄港を外海から守るように延びる旗津半
島は、幅200m、長さ11.3kmの砂州。大型船が行き交い、港町
としての高雄を最も感じられる場所だ。もともと南側が陸続き
だったが、港の建設にともない今は独立した島になった。

　フェリー乗り場の前の通りは海鮮料理店が並ぶ廟前路で、
旗津天后宮へ続く。天后宮の裏から道なりに半島突端へ進む
と、旗后山の麓に到着する。上り道を右に進んで高雄燈塔、旗
后砲台と見ていくコースがおすすめ。山上からはすばらしい展
望が得られる。海岸公園沿いはサイクリングコースが整備さ
れているので自転車を借りても気持ちいい。

半島と市街を結ぶフェリー
旗津輪渡　チージンルウントゥー

MAP
P.264-A2

　市街側の鼓山輪渡站と半島側の旗津輪渡站を結ぶフェ
リー。わずか5分の船旅だが、そびえ立つ高雄のシンボル、高
雄85大樓をバックに、港のにぎわいが間近に感じられる。フェ
リーは2階建てで、2階はエアコン完備。バイクや自転車も乗
船できるが、朝夕はたいへん
混み合う。午後からは4便(週
末は7便)、桟貳庫を経由して
旗津に向かう史努比(スヌー
ピー)船も出航。

約5分の船旅

断崖に立つ灯台
高雄燈塔　カオシォンドンター

MAP
P.264-A2

　旗后山の頂上から高雄港を照らす、1883年に建てられた白
亜の灯台。旗后灯台とも呼ばれる。1918年に改修されて現在
の八角形の姿になった。1階は展示室になっていて、灯台の歴
史や模型が展示されている。敷地からは周囲を一望でき、特に
夜景は美しい。隣接してカフェもある。

赤れんがの要塞跡
旗后砲台　チーホウパオタイ

MAP
P.264-A2

　高雄燈塔から5分ほど舗装された山道を歩くと、赤れんが
造りの旗后砲台へたどり着く。
ここは高雄港を防衛するため
1875年に清朝政府によって造
られた。現在も事務所や兵隊の
部屋の跡が残っている。高雄燈
塔とともに第二級古蹟に指定さ
れている。

周辺の眺望がすばらしい

近郊の見どころ

近未来的な大型コンサートホール

衛武營國家藝術文化中心 ウェイウーインクオジアイーシューチョンシン

MAP P.264-B1

2018年に正式オープンした大規模な総合コンサートホール。建物全体が流線形の白波のイメージで造られた特異な建築で、2000人以上を収容する巨大な歌劇院や、360度客席が舞台を囲む音楽庁、屋根を利用した戸外劇場など計5つのコンサートホール（場）がある。各ホールをつなぐ空間は自由に見学でき、展示場やカフェ、ショップなども入っているので、コンサート時以外に訪れてもおもしろい。定時にガイドツアー（中国語）があり、日本語のオーディオガイド（有料）も借りられる。

衛武營都會公園に隣接している

製糖工場の跡地を開放

台湾糖業博物館 タイワンタンイエボーウーグアン

MAP P.258-A1

かつて台湾を支えた製糖業の中心的存在であった工場跡を博物館にしたもの。工場は日本統治時代に建てられており、付近には職員の住居として使われた日本式家屋も残っていてカフェやショップとなっている。廃墟となった工場の内部に入ることもできる。廃墟マニアにもおすすめ。

巨大な工場跡

ミニ鉄道で工場跡から高雄花弁へ

五分車之旅 ウーフェンチャーヂーリュー

MAP P.258-A1

かつて工場までサトウキビを運んでいた鉄道が観光列車となっている。週末に台湾糖業博物館を訪れたなら、ぜひこちらにも乗ってみたい。

乗り場はMRT橋頭糖廠駅に隣接している。黄色いディーゼル機関車が、狭軌線路（通常の半分の幅なので「五分車」と呼ばれる）を走る。終点の高雄花弁中心まで、パイナップル畑の間をゴトゴトと揺られながら、10分ほどの小さな旅が楽しめる。

衛武營國家藝術文化中心
🏠高雄市三多一路1號
☎(07) 262-6666
🕐11:00〜21:00
休無休
料建築内入場無料
🚇O10衛武營6番出口よりすぐ
🌐www.npac-weiwuying.org

建築内も曲線ばかり

台湾糖業博物館
🏠高雄市糖廠路24號
☎(07) 611-9299
🕐9:00〜16:30
休無休
料無料
🚇R22A橋頭糖廠駅2番出口より徒歩約3分
🌐fb.com/cctsr

工場内部見学も可能

五分車之旅
🏠高雄市創新路93號
☎(07) 612-8473
🕐土・日・祝10:30、11:30、13:30、14:30、15:30、16:30
休月〜金
料100元（往復）
🚇R22A橋頭糖廠駅3番出口よりすぐ

のんびり走るミニ列車

佛光山佛陀紀念館

住 高雄市統嶺里統嶺路1號
☎ (07)656-3033
◷ 9:00〜18:00(土・日・祝〜19:00)
休 火(敷地内は無休)
料 無料
交 R16左營駅1番出口より哈佛快線バスで「佛陀紀念館」下車。所要30〜50分、70元
URL www.fgsbmc.org.tw

東港

交 高雄客運建國站バスターミナル(**M**P.265-B)より9127「大鵬湾」行き、9117「墾丁」行きバスなどで屏東客運東港站バスターミナル下車。所要約1時間10分、121元〜。屏東客運東港站バスターミナルから東港旅客船ターミナルまで徒歩約15分。または高雄左營駅より台湾好行バス2127D大鵬湾琉球線で「東流線碼頭站」下車、東港旅客船ターミナルまですぐ

東隆宮

M P.278-B
住 屏東縣東港鎮東隆街21-1號
☎ (08)832-2961
◷ 5:00〜23:00
休 無休 **料** 無料
交 屏東客運東港站バスターミナルより徒歩約7分
URL www.66.org.tw

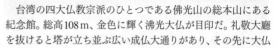

荘厳な黄金大仏

▶ # 佛光山佛陀紀念館 フォーグアンシャンフオートゥオジーニエングアン

MAP P.258-A1

　台湾の四大仏教宗派のひとつである佛光山の総本山にある紀念館。総高108m、金色に輝く沸光大仏が目印だ。礼敬大廳を抜けると塔が立ち並ぶ広い成仏大通りがあり、その先に大仏が鎮座する本館がある。本館には仏陀の一生に関する4D映画館(上映15分)や、仏教関連のさまざまな展示がある。山上にある佛光山とはシャトルバスで結ばれている。

仏教のテーマパークのよう

台湾有数の漁港

▶ # 東港 トンガン

MAP P.258-A2 P.278

　台湾海峡に面した東港は、台湾有数の漁港の町で、特にクロマグロの水揚げ量の多さで知られている。町には市場や小吃店も多く活気がある。最もにぎやかなのは小琉球に向かう旅客船ターミナル周辺。隣は水産品を扱う**華僑市場**で、揚げたての黒輪や新鮮な刺身を味わうことができる。盛大な王船祭で有名な**東隆宮**へも足を運んでみよう。

金色に輝く東隆宮の牌楼に圧倒される

東港

高雄グルメガイド

海鮮料理

紅毛港海鮮餐廳
ホンマオガンハイシエンツァンティン

AREA 高雄駅南部　MAP P.269-C3　日

人気の高級海鮮料理店

材料は毎日澎湖島や東港から直送。看板料理は、ニンニクがウチワエビの甘さを引き立てる蒜茸蒸黒蛄（時価）、刺身なら、東港と宜蘭だけでしか取れない鐵甲蝦（1匹90元）がおすすめ。

🏠高雄市三多三路214號
📞(07)335-3606
🕐11:30〜14:00(LO.13:30)、17:30〜21:30(LO.20:30)
休旧正月　⊕10%
CC ADJMV　🚇R8三多商圏駅5番出口より徒歩約5分
🌐www.seafoodnet.com.tw

蟳之屋
シュインデーウー

AREA 高雄駅南部　MAP P.269-D2　日

リピーターが支持

高雄でも最高級のレストラン。どの料理もおいしいが、なかでもカニ料理の鹽酥蟳（時価）がおすすめだ。きらびやかなインテリアに囲まれ、リッチな気分で海の幸を楽しんで。

🏠高雄市民生一路93號
📞(07)226-6127
🕐11:30〜14:00、17:30〜21:00
休旧正月　⊕10%
CC ADJMV
🚇O6信義國小駅4番出口より徒歩約7分

七美望安
チーメイワンアン

AREA 高雄駅南部　MAP P.268-B3

安くて新鮮な魚がうまい

愛河口にある人気の海鮮料理店。ショーケースの中に今日の海鮮が並びそこから注文するシステム。澎湖島の七美と望安で取れる新鮮な魚介が並ぶ。開店からすぐ席が埋まるので早めに行こう。

🏠高雄市海辺路75號
📞(07)281-9854
🕐17:30〜23:30
休毎月旧暦初日、16日、旧正月
CC 不可
🚇R9中央公園駅1番出口より徒歩約15分。またはC10光榮碼頭駅より徒歩約5分

小籠包

龍袍湯包
ロンパオタンパオ

AREA 高雄駅南部　MAP P.268-B3

日本人好みの小籠包

「漢神百貨」（→P.284）から徒歩約2分の便利なロケーション。小籠包（湯包）がおいしく、招牌龍袍湯包（5個100元、10個200元）とカニミソの湯包＝蟹肉湯包（5個150元、10個300元）は絶品だ。平日限定ランチ（300元）もお得。

🏠高雄市新田路375號
📞(07)251-0562
🕐11:00〜14:00、17:00〜21:00
休月
CC 不可
🚇R9中央公園駅1番出口より徒歩約12分
🌐fb.com/LongPaoTangBao

紅陶上海湯包
ホンタオシャンハイタンパオ

AREA 高雄駅南部　MAP P.268-B3

夜景と料理を堪能

さっぱりとした上海料理がおいしい。メニューはスープがたっぷりの湯包＝上海小籠包（200元）、アズキ餅＝赤豆鬆糕（2個80元）など。窓際の席からは高雄の夜景を楽しめる。

🏠高雄市成功一路266號漢来大飯店10階
📞(07)213-5751　🕐11:30〜14:30、17:30〜21:30　休無休
⊕10%　CC AJMV
🚇R9中央公園駅1番出口より徒歩約12分　🌐www.hilai-foods.com/brand-content/8

ご飯もの

鴨肉珍
ヤーロウチェン

AREA 高雄駅西部　MAP P.268-A2

65年以上続く鴨肉飯が美味

看板メニューの鴨肉飯（小60元、大70元）は、小さな豚の角煮とビッグサイズのアヒル肉がご飯の上にのっていてボリューム満点。豚モツが入った総合下水（小40元）とよく合う。

🏠高雄市五福四路256號
📞(07)521-5018
🕐10:00〜20:00
休火、旧正月
CC 不可
🚇O2鹽埕埔駅1番出口より徒歩約5分
🌐fb.com/100046519766105

✉ 蟳之屋はおすすめですが、カニは現在1350元程度。夕食ふたりで3000元は見ておく必要がある。（たかちゃん '23.3）

ダーユエンフェンジーロウファン
大圓環雞肉飯

AREA 高雄駅南部　MAP P.269-C2

肉燥飯や蛤仔雞湯は売り切れ必至

　創業30余年、変わらぬ味の鶏肉飯（小40元）や肉燥飯（小40元）が評判だ。だしが効いた鶏肉入りハマグリスープ＝蛤仔雞湯（60元）も夕方前に売り切れる人気の味。早めに訪れたい。

🏠 高雄市中山横路1-1號
☎ (07) 285-9805
🕐 9:30～17:30頃（売り切れまで）
休 不定休、旧正月　CC 不可
🚇 R10/O5美麗島駅1番出口よりすぐ
🌐 fb.com/100063859578580

ミーガオチョン
米糕城

AREA 高雄駅西部　MAP P.268-A2

いつもにぎわう人気店

　鹽埕市民広場近くで営業する老舗。甘いでんぶがかかった米糕（小45元）や四神湯（35元）は、親子3代にわたる伝統の味。軟らかくあっさりした虱目魚の滷魚肚（100元）もおいしい。

🏠 高雄市大仁路107號
☎ (07) 533-3168
🕐 9:00～22:00
休 不定休
CC 不可
🚇 O2鹽埕埔駅2番出口より徒歩約2分

チンシーシャオチーブ
清溪小吃部

AREA 高雄駅南部　MAP P.265-A

買い物ついでに腹ごしらえ

　乾物屋が並ぶ高雄の「迪化街」、三鳳中街にある庶民的な食堂。筒仔米糕（35元）などのご飯ものと鹹湯圓（55元）などのスープで小腹も満たせる。切り分けた肉類もいろいろあっておいしい。

🏠 高雄市三鳳中街80-1號
☎ (07) 286-7767
🕐 11:30～20:00
休 日
CC 不可
🚇 台鐵高雄駅より徒歩約10分
🌐 fb.com/100063817847155

ガンユエンニュウロウミエングァン
港園牛肉麵館

AREA 高雄駅西部　MAP P.268-B2・3

汁の有無を選べる牛肉麺

　常に行列ができる人気店。軟らかく煮込んだ牛肉がたっぷりのった牛肉湯麵（120元）が看板メニュー。大きな豚足がのった豬腳湯麵（120元）と人気を二分する。汁のない拌麵はスープ付き。

🏠 高雄市大成街55號
☎ (07) 561-3842
🕐 10:30～20:00
休 旧正月
CC 不可
🚇 O2鹽埕埔駅4番出口より徒歩約6分

シンロンジュイ
興隆居

AREA 高雄駅南部　MAP P.268-B2

湯包目当ての行列あり

　肉まんサイズの大きな湯包（25元）を求める人で、毎朝行列ができる人気店。湯包だけを頼む場合は別の列に並ぶ。野菜などをパイで包んだ焼餅（38元～）や鹹豆漿（30元）もおいしい。

🏠 高雄市六合二路184、186號
☎ (07) 261-6787
🕐 4:30～11:30
休 月・火、旧正月
CC 不可
🚇 O4市議會駅1番出口より徒歩約2分
🌐 fb.com/100064697676083

グオマオライライドウジアン
果貿來來豆漿

AREA 高雄駅南部　MAP P.268-B2

リーズナブルでおいしい

　興隆居の近くにある。豆漿は大豆のエキスが濃く美味。ニラがたっぷりのニラまん（17元）は蒸したもの（韭菜蒸包）と焼いたもの（韭菜煎包）がある。できたてホカホカの台湾伝統の朝ご飯をほおばろう。

🏠 高雄市自強一路47-1號
☎ (07) 281-8512
🕐 5:00～11:30
休 不定休（おもに火曜）
CC 不可
🚇 O4市議會駅1番出口より徒歩約2分

粥

チュアンジーハイチャンヂョウ
莊記海産粥
AREA 高雄駅南部 MAP P.268-B2

夜市の絶品海産粥

六合國際観光夜市（→P.270）にある人気の屋台。魚やエビ、イカ、カキ、アサリなどが入った海産粥（130元）は値段のわりにゴージャスなおいしさ。さらりとしていて、飲んだあとのシメにもおすすめ。

住 高雄市六合二路98號
☎ 0929-974-561
営 17:00～翌3:30頃
休 無休
CC 不可
交 R10/O5美麗島駅1番出口より徒歩約5分

バーガー

ダンダンハンバオ チーシェンディエン
丹丹漢堡 七賢店
AREA 高雄駅南部 MAP P.268-B1

高雄のご当地チェーン

台湾南部に展開するチェーン。フライドチキンを挟んだバーガー＝鮮脆雞腿堡（63元）が看板メニュー。人気のサイドメニューは麺線で、チキンバーガーと麺線のセット（109元）もある。

住 高雄市七賢二路224號
☎ (07)241-0928
営 7:00～21:00
休 火、旧正月 CC 不可
交 O4市議會駅4番出口より徒歩約2分
URL www.dain-dain-hamburger.com

スープ

ハーマーシンヘイチーユィワンダーワン
哈瑪星黑旗魚丸大王
AREA 高雄駅西部 MAP P.274-2

庶民のおなかを満たす店

旗津フェリーの鼓山輪渡站近くにある代天宮境内に店を構える庶民的な店。魚肉団子の綜合魚丸湯（60元）、エビの蝦丸湯（60元）、米糕（35元）、割包（50元）などがおすすめ。

住 高雄市鼓波街27-7號
☎ (07)521-0948
営 10:30～20:00
休 不定休、旧正月
CC 不可
交 O1西子灣駅1番出口より徒歩約3分

広東料理

ガンドウチャーロウ
港都茶樓
AREA 高雄駅西部 MAP P.268-A2

飲茶が人気

「輸品酒店」（→P.287）3階にあり、高雄で飲茶といえばこの店の名が挙がる。特にエビのマヨネーズ炒めの富貴蝦球（480元）とタロイモとタピオカのデザート＝芋頭西米露（65元～）が人気。

住 高雄市大仁路43號輸品酒店3階
☎ (07)561-4688内線5
営 11:00～14:00、17:00～21:00
休 無休 サ 10% CC A J M V
交 O2鹽埕埔駅2番出口より徒歩約3分 URL kaohsiung.chateaudechine.com/jp/restaurants/3

客家料理

イーヂャンシータン
驛站食堂
AREA 高雄駅周辺 MAP P.265-B

客家と鉄道のコラボが楽しい

台鐵高雄駅の後出口そばにある客家料理店。鉄道プレートなどが飾られ、駅の待合室のようなレトロな雰囲気が漂う。ふたりなら3菜1湯が選べる我幫您輕鬆搭セット（650元）が超お得。

住 高雄市天津街2號
☎ (07)321-9986
営 11:30～13:30、17:30～19:30
休 月・火
CC J M V
交 台鐵高雄駅後站より徒歩約3分
URL fb.com/100064152030458

西洋料理

ラワン カフェ
LA ONE Café
AREA 高雄駅南部 MAP P.264-B2

高雄の食材を味わえる

地産地消にこだわる店で、高雄で取れる食材を使用。小巻烏金義大利麵（490元）はシーフードのパスタ。内装はおしゃれで洗練された雰囲気。隣は同系列のフランス料理店。

住 高雄市成功二路11號
☎ (07)536-3715
営 9:00～11:00（土・日・祝8:00～10:45）、11:30～14:00、14:30～17:00、17:30～21:30
休 無休 サ 10% CC D J M V
交 C7軟體園區駅よりすぐ
URL www.laone.com.tw

カフェ

ヒフミテイ
一二三亭

AREA 高雄駅西部　MAP P.274-2

哈瑪星の歴史建築を利用

　日本統治時代には料亭だった、築100年になる建物をリノベしたカフェ。むき出しの梁や、壁や床に使われた石の入ったコンクリートに歴史を感じる。本棚にはオーナーが集めた本がずらりと並んでいて、日本語の本もあり、自由に読める。

🏠 高雄市鼓元街4號2階
☎ (07) 531-0330
🕐 10:00〜18:00
休 無休
CC 不可
🚇 C14哈瑪星駅、O1西子灣駅2番出口より徒歩3分
🌐 fb.com/cafehifumi

① 壁を取り払った明るい店内
② チーズケーキなどデザートもおいしい

ルーレンカーフェイ
路人咖啡

AREA 高雄駅西部　MAP P.268-A3

高雄で人気の路人咖啡の5号店

　観光客でにぎわうベイエリア、駁二藝術特区の大義倉庫C8-20にある。倉庫の様子を残した灰色一色の内装がシックで、隣のホールには大きなコーヒー豆焙煎の機械が並んでいる。エスプレッソベースの濃いめのコーヒーがおいしい。

🏠 高雄市大義街2-2號C8-20
☎ (07) 521-4325
🕐 13:00〜18:00(土・日12:00〜19:00)
休 無休　CC 不可
🚇 C12駁二大義駅より徒歩約1分
🌐 ruhcafe.com

① むき出しのコンクリートがインダストリアル風 ② 路人拿鐵（140元）は微量のアルコール入り

サンユイシューディエン
三餘書店

AREA 高雄駅南部　MAP P.269-D2

落ち着いた知的な空間

　カルチャー系の本を扱う独立系書店の2階はカフェ。ソファやテーブルがゆったりと配置され、周りに邪魔されずおしゃべりや読書に没頭できる。コーヒー、スイーツのほか、台湾のクラフトビールも味わえる。台湾メイドの雑貨も販売している。

🏠 高雄市中正二路214號
☎ (07) 225-3080
🕐 13:30〜21:00
休 火
CC 不可(1階は可)
🚇 O7文化中心駅1番出口より徒歩約2分
🌐 www.takaobooks.tw

① 1階は書店コーナー ② 藍苺蛋糕（手前、110元）は手作り。アイスコーヒー（120元）、旗山の小露吃アイス（65元）でクールダウンできる

茶藝館

バンジォウシーチャーウー
半九十茶屋

AREA 高雄駅南部　MAP P.269-C2

台湾茶と定食が楽しめる

　オーナーが厳選したお茶と、台湾の家庭料理をアレンジした定食を提供するカフェ。店内はレトロな雰囲気で居心地がいい。各種お茶請け80元〜、台湾茶はカップで180元〜、ポットで320元〜。小皿がたくさん載った人気の定食は450元前後。

🏠 高雄市中正四路71號
☎ (07) 281-5195
🕐 11:00〜20:00(お茶)、11:00〜14:00(ランチ)、17:30〜20:00(ディナー)
休 毎月最終火曜
⊕ 10%　CC 不可
🚇 R10/O5美麗島駅2番出口より徒歩約3分
🌐 fb.com/319983113088

① 古い民家のような入口 ② ゆっくりお茶を楽しめる

スイーツ

カオシォンポーポービン
高雄婆婆冰

AREA 高雄駅西部　MAP P.268-A2

高雄伝統のかき氷

　七賢三路で1934年から営業しているかき氷店。かき氷以外の甘味も充実。夏季限定の芒果煉乳冰（110元）は大きめにカットした新鮮マンゴーをトッピング。冬はイチゴかき氷＝草苺煉乳冰（110元）が人気。

🏠高雄市七賢三路135號
☎(07) 561-6567
🕐10:00〜23:50
休火
CC不可
🚇O2鹽埕埔駅2番出口より徒歩約5分
🌐fb.com/popoice.com.tw

トゥーチュアントウハイヂービン
渡船頭海之冰

AREA 高雄駅西部　MAP P.274-2

特大かき氷をシェア

　季節の果物とトッピングが豊富なかき氷（65元〜）が有名。2倍（130元〜）〜20倍（1300元〜）までの大盛りができるため、午前中から甘い物好きグループが大きな器に盛られたかき氷を囲んでいる。

🏠高雄市濱海一路76號
☎(07) 551-3773
🕐11:00〜23:00
休月
CC不可
🚇O1西子灣駅1番出口より徒歩約5分
🌐fb.com/SealceKH

ディエンシンヘイシャータンヅオビン
典欣黑砂糖剉冰

AREA 高雄駅南部　MAP P.269-D2

氷に隠れた5つの具

　素朴な甘さの黒蜜かき氷。招牌黑砂糖剉冰（60元）は、黒蜜をかけただけのシンプルなかき氷の中に黒糖ゼリーや白玉団子、アズキ、タピオカなど5種のトッピングが隠れているのが楽しい。

🏠高雄市五福一路147號
☎(07) 226-2986
🕐13:00〜21:00
休月、不定休
CC不可
🚇O6信義國小駅4番出口より徒歩約8分
🌐fb.com/189915124384751

ヂーザイビンチョン
枝仔冰城

AREA 高雄駅南部　MAP P.269-D2

昔ながらのアイスキャンディ

　高雄・旗山産バナナを使ったアイスやスイーツを提供する老舗。食感がしっかりしている北蕉という品種のバナナを使った香蕉船（バナナボート95元）などあれこれ試してみたい。

🏠高雄市東海街2號
☎(07) 226-1477
🕐10:00〜22:00
休旧正月
CC不可
🚇O6信義國小駅4番出口より徒歩約5分
🌐www.kaps.com.tw

ドリンク

ホワダーナイチャー
樺達奶茶

AREA 高雄駅西部　MAP P.268-A2

高雄発祥のタピオカミルクティー

　今では台湾全土に展開しているタピオカミルクティー店の創始店。甘さ控えめでおいしい樺達奶茶のほか、プーアール茶も入る美容奶茶などもある。全品60元で、タピオカはプラス5元。

🏠高雄市新樂街101號
☎(07) 551-2151
🕐9:00〜22:00
休無休
CC不可
🚇O2鹽埕埔駅3番出口より徒歩約3分
🌐fb.com/HWADAmilktea

カオシォンニュウルーダーワン
高雄牛乳大王

AREA 高雄駅南部　MAP P.268-B2

パパイヤ牛乳を発明

　手軽な台湾風ファストフード店。パパイヤミルク＝木瓜牛乳（70元）や人気のスイカジュース＝西瓜汁（65元）のほか、ドリンク付きサンドイッチ＝三明治全餐（185元）など軽食もある。

🏠高雄市中華三路65-5號
☎(07) 282-3636
🕐7:00〜24:00
休無休
CC不可
🚇O4市議會駅3番出口より徒歩約5分

| 菓子

ウージービンディエン
呉記餅店

AREA 高雄駅南部　MAP P.269-D2

甘さを抑えた大人の味

　伝統的な中華菓子の老舗。人気は緑豆椪（1個60元）で、中秋節には100万個以上売れるのだとか。甘さ控えめのパイナップルケーキ（10個300元）も高雄みやげにおすすめ。

🏠 高雄市和平一路242號
☎ (07) 225-8721
🕐 8:30～21:30
CC JMV
🚇 O7文化中心駅4番出口より徒歩約2分
🌐 www.wuchi.com.tw

| パン

ウーバオチュンマイファンディエン
呉寶春麥方店

AREA 高雄駅南部　MAP P.269-D3

世界が認めたベーカリー

　「世界チャンピオン」のパン職人、呉寶春氏の店。ライチパン＝荔枝玫瑰麵包（370元）と酒釀桂圓麵包（370元）が人気で、昼過ぎには売り切れる。午前中に訪れて世界一の味を手に入れて。

🏠 高雄市四維三路19號
☎ (07) 335-9593
🕐 10:30～20:00
🈺 不定休、旧正月
CC AJMV
🚇 R8三多商圏駅3番出口より紅21路バスで「市政府大樓」下車、徒歩約2分
🌐 www.wupaochun.com

| カラスミ

ヂォンウェイヂェンウーイズイヂュアンメンディエン
正味珍烏魚子専門店

AREA 高雄駅西部　MAP P.268-A2

秘伝のカラスミに感激

　親子2代で創業60年以上にも及ぶカラスミ専門店。すべて自社で製造しており、いつもの食卓に並べられる約250元のものから、贈り物にしたい高級品までさまざま。1斤1600元～。

🏠 高雄市七賢三路125號
☎ (07) 551-2749
🕐 9:00～22:00
🈺 無休
CC JMV
🚇 O2鹽埕埔駅2番出口より徒歩約5分
🌐 karasumi.co

| 文具

エスケービー ウェンミンガンビー
SKB 文明鋼筆

AREA 高雄駅西部　MAP P.268-A2

創立1955年の老舗記具店

　レトロモダンな歴史建築で営業する文具店。オリジナルの万年筆やインクなどが並び、文具好きは必見。安価でかわいいペン類も多く、使えるメイドイン台湾みやげを探すのに最適の場所。

🏠 高雄市五福四路153號
☎ (07) 521-8271
🕐 10:30～19:00（土・日11:00～）
🈺 無休
CC JMV
🚇 O2鹽埕埔駅1番出口よりすぐ
🌐 www.skb.com.tw

| デパート

ハンシェンバイフオ
漢神百貨

AREA 高雄駅南部　MAP P.268-B3

ラグジュアリーな百貨店

　45階建ての建物の地下3階から地上8階までが売り場になっている。シャネル、エルメスなどラグジュアリーブランドも充実のラインアップ。地下に無印良品やスターバックスもある。

🏠 高雄市成功一路266-1號
☎ (07) 215-7266
🕐 11:00～21:30（金・土・祝前日～22:00）
🈺 無休　CC ADJMV
🚇 R9中央公園駅1番出口より徒歩約11分
🌐 www.hanshin.com.tw

モンシータイゴウゴウチョンシン
夢時代購物中心

AREA 高雄駅南部　MAP P.264-B2

観覧車が楽しい巨大モール

　地上9階、地下2階というアジア最大級のショッピングモール。屋上にあるOPENちゃん（セブン-イレブンのキャラクター）の巨大観覧車（150元）からは高雄市街を一望できる。統一時代百貨が隣接。

🏠 高雄市中華五路789號
☎ (07) 813-5678
🕐 11:00～22:00（金・祝前日～22:30、土・連休10:30～22:30、日・祝10:30～）🈺 無休
CC ADJMV（店による）
🚇 C5夢時代駅より徒歩約3分
🌐 www.dream-mall.com.tw

デパート

エスケーエムパークアウトレッツ カオシャンツァオヤー
SKM Park Outlets 高雄草衙

AREA 高雄駅南部　**MAP** P.264-B2

帰国前にも立ち寄れる

　ショッピングセンターとフードコート、遊園地が併設された大型複合商業施設。鈴鹿サーキットを10分の1で再現したゴーカートが人気。高雄国際空港にも近く、有料ロッカーもある。

🏠高雄市中安路1-1號
☎(07) 796-9999
🕐11:00～22:00
休無休
💳ADJMV（店による）
🚉R4A草衙駅2番出口よりすぐ
🌐www.skmpark.com.tw

ダーユエンバイ
大遠百

AREA 高雄駅南部　**MAP** P.269-C3

MRT駅隣接のデパート

　地上17階、地下1階の大型デパート。17階は南台湾有数の規模を誇る誠品書店、13～16階は映画館。11階のフードコートには、台南の有名店、周氏蝦捲（→P.311）の支店がある。

🏠高雄市三多四路21號
☎(07) 972-8888
🕐11:00～22:00　休無休
💳ADJMV
🚉R8三多商圏駅1番出口よりすぐ
🌐www.feds.com.tw/tw/51

書店

エムエルディー リーディング
MLD Reading

AREA 高雄駅南部　**MAP** P.264-B2

高雄発のおしゃれ書店

　かつての台湾アルミニウム（台鋁）の倉庫の跡地をリノベーションしたシネマコンプレックスMLD台鋁にある書店。誠品書店のようなカルチャーの発信地となっている。

🏠高雄市忠勤路8號
☎(07) 536-5388
🕐11:30～21:30（金～22:00、土・日10:00～22:00）
休無休　💳MV
🚉C7軟體園区駅より徒歩約7分
🌐mld.com.tw/Area/Reading

マッサージ

ズオジャオヨウジャオジンディエンパオジャオホェイグアン
左脚右脚經典泡腳會館

AREA 高雄駅南部　**MAP** P.269-C2　日

疲れた体を癒やそう

　改装されてきれいな設備のマッサージ店。基本の足裏マッサージ（70分1400元）、全身マッサージ（100分1700元）ほか、所要時間によりメニューの選択が可能。足裏の角質取り（600元）で、足裏までピカピカに磨き上げられる。

🏠高雄市新田路145號
☎(07) 282-1377
🕐9:00～翌4:00
💳JMV
🚉R9中央公園駅2番出口より徒歩約5分
🌐www.feet.com.tw

1看板が目立つ入口
2足や首の疲れが取れる

シエンタイレンジエンカンゴワンチャン
現代人健康廣場

AREA 高雄駅南部　**MAP** P.268-B3　日

高雄の老舗マッサージ店

　高雄で長く営業している昔ながらの大型マッサージ店。全身マッサージ（90分1500元）、足裏マッサージ（700元）など定番マッサージから顔マッサージ（1000元）、爪切り（400元）、耳掃除（500元）などメニュー豊富。日本円でも支払い可。

🏠高雄市五福三路101號
☎(07) 241-3222
🕐24時間
休無休
💳JMV（カード利用は＋5%）
🚉R9中央公園駅1番出口より徒歩約7分
🌐fb.com/T072413222

1目立つ外観
2照明を落として心地よい明るさの空間

高級

ハンライダーファンディエン
漢來大飯店

AREA 高雄駅南部 　MAP P.268-B3 　日 🛜

中心部にある高層ホテル

　家具などの調度品に格調高さを感じさせる老舗のホテル。ジムやプール、サウナなどの施設も充実。客室は26～42階で、最上階の45階は眺めのよいレストランフロアだ。

🏠高雄市成功一路266號
☎(07)216-1766
📠(07)216-1966
💰⑤①4800元～
🅿15%　CC ADJMV　🛏540
🚇R9中央公園駅1番出口より徒歩約11分
🌐www.grand-hilai.com

和逸飯店 高雄中山館 (ホーイーファンディエン　カオシォンチョンシャングアン)
ホテルコッツィ 高雄中山館

AREA 高雄駅南部 　MAP P.269-C3 　日 🛜

高雄市街のパノラマを楽しめる

　高層ビルの上階にあり、フロントは30階。客室は機能的かつ洗練されたデザインで、眺望は抜群。「Cozzi THE Roof」レストランからは高雄85大樓の後ろに高雄港が広がる絶景を楽しめる。

🏠高雄市中山二路260號
☎(07)975-6699
📠(07)975-6688
💰⑤①4800元～　🅿10%
CC AJMV　🛏180　🚇R8三多商圏駅3番出口より徒歩約1分
🌐hotelcozzi.com/高雄中山館

高雄福華大飯店 (カオシォンフーホアダーファンディエン)
ハワードプラザホテル高雄

AREA 高雄駅南部 　MAP P.269-C1 　日 🛜

日本語OKでサービス良好

　30階建ての大型ホテル。駅や夜市に近く、観光に便利。部屋は明るくゆったり。日本語の上手なスタッフが多く快適に過ごせる。カフェ、バーも含めてホテル内に6つのレストランがある。

🏠高雄市七賢一路311號
☎(07)236-2323
📠(07)235-8383
💰⑤①8800元～　🅿10%
CC ADJMV　🛏305
🚇R10/O5美麗島駅8番出口より徒歩約10分
🌐www.howard-hotels.com.tw

ハンシュエンクオジーダーファンディエン
寒軒國際大飯店

AREA 高雄駅南部 　MAP P.269-C3 　日 🛜

客室は人気デザイナーが設計

　客室は国際的建築家が設計。屋内プール、サウナ、ジムなどの設備も充実していて、快適なホテルライフを過ごすことができる。7階のビジネスセンターとロビーには日本語の雑誌や新聞もある。

🏠高雄市四維三路33號
☎(07)332-2000
📠(07)336-1600
💰⑤7000元～　①8600元～
🅿15%　CC ADJMV
🛏311　🚇R8三多商圏駅6番出口より徒歩約10分
🌐www.han-hsien.com.tw

カオシォンシャンリュー
高雄商旅

AREA 高雄駅南部 　MAP P.269-D2 　日 🛜

ビジネス専用エリアも

　國群大飯店をリノベーションした寒軒グループのビジネスホテル。機能的な客室でツアー客も利用するが、仕事で疲れたビジネス客が静かに休めるようビジネス客専用の客室エリアを設けている。

🏠高雄市民族二路33號
☎(07)222-1333
📠(07)223-3800
💰⑤①6600元～
🅿10%　CC ADJMV
🛏167　🚇O6信義國小駅4番出口より徒歩約2分
🌐www.han-hsien.com.tw/urban

ホテルドゥア
Hotel dùa

AREA 高雄駅南部 　MAP P.269-C2 　日 🛜

大人シックに快適な上質ステイを

　ホテル名の「dùa」は「住」を意味する台湾語。個人客を重視しツアー客の利用はない。15階のバー「étage15」にはテラス席もあり、朝食からバータイムまで、眺望を楽しみながら利用できる。

🏠高雄市林森一路165號
☎(07)272-2999
📠(07)272-2993
💰⑩3800元～　①4300元～
CC ADJMV
🛏145　🚇R10/O5美麗島駅6番出口より徒歩約1分
🌐hoteldua.com

高級

捷絲旅 高雄站前館（ジエスーリュー　カオションヂャンチエングアン）
ジャストスリープ 高雄站前館
AREA 高雄駅周辺　MAP P.265-B　日 🛜

無料のランドリー完備

　晶華酒店（リージェント）グループプロデュースのデザインホテル。高雄には、ショッピングや観光に便利な高雄站前館と長期滞在や家族連れに便利な中正館の2館がある。

住 高雄市中山一路280號
☎ (07) 973-3588
料 W T 3280元〜　⊕10%
CC A D J M V　室152
交 台鐵高雄駅より徒歩約7分
URL www.justsleephotels.com/KaohsiungStation/jp

ハンピンジョウディエン
翰品酒店
AREA 高雄駅西部　MAP P.268-A2　日 🛜

人気飲茶店のあるホテル

　南北循環バスの起点である市民広場の角に立ち、アクセス良好だ。ホテル内はレストランやショップが充実しており、なかでも3階の港都茶樓（→P.281）の飲茶はローカルにも大人気。

住 高雄市大仁路43號
☎ (07) 521-7388
FAX (07) 521-7068
料 W T 3200元〜　⊕15%
CC A D J M V　室253
交 O2鹽埕埔駅2番出口より徒歩約3分
URL kaohsiung.chateaudechine.com

高雄愛河智選假日酒店（カオションアイホーヂーシュアンジアリージョウディエン）
ホリデイ・イン エクスプレス高雄愛河
AREA 高雄駅西部　MAP P.268-A2　🛜

下町にオープンした高層ホテル

　庶民的なエリアにある2021年オープンのホテル。客室はシンプルで機能的。ロビーにはアップルのコンピューターと無料のコーヒーコーナーがある。全エリアをバリアフリーでカバーしている。

住 高雄市大智路129號
☎ (07) 532-3333
料 W T 2593元〜　⊕10%
CC A J M V　室93
交 O2鹽埕埔駅3番出口より徒歩約4分
URL www.hiexpress.com

中級

アルサンチーリューディエン
237旅店
AREA 高雄駅西部　MAP P.268-A2　日 🛜

きれいでデザイン性も高い

　古いオフィスビルの一角をリノベーションした新しいホテル。フロントにはハーレーダビッドソンのバイクが飾られている。内装、客室も今風でおしゃれな雰囲気でコストパフォーマンスが高い。

住 高雄市七賢三路237號
☎ (07) 521-8237
FAX (07) 531-7237
料 S T 1550元〜
CC J M V　室32
交 O2鹽埕埔駅2番出口より徒歩約10分
URL www.fb.com/Hotel237

ジアシーリューシェー
佳適旅舍 Jia's Inn
AREA 高雄駅周辺　MAP P.265-B　🛜

おしゃれでコスパも高い

　滞在型カジュアルホテル。六合國際觀光夜市にも近く便利な立地に加え、利用客が好きなスタイルで過ごしやすいセルフサービスを採用しているので長期滞在やリピーターも多い。

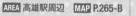

住 高雄市中山一路257號
☎ (07) 288-2111
FAX (07) 288-6111
料 S 1180元〜　W 1980元〜
⊕10%　CC A J M V
室68　交 R10/O5美麗島駅11番出口より徒歩約3分

シークオシャンリュー
世國商旅
AREA 高雄駅周辺　MAP P.265-B　🛜

親切で清潔でローカル人気大

　手頃な価格のビジネスホテル。部屋はシンプルで清潔。バスタブがある部屋もある。フロントの感じもよく、現地のビジネス客が多い。六合國際觀光夜市や高雄駅なども徒歩圏内。

住 高雄市民主横路66號
☎ (07) 287-6151
FAX (07) 288-6020
料 S 1729元〜　T 1820元〜
CC J M V　室75
交 R10/O5美麗島駅11番出口より徒歩約6分

康橋大飯店 站前館
カンチァオダーファンディェン ヂャンチェングアン

AREA 高雄駅周辺　MAP P.265-B

台鐵高雄駅にいちばん近いホテル

建國路を挟んでほぼ台鐵高雄駅の向かいにある。客室は清潔で機能的。宿泊客がいつでも自由に楽しめるドリンクとアイスクリームのコーナーが置かれている。洗濯機と自転車の使用も無料。

住 高雄市建國二路295號
☎ (07) 238-6677
FAX (07) 238-8989
料 W2580元～　T2980元～
⊕10%　CC A J M V　室119
交 台鐵高雄駅より徒歩約2分
URL www.kindness-hotel.com.tw

御宿商旅 中央公園館
ユィスーシャンリュー チョンヤンゴンユェングアン

AREA 高雄駅南部　MAP P.268-B2

安心のホテルチェーン

高雄、台南に多数の支店をもつ、クリーンなビジネスホテル。客室はコンパクトだが、無料の洗濯機、乾燥機が便利だ。また、地下に下りると24時間飲み物や軽食が用意されているなどサービスもよし。

住 高雄市中華三路15號
☎ (07) 215-5990
FAX (07) 261-5572
料 S T1400元～
CC J M V
室66　交 R9中央公園駅1番出口より徒歩約3分
URL www.royal-group.com.tw

鳥巢頂級商旅
ニャオチャオディンジーシャンリュー

AREA 高雄駅南部　MAP P.268-B1

巢がテーマのチェーンホテル

「鳥の巣」がテーマで、ロビーに備えた大きな鳥籠のオブジェがユニーク。客室は広く、最新式のシャワー、洗面台を揃えている。1階にパソコンと、レンタサイクル（3時間まで無料）がある。

住 高雄市七賢二路165號
☎ (07) 285-6886
FAX (07) 288-3188
料 W4880元～　T5680元～
CC A J M V　室77
交 O4市議會駅4番出口より徒歩約7分
URL www.nesthotel.com.tw

京城大飯店
ジンチェンダーファンディェン

AREA 高雄駅北部　MAP P.269-C1

喧騒を忘れる大人の雰囲気

高雄の有名デザイナーが内装を手がけており、ロビーは大人の雰囲気。客室もチーク調に統一され、落ち着いた印象だ。台鐵高雄駅の裏手にあり、ビジネスにも観光にも便利。

住 高雄市九如二路362號
☎ (07) 311-9906
FAX (07) 311-9591
料 W2000元～　T2200元～
CC A D J M V
室150
交 台鐵高雄駅より徒歩約2分
URL www.kingstown-hotel.com.tw

華賓旅館
ホアビンリューグアン

AREA 高雄駅周辺　MAP P.265-B

コスパが高い好立地ホテル

台鐵高雄駅近くにある経済的ホテル。建物の古さは感じるが、客室は清潔に保たれていて必要十分の設備。自転車が無料で使える。平日はさらに割引きがある。エレベーターはないので注意。

住 高雄市南華路221號
☎ (07) 235-8800
FAX (07) 235-0975
料 S1050元～　W1750元～
CC 不可
室25
交 台鐵高雄駅より徒歩約3分
URL fb.com/HAPPYHOTEL.KAOHSIUNG

あひる家 AHIRUYAH
鴨家青年旅館（ヤージアチンニエンリューグアン）

AREA 高雄駅南部　MAP P.269-C1

日本人経営のゲストハウス

台湾で最も快適なゲストハウスのひとつ。ベッドサイドの設備やウッドフロアの清潔なシャワー室にも日本的な心遣いが感じられる。トイレ＆シャワーは男女別で、女性も安心して過ごせる。

住 高雄市六合一路158號5階
☎ (07) 235-2638
料 S1000元～　T1200元～
D400元～
CC 不可　室11(48ベッド)
交 R10/O5美麗島駅10番出口より徒歩約2分
URL ahiruyah.com/jp

Map P.258-A1

かわいらしい老街が残るバナナの名産地

旗山
チーシャン　Cishan

台南市と高雄市との境にある内陸の小さな町。古くから製糖業で栄え、当時の古い家並みが今も残る。バナナの名産地でもある。このあたりでは比較的大きめの町で、高雄から美濃（→P.290）や茂林などへ行くときのハブとなる。

のどかな町を彩るバロック様式の町並み
旗山老街　チーシャンラオジエ

MAP P.289-A1・2

　1920年前後、台湾は製糖業によりおおいに繁栄した。その象徴といえるのが旧旗山駅から延びるこの老街だ。通りには花草紋や鳥獣のレリーフを施したしゃれたバロック風建築が数多く残っており、今も商店や飲食店として活用。まるでタイムスリップした気分になる。特産であるバナナを使用したさまざまな菓子が売られていて、旗山ならではのおみやげを選ぶことができる。

バナナスイーツの店が並んでいる

アクセス
高雄から
バス 高雄客運建國站バスターミナル（MP.265-B）より高雄客運E25「六亀」、E28「美濃」、E32「甲仙」行きで旗山轉運站バスターミナル下車。約20～40分に1便、所要約1時間、108元。
または、高鐵左營駅より高雄客運E01「旗山、美濃」、E25「六亀」行きで旗山轉運站バスターミナル下車。約20～30分に1便、所要約40分、70元。

旗山老街
🏠高雄市旗山區中山路
🚌旗山轉運站バスターミナルより徒歩約8分

旗山轉運站バスターミナル

旧旗山駅の駅舎を利用した、旗山車站-糖鐵故事館
Ⓜ P.289-A2
🏠高雄市旗山區中山路1號
☎ (07) 662-1228
🕙 10:00～18:00（土・日・祝～19:00。入場は閉館30分前まで）🈺火 🈯30元
🚌旗山轉運站バスターミナルより徒歩約5分
🌐 fb.com/CISHANSTATION

絵本に出てきそうな外観

美濃

MAP
P.258-B1
P.290

住 高雄市美濃區
交 旗山轉運站バスターミナル（**M** P.289-B2）より高雄客運 E01、E28「美濃」行き、E25「六亀」行き、H31「多納」行きなどで美濃客運站バスターミナル下車。約30分に1便、所要約20分、12～32元

美濃客家文物館
M P.290-B1
住 高雄市美濃區民族路49-3號
☎ (07) 681-8338
◐ 9:00～17:00
休 月、旧正月　**料** 40元
交 高雄客運美濃站バスターミナルより徒歩約18分またはタクシーで約8分
創 meeinonghakka.kcg.gov.tw

客家の伝統衣装

紙傘のショップ兼アトリエの廣進勝紙傘（**M** P.290-B1）

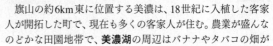
客家人が多く住む町
美濃 メイノン

　旗山の約6km東に位置する美濃は、18世紀に入植した客家人が開拓した町で、現在も多くの客家人が住む。農業が盛んなのどかな田園地帯で、**美濃湖**の周辺はバナナやタバコの畑が広がる。サイクリングがてら自転車で回ると気持ちよい。**美濃客家文物館**は豊富な展示で客家文化について学ぶことができる。食事はぜひ地元の食堂で客家の伝統的な米麺、**板條**を。

美濃湖

美濃

---

gourmet

グルメ

枝仔冰城 ヂーザイビンチョン
スイーツ　MAP P.289-A1

産地で食べるバナナスイーツ
　高雄や台北にも展開するアイスクリーム店の本店。バナナの上にバナナアイスをのせたバナナサンデー「香蕉聖代」（99元）など、地元の濃厚バナナを使ったデザートが人気。

住 高雄市旗山區中山路109號
☎ (07) 661-2066
◐ 9:00～21:00
休 無休　**CC** J M V
交 旗山轉運站バスターミナルより徒歩約10分
創 www.kaps.com.tw

老街咖啡 ラオジエカーフェイ
カフェ　MAP P.289-A2

ノスタルジックなアーケード
　1903年に建てられた、壁のない石造りアーケードの下というオープンエアなカフェ。ていねいにサイフォンで入れたコーヒーと名産のバナナを使ったスイーツでひと息入れられる。

住 高雄市旗山區復新街32號
☎ (07) 661-6377
◐ 9:30～21:00（日～22:00）
休 不定休
CC 不可
交 旗山轉運站バスターミナルより徒歩約4分
創 fb.com/laojie.cafe

ノスタルジックな台湾の古都
台南
タイナン　Tainan

Map P.258-A1

台湾でいちばん早く開発され、歴史的価値がある史跡が多い古都、それが台南だ。北回帰線を越えた熱帯圏にあり、人口約185万人（2022年）の大都市ではあるが、ノスタルジックで、南国らしいゆったりした雰囲気が国内外の旅行者に人気。高速鐵道（新幹線）の駅は郊外にあるが、台鐵台南駅との連絡線（沙崙線）が開通して以降、台北からの日帰り観光も可能となっている。

由緒ある廟が町じゅうにある

台南の歩き方

台南中心部は台鐵台南駅の西側に開けた旧城内周辺の一帯で、駅の東側は國立成功大学のある市街地区、そして台南運河を境に西に広がる安平地区に分かれている。

かつては赤崁樓（→P.298）に行政府がおかれ、城壁と城門で取り囲まれていた。古都の面影を探すなら、駅前から中山路を南下した民生緑園のロータリー周辺の孔子廟（→P.299）、大天后宮（→P.299）といった寺廟を巡ってみよう。

また、擔仔麺や蝦仁飯、蝦捲など日本人好みの台湾グルメが豊富。レストランや屋台は営業時間がバラバラで、売り切れじまいも多い。名所巡りと上手に組み合わせて歴史と文化、グルメを満喫したい。

孔子廟（→P.299）の「全臺首學」の門は台南のシンボルのひとつ

アクセス

台北から

高鐵 高鐵台北駅より高鐵台南駅まで毎日多発、所要約1時間45分～、1305元～。駅から中心部へは隣接する台鐵沙崙駅より台鐵台南駅まで台鐵で所要約24分、25元。

台鐵 台鐵台北駅より台鐵台南駅まで毎日多発、所要約3時間10分～、自強號738元。

バス 台北轉運站バスターミナル（M P.69-C2）より國光客運1837「台南」行きなどが毎日多発。所要約4時間30分、480元。

台中から

台鐵 台鐵台中駅より毎日多発、所要約1時間30分～、自強號363元。

バス 國光客運台中站バスターミナル（M P.159-D2）より國光客運1871「台南」行きが毎日多発。所要約2時間30分、270元。

高雄から

台鐵 台鐵台高雄駅より台鐵台南駅まで毎日多発、所要約30分～、自強號106元。

台南空港から市内へ
台鐵台南駅を経由する5路バスが1時間に1～2本、18元。

市内交通

市バス 市バス路線のハブとなるのは台鐵台南駅前の「火車站」バス停（M P.293-C1）で、北站と南站に分かれている。1回の乗車は18元～。中距離バスの興南客運もここから出る。

旅遊服務中心

M P.293-C1
台鐵台南駅前
(06) 229-0082
9:30～18:00　休無休
地図やパンフレットなどがある。日本語、英語可。

台鐵台南駅から町に向かうとき必ず地下道をくぐらなければならないが、エレベーターがあるのは駅出口正面（観光案内所の前）の地下道のみ。

台南市中心部

0 ──────── 500m

連雅堂紀念公園

▶花園夜市 ▶P.301へ

▶P.314
Ⓜ御手國醫養生會館

▶P.296.3
阿慈郵
立人國小Ⓧ

LOLA 羅拉冷飲店

フーシンホテル
台南Ⓗ

天下大飯店

▶P.3
連得堂餅

筑馨居Ⓡ
信義街
蘇紅豆

▶P.296.310
邸家小卷米粉

興済宮
大觀園卍

藥王廟卍
太古
神農街

▶P.313
雙全昌鞋行

成功國小Ⓧ

一箱根養生館Ⓧ

▶P.3

▶P.300 神農街

民權路三段

永樂市場

金得春捲

▶P.310
石精臼牛肉湯

協進國小Ⓧ

秘氏咖啡Ⓒ

西門
円環

▶P.298
赤崁樓

台南市家庭
教育中心路

▶P.300 水仙宮市場

富盛號Ⓡ
▶P.297.311

▶P.299 大天后宮

山根寿司Ⓡ

Bar TCRCⓃ

開基武廟
祀典武廟Ⓗ

剣橋飯店Ⓗ

▶P.314
奉茶Ⓢ
▶P.296.309

▶P.316 富驛時尚酒店Ⓒ
Ⓗ
米寓Ⓒ
▶P.297

興居台南Ⓡ

民權路二段

▶P.298

▶P.312 泰成水果店Ⓒ

全美戲院Ⓡ

▶P.309
阿美飯店Ⓡ

Ⓡ再發號

▶P.296.309

蜷尾家甘味處Ⓒ

▶P.300
正興街

▶P.312
祐成水果店Ⓒ

▶P.313
廣富號Ⓢ

天壇卍

吳園藝文

chocolat R 巧克力職人Ⓒ

Ⓒ飲花茶室

阿霞飯店

▶P.296.309

合盛帆

台湾南区
気象中心

▶P.316 未艾公寓Ⓗ

▶P.294 台南市消防史料館

中山路

▶P.297.311 赤嵌棺材板Ⓡ

緩慢文旅

▶P.313永順帆布行

度小月原始店Ⓡ

▶P.294
台南市
中西區圖書館

正路

民生緑園

結婚
写真

友愛街
海安路一段

仲青行旅Ⓗ
▶P.316

Ⓜ中正路
131巷

國立台湾文

▶P.299

Ⓢ新東陽

武徳殿卍

台南市美術館Ⓗ

林口路一段

友愛街

度小月担仔麺
(支店)

▶P.313
富華大飯店Ⓗ

▶P.315

重慶寺卍

台南市美術館Ⓗ

六千牛肉湯Ⓡ
保安宮

Ⓡ
保安路

小西門

▶P.300
台南市美術館2館

Ⓧ
孔子廟卍

▶P.300

▶P.296.311
呂記蚵仔魚羹

茂雄蝦仁肉圓Ⓡ

▶P.311
Ⓡ阿堂鹹粥

台南
地方法院

忠義國小Ⓧ

▶P.299

窄門咖啡Ⓒ
Ⓡ
Ⓡ

保安市場
Ⓡ矮仔成蝦仁飯
▶P.297.309

▶P.310

福記肉圓Ⓡ

▶P.297.311

愛國婦人
會館Ⓧ

台湾銀行
台南分

「水萍塭公園」バス停

「小西門」バス停

旧台南刑務所
木造建築群Ⓗ

連興國中Ⓧ

莉莉水果店Ⓡ
▶P.312

第三代虱目

東南旅行社

レークショアホテル・
台南館 ▶P.315

假日花市

▶P.301

新光三越百貨
台南新天地

大南門•
南門放送局

▶P.297 曉咖啡

台南女子
Ⓧ

藍晒圖文創園區
▶P.301

Ⓢ
Ⓗ

樹林街二段

シルクスプレイス台南
▶P.315

Ⓧ南英工商

樹林街一Ⓧ

南寧路

南寧路

泡腳抓腳足體健康會館Ⓜ
⑦

進学國小Ⓧ

中山國中Ⓧ

健康路二段

五妃街

國立家斉女子中

五妃廟
卍

健康路一段

健康路

台南高商Ⓧ

野球場

水萍塭公園

夏林路

五妃街

西門路一段

忠義路二段

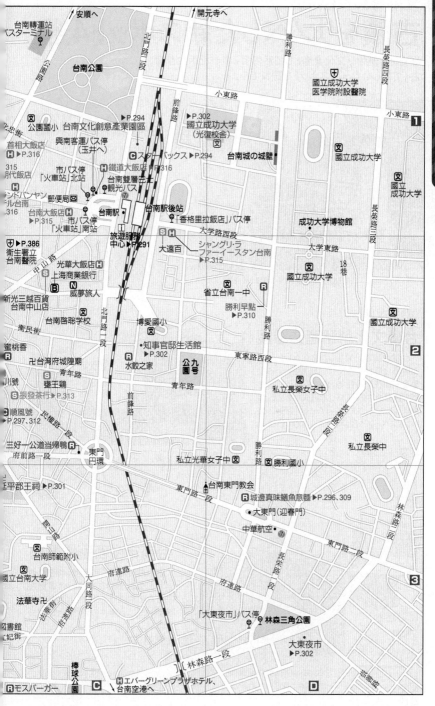

台南轉運站
バスターミナル

台南公園

▶P.294 台南文化創意産業園區

公園國小

首相大飯店
H ▶P.316

315
時代飯店
H
ンドパンヤン
ル台南
316

興南客運バス停
（玉井へ）

前鋒路

小東路

勝利路

長榮路四段

小東路

▶P.302
國立成功大学
（光復校舎）

國立成功大学
医学院附設醫院

國立成功大学

1

C スターバックス ▶P.294

鐵道大飯店 ▶P.316

台南城の城壁

國立成功大学

市バス停
「火車站」北站

台南大飯店 H
▶P.315

H ▶P.386
衛生署立
台南醫院

新光三越百貨
台南中山店

台南雙層巴士
観光バス

郵便局

台南駅後站
「香格里拉飯店」バス停

市バス停
「火車站」南站

旅遊服務
中心 ▶P.291

台南駅

大學路西段

S H
シャングリ・ラ
ファーイースタン台南
▶P.315

大遠百

光華大飯店 H
上海商業銀行

威夢旅人 N

成功大学博物館

大學東路

國立成功大学

18
巷

省立台南一中

勝利早點
▶P.310

國立成功大学

台南啓聡学校

博愛國小

勝利路

蜜桃香
R

川號

順風號
▶P.297、312

知事官邸生活館
▶P.302

水餃之家

卍台灣府城隍廟

青年路
鱔王鶏 S

S 振發茶行 ▶P.313

公九
園号

青年路

東寧路西段

私立長榮女子中

勝利路

前鋒路

勝利路三段

三好一公道当帰鴨 R
府前路一段

東門
円環

私立光華女子中

勝利路

勝利國小 R

私立長榮中

王平郡王祠 ▶P.301

東門路一段

台南東門教会

城邊真味鱔魚意麺 ▶P.296、309

林森路一段

台南師範附小

國立台南大学

法華寺 卍

圖書館
妃街

府連路

大同路一段

府連路

東門路一段

大東門（迎春門）

中華航空 ⑦

東門路二段

3

林森路一段

「大東夜市」バス停

林森三角公園

大東夜市
▶P.302

棒球公園

R モスバーガー

C

H エバーグリーンプラザホテル、
台南空港へ

D

古蹟をリノベした新スポット4選

歴史ある建物を文化資産として活用するのが上手な台湾。
古くて新しいニュースポットを訪ねてみよう。

かつては台南で最も高い建物だった

1.ロータリーに面して立つ 2.1950年代の消防車 3.消防士の展示

消防署の中に入れる！
タイナンシーシャオファンシーリャオグアン
台南市消防史料館

　前身は1938年に建てられた警察、消防の合同庁舎。現在も現役の消防署として活躍しているが、建物の一部が博物館として公開されている。体験コーナーでは、消防士の装備品の重さにびっくりしてしまうだろう。

MAP P.292-B2

住台南市中正路2-1號 ☎(06)297-5119 開9:00～18:00 休月、旧正月 料無料 交台鐵台南駅前の北站より2路バス、南站より88路バスで「孔廟」下車、徒歩約3分 URLdper.tncfd.gov.tw

台南駅近の歴史建築
タイナンウェンホアチュアンイーチャンイエユエンチュー
台南文化創意産業園区

　台鐵台南駅に隣接した文化センター。その中心は日本統治時代に建設された専売局台南出張所の建築。れんが造りのコの字型の建築で、中庭には日本庭園があった。現在はスターバックスになっている。周囲にはイベントスペースや工房などが入居している。

MAP P.293-C1

住台南市北門路二段16號 ☎(06)222-2681 開24時間（スターバックスは7:30～21:00） 休無休 料無料 交台鐵台南駅より徒歩約5分 URLb16tainan.com.tw

カフェになっている！

1.れんが造りのどっしりした建築 2.台南スターバックスオリジナル商品も買える 3.中はすっきりした空間

広々とした空間

1.二・二八事件で弾圧された台南の文化人 2.図書室は吹き抜けで広々している 3.窓の形もオリジナル 4.リノベ前は見えなかった建物

通りの新しいランドマーク
タイナンシーチョンシーチュートゥーシューグアン
台南市中西區圖書館

　日本統治時代に台南州会議室に使われた建築。戦後に増設された前面部分を取り壊してリノベされ、2022年に図書館と二・二八事件の資料館としてオープンした。

MAP P.292-B2

住台南市中正路3號 ☎(06)225-3933（内線701～703） 開8:30～20:30（日～17:30） 休月、最終金曜、祝日 料無料 交台鐵台南駅前の北站より2路バス、南站より88路バスで「孔廟」下車、徒歩約3分 URLwww.tnpl.tn.edu.tw

中にタンクがある

自然に囲まれた歴史遺産
タイナンシャンシャンホアユエン
台南山上花園
シュイダオボーウーグアン
水道博物館 →P.307

　台南の郊外にある日本統治時代の旧水道施設。水道の歴史を学ぶとともに、息抜きも兼ねてのどかな自然のなかでのんびりするのにもいいところだ。

高い天井におどろき!

1.濾過装置室内に並ぶタンク 2.赤れんが造りのポンプ室 3.濱野彌四郎の胸像 4.濾過装置室の展示 5.ポンプ室の展示 6.実験装置の展示 7.ポンプ室にあるカフェ

CHECK! 台南定番モデルルート

カキ料理が名物

赤崁樓 →P.298

鄭成功が政治の中心地とした台南を代表する古跡。2階は展示室。

祀典武廟 →P.298

台湾関帝廟の総本山で仕事運アップを祈願。月下老人も祀られている。

安平 →P.303

安平古堡、安平樹屋などを見学。安平老街のそぞろ歩きも楽しい。

神農街 →P.300

清代の面影が残るレトロで絵になるストリートをのんびり散策。

林百貨 →P.313

昭和レトロなデパートでお菓子や台湾雑貨のおみやげ探し。

花園夜市 →P.301

屋台ののぼりが夜空にはためく南台湾最大級の夜市へ。

タウナギのあんかけ麺
鱔魚意麺
シャンユィイーミエン

炒めたタウナギとタマネギに甘めのあんをかける。あんがやわらかい麺によくからむ。 →P.309

●城邊真味鱔魚意麺

**プリプリの
タウナギ満載**

台湾語でサバヒーと呼ばれる白身魚。虱目魚の半身がのった粥。骨は抜かれていて食べやすい。

●阿憨鹹粥 →P.310

**さらっと
食べられる**

サバヒー粥
虱目魚肚粥 **必食!**
スームーユイトゥーヂョウ

**カニの身が
たっぷり!**

カニおこわ
紅蟳米糕 **必食!**
ホンシュンミーガオ

産卵前のメスのカニで炊いたおこわ。結婚式など祝い事の席で振る舞われることが多い。

●阿霞飯店 →P.309

食べ歩きのコツ

◎1杯を数人でシェア
たくさんの種類を食べるため、店の人に嫌な顔はされない。

◎ドリンク持参で
専門の店では飲み物を扱っていないことが多い。

◎人気店は早めに
売り切れると営業時間中でも閉店するので目当ての店は早めに。

個人店はカード不可が多いので現金を用意しよう

食の都で絶対食べたい!

決定版 台南名物グルメ

台南は小吃(軽食)をはじめ、さまざまなローカルフードの発祥地。気軽に食べられる量と値段のものが多いので、食べ歩きを楽しもう。

元祖台湾ラーメン
擔仔麺 **台南
発祥**
タンザイミエン

小ぶりで何杯もおかわりしたくなる。そぼろ肉とスープをよくかき混ぜてから食べよう。

●度小月 原始店 →P.309

**奥深い
エビのだし**

サワラのフライにアツアツとろみスープをかけた料理。フライは揚げたてでサクサク。

サワラのフライのとろみスープ
蚵炵魚焿
トゥートゥオユィゲン

●呂記蚵炵魚焿 →P.311

**麺やビーフン
入りも**

**イカのゆで
加減が絶妙!**

イカビーフン
大人気 小巻米粉
シアオチュエンミーフェン

イカのうま味がたっぷり染み出た透き通ったスープで食べる太めの米麺。イカがプリプリ。

●邱家小巻米粉 →P.310

**ジューシーな
煮汁があふれる**

ジャンボ粽
ジャンボ 特製八寶肉粽
トゥーヂーパーバオロウツン

ホタテ、イカ、シイタケ、卵の黄身、肉など8種の具が詰まったゴージャスなジャンボ粽。

●再發號 →P.309

エビロール
蝦捲
シアチュエン

必食！

くり抜いた食パンに
クリームシチューが
かかっている。棺
おけに似ているため
この名がついた。
●赤嵌棺材板
→ P.311

シチューは
懐かしい味

棺おけパン!?
棺材板
グアンツァイバン

エビやカキなどの海
鮮を粗く刻んで揚げ
たもの。サクサク
の食感でスナックに
ぴったり。
●周氏蝦捲 →P.311

ガリと
相性◎

エビごはん
蝦仁飯
シアレンファン

エビが
たっぷり

新鮮な牛肉のスライ
スをアツアツのスー
プにくぐらせて食べ
る。スープは牛肉の
うま味が凝縮。
文章牛肉湯
→ P.310

意外と
あっさり

蒸しているので
ヘルシー

小エビとネギを炒
め、カツオだしでふっ
くらと炊き上げたご
飯。朝食にもおす
すめ。
●矮仔成蝦仁飯
→ P.309

デンプン質の皮でく
るんだ肉を蒸し、特
製ソースで食べる。
「バーワン」と台湾
語名で呼ばれる。
●福記肉圓

朝食

レアの牛肉スープ
牛肉湯
ニュウロウタン

ぷにぷに餃子
肉圓
ロウユエン
→ P.311

エビやシイタケなど
の具も入った米の
ペーストを茶碗に入
れて蒸す、茶碗蒸
しのような料理。
●富盛號
→ P.311

魚団子スープ
魚丸湯
ユィワンタン

ライスプディング
碗粿
ワングオ

よく練られた
団子はプリプリ

サバヒーなどの魚の
すり身団子をあっさ
りしたスープで食べ
る。シンプルだが
ほっとする味。
●周氏蝦捲
→ P.311

素朴で
やさしい味

╲ 食べ歩きのあとは…… ╱

くつろげる古民家カフェでひと休み

歴史ある建物でゆったり朝食
ミーユィ
米寓

築80年の古民家をすてきに
改装。手作りでボリューム満点
の朝食を食べることができる。

`MAP P.292-A2`

住台南市忠明街3號 ☎(06)221-0128
営8:30〜16:30 休不定休 カード不可
交台鐵台南駅前の北站より2路バスで
「郭綜合醫院」下車、徒歩約2分

自家製ワッフルが絶品
シュンフォンハオ
順風號 →P.312

住宅街に立つ古民家を使用。
ビンテージ家具を配した趣ある
空間で、自家製のベルギーワッ
フルでティータイム。

住宅街の中にあるカフェ
アカツキカーフェイ
曉咖啡

夜更かし好きのオーナーが
オープン。コーヒー豆はオーナー
自らが焙煎。ココアは4種類。

`MAP P.292-B3`

住台南市忠義路一段84巷6弄2號
☎0912-812-850 営13:00〜24:00 休
無休 カード不可 交台鐵台南駅前の北
站より2路バスで「大南門城」下車、
徒歩約4分

台南中心部の歩き方と見どころ

台鐵台南駅西側は、道が複雑に入り組んだ旧城内があり、ノスタルジックな雰囲気に浸れる。東側は國立成功大学ほか有名校が集まる文教地区になっており、路地裏には学生に人気のカフェやショップが連なっている。

赤崁樓

🏠 台南市民族路二段212號
☎ (06) 220-5647
🕐 8:30〜21:00
休 無休 料 70元
🚌 台鐵台南駅前の北站より3、5路バス、南站より88路バスで「赤崁樓」下車すぐ
※2023年11月現在、文昌閣とその裏の堡塁は修復工事中で入場できない。修復が終わり次第、海神廟が修復に入る予定。

内部は展示室になっている

祀典武廟

🏠 台南市永福路二段229號
☎ (06) 229-4401
🕐 5:30〜21:00
休 無休 料 無料
🚌 台鐵台南駅前の北站より3、5路バス、南站より88路バスで「赤崁樓」下車、徒歩約1分。入口は南側

恩主公（関羽）の像

オランダ時代の基台が残る

赤崁樓 チーカンロウ

MAP
P.292-B1

1653年、オランダ統治時代に建てられたプロビデンシャ城（紅毛城）。その後、地震で楼閣は全壊、移り変わる政権によって改築や取り壊しを経て、今の姿になった。れんがでできた城門と基台はオランダ統治時代のものだ。1983年に国家一級古蹟に指定されている。楼閣は手前の海神廟と裏手の文昌閣からなり、文昌閣の裏にはオランダ統治時代の堡塁が残っている。

鄭成功が政治の中心とした城

台湾関帝廟の総本山

祀典武廟 チューディエンウーミャオ

MAP
P.292-B1

大関帝廟と呼ばれる、台湾関帝廟の総本山で17世紀半ばに創建したとされる。敷地内には二川門、拝殿、主殿、後殿が立ち並び、台湾で最も保存状態のよい壮麗な古廟のひとつとされ、国家第一級古蹟に指定されている。恩主公（関羽）のほかに月下老人も祀られている。

縁結びの神、月下老人

関羽を祀る関帝廟の総本山

台南観光に便利な台湾好行バス府城巡迴線（88路バス）と安平台江線（99路バス）は、2023年4月現在、土・日・祝のみの運行となっている。

金色の媽祖像が美しい

大天后宮 ダーティエンホウゴン

MAP P.292-B1

　もともとは明朝王族の末裔、寧靖王朱術桂の府邸で、鄭氏政権崩壊後、媽祖廟に改造された。台南大媽祖廟とも呼ばれる。1664（明代永暦18）年創建されたが、1818年に火災で焼失。現在の建物は1830年に再建したものだ。こちらにも月下老人が祀られている。

台湾で広く信仰されている媽祖を祀る

台湾最古の孔子廟

孔子廟 コンヅーミャオ

MAP P.292-B2

　1665年、人材育成のために創建された台湾最古の孔子廟。台湾における儒学発祥の地で、全臺首學とも称される。全部で15ある建造物のひとつ以成書院には、皇太子時代に訪れた昭和天皇の写真が掲げられている。緑に覆われた敷地内は、市民の憩いの場だ。

大成殿内部には歴代総統が揮毫した扁額が掲げてある

口承文学の解説が興味深い

國立台湾文学館 クオリータイワンウェンシュエグァン

MAP P.292-B2

　日本統治時代の1916年、森山松之助によって建てられた台南州庁舎の一部を利用した文学館。台湾語はHo-lo語と表示してあり、原住民の口承文学から台湾における文学の発展、著名な作家の作品（一部日本語）などを展示していて興味深い。かつて中庭だった部分は吹き抜けのホールとなっている。

1916年に台南州庁舎として建てられた

大天后宮

- 🏠 台南市永福路二段227巷18號
- ☎ (06) 222-7194
- 🕐 6:00～21:00
- 休 無休　料 無料
- 🚍 台鐵台南駅前の北站より3、5路バス、南站より88路バスで「赤崁樓」下車、徒歩約2分。正門は西側。祀典武廟の三川門を出て、227巷を20mほど入る
- 🔗 www.gtainanmazu.org.tw

寧靖王の屋敷として建てられた

孔子廟

- 🏠 台南市南門路2號
- ☎ (06) 221-4647
- 🕐 8:30～17:30
- 休 旧正月　料 大成殿50元、敷地内は無料
- 🚍 台鐵台南駅前の北站より2路バス、南站より88路バスで「孔廟」下車すぐ
- 🔗 www.tn-confucius.org.tw

「全臺首學」の門

國立台湾文学館

- 🏠 台南市中正路1號
- ☎ (06) 221-7201
- 🕐 9:00～18:00
- 休 月、旧正月
- 料 無料
- 🚍 台鐵台南駅前の北站より2路バス、南站より88路バスで「孔廟」下車、徒歩約3分
- 🔗 www.nmtl.gov.tw

内部は新旧が融合

台鐵台南駅前から土・日・祝のみ、見どころを巡る2階建て観光バス、台南雙層巴士が運行されている。乗降自由の1日券300元、2日券500元（🔗www.tainansightseeing.com.tw）。

台南市美術館1館

住 台南市南門路37號
☎ (06) 221-8881
⏰ 10:00〜18:00（土〜21:00）
休 月（祝日を除く）、旧正月
料 200元（1館、2館共通）
交 台鐵台南駅前の北站より6路バスで「台南市美術館2館」下車、徒歩約2分
URL www.tnam.museum

台南市美術館2館

住 台南市忠義路二段1號
☎⏰休 1館と同じ
交 台南市美術館1館より徒歩約5分

警察署だった1館

1館は歴史建築との融合

神農街

住 台南市神農街
交 台鐵台南駅前の南站より88路バスで「神農街」下車すぐ

夜の姿も美しい

正興街

住 台南市正興街
交 台鐵台南駅前の北站より2路バスで「郭綜合醫院」下車、徒歩約2分

各店のオーナーが猫キャラとなって描かれている

MAP
P.292-B2

外観は正反対
台南市美術館 タインナンシーメイシューグアン

　2019年にオープンしたふたつの建物からなる美術館。1館は日本統治時代の警察署に新しい建物を加えたもので、台南ゆかりの絵画など多くの美術品を展示している。旧警察署は原型をとどめて修復され、その建築自体も興味深い。2館はかつての台南神社跡地に新築された近代建築で、劇場も内包する大規模な美術館になっている。こちらは現代アートを展示する。

現代的なデザインの2館

MAP
P.292-A1

清代の面影が残るアート横町
神農街 シェンノンジエ

　清代の雰囲気をもつノスタルジックな小路。路地には石畳が復元され、かつて道路標識だった石塊が復元されて道路にはめ込まれている。住宅街だが、素朴なギャラリーや派手な廟の薬王廟が見どころ。付近には芸術家が集まり、アート横町として注目されつつある。

絵になる町並み

MAP
P.292-A2

台南で今いちばん人気のストリート
正興街 ヂォンシンジエ

　ファッションやスイーツの店が次々とオープンし、台南っ子がいちばん注目しているエリア。全長230mほどの短い道だが、夕方になると大勢の地元ローカルと観光客でにぎわう。特に大人気のアイスクリーム店、蜷尾家甘味處の周りにはいつも人だかりができている。半割りにしたメロンを器にする泰成水果店（→P.312）も人気。

いつも若者でにぎわっている

  神農街がにぎわいだすのはお昼過ぎから。早く着いてしまったら、向かいの水仙宮市場（MP.292-A1）をのぞいてみては？　生鮮食品のほか、素朴なお菓子なども売られている。

福州式建築と神社が融合
延平郡王祠 <small>イェンピンジュンワンツー</small>
MAP P.293-C3

1874（清代同治13）年に大臣沈葆禎が創建した鄭成功を祀る廟。敷地内にある鄭成功文物館には国民的英雄の鄭成功についての資料が展示されている。福州式の建築だが、日本統治時代に日本の神社と寺院建築を模して改築され「開山神社」という名もつけられた。

台南の英雄、鄭成功を祀る廟

延平郡王祠

住 台南市開山路152號
電 (06) 213-5518
時 9:00～17:30
休 無休　料 無料
交 台鐵台南駅前の北站より6、紅3路バスで「延平郡王祠」下車すぐ
URL fb.com/100067044435976

迫力のある鄭成功像

市内中心部にできたリノベスポット
藍晒圖文創園區 <small>ランシャイトゥーウェンチュアンユエンチュー</small>
MAP P.292-A3

新光三越百貨台南新天地のすぐそばにある、かつて司法職員の官舎として使用されていた建物群をリノベーションした一帯。台南出身のデザイナーのショップや台湾クリエイターのアート作品を展示するギャラリーなどが並び、おみやげ探しや、トレンドチェックができる。藍染めや台湾装飾タイルの店は要チェック。イベントやワークショップもしばしば開かれ、文化の発信地として注目を集めている。

ショップが集まるリノベスポット

藍晒圖文創園區

住 台南市西門路一段689號
電 (06) 222-7195
時 12:00～21:00（店により異なる）
休 火
交 台鐵台南駅前の南站より紅幹線、紅1路バスで「新光三越新天地」下車、徒歩約1分
URL fb.com/BCPTainanCity

入口の藍晒圖（ブループリント）

B級グルメでおなかいっぱい
花園夜市 <small>ホアユエンイエシー</small>
MAP P.292-B1外

木・土・日曜のみ開催される夜市で、中心部から離れた海安路と和緯路の交差点に立つ。台南で最も活気がある夜市で、B級グルメの屋台がズラリ。テーブルを用意した屋台もあるので、落ち着いて食べたいときに利用しよう。なお、混雑しているのでスリには十分注意。

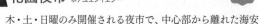

駐車場で開催される大規模な夜市

花園夜市

住 海安路と和緯路の交差点
時 18:00頃～24:00頃
休 月～水・金
交 台鐵台南駅の北站より「0左」路バスで「花園夜市」下車、徒歩約3分。帰路は道の反対側から「0右」路バスに乗る

鶏の足の煮込み

國立成功大学

- 住 台南市大学路1號
- ☎ (06) 275-7575
- 🕐 24時間 休 無休 料 無料
- 🚃 台鐵台南駅後站（裏口）より徒歩約4分。または台鐵台南駅前の南站より2、5、6路バスで「成功大學」下車すぐ
- 🌐 web.ncku.edu.tw

城壁の跡

ガジュマルの巨木

知事官邸生活館

- 住 台南市衛民街1號
- ☎ (06) 209-7000
- 🕐 11:00～20:00 休 月
- 🚃 台鐵台南駅後站（裏口）より徒歩約7分
- 🌐 www.mrlc.tw

大東夜市

- 住 台南市林森路一段と崇善路の交差点
- 🕐 18:00頃～翌1:30頃
- 休 水・木・土・日
- 🚃 台鐵台南駅後站より77路バスで「東寧路東光路口」下車、徒歩約3分。または台鐵台南駅前の南站より「0右」路バスで「大東夜市」下車、徒歩約3分。帰路は道の反対側から「0左」路バスに乗る

ダイナミックなイカ焼き

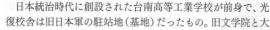

城壁も残る名門大学

國立成功大学 クオリーチョンゴンダーシュエ

MAP P.293-C·D1

日本統治時代に創設された台南高等工業学校が前身で、光復校舎は旧日本軍の駐站地（基地）だったもの。旧文学院と大成館（礼賢樓）はその時の建物を使用している。構内には1923年に当時皇太子だった昭和天皇によって植樹され、大きく育ったガジュマルの木がある。

古蹟に指定されている光復校舎

日本の皇族も泊まった洋館

知事官邸生活館 チーシークアンディーションフオグアン

MAP P.293-C2

1900年に台南の知事官邸として建てられた重厚なコロニアル様式の洋館。周囲をポーチがぐるりと囲み、アーチが連なる独特の外観をしている。知事官邸とは普段は知事の官邸だが、日本皇族が台湾を訪問する際の宿泊所となる役割もあった。この知事官邸には1941年までに約20名近くの日本皇族が訪れ、1923年には皇太子時代の昭和天皇が宿泊した。現在はショップとギャラリーになっており、建物の歴史に関する展示もある。

四隅と中央部分は八角形に出っぱっている

月・火・金曜に開催する夜市

大東夜市 ダートンイエシー

MAP P.293-D3

台南の夜市は移動型で、曜日によって開催地が変わり、屋台も移動する。大東夜市は台南駅の東側で月・火・金曜に開催される夜市。周りに学校が多いこともあり、学生たちでにぎわっている。さまざまな食べ物の屋台が出店しているが、ファッションアイテムの屋台とゲームコーナーも同じくらいバリエーション豊富。どれだけ楽しんでもスリには十分注意しよう。

学生に人気の夜市

安平の歩き方と見どころ

台南市で最も早く開かれた安平は、昔の雰囲気が色濃く残るエリアで、台南市政府により文化観光地としての開発プロジェクトが進んでいる。

安平まで行くにはバスかタクシーを利用。安平中心部だけなら徒歩で十分回れるが、周辺へはレンタサイクルが便利な足となる。

オランダ統治の中心だった

安平古堡 アンピンクーバオ

MAP
P.303-A1

1624年、オランダ東インド会社によって築かれ「ゼーランディア城」と呼ばれていた城塞の跡。火災で廃墟となり、日本統治時代に取り壊されたが、インドネシアから運ばれてきたれんがで築かれた城壁の一部が残っている。敷地内には歴史資料を集めたふたつの博物館がある。

れんがを階段状に積み上げて築かれた城塞

旅遊資訊中心
Ⓜ P.303-A2
🏠 台南市安平路790號
☎ (06) 228-1382
🕐 9:30〜18:00　休 月

レンタサイクル（小遊龍）
Ⓜ P.303-B1
🏠 台南市安北路120號
☎ (06) 228-5472
🕐 10:00〜18:00　休 水
🌐 fb.com/1975087252737346
「安平蚵灰窯文化館」バス停のすぐ前にある。レンタサイクル1日150元〜。

安平古堡
🏠 台南市國勝路82號
☎ (06) 226-7348
🕐 8:30〜17:30
休 無休　料 70元
🚌 台鐵台南駅前の北站より2、19路バス、南站より99路バスで「安平古堡」下車、徒歩約3分。台南駅方面へ戻る2路バスは安平路を通る

熱蘭遮城博物館

2路バスは終点が異なる「四草」、「白鷺湾社区」、「三鯤鯓」行きの3路線があるので注意。安平への往路は問題ないが、台南中心部への帰路は安平路の「安平」バス停から乗ると確実。

303

老街はポストも個性的

安平老街

📍延平街周辺
🚃台鉄台南駅前の北站より2、19路バス、南站より99路バスで「安平古堡」下車、徒歩約3分

安平樹屋・德記洋行

📍台南市古堡街108號
📞(06) 391-3901
🕐8:30～17:30 休無休
💰70元
🚃台鉄台南駅前の北站より2、19路バス、南站より99路バスで「安平古堡」下車、徒歩約1分

德記洋行

億載金城

📍台南市光州路3號
📞(06) 295-1504
🕐8:30～17:30 休無休
💰70元
🚃台鉄台南駅前の北站より「三鯤鯓」行き2路バス、19路バス、南站より14、99路バスで「億載金城」下車すぐ。安平からは安平路の「安平古堡」、「港仔里」バス停から「三鯤鯓」行き2路バスで「億載金城」下車すぐ

要塞の入口

雰囲気のある町並みを散策

MAP
P.303-
B1・2

安平老街 アンピンラオジエ

　安平古堡から東へ延びる延平街とその周辺は安平老街と呼ばれていて、おみやげの屋台が軒を連ね、連日縁日のようににぎやか。一方で延平街から路地を奥に入ると、伝統的な閩南式の赤れんがの住宅街になっている。海山館など一部の住宅は資料館やショップとして営業しているが、実際に住んでいる人もいるので、地元の人の迷惑にならないよう静かに散策したい。

みやげ物店が並んでいる

ガジュマルに覆われた貿易会社の倉庫跡

MAP
P.303-A1

安平樹屋・德記洋行 アンピンシューウー・ドゥージーヤンハン

　德記洋行は、イギリス人が1867年に開設した貿易会社。その敷地にある倉庫は長い年月を経てガジュマルの木に覆いつくされてしまった。植物の生命力が生み出したこの奇観は安平樹屋と呼ばれている。德記洋行の建物内部は博物館で、台湾開拓の歴史を展示している。

ガジュマルに覆い尽くされた神秘的な光景

台湾防衛のため築かれた要塞の跡地

MAP
P.303-
B2外

億載金城 イーザイジンチョン

　1874年の日本の台湾出兵に対抗し、清朝が防衛用に造った要塞。現在は海に向かってレプリカの大砲が置かれているが、小さな大砲のひとつは往時のものだ。なお、ここだけ安平のほかの見どころから離れており、安平中心部から徒歩でのアクセスは無理なので要注意。

海に向かって大砲のレプリカが展示されている

近郊の見どころ

MAP
P.258-A1

マングローブが生い茂る緑のトンネル

四草緑色隧道　スーツァオリュースースイダオ

マングローブが造り出す緑のトンネルを約30分かけて行き来するミニクルーズ。このあたりは独特の生態系が維持されていて、絶滅危惧種に指定されているクロツラヘラサギなど、希少な鳥も生息している。

切符売り場ではこの四草緑色隧道コースのほかに、所要約70分の台江観光船というルートのチケットも販売している。緑のトンネルには行かないのでよく確認すること。

気分はジャングルクルーズ

MAP
P.258-A1

安平で古くから信仰されている

鎮安堂(飛虎将軍廟)　チェンアンタン(フェイフーチアンジュンミャオ)

米軍機に撃墜されたが、住宅街に被害が及ぶのを避けて田畑に墜落し命を落とした杉浦茂峰兵曹長を祀った廟。飛虎は戦闘機、将軍は杉浦兵曹長を表している。廟内には本尊となっ

ている彼の像とともに、往時の写真なども展示されている。現在の立派な廟は1993年に建て直されたもの。数々の困難にもかかわらず廟を守り続けてきた地元の人々に、頭が下がる思いだ。

日本語の垂れ幕もかかる

MAP
P.152-A2

天空を映す絶景の塩田

井仔脚瓦盤鹽田　ジンヅジャオワーパンイエンティエン

台湾最古の塩田のひとつで、2002年まで瓦の破片を敷いて天日で干す製塩が続けられていた。現在見られる塩田は観光用

に再現されたものだが、昔ながらの製塩作業を体験できる。またここは日没時の絶景スポットでもある。ぜひ時間を合わせて訪れてみたい。

塩田に夕日が沈む

四草緑色隧道

🏠台南市安南區大衆路360號
☎(06)284-1610
🕐チケット販売8:00～16:00、緑色隧道クルーズは10:00～14:30(土・日・祝8:00～16:30)。休日は早めに販売を打ち切ることがある
🚫無休　💰200元
🚌台鐵台南駅前の北站より10路バス、南站より99路バスで「四草生態文化園區/大衆廟」下車、徒歩約2分
🌐www.4grass.com

小舟に乗って出発

鎮安堂(飛虎将軍廟)

🏠台南市安南區同安路127號
☎(06)247-8884
🕐6:00～21:30　🚫無休
🚌台鐵台南駅前の北站より3路バスで「同安路口」下車、徒歩約3分
🌐fb.com/hikoshogun

旧日本軍パイロットを祀る

井仔脚瓦盤鹽田

🏠台南市北門區永華里井仔脚
🕐24時間　🚫無休　💰無料
🚌台鐵台南駅前の北站より藍幹線バスで終点「佳里站」下車、所要約50分、77元。そこから藍2路バスに乗り換え「井仔脚」下車すぐ。所要約30分、45元。日没後も帰りのバスはあるが、ウェブサイトで確認を
🌐fb.com/JingZaiJiaoTile PavedSaltFields

大台南公車
🌐2384.tainan.gov.tw

奇美博物館

住 台南市仁德區文華路二段66號

電 (06) 266-0808

時 9:30～17:30（入場は17:00まで）

休 水、旧暦大晦日

料 200元（7～22歳の学生、65歳以上150元。7歳未満、障害者手帳保持者と同行の同伴者1名は無料）

交 台鐵保安駅より徒歩約10分。または台鐵台南駅前の北站より紅3、紅4路バスで「奇美博物館」下車。ほかに高鐵台南駅より無料シャトルバス（H31路）、土・日は台鐵保安駅前より紅3-1路バスもある。

URL www.chimeimuseum.org

周辺の散策もおすすめ

玉井

交 台鐵台南駅前の北站より線幹線「玉井」行きバスで終点玉井站バスターミナル下車。所要約1時間15分、119元。

玉井區青果集貨場

住 台南市玉井區民權路と憲政路の間

時 4:00～19:00　**休** 無休

交 玉井站バスターミナルから南西へ徒歩約5分

C 熱情小子

住 台南市玉井區中正路139號

電 (06) 574-8552

時 8:00～18:00（土・日・祝～17:00、冬季10:00～17:00）

休 旧正月

交 玉井站バスターミナルから北東へ徒歩約4分

熱情小子

西洋美術を集めた巨大な個人博物館　Chimei Museum

MAP P.258-A1

奇美博物館　チーメイボーウーグアン

　台湾の実業家、許文龍が長年にわたり収集した絵画、彫刻、楽器、兵器など多種多様な美術品を集めた総合博物館。周辺は広大な敷地をもつ台南都會公園が広がり、その中にヨーロッパ風の白亜の建築がまるで絵画のように優雅に立っている。館内には許氏のコレクションの約3分の1となる4000点余りの美術品を展示。個人コレクションながら、その膨大さには驚くばかり。有名なロダンの『考える人』は必見。日本語のオーディオガイド（150元）もある。レストランやカフェ、ミュージアムショップもある。

まるでヨーロッパにいるよう

マンゴーの産地

MAP P.152-A3

玉井　ユイジン

　台南から北東へ約30 kmの所に位置する玉井は、マンゴーの名産地として知られている。町の中心部には果物市場、**玉井區青果集貨場**があり、5～9月のマンゴーの収穫期はカゴに山盛りのマンゴーが市場を埋め尽くす。

　市場内にはかき氷店が並び、新鮮そのもののマンゴーかき氷を味わうことができる。市場から450mほどの所にある農協が経営するショップの**熱情小子**では、1年中マンゴーかき氷を食べることができる。

産地のマンゴーかき氷は格別！

マンゴーがずらりと並ぶ様子は圧巻

店舗が並ぶ現役の老街
新化老街 シンホアラオジエ

MAP P.258-A1

台南の北東約10kmに位置する新化は農産物の集積地として栄えた町。新化站バスターミナルにほど近い中正路には築100年超えのバロック建築が約200m並んでいる。ファサードは精巧な草花模様やかつての屋号などで飾られていて、眺めながら歩いていると時間を忘れてしまうだろう。

新化老街に隣接して日本統治時代の武徳殿、伝統的三合院の蘇家古厝、大目降故事館などがある。

屋外建築博物館とも言える

自然と遺跡が調和した美しさ
台南山上花園水道博物館 タイナンシャンホアユエンシュイダオボーウーグアン

MAP P.258-A1

新化から約10kmの山上區にある、日本統治時代の上水道施設をリノベした博物館。背後を流れる曽文渓から水道水を得るため1922年に運営を開始、1982年まで使用されていた。今も濾過室やポンプ室などの建築が当時の姿で保存されている。無骨に並ぶパイプやタンクなどが奇妙に美しく、インスタ映えを狙う観光客でいつもにぎわっている。

敷地は広くのどかな自然が広がり、れんが造りの建築との調和も美しい。ここから徒歩20分ほどの場所に浄水池エリアもある。

かつての濾過タンクが並ぶ

楽しく地域の歴史を学べる
隆田ChaCha ロンティエンチャチャ

MAP P.152-A3

台鐵隆田駅に隣接したかつての砂糖、塩倉庫群をリノベした文化園區。北倉では八田與一らが残した灌漑水路、嘉南大圳をテーマに、その歴史や地域の農業などについて詳しく解説している。日本人画家、伊東哲が当時描いた「嘉南大圳工事圖」をモチーフにした立体映像劇場などもある。

絵の風景の中を歩いているかのよう

新化老街

🚌台鐵台南駅前の北站より緑幹線「玉井」行きバスで「新化站」下車、徒歩約3分。所要約40分、43元

細部まで観察したい

蘇家古厝

台南山上花園水道博物館

🚌台南市山上區山上里山上16號
📞(06)578-1900
🕘9:30～17:30（入場は～16:30）
🈺水 🉐100元
🚌新化站バスターミナルより緑10路、緑11路バスで「台南山上花園水道博物館」下車すぐ、所要約20分～、38元～。台鐵善化駅より緑2路バスも可
🖥waterworks.tainan.gov.tw

隆田ChaCha

🚌台南市官田區新生街43號
📞(06)579-1377
🕘9:00～17:00（入場は～16:30）
🈺火 🉐100元
🚌台鐵隆田駅より徒歩約2分
🖥chacha.tainan.gov.tw

烏隆線巴士バス
隆田ChaChaか烏山頭水庫風景區（→P.308）の入場券があれば、両所を結ぶシャトルバス、烏隆線巴士に無料で乗車できる。土・日・祝のみ1日4往復、隆田ChaChaからは10:40、12:40、14:10、16:10発。

烏山頭水庫

M P.308-B2
住 台南市官田區嘉南里
交 台鐵台南駅より台鐵隆田駅下車、所要約30分、區間車38元。台鐵隆田駅前より8:45、10:10、13:35発の橘10路「臺南藝術大學」行きバスで「烏山頭水庫」下車。所要約25分、38元。台鐵隆田駅からタクシー片道350元、観光を含む往復1000元。台鐵善化駅から橘4路バスも可。隆田ChaCha(→P.307)からの烏隆線巴士バスも便利

烏山頭水庫風景區

M P.308-B1・2
電 (06) 698-6388
時 8:00～17:30
休 無休 **料** 100元
交 切符売り場まで「烏山頭水庫」バス停よりすぐ
URL wusanto.magicnet.net.tw

八田與一紀念園區

M P.308-B1
時 9:00～17:00(入場は～16:30)
休 水、家屋内は雨の日
料 烏山頭水庫風景區入場料に含まれる
交 切符売り場より徒歩約8分

八田與一の応接室

八田技師紀念室

M P.308-B2
時 9:00～16:00 **休** 無休
料 烏山頭水庫風景區入場料に含まれる
交 切符売り場より徒歩約6分

ダムの放水口

八田與一が造ったダム

烏山頭水庫 ウーシャントウシュイクー

　台湾の教科書にも載っている日本人技師、八田與一が1930年に烏山頭に完成させたダム。台湾で唯一、コンクリートをほとんど使用しないセミハイドロリックフィルという工法で造られている。このダムのおかげで、それまで干ばつや水害の被害が多かった嘉南平野は台湾最大の穀倉地帯となった。

　烏山頭水庫付近一帯は風景區になっている。園内には八田夫妻や日本人職員が住んでいた家屋を復元した**八田與一紀念園區**や、ダムの放水口脇に設けられた八田與一の業績について展示する**八田技師紀念室**などがある。ただ、公園は広大で、見どころすべてを徒歩で回るのは困難。ポイントを絞るか、タクシーをチャーターするのがいいだろう。切符売り場近くに電動自転車の貸し出しサービス(1日300元)もある。

ダムを見守る八田像

不毛の地を穀倉地帯に変えたダム

台南グルメガイド

台湾南西部

台南 近郊／グルメ

台湾料理

阿霞飯店
アーシアファンディエン

AREA 台南中心部　MAP P.292-B2

1940年創業の有名店

　ワタリガニのおこわ＝紅蟳米糕（大1880元、小980元）が看板メニューの老舗。清蒸紅蟳（蒸し蟹）や清蒸處女蟹（クリーム蟹）なども名物だが、いずれも時価。自家製の烏金千貝醬はおみやげにいい。

- 台南市忠義路二段84巷7號
- (06) 225-6789
- 11:00～14:00、17:00～21:30
- 月、旧正月
- 10%　CC不可
- 台鐵台南駅より徒歩約16分
- www.asha-restaurant.com

阿美飯店
アーメイファンディエン

AREA 台南中心部　MAP P.292-B2

3時間煮込む「砂鍋鴨」

　1959年創業。豚骨スープで白菜と鴨をじっくりと煮込む砂鍋鴨（1000元）は濃厚。開業当時から変わらぬ味で地元の常連客が多い。エビとミンチの煮込み＝肉米蝦（大900元、小450元）もおすすめ。

- 台南市民權路二段98號
- (06) 222-2848
- 11:00～14:00、17:30～21:00
- 火
- 10%
- CC不可
- 台鐵台南駅より徒歩13分
- amei.com.tw

ご飯もの

再發號
ツァイファーハオ

AREA 台南中心部　MAP P.292-B2

ボリュームたっぷりのちまき

　ホタテやアワビ、干しエビ、肉や卵、シイタケなど8種類の具材を使ったちまき＝特製八寶肉粽（170元）は、ビッグサイズで大満足。1872年創業という老舗の味は必食。

- 台南市民權路二段71號
- (06) 222-3577
- 10:00～20:00
- 不定休
- CC不可
- 台鐵台南駅より徒歩約12分
- www.zaifahao.url.tw

矮仔成蝦仁飯
アイヅチョンシアレンファン

AREA 台南中心部　MAP P.292-A2

朝食向きのエビご飯

　新鮮なエビを鰹だしで炊いたご飯にのせた蝦仁飯（小65元）は台南名物。鴨蚕湯（35元）をオーダーすれば朝食にもってこい。1922年に屋台でスタートし、伝統の味を守り続ける老舗。

- 台南市海安路一段66號
- (06) 220-1897
- 8:30～19:30
- 火　CC不可
- 台鐵台南駅前の北站より6路バスで「保安宮」下車、徒歩約3分
- fb.com/100063724973785

麺

度小月 原始店
トゥーシアオユエ ユエンシーディエン

AREA 台南中心部　MAP P.292-B2

擔仔麺の元祖

　台南名物として知られる擔仔麺（肉そぼろ麺）発祥の店。擔仔麺（50元）に煮卵（20元）をトッピングして味わおう。蝦巻や虱目魚（サバヒー）など、台南小吃も豊富に揃っている。

- 台南市中正路16號
- (06) 223-1744
- 11:00～20:30(L.O.20:00)
- 無休
- CC不可
- 台鐵台南駅より徒歩約14分
- www.noodle1895.com

城邊真味鱔魚意麺
チョンビエンチェンウェイシャンユイイーミエン

AREA 台南中心部　MAP P.293-D3

タウナギがプリプリでおいしい

　甘めに味付けされたアツアツのタウナギのあんをかけた炒め麺＝鱔魚意麺（130元）の専門店。タウナギの代わりにイカを入れた花枝意麺（130元）もある。豬肝清湯（60元）と一緒に。

- 台南市東門路一段235號
- (06) 209-1235
- 11:30～14:00、16:30～22:00
- 月　CC不可
- 台鐵台南駅前の南站より3路バスで「東門教會」下車、徒歩約2分
- fb.com/easterncastle

邱家小巻米粉
チュージアシアオチュエンミーフェン

AREA 台南中心部　**MAP** P.292-B1

もっちり太麺にスープがからむ

　うどんのような太い米麺をイカのスープと一緒に食べる小巻米粉（110元）の店。イカのだしが効いたスープはあっさり味で、日本人の口にもよく合う。人気店なので早めに行ったほうがよい。

🏠台南市國華街三段251號
☎(06)221-0517
🕐11:00～17:00　休月
CC不可
🚇台鐵台南駅の北站より3、5路バスで「赤崁樓」下車、徒歩約10分　🌐fb.com/Chiu.RiceNoodlesWithSquid

---

勝利早點
シェンリーザオディエン

AREA 台南中心部　**MAP** P.293-D2

学生街近くの格安食堂

　成功大学近くにある食堂。夕方に開店し、翌日の早朝に閉店。ネギがたっぷり入った蔥餅（20元）が看板料理。豚肉とキャベツ、卵をクレープ状の皮で包んだ豬肉蛋餅（40元）も人気がある。

🏠台南市勝利路119號
☎(06)238-6043
🕐16:00～翌4:00
休月
CC不可
🚇台鐵台南駅後站（裏口）より徒歩約11分

阿憨鹹粥
アーハンシエンヂョウ

AREA 台南中心部　**MAP** P.292-B1

初めてのサバヒー粥体験

　虱目魚（サバヒー）のお粥は、独特のにおいがあるといわれているが、この店の魚は新鮮なので気にならない。サバヒーの半身がのった虱目魚肚粥（150元）は脂の乗った魚の味を堪能できる。

🏠台南市公園南路169號
☎(06)221-8699
🕐6:10～14:00
休水
CC不可
🚇台鐵台南駅より徒歩約15分
🌐fb.com/a.hang0510

阿堂鹹粥
アータンシエンヂョウ

AREA 台南中心部　**MAP** P.292-A2

台南人が愛するサバヒー粥

　初心者でも食べやすいサバヒーの切り身やカキが入った虱目鹹粥（180元）が人気。サバヒーの身一匹分がのった魚肚加鹹粥（260元）もある。サワラが入った綜合鹹粥（180元）もおいしい。

🏠台南市西門路一段728號
☎(06)213-2572
🕐5:00～12:30　休火
CC不可
🚇台鐵台南駅前の北站より6路バスで「建興國中（府前路）」下車、徒歩約2分
🌐fb.com/100057502027611

文章牛肉湯
ウェンヂャンニュウロウタン

AREA 安平　**MAP** P.303-B2外

台南で朝食といえばコレ

　台南で定番の朝食といえば、牛肉湯（小120元、大180元）。専門店は多いがどこも早朝から行列ができる。新鮮な牛肉に熱いスープをさっとかけただけのシンプルな料理でさっぱりとした味わい。

🏠台南市安平路300號
☎(06)358-7910
🕐10:30～翌2:00
休月　CC不可
🚇台鐵台南駅前の北站より2路バス、南站より99路バスで「半路厝」下車すぐ
🌐fb.com/winchangbeef

石精臼牛肉湯
シージンジウニュウロウタン

AREA 台南中心部　**MAP** P.292-B1

牛肉のうま味がしみ出たスープ

　牛肉湯（小110元、大150元）は半生の牛肉だけがたっぷり入ったスープ。ショウガだれ付きであっさりとしていて食べやすい。白飯（10元）をスープに浸して食べるとよりおいしい。

🏠台南市民族路二段246號
☎(06)223-2266
🕐17:00～21:00頃（売り切れまで）
休月　CC不可
🚇台鐵台南駅前の北站より3、5路バスで「赤崁樓」下車、徒歩約1分

スープ

リュジートウートゥオユイゲン
呂記魠鮢魚焿

AREA 台南中心部　**MAP** P.292-A2

ローカル市場近くの老舗

サワラのとろみスープ＝魠鮢魚焿（小70元、大85元）の店。店先でたくさん揚げているサワラのフライは肉厚でサクサク、とろみの強いスープもコクがある。麺やビーフンを加えてもおいしい。

🏠台南市西路47號
☎(06)224-5582
🕐6:30〜13:00
🈲旧暦の毎月17日と18日
💳不可
🚌台鐵台南駅前の南站より藍幹線バスで「水萍塭公園」下車、徒歩5分

肉圓

マオシォンシアレンロウエン
茂雄蝦仁肉圓

AREA 台南中心部　**MAP** P.292-A2

モチモチのエビ肉圓

エビと豚肉をサツマイモや米の粉で包み、蒸してからエビのそぼろあんをかけた蝦仁肉圓（3個60元）はモチモチの食感。売り切れたら閉店なのでお早めに。芋粿（45元）も人気が高い。

🏠台南市保安路46號
☎(06)228-3458
🕐9:30〜21:00（売り切れまで）
🈲火
💳不可
🚌台鐵台南駅の北站より6路バスで「保安宮」下車、徒歩約1分

肉圓

フージーロウユエン
福記肉圓

AREA 台南中心部　**MAP** P.292-B2

台南名物のひとつ

すりつぶした米を練った皮で豚肉を包んで蒸し上げた肉圓（2個50元）はオリジナルのソースがかかっている。セットでセロリと香菜のスープが付く。朝食やおやつにおすすめ。

🏠台南市府前路一段215號
☎(06)215-7157
🕐6:30〜18:00
🈲不定休
💳不可
🚌台鐵台南駅前の北站より6路バスで「建興國中(府前路)」下車、徒歩約1分

春巻

チョウシーシアチュエン
周氏蝦捲

AREA 安平　**MAP** P.303-B2外

台南を代表する小吃店

安平と澎湖島で取れたエビを使った蝦捲は台南を代表する小吃。シーフードのすり身フライ「黄金海鮮派」も美味。どちらも90元とリーズナブル。安平に2店ある。おみやげにエビせん（130元）を。

🏠台南市安平路408-1號
☎(06)280-1304
🕐10:00〜21:30
🈲無休
💳J M V
🚌台鐵台南駅前の南站より2路バスで「望月橋」下車すぐ
🌐www.chous.com.tw

パン

チーカングワンツァイバン
赤嵌棺材板

AREA 台南中心部　**MAP** P.292-A2

シチュートースト発祥の店

揚げた食パンをくり抜いてホワイトシチューを入れた棺材板（70元）。洋食を学んだ2代目店主が考案したこのメニューは台湾小吃のひとつとして大人気に。カレー味もある。

🏠台南市康樂市場沙卡里巴内180號
☎(06)224-0014
🕐11:00〜20:30
🈲不定休　💳不可
🚌台鐵台南駅前の南站より紅幹線、紅1路バスで「西門友愛街口」下車、徒歩約4分

碗粿

フージョンハオ
富盛號

AREA 台南中心部　**MAP** P.292-B1

行列必至の人気店

米をつぶして、調理したエビや肉などの食材と一緒に混ぜたものをお碗に入れて蒸し、肉そぼろと醤油味のソースをかけた碗粿（35元）が自慢。固めのプリンのような食感で優しい味。

🏠台南市民族路三段11號
☎(06)227-4101
🕐9:00〜17:00　🈲木　💳不可
🚌台鐵台南駅前の北站より5、18路バスで「西門民權路」下車、徒歩約4分
🌐taiwanese-restaurant-306.business.site

シュンフォンハオ
順風號

長居したくなる古民家カフェ

　住宅街にある、古民家を改装した隠れ家的なカフェ。選りすぐりの台湾や世界のお茶、コーヒーが楽しめる。デザートは各種ケーキやレモンタルト、ロールケーキ、キッシュなどどれも外れなし。

🏠台南市開山路35巷39弄32號
☎(06) 223-5398
🕐12:00～18:00(土・日10:30～)
休不定休(おもに水・木)
CC不可
🚍台鐵台南駅前の北站より6路バスで「延平郡王祠」下車、徒歩約3分　🌐fb.com/Sunhongho

ディァメンカーフェイ
窄門咖啡

その名のとおり狭い入口

　細～い入口を通って階上に向かわなければ入れないカフェ。店内は落ち着いた雰囲気で表通りの喧騒が嘘のよう。注文はレジまで行って先払いする方式。窄門特調冰咖啡(200元)など。

🏠台南市南門路67號2階
☎(06) 211-0508
🕐12:00～19:00(土・日10:30～20:00)　休水
CC不可
🚍台鐵台南駅前の北站より2路バスで「孔廟」下車、徒歩約2分
🌐fb.com/narrowdoor99

リーリーシュイグオディエン
莉莉水果店

最高の台湾フルーツを提供

　1947年開業のフルーツ専門店。マンゴーやパパイヤ、スイカなど、旬の果物を盛り合わせた綜合水果盤(中120元)は小腹も満たせる。搾りたてのフレッシュジュースもとびきり美味。

🏠台南市府前路一段199號
☎(06) 213-7522
🕐11:00～22:00
休水、旧正月
CC不可
🚍台鐵台南駅前の北站より2路バスで「孔廟」下車、徒歩約3分　🌐www.lilyfruit.com.tw

タイチョンシュイグオディエン
泰成水果店

若者でにぎわう人気果物店

　1935年創業のフルーツ店。メロンを半分にカットし、シャーベットをトッピングしたデザート、哈蜜瓜冰(220元)が大人気。ビッグサイズなので2～3人でシェアして楽しめる。

🏠台南市正興街80號
☎(06) 228-1794
🕐12:00～18:00(土・日～19:00)
休木　CC不可
🚍台鐵台南駅前の北站より2路バスで「郭綜合醫院」下車、徒歩約2分
🌐fb.com/Tai.cheng.fruit.shop

ユィチョンシュイグオ
裕成水果

マンゴーかき氷が大人気

　かき氷やカットフルーツ、フレッシュジュースを味わえる。シーズン中のみ味わえる新鮮芒果牛奶冰(小150元、大200元)は大きめにカットされた良質の愛文マンゴーがゴロゴロのっている。

🏠台南市民生路一段122號
☎(06) 229-6196
🕐12:00～24:00
休月
CC不可
🚍台鐵台南駅前の北站より10路バスで「中華電信」下車、徒歩約2分

トンジーアンピンドウホア
同記安平豆花

台湾スイーツで小休止

　台湾伝統の豆乳スイーツ、豆花(35元～)の老舗。トッピングも数種。添加物を加えず、昔ながらの製法にこだわっている。素朴なほっとする味わい。安平散歩の途中に立ち寄りたい。

🏠台南市安北路141～146號
☎(06) 226-2567
🕐10:00～22:00(土・日9:00～)
休無休　CC不可
🚍台鐵台南駅前の北站より2、19路バス、南站より99路バスで「安平古堡」下車、徒歩約3分
🌐www.tongji.com.tw

台南ショッピング

雑貨

林百貨
リンバイフォ

AREA 台南中心部　MAP P.292-B2

台湾製みやげの宝庫

　日本統治時代の1932年に開業したハヤシ百貨店が80年の時を経て再生。台湾ブランドの工芸品や雑貨、ファッションなど、ハイセンスな商品が充実。おみやげ探しにぴったり。

- 🏠 台南市忠義路二段63號
- ☎ (06) 221-3000
- 🕐 11:00～21:00
- 休 不定休　CC JMV
- 🚃 台鐵台南駅前の南站より紅幹線、1路バスで「林百貨」下車すぐ
- 🌐 fb.com/HAYASHI.TW

バッグ

合成帆布行
ホーチョンファンブーハン

AREA 台南中心部　MAP P.292-B2

バッグから小物まで

　帆布製のトートバッグ（250元～）やショルダーバッグ、ペンケースやミニポーチ、iPadスリーブなど、バリエーション豊富な商品が揃う。実用的なのでおみやげにしても喜ばれる。

- 🏠 台南市中山路45號
- ☎ (06) 222-4477
- 🕐 9:00～20:00（土・日～19:00）
- 休 無休
- CC 不可
- 🚃 台鐵台南駅より徒歩約10分
- 🌐 onebag.com.tw

永盛帆布行
ヨンションファンブーハン

AREA 台南中心部　MAP P.292-B2

タフなトートバッグ

　店内で職人が作っている5号帆布を使ったトートバッグ（500元～）はとても頑丈。ユニセックスで使えるカラーが揃う。サイズは大中小があり、用途によってセレクトできる。

- 🏠 台南市中正路12號
- ☎ (06) 227-5125
- 🕐 9:00～20:00（日10:00～18:00）
- 休 旧正月
- CC 不可
- 🚃 台鐵台南駅より徒歩約15分
- 🌐 fb.com/100064538866027

廣富號
コワンフーハオ

AREA 台南中心部　MAP P.292-B2

おしゃれなバッグが多彩

　バリエーション豊富なバッグ類が揃う。内側に柄もののファブリックを使うなど、おしゃれなデザイン。ペンケース（400元）など小物もかわいい。旅の記念に自分用に購入したくなる。

- 🏠 台南市忠義路二段125號
- ☎ (06) 221-6123
- 🕐 10:30～20:00
- 休 無休
- CC JMV
- 🚃 台鐵台南駅より徒歩約13分
- 🌐 www.guangfuhao.com.tw

サンダル

雙全昌鞋行
シュアンチュエンシエハン

AREA 台南中心部　MAP P.292-B1

カラフルなビーチサンダル

　創業60年を超える町の靴販売店。店先に並ぶカラフルなビーチサンダル（120元～）はトング（鼻緒）と靴底のカラーバリエーションが豊富。底が厚くて歩きやすい。

- 🏠 台南市西門路二段316號
- ☎ (06) 225-9360
- 🕐 9:00～21:00
- 休 無休
- 🚃 台鐵台南駅前の北站より3、5路バスで「赤崁樓」下車、徒歩約3分

茶

振發茶行
シンファーチャーハン

AREA 台南中心部　MAP P.293-C2

台湾で最も古い茶葉店

　1860年創業という老舗中の老舗。台湾各地の産地で取れる良質な茶葉を豊富に取り揃えている。林百貨とのコラボ商品も話題。人気は台湾のジャスミン茶、茉緑香片（150g290元）。

- 🏠 台南市民權路一段137號
- ☎ (06) 222-3532
- 🕐 10:00～18:30
- 休 旧正月　CC 不可
- 🚃 台鐵台南駅前の北站より6路バスで「延平郡王祠」下車、徒歩約4分
- 🌐 www.teashop1860.com

茶&茶器

フォンチャー
奉茶
AREA 台南中心部　MAP P.292-B2

おみやげの茶葉が見つかる

落ち着いた趣の公園路にある茶葉店。台南の名所が描かれたティーバッグの詰め合わせ（150元）はおみやげにぴったり。ドリンクスタンドとカフェが隣接しているので休憩にも。

🏠台南市公園路85號
☎(06)223-3115
🕒9:00〜22:00
休旧正月
CC不可
🚇台鐵台南駅より徒歩約10分
📱fb.com/serving.tea

菓子

リンヨンタイシンミーチエンハン
林永泰興蜜餞行
AREA 安平　MAP P.303-B1・2

昔ながらのドライフルーツ

シロップ漬けの果物を乾燥させた蜜餞の老舗。梅やマンゴー、トマトなど50種類以上の蜜餞（小50元）を販売しており、安平みやげの定番になっている。1886年創業で店内も歴史を感じる。

🏠台南市延平街84號
☎(06)225-9041
🕒11:30〜19:00
休火・水、旧正月　CC不可
🚇台鐵台南駅前の北站より7、19路バス、南站より99路バスで「安平古堡」下車、徒歩約3分
📱www.chycutayshing.com.tw

リエンダータビンジア
連得堂餅家
AREA 台南中心部　MAP P.292-B1

120年近く愛されてきた味

創業は1905年頃という老舗。店がある路地からは煎餅を焼く古い機械の音が聞こえてくる。特に人気の味噌煎餅（40元）と鶏蛋煎餅（40元）は、購入はひとり2袋まで限定。

🏠台南市崇安街54號
☎(06)225-8429
🕒8:00〜20:00（土〜18:00、日〜15:00）
休旧正月　CC不可
🚇台鐵台南駅前の北站より「0左」路バス、南站より21路バスで「公園國小」下車、徒歩約2分

カラスミ

ジーリーハオウーユイツ
吉利號烏魚子
AREA 安平　MAP P.303-B2外　日

風味豊かなカラスミ

1935年創業のカラスミ専門店。昔ながらの製法を守り、手作業でていねいに作られたカラスミは風味豊かでまるでチーズのよう。頂級170g1530元。日本語での対応もOKだ。

🏠台南市安平路500巷12號
☎(06)228-9709
🕒10:00〜20:30
休無休　CC AJMV
🚇台鐵台南駅前の北站より2路バスで「承天橋口」下車、徒歩約1分
📱www.karasumi.com.tw

マッサージ

ユイショウクオイーヤンションホェイグアン
御手國醫養生會館
AREA 台南中心部　MAP P.292-B1

漢方を取り入れたマッサージ

漢方足底按摩（60分799元）は漢方薬の足湯で開始する足裏マッサージ。施術中は腰を温めるベルトを巻き、最後は足裏のカッピングで終了。電話かラインで連絡すれば送迎も可能。

🏠台南市公園南路368號
☎(06)511-6688
🕒9:00〜翌2:00（金〜日〜翌4:00）　休無休　CC JMV
🚇台鐵台南駅前の南站より7、11路バスで「民徳路口」下車、徒歩約3分
📱www.e111.com.tw

シアンコンティーヤンションヴアン
箱根養生館
AREA 台南中心部　MAP P.292-B1　日

中心部でアクセス便利

赤崁樓の近くで利用しやすい。足裏マッサージ（40分600元）は足湯をしながらの首肩マッサージ20分もついてくる。全身マッサージは60分800元〜。足裏と全身のセットもある。

🏠台南市忠義路二段195號
☎(06)221-0596
🕒13:00〜22:30
休無休　CC不可
🚇台鐵台南駅前の北站より3、5路バスで「赤崁樓」下車、徒歩約4分
📱fb.com/xianggenyangshengguan

台南ホテルガイド

高級

煙波大飯店台南館（ヤンボーダーファンディエンタイナングアン）
レークショアホテル・台南館

AREA 台南中心部　MAP P.292-B2　日 🔊

ツインタワーの大きなホテル

　台南市美術館2館の斜め向かいにある。オープンは2019年、客室は2～13階で眺めもよく、白と灰色を基調としたシックなつくり。2階に屋外プールもある。常時日本語を話すスタッフがいる。

🏠 台南市永福路一段269號
☎ (06) 215-6000　📠 (06) 213-5766　🛏 ⓦⓉ3600元～
⊕10%　💳 AJMV
🅿 500 🚌 台鐵台南駅前の北站より6路バスで「臺南市美術館2館」下車、徒歩約2分
🌐 tainan.lakeshore.com.tw

台南遠東香格里拉（タイナンユエントンシアングリーラー）
シャングリ・ラ ファーイースタン台南

AREA 台南中心部　MAP P.293-C1　日 🔊

台南でいちばん眺めがいい

　シャングリ・ラ系列で行き届いたサービスが自慢。宿泊客はジムや屋外プール、サウナが無料で利用でき、快適なホテルライフを送れる。38階のレストラン「上海パビリオン」からのパノラマも見事だ。

🏠 台南市大学路西段89號
☎ (06) 702-8888
📠 (06) 702-7777
🛏 ⓦⓉ5950元～　⊕15%
💳 ADJMV　🅿 330
🚌 台鐵台南駅後站（裏口）よりすぐ
🌐 sltn.fareasternhotel.com.tw

台南晶英店（タイナンジンインジョウディエン）
シルクスプレイス台南

AREA 台南中心部　MAP P.292-B3　日 🔊

おしゃれな高級ホテル

　新光三越百貨 台南新天地の裏手に立つ、リージェント系列の高級ホテル。儒学者をイメージしたという内装は知的でシックな雰囲気。重厚感がありながら、モダンでスタイリッシュだ。

🏠 台南市和意路1號
☎ (06) 213-6290
📠 (06) 215-9290
🛏 ⓦⓉ6000元～　⊕10%
💳 ADJMV　🅿 255 🚌 台鐵台南駅前の南站より1路バスで「新光三越」下車、徒歩2分
🌐 tainan.silksplace.com

タイナンダーファンディエン
台南大飯店

AREA 台南中心部　MAP P.293-C1　日 🔊

和室スイートも用意

　台鐵台南駅前に位置し、台南市内の観光の拠点として便利。檜の床の間を設けた和室のスイートルームもある。1階には飲茶ビュッフェ形式のレストランがあり、朝食はここで取る。

🏠 台南市成功路1號
☎ (06) 228-9101
📠 (06) 226-8502
🛏 ⓦⓉ4800元～　⊕10%
💳 ADJMV
🅿 152
🚌 台鐵台南駅より徒歩約2分
🌐 www.hotel-tainan.com.tw

フーホアダーファンディエン
富華大飯店

AREA 台南中心部　MAP P.292-B2　日 🔊

観光に便利な立地

　林百貨（→P.313）の向かいに立ち、台南市内の観光にとても便利な立地。無料のランドリーも用意されている。朝食はビュッフェ形式。宿泊客は無料でジムを使うことができる。

🏠 台南市忠義路二段28號
☎ (06)225-1000　📠 (06)225-1567
🛏 ⓦ3800元～　Ⓣ5000元～
⊕10%　💳 ADJMV　🅿 96
🚌 台鐵台南駅前の南站より紅幹線、1路バスなどで「林百貨」下車、徒歩約1分
🌐 www.fuward-hotel.com.tw

シンチャオタイファンディエン
新朝代飯店

AREA 台南中心部　MAP P.293-C1　日 🔊

日本人の利用が多い

　日本人ビジネスマンの利用が多く、フロントは日本語がよく通じて観光の相談にものってくれる。団体客用とビジネス客用でフロアが分かれているので個人客は静かに滞在できる。

🏠 台南市成功路46號
☎ (06) 225-8121
📠 (06) 221-6711
🛏 Ⓢ4180元～　Ⓣ4840元～
💳 ADJMV
🅿 117
🚌 台鐵台南駅より徒歩約7分
🌐 www.dynastyhotel.com.tw

ウェイアイコンユイ
未艾公寓 We Love Apartment
AREA 台南中心部　MAP P.292-A2

アートなデザインホテル
　夜間は自分で建物の鍵を開閉する。注文を受けてから手作りする朝食がとてもおいしい。予約は電話かメール（英語か中国語）で。1階はショコラティエ「chocolat R 巧克力職人」が入るカフェ。

🏠台南市正興街77巷10號
☎(06) 222-6696
💰Ⓢ3480元〜　Ⓣ5680元〜
💳不可　🛏8
🚃台鐵台南駅前の北站より2路バスで「郭綜合醫院」下車、徒歩約2分
🌐fb.com/welove7710

フーイーシーシャンジォウディエン
富驛時尚酒店 FX hotel
AREA 台南中心部　MAP P.292-A2

おしゃれなビジネスホテル
　神農街や正興街に近く、さらに安平へ向かうバス停のすぐそばという台南観光に便利なホテル。小さいがジムもある。屋上の「FX」と書かれた看板が遠くからも目立ち、目印になる。

🏠台南市民生路二段76號
☎(06) 511-6977　💰Ⓢ5600元〜　Ⓣ6600元〜　🅹10%
💳ADJMV　🛏187
🚃台鐵台南駅前の北站より2路バスで「郭綜合醫院」下車、徒歩約1分
🌐www.fxhotels.com.tw

ショウシャンダーファンディエン
首相大飯店
AREA 台南中心部　MAP P.293-C1　日🛜

アメニティに入浴剤も
　きめ細かいサービスでコストパフォーマンスが高い。日本人ビジネスマンの利用も多く、日本語もよく通じる。無料レンタサイクルも観光に便利。ジムやランドリー、夏にうれしい製氷機なども完備。

🏠台南市公園路128號
☎(06) 225-2141
📠(06) 228-6018
💰Ⓢ1800元〜　Ⓣ2000元〜
💳ADJMV
🛏82
🚃台鐵台南駅より徒歩約8分
🌐www.premier.com.tw

隆榕軒大飯店（シーロンシュアンダーファンディエン）
グランドバンヤンホテル台南
AREA 台南中心部　MAP P.293-C1　🛜

2022年オープンの新しいホテル
　小さく見えるが奥行きがあって、部屋数は多い。窓が大きく明るい客室は、木目調で自然を感じさせる雰囲気。屋上にはプールと親子で遊べる遊水池がある。ホテル内にふたつのレストランがある。

🏠台南市成功路28號
☎(06) 222-2188
📠(06) 222-0788
💰ⓌⓉ9800元〜　🅹10%
💳AJMV
🛏180
🚃台鐵台南駅より徒歩約7分
🌐www.grandbanyanhotel.com

ティエダオダーファンディエン
鐵道大飯店
AREA 台南中心部　MAP P.293-C1　🛜

台南駅に近くて便利
　台南駅前のロータリーに面した経済的ホテル。設備はシンプルだが清潔で、通常の滞在には十分快適。バス利用に便利で、朝早い鉄道利用の際にも安心できる。

🏠台南市成功路2號
☎(06) 221-3200
📠(06) 220-3291
💰Ⓢ1680元〜　Ⓦ1880元〜
💳JMV
🛏210
🚃台鐵台南駅より徒歩約2分
🌐fb.com/TieDao08

ジョンチンシンリュウ
仲青行旅 Light Hostel
AREA 台南中心部　MAP P.292-A2　🛜

おしゃれなホステル
　スタイリッシュなデザインで人気のホステルチェーン。リーズナブルに旅したい旅人が世界中から訪れる。ドミトリーは女性専用もあり、女性のひとり旅も安心して利用できる。ランドリーもあって便利。

🏠台南市友愛街309巷20號
☎(06) 224-0555　📠(06) 224-7555
💰ⓈⓉ1700元〜　Ⓓ480元〜
💳JMV　🛏30（76ベッド）
🚃台鐵台南駅前の南站より紅幹線、1路バスで「西門友愛街口」下車、徒歩約5分
🌐www.lighthostel.com

原住民の村へ行くバスの起点

屏東
ピントン　Pingtung

Map P.258-A1

台湾の南端を占める屏東縣で唯一の市、屏東は人口約20万の中都市。

17世紀終わりに平埔族が住む阿緱社に漢人が入植し、そのまま「阿緱」と呼ばれた。日本統治時代になって、半屏山の東の町という「屏東」に改名された。

台湾南部でも、屏東はまだ高雄や台南といった大都市の陰に隠れがちな存在だ。しかし高雄からは列車でも30分ほどの距離、背後に美しい山々を従えた屏東は、今後の観光開発が期待される。

アクセス
台北から
台鐵 台鐵台北駅より台鐵屏東駅まで毎日多発、所要3時間55分〜、自強號891元。
バス 台北轉運站バスターミナル（M P.69-C2）より統聯客運1613「屏東」行きが2時間に1便、所要約5時間30分、620元。
高雄から
台鐵 台鐵高雄駅より台鐵屏東駅まで毎日多発、所要20分〜、自強號48元。

旅遊服務中心
M P.318-A2
🏠台鐵屏東駅内
☎(08)751-7621
🕐9:00〜17:00　休無休

精緻な彫刻が見もの

慈鳳宮　ツーフォンゴン

MAP P.318-A2

屏東駅の近くにある、媽祖を祀った大規模な廟。まるで冠のような細かい装飾と、派手な色彩が独特だ。伝説によれば、明代に持ち込まれた媽祖像に不思議な発光現象が起こり、その威光で廟が建てられたという。現在の建築は1983年の火災後に改修されたもの。上階に上ると、屋根を飾る見事な装飾を間近に見られる。

炎のような慈鳳宮の屋根飾り

慈鳳宮
🏠屏東市中山路39號
☎(08)732-2967
🕐5:00〜22:45
休無休　料無料
🚊台鐵屏東駅より徒歩約3分
🌐www.323pt.org.tw

きらびやかな内部

屏東の歴史を今に伝える

阿緱城址（朝陽門）　アーホウチョンヂー

MAP P.318-B1

1836年に建設された唯一残る阿緱城の門の跡で、屏東公園の運動場の中にある。東を向いているため「朝陽門」とも呼ばれる。阿緱城は匪賊の襲撃から町を守るため、土地の有力者たちの募金により築かれたいわば私設の城塞だったという。国家第三級古蹟にも指定されている。

清代の名残

阿緱城址（朝陽門）
🏠屏東市公園段小段17地號
🚊台鐵屏東駅より徒歩約12分

勝利星村

勝利星村
🚇台鐵屏東駅より徒歩約15分

将軍之屋
Ⓜ️P.318-A1
🏠屏東市青島街106號
☎(08) 732-6512
🕐9:00～12:00、13:00～17:00 休火・祝 料無料
かつての軍学校校長の家で、現在は服務中心と勝利新村の歴史展示室となっている。

将軍之屋

孫立人將軍行館
Ⓜ️P.318-A1
🏠屏東市中山路61號
☎(08) 732-1882
🕐9:00～12:00、14:00～17:00 休月・祝 料無料
🚇台鐵屏東駅より徒歩約10分 🌐fb.com/mhno61.1
内部見学可で、軍人宿舎の特殊な内部構造をうかがい知ることができる。

今見てもモダンに感じる建築

屏東にも自転車シェアサービス（P bike）がある

MAP
P.318-A1

カフェやショップが次々とオープン。注目のエリア
▶ **勝利星村** シェンリーシンシン

屏東中心部には、日本統治時代に軍属の宿舎として建てられ、戦後は国民党の軍人が移り住んで眷村と呼ばれた古い建築群が数多く残っている。台湾にはほかにも眷村があるが、ここのように区画ごと町並みが残っている例は珍しく、「勝利星村」創意生活園區というコンセプトで再生され、屏東の流行発信エリアとなっている。

勝利星村で先行してリノベーションされた青島街周辺は、かつて「勝利新村」と呼ばれた。もとは日本軍の飛行場所属の軍人宿舎群で、比較的建築年代が新しいため木造の純和風建築ではなく和洋折衷の近代建築が建てられた。今はそこにおしゃれなカフェやショップなどが入居し、若者たちのスタートアップに格好の場所を提供している。

この「勝利區」のほかにも「成功區」、「通海區」などで修復が進み、屏東にレトロでユニークな町並みがよみがえろうとしている。

週末は観光客でにぎわう

💡自転車シェアサービス、P bikeはICカードの一卡通があれば、無人端末機で簡単な登録で使用できる。悠遊卡は使用できない。

近郊の見どころ

ルカイ族とパイワン族が住む集落

▶ 三地門　サンティーメン

MAP P.258-B1 P.319

屏東の東約20km、パイワン族とルカイ族が多く住む地域で、かつては水門、三地、北葉の3村落を指して「三地之門」と呼んだ。現在、一般に三地門と呼ばれるが、隘寮溪を挟んで南の平地側は水門村、山側は三地村で別の行政区域に属する。

水門村にはホテルや食堂、商店などがあり、この地域を巡る基地として便利だ。

三地村は急な坂道を20分ほど上った所にあり、碁盤の目のように区画がはっきりしている。これは日本統治時代に近隣3村のパイワン族をここに移住させたため。村内にはパイワン族の伝統工芸トンボ玉アクセサリーの工房や飲食店などがあり、頭目の家、石板家屋なども一部残っている。

工房で作られるトンボ玉

各民族の伝統住居も移築されている

▶ 台湾原住民族文化園區　タイワンユエンチューミンツーウェンホアユエンチュー

MAP P.319-B

山の傾斜を利用した広大な敷地に台湾各原住民の家屋などを移築し、文物陳列館なども設置した文化園區。民族劇場では10:30と14:00（週末は追加公演あり）に原住民の歌と踊りのショーがあり必見。園内は広いが、無料の遊覧バスに乗って行き来できる。

また、文化園區入口近くから長さ263m、高さ45mの台湾第2のつり橋、山川琉璃吊橋が架かり、人気を集めている。

ショーは必見

三地門

🚌水門村へ：屏東轉運站バスターミナルより屏東客運8228、8229、8231「水門」行きバスで「上水門」または水門站バスターミナル下車、所要約40分、66元
三地村へ：屏東轉運站バスターミナルより屏東客運8227「三地郷公所」行きバスで「三地郷公所」下車、所要約45分、74元。このバスで水門村に行く場合は「内農側門」で下車

三地門郷公社の石板

台湾原住民族文化園區
🏠屏東縣瑪家郷北葉村風景104號
☎(08)799-1219
🕐8:30～17:00
🚫月（祝の場合は翌日）
💰150元
🚌水門村より徒歩約15分
🌐www.tacp.gov.tw

山川琉璃吊橋
📍P.319-B
🕐8:30～16:30（10～2月～15:30）
🚫月（祝の場合は翌日）
💰50元
🚌台湾原住民族文化園區参照
橋はどちら側からも渡れる。三地村と台湾原住民族文化園區を結ぶアクセスとしても便利。

長さ263mのつり橋

正筠小籠湯包

ヂォンジュンシアオロンタンバオ

上海料理 **MAP** P.318-A1

おいしい小籠包を食べられる

「北の鼎泰豐、南の正筠」といわれるほどの実力店。小籠包はプレーンの小籠湯包（180元）のみで直球勝負。厚めの皮で肉汁をしっかり包み込んでいる。餃子や麺、浙江料理のメニューも豊富に揃う。

🏠 屏東市忠孝路130-2號
☎ (08) 734-0133
🕐 11:00〜13:30、17:00〜20:30
休 月
CC 不可
🚉 台鐵屏東駅より徒歩約17分
🌐 fb.com/100054404655485

SUGARbISTRO

シュガービストロ

カフェ **MAP** P.318-A1

勝利星村のリノベカフェ

砂糖会社が経営する、日本家屋を改装したおしゃれなカフェ。烤布蕾咖啡拿鐵（クレームブリュレラテ、160元）などパームシュガーを使ったドリンクやスイーツを楽しめる。

🏠 屏東市康定街22-24號
☎ (08) 766-9881
🕐 11:00〜21:00
休 旧正月
🈹 10%
CC 不可
🚉 台鐵屏東駅より徒歩約14分
🌐 fb.com/SUGARbISTRO.224.TW

小陽。日栽書屋

シアオヤン　リーツァイシューウー

カフェ **MAP** P.318-A1

奥の部屋には本がずらり

勝利星村に残る日本式宿舎を改修せず、そのまま利用。ビンテージの家具や古道具が置かれ、ノスタルジックな雰囲気。冬瓜茶（80元）は素朴な甘さでほっとひと息つける。

🏠 屏東市中山路清營巷1號
📱 0922-961-278
🕐 14:00〜20:00
休 月〜水
CC 不可
🚉 台鐵屏東駅より徒歩約15分
🌐 fb.com/ssunville

驛前大和咖啡館

イーチエンヤマトカーフェイグアン

カフェ **MAP** P.318-A2

100年の歴史が蘇る

日本統治時代に営業していた「大和ホテル」の建物をリノベーションしたカフェ。一部床や階段などが当時のままになっている。地元台湾産のコーヒーが楽しめる。将来的にはホテルもオープン予定。

🏠 屏東市民族路163號
☎ (08) 766-9777
🕐 9:00〜18:00
休 無休
CC 不可
🚉 台鐵屏東駅より徒歩約2分
🌐 fb.com/yamatocoffee

鼎昌號

ディンチャンハオ

スイーツ **MAP** P.318-A2

日本の駄菓子屋の雰囲気

日本の懐かしB級グッズを集めた博物館のようなスイーツ店。新鮮なソフトクリームや15種以上のたい焼き、ラーメンなどが人気。かき氷や豆花、凍圓など伝統スイーツもおいしく、侮れない。

🏠 屏東市南京路38-1號
☎ (08) 733-2377
🕐 11:00〜21:30
休 旧正月
CC 不可
🚉 台鐵屏東駅より徒歩約5分
🌐 fb.com/delightsweeto

薇米文旅 Wemeet Hotel

ウェイミーウエンリュー

中級 **MAP** P.318-B2 📶

駅近の快適なホテル

屏東駅に近く、バスや鉄道を利用する際にとても便利。屏東夜市の入口近くに立つファッションビルの上階にあり、客室からの眺めもいい。2016年オープンとまだ新しく、客室は広々。

🏠 屏東市復興路25號9階
☎ (08) 734-3456
FAX (08) 766-8622
🏷 ⑤①2400元〜
CC J M V
🛏 62
🚉 台鐵屏東駅より徒歩約5分
🌐 www.wemeet888.com.tw

恆春

城壁に囲まれた由緒ある町

ハンチュン　Hengchun

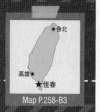

Map P.258-B3

台湾南西部

屏東／恆春

清代末期に築かれた城壁が残る恆春は、台湾最南端の町（鎮）。台湾南端における交通の要衝であり、人気のビーチリゾート墾丁（→P.323）へのアクセスは抜群。コンパクトにまとまった町は散策しやすく、のどかな南国ムードにあふれる。近年はおしゃれなカフェやショップも増え、注目を集めている。

阿嘉の家

『海角七号』の撮影に使われた

MAP P.321-A2

2008年に台湾で大ヒットし、各国の映画祭で賞を得た映画『海角七号　君想う、国境の南』のロケ地が今も人気。恆春は主人公阿嘉の故郷の設定になっていて、阿嘉の家のほか、西門、阿嘉の勤務する郵便局（恆春郵局）などロケ地が集中している。阿嘉の家の2階の内部は撮影時のまま保存されている。

恆春

アクセス

高雄から
バス 高雄客運建國站バスターミナル（MP.265-B）より9188「鵝鑾鼻」行きバス、高鐵左營駅より9189墾丁快線「墾丁」行きバスで恆春轉運站バスターミナル下車、各30分～1時間に1便、所要約2時間20分、306元～。

屏東から
バス 屏東轉運站バスターミナル（MP.318-A2）より屏東客運8239、國光客運1773「恆春」行きが1日8便、所要約2時間、277元～。

墾丁から
バス「墾丁」バス停（MP.323-A2）などより9188「高雄」行きや墾丁街車101橘線「海生館」行きなどで恆春轉運站バスターミナル下車、毎日多発、所要約15分、33元～。

恆春轉運站バスターミナル

阿嘉の家

🕘9:00～18:00　🈶無休
🈯無料　🚌恆春轉運站バスターミナルより徒歩約3分
※2023年4月現在、1階のショップのみ営業。

今もファンが訪れる

屏東客運恆春轉運站▥www.ptbus.com.tw/product_list/21/1

321

恆春古城

交恆春轉運站バスターミナルより徒歩約5分～

四重溪溫泉

交恆春轉運站バスターミナル（MP.321-A2）より、墾丁街車201黃線「四重溪南大明路」行きで「四重溪」、「文明路口」下車。9:45、12:30、14:00、16:00、17:30 発。所要約20分、40～42元。タクシーなら恆春から約15分

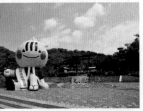

足湯や鳥居がある溫泉公園

台湾で最も保存状態がよい清代の城

恆春古城 ハンチュングーチョン

MAP P.321

日本軍と現地のパイワン族が交戦した牡丹社事件（1874年）の後、清朝が築いた城跡。完成は1879年。町を取り囲む城壁と4つの城門が現存し、台湾で唯一清代の姿をほぼ残した城として国定古蹟に指定されている。城壁の長さは約2600m、城門と城壁の一部は上を歩くこともできる。

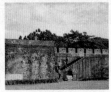

東門に上ってみよう

近郊の見どころ

日本にも縁のある温泉街

四重溪溫泉 スーチョンシーウェンチュエン

MAP P.258-B2

恆春から車で15分くらいの所にある、小さいが味わいのある温泉郷。日本統治時代に開発され、北投溫泉、陽明山溫泉、關子嶺溫泉と並ぶ名湯として知られた。「四重溪」バス停を降りると目の前に広がる温泉公園には、無料で入れる足湯がある。各ホテルで日帰り入浴も可能。

gourmet グルメ

シャンツントンフェンヤー
鄉村冬粉鴨

麺 MAP P.321-A1

食事時は行列

有名な鴨肉専門店。鴨肉冬粉湯（70元）はセロリ、ショウガ、ザーサイのだしが効いたあっさり味。鴨肉は好みでスパイシーなソースをつけて食べる。店頭で注文する鴨肉もおすすめ。

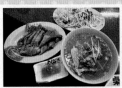

住屏東縣恆春鎮福德路91號
電(08)889-8824
営15:00～24:00
休無休
CC不可
交恆春轉運站バスターミナルより徒歩約4分
URL ccd.uukt.com.tw

ボーボーチューファン
波波廚房

西洋料理 MAP P.321-A2

夏に人気のリノベレストラン

オープンキッチンでシェフたちが真剣に作る料理は黑松露自製特寬麵（トリュフソースの自家製パスタ、330元）をはじめどれもハズレなし。10:00～11:30、14:30～17:00はカフェタイム。

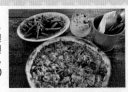

住屏東縣恆春鎮光明路86號
電(08)889-6575
営10:00～20:30
休無休（冬は不定休）
サ10%　CC J M V
交恆春轉運站バスターミナルより徒歩約3分
URL fb.com/100064826379178

hotel ホテル

ハイダイエンサージンピンリューグアン
海的顏色精品旅館

中級 MAP P.321-A1 日 Wi-Fi

城壁そばの快適なホテル

町のメインストリートにあるこぢんまりとした欧風のホテル。客室は広く快適、オーナーは日本語堪能で観光の相談もできる。1階のカフェは7:00から営業で、宿泊していない人にも便利。

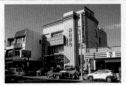

住屏東縣恆春鎮中正路189號
電(08)889-2999
FAX(08)889-3999
料Ⓦ2000元～　Ⓣ2600元～
サ10%　CC J M V　室25
交恆春轉運站バスターミナルより徒歩約5分
URL fb.com/ktseaclub

墾丁

美しいビーチが広がる台湾の南端

ケンティン　Kenting

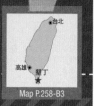

Map P.258-B3

本島最南端の墾丁は台湾を代表する南国リゾートであり、一帯が台湾最古の国家公園に指定されている。熱帯魚やサンゴが生息する美しいビーチでは、海水浴はもちろんサーフィンやダイビングが楽しめる。鵝鑾鼻から佳樂水方面へは左に草原、右に海という雄大な景色が広がる。ビーチリゾートの印象が強いが、このエリアには森林遊樂區もあり、熱帯の木々が茂る森や鍾乳洞などもある。夏はもちろん、冬でも土・日曜は観光客でにぎわっている。海水浴を楽しむなら春〜夏がおすすめ。宿の確保は早めに行うほうがベター。

夜は夜市が開かれるメインストリートの墾丁大街

アクセス

高雄から
バス 高雄客運建國站バスターミナル（Ⓜ P.265-B）より9177「墾丁」行き、9188「鵝鑾鼻」行きで「墾丁」下車。毎日多発、所要約2時間35分〜、352元（「鵝鑾鼻」まで362元）。または、高鐵左營駅より9189墾丁快線「墾丁」行きで「小灣」下車。毎日多発、所要約2時間15分、401元。

恆春から
バス 恆春轉運站バスターミナル（Ⓜ P.321-A2）より上記バス、墾丁街車バスが毎日多発。所要約15分、33元〜。

両替を忘れずに
　墾丁國家公園と墾丁の町には銀行がない。高雄などで両替をしておこう。

墾丁街車バス
　恒春轉運站バスターミナル（MP.321-A2）を起点に、墾丁のおもな見どころへ向かう観光に便利なバス。101橘線（鵝鑾鼻と國立海洋生物博物館へ）、102藍線（猫鼻頭へ）、103綠線（佳樂水へ）の3つの路線がある。

タクシーチャーター
　見どころが広範囲に点在する墾丁を効率よく回るなら、タクシーチャーターもおすすめ。相場は半日2000元。必ず事前に時間、料金、ルートを交渉すること。

南灣
🚊墾丁街車バス101橘線などで「南灣」下車

國立海洋生物博物館
🏠屏東縣車城鄉後灣村後灣路2號　☎(08)882-5678
🕐9:00〜17:30（7〜8月は月〜金〜18:00、土・日8:00〜18:00。入場は閉館1時間前まで）
🈺無休　💰450元
🚊「墾丁」バス停より墾丁街車バス101橘線で「海生館」下車すぐ。8:30〜15:30に1時間に1本、54元
🌐www.nmmba.gov.tw

鵝鑾鼻公園
☎(08)885-1101
🕐6:30〜18:30、冬季7:00〜17:30　🈺無休　💰60元
🚊「墾丁」バス停より 9188「鵝鑾鼻」行きバスなどで「鵝鑾鼻」下車すぐ、25元〜

「鵝鑾鼻」の碑

墾丁を代表する白砂のビーチ

MAP P.323-A1

▶ 南灣　ナンワン

　白浜が広がるビーチでは、海水浴はもちろんバナナボート、水上バイクなども楽しめる。有料のロッカーやシャワー、パラソル、そしてバーまであり、のんびり休日を過ごせる。ただ、水上バイクがビーチのすぐそばを走ることもあるので、泳ぐときは注意が必要だ。

パラソルの下でのんびり過ごすのもいい

珊瑚礁にすむ生き物は？

MAP P.258-B2

▶ 國立海洋生物博物館　クオリーハイヤンションウボーウーグアン

　台湾随一の規模を誇る水族館。台湾に生息する魚類を淡水エリアと海水エリアに分けて展示している。海水エリアの珊瑚王国館では珊瑚礁を再現しており、海底トンネルを通ったり、巨大水槽に色とりどりの熱帯魚を観察できる。台湾水域館ではジンベイザメも。また、クジラのオブジェが踊る入口広場の大洋池は子供の格好の遊び場だ。

大スケールの水族館

台湾最南端は白い灯台が目印

MAP P.323-B2

▶ 鵝鑾鼻公園　オールアンビコンユエン

　ここからの眺めは台湾八景のひとつ。岬の展望台からは太平洋、正面のバシー海峡、そして南灣の向こうに台湾海峡という3つの海を一望できる。周囲に茂る熱帯植物の緑とのコントラストが見事。灯台そばの碑より海岸に出られるが、海岸では潮の満ち干に注意して。

海岸までなだらかな丘陵になっている

  鵝鑾鼻公園の灯台から約12分ほど歩くと、海岸沿いに正真正銘の台湾最南端である台湾最南點碑（MP.323-B2）が立っている。

gourmet グルメ

旅南活海鮮
リューナンフオハイシェン

海鮮料理 **MAP** P.323-A2

生きのよさに定評がある

　メインストリートの店の前に水槽と新鮮な魚介類を並べる活気ある海鮮料理店。ウニや大きなカキ、ハマグリなど迫力のある素材が並ぶ。すべて値札が付いているので注文もしやすい。

🏠 屏東縣恆春鎮墾丁路197號
☎ (08) 886-1036
🕐 11:00〜14:30、17:00〜22:00
休 無休
CC 不可
交「墾丁」バス停より徒歩約2分
URL uukt.tw/kenting/2114

熱炒100 大玉食堂
ラーチャオ100 ダーユイシータン

台湾料理 **MAP** P.323-B2

居酒屋風の気軽なレストラン

　居酒屋風でリーズナブルに楽しめる炒め物のレストラン。刺身や海鮮炒め、野菜炒め、肉炒め、客家料理など1皿100元からで、大半がこの値段。ビールを飲みながらワイワイ楽しむには最適の場所。

🏠 屏東縣恆春鎮墾丁路111號
☎ (08) 886-1771
🕐 10:00〜22:00
休 無休
CC 不可
交「墾丁派出所」バス停よりすぐ
URL uukt.com.tw/kenting/4631

shop ショッピング

順興港口茶園
シュンシンガンコウチャーユエン

茶＆茶器 **MAP** P.323-B1

低地で採れる珍しいお茶

　港口溪の河口付近の港口は、知る人ぞ知る清代から続くお茶の産地。港口茶は生産量が不安定なため、あまり台湾全土に出回らない貴重な茶葉である。少し香ばしくて力強い味わい。

🏠 屏東縣滿州鄉茶山路392號
☎ (08) 880-2696
🕐 8:00〜20:00
休 無休
交 恆春より墾丁街車バス103線で「海墘」下車すぐ
URL www.shunxing.com.tw

hotel ホテル

ハワードビーチリゾート墾丁
墾丁福華渡假飯店（ケンティンフーホアドゥージャーファンディエン）

高級 **MAP** P.323-B2 日 📶

地中海式のビーチリゾート

　テニスコートやプールのあるリゾートホテル。地下トンネルを抜けると人気のビーチ「小灣」に到着だ。レンタサイクルあり。独立したヴィラや、ペットフレンドリーな小湾會館がある。

🏠 屏東縣恆春鎮墾丁路2號
☎ (08) 886-2323
FAX (08) 886-2300
料 Ｗ Ｔ 7400元〜　サ10%
CC ADJMV 室458
交 墾丁街車バス101橘線、102藍線で「小灣」下車すぐ
URL www.howard-kenting.com.tw

墾丁シーザーパーク
墾丁凱撒大飯店（ケンティンカイサーダーファンディエン）

高級 **MAP** P.323-B2 日 📶

トロピカル気分に浸れる

　ヤシに囲まれた南国気分満点のプール、開放感のあるロビー、バリのヴィラをイメージした客室などトロピカルな空気に包まれている。墾丁ビーチではカヤックやスノーケリングが楽しい。

🏠 屏東縣恆春鎮墾丁路6號
☎ (08) 886-1888
料 Ｓ Ｔ 1万2000元〜　サ10%
CC ADJMV
室 281
交 墾丁街車バス101橘線、102藍線で「小灣」下車すぐ
URL kenting.caesarpark.com.tw

墾丁青年活動中心
ケンティンチンニエンフオトンチョンシン

経済的 **MAP** P.323-B2

伝統建築が興味深い

　閩南様式の建築を用いた台湾版ユースホステル。青蛙石（入場料30元。宿泊者は無料）にあり、敷地内に岩を巡る散歩コースがある。夏季は混雑するので早めの予約を。

🏠 屏東縣恆春鎮墾丁路17號
☎ (08) 886-1221 FAX (08) 886-1110
料 Ｗ 2400元〜　Ｔ 4000元〜
CC JMV 室112
交 墾丁街車バス101橘線、102藍線で「墾丁活動中心」下車、徒歩約5分
URL kenting.cyh.org.tw

台湾南部を走る絶景路線
南迴線に乗って

高雄まで来たら、ぜひ東海岸の台東まで足を延ばしてみよう。台湾はサツマイモのような形をしていて、南に向かうと細くなる。そのため西海岸から東海岸へも意外に近いのだ。

東海岸への足となるのが台鐵南迴線。高雄〜台東まで自強號なら最短1時間43分だが、沿線は途中下車してみたい個性的な駅も多い。そんな駅のいくつかをご紹介。

南 迴線の正式な区間は枋寮駅〜台東駅までの97.15km。2023年11月現在、1日に約7本の自強號、2本の莒光號、3本の區間車（快）が運行している。レトロな旧型車両「藍皮解憂號」も運行。

Ⓜ P.258-B2
台湾鐵道
🔗 www.railway.gov.tw

▶車窓に広がる青い海

▲金崙駅近くの鉄橋を走る

台東駅

▶パイワン族が住む金峰の町

竹田駅

台湾最南端の木造駅舎、竹田駅

1939年に建造された台湾最南端の木造駅舎が保存されている。待合室や切符の窓口などは現役時代の雰囲気そのまま。駅舎周辺は「竹田驛站文化園區」となり、倉庫などの関連建築が資料館や図書館などに利用されている。

🚃台鐵で高雄から所要41分〜、區間車47元

屏東駅
高雄駅
潮州駅
枋寮駅
金崙駅

▲竹田駅のレトロな駅舎

太麻里駅

途中下車して周辺を散策

周囲の太麻里郷、金峰郷には原住民パイワン族の村が点在し、村を歩けば独特の家屋や石彫などを見ることができる。近くの金針山は、毎年8〜9月には金針花の開花で一面美しいオレンジ色となる。（→P.217、250）

🚃台鐵で台東から所要19分〜、自強號53元。高雄から所要1時間45分〜、自強號309元
◀自強號も停車する

レトロな観光列車「藍皮解憂號」

この地域を知る人なら誰もが懐かしく思い出す「普快車」のブルートレイン。冷房がないため窓が全開でき、扇風機が回るレトロな車両だ。これを修理し、往時の路線を観光用に走らせたのが「藍皮解憂號〜Breezy Blue」だ。

この列車は枋寮駅と台東駅間をほぼ毎日一往復、片道約3時間かけて走る。途中駅で停車して撮影タイムを設けたり、海がきれいな多良観光駅近くでは速度を落として走る（正式な駅ではないので停車はできない）。走行中ガイドの解説があり、英語で説明してくれることもある。

藍皮解憂號は旅行会社「雄獅旅遊」が運行しており、切符はウェブサイトや営業所で購入できる。片道599元〜（駅弁付き）。🔗 event.liontravel.com/zh-tw/railtour/breezyblue/products

多良観光駅
（瀧溪駅と金崙駅の間）

台湾で最も美しい駅

瀧溪駅と金崙駅の間の、太平洋を望む海沿いに造られた駅。その景色から「台湾で最も美しい駅」に選ばれたこともある。残念ながら2006年に廃駅になったが、いまだにここを訪れる人は多い。台東からバスでアクセス可。

🚃台鐵金崙駅より東台湾客運バスで「多良」下車、徒歩約5分

▲ホームのすぐ隣は海

離 島

Remote Islands

台湾屈指のリゾートアイランド

澎湖島へ行こう！

台北から国内線で1時間でアクセスできる澎湖島（→P.338）は、
絶景を生み出す美しい自然、深い歴史とユニークな文化に
彩られた、まだ見ぬ魅力でいっぱいのデスティネーション。

七美嶼にある雙心石滬

絶景の小島へ

望安嶼の
天台山の眺め

七美嶼、望安嶼とも交通量は少なく、のんびりとした時間が流れる。青空に包まれてリフレッシュ。紫外線対策は万全に

大小さまざまな90の島からなる澎湖島。夏季は馬公の南海遊客中心からハート形の雙心石滬がある七美嶼とその近くの望安嶼へ行くツアー船が運航される。船を降りたら港の前で電動バイクを借りて島内を回るのが一般的。青い空と海がどこまでも広がる360度の絶景を爽快に走り抜けよう。中秋節以降は風が強くなるので、ぜひ春、夏に訪れたい。

雙心石滬を見たあとは、島の東側にある台湾本島の形に見える平たい岩、小台湾へ。ここからの眺めは最高

"ダブルハート"で記念撮影

チーメイユィー
七美嶼　　　→P.341

「ダブルハート」と呼ばれるハート形が連なる雙心石滬は昔からこの地にある魚を取る仕掛け。ほかにも小台湾、望夫石などの奇岩が点在する。

心に刻みたい
絶景

絶景ベストスポットは標高がいちばん高い天台山。岩川觀光養殖休閒中心（→P.341）で新鮮シーフードのランチを

まるで天国のような島

ワンアンユィー
望安嶼　　　→P.341

絶景スポットや伝統集落の花宅聚落などもある魅力的な島。レストランではこの島でしか取れない珍しい海産物も食べられる。

澎湖伝統の町並み

観光客でにぎわうが、今でも実際に居住している人もいる

美しい伝統集落を訪ねる →P.340

　島で豊富に取れるサンゴを外壁に使用した澎湖独自の伝統家屋が残る二崁傳統聚落保存區。現在は明代末期にここに移り住んだ陳一族の子孫たちが村の保存に力を入れている。馬公からは停車時間もある台湾好行バス媽宮・北環線で訪れるのが便利。

店先に並べたお香がいい雰囲気。蚊取り線香セットのスタンドは伝統の船を模している

毎日手作りしているよ

オーナー自ら厳選した材料を用いて伝統的な製法で作る杏仁茶(50元)は二崁傳統聚落保存區の名物

天然素材の蚊取り線香
アルカンチュアンシアン
二崁傳香

　澎湖で三宝と呼ばれる天仁菊、山芙蓉、ヨモギの茎と葉を乾燥させて粉末にし、お香を製作。空気の浄化、防虫作用がある。

🏠澎湖縣西嶼郷二崁村15號　☎0918-043-962　🕐8:30〜19:00　🈳火〜土　カード不可　🚍二崁傳統聚落保存區内

伝統家屋で味わう濃厚杏仁茶
アルカンシンレンチャーグアン
二崁杏仁茶館

　陳一族の子孫が開いた美容と健康にいい杏仁茶のカフェ。二崁村の人々はかつて漢方薬の材料の売買を生業としていたということにちなむ。

🏠澎湖縣西嶼郷二崁村36號　☎(06)998-3891　🕐9:00〜17:30(11〜3月は9:30〜16:30)　🈳1月　カード不可　🚍二崁傳統聚落保存區内

馬公の町を歩く

　澎湖島の中心となる馬公には、16世紀創建の天后宮や清代の城壁などの歴史的建造物も残る。メインストリートの中正路周辺に、澎湖島名物のサボテンを使ったスイーツ店や花生酥、黒糖糕などの特産菓子の老舗、取れたての海の幸を味わえるレストランが並ぶ。

レトロな風情が漂う

伝統的な閩南家屋が今も残る中央老街は馬公がかつて「媽宮城」と呼ばれた時代のメインストリート。現在はおみやげ店などが並ぶフォトジェニックな一角だ

レモネードでさっぱり
リョウヂォンガンニンモンヂー
劉正港檸檬汁

　30年にわたり親子2代で営業するドリンクスタンド。大人気の檸檬汁(40元)は強めの酸味が暑さを吹き飛ばす。

MAP P.339-A1

🏠馬公市中正路59號　☎(06)927-0854　🕐9:30〜22:30　🈳日　カード不可　🚍澎湖縣公車馬公總站バスターミナルより徒歩約3分

澎湖名物に挑戦
シエンレンヂャンビンチョン
仙人掌冰城

　鮮やかなピンク色のサボテンスイーツが豊富に味わえる。かき氷にサボテンアイスがのった仙人掌冰(70元)にまずトライ。

MAP P.339-A2

🏠馬公市中正路32-5號　☎(06)927-9873　🕐9:00〜23:30　🈳11月中旬〜3月　カード不可　🚍澎湖縣公車馬公總站バスターミナルより徒歩約4分

台湾離島ナビ

島ごとに個性があり、ひと味違った台湾旅行を楽しめる。
島の魅力を満喫するなら、夏季に訪れるのがおすすめ。
島内の交通はレンタルバイクが便利だが、
金門島、澎湖島なら観光バスもある。

馬祖島 >>>P.335

（中）国大陸の福州に近接し、南竿島、北竿島を中心とする複数の島からなる。石造りの閩東式伝統家屋が立ち並ぶ集落は独特の景観を造り出している。

アクティビティ
歴史散策
軍事施設散策

金門島 >>>P.331

（中）国大陸の目と鼻の先に位置し、中国伝統の閩南式住居が残る。観光用に開放されたかつての軍事施設も多い。

アクティビティ
歴史散策
軍事施設散策

澎湖島 >>>P.338

（中）心地の馬公がある澎湖島は台湾最大の離島。台南と並び歴史が深く、澎湖だけに見られる伝統家屋や古跡が残る。

アクティビティ
歴史散策／町歩き／海水浴
海鮮グルメ／ツーリング

緑島 >>>P.344

（台）湾におけるダイビングの聖地として知られている。島はそれほど大きくなく、電動バイクで一周できる。海底に湧く温泉がある。

アクティビティ
スノーケリング
スクーバダイビング
朝日温泉

蘭嶼 >>>P.347

（原）住民族ヤミ族が多く居住し、彼らの生きた文化伝統に触れることができる。手つかずでワイルドな自然も残る。

小琉球 >>>P.350

（高）雄から日帰りで訪れることができる小さな島。浅瀬で気軽に体験できるスノーケリングを楽しむ人が多い。

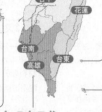

アクティビティ
スノーケリング
スクーバダイビング

アクティビティ
ヤミ族の伝統文化に触れる
スクーバダイビング
ツーリング

\ 離島の観光に便利な台湾好行バス / URL www.taiwantrip.com.tw

81 A線-水頭翟山線	金門島の金城から莒光楼(→P.332)、水頭聚落(→P.332)、明遺古街、翟山坑道(→P.332)を回る
82 B線-古寧頭戦場線	金門島の金城から和平紀念園区、北山洋楼、古寧頭史蹟館、雙鯉濕地自然中心、慈湖を回る
83 C線-獅山民俗村線	金門島の山外から山后民俗文化村(→P.333)、獅山砲陣地(→P.333)、馬山観測所を回る
84 D線-榕園太湖線	金門島の山外から八二三戦史館、特約茶室資展示館、瓊林聚落、自行車故事館、陳景蘭洋楼を回る
121,122 南竿-媽祖巨神像線	馬祖・南竿島の介壽村から八八坑道(→P.336)、北海坑道(→P.336)、媽祖宗教文化園区(→P.336)を回る
221,222 北竿-戦争和平公園線	馬祖・北竿島の北竿空港から橋仔聚落、芹壁聚落(→P.337)、壁山観景台、戦争和平公園を回る
媽宮北環線	澎湖島の馬公から通樑保安宮(→P.340)、漁翁島燈塔、大菓葉柱狀玄武岩(→P.340)、二崁傳統聚落保存区(→P.340)などを回る

数km先は中国大陸

金門島

ジンメンダオ　Kinmen

中国大陸
金門島
★
台北
高雄
台湾

Map 折込表-A1

離島

金門島

金 門島は中国の廈門市からわずか2kmほどの場所にある。国共内戦では激戦地となり、過去の戦闘で壊れた家屋などが戦役史跡として保護されている。島の各所に軍事施設があり、兵士の姿を見かけることも多い。現在使われなくなった軍事施設は観光用の見どころとして開放されている。

　1956年より軍政が敷かれ、金門島に観光目的で訪れることが可能になったのは戒厳令が解除された1992年以降。日本統治時代に同化政策を受けなかったため、中国大陸では消滅してしまった閩南風平屋建ての民家群が各所に残っており、台湾本島とも中国大陸とも異なった雰囲気を味わえる。伝統的家屋での宿泊を提供する民宿も多い。

　金門島の中心は島の西側にある金城で、金城バスターミナル周辺がいちばんの繁華街。島の各地へ向かうバスが出ているのでここに宿を取るのが便利だ。金城に次いで大きな町は東部の山外。

閩南式建築の家屋が残る

アクセス
飛行機
台北、台中、嘉義、台南、高雄、澎湖から便がある(国内交通→P.377)。
空港から市内へ
「金城」、「山外」行きバスが1時間に約2便、所要約20分、12元。タクシーなら「金城」まで200元～。
島内の交通
金門縣公車のバス網が発達。「金城」、「山外」、「沙美」の3つのバスターミナルがある。「金城」から「山外」へは紅1、藍1、2、3路「沙美」へは5、5A路。市バス各12元。空港やフェリー乗り場にレンタカー、レンタルバイク(1日400元)がある。

金門島でも市バス、フェリーの運賃は悠遊卡、一卡通などのICカードが使用できる。

観光は好行バスが便利
　金門島の台湾好行バスは観光スポットで停車時間があり、ツアーバスとして利用することができる。ルートはP.330参照。A線、C線は8：25発、B線、D線は13：25発で1日1便、所要約4時間。切符は起点となる金城、山外バスターミナルの旅遊服務中心、セブン-イレブンまたはファミリーマートの端末、URL www. kinmendiway.com/twで購入可。半日券250元、1日券400元、2日券700元。

金城
- 金門縣金城鎮
- 金城バスターミナルよりすぐ

莒光路に立つ邱良功母節孝坊

莒光樓
- 金門縣金城鎮
- ☎(082) 32-5632
- 🕐8:00〜22:00
- 休旧正月　無料
- 金城バスターミナルより3、6路、台湾好行A線バスで「莒光樓」下車すぐ

3階から周辺を見渡せる

水頭聚落
- 金門縣金城鎮水頭郷
- 金城バスターミナルより7路バスで「水頭村莊」、台湾好行A線で「水頭聚落」下車、徒歩約5分

翟山坑道
- ☎(082) 31-3241
- 🕐8:30〜17:00
- 休旧正月　無料
- 6路バス、台湾好行バスA線で「翟山坑道」下車すぐ

歴史的建築が多く残るいにしえからの中心地

MAP
P.331-A2

金城　ジンチョン

　清代から金門島の行政の中心地で、清代の防衛の役所だった**清金門鎮總兵署**、科挙合格者を輩出した**浯江書院**などの歴史的建築が多く残る。**邱良功母節孝坊**あたりには朝市が立ち、観光客の多い夜とは違った地元の姿を見ることができる。**模範街**は復元された20世紀初頭の西欧風商店街で老街のような雰囲気。

趣のある模範街

高台に立つ金門島のシンボル

MAP
P.331-A2

莒光樓　ジュイグアンロウ

　1953年に建てられた宮殿様式の中国風建築物で、大陸反攻のシンボル。内部は金門島の歴史や戦闘、金門防衛に貢献した胡璉将軍についての展示室になっている。

西洋風建築が立ち並ぶ

MAP
P.331-A2

水頭聚落　シュイトウヂュールオ

　金門島は清代末期には東南アジアや日本などへの移民の供給地のひとつで、海外で財をなした華僑が建てた西洋風建築が多く残されている。華僑の寄付によって造られた近代的校舎もつい最近まで小学校として使用されていた。現在は民宿として利用されている建物も多い。

得月樓を中心とした華僑邸宅群

船を隠していた秘密の道

MAP
P.331-A2

翟山坑道　ザイシャンケンダオ

　1966年、上陸用船艇発着基地として造られた秘密の坑道。海に面した半地下水道で、1986年まで使われていたものだ。奥まで進むとライトアップされた水面が見えてくるが、基本的に薄暗く、遠くで打ち寄せる波の音が響き、まるで秘密基地にいるかのよう。坑道の入口手前には当時使用されていた上陸用船艇などが展示されている。

中は薄暗い

 金門島の名物はカキ料理。定番の蚵仔煎（カキオムレツ）や蚵仔麵線は、台湾本島より素材が新鮮でボリューミー。ぜひ試してみたい。

岩山に掘られた砲台

獅山砲陣地　シーシャンパオチェンティー

MAP P.331-B1

金門島北部の岩山をくり抜いて造った砲台で、現在でも大砲が設置され、中国大陸と対峙している様子が見て取れる。定時に行われる女性兵士による大砲操作のショーが人気。

大砲操作のショー

居住者もいる伝統的な建物

山后民俗文化村　シャンホウミンスーウェンホアツン

MAP P.331-B1

1900年に建てられた福建省南部の伝統的な建築様式の建物が並ぶ文化村で、文化遺産を1棟ごとに分類し、展示している。神戸で財をなした華僑が大陸から資材を持ち込んで1876（清代光緒2）年に建てた建物など、二進式双落建築18棟がすばらしい。一部の建物には居住者がいるので、見学するときは失礼のないようにしたい。

昔の生活を垣間見ることができる

フェリーで渡れる小島

小金門島　シアオジンメンダオ

MAP P.331-A2

金門島の西に位置する1周約20kmの小さな島で、烈嶼とも呼ばれている。フェリー乗り場である九宮坑道から徒歩約5分の所には中国軍と戦いに備えたトンネルの**九宮坑道**、島の北側には八二三砲戦当時の防衛について展示し、高層ビルが立ち並ぶ対岸の厦門の町の様子を双眼鏡で見ることができる**湖井頭戦史館**がある。バスでひと回りして、高粱の畑が広がるのどかな雰囲気を楽しむのもおすすめ。金門島との間を結ぶ全長5.4kmの金門大橋が2022年に開通した。

湖井頭戦史館

金城民防坑道

金城バスターミナルの下から延びる地下道を歩く無料のツアーが10:30〜20:30に数回ある。

獅山砲陣地

🏠金門縣金沙鎮石山
☎(082) 355-697
🕐8:00〜17:30（木は大砲ショーなし）　🛑旧正月
🚌山外バスターミナルより25路バス、沙美バスターミナルより31路バスで「獅山」、台湾好行バスC線で「獅山砲陣地」下車すぐ

山后民俗文化村

🏠金門縣金沙鎮山后
☎(082) 35-5347
🕐8:00〜17:00
🛑無休　🎫無料
🚌山外バスターミナルより25路バス、沙美バスターミナルより31路バス、台湾好行バスC線で「山后民俗村」下車すぐ

小金門島

🏠金門縣烈嶼郷
🚌金城バスターミナルより15路バスで「九宮碼頭」下車。所要約40分。24元

九宮坑道

🏠金門縣烈嶼郷羅厝5-5號
🕐8:30〜17:00
🛑旧正月　🎫無料
🚌九宮碼頭より徒歩約4分

湖井頭戦史館

🏠金門縣烈嶼郷東抗村
☎(082) 36-4403
🕐8:30〜17:00
🛑旧正月　🎫無料
🚌金城バスターミナルより15路バスで「埔頭」下車、徒歩約25分

COLUMN 　　　　## 金門島から中国大陸へ

福建省厦門市の厦門高崎国際空港に近い「五通埠頭」、泉州市の「石井埠頭」を結ぶ航路があり、「五通埠頭」へは外国人旅行者の利用も可能。

港では国際空港同様の出国手続きの後、乗船する。出航時間は時期により多少異なるが、9:00〜17:00の間に1時間30分に1便。両替所は水頭フェリー埠頭内にある。
🎫各650元

💡島内のいたるところに金門島に吹き付ける風を避け、富をもたらすとされる風獅爺が祀られている。土曜は風獅爺を回る台湾好行バスが運行している。

チアオウェイシアン
巧味香

台湾料理　MAP P.331-A2

金門名物の蚵仔麺線

　邱良功母節孝坊のほど近く、模範街の突き当たりにある、庶民的な店。蚵仔麺線（90元）は、台湾本島のかつおだしスープとは異なり、白いスープでカキ本来の味を楽しめる。麺もコシがある。

住 金門縣金城鎮莒光路一段39號
☎ (082) 327-652
🕐 7:00〜13:30、16:00〜19:00
休 不定休
CC 不可
🚍 金城バスターミナルより徒歩約4分

コーディエヂージア
蚵嗲之家

台湾料理　MAP P.331-A2

金門ならではのホットスナック

　小ぶりのカキのかき揚げ「蚵嗲」のテイクアウト専門店。揚げたてを求める客でいつも行列ができている。新鮮なカキと野菜たっぷりでサクサクした食感がたまらない。

住 金門縣金城鎮莒光路一段59號
☎ (082) 322-210
🕐 14:30〜19:30
休 水
CC 不可
🚍 金城バスターミナルより徒歩約4分

ティエンワンコンタン
天王貢糖

菓子　MAP P.331-A2

金門島のおみやげに

　貢糖は明の時代から伝わる、金門の特産であるピーナッツで作る菓子。猪腳貢糖（130元）はピーナッツクッキーを麦芽糖で覆ってあり、豚足に似た見た目からその名がついたという。

住 金門縣金城鎮中興路185號
☎ (082) 328-228
🕐 8:00〜21:30
休 無休
CC 不可
🚍 金城バスターミナルより徒歩約3分

ジンホーリーガンダオ
金合利鋼刀

包丁　MAP P.331-A2

砲弾を包丁にリメイク

　国共内戦中に降り注いだ砲弾を溶かして作る包丁は金門島の特産品。店の奥にある工房で、砲弾がみるみるうちに包丁へ変わっていく様子を見学できる。サイズ、値段ともにさまざま。

住 金門縣金寧郷伯玉路一段236號　☎ (082) 323-999
🕐 9:00〜18:30
休 無休　CC J M V
🚍 金城バスターミナルより紅1、11、12路バスで「消合社」下車すぐ
🌐 www.maestrowu.com.tw

インジョウジョウ ジンピンリューグアン
IN99 精品旅館

中級　MAP P.331-A2　📶

観光の拠点に便利

　金門島では最もレベルの高いホテル。金城バスターミナル近くで、周辺には食堂もたくさんあり便利。客室は清潔だが、バスタブや冷蔵庫がない部屋もあるので予約時に確認しよう。

住 金門縣金門鎮民生路16號
☎ (082) 324-851
FAX (082) 324-860
料 Ⓢ2300元〜　Ⓣ1700元〜
CC J M V　室50
🚍 金城バスターミナルより徒歩約1分
🌐 www.in99hotel.com

ジンメンツオミンスー
金門厝民宿

経済的　MAP P.331-A2　日 📶

古民家をリノベした民宿

　閩南式建築の古民家をリノベーション。金門島での宿泊は民宿が主流となるがここはバスターミナルに近くて便利。オーナーは島の出身で日本で働いたことのある女性。本書持参で15%引き可。

住 金門縣金城鎮珠浦東路4巷23號
☎ (082) 311-512
FAX (082) 316-217
料 Ⓢ Ⓣ1600元〜
CC J M V　室4
🚍 金城バスターミナルより徒歩約3分

媽祖の遺体が流れ着いたという伝説がある

馬祖島

マーヅーダオ　Matsu Islands

Map 折込表-A1

中国大陸 ★
馬祖島
台北
台湾
高雄

離島

金門島／馬祖島

馬祖島は南竿、北竿、東莒、西莒、東引など、十数個の大小の島々を合わせた呼び名。最大の南竿島が行政、商業の中心地となっている。連江縣に属し、台湾本島から北西へおよそ200km、中国大陸からわずか9kmの中国福建省の閩江河口に位置している。

金門島と同様、中国大陸の目と鼻の先に位置することから、国共内戦以降長らく軍事態勢下にあり、観光客が立ち入りできるようになったのは1999年から。現在も軍人の姿をよく見かける。

隣接する中国福州からの移民が多かったことから台湾のほかの地域とは異なる閩東文化が残り、現在も主要言語として閩東（福州）語が話されている。

近年、4〜7月に見られる、夜光虫により海が青く発光する「藍眼涙」という幻想的な現象を目当てに訪れる人も多い。

ⓒ台湾観光局/顧哲嘉
気候条件が揃えば見られる藍眼涙

アクセス
飛行機
台北、台中から南竿島、台北から北竿島へ毎日便がある（国内交通→P.377）。
基隆から
船 基隆港の西岸旅客碼頭（ⓂP.132-A1）から東引島経由で南竿の福澳港へ火曜を除く毎日1便、22:00発、所要約8時間、630元〜。
南竿空港から市内へ
馬祖港行きの海線、山線バスが出ている。空港や港まで宿泊施設が送迎してくれることが多い。
島間の交通 南竿島の福澳港から北竿島、東引島、西莒島、東莒島へ向かう船が出ている。南竿〜北竿は1日11往復。東引島、西莒島、東莒島へは航空便もある。

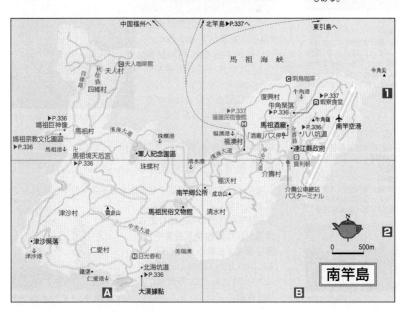

中国福州へ
北竿島▶P.337へ
東引へ
馬 祖 海 峡
牛角尖
四維路 夫人村
秋桂路
ⓒ夫人咖啡館
ⓒ刺鳥咖啡
1
牛角港
▶P.337
ⓇP.337 蝦寮食堂
復興村
牛角聚落
▶P.337
蓮園民宿賓館
馬祖酒廠 ▶P.336
▶P.336 媽祖巨神像
媽祖宗教文化園區 ▶P.336
馬祖港
福澳港
「酒廠」バス停
「介壽 八八坑道
牛角嶺
南竿空港
濱海大道
珠螺港
福澳大道
中央大道
連江縣政府
卍馬祖境天后宮 ▶P.336
濱海大道
軍人紀念園區
清水港
寶冝軒 Ⓢ
珠螺村
清水港
介壽村
福沃村
介壽公車總站 バスターミナル
南竿郷公所
成功山
津沙村
雲台山
馬祖民俗文物館
清水村
N
津沙聚落
仁愛村
中央大道
美瑞澳
2
津沙港
0 500m
Ⓗ日光春和
鐵堡
仁愛港
北海坑道 ▶P.336
南竿島
A
大漢據點
B

牛角聚落

住 連江縣南竿鄉復興村
交 介壽公車總站バスターミ
ナルより海線、山線バスで
「酒廠」下車、徒歩約4分

高台に立つ牛峰境廟

八八坑道

住 連江縣南竿鄉
電 (0836) 22345 (馬祖酒廠)
時 8:40～11:30、13:40～17:00
休 無休
料 無料
交 介壽公車總站バスターミ
ナルより海線、山線バスで
「八八坑道」下車、徒歩約3分
URL www.matsuwine.com.tw

酒甕が並ぶ

北海坑道

住 連江縣南竿鄉
電 (0836) 22177
時 8:30～17:30 (潮の満ち干
により変動。下記URL参照)
休 無休
料 無料
交 介壽公車總站バスターミ
ナルより山線バスで「南竿
遊客中心」下車、徒歩約6分
URL www.matsu-nsa.gov.
tw/Attraction-Content.
aspx?a=2742&l=1

媽祖宗教文化園區

住 連江縣南竿鄉馬祖村
時 24時間
休 無休
料 無料
交 介壽公車總站バスターミ
ナルより海線、山線バスで
「馬港」下車、徒歩約15分

馬祖境天后宮

伝統家屋が残る

牛角聚落 ニゥウジアオジュールオ

MAP P.335-B1

　南竿島の東北の入江に面した復興村は、現在も昔の呼び名で「牛角村」と呼ばれている。ここには、赤い日干しれんがを使う閩南式とは趣を異にする花崗岩を用いた閩東式の伝統家屋が集まり、馬祖独特の景観を見ることができる。伝統家屋を利用した民宿やレストランもあり、観光の拠点にするのもいい。南竿島の南西部の津沙聚落にも伝統家屋が残る。

かつて南竿島でいちばん栄えた漁村だった

軍の設備を平和的に利用

八八坑道 パーパークンダオ

MAP P.335-B1

　温度と湿度が酒の保存に適していることから、軍政解除後は酒工場の貯蔵庫として使われている坑道。高粱酒は馬祖の特産品で、「八八坑道」はその代表的なブランドとしても有名。

藍眼涙を見ることもできる

北海坑道 ベイハイケンダオ

MAP P.335-A2

　軍事拠点であった馬祖の島々には、軍事力を秘匿するための地下坑道が各所に造られた。そのうち最大規模の北海坑道は高さ18m、幅10m、長さ640mで100隻の船が停泊できるという。引き潮の時間帯は全長734mの歩道が開放されていて、一周するのに約30分かかる。夜は真っ暗な坑道をカヌーに乗り、水をかくことによって藍眼涙を見ることができるツアー (350元) もある。

硬い花崗岩を掘削して造られた

馬祖島のシンボル

媽祖宗教文化園區 マーヅーゾンジアオウェンホアユエンチュー

MAP P.335-A1

　馬祖の地名は台湾で広く信仰される航海の女神、媽祖の遺体が流れ着いたという伝説による。南竿島西部の中心地である馬祖村には**馬祖境天后宮**や「媽祖在馬祖」と書かれた石碑、さらに山の上には2009年に建立された全高約29mで世界最大の**媽祖巨神像**が立っている。

海原を優しく見守る媽祖巨神像

石造りの伝統家屋が見られる

MAP
P.337

北竿島 ベイカンダオ

　北竿島は南竿島の北東約3.5kmに位置し、福澳港からフェリーで約15分でアクセスすることができる。南竿島に比べて訪れる人が少なく、店などもあまりないが、そのぶんのんびりした雰囲気で最果ての島にいる雰囲気を味わえる。

　島の中心は北竿空港からほど近い塘岐村で、ここにバスターミナルやホテル、島唯一のセブン-イレブンなどが集まる。いちばんの観光スポットは伝統家屋が残る**芹壁聚落**で、海沿いの高低差のある地形に石造りの家々が並ぶ美しい景観は、「台湾の地中海」と形容されることも。芹壁聚落には伝統家屋を利用した民宿やカフェも多く、北竿島に来たらここに宿を取りたいという人は多い。夜はライトアップされた幻想的な姿を楽しむことができる。

北竿島

住 連江縣南竿郷
交 飛行機は、台北から立栄航空が1日2便、所要約50分、2197元。
船は南竿島の福澳港から北竿島の白沙港へ7:00～17:10に1時間に1便。所要約15分、160元。島内は北竿空港と白沙港を結ぶ市バス（海線、山線）が1日14本運行。芹壁聚落も経由する。15元

南竿島とを結ぶ船

保存状態のよい伝統家屋が残る芹壁聚落

---

gourmet

シアリアオシュータン
蝦寮食堂

馬祖料理　MAP P.335-B1

馬祖の味を楽しめる

　牛角聚落（→P.336）にある人気店。ムール貝に似た原味淡菜（350元）、紅糟炒飯（100元）など馬祖ならではの料理を味わおう。紹興酒で蒸したエビの老酒蒸白蝦（300元）も美味。

住 連江縣南竿郷復興村136-1號
☎ (0836) 23452
営 11:30～13:00、17:00～22:30
休 火
CC 不可
交 介壽公車總站バスターミナルより海線、山線バスで「酒廠」下車、徒歩約4分

---

hotel

舒灣活海景旅宿（シューマンフオハイジンリュースー）
SO LOHAS B&B

中級　MAP P.337

　北竿島の橋仔聚落にあり、島で唯一エレベーターがある宿。芹壁聚落まで徒歩約20分。

住 連江縣北竿郷橋仔村85號
☎ (0836) 55685
料 ⑤①3000元～　CC ⅤMJ　室9
交 北竿空港より海線バスで「開心農場」下車、徒歩約2分　www.lohaslife.tw

リエンユエンミンスーイーグアン
蓮園民宿壹館

経済的　MAP P.335-B1

　福澳港近くのアットホームな民宿。ドミトリーもある。個室は広々としていて清潔。1階は食堂。

住 連江縣南竿郷福澳村63號
☎ (0836) 23386　料 ⑤①1800元～　⑩750元
CC ⅤMJ　室16（36ベッド）
交 介壽公車總站バスターミナルより海線バスで「福澳村」下車、徒歩約1分

澎湖島

清代から軍事拠点として注目された島

ポンフーダオ　Penghu

アクセス
飛行機
台北、台中、台南、高雄、嘉義、七美から毎日便がある（国内交通→P.377）。
高雄から
船 新濱碼頭（M P.274-2）から週に2〜3便が往復、9:00、23:30発、所要約4時間、860〜1700元。高雄へは819〜1619元。
嘉義から
船 4〜9月のみ布袋漁港（M P.152-A2）からほぼ毎日1便、9:00発、所要約80分、1000元へ
空港から市内へ
澎湖縣公車馬公總站バスターミナル行きの龍門線、尖山線、島崁線、青螺線、太武線バスが7:10〜21:27に27便、所要約20〜40分、23元〜。
市内から空港へ
澎湖縣公車馬公總站バスターミナルより6:36〜20:45に25便。流しのタクシーなら馬公市内〜空港間は約300元。
島内の交通
市バスは澎湖縣公車馬公總站バスターミナル（M P.339-A1）が起点。
観光には白沙島、漁翁島の見どころを回る台湾好行バス媽宮北環線が便利。主要な見どころで一定の時間停車するツアーバスだ。澎湖縣公車馬公總站バスターミナルより月・木〜日の8:40発。1日券400元。

日本語が通じる旅行会社
長立旅行社
■馬公市中正路6號
☎(06) 926-0296、(02) 2567-2001（台北）
✉澎湖長春大飯店（→P.343）内
■www.el-travel.com.tw

台南の西には、90の島々からなる珊瑚礁に囲まれた澎湖諸島がある。なかでも最大の澎湖島は緯度がハワイとほぼ同じ。白沙島、漁翁島と橋でつながっており、台湾や中国では美しいアイランドリゾートとして知られている。台湾本島の海鮮料理店で「澎湖島直送」を売りにする店が多いことからもわかるとおり、新鮮な海の幸が豊富。また、古い建物はサンゴを使った屋根や塀など、どこか沖縄に似た雰囲気をもつ。風の島といわれるほど風が強いが、3つの島が囲む湾内は穏やかだ。

古くは14世紀に元、16世紀には明が巡検司を設置したが、それぞれ間もなく撤廃。17世紀にはオランダ東インド会社が注目し、オランダ軍が澎湖島を占領した過去があり、当時の史跡や、オランダから持ち込まれたサボテンが島内に点在している。

澎湖島の玄関口である馬公は、清代には媽宮城と呼ばれており、中心部の西側の外れには、清代に建造された城壁が残っている。城壁の南端に立っているのは順承門で、かつて媽宮城を囲んでいた6つの城門のうちのひとつ。

伝統的な家屋が残る二崁傳統聚落保存區

澎湖空港 ■www.mkport.gov.tw　澎湖縣政府公共車船管理處 ■www.phpto.gov.tw

清代に開発された一画

中央老街 チョンヤンラオジエ

MAP
P.339-A2

馬公市は清代から澎湖島の中心地として栄えていた。その中心部にある中央老街は澎湖島が開拓された際に最初に開発された市街地。現在はレトロ風にリノベーションされ、おみやげ店やカフェが並ぶ。老街の中ほどにある四眼井は明代に作られたという井戸で、第三級古蹟に指定されている。入り組んだ趣のある路地でそぞろ歩きを楽しみたい。

絵になる美しい通り

心の支え、最古の媽祖廟

天后宮 ティエンホウゴン

MAP
P.339-A2

1592（明代万暦20）年に建てられた台湾最古の媽祖廟のひとつで、台湾の第一級古蹟に指定されている。もともとは「娘媽宮」と呼ばれ、また、漁業に従事している島民が多いことから、この廟を中心に町が発展。この廟は、大陸から来た職人によって建てられたもので、台湾本島の極彩色の廟よりも落ち着いた印象に仕上げられている。

台湾で最も古い廟のひとつ

中央老街

🚌澎湖縣公車馬公總站バスターミナルより徒歩約4分

四眼井

天后宮

🏠馬公市正義路1號
☎(06)921-6521
🕐7:00～17:00（夏季～19:00）
🈺無休
🚌澎湖縣公車馬公總站バスターミナルより徒歩約5分

サボテンスイーツ（→P.329）が名物

高雄の船会社

台湾航業公司
　高雄の切符売り場。
📍P.274-2
🏠高雄市捷興一街5號
☎(07)561-5313
🚇MRTO1西子灣駅2番出口より徒歩約5分
🌐www.tnc-kao.com.tw

嘉義(布袋漁港)の船会社

満天星航運股份
📍P.152-A2
🏠嘉義縣布袋鎮中山路334-1號
☎(05)347-0948
🌐www.aaaaa.com.tw

馬公からの船

　上記の復路で馬公から高雄、嘉義に行く船のチケット売り場。
📍P.339-A2
🏠馬公市臨海路36-1號
☎(06)926-9721
🚌馬公港旅客服務中心内

馬公

通梁保安宮

住澎湖縣白沙鄉通梁村149
號 ☎(06)921-6521
◯24時間 休無休 料無料
交澎湖縣公車馬公總站バス
ターミナルより外垵線バス
で「通梁古榕終點站」下車す
ぐ、所要約30分、52元。ま
たは台湾好行バス媽宮・北
環線で「通梁古榕」下車すぐ

全長約2600mの跨海大橋

二崁傳統聚落保存區

住澎湖縣西嶼鄉二崁村二崁
古厝群聚
☎(06)998-2776（ツアー予
約）◯9:00～17:00
交台湾好行バス媽宮・北環
線で「二崁聚落」下車すぐ

大菓葉柱狀玄武岩

住澎湖縣西嶼鄉池東村10
號 ☎(06)921-6521
◯24時間 休無休 料無料
交澎湖縣公車馬公總站バス
ターミナルより台湾好行バ
ス媽宮・北環線で「大菓葉玄
武岩柱」下車すぐ

不思議な地形

吉貝嶼

☎(06)993-3082内線9（北海
遊客服務中心）
交4～10月に赤崁碼頭より
船が11:15、15:00（金・土の
み）、17:00発。所要約20分、
150元。吉貝から赤崁碼頭
への船は7:00、10:00（金・土
のみ）、14:00発。赤崁碼頭
へは澎湖縣公車馬公總站バ
スターミナルより外垵線バス
で「崁北」、「赤崁碼頭」下
車、所要約30分、39元

1本のガジュマルが造り出す驚異の景観

▲ 通梁保安宮 トンリアンバオアンゴン

MAP P.338-A1

「通梁大榕樹」と呼ばれる樹齢300年を超える1本のガジュ
マルが成長し、廟の境内一帯に
心地よい木陰を造り出してい
る。暑い日は向かいの「自由冰
品」でサボテンアイスを味わう
のがおすすめ。近くには澎湖島
のシンボルである漁翁島と白沙
島を結ぶ跨海大橋がある。

天然のアーケード

澎湖島ならではの町並みが残る

▲ 二崁傳統聚落保存區 アルカンチュアントンジュールオバオツンチュー

MAP P.338-A1

澎湖の伝統的な家屋群が保存されているエリア。二崁村は
明代末期に金門島の下坑から澎湖に渡ってきた陳一族が住ん
だ村で、現在も住民のほとんどが陳姓。建築資材にサンゴが
使われていて、赤れん
がの閩南式の町並みと
は違う、澎湖ならではの
景観だ。お香づくりなど
の体験ができる施設や
レストラン、カフェなど
に利用されている家屋
もある（→P.329）。

実際に人が住んでいる家もある

溶岩が冷え固まってできた柱状節理

▲ 大菓葉柱狀玄武岩 ダーグオイエヂュウヂュアンシュアンウーイエン

MAP P.338-A1

玄武岩の柱が無数に伸びているような独特の景観は、約
1000万年前に流れ出た溶岩が冷えて六角形の柱状に固まるこ
とで造り出されたもの。玄武岩でできている澎湖諸島の海岸
沿いでは同様の地形がしばしば見られる。

澎湖島で最も美しいビーチ

▲ 吉貝嶼 ジーベイユィー

MAP P.258-A2

白沙島のおよそ7km北に位置する島。南端に突き出た幅
200m、長さ800mの吉貝沙尾は、波で削られたサンゴが積もっ
てできた黄金色の海岸。
驚くほど透明な海とのコ
ントラストに、まるで楽
園にいるかのような気
分。バイクや車で1時間
ほどで島を一周できる。

水上バイクやドーナツボートを楽しめる

"モーセの海割れ"を見られる

奎壁山赤嶼地質公園 クイビーシャンチーユィーティーデーコンユエン

MAP P.338-B1

干潮を迎えると、普段は海で隔てられている向かいの小島（赤嶼）へ続く道が海底に出現する。これは「トンボロ現象」と呼ばれ、日本では静岡県堂ヶ島の三四郎島が知られている。干潮の時刻を調べて訪れたい。

干潮時に道ができる

澎湖島を代表するビーチ

隘門沙灘 アイメンシャータン

MAP P.338-B2

澎湖空港にほど近い海岸に広がる隘門沙灘から林投沙灘は澎湖島で最も長い砂浜。気軽に訪れることができるビーチとして観光客だけでなく地元の人々にも親しまれている。夏は海水浴やマリンスポーツを楽しむ人々がいっぱい。ビーチバレーのコートもある。

リゾート気分を楽しもう

条件がよければ波が噴き出す

風櫃 フォングイ

MAP P.338-A2

まるで箱を重ねて並べたように四角い玄武岩が並んだ不思議な磯。玄武岩には細長い海蝕溝ができており、底にある海蝕洞窟と通じている。そのため潮が満ち、風が強い日には洞窟に入った海水が、雷のような音とともに勢いよく岩の隙間から噴き出す様子を見物できる。台湾映画の巨匠、侯孝賢監督の映画『風櫃の少年』の舞台にもなった。

周辺にある美しい小島

望安嶼・七美嶼 ワンアンユィー・チーメイユィー

MAP P.258-A3

望安嶼は澎湖諸島の中心にある澎湖第4の島。古い石造りの家や、島の西側にある天台山からの風景が美しい。

七美嶼は澎湖諸島南部にある小さな島だが、7人の女性が身を投げた七美人塚や、漁に出た夫を待ち続けて海を守る石になったという望夫石、潮が引いているときは魚を取る石の仕掛けがハートに見える雙心石滬など見どころは多い（→P.328）。

ハート形の雙心石滬

奎壁山赤嶼地質公園

🏠 澎湖縣湖西鄉北寮村奎壁山
☎ (06)921-6445
🕐 24時間 🈳 無休
💰 無料
🚌 澎湖縣公車馬公總站バスターミナルより北寮線バスで「北寮終點站」下車、徒歩約2分、35元

隘門沙灘

🚌 馬公より車で約20分、または空港より徒歩約18分

風櫃

🚌 澎湖縣公車馬公總站バスターミナルより風櫃線バスで「風櫃終點站」下車、徒歩約3分、44元

岩が奏でる音を風櫃聴濤という

望安嶼・七美嶼

🚌 飛行機は、高雄から望安嶼へ德安航空が月・金曜に各1便、2155元。七美嶼へは德安航空が毎日2便、2034元。澎湖から七美嶼へは德安航空が毎日1便、1085元（→P.377）。船は南海遊客中心（MP.339-B1外）から出航。1日1便の定期船があるが、観光には不向き。夏季は船のツアーがあり、ホテルや南海遊客中心で申し込める。島内の観光はバイクが主流。望安嶼、七美嶼ともに港にレンタルバイク店がある。冬は風が強く、あまりおすすめできない

望安嶼のレストラン

🍴 岩川觀光養殖休閒中心
MP.258-A3
🏠 澎湖縣望安鄉中社村60-2號
☎ (06)999-1440
🕐 完全予約制 🈳 無休
💳 不可
港より徒歩約18分
望安で取れる新鮮な海産物を使った料理を味わえるレストラン。予算はひとり200元程度。事前に予約を。

長進餐廳
チャンジンツァンティン

海鮮料理　MAP P.339-A2

澎湖の絶品海の幸

　天后宮そばに立つ、地元で人気の高い海鮮料理店。誰もが注文する名物料理は、絶妙な歯応えを残したゆでイカ＝白片小管（250元～）。ほかにもエビの刺身、ウニオムレツなど、ハズレなし。

- 住 馬公市民族路9號
- ☎ (06) 927-1686
- ⏰ 11:00～14:00、17:00～21:00
- 休 旧正月、冬季不定休
- CC JMV
- 交 澎湖縣公車馬公總站バスターミナルより徒歩約5分

來福海鮮餐廳
ライフーハイシエンツァンティン

海鮮料理　MAP P.339-B1外

その日のいちばんを選んで！

　入口の横に生けすがあり、好みの魚と調理法を伝えるシステム。魚市場に近く、直送の新鮮な魚介揃いでボリュームも十分だ。料金表はないので、不安な場合は注文時に確認しよう。

- 住 馬公市新村路43號
- ☎ (06) 926-2249
- ⏰ 11:00～13:00、17:00～20:00
- 休 無休
- CC JMV
- 交 澎湖縣公車馬公總站バスターミナルより徒歩約10分

福台排骨麺
フータイパイクーミエン

麺　MAP P.339-A1

軽く食べたいときに

　地元で人気の小吃店。いちばん人気の排骨餛飩麺（160元）はワンタンと揚げたスペアリブが入っている。麺は意麺、米粉（ビーフン）、冬粉（春雨）の3種類。ほんのり甘味のあるスープ。

- 住 馬公市民族路40號
- ☎ (06) 927-3397
- ⏰ 16:00～22:30（日によって異なる）
- 休 不定休
- CC 不可
- 交 澎湖縣公車馬公總站バスターミナルより徒歩約2分

家竹黒砂糖
ジアヂューヘイシャータン

スイーツ　MAP P.339-B1外

トッピングたっぷりのかき氷

　台湾南部でポピュラーな黒砂糖かき氷が食べられる店。粉粿、白玉、タピオカ、緑豆、アズキ、蜜豆、愛玉、ハトムギの8種トッピングがたっぷりのった八寶冰（65元）はボリューム満点。

- 住 馬公市文德路2號
- ☎ (06) 926-7522
- ⏰ 14:00～22:00
- 休 冬季週1日不定休
- CC 不可
- 交 澎湖縣公車馬公總站バスターミナルより徒歩約27分

媽宮食品
マーゴンシーピン

菓子　MAP P.339-A2

サボテンケーキが秀逸

　澎湖名物のサボテンを使ったスイーツや海産物の加工品を販売。真っ赤なあんをくるんだサボテンケーキ（12個入り180元）、サボテン入りチョコなど、サボテンスイーツが充実。

- 住 馬公市中正路20號
- ☎ (06) 926-6777
- ⏰ 9:00～21:00
- 休 無休
- CC JMV
- 交 澎湖縣公車馬公總站バスターミナルより徒歩約5分
- URL www.magung.com.tw

春仁黒糖糕本舗
チュンレンヘイタンガオベンプー

菓子　MAP P.339-B1

日本人好みの黒砂糖菓子

　澎湖産黒砂糖をふんだんに使った黒糖糕（100元）は、黒砂糖の香りとモチモチ食感が人気。日本人から伝えられたものだそう。中正路7巷1號（M P.339-A1）が本店。

- 住 馬公市三民路31號
- ☎ (06) 927-5406
- ⏰ 8:00～21:00
- 休 無休
- CC 不可
- 交 澎湖縣公車馬公總站バスターミナルより徒歩約6分

shop
ショッピング

チォンイーシーピンディエン
正一食品店
菓子 MAP P.339-A2

香ばしいピーナッツ菓子の老舗

澎湖特産のピーナッツを原料にした、甘く香ばしいクッキーのような菓子、花生酥（80元～）が評判。花生酥のほかにも海苔味の花生糖など数種類のピーナッツ菓子を製造販売している。

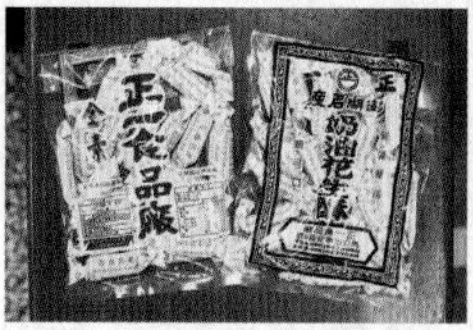

住 馬公市惠安路6號
☎ (06) 927-3008
営 8:00～19:30頃
休 無休
CC 不可
交 澎湖縣公車馬公總站バスターミナルより徒歩約6分
URL fb.com/zhengipeanut

hotel
ホテル

ポンフーチャンチュンダーファンディエン
澎湖長春大飯店
中級 MAP P.339-A2 日 Wi-Fi

海をイメージした客室

フェリー発着所からすぐ近くの便利な場所にあるホテル。海洋生物をテーマにしていて、客室はイルカ、サンゴ、貝殻など海をイメージする名前がつけられている。リニューアルしたばかりで内装もきれい。上階には春の花火を見られる部屋もある。平日は3割以上の割引きが可能。

オーナーは日本語が堪能で離島を専門とした旅行会社も運営。澎湖観光の最新情報も無料で提供している。台北にもオフィスがある。日本語世代の初代オーナーが営む1階の薬局で販売されている酔い止め薬はよく効くと評判。

住 馬公市中正路6號
☎ (06) 927-3336、(02) 2567-2001（台北） FAX (06) 926-2112
料 Ⓢ3000元～ Ⓣ3200元～
CC JMV 室 81
交 澎湖縣公車馬公總站バスターミナルより徒歩約6分
URL www.everspring-hotel.com.tw

1 親子3代にわたって営業している老舗
2 部屋ごとに異なる内装

ポンフーハイユエダーファンディエン
澎湖海悦大飯店
中級 MAP P.339-B1 日 Wi-Fi

モダンでスタイリッシュ

澎湖島では比較的大きなホテルで上階からの眺望も自慢。シンプルかつスタイリッシュなデザインで、洗練された雰囲気が漂う。空港までの送迎は無料。通常3割以上の割引きがある。

住 馬公市民福路75號
☎ (06) 926-9166
FAX (06) 926-6166
料 Ⓢ4000元～ Ⓣ6000元～
CC JMV 室 63
交 澎湖縣公車馬公總站バスターミナルより徒歩約7分
URL haiyue.com.tw

リンハイジュートゥージャーホイグアン
臨海居渡假會館
中級 MAP P.339-B2 日 Wi-Fi

ホテル並みの設備が自慢

海に近いモダンな民宿。無料Wi-Fi完備、バリアフリーで居心地がいい。空港への送迎（要予約）とレンタサイクルは無料、洗濯機などのサービスもある。部屋数が少ないので予約は早めに。

住 馬公市臨海路10-6號
☎ 0908-188-739
料 Ⓢ2000元～ Ⓣ3000元～
CC JMV
室 12
交 澎湖縣公車馬公總站バスターミナルより徒歩約10分

澎湖福朋喜來登酒店（ポンフーフーポンシーライドンジョウディエン）
フォーポイント バイ シェラトン澎湖
高級 日 MAP P.339-B1外 Wi-Fi

澎湖島唯一の国際的チェーンホテル。馬公第三漁港の向かいで、客室からの眺めがよい。

住 馬公市新店路197號
☎ (06) 926-6288 FAX (06) 926-3378
料 ⓈⓉ1万2500元～ ⓣ10% CC ADJMV
室 331 交 澎湖縣公車馬公總站バスターミナルより徒歩約20分 URL www.fourpoints-penghu.com

ポンフーチンニエンフオドンチョンシン
澎湖青年活動中心
中級 MAP P.339-A1 Wi-Fi

観音亭海水浴場のそばにあり、4～9月は満室のことが多い。予約がベター。

住 馬公市介寿路11號
☎ (06) 927-1124 FAX (06) 927-4565
料 Ⓢ2300元～ Ⓣ2700元～ CC JMV 室 50
交 澎湖縣公車馬公總站バスターミナルより徒歩約3分 URL penghu.cyh.org.tw

海底温泉が湧くリゾートアイランド

綠島
リューダオ　Green Island

アクセス

台東から

飛行機
徳安航空が毎日3便(国内交通→P.377)。天候によるフライト変更が多いので注意。
船 富岡港(MP.214-A3)から、3社が毎日2〜5便運航。所要約50分、片道500元〜。不定期運航なので、事前に台東の旅遊服務中心で確認。悪天候の場合はかなり揺れる。

台東から富岡港へ
台鐵台東駅前のバス乗り場より普悠瑪客運の陸海空快捷線線「小野柳」行きバスで「富岡港」下車、すぐ。所要約15分、25元。または台東轉運站バスターミナル(MP.248-B2)より興東客運バスで「富岡新村」下車、徒歩約5分。所要約15〜40分、40元、タクシーなら台東市中心部より富岡港まで約20分、200〜300元。

蘭嶼から
船 開元港から大發輪船股份有限公司の船が夏季のみ1日1〜2便。
島内の交通 公共交通機関はないに等しい。レンタサイクル、レンタルバイク、電動バイクでの観光が可能。

台東空港 [URL]www.tta.gov.tw
緑島空港 [URL]www.tta.gov.tw/green

緑島遊客服務中心
MP.344-A1
台東縣綠島鄉南寮村298號
(089) 67-2026
8:30〜17:00
なし
レンタサイクル(無料)あり。

綠島を1周する環島公路は約20.3km。人口3000人ほどの小さな島で、まるごと東部海岸風景特定區に指定されており美しい自然が魅力だ。珊瑚礁に囲まれ、夏はマリンスポーツ目当ての旅行者であふれるリゾート地だが、過去には政治犯や反政府運動の活動家を収容する刑務所のある流刑の島だった。現在刑務所は閉鎖され、跡地は白色恐怖綠島紀念園區となっている。

空港を出て左折するとすぐに綠島遊客服務中心がある。まずそこで情報を得よう。飛行場を右折すると南寮漁港(フェリー乗り場)まで、ホテルやレストランが立ち並ぶ島でいちばんにぎやかなエリアとなる。

島北東部の牛頭山からの眺め

緑島

世界でも数ヵ所、珊瑚礁の中の温泉

朝日温泉(旭海底温泉) チャオリーウェンチュエン(シュイハイティーウェンチュエン)

MAP P.344-B2

世界でも珍しい珊瑚礁の中、海底から湧き出る温泉。酸性の硫黄泉で円形の浴場が3つ。海水が混ざるため湯温は53〜93℃と変化する。浴場によって温度が異なるので好きな場所を選ぼう。温泉は東側に向いて開けているので朝日がすばらしい。そばには屋根付きの大浴場もあり、簡単な食事もできる。どちらも水着が必要。

日の出を迎えながら入浴

綠島いちばんの絶景スポット

牛頭山 ニュウトウシャン

MAP P.344-B1

島の北東にある標高80mの山。海に突き出た山頂部分が寝そべった水牛の姿のように見えることが名前の由来。山頂周辺は草原が広がっていて、朝日、夕日、星空観賞も可能な360度のパノラマを楽しめる。

離島にいることを実感できる風景

鍾乳洞に生まれた観音さま

觀音洞 クワンイントン

MAP P.344-B1

鍾乳洞の中の石筍のひとつがまるで観音菩薩像のようで信仰の対象になっている。昔、方角を見失った漁民が火の玉に導かれ無事生還。後日、人々が火の玉を探しに行ったところこの石筍を見つけたという。

政治犯が収監されたかつての刑務所

白色恐怖綠島紀念園區 バイサーコンブーリューダオジーニエンユエンチュー

MAP P.344-B1

1951年から1987年にかけて、戒厳令下で逮捕された政治犯が収監された刑務所の綠洲山荘と強制労働キャンプの新生訓導処の跡地を人権教育、国際平和文化交流の促進のための展示館として開放。受刑者の証言をもとに監獄内の様子をパネルや人形、写真などを用いて再現している。岩や壁に残るスローガンが生々しい。

新生訓導処の様子

綠島の航空会社
徳安航空
M P.344-A1
☎ (07) 801-4711
🌐 www.dailyair.com.tw

船会社連絡先(台東富岡港)
天王星噴射客輪
☎ (089) 281-618
🌐 www.tsang-jai.com.tw
凱旋噴射客輪
☎ (089) 28-1047
🌐 www.farnlin.com.tw
金星客輪
☎ (089) 281-477
🌐 www.dafaship.com
予約は電話か直接カウンターへ。

綠島の旅行会社
島嶼見学
M P.344-A1
🏠 台東縣綠島郷公館村公館38號
☎ (089) 332-168
🕐 8:30〜18:00 休無休
🌐 www.mytaitungtrip.com
綠島の自然と文化を体感できるエコツアーを開催。

朝日温泉(旭海底温泉)
🏠 台東縣綠島郷公館村温泉路167號 ☎ (089) 67-1133
🕐 16:30〜23:00(夏季5:00〜11:00、16:00〜23:00)
休無休 料250元
🚗 空港より車で約15分

牛頭山
🚗 空港より車で約14分

觀音洞
休無休 料無料
🚗 空港より車で約15分

信仰を集める岩

白色恐怖綠島紀念園區
🏠 台東縣綠島郷將軍岩20號
☎ (089) 671-095
🕐 9:00〜17:00
休月(5〜10月は無休)、旧正月 料無料
🚗 空港から車で約10分
🌐 www.nhrm.gov.tw

 ほとんどの宿泊施設でスクーバダイビングやスノーケリングをアレンジしてくれる。初心者用のスクーバダイビング体験はおおむね2500元。

gourmet / グルメ

シングアンマートウ
星光碼頭

`スイーツ` **MAP P.344-A1**

緑島名物の海草冰

甘く煮た海藻や季節のフルーツがトッピングされた招牌情人貝殻海草冰（150元〜）をはじめ、メニューが豊富。海に面したテラス席からは遠くに台湾本島を臨むことができる。

- 住 台東縣綠島鄉南寮村156-1號
- ☎ 0913-651-619
- 🕐 10:00〜23:00
- 休 無休
- CC 不可
- 交 空港より徒歩約10分

diving / ダイビング

フェイユィチェンシュイシュンリエンチョンシン
飛魚潛水訓練中心

MAP P.344-A1

港のそばのダイビングセンター

台湾本島からのフェリーが発着する南寮漁港にある。沿岸ダイビング、ライセンス取得コースなど。体験コースは2500元。シーズン中は混みあうので予約がベター。

- 住 台東縣綠島鄉漁港路1-2號
- ☎ (089)67-1199
- 🕐 8:00〜20:00(冬季10:00〜)
- 休 なし(冬季は不定休)
- CC 不可
- 交 南寮漁港よりすぐ
- URL www.dive.com.tw

ハオポンヨウチェンシュイチョンシン
好朋友潛水中心

MAP P.344-A1

アットホームな雰囲気

ダイビングスポットが多い島の北部の柴口にある。ダイビング、スノーケリングのほか、夜釣り(10人以上。17:00〜21:00、800元／人)も行う。ゲストハウスも経営している。

- 住 台東縣綠島鄉公館村柴口62-26號
- ☎ (089)67-2817
- 🕐 7:00〜22:00
- 休 旧正月
- CC 不可
- 交 南寮漁港より徒歩約30分
- URL hhowchou.wordpress.com

hotel / ホテル

シアカーアルミンスー
夏卡爾民宿

`中級` **MAP P.344-B2**

朝日がよく見える

島の東側の静かな集落にある。朝日温泉へも近い。手作りの朝ご飯はカフェ風でボリューム満点。宿泊、送迎、スノーケリング、乗船券、電動自転車がセットの宿泊プランもある。

- 住 台東縣綠島鄉公館村溫泉48號
- ☎ (089)67-2800
- 料 S3300元〜 T5600元〜
- CC MV
- 室 12
- 交 空港より車で約20分
- URL www.shiacare-bb.com

クオリーヅミンスー
過日子民宿

`中級` **MAP P.344-A1**

オーナーは頼れるベテランダイバー

ダイバー&水中フォトグラファーのアーシーさんが経営するおしゃれな雰囲気の民宿。ダイビングスポットである柴口にあり、目の前は海。ライセンス講習も可。隣の綠島之星大飯店の看板が目印。

- 住 台東縣綠島鄉公館村柴口55-1號
- ☎ 0919-222-119
- 料 S5200元〜 T4200元〜
- CC 不可
- 室 7
- 交 空港より車で約5分
- URL ahsilife.okgo.tw

カイシンファンディエン
凱薪飯店

`中級` **MAP P.344-A1**

グループ旅行に対応

周囲にレストランやホテルが並ぶ港近くのにぎやかなエリアに位置し、比較的規模が大きいため団体客の利用も多い。平日と11〜3月のオフシーズンには割引きがある。

- 住 台東縣綠島鄉南寮村102-12號
- ☎ (089)67-2033
- FAX (089)67-2050
- 料 S2500元 T2300元
- CC 不可 室 80
- 交 空港、港より無料送迎バスで約3分
- URL kaihsing.okgo.tw

ヤミ族の文化が色濃く残る
蘭嶼
ランュィー　Lanyu

Map 折込表-B3

蘭嶼は台東の南東に位置する島で、約5000人の住民のうち約4000人は海洋民族のヤミ（タオ）族。日本統治時代の同化政策を受けず、文化を守り続けた誇り高い民族だ。3〜6月は彼らがカヌーでトビウオ漁を行う姿を見られる。外周約44kmの小さな島だが、起伏に富んだダイナミックな地形が見どころだ。

手つかずの自然が残っている

教会もある洞窟
🔺 **五孔洞** ウーコンドン

MAP
P.347-A1

5つの洞窟が奥でつながっていることからこの名前がついている。そのなかでも大きなふたつの洞窟は十字架が設置されており、プロテスタントとカトリックの教会として日曜やクリスマスなどは礼拝が行われる。ほかの洞窟は、蛇の巣、力比べをする相撲洞、休憩のための洞窟と呼ばれている。

洞窟の天井は高く日中でも涼しい

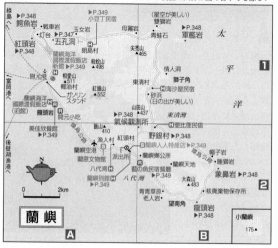

蘭嶼

アクセス
蘭嶼へのアクセスは天候の影響を受けやすい。特に7〜9月の台風シーズンは注意。
台東から
飛行機
德安航空が毎日8便（国内交通→P.377）。
船 台東近くの富岡港（ⓂP.214-A3）から、夏季は毎日4便、冬季は週3便。スケジュールは台東の旅遊服務中心で要確認。所要約1時間30分、1200元〜。
墾丁から
船 後壁湖漁港（ⓂP.323-A2）から夏季のみ毎日2便。所要約2時間30分、1200元。
島内の交通 環島公路を1周する蘭嶼郷公所の巡回バスが1日4便。道で手を挙げて乗せてもらう。タクシーはない。レンタルバイク（1日500元）または車とガイドを頼む。

台東空港🌐www.tta.gov.tw
蘭嶼空港🌐www.tta.gov.tw/lanyu
蘭嶼郷公所🌐www.lanyu.gov.tw
德安航空🌐www.dailyair.com.tw

五孔洞
🎫 無料
🚌 椰油村より車で約5分

バイクでの観光がポピュラー

料 無料
交 空港より車で約15分

1940年に建てられた職員の宿舎跡

蘭嶼の諸注意
　島内ではクレジットカードがほとんど利用できない。台湾元を現金で多めに持っていくことを心がけよう。なお、島には簡素な診療所しかないので、持病のある人は常備薬を切らさないように注意。携帯電話は中華電信のみ通じる。条例で、島内の動植物(貝殻含む)の持ち出しは禁止されている。

バイクは125ccのみ
　レンタルバイク店は開元港の向かいなどにあるが、50ccの扱いはなく、125ccのみ。島唯一のガソリンスタンドは開元港の隣にある。
⏰ 7:00〜20:00 **無休**

交 空港より車で約20分

有料でヤミ族の伝統的な家屋を見せてもらえる(朗島村にて)

料 無料

紅頭岩の近くのトンネル

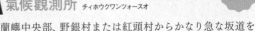

歴史ある現役観測所
MAP
P.347-B2

▲ 氣候觀測所　チィホウクワンツォースオ

　蘭嶼中央部、野銀村または紅頭村からかなり急な坂道を上った山の頂にある気象台。日本統治時代に台湾に6ヵ所の測候所が開設されており、蘭嶼島の氣候觀測所もそのひとつ。基本的な建築は当時のまま、交通局が気象観測業務を行っているため、約80年の歴史をもつ。気象台は標高400m程度あり、眺めがすばらしい。

晴れた日はすばらしい眺望

海洋民族の暮らしに触れよう
MAP
P.347-B2

▲ 野銀村　イエインツン

　野銀村にはひんやりと過ごしやすいヤミ族ならではの半地下式住居が残っており、独自の言葉、伝統的な暮らしを今でも大切にしている。また、浜では板を貼り合わせて作る美しいカヌー、タタラ船も見られる。これはトビウオ漁などで使われる。村には民宿や食堂もある。なお、ここで暮らす人々を写真に撮る場合は、必ず許可をもらうこと。

氣候觀測所から見る野銀村

想像力を働かせて自然の造形を楽しもう
MAP
P.347

▲ 奇石怪礁　チーシークアイジャオ

　海沿いに島を一周する環島公路沿いは奇岩の宝庫。北西部には人の頭のような形で、朝夕には岩が赤く染まる紅頭岩がある。島の旧名(紅頭嶼)の由来だ。北東部には米軍が旧日本軍の軍艦と間違えて砲撃した軍艦岩が浮かぶ。南部には龍が吼えているかのような龍頭岩や象鼻岩など想像力豊かに名づけられた岩がおもしろい。

ワニの形をした鰐魚岩

グルメ

藍の魚民宿餐廳
ランデーユイミンスーツァンティン

海鮮料理　MAP P.347-B2

蘭嶼の海の幸を堪能

民宿も経営している海鮮レストラン。蘭嶼で取れた食材を使った料理をリーズナブルに味わえる。新鮮な刺身、生魚片（150元）や炒海香菇（250元）などがおすすめ。

住台東縣蘭嶼鄉紅頭村1-11號
☎(089)73-2559、0978-081-089
営11:00～14:30、17:00～21:00
休無休
CC不可
交空港より車で約5分、港より車で約15分

美佳欣餐館
メイジアシンツァングアン

海鮮料理　MAP P.347-A1

島いちばんの料理店

店には円卓が並び、島の海を描いた壁が印象的な食堂。水木耳（250元）という海藻や海鮮湯麺（90元）など素材の味が生きた海鮮料理を中心に排骨飯（90元）、弁当（90元～）など定番もある。

住台東縣蘭嶼鄉椰油村20號
☎(089)73-2150、0919-127-625
営10:00～14:00、16:00～20:00
休無休
CC不可
交空港より車で約5分、港より徒歩約5分

ショッピング

蘭嶼人人特産店
ランユィーレンレントゥーチャンディエン

工芸品　MAP P.347-A2　日

オーナーは日本語堪能

蘭嶼別館の隣にあり、蘭嶼島のおみやげを販売。オーナーの頼政憲氏（通称ケンちゃん）は島唯一の日本語が話せるガイド。気さくな人柄で、島内観光について気軽に相談できる。

住台東縣蘭嶼鄉紅頭村47號
☎(089)73-2583
営8:00～22:00
休無休
CC不可
交空港より車で約5分

ホテル

蘭嶼海洋國際渡假飯店新館
ランユィーハイヤンクオジートゥージャーファンディエンシングアン

中級　MAP P.347-A1

比較的新しくリゾート気分大

プール付きでリゾート気分満点。港の近くに立ち、ダイビングや自然観察ツアーなどバラエティ豊かなツアーを毎日催行。1階には島唯一のスーパーマーケットがあり便利。同村22號に別館も。

住台東縣蘭嶼鄉椰油村22號
☎(089)73-2166
FAX(089)73-1036
料⑤3600元～　①5600元～
CC不可
室15
交空港より無料送迎バスで約7分（要予約）

小豆丁民宿
シアオドゥディンミンスー

経済的　MAP P.347-A1　📶

ヤミ族の女性が経営

ヤミ族の文化、風習を守る気風の強い島北部の朗島村にある。部屋は広々としていて、窓から蘭嶼のワイルドな自然を望むことができる。伝統家屋の見学もアレンジ可能。

住台東縣蘭嶼鄉朗島村235-1號
☎0911-118-562
料⑤2200元～　①3200元～
CC不可
室14
交空港より車で約20分
URLtravel.lanyu.info/hostel/iraralay-tribe/wuzhaopui-b

蘭嶼別館
ランュィービエグアン

経済的　MAP P.347-A2　📶

周辺に飲食店もある

鮮やかなイエローの外観が目印。観光の拠点に便利な紅頭村にある。旅行会社が経営しており、ツアー手配なども提供。入口まで階段を上るので、スーツケースは注意が必要。団体向け。

住台東縣蘭嶼鄉紅頭村45號
☎(089)32-6111
FAX(089)32-5701
料⑤①2600元
CC不可
室37
交空港より無料送迎バスで約5分（要予約）

小琉球

シアオリォウチウ　Xiaoliuqiu

Map 折込表-A3

アクセス
東港から
船 東港旅客船ターミナル（MP.278-A）より東琉線交通客船が10便、泰富航運が7便（季節増便あり）を7:00～16:50に運航。白沙観光港まで所要約25分、片道250元、往復450元～。乗船券購入時にパスポートの提示が必要。
※高雄から東港へのアクセスはP.278参照。
URL www.tungliu.com
URL www.tfship.com.tw
公営船は大福漁港発着で観光には適さない。
島内の交通
白沙観光港にはレンタバイク店が並ぶ。海を背にして左に進み階段を上ると電動自転車（1日300元～）や電動バイク（1日400元～）のレンタル店があり、島を周回する環島接駁公車のバス停がある。

環島接駁公車

小琉球は高雄の南、東港より約15kmに位置する珊瑚礁が隆起してできた島。海には熱帯魚が群がり、スノーケリングを楽しむ観光客でにぎわう。冬でも気温が20度以上あり、年中スノーケリングが可能。ホテルや民宿などでもスノーケリングをアレンジしているので、体験するなら1泊2日でプランを立てるといいだろう。島の外周は約13km、見どころはレンタバイクや電動自転車、環島接駁公車などで周遊するといい。

小琉球で最も有名な奇岩

MAP
P.350-B1

花瓶岩　ホアピンイエン

小琉球のシンボル

島の北側、白沙尾ビーチにある奇岩で、高さ約9m。上部に植物の生えた石灰岩が海水に浸食されて下部が細く削られた姿は、まるで花瓶に挿した花のよう。海岸にポツンと立っている姿は何とも不思議だ。このあたりの浜は、ウミガメが産卵にやってくることでも有名で、ダイビングやスノーケリングのポイントとしても人気が高い。

花瓶石
🚶 白沙観光港より徒歩約10分

海底グラスボート
　白沙観光港から海底グラスボート（半潜水艇）が出ている。乗船時間は30分。
⏰ 8:45、9:45、11:20、12:10、13:20、14:45、16:10　💰 260元

💡 小琉球の特産品のひとつに「麻花捲」というかりんとうをねじったようなお菓子があり、町なかのショップで売られている。小琉球みやげにおすすめ。さまざまなフレーバーがある。

旅の準備と技術
Travel Information

旅の準備と手続き

パスポートとは

海外で日本人であることを証明する身分証明書。有効期間が5年（濃紺の表紙）と10年（赤い表紙）の2種類から選べる。ただし、18歳未満は5年旅券のみ申請可能。

10年旅券

5年旅券

パスポートA to Z

🔗 www.mofa.go.jp/mofaj/toko/passport/index.html

パスポートの申請方法、窓口などについて説明している外務省のホームページ。

 \ Attention! /

パスポートの切替申請がスマホで可能に

2023年3月27日から、パスポートの切替申請がスマホでできるようになった。対象は残存有効期間が1年未満や、査証欄の余白が見開き3ページ以下の場合（新規申請は一部の窓口のみ可）。申請にはマイナポータル（アプリ）とマイナンバーカードを利用。なお、従来の申請書による申請も可。
🔗 www.gov-online.go.jp/useful/article/202301/1.html

まずはパスポート（旅券）を取得しよう

パスポートの残存有効期間

台湾にビザなしで入国する場合、パスポートの残存有効期間は台湾入国時に滞在予定日数以上必要。さらに帰国便の予約を証明する書類（eチケットなど）も必要。

パスポートの申請

住民票がある都道府県のパスポート申請窓口で申請する。家族や旅行会社などの代行申請も可能だが、本人のサインが必要。申請から発給まで約1週間かかる。発給から6ヵ月以内に必ず本人が受領に行かなければならない。

パスポートの申請に必要な書類

①一般旅券発給申請書1枚

5年旅券と10年旅券とでは申請書が異なるので注意。申請書は各都道府県の旅券課パスポート申請窓口に置いてある。申請書は外務省のサイトからダウンロードすることもできる。

②戸籍謄本1通

発行後6ヵ月以内のもの。本籍地の市区町村役所で発行。代理人による申請、受領も可。

③住民票1通

発行後6ヵ月以内のもの。住民基本台帳ネットワークシステム（住基ネット）に登録運用済みの自治体では原則不要。

④写真1枚

申請日前の6ヵ月以内に撮影したもので、縦45mm×横35mm。正面上半身（顔の大きさは縦32〜36mm）、無帽、無背景、フチなしで頭の上に2〜6mm空白のあるもの。白黒でもカラーでも可。

⑤身元確認のための書類

1点でよい書類：現在有効（または失効後6ヵ月以内）のパスポート、マイナンバーカード、運転免許証、船員手帳など。

2点必要な書類：健康保険証、年金手帳（証書）、印鑑登録証明書と登録印鑑などを、失効後6ヵ月を超えたパスポート、会社の社員証、学生証、公的機関が発行した資格証明書など写真が貼ってあるものと一緒に提示。

※申請者本人が署名できないなど、印鑑が必要な場合もある。

受領に必要なもの

①受理票（申請時に交付される）

②発給手数料（5年旅券は1万1000円、10年旅券は1万6000円。申請時12歳未満は6000円）

台湾のビザ

90日以内の観光はビザ不要

日本国籍で以下の条件を満たせばビザ不要で入国できる。

① 90日以内の観光目的の滞在
② パスポートの残存有効期間が、台湾入国時に滞在予定日数以上
③ 台湾出国の日時と便名を記載した航空券（eチケットの控え）か乗船券がある

90日以上の滞在はビザが必要

現在、中華民国政府（台湾）と日本との間に正式な国交はないため、日本には台湾の大使館がない。これに代わる台北駐日経済文化代表処（下記参照）でビザを取得する。事前にオンライン申請が必要。

申請に必要なもの（一般停留ビザ・観光の場合）

① パスポート（残存有効期間は原則6ヵ月以上）およびコピー
② 写真2枚（縦45mm×横35mm）、6ヵ月以内に撮影
③ 往復航空券、旅程表、残高証明書
④ 申請費用6800円
⑤ プリントアウトしたオンライン申請書
⑥ 住民票または運転免許証、マイナンバーカードの両面コピー

パスポートに関する注意

国際民間航空機関（ICAO）の決定により、2015年11月25日以降は機械読取式でない旅券（パスポート）は原則使用不可。日本ではすでにすべての旅券が機械読取式に置き換えられたが、機械読取式でも2014年3月19日以前に旅券の身分事項に変更のあった人は、ICチップに反映されていない。渡航先によっては国際標準外と判断される可能性もあるので注意が必要。
🔗 www.mofa.go.jp/mofaj/ca/pss/page3_001066.html

ビザ申請書作成ウェブサイト

🔗 visawebapp.boca.gov.tw

入山許可証

玉山や雪霸国家公園など、台湾の山地には立ち入りに対して入山許可が必要な山地管制区があり、入山の7〜30日以内に申請する。
🔗 nv2.npa.gov.tw/NM107-604Client

海外旅行保険に加入しよう

海外旅行保険は、旅行中の死亡や傷害、病気、盗難事件などを補償するもの。昨今は、新型コロナウイルス感染症などリスクも高まっているので、安心のためにも加入は必須だ。海外旅行保険が自動的に付帯するクレジットカードも多いが、補償額が少なかったり、疾病死亡が補償されないなどカバーされる範囲がかぎられているので、足りないと思ったら別途海外旅行保険に加入しておこう。

「地球の歩き方」ホームページで海外旅行保険について知ろう

「地球の歩き方」ホームページでは海外旅行保険情報を紹介している。保険のタイプや加入方法の参考にしよう。

🔗 www.arukikata.co.jp/web/article/item/3000681/

タクシーの事故に巻き込まれる可能性もゼロではない

ビザの申請・問い合わせ先
必要書類は申請場所やビザによって異なる。事前に必ず確認を。

台北駐日経済文化代表処
🏠 東京都港区白金台5-20-2
☎ (03)3280-7811
🕐 9:00〜11:30、13:00〜16:00
🈲 土・日、日本の祝日、台湾の国慶節、旧正月
🔗 www.roc-taiwan.org/jp_ja

横浜分処
🏠 神奈川県横浜市中区日本大通り60
朝日生命横浜ビル2階 ☎ (045)641-7737

那覇分処
🏠 沖縄県那覇市久茂地3-15-9
アルテビル那覇6階 ☎ (098)862-7008

札幌分処
🏠 北海道札幌市中央区北四条西4-1 伊藤ビル5階
☎ (011)222-2930

台北駐大阪経済文化弁事処
🏠 大阪府大阪市北区中之島2-3-18
中之島フェスティバルタワー17階
☎ (06)6227-8623

福岡分処
🏠 福岡県福岡市中央区桜坂3-12-42
☎ (092)734-2810

旅のシーズン

▶ 旅行のベストシーズン ◀

10月から5月がベスト

　暑さをしのぎやすい10月から5月が、最も旅行しやすい季節。冬は比較的天気が安定している南部の旅がおすすめ。北部なら3〜5月が晴れの日が多く、心地いい。

羽織りものを用意
　レストランや、バスなどの乗り物はかなり冷房が効いているので、羽織れるものを用意しておくと安心。阿里山など山岳地帯は夏でも寒く、防寒着が必要。

月	1月	2月	3月	4月	5月	6月
季節	冬季		春季			
祝祭日	1日　元旦／中華民国開国記念日	9日('24)　除夕(旧暦大晦日)(旧暦12月末日) 10〜14日('24)　春節(旧暦の正月)(旧暦1月1〜5日) 24日('24)(旧暦1月15日)元宵節 28日　和平記念日(二・二八事件の記念日)	29日　青年節	4日　児童節(子供の日) 4日　清明節('24は4〜7日が連休) 8日　釈迦誕生日	1日　労働節(メーデー)。労働者のみ休日 1日('24)　媽祖誕生日(旧暦3月23日) 12日('24)　母親節(第2日曜)	10日('24)　端午節(旧暦5月5日)('24は8〜10日が連休)
おもな行事	春節は台湾最大の祝日で店も休み。除夕は新年を迎える準備をする日で、年中無休の店もこの日だけは店を閉めることが多い。元宵節には湯圓を食べ、提灯を飾る風習がある。各地で開催される天燈をいっせいに空に放つランタンフェスティバルが話題。		清明節は祖先のお墓参りに行き、潤餅を食べる風習がある。		台湾でのマリンスポーツのシーズンは5〜11月。媽祖誕生日の前後1週間は進香期といい、台湾各地の媽祖廟がにぎわう。	端午節は各地の川でドラゴンボートレースが開催される。粽を食べる風習もある。

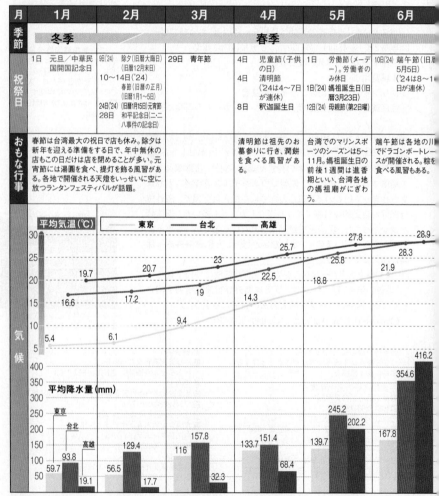

平均気温(℃)　　東京　　台北　　高雄

	1月	2月	3月	4月	5月	6月
高雄	19.7	20.7	23	25.7	27.8	28.9
台北	16.6	17.2	19	22.5	25.8	28.3
東京	5.4	6.1	9.4	14.3	18.8	21.9

平均降水量 (mm)

東京／台北／高雄

	1月	2月	3月	4月	5月	6月
東京	59.7	56.5	116	133.7	139.7	167.8
台北	93.8	129.4	157.8	151.4	245.2	354.6
高雄	19.1	17.7	32.3	68.4	202.2	416.2

旧暦の日付は西暦では年ごとに変わる。赤字が祝日。祝日が土曜と重なった場合は金曜、日曜と重なった場合は月曜が振り替え休日になる。

ゆったり気分を味わうなら6月

多少気温は高く、5月中旬～6月中旬は梅雨の影響を受けるかもしれない。夏休み前の6月は現地の人の移動が比較的少なく、交通や宿泊の手配がスムーズに完了できる。

8～9月は台風に注意

夏はスコールがある。8～9月は台風シーズンで、停滞する台風のために1週間ずっと移動できないということにもなりかねない。特に離島の場合、航空便も船便も停止し、まったく移動できなくなることも想定しておきたい。

北部の冬（12～2月）は雨が多い

季節風の影響を受ける北部の12～2月は比較的雨が多い。また、寒波の影響で、気温はかなり低くなる場合がある。南西部は雨が少なく、日本の春のような気候。

台湾中央気象局のウェブサイト

台湾各地のリアルタイムの気象のほか、1週間予報などもある。中国語、英語。
www.cwb.gov.tw

海へ行くなら夏がおすすめ

月	7月	8月	9月	10月	11月	12月
季節	夏季			秋季		
祝祭日		1日 原住民族正名記念日 8日 父親節 10日('24) 情人節（旧暦7月7日） 18日('24) 中元節（旧暦7月15日）	17日('24) 中秋節／盂蘭盆節（旧暦8月15日） 28日 教師節（孔子誕生日）	10日 国慶節／双十節 25日 光復節（台湾が中華民国に復帰した日）	12日 国父誕生記念日（孫文誕生日）	25日 行憲記念日 31日 大晦日
おもな行事	校では夏休みがまる。台湾では新期は9月開始。	旧暦7月は鬼月といわれ、多数の霊が帰って来ると考えられ、旅行や引っ越しを避ける風習がある。情人節は七夕にちなんだ台湾のバレンタインデー。中元節は日本のお盆に当たり、供物を門先に並べ、紙銭を燃やす。基隆ではパレードが行われる。教師節は孔子廟で祭典が行われる。中秋節は家族でバーベキューをする。お世話になった人に月餅と柚子を贈る風習もある。国慶節は総統府の前で盛大なパレードが催される。				クリスマスムード満点。大晦日は台北101でカウントダウンの花火ショーが行われる。

気候

	7月	8月	9月	10月	11月	12月
気温	30.1 / 29.4 / 25.7	29.7 / 26.9	28.9 / 28.5 / 27.8 / 23.3	26.9 / 24.7 / 18	24.5 / 22 / 12.5	21.2 / 18.2 / 7.7
降水量	377.2 / 214.2 / 56.2	512.4 / 336.5 / 154.7	336.8 / 224.9 / 224.5	234.8 / 162.6 / 53.4	96.3 / 89.3 / 25.6	96.9 / 57.9 / 19.2

データは気象庁気象統計情報、台湾中央気象局（1991～2020年）統計による。

旅の服装と持ち物

安い服なら夜市で手に入る

夏は紫外線対策を

旅の服装

　台湾ではレストランや博物館などの屋内、鉄道や長距離バスなどで強めにエアコンをかけていることが多い。夏でも長袖の服やストールを持ち歩こう。

　街歩きには、夏なら北部、南部ともにTシャツに通気性のよい薄手のズボンなどの動きやすい服装、歩きやすい靴で大丈夫。冬は薄手のコートが必要だが、高雄など南部では晴れれば昼間はTシャツ1枚でも十分過ごせる。ただし、夜や雨の日は肌寒いので羽織るものがあると安心だ。軽量ダウンコートが非常に重宝する。

　比較的雨が多く、晴れれば日差しが強烈なので、晴雨兼用の折りたたみ傘があると重宝するが、現地で入手も可能。

持ち物

　身軽なほうが旅は楽しい。荷物は上手にまとめてコンパクトにしよう。台湾ではたいていのものは買えるし、コンビニも多いので、いざとなったら現地調達もできる。レジ袋は有料なので、エコバッグを持参しよう。

持ち物チェックリスト

	品名	チェック	コメント		品名	チェック	コメント
貴重品	パスポート		万一の紛失に備えコピーを別の場所に入れて持参	あると便利	ガイドブック		『地球の歩き方』など
	eチケットの控え				スマートフォン		SIMフリーがほしい
	ホテルの予約確認書				サングラス、帽子		日差しがきつい
	ツアーのクーポンや日程表				洗剤		小袋に入ったものを
	海外旅行保険		備えあれば憂いなし		ハンカチ、ティッシュ		トイレットペーパーがない場合も
	現金		少し余裕をもって		ウエットティッシュ		夜市などで便利
	クレジットカード		ナンバーも控えよう		マスク、手指消毒液		現地にもある
あると便利	国際学生証		かなり割引きがある	現地でも買える	生理用品		現地にもある
	緊急時連絡先メモ		保険の連絡先、ガイドの携帯番号などまとめて		折りたたみ傘		雨の日が多い
					レジ袋大小		レジ袋は有料
	常備薬		自分に合った薬を		筆記用具		いざとなったら筆談
	酔い止め薬		眠れないときにも効く		洗面、化粧用具		使い慣れたものを
	薄手のカーディガン		冷房対策に		腕時計		アラーム付きが便利
	下着、衣類		必要最小限を		ビーチサンダル		格安ホテルは必需品
					水着		温泉に行くなら
	カメラ、記録用メディア		デジカメの場合は充電器を忘れずに		折りたたみナイフ		果物をカット

356

台湾への道

旅の準備と技術

パッケージツアー

　添乗員が同行するフル観光付きのものから、航空券とホテルだけが付いたスケルトンタイプと呼ばれるものまで、いろいろある。2泊3日〜4泊5日程度の日数が一般的だ。パッケージツアーの魅力は、短期間で効率よく観光ができること。切符購入や移動の待ち時間に貴重な時間を取られることもなく、自分で交渉するわずらわしさもない。

個人旅行

　「國立故宮博物院をじっくり見たい」、「台湾を周遊したい」など、日数から旅のルート、宿泊先まで自分だけの希望をかなえることができるのが最大の魅力。

　個人旅行は航空券やホテルなど、旅行中必要なことはすべて自分で調べたり手配したりしなくてはならない。手間を惜しまない人、多少のトラブルも旅の楽しみと割り切れる人に向いている。台湾の鉄道やバスはわかりやすいので、初心者でも十分チャレンジできる。まずは航空券の手配からスタート。

台湾へのフライト

日本〜台湾の航空便

　2023年4月現在、日本からの直行便は台北のほか、高雄へ就航されている。新型コロナウイルス感染症が蔓延する以前は、LCCも含め1日平均100便以上のフライトがあり、台中や台南といった地方都市への直行便も運航されていた。コロナ禍が終息しつつある現在、再び運航を開始し、路線を拡大する航空会社が増えている。

台湾桃園国際空港への便

　台湾一大きな国際空港で、日本からは成田、羽田、札幌、仙台、茨城、名古屋（中部）、大阪（関空）、松山、岡山、広島、高松、福岡、熊本、佐賀、那覇など各地から多数の便がある。LCCも発着。成田から所要約4時間。

台北松山空港への便

　規模は小さいが、台北市内にありアクセスが非常に便利な空港。短い滞在なら、こちらの空港を選ぶと時間が有効に使える。羽田からエバー航空／ANA、JAL／チャイナ エアラインの便が毎日ある。羽田から所要約4時間。

ツアーを選ぶ際の3つのチェックポイント

①利用航空会社と発着時間
　日本発が午前便か午後便かで、現地での滞在時間に差が出る。午前出発夕方帰国のツアーは、滞在時間が長いぶん料金も高い。

②発着空港と現地送迎
　台湾桃園国際空港は、市内から約40km離れている。現地係員ありのツアーなら、空港からホテルへ案内してくれるので、台湾初心者には安心だ。市内中心部にある台北松山空港発着の便なら、現地係員なしでも問題はないだろう。

③ホテルの立地
　自分で町歩きをするなら、MRTや鉄道の駅に近いホテルがいい。利用するホテルの位置を確認してから申し込もう。

航空会社略称と予約電話番号（日本）

エバー航空：BR
☎0570-666-737
🕐9:00〜12:30、13:30〜17:30
🌐www.evaair.com

チャイナ エアライン：CI
☎(03)6378-8855
🕐9:00〜12:30、13:00〜17:30
🌐www.china-airlines.com

JAL：JL
☎0570-025-031
🕐8:00〜19:00
🌐www.jal.co.jp

ANA：NH
☎0570-029-333
🕐22:00〜19:00
🌐www.ana.co.jp

キャセイパシフィック航空：CX
☎(03)4578-4132
🕐9:00〜17:30
🈺土・日・祝
🌐www.cathaypacific.co.jp

ジェットスター・ジャパン：GK
☎0570-550-538
🕐9:00〜21:00（日本語）、24時間（英語）
🌐www.jetstar.com

高雄国際空港への便

　成田、大阪（関空）、名古屋（中部）から毎日、茨城から週3便、福岡から週2便運航している。成田、大阪、名古屋（中部）からはLCCも飛んでいる。成田から所要約4時間30分。

格安料金のLCC

　サービスの簡略化によるリーズナブルな運賃が魅力のLCC（ローコストキャリア）。日本からは2023年4月現在、ジェットスター・ジャパン、スクート、タイガーエア台湾、PeachなどのLCC航空会社が運航している。コスト削減のため、機内でのサービスは有料で、飲み物、機内食はもちろん、ブランケットを借りる場合も料金が必要。預けられる荷物の重量や大きさ、個数も制限があり、オーバーすると追加料金がかかるので、事前に確認しよう。深夜や早朝に発着する便も多いことも念頭に滞在中のプランを立てたい。

　2023年4月現在、台湾桃園国際空港ではLCC専用の第3ターミナルの建設が進んでいる。

成田国際空港第3ターミナル

eチケットについて

　現在、各航空会社とも紙の航空券を発行せずに、「eチケット」と呼ばれるシステムを導入。予約完了後にeメールで届くeチケットをプリントアウトした控えを持参すればよい。

　万一、eチケットの控えを紛失しても搭乗可能だが、チェックインや入国手続きをスムーズに行うためにも帰国までなくさないこと。

チャイナ エアラインの飛行機

台湾へのおもな直行便（2023年11月現在）

◎成田国際空港から
台湾桃園国際空港へ
エバー航空／ANA	毎日3便
JAL／チャイナ エアライン	毎日4～5便
キャセイパシフィック航空	毎日1便
ジェットスター・ジャパン	毎日1便
スクート	毎日1便
スターラックス航空	毎日3便
タイガーエア台湾	毎日2便
Peach	毎日2便

高雄国際空港へ
エバー航空	毎日1便
JAL／チャイナ エアライン	毎日1便
タイガーエア台湾	週5便

◎羽田空港から
台湾桃園国際空港へ
タイガーエア台湾	毎日1便
Peach	毎日1便

台北松山空港へ
エバー航空／ANA	毎日4便
JAL／チャイナ エアライン	毎日4便

◎関西国際空港から
台湾桃園国際空港へ
エバー航空／ANA	毎日3便
JAL／チャイナ エアライン	毎日3便
キャセイパシフィック航空	毎日1便
スターラックス航空	毎日2便
タイガーエア台湾	毎日1～2便
Peach	毎日1便
バティックエア・マレーシア	毎日1便

高雄国際空港へ
エバー航空	毎日1便
JAL／チャイナ エアライン	毎日1便
タイガーエア台湾	週2便

◎中部国際空港から
台湾桃園国際空港へ
JAL／チャイナ エアライン	毎日1便
タイガーエア台湾	週5便
Peach	毎日1便
バティックエア・マレーシア	週3便

高雄国際空港へ
タイガーエア台湾	週3便

日本出国と帰国

日本から出国

空港へ

国際線は、航空会社によって異なるが、出発時刻の40分〜1時間前に搭乗手続きを締め切ることになっている。万一のこともあるので、空港へは出発予定の2時間前には到着したい。

チェックイン

まずは利用航空会社のカウンターでチェックインを行う。エコノミークラスとビジネスクラスで並ぶ列が分かれていることが多い。事前に航空会社のウェブサイトでオンラインチェックインをした場合は、専用カウンターで手荷物を預ける。

①カウンターでパスポートとeチケットの控えを提示する（スマートフォンの画面を見せてもよい）。

②機内預けの荷物を預ける。規定の重量をオーバーしている場合はオーバーチャージを取られることもある。荷物には自分の住所、氏名、連絡先を書いたタグを付けよう。ない場合はタグを渡されてその場で書くことがある。100mℓ以上の液体物は手荷物として機内に持ち込めず、セキュリティチェックで廃棄しなければならないので、機内預けの荷物に入れておくこと。

③席の希望があれば窓際（ウインドー）、通路側（アイル）などリクエストして空いているかどうか調べてもらう。

④搭乗券（ボーディングパス）と荷物引換証（クレームタグ。シールになっていて搭乗券の裏に貼り付けてくれる）、パスポートを受け取る。搭乗時間と搭乗ゲートを確認しよう。

台湾元と日本円の両替

各空港の両替所では台湾元も扱っているが、レートは台湾に比べると悪いので台湾到着後の両替がおすすめ。

出国手続き

チェックインが終わって、両替や買い物、海外旅行保険への加入などを済ませたら、出国手続きを開始しよう。

①セキュリティチェック

手荷物検査とボディチェックを受ける。ゲートを通るとき、身に着けている時計や財布などは、あらかじめ取り外しておこう。ときにはベルトや靴まで脱ぐ必要がある。液体物は100mℓ以下の容器に個別に入れ、1ℓ以下の再封可能な透明のプラスチック袋に入れれば機内に持ち込める。

②税関申告

高価な外国製品（貴金属やバッグなど）を持っている人は、「外国製品の持出し届」とその現物を提示し、承認印をもらっ

国際観光旅客税

日本からの出国には1回につき1000円の国際観光旅客税がかかる。支払いは原則として航空券代に上乗せされる。

リチウムイオン電池の持ち込み制限

モバイルバッテリーやパソコン、カメラなどの予備バッテリー（リチウムイオン電池）は預け入れ荷物に入れることは禁止されているので、手荷物として機内持ち込みにする。リチウムイオン電池が内蔵された電子機器は、完全に電源を切り、厳重に梱包すれば預け入れ荷物に入れることが可能。

電子機器内部のリチウムイオン電池は160Wh以下なら機内持ち込み可。予備バッテリーの機内持ち込みは、100Wh以下なら何個でも可能で100〜160Whならひとり2個まで可能。160Whを超えるリチウムイオン電池は預け入れ、持ち込みとも不可。

海外旅行保険に入り忘れた人は空港で

日本帰国時の免税範囲（成人ひとり）

酒
　1本760mℓのもの3本まで。

たばこ
　紙巻きたばこだけなら200本、葉巻だけなら50本。そのほかのたばこは250g。加熱式たばこだけなら個装等10個。

香水
　2オンス（約56mℓ）。オーデコロン、オードトワレは含まれない。

そのほか
　1品目ごとの海外市価の合計額が1万円以下のものは全量免税（例えばひとつ1000円のお菓子9個や、1枚5000円のスカーフ2枚は免税）。それ以外のものの合計額が20万円まで免税。ただし、1個で20万円を超える品物（例えば25万円の時計など）は全額課税。

税関手続きに関するウェブサイト
🌐 www.customs.go.jp

> **税関検査場電子申告ゲート**
> 成田国際空港、羽田空港、関西国際空港など7つの空港で実施。紙の申告書は不要で「Visit Japan Web」に入力し、電子申告端末で手続きして電子申告ゲートを通る。スムーズな税関通過が可能だ。
> 🌐 www.customs.go.jp/kaigairyoko/egate.htm

Visit Japan Web
　日本人を含む海外からの入国者が税関申告等の手続きをウェブで行うことができるサービス。
🌐 vjw-lp.digital.go.jp

植物検疫
　生の果物はパイナップル以外ほとんど持ち込めない。パイナップルは台湾政府機関の検査証明書があり、植物検疫カウンターで現物を見せて検査を受ければ持ち込み可能。切り花は条件があるので事前に最寄りの植物防疫所に問い合わせる。
🌐 www.maff.go.jp/pps

ておくと帰国時にそのぶんが課税されない。申告のない人はそのまま通過。

③出国審査
　パスポート、搭乗券を提出。パスポートに出国印が押される。パスポートと指紋の照合により本人確認を行う自動化ゲートを利用すれば、スムーズに手続き可能（出国印は押されない）。パスポートと申請書だけで、当日空港でも登録は可能。

④搭乗
　搭乗開始時間にはアナウンスが流れるので搭乗券に書いてある搭乗ゲートへ。シャトルバスで飛行機まで行く場合もある。

日本への帰国

帰国手続き

①検疫（ヘルスチェック）
　台湾から直接帰国した場合、通常は不要。発熱などの症状がある人は、ここで係員に申し出る。

②入国審査
　「日本人」と表示のあるカウンターに並び、パスポートを提出。パスポートに帰国印が押される。自動化ゲート利用の場合、帰国印は省略される。

③荷物の受け取り
　搭乗した飛行機の便名を表示するターンテーブルから、機内預け荷物をピックアップする。

④動植物検疫
　ワシントン条約で持ち込みが禁止されている動植物は不可。それ以外（果物、漢方薬を含む）は検査を受ける（台湾での検疫済みの印も必要）。台湾の肉製品は持ち込み禁止のため注意。

⑤税関
　申告の必要がない場合も「携帯品、別送品申告書」に記入し、免税範囲内ならば緑のカウンターへ並ぶ。パスポートとともに提出し、チェックを受ける。

　免税範囲を超えている場合は、赤のカウンターへ。課税の場合は、税関のすぐ後ろにある納付所で税金を支払い、証明書を係員に渡してゲートを出る。

携帯品、別送品申告書記入例

  2023年4月29日に新型コロナウイルス感染症に係る水際措置が終了。日本帰国時に有効なワクチン接種証明書や出国前検査証明書の提示が不要になった。

台湾の入出国

台湾へ入国する

機内で入国カードを記入しておこう

　台湾の入国手続きはとても簡単。入国カード（入國登記表）は機内で配られるので前もって記入しておこう。入国審査のブースの前の記入台にも置いてある。記入は日本語でいいが、上の欄の姓名は必ずローマ字で。出発前にオンライン登録をした人は記入の必要はなく、パスポートだけ入国審査カウンターに示せばOK。

　入国税関申告書（中華民國海關申報單）は申告がある人のみ記入する。台湾での出国時の外貨持ち出し限度額は、入国時に入国税関申告書（中華民國海關申報單）に記入がなければ、ひとり1万USドル相当以下。それ以上持っている場合は超える分の金額は没収され、しかも刑罰の対象になる。

入国手続きの手順

①検疫と②入国審査

　飛行機を降りたら案内表示に従って入国審査ブースへ。検疫カウンターをとおり入国審査の「持非中華民國護照旅客」（中華民國以外のパスポートを持った旅客）と表示されたカウンター

入国カードの記入例（書式は変更される場合もある）

入国カード記入例

①姓（ローマ字）
②名（ローマ字）
③パスポート No.
④航空便名
⑤生年月日
⑥性別
⑦国籍
⑧職業（会社員：Employee など）
⑨ビザのタイプ
⑩旅行の目的
⑪ビザ No.（※⑨⑪はビザを取得した場合のみ）
⑫居住地
⑬台湾出国予定日
⑭出生地
⑮台湾での住所（ホテル名など）
⑯台湾での電話番号かメールアドレス
⑰パスポートと同じサイン

台湾の国際空港

台湾桃園国際空港
☎ (03) 449-8666
🌐 www.taoyuan-airport.com
台北松山空港
☎ (02) 8770-3430
🌐 www.tsa.gov.tw
台中国際空港
☎ (04) 261-55000
🌐 www.tca.gov.tw
台南空港
☎ (06) 260-1016
🌐 www.tna.gov.tw
高雄国際空港
☎ (07) 805-7631
🌐 www.kia.gov.tw

オンライン入国カード
　出発前に移民署のサイトでオンライン登録しておけば、入国カードを記入する必要はない。パスポートと搭乗券をもってカウンターへ向かえばOK。
🌐 https://niaspeedy.immigration.gov.tw/webacard

台湾桃園国際空港の各航空会社発着ターミナル
ターミナル1発着：
キャセイパシフィック航空
ジェットスター・ジャパン
スクート
スターラックス航空
タイガーエア台湾
チャイナ エアライン（東南アジア・欧州の各線）
Peach
バティックエア・マレーシア

ターミナル2発着：
エバー航空
チャイナ エアライン（日本・アメリカ・カナダ・オーストラリアの各線）
JAL、ANA
（※2023年11月現在）

スムーズな入国審査

台湾へのおもな持ち込み免税範囲

酒
18歳以上ひとり1000mℓまで。

たばこ
20歳以上ひとり紙巻きたばこ200本、葉巻25本またはたばこ製品1パウンド（約454g）まで。

外貨
1万USドル相当以下。

台湾元
10万元以下。

有価証券
1万USドル相当以下。

金
2万USドル相当以下。

持ち込み禁止品
麻薬、武器、電子たばこ（加熱式たばこ）、コピー製品、わいせつ物、宝くじ、真空パックされていない生鮮食品や果物、動植物製品など。

両替は空港で済ませると効率的

リピーターに朗報
最近12ヵ月以内に3回台湾を訪れた人は、移民署のホームページから「常客證」の申請をすれば、台湾桃園国際空港の出入国審査で専用レーンを通ることができ、審査がスピーディになる。
🔗 https://niaspeedy.immigration.gov.tw/nia_freq

に並ぶ。自分の番が来たらパスポートと入国カードを提出し、指紋の読み取りと顔写真の撮影をする。まれに帰国時の航空券提示を要求されることがあるので、eチケットの控えも用意しておこう。

③荷物の受け取り

入国審査が終わったらターンテーブルで機内預けの荷物をピックアップ。自分の荷物が出てこない、破損しているなどの場合はバゲージクレームに申し出る。

④税関検査

申告する物がなければ緑（免申報欄）のカウンターをとおってロビーへ。申告する物がある場合は赤（應申報欄）のカウンターで入国税関申告書（中華民國海關申報單）を提出し、税関（海關）検査を受ける。

両替

入国審査のブースの付近と到着ロビーに銀行があり、主要外貨（日本円やUSドルなど）の現金と台湾元の両替ができる。両替したいぶんをパスポートを添えて渡すと、レシートにサインを求められる。控えと台湾元を受け取って両替完了。レシートは帰国の際に再両替するとき必要となる場合があるので、念のため保管しておこう。手数料は1回30元。レートは税関ゲートの中と外でほとんど変わらず、町なかの銀行のレートともさほど変わらない。短期旅行の場合、使用するぶんを空港で両替してしまうことをおすすめする。空港の銀行は到着便があるかぎり営業しているので深夜着でも安心。クレジットカードでキャッシングできるATMもある。

台湾桃園国際空港ターミナル2の1階ロビーに手数料無料の外貨自動両替機があり、パスポートをスキャンして使用できる。

空港ロビーにて

税関のゲートを出ると、出迎えの人が待っている。送迎を頼んでいる場合は自分の名前を書いた紙を持っている人を探そう。

ロビーには観光パンフレットを提供している観光局のブースもあり情報収集ができる。携帯電話会社のブースでは旅行者向けの短期間のSIMカードを販売している。ただしSIMフリーのスマホでも、最低でも4Gに対応していないと使用できないので注意。

入国税関申告書（申告がある人のみ記入）

 台湾では、中国などアフリカ豚コレラ発生地域からの肉製品の持ち込みを厳しく取り締まっている。違反した場合は多額の罰金や入国拒否を科される場合がある。

台湾から出国する

空港へは2時間前に着いているようにしよう。特に税金還付の手続きがある人は時間に余裕をもって。

税金還付の手続き（→P.375）

対象の店で1日2000元以上の買い物をし、空港で税金還付の手続きを行う必要がある人は税金還付カウンターで商品を見せて還付手続きを行う（セルフの税金還付受付機も設置されている）。

空港の税金還付カウンター

チェックイン

各航空会社のカウンターでチェックインし、荷物を預ける。日本と同様、100mℓ以上の液体物は機内に持ち込めない。ジャムやペースト状の物など液体扱いとなる物はスーツケースに入れて機内預けにしよう。

出国の手続き

①セキュリティチェック

搭乗時間に遅れないよう、搭乗券とパスポートを手に用意し出国ゲートへ。テロ対策の一環としてセキュリティチェックは念入りに行われるため、長時間

セキュリティチェックは日本とほぼ同じ

かかる。液体物は100mℓ以下の容器に入れ、1ℓ以下の再封可能な透明のプラスチック袋に入れる。

②出国審査

パスポートと搭乗券を見せ、指紋のチェックも行う。自動ゲートの場合もある。

③搭乗

免税店でショッピングを楽しむもよし、ラウンジでくつろぐもよし。町なかの免税店で買い物をした人はエバーリッチのカウンターで忘れずに商品を受け取ろう。搭乗券に記された搭乗時刻には搭乗ゲートにいるように。遠い搭乗ゲートだった場合、かなり歩かなければならない。搭乗券に書かれた搭乗ゲートが変更されることもあるので、アナウンスに注意しよう。

再両替

もう台湾元を使う予定がない人は、「出國結匯」と書かれた銀行などで再両替ができる。再両替の際は両替時に渡された両替票が必要になることがあるので、念のため取っておくこと。

台湾元は日本の空港などでも日本円に両替できるが、レートはあまりよくない。

ショッピングを楽しもう

\ Attention! /

台湾からの輸出禁止品

麻薬、武器、偽造通貨、コピー商品、入国時に申告のない10万元を超える台湾元、1万USドル相当を超える現金および有価証券、2万USドル相当を超える金、国外持ち出し許可のない骨董品。特に商標権、著作権を侵害するブランドのロゴやキャラクターなどを模倣したコピー商品、海賊版の音楽ソフトやゲーム、本などは持って帰国すると、日本の空港の税関で没収されるだけでなく、場合によっては損害賠償請求を受ける。

日本への持ち込み禁止品

土、土の付いた植物、生の果物（パイナップルは例外あり。→P.360）、肉およびその加工品。
台湾から持ち出せても、日本入国時に許可されないものがある。日本の税関で聞いておくとよい。

台湾税関
🔗 web.customs.gov.tw

MRT桃園機場線「台北車站」駅でのインタウンチェックイン

2023年9月現在、チャイナ エアライン、エバー航空、キャセイパシフィック航空、スターラックス航空利用者は、地下1階のカウンターで事前チェックインができる。出発当日の6:00〜21:30、フライト時刻の3時間前まで。ただし布製バッグなど柔らかい荷物は預けられない。「新北産業園区」駅にも同様のサービスがある（チャイナエアライン、エバー航空、タイガーエア台湾）。

重い荷物を預けてラクラク

💡 搭乗エリアにウオーターディスペンサーがあるので、空のペットボトルや水筒を持っていれば無料で水やお湯を飲むことができる。

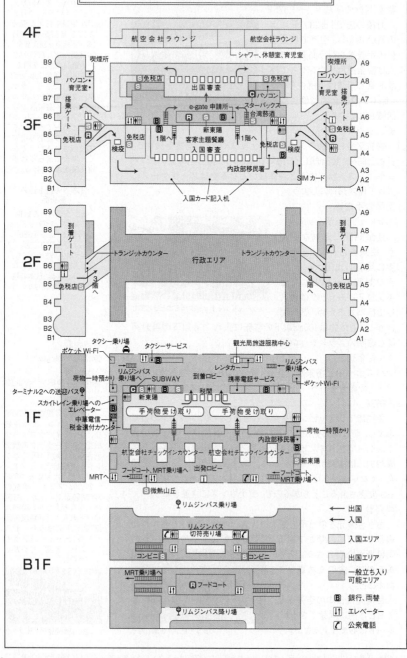

台湾桃園国際空港ターミナル1（第一航廈）見取り図

4F

航空会社 ラウンジ　　航空会社ラウンジ

シャワー、休憩室、育児室

3F

B9　喫煙所
B8　パソコン・育児室・
B7　搭乗ゲート
B6
B5　免税店
B4
B3
B2
B1

S 免税店　出国審査　S 免税店
C パソコン
e-gate 申請所　スターバックス
台湾菸酒
免税店　新東陽　1階へ
客家主題餐廳
検疫　入国審査　内政部移民署
免税店 S 検疫
SIM カード

A9　喫煙所
A8　パソコン
A7　育児室・
A6　搭乗ゲート
A5　S 免税店
A4
A3
A2
A1

入国カード記入机

2F

B9　到着ゲート
B8
B7　トランジットカウンター
B6
B5　免税店 S
B4
B3
B2
B1

行政エリア　トランジットカウンター

3階へ

A9　到着ゲート
A8
A7
A6
A5　S 免税店
A4
A3
A2
A1

3階へ

1F

タクシー乗り場　タクシーサービス　観光局旅遊服務中心
ポケット Wi-Fi
荷物一時預かり　リムジンバス乗り場へ　SUBWAY　到着ロビー　レンタカー　リムジンバス乗り場へ
ターミナル2への送迎バス　C S　新東陽　携帯電話サービス　B　ポケット Wi-Fi
スカイトレイン乗り場へのエレベーター　B　税関
中華電信
税金還付カウンター　手荷物受け取り　手荷物受け取り
荷物一時預かり
内政部移民署　B
航空会社チェックインカウンター　航空会社チェックインカウンター　新東陽
MRTへ　フードコート、MRT乗り場へ　出発ロビー　フードコート、MRT乗り場へ
S 微熱山丘

B1F

リムジンバス乗り場
リムジンバス切符売り場
コンビニ S　S コンビニ

MRT乗り場へ
R フードコート

リムジンバス降り場

← 出国
← 入国

入国エリア

出国エリア

一般立ち入り可能エリア

B 銀行、両替
エレベーター
C 公衆電話

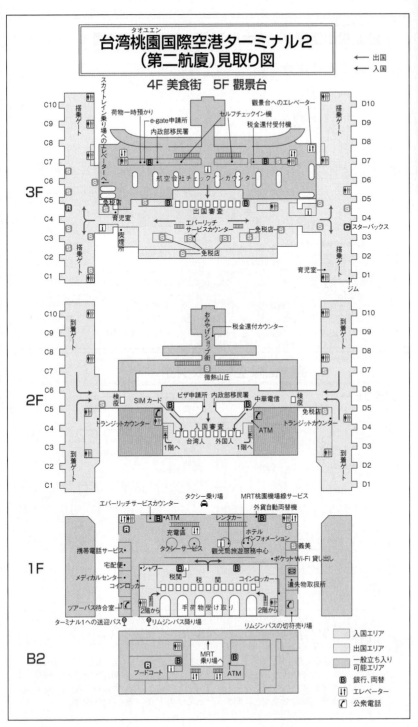

台北松山空港ターミナル1（第一航廈）見取り図

3F 展望台　2階へ　検疫　←　到着ゲート

2F 階　エバーリッチ　3階へ　9　8　7　6　5　4　入国審査　内政部移民署　搭乗ゲート　Ｍマッサージ　Ｃ　Ｓ　免税店　免税店　出国審査　スターバックス　キッズスペース　免税店　Ｃ　翰林茶館（タピオカ）

1F
国内線手荷物預かりカウンター　コインロッカー　Licha　動植物検疫
国内線待合室　2階より　手荷物受け取り　内政部移民署　税金還付カウンター
国内線到着　税関　航空会社　航空会社　航空会社チェックインカウンター
国内線出発ロビー　SUBWAY　航空会社チェックインカウンター
育児室　荷物一時預かり　新東陽
航空会社チェックインカウンター　観光局旅遊服務中心　中華電信（SIMカード）
展望台（3階）へ　タクシー乗り場　麥記滷味・燒臘

←　出国
←　入国

国際線エリア
国内線エリア
一般立ち入り可能エリア
Ｂ 銀行、両替
↕ エレベーター

高雄国際空港見取り図

出発エリア
到着エリア
一般立ち入り可能エリア

到着ロビー 1F

エスカレーター　入国カード記入机　エスカレーター
階段　スカイプ　ＡＴＭ　階段
入国審査
内政部移民署
手荷物受け取り　手荷物受け取り
税関　スターバックス　Ｃ　税関　観光局旅遊服務中心
税関
ＡＴＭ　Ｂ　Ｂ　国内線ターミナル、MRT駅へ
動植物検疫　出迎え客用ベンチ
Ｂ　到着ロビー　中華電信（SIMカード）
タクシー乗り場　出入口　墾丁行き高速バスカウンター、悠遊卡　出入口　充電區
エバーリッチ DUTY FREE カスタマーセンター

←　出国
←　入国

出発ロビー 3F

階段　出国審査　内政部移民署　医務室
航空会社　航空会社
セキュリティチェック
MRT駅行きエレベーター、国内線ターミナル行き動く歩道へ
税金還付カウンター　航空会社チェックインカウンター　無料PC　コインロッカー　Ｓ　新東陽
荷物梱包サービス　航空会社チェックインカウンター
インフォメーション
計量機　Ｂ
充電區

MRT駅行きエレベーター、→
国内線ターミナル行き動く歩道へ

🖋 **COLUMN** ｜ 台湾桃園国際空港から地方の町へ行くバス

　　できるだけ交通費を抑えたいなら、國光客運1860「台中」、統聯客運1623「台中」行きバスが経由する朝馬轉運站バスターミナルで高雄や台南、嘉義、埔里などに向かう長距離バスに乗り換えるという方法もある。また、國光客運1661「宜蘭」行き、統聯客運1661「羅東」行き直通バスもある。いずれもリムジンバス乗り場から発車。

通貨と両替

旅の準備と技術

現地通貨の入手

台湾の通貨は国際的には新台幣（NTドル、ニュータイワンドル）と呼ばれ、単位は元（ユェン）で表される。紙幣は100、200、500、1000、2000元の5種、コインは1、5、10、20、50元の5種が流通している。**台湾元の為替レートは1元≒4.6円（2023年11月2日現在）**。

両替

台湾桃園国際空港と台北松山空港の銀行は、24時間対応の窓口やATMもある。日本国内の一部の銀行や両替店、空港で両替もできるが、両替レートは台湾の銀行よりかなり悪い。

町なかでは、銀行やホテル、デパートなどが利用できる。現金なら銀行の両替レートが最もよいが手数料が必要で、パスポートを提示するなど手続きに少し時間がかかる。手数料やレートは銀行により異なる。短期の旅行者は台湾到着後、比較的レートもよい空港内の銀行で必要最低限の金額を両替するとよいだろう。手数料は1回30元。台湾桃園国際空港には、手数料不要の外貨自動両替機もある。

現金／クレジットカード

台湾を旅行するなら日本円の現金が両替にはいちばん便利。クレジットカードのキャッシングを利用し、現地ATMを使って現金を入手する方法もある。台湾では、クレジットカード決済が可能なところなら、JCB、MasterCard、VISAはほぼ通用する。アメリカン・エキスプレス、ダイナースも多くの店で使用できる。ただし、経済的なホテルや庶民的な店、夜市などでは使えないので、ある程度の現金は必要。また、ICカード（ICチップ付きクレジットカード）の場合はPIN（暗証番号）をお忘れなく。

デビットカード

使用方法は、クレジットカードと同じだが、支払いは後払いではなく発行銀行の預金口座から原則「即時引き落とし」となる。口座の残高以上は使えないので、予算管理にも便利。ATMで現地通貨も引き出し可能だ。

海外専用プリペイドカード

外貨両替の手間や不安を解消してくれる便利なカードのひとつ。多くの通貨で国内での外貨両替よりレートがよく、カード作成時に審査がない。出発前にコンビニATMなどで円をチャージし（入金）、その範囲内で渡航先のATMで現地通貨の引き出しができる。各種手数料が別途かかるが、使い過ぎや多額の現金を持ち歩く不安もない。

台湾の紙幣とコイン

2000元

1000元

500元

200元

100元

50元
20元

10元

5元
1元

デビットカード

JCB、VISAなどの国際ブランドで、複数の金融機関がカードを発行している。
🖥 www.jcb.jp/products/jcbdebit
🖥 www.visa.co.jp

海外専用プリペイドカード

・アプラス発行
MoneyT Global マネーティーグローバル
・トラベレックスジャパン発行
Travelex Money Card トラベレックスマネーカード

2023年4月現在、手数料不要の外貨自動両替機は台湾桃園国際空港ターミナル2の1階ロビーに設置されている。利用にはパスポートが必要。

旅の予算

現地滞在費の計算

細かな予定を立てずに出発する場合は、下記の計算で現地滞在費を算出しておきたい。下記の物価は台北が目安。複数の町を周遊する場合は飛行機やバスなどの料金を足すといい。

もちろん、何があるかわからない個人自由旅行なので、予備費として少し多めに予算を見ておくとベター。

豪華な旅

高級ホテル(シングルルーム7000元〜)×日数
タクシー(4000元〜)×日数
食事(2000元〜)×3×日数

台湾グルメを楽しもう

普通の旅

中級ホテル(シングルルーム3500元〜)×日数
タクシー、バス、MRT併用(300元〜)×日数
食事(1000元〜)×3×日数

人数が多ければいろいろな料理を楽しめる

経済的な旅

経済的ホテル(シングルルーム1300元〜)×日数
バス、MRT併用(100元〜)×日数
食事(150元〜)×3×日数

ローカルフードを堪能

予算のあらまし

一概には言えないが、台湾の物価は日本の8割ほど。特に公共交通は安く、MRTやバス、タクシーなどは日本の5〜6割ほどの料金だ。ただ台湾でも物価は年々上昇しており、日本円の価値が下がっていることもあって、以前ほど安くは感じられないことだろう。

それでも安くておいしいものがたくさんあるのが台湾の魅力。庶民的な店なら包子(肉まん)で18元(81円)くらい。魯肉飯で40元(180円)、牛肉麺で130元(585円)と安い。

結局、旅の予算に大きくかかわるのは宿泊費で、ホテルのグレードを変えることで予算を押さえることもできる。

航空券

個人旅行の場合、旅の予算で最も大きな比重を占めるのは日本からの航空券。季節による変動があるが、格安航空券はおおむね4万円前後から10万円台まで。LCCは人数や時期限定で驚きの料金キャンペーンもあるのでチェックを。

宿泊代

宿泊代も予算の大きな部分を占める。高級ホテルはダブル1泊定価で約7000元、中級ホテルは同3500元ほどが標準。いずれも平日は3割ほどは安くなる。もっと経済的な宿を探すなら、ドミトリーで600元前後、シングルで1300元ほどを考えておこう。早割りやネット予約限定割引きなどを賢く使おう。

食事代

おいしい料理をしっかり食べるなら、それなりの予算が必要。最も割高なのは高級ホテルのレストランで、メニュー料金のほかにサービス料10%が加算される。町なかの高級レストランなら高価な材料の料理(アワビ、フカヒレ、燕の巣など)を頼まないかぎり、1人前2000元で十分。庶民的な店ならふたりで4品頼んで1000元以内で済む。もっと安く上げるなら、自助餐や弁当屋利用で1食60〜100元も可能。

交通費

市内の移動にはMRTやバスが便利で、運賃は15〜65元。タクシーは台北の場合は初乗り85元〜で、遠回りでもされないかぎり200元ほどで市内中心部を横断できる。複数の町を周遊するには、高鐵や台鐵、長距離バスなどの料金が必要になる。

観光費

観光名所には入場無料のものも多いが、有料でも30〜300元ほど。観光地でおみやげを購入する費用も考えておこう。

旅の準備と技術 情報収集

日本での情報収集

台湾と日本の民間レベルでの交流は盛んで、ウェブサイトを検索すれば日本にいながら多くの情報が手に入る。ただし、情報がいつ書かれたものなのか確認を。台湾観光協会や各都市で制作しているオフィシャルなサイトと併用しよう。

台湾観光協会

台湾政府が統括する機関で、台湾観光に関する資料、パンフレットなどが無料でもらえ、電話による問い合わせもOK。観光資料のセット（地図など）を送付希望の人は、310円切手を同封し「観光資料送付希望」と封筒に明記して郵送しよう。

🌐 jp.taiwan.net.tw

台湾観光協会東京オフィス

- 🏠 〒105-0003 東京都港区西新橋1-5-8　川手ビル3階
- ☎ (03) 3501-3591　📠 (03) 3501-3586　🕐 9:30〜17:30
- 🚫 土・日、日本の祝日、台湾の国慶節、旧正月

台湾観光協会大阪オフィス

- 🏠 〒530-0047 大阪府大阪市北区西天満4-14-3
  リゾートトラスト御堂筋ビル6階
- ☎ (06) 6316-7491　📠 (06) 6316-7398
- 🕐 9:30〜12:00、13:00〜18:00
- 🚫 土・日、日本の祝日、台湾の国慶節、旧正月

台湾での情報収集

台湾のどこに行っても、駅などの便利な場所に旅遊服務中心（観光案内所）があり、地図やパンフレットなどが入手できる。日本語の資料も多く、日本語を話せる人がいることも多い。町に到着したらまず立ち寄って、積極的に利用しよう。ホテルのフロントや日本料理店などに置いてある観光パンフレットも情報の宝庫。

日本語のパンフレットもある

「地球の歩き方」公式サイト

ガイドブックの更新情報や、海外在住特派員の現地最新ネタ、ホテル予約など旅の準備に役立つコンテンツが満載。

🌐 www.arukikata.co.jp

台湾の観光局

交通部観光局旅遊服務中心

交通部観光局の観光インフォメーションセンター。英語可。
- 🗺 P.66-A2
- 🏠 台北市敦化北路240號
- ☎ (02) 2717-3737
- 📞 0800-011-765（日本語可、24時間）
- 🕐 8:00〜17:00
- 🚫 土・日、台湾の祝日
- 🌐 www.taiwan.net.tw

交通部観光局旅遊服務中心高雄服務処

上記機関の高雄支部。英語可。
- 🗺 P.268-B2
- 🏠 高雄市中正四路235號華國世賀大樓5階
- ☎ (07) 281-1513
- 📞 0800-011-765（日本語可、24時間）
- 🕐 8:30〜17:30
- 🚫 土・日、台湾の祝日

情報をゲット

📎 **COLUMN**

AI通訳機「ポケトーク」

台湾旅行に+αの感動や刺激を与えてくれるポケトーク。SIMが内蔵されているため、Wi-Fiにアクセスせずに翻訳できるので便利だ。また、翻訳する精度が高いので緊急時も安心。ポケトークがあれば言葉の壁を越えて、現地の人と触れ合える。
POCKETALK 🌐 pocketalk.jp

空港で買えるSIMカード

旅の準備と技術

通信事情

▶ 電話事情

　台湾には「公共電話」と呼ばれる公衆電話がある。硬貨のほか悠遊卡などICカードやクレジットカードが使用可能で、国際電話もかけられる。日本同様に町なかで見ることは少なくなったが、駅や空港などにはいまだに設置されている。

　4G以上対応でSIMフリーのスマートフォンがあれば、台湾でSIMカードを購入して使うことも可能。特に空港限定で販売されている観光客用SIMカードはインターネットにも常時接続でき、町なかでオンラインマップなどを使うときにも重宝する。また台湾の電話番号があれば、ICカードをYouBike用に登録して便利に使える。中華電信など各社がさまざまな期間のプランを用意している。

▶ 国際電話のかけ方

台湾から日本へ

●ダイヤル直通国際電話

　台湾の国際電話識別番号002あるいは009をプッシュし、日本の国番号81、市外局番と携帯電話の先頭の0を取った番号と相手先番号を入力する。

> ### 東京（03）1234-5678にかける場合など
> （台湾の国際電話識別番号）※1　　（0を除いた市外局番）※2
> ▼　　　　（日本の国番号）▼　　　（電話番号）
> ▼　　　　　　▼　　　　　▼
> **(002、009)＋81＋3＋1234-5678**

※1 ホテルの部屋からは外線につながる番号を頭に付ける。
※2 携帯電話などへかける場合も、「090」「080」などの最初の0を除く。

日本から台湾へ

　事業者識別番号（下記参照）をプッシュし、次いで国際電話識別番号の010、台湾の国番号の886、そして台湾の町の市外局番から先頭の0を取った番号、最後に相手の番号をプッシュ。

> ### 台北（02）1234-5678にかける場合
> （事業者識別番号）　　　（台湾の国番号）　　　（電話番号）
> （国際電話識別番号※）
> 0033（NTTコミュニケーションズ）▼　　▼（0を取った市外局番）▼
> 0061（ソフトバンク）
> **＋010＋886＋2＋1234-5678**

※携帯電話の場合は010のかわりに「0」を長押しして「＋」を表示させると、国番号からかけられる
※NTTドコモ（携帯電話）は事前にWORLD CALLの登録が必要

\ **Attention!** /

携帯電話を紛失した際の、台湾からの連絡先

（利用停止の手続き。全社24時間対応）

au
・国際電話識別番号+81+3+6670-6944　※1

NTTドコモ
・国際電話識別番号+81+3+6832-6600　※2

ソフトバンク
・国際電話識別番号+81+92+687-0025　※3

※1 auの携帯から無料、一般電話からは有料。
※2 NTTドコモの携帯から無料、一般電話からは有料。
※3 ソフトバンクの携帯から無料、一般電話からは有料。

夜市ではスマホケースが安く手に入る

郵便事情

　台湾の郵便事情はとてもよく、日本へは航空便で5〜7日で到着する。はがきは10元、封書は10gまで13元。ポストは国内用が緑、速達と国外用は赤。郵便局は「郵局」と呼ばれ、空港や大きな駅にも窓口がある。

急ぐ場合はEMSや国際宅配便

　EMS（国際快捷航空便件）とは国際スピード郵便のことで、日本郵便を経由して2〜3日で日本の宛先に到着する。料金は250gまでの印刷物240元、500gまで小包450元。

　セブン-イレブンからはDHL（900元〜）、ファミリーマートからはUPS（550元〜）で日本へ荷物を送付できる。

インターネット

　台湾ではWi-Fiの普及率が非常に高く、ほぼすべてのレストランやカフェ、ホテル、長距離バスの車内などで無料のWi-Fiに接続することができる。政府が提供する登録不要のWi-Fiサービス「iTaiwan」も広い範囲で利用できるが、接続が不安定な場合もある。常時アプリなどを使うためには、SIMフリーのスマートフォンで現地のSIMカードを使うか、海外用ルーターをレンタルする、海外パケット定額を利用する、高価にはなるが国際ローミングを使うなどの方法を考慮しよう。

台北北門郵局
MP.68-A2
住台北市忠孝西路一段120号
☎(02) 2361-5752
⏰8:30〜21:00（土9:00〜12:00）　**休**日
URLwww.post.gov.tw

ポストは赤と緑のペア

無料Wi-Fiサービス、iTaiwan

　台湾政府が提供する無料のWi-Fiサービスで台湾全土で使用可能。登録など不要で、ネットワークに接続すればすぐ使える。ウェブサイトを見ればホットスポットの場所などがすぐわかる。**URL**itaiwan.gov.tw

---

INFORMATION

台湾でスマホ、ネットを使うには

　スマホ利用やインターネットアクセスをするための方法はいろいろあるが、一番手軽なのはホテルなどのネットサービス（有料または無料）、Wi-Fiスポット（インターネットアクセスポイント。無料）を活用することだろう。主要ホテルや町なかにWi-Fiスポットがあるので、宿泊ホテルでの利用可否やどこにWi-Fiスポットがあるかなどの情報を事前にネットなどで調べておくとよい。ただしWi-Fiスポットでは、通信速度が不安定だったり、繋がらない場合があったり、利用できる場所が限定されたりするというデメリットもある。そのほか契約している携帯電話会社の「パケット定額」を利用したり、現地キャリアに対応したSIMカードを使用したりと選択肢は豊富だが、ストレスなく安心してスマホやネットを使うなら、以下の方法も検討したい。

☆ 海外用モバイルWi-Fiルーターをレンタル

　台湾で利用できる「Wi-Fiルーター」をレンタルする方法がある。定額料金で利用できるもので、「グローバルWiFi（【URL】https://townwifi.com/）」など各社が提供している。Wi-Fiルーターとは、現地でもスマホやタブレット、PCなどでネットを利用するための機器のことをいい、事前に予約しておいて、空港などで受け取る。利用料金が安く、ルーター1台で複数の機器と接続できる（同行者とシェアできる）ほか、いつでもどこでも、移動しながらでも快適にネットを利用できるとして、利用者が増えている。

　海外旅行先のスマホ接続、ネット利用の詳しい情報は「地球の歩き方」ホームページで確認してほしい。
【URL】http://www.arukikata.co.jp/net/

▼グローバルWiFi

COLUMN　台湾お役立ちアプリ

Google Maps

台湾でも大活躍。「自分がどこにいるのか?」、「バス停の位置は?」、「目的地までの経路は?」、などすべて解決。ダウンロードしてオフライン使用も可能。

Google 翻訳

台湾の繁体字対応。音声入力やカメラ入力、会話も可能で便利。カメラでメニューを撮影すれば日本語に変換してくれる。

Easy Wallet 悠遊付

悠遊卡の公式アプリ。登録すると残高や履歴の確認ができる。

iPASS 一卡通

一卡通の公式アプリ。登録すると残高や履歴の確認ができる。

台鐵e訂通

時刻表検索や指定席の予約もできる台湾鐵道の公式アプリ。駅名など一覧から選択でき、文字を打つ必要がないので楽。

台灣公車通

台湾全土の市バス、長距離バスの路線や運行状況がわかる。バスの路線番号がわかっていると検索しやすいので、本書やGoogle Mapsと併用するとベター。

台灣大車隊

台湾各地でタクシーを呼べるアプリ。目的地を入力すればおよその料金などもわかるが、慣れないと時間がかかってしまう。発信してしまっても同じ画面ですぐ取り消しができるので、事前にシュミレーションをしておこう。

中央氣象局 W 生活氣象

台湾気象局の天気予報アプリ。地方の潮汐(潮の満ち引き)も表示できるので、高美湿地(→P.168)などに行く人には便利。

發票+

くじになっている台湾のレシート(→P.375)を管理できるアプリ。レシートの二次元コードをスキャンする。

台湾のウィズコロナ状況

日本から台湾に入国する際、それまで求められていた自主防疫と計3回のPCR検査は2023年3月20日をもって撤廃され、コロナ関連の制限がなかった以前の状態にほぼ回復した。

台湾国内では、2023年2月20日に常時マスク着用の義務が撤廃され、4月17日にはMRTやバスなど公共交通の車内、飛行機内でのマスク着用は推奨に緩和された。病院など一部空間でのみマスク着用の義務がある。

2023年5月5日に世界保健機関(WHO)も新型コロナウイルス感染症に対する緊急事態宣言を終了したが、注意は怠らないようにしよう。

＊

台湾は民主主義社会で、正しい情報も市民に行き渡っているので、政府から無闇に制限がかけられることはない。ウィズコロナの状況も、ほぼ日本と同じと言っていいだろう。撤廃されたからと言ってすぐに全員がマスクを外して歩き始めるわけではなく、多くの人がマスクをつけ続けているのも日本と同様。もともと台湾ではマスクに対する抵抗感はなく、今後もしばらくはマスク姿が町を支配し続けるかもしれない。

コロナによる変化は、特に飲食関連の店で気付くことが多い。例えば店内での食事の提供を止め、テイクアウトのみになってしまった店がある。また概して営業時間が短くなり、それまで無休だった店が定休日(月曜が多い)を設けた例も多い。残念なのは料理の器を紙カップに換えてしまった店もあること。紙カップだと料理も安っぽく感じられ、特にデザートなどでは見映えも悪くなってしまう。たまに紙のにおいがすることもあり、早くもとの器に戻ってくれることを願わずにいられない。

商店入口の注意表示
(2023年3月)

台湾のホテル

台湾のホテルに泊まる

台湾には、世界的に有名な高級ホテルからいわゆる安宿（経済的ホテル）まで、いろいろなタイプの宿泊施設があって、個人のスタイルや予算に合った旅行ができる。

予約は必要？

次はどこへ行こうか、いつまで泊まろうか、そんな行き当たりばったりの旅を楽しむ人は別だが、予約をせずに現地でホテル探しをするメリットはあまりない。なぜなら、ホテル探しにも時間がかかるし、事前に予約をしたほうが宿泊料金も安く抑えられる場合が多いからだ。

各ホテルの公式サイトや、料金の比較ができるホテル予約サイトなどで、インターネット経由で簡単に予約ができる。その際、割引料金が適用されることが多い。旅行期間が旧正月や台湾の連休などに重なると、ホテルの部屋が非常に取りにくくなる。事前に宿が決まっていれば、心理的にもリラックスして旅行を続けることができるだろう。

ホテルの料金体系は？

台湾では、原則的に人数ではなく部屋ごとの料金設定なので、ひと部屋を複数で利用すればひとり当たりの料金が安くなる。つまりふたり連れなら、ひとりずつシングルルームに泊まるより、ツインのひと部屋にふたりで泊まったほうが格段に安い。極端な例では、シングルルームでもダブルサイズのベッドを使っているホテルが多いので、ふたりで泊まってしまえばかなり安上がりになる（ただし朝食料金を追加される可能性が高い）。大人数で泊まられるファミリールームなどもあり、エキストラベッドを入れて宿泊人数を増やせる場合もある。

また料金は平日と休日でかなり差があり、休日は値上がりする。宿泊料金に定価を設定しているホテルもあるが、この定価はかなり高めに設定されていて、適用されるのは旧正月ぐらい、通常は平日5割引き、休日3割引きという例も珍しくない。台湾では値引きはほとんどないが、中級以下のホテルの場合多少の値段交渉が可能なこともある。

台湾のホテルの特徴は？

中華圏の特徴かもしれないが、高級ホテルはもちろん、どんな安宿でも必ず沸騰した湯が手に入る。安宿では廊下に給湯器がある場合が多い。茶葉と湯のみがあれば（備え付けがある場合もある）、いつでも部屋で熱い茶が飲める。日本からインスタントみそ汁などを持参してもいい。

ラックレート（定価）

かつてはラックレート（客室料金の定価）を設定しているホテルが多かったが、現在は航空券のように需要に合わせて変化するオンライン価格が主流になってきている。

ホテル予約サイトで予約

高級ホテルからゲストハウスまで幅広い宿を扱っているのがインターネットのホテル予約サイト。同じ宿でもサイトによって価格に差があるので、複数のサイトを比較してみよう。「キャンセル返金不可」という条件付きで安く予約できるケースもあるが、諸条件をよく確認しよう。また、直前割引きを行っているサイトもあるのでチェックしてみよう。
Booking.com
🔗 www.booking.com
エクスペディア
🔗 www.expedia.co.jp

各ホテルの公式サイトで予約

中級ホテル以上であれば公式サイトをもっている。公式サイトでは、時期によってプロモーションを行っていることもあり、安いだけでなくさまざまな特典が用意されていることもある。

高級ホテルはふかふかのベッドで快適

5つ星ホテルにはプールもある

ジムの充実度はホテルにより
異なる

パッケージツアーで使用され
ることが多い中級ホテル

おしゃれなホステルが増えている

高級ホテル

高級ホテルの魅力は、なんといっても充実のサービスだ。たまには普段の生活を忘れて、自分が主役となったゴージャスな別世界にどっぷりとつかってしまうのもいいだろう。

台湾の高級ホテルには日本語が通じるスタッフが必ずいるので、通常の宿泊で困ることはほとんどない。万一体調を崩した場合など、日本語が通じるのは大きな安心材料となるだろう。

コンシェルジュデスクなどもあり、レストランの予約や観光ツアーの手配などを代行してくれるのも頼もしい。

チップは原則不要

原則として、台湾はチップは不要。特別に何かを頼んだ場合は、サービス料が含まれていないようならチップを渡せばよい。

中級ホテル

高級ホテルのような万全のサービスは期待できないが、一般的な滞在に必要十分な設備が備わっているのが台湾の中級ホテルだ。たいていしっかりした建物で、駅の周辺や表通りなど便利な場所にある。客室にはシャワー、トイレ、エアコン、テレビ、Wi-Fiなどが完備され、ベッドのシーツも清潔だ。

フロントではたまに日本語、少なくとも英語が通じるところがほとんどだ。

予算の少ない旅で経済的ホテルを利用している場合も、体調を崩したときなどは中級ホテルで疲れを癒やすといいだろう。

経済的ホテル

経済的ホテルは「旅社」、「大旅社」、「大飯店」などと名乗っており、駅前や、表通りからちょっと入った路地、市場そばなどにあることが多い。建物や設備は古いが、ちゃんとした経済的ホテルはどこも清潔に保たれている。不潔な宿は経営や治安にも疑問があるので、すぐに退出したほうがいい。

シンプルな旅をしている場合は、経済的ホテルでも十分快適に過ごせる。ただし、安いなりに客層が雑多で、遅くまで騒いでいる若者たちや大音量でテレビをつけているようなマナーをわきまえない客と隣室になる場合もあり、運不運が分かれる。また経済的ホテルの安い部屋は窓がない場合が多く、朝起きても天気がわからず、少々陰鬱な気分になることもある。

朝食が付くのはまれで、精算もクレジットカードが使えず、現金のみというところがほとんどだ。

近年は、女性も抵抗なく利用できるようなこぎれいなドミトリー形式のホステル（公寓、背包公寓などという）が増えている。たいてい女性専用部屋があり、共用キッチンもカフェのようで、バスルームもきれい。英語も通じて、世界中のバックパッカーが集う場所となっている。

台湾でもAirbnbは使える？

Airbnbなどの「民泊」が台湾でも広まっている。ただし、なかには宿泊事業免許未取得の違法物件などが見つかるケースもあり、規制が強化されている。ウェブサイトには魅力的な物件が数多く掲載されているが、万一トラブルが発生しても自分で解決できる自信があり、ホテルと同じサービスは期待できないことを納得したうえで利用したい。

チェックイン時間は15:00以降、チェックアウトは12:00前というホテルが多い。中級以下のホテルの場合、空いていればチェックインタイム前に入れてくれることも。チェックイン前まで荷物は預かってもらえる。

旅の準備と技術 台湾のショッピング

定番みやげはパイナップルケーキ

　台湾みやげの人気ナンバーワンは、パイナップルケーキ（鳳梨酥）。スーパーで買えるお手軽なものから、材料やパッケージにこだわった高級品まで、実にバリエーション豊富。

　台湾産のフルーツを使用したジャムやドライフルーツのほか、お酒好きにはボラの卵巣を伝統製法で加工したカラスミも喜ばれる。

　香り高い台湾茶の茶葉や茶器もおみやげに持って帰りたい。また、メイドイン台湾（MIT）の雑貨や、台湾産の原料を使用したコスメなども要チェック。

税金還付制度

還付は購入店か空港で

　台湾には外国籍の旅行者を対象に、デパートなど免税手続き対象店の同一店舗で1日2000元以上（税込み）買い物をした人に日本の消費税に当たる税金5％を払い戻す税金還付制度がある。対象商品は、日常生活で携帯して出国できる課税物品で、食料品や滞在中に使用する商品は対象外。申請は購入当日かぎりで手続きにはパスポートが必要。算出された還付金額から手数料20％を差し引いた額が還付される。

　一般的に購入金額が4万8000元以下の場合、「少額税金還付」が適用され、購入店の手続きカウンターで購入当日に税金が還付される。購入金額がそれ以上の場合は、購入店で「還付明細申請表」を発行してもらい、商品を帰国時に空港内の税金還付カウンターに提示して「空港税金還付」の手続きを行う。購入金額が4万8001元以上で税金還付申請日から20日以内に出国する場合は、特約市内税金還付カウンターで「特約市内税金還付」の申請を行う。どのケースに当たるか不明な場合は、各店舗の手続きカウンターに聞いてみよう。

賞味期限の表記に注意

　おみやげに食品を購入する際は賞味期限や飲用期限に余裕があるかを確認するが、台湾では西暦ではなく民國年号で記載されていることもある。1912年が民國元年なので、2023年は民國112年。例えば「12.12.31」は西暦でいえば「2023年12月31日」なので安心して購入しよう。

退税 外国籍旅行者向け
電子化税金還付システム

FREE 0800-880-288
URL www.taxrefund.net.tw

パスポート、レシートを提示して
購入店で「還付明細申請表」を
発行してもらう

⚠ \ Attention! /

8折＝2割引き
割引率を「折」と表し、例えば通常価格より1割引きなら「9折」、25％引きなら「75折」というように表示する。

周年慶
デパートが行う年に1度の大セールのこと。9〜12月に10日間ほど開催する。この期間に化粧品をまとめ買いする人も多い。

エコバッグ
レジ袋はすべて有料。環境保護のためにもエコバッグを持参しよう。

レシートは宝くじ
　番号が付いていて宝くじになっている。当選金額は最高1000元。当選したら3ヵ月以内に第一銀行など指定の金融機関で換金する（5等、6等はコンビニも可）。募金代わりにレシートを集める箱もコンビニなどに設置されている。
URL invoice.etax.nat.gov.tw

🔍 偽ブランド品やゲーム、音楽ソフトを違法に複製した「コピー商品」を、絶対に購入しないように。これらの品物を持って帰国すると、空港の税関で没収されるだけでなく、損害賠償請求を受けることも。「知らなかった」では済まされないのだ。

旅の準備と技術 台湾の食事

<table>
<tr><td></td></tr>
</table>

！ \ Attention! /

「外帯」か「内用」か

高級レストランを除き、店に入ってまず尋ねられるこの言葉。「外帯（ワイタイ）」はテイクアウトの意味で「内用（ネイヨン）」は店内で食べるという意味だ。台湾ではもともとテイクアウトが多かったが、コロナでさらに増えた感がある。行列を作るときも「外帯」と「内用」で分かれている場合があるので、必ず確認しよう。

茶藝館の定食もおすすめ

滞在中に一度は体験したい、台湾茶をゆっくり楽しめる茶藝館。料金は茶葉代に湯代をプラスされるのが基本。また、茶藝館ならではの肉、野菜のバランスの取れた健康的な食事のセットが用意されていることも多い。見た目も美しく盛りつけられたヘルシーな定食は女性のひとり旅にもおすすめ。

栄養バランスもよい

台湾でも人気の弁当

台湾でも弁当（便當）は人気。台湾風に「飯包」ということもある。おいしい駅弁も多々あり、台湾の鉄道の旅の楽しみのひとつ。

美食大国、台湾

夜市グルメや台湾式朝食、小籠包、マンゴーかき氷など、「食」を目当てに訪れる人も多い台湾。台湾料理はもちろん、中国各地方の本格的な名物料理も食べられる。新鮮な魚介、フルーツも豊富だ。

味のレベルは料金と必ずしも比例しているわけではなく、街角の小さな店の小皿料理が高級レストランよりおいしかった、ということも。お金をかけなくても美食を堪能できる。

台湾のレストラン

有名店や高級レストランは、予約をしたほうが確実。ドレスコードは基本的になく、高級ホテルや格式高いレストランでもスマートカジュアル程度で十分だ。

会計は手を上げて「買單」と伝えて伝票を受け取り、内容を確認。チップの習慣はないが、ある程度以上の店は10％のサービス料（服務費）が加算される。また、最低消費としてミニマムチャージが決められている店も多い。

ひとり旅の食事

野菜もたっぷりとれる自助餐

自助餐は、ビュッフェ形式の食堂のこと。カウンターに数十種類の料理が並んでいるので、食べたいものを食べたいぶんだけ選ぶ。オーダーは簡単。並んでいる料理を自分で皿に取り分けるか、指さして店員に盛ってもらうだけ。料金は、重さや取った料理の数で計算する店、食べ放題の店など、店によって異なる。肉類を多く取らなければ、70元以内で収まる。備え付けの弁当箱があるので、テイクアウトも可。なお、「素食」と看板に書いてあればベジタリアン料理のこと。肉不使用でも満足度が高いので、試してみよう。

ちょっとずつが楽しい小吃店

小吃とは、小皿サイズの軽食のこと。魯肉飯や擔仔麺など、台湾の郷土料理のほとんどが小吃といってよく、小吃はまさに台湾グルメの神髄といえる。文字どおり少しずつ味わいながら小吃店を食べ歩くのも、台湾旅行ならではの楽しみ方。とりわけ台南（→P.291）はレベルの高い小吃が多く、味にうるさい台湾の人々も認める、美食の宝庫だ。

旅の準備と技術 国内交通

飛行機の旅

台湾の国内線は、高鐵が運行されていない台湾東部や離島への路線が発達している。料金も日本に比べてリーズナブル。移動時間を大幅に節約できるメリットがある。飛行区間が短いこともあり、小型機での運航となる。

航空券の購入

航空券は各航空会社のウェブサイトや、空港内の各航空会社のカウンターで購入できる。便数が少ない離島航路の場合は前もって買っておいたほうが無難。町なかの旅行会社で買うという方法もあるが、国内線航空券の扱いは減少傾向にある。日本でも、国内線の手配を代行してくれる旅行会社に依頼できる。

料金は距離と比例しているわけではなく、一般的に数社が競合する路線は安く、離島航路など独占路線は高い傾向にある。

国内線航路の協定料金、所要時間、便数 ※3

都市※1	価格※2	所要時間	立榮 (UIA)	華信 (MDA)	德安 (DAC)
台北～花蓮	1781元	約50分	週4(木・金・土・日)	―	―
台北～台東	2460元	約1時間5分	3～4	3～4	―
台北～金門	2618元	約1時間5分	4～6	4～6	―
台北～南竿	2197元	約55分	8	―	―
台北～北竿	2197元	約55分	3	―	―
台北～澎湖	2296元～	約50分	5～9	10～11	―
台中～花蓮		約50分			
台中～金門	2236元～	約1時間	4～5	4	―
台中～南竿	2686元	約1時間5分	3	―	―
台中～澎湖	1753元	約40分	4～6	5～7	―
嘉義～金門	2217元	約50分	週3(月・金・日)	―	―
嘉義～澎湖	1721元	約30分	1	―	―
台南～金門	2231元	約50分	2	―	―
台南～澎湖	1697元	約30分	3～4	―	―
高雄～花蓮	2488元	約55分	―	1	―
高雄～金門	2369元～	約1時間	4	4	―
高雄～澎湖	1876元～	約40分	6～8	8～10	―
高雄～望安	2155元	約45分	―	―	週2(月・金)
高雄～七美	2034元	約40分	―	―	2
澎湖～七美	1085元	約20分	―	―	1
金門～澎湖	1684元	約1時間40分	不定期	―	―
台東～蘭嶼	1546元	約30分	―	―	8
台東～綠島	1130元	約20分	―	―	3

※1：台北はすべて台北松山空港からの発着 ※2：区間最低価格。 ※3：往路片道、1日の便数。復路もほぼ同じ便数。2023年4月現在

台湾国内線の主要航空会社

華信航空
☎ (02) 412-8008
🌐 www.mandarin-airlines.com

立榮航空
☎ (02) 2508-6999
🌐 www.uniair.com.tw

德安航空
☎ (07) 801-4711
🌐 www.dailyair.com.tw

交通部民用航空局ウェブサイト

🌐 www.caa.gov.tw（「便民服務」→「航班資訊」から国内線時刻表を調べることができる）

国内線の予約代行が可能な旅行会社

勝美旅行社
🅜 P.64-B3
🏠 台北市松江路190號2階
☎ (02) 2523-0313
🕘 9:30～17:00 🈳 土・日・祝
🌐 www.katsumi.net

搭乗の手続き

①空港(機場)に到着

搭乗手続きは出発の30分前で打ち切られるので、1時間前には到着するように。

▼

②航空会社のカウンターでチェックイン

パスポートを提示する。

③機内預け荷物

荷物を預ける場合は、搭乗口近くの荷物預けカウンターへ。制限重量は航空会社により異なるが、追加料金は国際線ほど高くない。クレームタグは引き取りの際に照合されるのでなくさずに。

▼

④搭乗口へ

荷物検査とボディチェックを受ける。

▼

⑤搭乗

搭乗案内に従って機内へ。

URL www.railway.gov.tw
　時刻表、料金を検索可。

普悠瑪號

新自強號

アプリ「台鐵e訂通」
　台鐵の時刻検索や指定席の予約ができて便利。

荷物は駅に預けられる
　大きい駅にはコインロッカーのほか、有料の荷物預け（行李房）がある。小さい駅では行李房の表示がないが駅員室で預かってくれることもある。

料金は大きさによって
異なる

鉄道用語集

中国語	日本語
站	駅
月台	ホーム
車票	切符
全票	成人切符
單程票	片道切符
去回	往復
順行	時計回りの路線
逆行	反時計回りの路線
售票處	切符売り場
剪票口	改札口
候車室	待合室
自動存物箱	コインロッカー

鉄道の旅

台湾鉄道（台鐵）

　台湾本島をぐるりと一周している鉄道路線。西側を走る基隆駅～枋寮駅までの西部幹線（このうち、基隆駅～高雄駅は縦貫線と呼ばれる）、東側を走る八堵駅～台東駅までの東部幹線、南側の枋寮駅～台東駅までを走る南迴線からなり、さらに地区ごとの路線に分かれているが、列車によっては直通運転をしている。また、西部幹線の竹南駅～彰化駅の区間は、海沿いを走る海線（海岸線）と山側を走る山線（台中線）に分かれている。このほか、平溪線、内湾線、集集線、深澳線などの行き止まりのローカル線もいくつかある。

●おもな路線

路線名	区間	説明
西部幹線（縦貫線北段、台中線〔山線〕、縦貫線南段）、屏東線	基隆～台北～台中～彰化～嘉義～台南～高雄	基隆、台北～高雄間を結ぶ最重要路線。一部区間は海側を走る海岸線（海線）もある。自強號など20～30分に1本の割合で運行。
東部幹線（宜蘭線、北迴線、台東線）	八堵～瑞芳～礁溪～宜蘭～蘇澳～花蓮～台東	八堵～台東間を結ぶ路線。自強號から区間車まで10～50分に1本の割合で運行。台北から台東まで乗り入れる太魯閣號、普悠瑪號、自強號は1日10本以上運行。
南迴線	枋寮～台東	枋寮～台東間を結ぶ路線。高雄から台東まで乗り入れる自強號は1日12本運行。

●列車の種類

　大きく分けて**自強號**、**莒光號**、**區間車**があり、最も速く料金も高いのが自強號。自強號と同じ運賃で超特急列車の**新自強號**、**太魯閣號**、**普悠瑪號**も運行されている。區間車以外は「**對號車**」という原則として座席指定制の列車。區間車はいわゆる各駅停車で、區間快という快速列車もある。座席の指定はできない。太魯閣號、普悠瑪號は人気が高く、早めの予約が望ましい。

●時刻表を検索

　台湾鐵路管理局のウェブサイト URL www.railway.gov.tw（日本語あり）から時刻表、料金を検索できる。まず、上記サイトにアクセスし、下部にある「列車時刻査詢」の「出發站」に乗車駅、「抵達站」に下車駅を選択し、乗車日と時間を選択し「査詢」をクリック。すると下部に写真のような画面が表示される。座席指定が必要な列車（太魯閣號、普悠瑪號、自強號、莒光號）は、列車番号と発車時間を控えておこう。右の切符マークをクリックすればオンライン購入も可能。

　画面上部の「旅客服務」タブから「時刻表下載」をクリックすれば、各路線の時刻表をダウンロードできる。

車次查詢	旅客服務	抵達票價	總費用	線上購物	會員專區	距離資訊	時刻表列
自強4154	08:15	09:03	48分	-	∨	$49	$25	
新自強4022	08:37	09:15	38分	-	∨	$49	$25	
莒光1130	08:54	09:46	52分	-	∨	$49	$25	
自強212	09:00	09:36	36分	-	∨	$76	$38	🚉
區間4162	09:25	10:22	57分	-	∨	$49	$25	
莒光1148	09:49	10:46	57分	山嶺	∨	$49	$25	
自強642	10:14	11:02	48分	-	∨	$59	$30	🚉
區間1152	10:20	11:13	53分	-	∨	$49	$25	

台湾鐵道路線図

六家線

竹北
北新竹　千甲
新竹　　竹中　高鐵新竹
新荘　　六家
竹中

縦貫線
(基隆〜高雄)

海線(海岸線)

西部幹線

台湾高速鐵道
(新幹線)

深澳線

暖暖
三坑　海科館　三貂嶺　雙溪
七堵　八斗子　四腳亭　牡丹
百福　　　　　　　　瑞芳
五堵　　　　猴硐　　福隆
汐止　　　　三貂嶺　石城
基隆　　　　　侯硐
南港
板橋　松山　十分　貢寮
萬華　台北　　平溪線
華山　　　　嶺腳
樹林　　　　望古
南樹林　　　頭城　　外澳
鶯歌　　　　礁溪
高鐵桃園　　宜蘭　　　宜蘭線
桃園　　　　二結　　　(八堵〜蘇澳)
中壢　　　　中里　羅東
内壢　　　　冬山
楊梅　　　　新馬　　蘇澳新
埔心　　　　蘇澳　　永樂

北迴線
(蘇澳新〜花蓮)

東澳
南澳
武塔

漢本
和仁

崇德
新城(太魯閣)
景美
北埔
花蓮
志學
吉安
平和
壽豐

東部幹線

南平
鳳林
萬榮
光復
大富
富源
瑞穗
三民
玉里

台東線
(花蓮〜台東)

東里
東竹
池上
海端
關山

瑞和
瑞源
鹿野
山里
康樂　台東
知本

大武
古莊

南迴線
(枋寮〜台東)

太麻里
金崙
瀧溪

2023年4月現在、阿里山森林鐵路は「嘉義」〜「十字路」、「阿里山」〜「神木」、「沼平」、「對高岳」間のみ運行。

阿里山森林鐵路

南迴線

券売機の使い方

自動券売機

① 「日本語」を選択
② 「チケット購入」か「当日券クイック購入」を選択
③ 「普通列車」か「急行列車」を選択
④ （日付と）「到着駅」を一覧から選択（ない場合はタッチパネル上部の「次のページ」、あるいは「時計回り」「反時計回り」で探す）
⑤ 急行の場合候補から希望の列車を選択
⑥ 人数、席などを選択
⑦ 支払い方法を選択して支払う

ファミリーマートのFamiPortでも切符が買える

ファミリーマート発券の台鐵の切符。改札は二次元コードで通る

●切符の買い方

　駅の窓口か自動券売機で購入する。指定席の切符はセブン-イレブンのibonなど、コンビニに設置された端末でも購入可能（手数料1枚につき8元）。台湾鐵路管理局のアプリやウェブサイトでも2週間前から予約ができるが、カード決算しない場合は、前日の24:00までに駅で引き換える必要がある。

　駅では、切符は窓口で買えるが、自動券売機でも簡単に購入できる。2021年に新型券売機が導入され、タッチパネルの下のほうにある日本語を選択すれば、最初から最後まで日本語で案内される（音声ガイドも日本語）。切符は、座席指定のない乗車券も自強號の指定席券も買える。クレジットカードも使え、ネットやアプリで予約した切符の購入もできる。

　一部区間を除き、悠遊卡、一卡通などのICカードを改札でタッチして乗車することも可能。ただし、座席指定はできず、自強號、莒光號では「無座」扱いとなる。また新自強號、太魯閣號、普悠瑪號にはICカードでの乗車は禁止されており、露見した場合多額の罰金を徴集される。

●乗車

　改札口の上部に電光掲示板があり、発車ホーム、運行状況（時刻どおり＝「準點」、●分遅れ＝「晩●分」）が表示される。ホームは「月台」と呼ばれる。

　座席指定の列車の場合、自分の席に誰かが座っていることがあるかもしれない。「無座」の人も乗客がいない場合は座っていいことになっている。慌てず、自分の切符を見せてどいてもらおう。車内は禁煙だが飲食は自由。ときどき弁当や飲み物の販売が回ってくる。車掌による検札もある。車内は冷房がとても強く、夏でも防寒対策が必要。

高速鐵道（高鐵）

　「台湾新幹線」の愛称で親しまれている台湾高速鐵道は台北と高雄（左營）を最短94分で結ぶ、台湾で最速の陸上交通機関。2023年4月現在、南港駅、台北駅、板橋駅、桃園駅、新竹駅、苗栗駅、台中駅、彰化駅、雲林駅、嘉義駅、台南駅、左營駅の計12駅が開通しているが、列車によって通過する駅もある。

●切符の買い方

　駅の窓口、自動券売機、ウェブサイトで購入する。セブン-イレブンのibonなどコンビニの端末でも購入できる（手数料1枚につき10元）。窓口で買うのが簡単だが、行列していることもある。自動券売機は日本語にも対応し操作もわかりやすくおすすめ。

　席は座席指定のビジネス車両（商務車廂）、座席指定の普通車両（標準車廂）、座席指定なしの普通車両自由席（自由座）の3種類。曜日、時間帯などによって割引きがある。

　高鐵のウェブサイトで購入した場合、自動券売機にパスポート番号下4ケタと予約番号を入力して切符を発券。コンビニでも発券できる（手数料1枚につき10元）。ただし、支払期日を過ぎるとキャンセルとなる。

新自強號、太魯閣號、普悠瑪號はICカードでは乗車できない。

●乗車

　ほとんどの高鐵駅は郊外にあるので、事前に駅から中心部へのアクセスを確認しておこう。駅舎は近代的でエスカレーターなどの設備も充実している。

広々とした高鐵の駅

台湾高速鐵道
ウェブサイト

www.thsrc.com.tw
　日本語対応あり。時刻表、料金を検索できる。

●高速鐵道運賃と所要時間

表の見方（上から）

| 指定席運賃（元） |
| 　（自由席運賃）（元） |
| 最短所要時間（分） |
| 各停所要時間（分） |

各セルの表記：指定席運賃（自由席運賃） 最短所要時間／各停所要時間

起点＼終点	台北	板橋	桃園	新竹	苗栗	台中	彰化	雲林	嘉義	台南	左營
南港	40(35) 8/8	70(65) 18/20	200(190) 20/34	330(320) 43/46	480(465) 52/57	750(725) 58/77	870(840) 75/87	970(940) 86/99	1120(1085) 98/114	1390(1345) 97/131	1530(1480) 105/145
台北		40(35) 7/7	160(155) 17/21	290(280) 32/34	430(415) 42/46	700(675) 47/64	820(795) 64/76	930(900) 75/88	1080(1045) 73/103	1350(1305) 91/120	1490(1445) 94/134
板橋			130(125) 12/13	260(250) 24/26	400(385) —/38	670(645) 39/56	790(765) —/68	900(870) —/80	1050(1015) 65/95	1320(1280) 78/112	1460(1415) 86/126
桃園				130(125) 10/11	260(270) 21/23	540(520) 36/41	670(645) 45/53	780(755) 56/65	920(890) 63/80	1190(1150) 82/97	1330(1290) 95/111
新竹					140(135) —/10	410(395) 24/28	540(520) —/40	640(620) 52/53	790(765) 51/67	1060(1025) 70/84	1200(1160) 83/98
苗栗						270(260) /17	390(375) /29	500(485) /41	640(620) /56	920(890) /73	1060(1025) /87
台中							130(125) —/10	230(220) —/22	380(365) 23/37	650(630) 37/45	790(765) 45/68
彰化								110(105) —/9	250(240) 20/24	530(510) 39/41	670(645) 53/55
雲林									150(145) —/13	420(405) —/30	560(540) —/44
嘉義										280(270) 16/16	410(395) 30/30
台南											140(135) /12

指定席切符
2017/11/28　車次/Train 612
台南 Tainan → 台北 Taipei
08:18　09:59
車廂/car 2　座位/seat 8D

自由席切符
左營 Zuoying → 台北 Taipei
自由車廂[10-12節]

列車の旅のお供、駅弁をゲット

自動券売機

売票機 Tickets
In Service

①自由席（自由座）／指定席（對號座）を選ぶ
②片道（單程）／往復（去回）を選ぶ
③乗車駅を選ぶ
④降車駅を選ぶ
⑤人数を選ぶ
⑥乗車日を選ぶ
⑦乗車時間と列車を選ぶ
⑧支払い方法（現金／クレジットカード（信用卡））を選ぶ

●高鐵と台鐵の乗り継ぎについて

台中	高鐵台中駅直結の台鐵新烏日駅より區間車（15～30分間隔、15元）で台鐵台中駅まで約10分、タクシーで約20分（250元前後）
嘉義	高鐵嘉義駅より嘉義客運BRT7212バス（20分間隔、無料）で約30分、タクシーで約25分（250元前後）
台南	高鐵台南駅直結の台鐵沙崙駅より區間車（約30分間隔、25元）で台鐵台南駅まで約25分、タクシーで約30分（250元前後）
高雄	高鐵左營駅直結のMRTR16左營駅よりMRTR11高雄車站駅まで約11分（25元）、直結の台鐵新左營駅より區間車（約10～30分間隔、15元）で約11分、タクシーで約25分（200元前後）

　外国人向けのお得な高鐵パスもある。例えば、高鐵3日パスなら3日間乗り放題で2200元。事前にオンラインか指定販売会社で購入し、高鐵駅の窓口で引き換える。

台湾全土に網の目のようにバス路線が張り巡らされている。北部と西部には高速道路が整備され、これを利用することで道路状況によっては鉄道に負けない速さで到着できることも。コスト重視派の強い味方だ。

中・長距離バス

台湾全土をカバーしている大手は國光客運。運行路線が多い大会社ということで安心感があるが、車体が古いこともある。統聯客運バス、和欣客運バスは大都市間を運行。競合路線は競争が激しく、時間帯によって割引価格が適用される。Wi-Fiや充電用USBポートを備えたバスもある。

中距離バスはおもに地元のバス会社が運行している。

郊外はバス網が発達している

乗り方

中・長距離バスは「客運站」、「轉運站」の名がつくバスターミナルから発着する。バスターミナルから乗車する場合、窓口で切符を買うこともできるが、エコの観点からも悠遊卡などのICカードでの支払いが推奨されている。すでにほぼ100%のバス会社がICカードの読み取り機をバスに備えつけている。途中から乗車する場合現金は運転手に支払うが、お釣りは出ない。ICカードならタッチするだけで済むので楽だ。ただ残金がないと読み取り機に拒絶されるので、ICカードはバスに乗る前にチャージしておこう。

人気路線は切符の事前購入か予約がおすすめ。ネットで予約できるバス会社もある。

切符は乗車の際に運転手に端をちぎり取られ、降車の際に残りの部分を渡す場合もある。

市内バス、路線バスの乗り方

基本的に路線番号がついていて、本書では「●路」バスなどと表記している。バス停で乗りたいバスが来たら、手を挙げて停める。次が降りるバス停になったら、降車ボタンを押す。

市内バスは「段票制」という料金システムで、いわゆるゾーン制。料金は現金かICカードで支払う。現金の場合は運転席隣の料金箱に入れる。おつりは出ないので小銭を用意しておこう。ICカードはほぼ全国のバスで使用でき、割引きになる路線も多いので、1枚持っておくと便利。

台湾好行バス

交通部觀光局と地元のバス会社が協力して提供しているバスサービス。近郊の主要な観光スポットを巡るため、効率よく観光できる。現在、台湾各地に約60路線が走っている。お得な1日乗車券を販売する路線もあり、運転手から直接購入できる。現金で乗車ごとに支払うこともでき、ICカードも使用可能。時刻表やルートはウェブサイトで確認できる。

おもなバス会社のウェブサイト

國光客運
www.kingbus.com.tw
統聯客運
www.ubus.com.tw
和欣客運
www.ebus.com.tw
fb.com/ebusno.1
首都客運
www.capital-bus.com.tw
葛瑪蘭客運
www.kamalan.com.tw

バスターミナルは町の中心部にある

台湾のバスは"冷蔵庫"

長距離バスの中には、冬でも冷房（あるいは外気そのままの空調）、夏は強過ぎる冷房を入れて走るものがあり、ヘタをすると寒さで体調を崩してしまう。寒さに敏感な人は、同一路線があれば鉄道を選んだほうがいい。

バス用語集

中国語	日本語
公車/巴士	バス
公車/巴士站	バス停
國道客運	高速バス
公路客運	中・長距離バス
市區公車	市バス
下一站	次のバス停
停	停まる
接駁車	送迎バス
下車鈴	降車ボタン

台湾好行バス

www.taiwantrip.com.tw

観光に便利な台湾好行バス

「台灣等公車」というアプリは、台湾主要都市の市バスと中・長距離バスのルート、時刻表などを調べられる。

タクシー

タクシーは中国語で「計程車」(ジーチョンチャー)、「出租汽車」(チューツウチーチャー)。「タクシー」と言っても通じる。日本に比べてリーズナブルで近距離でも手軽に利用できる。道に迷ったらタクシーに乗ってしまうのも手。

リーズナブルな料金

初乗り料金は都市によって異なる。台北と高雄、台南は85元。東部の町ではメーターを使用しない場合もあり、その場合は乗る前に行き先を告げて交渉する。トランクに荷物を入れると10元が加算されるが取らない運転手も多い。チャーターする場合は、1時間500元、7時間3000～4000元程度。必ず事前に交渉し、決めた額は紙に書いてもらっておくこと。

乗り方

①流しのタクシーを停めるときは手を挙げて停める。

②ドアは自分で開ける。

③後部座席もシートベルトの着用が義務。違反すると一般道1500元、高速道3000～4500元の罰金が科せられる。

④行き先を告げる。老眼の運転手が多いので、住所を大きく紙に書いて渡すとスムーズ。発車したらメーターが作動しているか要確認。

支払いの際、領収書が欲しい場合は「我要收据」(ウォーヤオショウジュイ)。

⑤降りる際は後ろからバイクが来ていないことを確認してからドアを開ける。

タクシーが全然来ないときは

台北以外の町では中心部を外れると流しのタクシーの数はぐっと減少する。そんなときに頼りになるのが、セブン‐イレブンにあるタクシーを呼べる端末、ibonだ（ibonの操作方法は→P.58参照）。

レンタカー

免許証の中国語翻訳文が必要

台湾で車を運転する場合、有効な日本の運転免許証とその中国語翻訳文の所持が求められる。国際免許の効力は適用されない。翻訳文は日本で日本自動車連盟（JAF）が作成したものか、台湾で日本台湾交流協会（→P.384）が作成したものにかぎられる。翻訳文の有効期間は台湾に入国してから1年間。記載内容に変更がある場合は再取得の必要がある。

レンタサイクル

台湾を身近に感じるには自転車がいちばん。台北や桃園、新竹、台中、嘉義、高雄ではYouBike（→P.59）が普及しており、一度登録すれば共通で使えるので非常に便利。彰化や台南、屏東のように独自の自転車シェアシステムを導入している地域もある。ホテルが自転車を用意していたり、町なかにレンタサイクル店もあり、自転車を使える機会は多い。

⚠ \ Attention! /
タクシーの チェックポイント！

・汚い、傷だらけのタクシーは避ける。
・発車後、メーターを倒しているか確認。
・夜間の女性ひとりの乗車は避ける。
・問題行為があった場合は後部座席前に貼ってある運転者登録証の名前と番号を控えて警察に届ける。

台湾の配車アプリ事情

台湾では白タクは違法。アプリでタクシーを配車する「Uber」を利用している人はいるが、地元タクシー会社の反対が強く、政府から業務停止命令を受けたこともある。現在は認可タクシー会社と提携し営業を再開しているが、グレーゾーンで勢いは失速している。それに替わって台湾のタクシー会社と提携する「LINE TAXI（旧TaxiGo）」というタクシー配車サービスが登場。LINEでタクシーを呼ぶことができる。また、台湾の大手タクシー会社の「台灣大車隊」というアプリもありタクシーを呼べるが、使い勝手はいまいち。

大手レンタカー会社
和運租車
🌐 www.easyrent.com.tw

翻訳文作成のために必要なもの
1.運転免許証
2.パスポート（台湾で申請する場合）
3.申請書（窓口にある。日本で申請する場合はダウンロード可能）
4.手数料（台湾580元、日本4400円）
※代理人による申請の場合はこのほかに委任状が必要
日本自動車連盟（JAF）
🌐 jaf.or.jp/common/visitor-procedures/taiwan

💡 MRTや電車と同様、バスにも博愛座（優先席）がある。車内は禁煙、飲食禁止。

治安はいいがトラブルもある

　台湾の場合、旅行者が遭遇しがちなトラブルは、交通事故、スリ、ひったくり、置き引き、詐欺、暴行などである。

トラブルを避けるために

①大金が入った財布を見せてはダメ

　財布はその日使う額だけを入れ、予備のお金は別に分けて持ち歩くか、ホテルのセーフティボックスに預けておこう。

②貴重品は身につけて

　ウエストポーチは、スリに狙われやすい。ズボンの後ろポケットやコートの胸のポケットも同様。貴重品はホテルのセーフティボックスに入れるかフロントに預け、パスポートも貴重品袋に入れて身に付けよう。

③手荷物は体から離さない

　台湾でもレストランや駅では、荷物を床や隣の席に置いてしまいがちだが、置き引きに遭う確率が高まるので避けたい。

④タクシーは乗降時に気をつけて

　タクシーから降りるときは、後方からバイクが来ていないことを確認してからドアを開けること。また、青信号でもバイクや車には十分注意しよう。

　深夜にひとりでタクシーに乗るのは避けよう。どうしても利用しなければならない場合は、コンビニからibon（→P.58）などの端末を利用するといい。

　また、万一、運転の乱暴なタクシーや故意に遠回りするような運転手だったら、運転手名や車両ナンバーをメモしておき、料金を

バイクとの接触事故に要注意

内政部移民署（M P.74-A1）
　ビザ延長、再入国手続きなど。
🏠 台北市廣州街15號
☎ (02)2388-9393、[FREE]1990（日本語可）
🕐 8:00～17:00　🏖 土・日、台湾の祝日

台北市警察局外事服務站（M P.68-A3）
　盗難や交通事故など。日本語可。
🏠 台北市延平南路96號
☎ (02)2556-6007　🕐 24時間　🏖 無休

日本台湾交流協会台北事務所（M P.71-D1）
　日本政府代表部のような機関。トラブル時は大使館の代わりになる。車を運転する場合

の中国語翻訳文の作成可。日本語可。
🏠 台北市慶城街28號 通泰大樓
☎ (02)2713-8000
🕐 9:00～12:30、13:30～17:30（窓口での申請受付は9:00～11:30、13:30～16:00。金曜は午前のみ）
🏖 土・日、台湾の祝日と一部の日本の祝日
🌐 www.koryu.or.jp

日本台湾交流協会高雄事務所（M P.269-D2・3）
🏠 高雄市和平一路87號 南和和平大樓9、10階
☎ (07)771-4008
🕐 9:00～12:30、13:30～17:30（窓口での査証申請受付は9:00～12:00、13:30～16:00）
🏖 同上

 駅やバスなどの公共交通機関と市場は国を問わずスリに遭遇しやすい定番スポット。常に荷物から目を離さず、注意を怠らないようにしたい。

払って降車後、警察に通報。その場での口論は避ける。
⑤**女性がマッサージを受けるときの注意点**
　まれに、女性に対してセクハラまがいのマッサージをしてくるマッサージ師がいる。その場でキッパリとクレームをつけよう。
⑥**部屋を教えない、家に行かない**
　残念ながら、親切を装って日本人に近づき、自宅に誘ったりして暴行や強盗を働くケースもまれにある。初対面の人の家に行かないのはもちろんのこと、軽々しくホテル名やルームナンバーを教えないこと。

不幸にしてトラブルに遭遇したら

現金や荷物を盗まれたら
　不幸にも盗難に遭ったら、まず警察に通報し、最寄りの警察局外事課（室）で「盗難（遺失）証明書」を作成してもらう。
　海外旅行保険の携帯品補償特約に加入している場合、手続きにこの証明書が必要となるので、必ず作成してもらおう。

パスポートをなくしたら
　盗難などにより紛失した場合は、最寄りの内政部移民署へ行き、「紛失証明書」（顔写真2枚必要）をもらう。
　その後、台北と高雄にある日本台湾交流協会で旅券の失効手続きを行い、新規旅券の発給または「帰国のための渡航書」の発給を申請する。申請から発給までの日数は、新規旅券は約2週間、帰国のための渡航書は有効期限3日のものが即日発行（土・日、日本と台湾の祝日を除く）。通常の旅行であれば、帰国のための渡航書を申請する。
　帰国の際は、空港の出国審査のうち「公務窓口」で「出境登記表」を入手し、必要事項を記入。それを一般の出国審査窓口で紛失証明書、帰国のための渡航書（または新規旅券）とともに提出し、出国審査を受ける。

クレジットカードを紛失・盗まれたら
　ただちにクレジットカード会社に連絡し、使用停止の手続きを取る。カード裏面の「発行金融機関名」、緊急連絡先をメモし、財布とは別に保管しておくと手続きはスムーズだ。

お金をすべてなくしたら
　クレジットカードがあれば、カード払いやキャッシングで何とかなる。クレジットカードがなくてもパスポートがあれば、Western Union などの海外送金サービスを利用して日本から送金が受けられる。パスポートもなく、日本からの送金が期待できない場合は、最寄りの日本台湾交流協会に相談する。が基本的には金銭の工面はできず、日本からの海外送金を頼りにするしかない。

日本台湾交流協会台北事務所が入るビル

新規旅券や渡航書の発給申請に必要なもの
・顔写真2枚
・戸籍謄本1通（渡航書の場合は本籍地が記載された住民票も可）
・手数料（10年旅券3650元～、渡航書570元）

クレジットカード盗難時の連絡先（台湾から）
アメリカン・エキスプレス
FREE 00801-65-1169（24時間、日本語可）
ダイナース
☎81-3-6770-2796（24時間、日本語可）
JCB
FREE 00-800-00090009（24時間、日本語可）
MasterCard
FREE 00801-10-3400（24時間、日本語可）
VISA
FREE 0080-1-444-190（24時間、日本語可）

トラブル用語集

中国語	日本語
救命！	助けて！
扒手	スリ
性騒擾	痴漢
小偸	泥棒
偸	盗む
被偸了	盗まれた
遺失	失くす、置き忘れる
錢	お金
沒有錢	お金がない
護照	パスポート
錢包	財布
手機	携帯電話
智能手機	スマートフォン
電話號碼	電話番号
密碼	パスワード

人混みの中では荷物から目を離さずに

外務省の提供する「たびレジ」に登録すれば、渡航先の安全情報メールや緊急連絡を無料で受け取ることができる。出発前にぜひ登録しよう。URL www.ezairyu.mofa.go.jp/tabireg

病院リスト

台北
台大醫院國際醫療中心
🏠 台北市中山南路7號
☎ (02) 2356-2900 (日本語・
英語可)　M P.69-C3
🌐 www.ntuh.gov.tw/IMSC-jp/
Index.action
台北日本クリニック
🏠 台北市南京東路一段60號
4階
☎ 0967-350-119
M P.69-D1
🌐 taiwan.japandr.com
台中
仁愛醫院大里院區
🏠 台中市東榮路483號
☎ 0928-928-403 (日本語ホッ
トライン)　M P.159-C3外
台南
衛生署立台南醫院
🏠 台南市中山路125號
☎ (06) 220-0055
M P.293-C2
高雄
蔡忠雄外科診所 (内科も可)
🏠 高雄市五福二路10號
☎ (07) 226-5701　M P.269-C2
花蓮
衛生署立花蓮醫院
🏠 花蓮市中正路600號
☎ (03) 835-8141　M P.221-B3

健康用語集

中国語	日本語
疼/痛	痛い
身體不好	具合が悪い
感冒	風邪
腹瀉	下痢
止瀉薬	下痢止め薬
哮喘	ぜんそく
過敏	アレルギー
對●●過敏	●●アレルギー
醫院	大きい病院
診處	クリニック
内兒科	内科＆小児科

健康上の注意点

台湾で新型コロナウイルスに感染した場合
　2023年4月現在、台湾で新型コロナウイルスに感染した場
合、無症状、軽症者は届け出や隔離は不要で自主健康管理を
実施することが推奨されている。合併症 (中重症) の条件を満
たす場合は届け出、隔離を行い、治療を受ける必要がある。台
湾の健康保険証がなければ、治療費は自己負担となる。海外
旅行保険には必ず加入のこと。旅行中も手洗い、アルコール消
毒、マスク着用など感染対策は徹底しよう。
日本台湾交流協会：COVID-19に関する最新情報
　🌐 www.koryu.or.jp/tabid2169.html
熱中症に注意
　台湾の真夏は酷暑。外出の際は帽子をかぶるか、日傘をさそ
う。また、直射日光を避ける長袖シャツや長ズボンも有効だ。
熱中症予防のために、こまめに水分を補給しよう。
冷房で体を冷やさない
　台湾のレストランや鉄道などは冷房が強く、短時間でも体が
冷え切るほど。短時間であっても上着を羽織って自衛しよう。
生水と氷に注意
　台湾の水道水は飲用には適さない。旅行中はボトル入りのミ
ネラルウオーターを口にしよう。気をつけたいのは屋台の氷入
りジュース。水道水で氷が作られているケースがあるからだ。

体調を崩したら

病院を受診するには
　病院 (醫院) での受診手順は日本とほぼ同様。
①受付をする
　受付 (掛號) で登録。交通事故などは救急 (急診) 室に行く。
診察を申し込み、予約番号 (掛號) をもらう。海外旅行保険の
カードを提出し、用紙に必要事項を記入。通訳が必要な場合は
申告する。キャッシュレスの海外旅行保険に加入していない場
合は、受付で受付料 (掛號費) が必要になる (200〜500元、夜
間・救急500〜800元)。
②診察を受ける
　指定された部屋 (診療室) で医師 (醫生、大夫) の診察と治療
を受ける。診察後は薬と会計の準備ができるまで待つ。海外旅
行保険指定の診断書を書いてもらうことも忘れずに。
③支払いをする
　会計 (付費) で名前を呼ばれたらレシートにサインをする。
診療、薬代を支払い、薬の番号をもらい、薬局で薬を受け取る。
　海外旅行保険に加入している場合は、帰国後すぐに (保険会
社によって異なるが、おおむね180日以内)、診察料や薬代、病
院までのタクシー代などを請求すること。そのためにも領収書
類はしっかり保管しておこう。

旅の
準備と
技術

旅の中国語会話

基本をチェック

台湾で使われている言葉は……

　台湾でおもに使われるのは、國語(北京語)と台湾語。國語とは"中華民國の言語"という意味で、いわゆる北京語とは使う単語や表現などが少々異なっている。現在、台湾政府が公用語としているのは國語だが、台湾の地下鉄や鉄道の車内放送は國語、台湾語、客家語、英語でアナウンスされるのは、複雑な言語事情の台湾ならでは。台湾北部や東部では國語、中部や南部では台湾語で会話することが多い。國語と台湾語を無意識にミックスして話すのも台湾の人の特徴。なお、台湾で使われる文字は繁体字(旧来の正字)。

会話は声調を意識して

　日本も台湾も漢字を使うので困ったときは筆談ができるが、会話する場合は漢字の発音が異なるので、通じるためには「声調」という音の高さやアクセントを意識してみよう。例えば、マー(ㄇㄚ／ma)という音には4つの声調がある(ほかに声調のない軽声がある)。

第一声	第二声	第三声	第四声	軽声
マー(mā) 高い音を一定に保つ 【例】媽(お母さん)	マー(má) 低い音から上に上げていく 【例】麻(アサ)	マー(mǎ) 中程度の高さから落としてまた中程度まで上げる 【例】馬(ウマ)	マー(mà)高い音を一気に下げる 【例】罵(ののしる)	マ(ma)音の高低はなく軽く発音する 【例】嗎

　ちなみに、台湾での発音記号には、中国の併音(ピンイン:ラテン文字化した発音記号)ではなく注音字母(ㄅㄆㄇㄈ。最初の4文字から通称ボボモフォとも)を用いている。声調を使い分けないと正確な意味が通じないところが難しいが、練習してみよう。また、台湾独自の単語を覚えてもよい。例えば、蚵仔煎は國語の発音よりも、台湾語の発音で「おあちぇん」と言ったほうが通じるので、積極的に使ってコミュニケーションしてみよう。

まずはあいさつから！

あいさつ

こんにちは	你好	Nǐ hǎo	ニー ハオ
ありがとう	謝謝	Xiè xie	シエ シェ
さようなら	再見	Zài jiàn	ツァイ ジエン
すみません／ごめんなさい	對不起	Duì bu qǐ	ドウイ ブ チー
大丈夫です／かまいません	沒關係	Méi guān xi	メイ グアン シー
どういたしまして	不客氣	Bú kè qi	ブー クー チ

自己紹介

日本から来ました…	Wǒ shì cóng rì běn lái de 我是從日本來的	ウォー シー ツォン リーベン ライダ
私は日本人です…	Wǒ shì rì běn rén 我是日本人	ウォー シー リーベンレン
お名前は何とおっしゃいますか?…	Nín guì xìng 您貴姓?	ニン グイ シン?
名前は〜といいます	Wǒ jiào〜 我叫〜	ウォージャオ〜
台湾に来たのは2回目です	Zhè shì dì èr cì lái Tái wān 這是第二次來台灣	ツェーシーディアル ツーライ タイワン
台湾に来てうれしいです	Lái Tái wān wán hěn kāi xīn 來台灣玩很開心	ライタイワン ワン ヘン カイシン

買い物

いります／いりません…	Yào / Bú yòng 要/不用	ヤオ／ブーヨン
あります／ありません…	Yǒu / Méi yǒu 有/沒有	ヨウ／メイ ヨウ
いくらですか?…	Duō shǎo qián 多少錢?	ドゥオ シャオ チエン?
高過ぎます	Tài guì le 太貴了	タイ グイ ラ
まけてください	Pián yi yì diǎn ba 便宜一點吧	ピエン イ イー ディエン バ
ほかに何かありますか?	Yǒu qí tā de ma 有其他的嗎?	ヨウ チー ター ダマ?

食事

メニューをください…	Qǐng gěi wǒ cài dān 請給我菜單	チン ゲイ ウォー ツァイ ダン
おいしい(食べ物/飲み物)	Hǎo chī / Hǎo hē 好吃/好喝	ハオ チー／ハオ ホー
おすすめの料理はありますか?…	Yǒu tuī jiàn de cài ma 有推薦的菜嗎?	ヨウ トゥイ ジエン ダ ツァイ マ?
お手洗いはどこですか?	Xǐ shǒu jiān zài nǎ lǐ 洗手間在哪裡?	シー ショウ ジエン ツァイ ナアリー?
会計してください…	Mǎi dān 買單	マイダン

宿泊

空室はありますか?…	Yǒu kòng fáng jiān ma 有空房間嗎?	ヨウ コン ファンジエン マ?
シングルをお願いします	Wǒ yào yì jiān dān rén fáng 我要一間單人房	ウォー ヤオ イージエンダンレン ファン
1泊いくらですか?…	Yì tiān duō shǎo qián 一天多少錢?	イーティエンドゥオ シャオ チエン?
3泊したいです…	Wǒ yào zhù sān tiān 我要住三天	ウォー ヤオ ヂュー サン ティエン
もう2泊したいです	Wǒ hái yào zhù liǎng tiān 我還要住兩天	ウォー ハイ ヤオ ヂュー リアン ティエン
浴室とトイレがありますか?	Zài fáng jiān lǐ yǒu yù shì hé cè suǒ ma 在房間裡有浴室和廁所嗎?	ツァイファンジェンリ ヨウ ユイーシー ホー ツー スオ マ?
鍵をください	Qǐng gěi wǒ yào shi 請給我鑰匙	チン ゲイ ウォー ヤオシ
台湾元に両替したいのですが…	Wǒ xiǎng huàn chéng xīn Tái bì 我想換成新台幣	ウォー シアン ホアン チョン シン タイビー

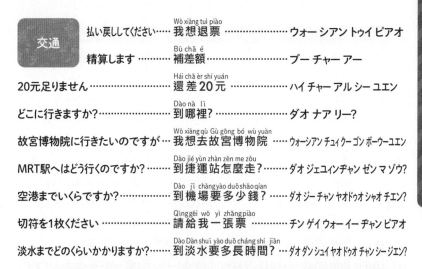

交通			
払い戻ししてください	我想退票	Wǒ xiǎng tuì piào	ウォー シアン トゥイ ピアオ
精算します	補差額	Bǔ chā é	ブー チャー アー
20元足りません	還差20元	Hái chā èr shí yuán	ハイ チャー アル シー ユエン
どこに行きますか?	到哪裡?	Dào nǎ lǐ	ダオ ナア リー?
故宮博物院に行きたいのですが…	我想去故宮博物院	Wǒ xiǎng qù Gù gōng bó wù yuàn	ウォーシアン チュイ クーゴン ボーウーユエン
MRT駅へはどう行くのですか?	到捷運站怎麼走?	Dào jié yùn zhàn zěn me zǒu	ダオ ジェユインヂャン ゼン マ ゾウ?
空港までいくらですか?	到機場要多少錢?	Dào jī chǎng yào duō shǎo qián	ダオジーチャン ヤオドゥオ シャオ チエン?
切符を1枚ください	請給我一張票	Qǐng gěi wǒ yì zhāng piào	チン ゲイ ウォー イー ヂャンビアオ
淡水までどのくらいかかりますか?	到淡水要多長時間?	Dào Dàn shuǐ yào duō cháng shí jiān	ダオダンシュイ ヤオドゥオ チャンシージエン?

ピンチのとき 向こうが何を話しているのかわからないとき、物をなくして言葉が通じないときなど、緊急時に使えるフレーズ。

ちょっとお尋ねしたいのですが、～?	請問、～?	Qǐng wèn	チン ウェン、～?
もう一度言ってください	請再説一遍	Qǐng zài shuō yí biàn	チン ツァイ シュオ イー ビエン
ゆっくり話してください	請説慢一點	Qǐng shuō màn yì diǎn	チン シュオ マン イー ディエン
ちょっと書いてください	請寫一下	Qǐng xiě yí xià	チンシエ イーシア
財布をなくしました	錢包弄丟了	Qián bāo nòng diū le	チエンバオ ノン ディウ ラ
パスポートをなくしました	護照不見了	Hù zhào bú jiàn le	フーヂャオ ブージエン ラ
荷物を盗まれました	我的行李被偷了	Wǒ de xíng lǐ bèi tōu le	ウォー ダシンリー ベイトウラ
日本語のわかる方はいませんか?	有會講日語的人嗎?	Yǒu huì jiǎng Rì yǔ de rén ma	ヨウ ホエイ ジアンリー ユィーダ レン マ?
助けて!	救命啊!	Jiù mìng a	ジォウミン ア!
おなかが痛いです	我肚子痛	Wǒ dù zi tòng	ウォー ドゥーヅ トン
近くに病院はありませんか?	這付近有醫院嗎?	Zhè fù jìn yǒu yī yuàn ma	ツェーフージン ヨウ イーユエン マ?
10元貸してくれませんか?	可以借我10元嗎?	Kě yǐ jiè wǒ shí yuán ma	クーイージエ ウォー シー ユエン マ?
ティッシュペーパーはどこで買えますか?	哪裡可以買到衛生紙?	Nǎ lǐ kě yǐ mǎi dào wèi shēng zhǐ	ナアリークーイー マイダオ ウェイションヂー?
ここは撮影できますか?	這裡可以拍照嗎?	Zhè lǐ kě yǐ pāi zhào ma	ツェーリークーイー パイヂャオ マ?

人称代名詞／代名詞など

私 ………… 我 (wǒ) ………… ウォー
私たち ……… 我們 (wǒ men) ……… ウォーメン
あなた ……… 你(您) (nǐ nín) ……… ニー (ニン)
あなたたち … 你們(您們) (nǐ men nín men) … ニーメン (ニンメン)
彼 ………… 他 (tā) ………… ター
彼ら ………… 他們 (tā men) ………… ターメン
彼女 ………… 她 (tā) ………… ター
彼女ら ……… 她們 (tā men) ……… ターメン
父／母 …… 爸爸／媽媽 (bà ba mā ma) … バーバ／マーマ
祖父／祖母 … 爺爺／奶奶 (yé ye nǎi nai) … イエイエ／ナァイナイ
兄／姉 … 哥哥／姐姐 (gē ge jiě jie) … ガーガ／ジエジエ
弟／妹 …… 弟弟／妹妹 (dì di mèi mei) … ディーディ／メイメイ
男／女 …… 男的／女的 (nán de nǚ de) … ナンダ／ニュイダ
子供 ……… 小孩 (xiǎo hái) ……… シアオハイ
友達 ……… 朋友 (péng yǒu) ……… ポンヨウ
あれ／これ … 那個／這個 (nà ge zhè ge) … ナーガ／ヂェーガ

方向

左／右 …… 左／右 (zuǒ yòu) …… ズオ／ヨウ
上／下 … 上面／下面 (shàng miàn xià miàn) … シャンミエン／シアミエン
前／後 … 前面／後面 (qián miàn hòu miàn) … チエンミエン／ホウミエン
東／西 …… 東／西 (dōng xī) …… トン／シー
南／北 …… 南／北 (nán bèi) …… ナン／ベイ

数字

0 ………… 零 (líng) ………… リン
1 ………… 一 (yī) ………… イー
2 ………… 二(兩) (èr liǎng) ………… アル (リアン)
3 ………… 三 (sān) ………… サン
4 ………… 四 (sì) ………… スー
5 ………… 五 (wǔ) ………… ウー
6 ………… 六 (liù) ………… リョウ
7 ………… 七 (qī) ………… チー
8 ………… 八 (bā) ………… パー
9 ………… 九 (jiǔ) ………… ジョウ
10 ………… 十 (shí) ………… シー
11 ………… 十一 (shí yī) ………… シーイー
12 ………… 十二 (shí èr) ………… シーアル
20 ………… 二十 (èr shí) ………… アルシー
31 ………… 三十一 (sān shí yī) ………… サンシーイー
100 ………… 一百 (yì bǎi) ………… イーパイ
1000 ………… 一千 (yì qiān) ………… イーチエン
1万 ………… 一萬 (yí wàn) ………… イーワン

単位（数字のあとに入る）

(お金) ……… 元／塊 (yuán kuài) ……… ユエン／クアイ
(部屋) ……… 間 (jiān) ……… ジエン
(お皿) ……… 盤 (pán) ……… パン
(切符) ……… 張 (zhāng) ……… ヂャン
(飲み物) …… 杯 (bēi) …… ベイ
(ご飯) ……… 碗 (wǎn) ……… ワン
(服) ……… 件 (jiàn) ……… ジエン
(靴) ……… 雙 (shuāng) ……… シュアン
(動物) ……… 隻 (zhī) ……… ヂー
(本) ……… 本 (běn) ……… ベン
(札、紙) …… 張 (zhāng) …… ヂャン
(共通) ……… 個 (ge) ……… ガ

時間

今日 ……… 今天 (jīn tiān) ……… ジンティエン
昨日 ……… 昨天 (zuó tiān) ……… ヅオティエン
明日 ……… 明天 (míng tiān) ……… ミンティエン
～月 ……… ～月 (yuè) ……… ～ユエ
～日 ……… ～號 (hào) ……… ～ハオ
～時 ……… ～點 (diǎn) ……… ～ディエン
～分 ……… ～分 (fēn) ……… ～フェン
3泊4日 …… 4天3夜 (sì tiān sān yè) …… スーティエン サンイエ
～曜日 …… 星期～ (xīng qī) …… シンチー～

※～は、月曜～土曜の順に一～六を入れる。
日曜は星期日

ホテル

ホテル	飯店 (fàn diàn)	ファンディエン
旅館	旅社 (lǚ shè)	リューシャー
シングルルーム	單人房 (dān rén fáng)	ダンレンファン
ツインルーム	雙人房 (shuāng rén fáng)	シュアンレンファン
スイートルーム	套房 (tào fáng)	タオファン
ドミトリー	多人房 (duō rén fáng)	ドゥオレンファン
湯	熱水 (rè shuǐ)	ルーシュイ
シャワールーム	淋浴間 (lín yù jiān)	リンユイジエン
風呂場	洗澡間 (xǐ zǎo jiān)	シーザオジエン

公共機関

～駅	～車站 (chē zhàn)	～チャーヂャン
MRT	捷運 (jié yùn)	ジエユィン
乗り換え	轉車 (zhuǎng chē)	ヂュアンチャー
バス	公車 (gōng chē)	ゴンチャー
バス停	公車站牌 (gōng chē zhàn pái)	ゴンチャーヂャンパイ
列車	火車 (huǒ chē)	フオチャー
切符売り場	售票處 (shòu piào chù)	ショウピアオチュー
タクシー	計程車 (jì chéng chē)	ジーチョンチャー
飛行機	飛機 (fēi jī)	フェイジー
空港	機場 (jī chàng)	ジーチャン
公衆電話	公共電話 (gōng gòng diàn huà)	ゴンゴンディエンホア
銀行	銀行 (yín háng)	インハン
警察	警察 (jǐng chá)	ジンチャー

物

パスポート	護照 (hù zhào)	フーヂャオ
財布	錢包 (qián bāo)	チエンバオ
クレジットカード	信用卡 (xìn yòng kǎ)	シンヨンカー
現金	現金 (xiàn jīn)	シエンジン
紙幣	紙鈔 (zhǐ chāo)	ヂーチャオ
小銭	零錢 (líng qián)	リンチエン

疑問詞

何	什麼 (shén me)	シェンマ
どれ	哪個 (nà ge)	ナアガ
どこ	哪裡 (nǎ lǐ)	ナアリー
いつ	什麼時候 (shén me shí hòu)	シェンマシーホウ
何時	幾點 (jǐ diǎn)	ジーディエン
誰	誰 (shéi)	シエイ
なぜ	為什麼 (wèi shén me)	ウェイシェンマ
いくつ	幾個 (jǐ ge)	ジーガ
いくら	多少錢 (duō shǎo qián)	ドゥオシャオチエン
どのように	怎麼 (zěn me)	ゼンマ

基本動詞

食べる	吃 (chī)	チー
飲む	喝 (hē)	ホー
行く	去 (qù)	チュイ
着く	到 (dào)	ダオ
来る	來 (lái)	ライ
会う	見 (jiàn)	ジエン
乗車	上車 (shàng chē)	シャンチャー
下車	下車 (xià chē)	シアチャー
開く/開ける	開 (kāi)	カイ
閉じる/閉める	關 (guān)	グアン
探す	找 (zhǎo)	ヂャオ
見る	看 (kàn)	カン
観光	觀光 (guān guāng)	クワングアン
旅行	旅遊 (lǚ yóu)	リューヨウ
聞く	聽 (tīng)	ティン
話す	説/講 (shuō / jiǎng)	シュオ／ジアン
書く	寫 (xiě)	シエ
買う	買 (mǎi)	マーイ
売る	賣 (mài)	マイ
着る、履く	穿 (chuān)	チュアン
病気になる	生病 (shēng bìng)	シォンビン
痛い	痛 (tòng)	トン
かゆい	癢 (yǎng)	ヤン
電話をかける	打電話 (dǎ diàn huà)	ダーディエンホア
気をつける	小心 (xiǎo xīn)	シアオシン

台湾語を話してみよう！

　台湾語は、閩南語をベースにしつつ、台湾で独自の言語へと進化した言葉である。もとは人口の75%を占めるホーロー系の母語だが、日常会話や商談では民族を越えてよく使われるため、台湾を代表する言語という意味で「台湾語」と呼ばれている。声調は7種あり、しかも転調するという特徴をもつ。また語彙や文法も中国語とは大きく異なる。正式な表記法はローマ字（台羅Tâi-lô）と漢字の混ぜ書きである。「oo-bá-sáng」（おばさん）、「sa-sí-mih」（刺身）など、日本語からの借用も多く、比較的なじみやすい言語だ。片言でもよいので、台湾語で話しかけてみると、グッと距離が縮まることだろう。

○ こんにちは ……………………… リーホー（Lí 好）
　　　<1日中使える便利なあいさつ。特に初対面の相手などによく使う>

○ おはよう ……………………… ガウツァ（賢早）
　　　<朝の基本のあいさつ。元気よく言ってみよう>

○ ありがとう ……………………… トーシャー（多謝）
　　　<台湾人は気軽にお礼を言う。2回重ねて言ってもOK!>

○ いえいえ ……………………… ベー（Bê）
　　　<相手に「トーシャー」と言われたら、すかさず返そう!>

○ すみません ……………………… パイセェ（歹勢）
　　　<軽い謝罪にも、呼びかけにも使える便利な言葉>

○ 大丈夫です ……………………… ボヤッキン（無要緊）
　　　<謝られたとき、相手に返すひと言。「大したことじゃない」の意>

○ これが欲しいです ……………………… ゴァベアイツェー（我beh愛這）
　　　<お店で買いたいものを見つけたら、指さしながら言ってみよう>

○ これ、いくらですか？ ……………… ツェ、ゴァツェーチィ？（這、若多錢?）
　　　<値段を尋ねる言葉。買いたい物を指さしながら言ってみよう>

○ いいですよ ……………………… ホー（好）
　　　<何か提案されて承諾するときなどに使う>

○ いりません ……………………… ボーアイ（無愛）
　　　<買いたくないとき、タクシーに乗りたくないときなど、はっきりこう告げよう>

○ おいしいです ……………………… チンホーチャッ（真好食）
　　　<お店の人やおごってくれた人に言ってあげたら喜ぶこと間違いなし!>

○ トイレはどこですか？ ……………… ペンソォティトーウィー？（便所在tó-uī?）
　　　<文頭に「お尋ねします」=「チャームン」（請問）をつけると、よりていねい>

一	二	三	四	五	六	七	八	九	十
チッ	ヌン	サー	シィ	ゴォ	ラk	チッ	ポェ	カウ	ツァp

※赤字部分は、息を強く吐くように発音する（有気音）/下線部分は、鼻からも息を抜くように発音する（鼻音）
※矢印は声調を表す。平らに伸ばす音・下げる音・短く切る音、それぞれに高いバージョンと低いバージョンがある。低いほうには●がついている。（©近藤 綾『トラベル台湾語』）

台湾の歴史

オランダによる統治

漢民族が台湾に移住してくるはるか以前、東南アジア方面から台湾に渡来して住み着いた台湾原住民が、狩猟や漁労、焼き畑農業を営んで生活していた。彼らは、いくつもの部族に分かれており、言語、歴史、慣習、風俗がそれぞれ異なっていた。

15世紀末以来、世界中に通商や植民地を求めて進出した西欧諸国のうち、イスパニア（スペイン）とオランダが、通商上、台湾の地理的位置に目をつけた。1624年、オランダは台湾南部に上陸し、現在の台南にゼーランディア城（安平古堡）の構築に取りかかり、翌年にはプロビデンシャ城（赤崁城）を築いた。一方、イスパニアは台湾北部に到達し、1626年、基隆にサン・サルバドル城、1629年には淡水にサント・ドミンゴ城を構築した。しかし当時優勢になりつつあったオランダが、1642年に北部を占領していたイスパニアを駆逐し、台湾原住民を懐柔して、台湾を支配するにいたった。

鄭氏、清朝による統治

17世紀初頭、中国大陸南部から、突如、せきを切ったように漢民族の台湾南部への移住が開始された。明朝から清朝への王朝交代という政治的理由で渡航する者もあったが、大半は、人口増加の圧力に耐えかねて福建省や広東省から、やむを得ずに渡航した人々だった。

渡航者は、福建省と広東省（いわゆる広東人ではなく、遅れて広東に入って来た広東客家〈ハッカ〉）の2省の出身者がほとんどであり、彼らは出身地の違いから、耕地などをめぐり、台湾原住民を巻き込んで、激しい武闘を展開した。

その頃大陸では、1644年に李自成が明朝を滅ぼした後、清朝が代わって中国を支配した。

ところで、初め海賊の頭目であった鄭芝龍は、平戸の田川氏の娘、マツとの間に生まれた息子、鄭成功とともに明朝の遺臣として廈門を中心に活躍していた。鄭芝龍が清朝に帰順した後も、鄭成功は反清朝活動を続け、1661年に、さしあたりオランダの支配する台湾に攻め入り、台湾からオランダ人を追い払い、そこを「反清復明」の基地とした。翌年に鄭成功は亡くなったが、その後、彼の息子の鄭経が、台湾の開拓経営に専心した。1683年、清朝は明朝の遺臣である鄭氏一族を打ち破ったが、その後、台湾を自己に敵対する勢力の根拠地とさせないようにするため、文官を派遣し統治を開始した。台湾領有後の清朝は、大陸から台湾への渡航を禁止したり、渡航条件を厳しく制限した。

そのため台湾では、漢民族の独身男性および単身で渡台し、妻子を大陸に残してきた男性の数が圧倒的多数になってしまった。彼らのうちの多くは台湾原住民の女性と結婚した。

一方、台湾原住民のなかには漢化されて漢民族に完全に同化した人々もいる。漢民族は、未開地を開拓したり台湾原住民の耕地を租借したりしながら、生存圏を拡大し、土着化（台湾化）していった。彼らの子孫が現在の本省人であり、マジョリティである。

日本による統治

19世紀末、日清戦争が勃発し、日本が圧勝した。戦勝国となった日本は清国から遼東半島、台湾、澎湖列島を割譲された。しかし、西欧列強（ロシア、ドイツ、フランス）の圧力で、結局、日本は遼東半島を清朝へ返還した。

当時の台湾住民は、台湾も遼東半島のように日本による支配を回避できると期待していた。しかし、李鴻章ら清朝政府の台湾切り捨て政策により、その期待は裏切られた。この過程で、台湾の人々が中国に対して失望し、幻滅したのはいうまでもない。

このとき、日本による支配を嫌った邱逢甲らは、在台の清朝官僚である唐景崧を擁し、「台湾民主国」の独立宣言を高らかに謳い、1895年5月25日に、台湾民主国として形式的に独立した。しかし、アジア初のこの「民主国」も、日本軍の侵攻の前に短期間であえなく潰れ去ってしまったのである。

日本は、台湾総督府を通じて、徹底した「アメとムチ」の政策を取り、台湾の「日本化」を強力に推進した。

公学校が設けられ、台湾人の子供たちがここで6年間教育された。また、特別行政区域内に住む台湾原住民の子供たちは、蕃童教育所において、4年間、おもに日本人巡査から日本語や礼儀作法を教えられた。このように、台湾人・台湾原住民は初等教育によって着々と「日本化」されていった。

日本の統治が始まった頃には、台湾人・台湾原住民は毎年のように武力的な抗日運動を行った。これに対し、1898年11月、日本当局は匪徒刑罰令を公布し、一連の抗日運動を「土匪」の反乱と決めつけた。台湾の人々によるこれらの運動は、当局によって武力弾圧されたのである。

一方、台湾総督府は、「土匪」に対して、積極的に招降策を推進した。また、社会的に尊敬されている老人や教養人を招待してもてなす餐老典・楊文会を開催したり、有力者に紳章という勲章を与えるという「アメ」も用意した。

その後、抗日運動は武力闘争から組織的政治運動へと質的に転換されていく。1921年10月に創立された、林献堂らを中心とする台湾文化協会が、その役割を担った。この頃、日本当局は、台湾総督をこれまでの武官総督から文官総督に切り替えた。

しかし、武力闘争がこれで根絶したわけではなかった。その後起こった最大規模の武力闘争が「霧社事件」である。

当時「高砂族」と呼ばれた台湾原住民は、日本統治後、日本に帰順していた。特に、台中の霧社は、開化・帰順が進んでいた。しかし、日本の圧政に抗して、1930年10月27日未明、突如、霧社に住むセディック族の一部、約300人が武力蜂起した。これがいわゆる「霧社事件」であり、その後の山地の統治に大きな影響を与えている。

1937年以後、日中戦争から太平洋戦争への進展に従い、台湾は日本の南方作戦基地とされた。台湾総督は、基地としての台湾を整備するためこの頃から再び武官総督に代えられ、軍事色が強くなっていく。

以上のように、1945年、太平洋戦争が終わるまで、台湾は50年にわたって日本に統治された。

日本統治時代は「工業・日本、農業・台湾」というスローガンの下、台湾は日本に植民地化され、経済的にも搾取された。だが皮肉なことに、台湾の特産であるサトウキビ（砂糖）、樟脳、烏龍茶などの生産力は、この時代に向上した。

また、後藤新平らの尽力によってインフラの整備が急速に進んだ一方で、抗日運動を通して台湾人が今まであまり意識しなかった台湾人としてのアイデンティティが、強く意識されるようになった。

中華民国の時代

1945年8月15日、日本の敗戦にともない台湾が中国（中国国民党政府）に「返還」（不法占拠説もある）され、台湾は「祖国」復帰（＝「光復」）した。「光復」後、台湾を統治したのは、大陸から来た新長官陳儀や国府軍（中国国民党政府軍）だった。当初は、台湾人は彼らを「同胞」として歓迎したが、国府軍は、その士気の低さと驕りのためにしだいに人々に嫌われた。そうした背景のなかで、「二・二八」事件が起こったのである。

事件は、1947年2月27日の夜、台北市で国民党の専売局ヤミたばこ摘発隊が、逃げ遅れたヤミたばこ売りの寡婦を殴ったことに始まる。同隊は抗議して集まった台湾人に向かって発砲し、ひとりを殺してしまった。翌28日、台湾人のデモ隊が専売局に押しかけ、さらに行政長官公署に向かった。そ

のとき、公署から機関銃の一斉掃射を受け、多数の死傷者が出たのである。そこで憤慨した台湾人らは、「光復」後の台湾に移住してきた外省人の店舗を焼き討ちにした。また、台北市放送局を占拠し、全島民が呼応して決起するよう呼びかけた。

この国民党に対する台湾人の「反乱」は、結局、蒋介石によって武力鎮圧され、台湾人エリート層（数万人といわれている）が闇へ葬り去られた。ここに、本省人（＝台湾人）と外省人（＝＜在台＞中国人）との対立が始まったのである。この2.28事件によって再び中国に対して幻滅した台湾人は、中国大陸への精神的依存状態から、一部脱却したと考えられる。

その頃、大陸では毛沢東の中国共産党が力を増し、蒋介石率いる国民党政府を追い詰めていた。蒋介石は台湾を国民党政権最後の砦と位置づけ、その支配を固めていた。内戦の結果、国民党は中国共産党に敗れ、1949年12月、遷都というかたちで200万人にも上る人々とともに台湾に逃れた。国民党は、「法統」（正統な中国政府）を掲げ、将来の「大陸反攻」を目指した。他方、台湾全土に戒厳令を施行（1949年5月）して、武力を背景に台湾人や台湾原住民の支配を開始する。

一方、大陸では、同年の10月1日、毛沢東によって、中華人民共和国の成立が宣言された。当時、大陸は建国の喜びに沸き立ち、その勢いは人民解放軍によって台湾を「解放」するばかりであった。ところが、翌年6月25日、北朝鮮（朝鮮民主主義人民共和国）が韓国（大韓民国）に侵攻し、突如朝鮮戦争が始まった。そのため軍事力、経済力ともに世界最強を誇るアメリカ合衆国は東アジアの共産化を恐れて台湾防衛の意思を固め、台湾海峡の「中立化」を宣言し、米第7艦隊を急遽派遣した。かくして台湾は寸前のところで「解放（＝共産化）」を免れたのだった。

目覚ましい経済発展

朝鮮戦争開始以後、蒋介石率いる台湾は、アメリカ合衆国へ傾斜（後に「アメリカ化」を促す）していく。アメリカも、1951～1965年まで、年間平均約1億USドルにも達する巨額の軍事・経済援助を行った。

その頃になると、輸出志向の工業化を目指す台湾は、近代化への経済的離陸を開始し、1964年には工業生産が農業生産を初めて上回った。1971年10月、大陸の中国共産党政府に国連代表権が認められた。国連を脱退した台湾は、国際的孤立のなかで経済活動に専念し、奇跡的な発展を遂げた。1975年4月、蒋介石総統が死去し、その後、息子の蒋経國が、その地位を継承した（1978年3月～1988年1月）。

2022年、台湾の1人当たりのGDPが3万5510USドルとなり、韓国（再逆転）ばかりではなく、日本も抜き、東アジアでトップとなっている。これは、蒋経国元総統が鋭意、進めた世界最先端の半導体製造のお陰だろう。その代表例がTSMCである。

台湾の政治体制

かつて台湾の政治体制は中華民国の国父、孫文の教えに従って五権、すなわち三権（立法、行政、司法）プラス二権（監察、考試）が分立していたが、現在では三権である。

日本の国会に相当するのは立法院で議員（任期4年）は選挙によって選出される。監察院は任命制である。1996年以来、総統（大統領）と副総統（副大統領）は、住民の直接選挙で選出されるようになった。総統は、首相に当たる行政院長を指名し、組閣する。また、台北市などの首長（市長、県長）や市県会議員も地方選挙で選出される。いずれも任期は4年である。

李登輝総統時代

台湾経済の著しい発展にともない、国民党自身も変貌した。蒋経國総統の晩年から本省人の李登輝総統のもとで、台湾の政治的民主化は大きく前進する。国民党は、まず野党である民主進歩党の結党を黙認（1986年9月）した。そして翌年7月には、38年間も敷いていた戒厳令を解除（金門、馬祖地域を除く）し、同年11月には、民間人の

大陸への里帰りを許可した。さらには、翌年1月より、新聞を自由化し、1989年1月には野党の結成を公認した。

1991年4月に憲法を改正し、これでようやく、長らく国会に居座り続けた「万年議員」の退職（同年12月中旬までに全員が辞めた）への道が拓けた。台湾側は、中国共産党を反乱団体と見なすことをやめ、形式上続いていた中台の内戦状態を一方的に終結させた。また、その後、金門・馬祖地域の戒厳令も解除された。

1992年12月の立法委員選挙では、161議席中、野党民主進歩（民進）党が50（後にプラス2）議席を取り、本格的な二大政党時代を迎えた。1993年2月には内閣改造が行われ、本省人エリートである連戦が行政院長（首相）となった。総統、行政院長の両ポストがついに本省人に占められ、本省人による台湾支配が始まったのである。それに対し、不満をもつ外省人2世が中心になって「新党」が結成された。

1996年3月には総統民選（直接選挙）が行われ、李登輝が圧倒的多数の支持で民選初の総統に選ばれた。台湾住民は史上初めて自らの手で最高権力をもつ統治者を選んだ。

ところが、中国は「隠れ台湾独立派」と見なす李登輝の総統選出阻止のため、選挙戦中に台湾海峡対岸の福建省で中国人民解放軍の大規模軍事演習を繰り返した。さらに、台北と高雄の沿岸からわずか十数kmの海域や台湾南部の海域にミサイルを発射し、軍事的圧力を加えたが、アメリカ合衆国は台湾海峡海域に空母を派遣し、中国を牽制した。

1999年7月、李登輝総統は「二国論」を提唱した。中台は「特殊な国と国との関係」と規定したのである。これは、翌年の総統選挙でどの候補が当選しても、中台関係が一定の方向で進むよう意図したものであった。

陳水扁総統時代

2000年3月、第10代中華民国（中華民国在台湾＝中華民国・台湾ないしは台湾中華民国）総統を選出するための台湾で2度目の直接選挙が行われた。李登輝総統は再出馬を辞退したので、国民党は連戦副総統を総統候補とした。一方、民進党は陳水扁前台北市長を擁立し、最有力候補の宋楚瑜は国民党を割って出馬したのである。有力3候補が横一列に並んだ。

最終的に混戦から陳水扁が抜け出し、次点の宋楚瑜を30万票余りの差で破り当選した。1945年以来、台湾を55年間にわたり統治してきた国民党が下野し、平和的政権交代が行われた。与党側の敗因は、連戦・国民党候補と同党を飛び出し無所属で出馬した宋楚瑜総統候補が一本化できなかった点にある。当時、国民党系の票は全体の約6割あった。連・宋の票が二分されたために、陳水扁候補（得票率、約39％）が「漁夫の利」を得て、宋楚瑜（約37％）と連戦（約23％）に勝利したのである。

民進党は総統選に勝利したが、立法院（国会）では少数与党であり、政権運営は困難をきわめた。

2004年の台湾総統選挙

2004年3月、与党・民進党の陳水扁・呂秀蓮正副総統は再選を目指した。同ペアが、50.1％の得票率で連・宋ペアを辛くも振り切って勝利した。

2004年12月、再び立法委員選挙が行われた。しかし、与党、民進党は89議席、友党の台連は12議席しか獲得できず、与党側の実質的敗北に終わった。そのため、依然、行政院と立法院との間の「ねじれ現象」が解消できなかった。

その後、清廉なイメージだった陳水扁政権は身内のスキャンダルで、支持率は地に墜ちた。そのため、2005年の統一地方選挙では、与党は敗北した。翌年の台北・高雄両市長選でかろうじて高雄市長だけは死守した。だが、2008年1月の立法委員選挙で、再び与党は惨敗した。同年3月、総統選挙が行われたが、国民党の馬英九が民進党の謝長廷を大差で下して総統に当選し、「第2次政権交代」が起きた。

2012年の総統・立法委員選挙

一般に、総統選は「理念の選挙」（1票でも

多い正副総統候補者が当選)、立法委員選はおもに地元密着型の「利益誘導選挙」(小選挙区<73議席>比例代表<34議席>並立制、プラス原住民全国区<6議席>)である。

2012年の総統選は、与党・国民党の馬英九候補(現職)、野党・民進党の蔡英文候補、野党・親民党の宋楚瑜候補の三つ巴となった。実質的には、馬英九と蔡英文の一騎打ちだった。結果は、馬英九が国民党のカネと組織を生かし、約80万票差で蔡英文を破った。

それまで、台湾の選挙は、総統選と立法委員選挙は別々に実施されていたのである。だが、2012年、総統選が前倒しされ、立法委員選挙とのダブル選挙となった。その結果、総統選は、過去5回の総統選で最低の投票率となり、組織力に勝る国民党が勝利した。一方、組織力や買収(「買票」)がモノをいう立法委員選は、過去最高の投票率となり、与党・国民党が113議席中、64議席獲得し、過半数を獲得した。行政府・立法府とも与党が勝利している。

ひまわり学生運動

「親中派」の馬英九政権は、徹底した「中国一辺倒」政策を採った。台湾海峡両岸の経済的「中台統一」を目指したのである。そこで、馬英九政権は、2010年に、まず中国共産党とECFA(両岸経済協力枠組協議)を締結し、立法院で批准発効した。

その後、馬英九政権は、今度は、2013年に中国共産党と「両岸サービス貿易協定」を締結した。さらに、中台間の経済を深めようとしたのである。

翌14年3月、立法院で「サービス貿易協定」の批准が行われようとしていた。その時、学生らが、突然、立法院になだれ込み、批准を阻止しようとした。中国からモノやヒトやサービスが台湾へ流れ込めば、台湾経済は中国に隷属するとの危機感を持った結果である。

大学院生の林飛帆・陳為廷らが、立法院を占拠したが、整然と行った。週末には、彼らを応援する大規模デモ(主催者発表では約50万人)が行われた。

結局、王金平行政院長が、林飛帆らと話し合いに訪れ、「両岸協議監督条例」とともに、もう一度、「サービス貿易協定」を審議すると学生らに約束した。そこで、翌4月、学生らは立法院を自ら去ったのである。

この「ひまわり学生運動」は、同年9月から12月にかけて起きた香港「雨傘革命」の先駆けとなっている。

新しいリーダー、蔡英文総統

蔡英文は、台湾屏東県の裕福な家庭に生まれた。蔡は11人目の末っ子である。祖母はパイワン族だという。

蔡は、台湾大学法学部へ進学し、その後、米コーネル大学ロースクールで修士号を取得し、英国ロンドン・スクール・オブ・エコノミクスで法学博士号を取得した。

蔡は李登輝人脈のひとりで、行政院大陸委員会(対中国政策機関)主任、行政院副院長等を歴任した。1999年、李登輝総統は「二国論」(中国と台湾は特殊な国と国との関係)を発表した。蔡英文が、この「二国論」を発案したと言われる。

蔡英文は、2016年1月の総統選挙にも出馬し、大勝した。そして、民進党は立法委員選挙にも勝利して、ようやく同党の時代がやって来た。

だが、蔡英文が総統就任以来、台湾と断交する国が次々現れ、(2023年3月26日現在)13ヶ国にまで減った。

しかし、米トランプ政権は、台湾に好意的だった。議会で成立した「台湾旅行法」に2018年3月、大統領が署名し、両国トップが自由に往来できるようになっている。

また、米議会で通過した「アジア再保証推進法」に、同年末、大統領が署名し、台湾への防衛装備品売却推進を図っている。

2020年1月の総統選挙で蔡総統が国民党の韓国瑜候補を破り、再選を果たした。次の総統選挙は2024年1月に行われる。

澁谷司(しぶや・つかさ)
目白大学大学院講師。元拓殖大学海外事情研究所教授。アジア太平洋交流学会会長。YouTube『澁谷司の中国カフェ』を配信中。

台湾を知るための8つのトピック

❶ 台湾は国家か?

　現在、欧米・日本を含め、ほとんどの国々は、台湾を国家承認していない。現時点で、台湾が国交をもつのは、たった13ヵ国である。

　実は、台湾が国家か否か、国際法上、さまざまな議論がある。一般に、国家を構成する4要素は、①領土、②人民、③合法的政府、④主権(=外交権)とすれば、台湾は"事実上の国家"と言えよう。

　問題は、「一つの中国」というタームである。1949年以来、台湾海峡両岸には、大陸側には中華人民共和国と台湾側には中華民国というふたつの国家が存在してきた。

　ところが、前者を支配する中国共産党と後者を支配する中国国民党がお互い「一つの中国」という"虚構"を作り出した。そして、1990年代まで、あたかもお互いを統治(中国が台湾島を支配、台湾が中国大陸を支配)しているかのごとく、振る舞ってきたのである。

　その際、米国をはじめとする国際社会は、中台の主張する"虚構"にずっとお付き合いをしてきた。そして、国際社会は、いまだに「一つの中国、一つの台湾」(かつては「二つの中国」)を認めていない。

❷ 「台湾独立」とは何か?

　しばしば「台湾独立」というタームが使用される。多くの日本人は、これを台湾の中国からの「独立」だと思ってしまう。

　しかし、1949年以来、中国共産党は台湾を一度も統治したことがない。今なお、台湾は、台湾住民が自ら選挙で選んだ人たちが「合法的政府」を形成し、彼らが台湾住民を支配している。

　一般に、A国がB地域を支配していたが、その地域の人々がそこから分離独立することを「独立」という。21世紀になって、新国家がふたつ誕生している。ひとつは、東ティモールがインドネシアから分離独立した。もう1つは、南スーダンがスーダンから分離独立している。チベットや新疆ウイグルの場合、実際に、中国共産党が同地域を実効支配している。だから、チベットや新疆ウイグルが、中国から「独立」することは"論理的"にあり得るだろう。

　ところが台湾は中国共産党から実効支配されていない以上、台湾が中国から「独立」する事はあり得ない。もともと「台湾独立」というタームは、国民党以外の野党の人々(=「台湾独立派」)が、「中華民国体制からの独立」と使用していた。それを、中国共産党が勝手に中国からの「台湾独立」と言い出したのである。

　現在もなお、中国共産党は、「台湾独立」を許さないと主張している。だが、実際に「独立」している台湾は、どこから「独立」する必要があるのだろうか。

❸ 本省人と外省人

　台湾の人口の84%を占める本省人(=台湾人)も、他方、14%しかいない外省人(=在台中国人)も、中国大陸から台湾へ渡って来た漢民族である。

　だが、両者は渡台した時期と出身地が異なるので、言語や思想が違う。

　本省人は、おもにふたつのグループに分けられる。祖先が福建省の泉州、あるいは同省の樟州から来た人たち(両者を併せて、閩南系という。台湾語を話す)、それと、主に広東省梅県から来た人たち(客家系。客家語を話す人もいる)である。

　外省人は、1949年「国共内戦」で敗れた中国国民党(以下、国民党)とともに台湾へやってきた。現在、その2世、3世、4世も、

普通、外省人と呼ばれ、北京語を話す。

一般に、多くの本省人は「中台統一」を考えていない。最低でも、台湾海峡両岸の「現状維持」、あるいは、将来、台湾は台湾だけで進んでいきたいと望んでいる。他方、一部の外省人は将来的に「中台統一」を理想とする。

普段は、本省人、外省人ともに、お互い省籍を意識する事はまれである。ただし、選挙時には、お互いの主張がはっきりと出てくる。

本省人の半分以上は、「台湾独立」志向の民主進歩党（以下、民進党）へ、半分近くは「中台統一」志向の国民党（および、新党・親民党）へ投票する。大多数の外省人は、後者へ投票する。

しかし、最近、SNSの発達によって、若者たちの投票行動が変わってきた。

本省人でも外省人でも、若者たちは郷土愛が強く「保守的」であり、かつ「現実主義」である。そのため、郷土愛の強い民進党やさらに急進的な「時代力量」等を支持する傾向にある。

❹ 台湾の人は日本が好きなのか？

台湾人は日本や日本人が大好きである。台湾は、おそらく世界一の「親日国」と言っても過言ではない。これは、歴史的な事情による。

1895年、日清戦争の結果、台湾は突然、日本の版図に組み入れられた。台湾は大日本帝国の最初の植民地となっている。だが、当時、台湾は、北部・中部・南部に分かれ、3つの国があったとさえいわれた。

台湾は「3年小叛、5年大叛」（3年に1度、小さな反乱、5年に1度、大きな反乱）というほど、統治が難しかった。台湾統治当初、明治政府は、台湾人の抵抗に手を焼いた。そのため、帝国議会では、台湾のフランスへの売却も議論されている。

しかし、第4代台湾総督、児玉源太郎と民政長官、後藤新平のコンビにより、台湾は一変する。

児玉と後藤は、台湾のインフラ（学校・病院・道路・湾岸等）を整えた。台湾には、コレ

ラ・マラリア等の病気が蔓延していたが、これを制圧した。また、当時、台湾には阿片吸引者が多くいたが、徐々に減らしていった。

そして、台湾の中では、日本語が"共通語"となった。また、度量衡も整えられた。台湾は「近代化」したのである。

以上のように、日本は台湾を一生懸命に治めた。そのため、台湾人は日本人を「養父母」のように感じたのである。

他方、第2次世界大戦で日本の敗戦後、国民党が台湾を統治したが、日本の台湾統治と比べ、あまりに横暴で杜撰だった。そのため、多くの台湾人は、日本時代を懐かしんでいる。それが、今の台湾人の日本好きにつながっているのではないだろうか。

❺ 国民党と民進党

1945年、日本が第2次世界大戦で敗北したため、台湾を放棄することになった。その際、GHQのダグラス・マッカーサーが、蒋介石に台湾統治を委ねた。そこで、日本に代わって、中国大陸の国民党が台湾をも支配するようになった。

ところが、台湾島内では、国民党に対する台湾人の不満や不信感が募っていた。台湾での支配階層となった国民党は横暴であり、台湾人の地位や財産を略奪したからである。

そのため、1947年には「二・二八事件」が起きている。国民党に対し、台湾人が島内で蜂起した。国民党はそれを武力弾圧し、台湾人エリートらを闇から闇へ葬った。その数は2万から3万人といわれる。

その時期、中国大陸では「国共内戦」が行われ、結局、中国共産党が中国大陸の覇権を握った。そのため、国民党は、1949年12月、台北への遷都と称して、中国大陸から台湾へやってきた。

国民党は1980年代まで、「白色テロ」を行って台湾人を武力で抑圧した。他方、台湾人の軍人・公務員・教師らを優遇した。

1986年、党外（＝国民党以外の野党）のなかから、ようやく民主進歩党（以下、民進党）が結成された。その後、野党・民進党は急成長し、2000年、ついに民進党が政権を

奪取した。2008年には、民進党はいったん、国民党に政権を奪われた。

けれども、2016年、再び民進党が政権を取り戻し、かつ、立法院（国会）でも過半数を獲得した。

❻ 台湾人の民族性

人間の性格と同じように、各民族はそれぞれ民族性を有する。ただし、民族性とはすべて相対的であり、また一般論である。

台湾人は他人に親切である。これは、台湾人の人のよさを示すものであろう。道を尋ねたら、詳しく教えてくれる。場合によっては、そこまで連れていってくれるだろう。特に日本人に対しては、とても親切である。

また、日本人と比べて、台湾人は非常に人当たりがよい。人への対応が柔らかい印象がある。

台湾人は昔からお客を招くことが好きである。少し親しくなると、すぐに自宅に招く。そして酒を酌み交わしたり、一緒に食事をしたりする。

一般的に台湾人は楽天家である。昨日のことにこだわらない。すぐに過去のことを忘れる。過去に寛容である。一方では、今日楽しければよいという刹那主義でもある。未来のことを深く考えない。日本人ほど"こだわり"がないので、意外に仕事は大雑把である。

台湾人は利にさとく、現実主義である。支持政党が違っても、動員をかけられれば、カネや弁当につられてその集会へ行く。また、あまり理念や理想に命をかけることはしない。

台湾人はお金が大好きである。また、多くの若者に将来の夢を尋ねると、公務員とかサラリーマンとか職業を答えず、お金持ちになりたいと答える。

学歴偏重は、おそらく台湾人の民族性というよりも、かつて国民党が台湾に持ち込んだ一種の文化であろう。

例えば、台湾に長期滞在するためには、地元警察が発行する居留証を取得しなければならないが、その申請書類にはなぜか「最終学歴」を書き込む欄がある。また、現在の

台湾では、「博士号を取れば神に近くなる」風潮が見られる。

❼ 今も残る日本文化

台湾には中国料理の一種である台湾料理があるが、中国料理のなかで、最も味が淡白である。そういう意味では日本料理に近いのではないだろうか。日本が台湾に持ち込んだ有名な食べ物は、「弁当」である。今でも、街を歩けば、「便當（弁当）」の看板を多く見かける。またわれわれにとっての餃子やラーメンのごとく、刺身や寿司は完全に台湾庶民の食生活に定着しているし、今でも、日本風の瓦葺きの町並みが残り、大きな町には畳屋もある。

日本の古い唱歌や演歌は、中高年層に愛唱され、カラオケや演芸会では人気があって、熱唱する「おじさん」「おばさん」を見かける。また若者は、日本のアイドル系のポップスを好み、日本語で歌う人もいる。

❽ 台湾の宗教

台湾では、おもに道教（特に、媽祖信仰）・仏教信仰が盛んである。台湾各地には、道教仏教寺廟がいたるところに存在する。

日本では神社・仏閣が多数存在し、神仏の混合信仰形態が見られる。同様に、台湾でも道教と仏教が混合し、人々の心のよりどころとなっている。

台湾内政部の資料によれば、2015年末、道教寺廟9527で寺廟全体の78.5％を占め、他方、仏教寺廟は2345で19.3％である。道教・仏教寺廟で合計97.8％、その他の宗教の寺廟はわずか2.2％に過ぎない。両方の信者数合計は、96万6142（2015年末）となっている。

台南市の寺廟は1613と最も多く、次に高雄市の1482、3番目は屏東県1106で、南部の3県市合計は全寺廟の35％を占める。一方、2015年末、教会数は3280存在する。プロテスタント教会が76.7％と最多で、次にカトリック教会（21.6％）の順である。教会は台北市、高雄市、花蓮県に多く、3県市で全体の32％を占める。　　　　澁谷　司

台湾の原住民族

台湾原住民族の歴史

現在、マレー・ポリネシア系の台湾原住民は台湾の人口の約2%（約45万人）で、その数は16部族とされている（部族によって言語が異なる）。

台湾には、2000年前頃から原住民が居住していた。彼らは文字をもたなかったので、その生活ぶりについては、出土する物品から想像するしかない。おそらく部族長を中心に狩猟を行い、各部族が暮らしていたのではないだろうか。

台湾が世界史に登場するのは、17世紀になって、オランダやイスパニア（スペイン）

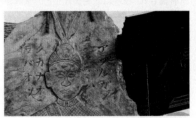

日本語が彫られた石像

が、それぞれ台南や淡水へ上陸して以降である。当時、文明化した国や地域以外は「無主地」であり、西欧は「無主地」を勝手に植民地化できた。

台湾本島は福建省から200km前後しか離れていない。だが、漢民族（おもに福建省や広東省から）が渡台を開始するのは明朝から清朝にかけてであった。

実は、台湾海峡の流れは速く、当時の航海技術では、渡台が容易ではなかった。また、台湾には風土病が蔓延していた。それに加えて、台湾原住民が剽悍で、その運動能力は高かった。そのため、漢族移民の渡台が遅れている。

日本統治時代（1895～1945年）、台湾原住民は7部族とされ、漢族とは違った教育を受けた。だが、彼ら原住民も日本語を学んだので、他の部族とも、意思疎通ができるようになった。第2次世界大戦中、原住民は「高砂義勇隊」として日本軍とともに、南方で大活躍している。　　　　　　（澁谷司）

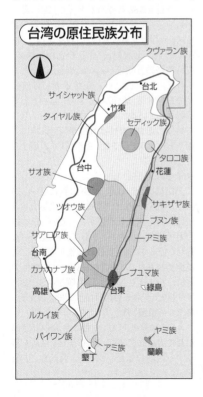

台湾の原住民族分布

- クヴァラン族
- 台北
- サイシャット族
- 竹東
- タイヤル族
- セデック族
- タロコ族
- 花蓮
- サオ族
- 台中
- サキザヤ族
- ツォウ族
- ブヌン族
- サアロア族
- アミ族
- 台南
- カナカナブ族
- プユマ族
- 高雄
- 台東
- 緑島
- ルカイ族
- ヤミ族
- パイワン族
- アミ族
- 墾丁
- 蘭嶼

地元の結婚式などは民族衣装で祝う

華やかな民族衣装

　各部族にはそれぞれ伝統の衣装があり、現在は結婚式、祭りなど特別な儀式の際に着用される。カラフルな布地に伝統の模様が刺繍され、模様には魔除けなどの意味が込められている。また、彫刻や絵が得意で、彼らが住む集落は伝統の模様や壁画であふれている。

豊年祭（→P.218）

　各部族により伝統的な祭りが催されているが、特に知られているのは16部族中最大の人口数をもつアミ族の豊年祭。1年に1度、7～8月にかけて原住民が多く住む台湾東部（おもに花蓮～台東周辺の町や村）で開催され、彼らが披露する歌や踊りを見学することができる。町により開催日が異なるので、興味があるなら台湾観光協会などに問い合わせてみよう。

歌と踊りのショーは各地の原住民族のテーマパークでも見ることができる

台湾に住む原住民族

アミ（阿美）族

　人口約17万5000人。原住民族中最大の人口を占める民族で、おもに花蓮から台東にかけての東海岸一帯と海岸山脈の両側に暮らしている。母系制社会だが、村の実権は男性長老が握っている。華やかな衣装で演じられる歌と踊りのショーで有名。

　1年の豊作を祝い感謝する豊年祭は、彼らの数ある祭りのなかでもいちばん重要な祭りで、本来は旧暦8月15日の中秋前後の日、7日7晩にわたって開催されてきた。この祭りでは、昼夜をとおして人々が踊り続ける。かつてはこの祭りの際に、適齢の男

女の結婚式も行われていた。今では昔ながらの祭りは少なく、運動会のような雰囲気になっている。

　花東公路の山線（→P.244）の中間地点、光復はアミ族が多く暮らす地域だ。

アミ族の伝統的な踊り

パイワン（排湾）族

　人口約8万4500人、中央山脈南部の海抜500～2000mほどの山地に住む民族。首長層と平民層からなる厳格な階層制度をもつ。各村落ごとに世襲制の首長がいる。かつては首狩りの慣習があり、集落の一部に狩った首を納める場所があった。家は暑い夏も涼しくて快適に暮らせる石造の竪穴式住居。大半は農業を営むが、狩猟も行う。以前はヒョウ（現在絶滅）も食料とし、その毛皮は首長の上衣に、ツメは装飾品になったりした。そのほか、装飾品のなかには渡来品のトンボ玉（琉璃珠）があり、宝物として珍重されている。

　男性は彫刻、女性は刺繍が得意。特に人物やトーテムである蛇（百歩蛇）を表現することが多い。

タイヤル（泰雅）族

　人口約7万5000人、中央山脈に住み、30ほどの部族に分かれている。成人を迎えると顔に刺青を入れる風習があったが、日本統治時代に廃止された。かつては部族間で首狩りを行っていた。女性は織物ができることが重要視され、織物の技術によって女性の地位が決まっていたほど。年間を通し、豊年祭や祖霊祭、種まき祭りなどが開催される。

ブヌン（布農）族

　人口約4万9500人。おもに台湾中部と東南部の海抜約500mの山地に居住。住居を移動する遊耕の慣習があった。大氏族、中氏族、小氏族など非常に細かい氏族制度をも

ち、同族内の結婚は厳しく禁じられていた。日本による統治に最後まで抵抗し、最後まで首狩りの風習を維持した。以前は狩猟を営み、粟の栽培も行っており、豊作を祝う祭りは「粟祭」という。5月に開催される「打耳祭」では、子供の男子が一人前の狩りをできるようになることを願い、鹿の耳を切ったものを弓で射るという儀式に加え、豚を背負った競走も行われる。また、近年はPasibutbutという八部合唱の合唱が近年注目されている。

タロコ（太魯閣）族

人口約2万4400人。おもに花蓮北部に居住。2004年にタイヤル族から別民族として認定された。太魯閣溪谷の名前は彼らの部族名にちなむ。

ルカイ（魯凱）族

人口約1万1500人、中央山脈南部の霧台地区と高雄近くの茂林郷に居住。パイワン族と同様、貴族と平民のはっきりした階級があり、首長は世襲制。首長層はユリの花を頭につけている。

住居は平たい石を層にした石造竪穴式住居。今でも霧台の町では伝統的な家屋が見られる。

8月に行われる豊年祭では、粟の餅を焼き、その焼け具合で翌年の収穫を占う。

霧台に残る伝統家屋

プユマ（卑南）族

人口約1万1100人。台東縣一帯に多く暮らしている。プユマ族は規律正しい一族として知られ、勇気凛凛で高い戦闘力をもち、全盛時代には「山地王」と称されていた。軍隊があり男子は幼少期から厳しい訓練を受けなくてはならなかった。現在も吉兆を占うシャーマンがいる。

知本温泉（→P.254）の周辺には人口の約半数を占めるプユマ族が住んでいる。

サキザヤ（撒奈雅）族

人口約5000〜1万人。花蓮縣に居住。アミ族の一部として分類されていたが、言語体系が違うということで、2007年に13番目の台湾原住民族として認定された。

セディック（賽徳克）族

人口約6000〜7000人。南投縣、花蓮縣の山間部に多く居住。タイヤル族の一部として分類されていたが、2008年に14番目の台湾原住民族として認定された。

日本統治下で起きた原住民による抗日闘争、霧社事件を起こしたのはモーナ・ルーダオ率いるセディック族の部隊だった。大ヒットした台湾映画『セデック・バレ』はこの事件をテーマにしている。

霧社（→P.184）にある霧社事件の記念碑

ツオウ（鄒）族

人口約6500人。台湾最高峰の山、玉山を発祥とし、おもに中部山岳地帯の西側や、日月潭、阿里山付近に住む。かつては勇猛な狩猟民族だったが、後に農耕や漁労を営むようになった。

昔は首狩りの風習をもち、言葉が通じない人間に出会ったら、それは獲物と同じで敵とみなし、弓で射止めたという。仕留めた人間の首は「くば」と呼ばれる祈りの場所に置かれ、半日がかりの儀式が行われた。

狩った頭にはショウガをこすりつけ、それを男と子供になめさせる。子供になめさせるのは、将来の闘いに備えて、敵の味を覚えさせるためだった。女人禁制の「くば」の中にはそれまでに狩った首、約400個が並べられていたが、日本統治時代に首狩りは禁止となり、並べられていた首は、木の根元に埋められた。

サイシャット（賽夏）族

　人口約5600人。タイヤル族居住地域の西端に位置する竹東（→ P.147）の山地に住み、文化的にもタイヤル族に近い。かつては竹造りの家に暮らし、陸稲や粟を栽培していた。また、タイヤル族のように、物事を首狩りの結果で判断するという習慣があった。現在のおもな産業は農業と林業で、彼らが作る桐の加工品は日本にも輸出されている。

　サイシャット族には、「パスタアイ（矮霊祭）」という原住民族の祭りのなかでも神秘的な祭りとして有名な儀式がある。これは肌の黒い小人がサイシャット族に多くの技術を教えてくれたが殺されてしまったという伝説に由来し、彼らの魂を供養するために、2年に1度、西暦の偶数年に台湾北部の苗栗縣と新竹縣で開催される。祭りでは男女揃って3日3晩踊り続けるという。

2年に1度開催されるパスタアイ

ヤミ（雅美）族

　人口約3500人。蘭嶼島だけに居住していて、タオ族とも呼ばれる。トビウオ漁を生業とし、ほかの原住民族とは大きく異なる文化をもっている。性急な同化政策の手が及ばず、彼ら独自の文化・風習が長く保たれていた。男性はつい近年まで伝統的なふんどし姿だったという。岩の斜面を彫った独特の竪穴式住居に住み、男性が人生の節目に合わせて何度も名前を変えることでも知られている。

　有名な祭りは、海開きの儀式である飛魚節。毎年、旧正月より数えて最初の満月の次の日に行われ、この行事が終わると漁が許される。

ヤミ族の伝統模様が施されたタタラ船

クヴァラン（噶瑪蘭）族

　人口約1100人。台湾東部の宜蘭市、蘇澳市の蘭陽平原一帯に住む。2002年に11番目の台湾原住民族に認定された。

サオ（邵）族

　人口約600人。日月潭付近に住む。もともとは日月潭中央の拉魯島に住んでいたという。2001年に独立した民族と認定された。

サアロア（拉阿魯哇）族

　人口約400人。茂林、高雄市の北東部に位置する高雄市桃源區に居住する。ツオウ族の一部として分類されていたが、言語体系が異なり祭りの儀式も違うことから2014年に独立した15番目の台湾原住民族に認定された。

　貝を酒に浸し、赤色に変化するのを観察する「聖貝薦酒」という聖貝祭が行われる。

カナカナブ（卡那卡那富）族

　人口約520人。おもに高雄市ナマシア（那瑪夏）區に居住する。サアロア族と同じくツオウ族の一部に分類されていたが2014年に16番目の台湾原住民族に認定された。「米貢祭」と「河祭」などの祭りが行われる。

サオ族が多く住む日月潭

COLUMN バシー海峡戦没者を祀る潮音寺

台湾南端の貓鼻頭岬に立つ潮音寺。白亜のお堂の2階に上がると真正面にバシー海峡が広がっている。ここは、先の大戦中、バシー海峡で戦没した日本軍人らを祀っている。

台湾とフィリピンの間に横たわるバシー海峡は、大戦末期の1944（昭和19）年、比島決戦を企図した日本軍にとって、重要な海上輸送路であった。兵員や物資をフィリピンに輸送するため、数多くの輸送船がバシー海峡の航行を余儀なくされたのである。しかし、米国はそのことを熟知していたため、バシー海峡に多数の潜水艦を配置した。航行する輸送船は魚雷攻撃によって次々に撃沈され、バシー海峡は「輸送船の墓場」と恐れられるようになった。現在も正確な犠牲者数は不明だが、少なくとも10万人以上、最大で26万人が戦没したと推計されている。

戦時中、バシー海峡で撃沈された玉津丸に乗船し、12日間の漂流を経て奇跡的に生還を果たした故・中嶋秀次氏は、戦後、「戦友を慰霊したい」という思いを抱き続けた。そして中嶋氏は、台湾人関係者の協力を得て、私財を投げ打って1981年に潮音寺を建立した。建立から現在にいたるまで潮音寺は幾多の困難に直面してきたが、中嶋氏の思いに共鳴する台湾人の支えの下、中嶋氏が亡くなった今もしっかりと護られている。

現在の地権者である鍾佐栄氏は「自分の後は息子が潮音寺を護っていく。ご遺族をはじめ日本の皆様は安心してください」と語ってくれた。「御霊が寂しくてかわいそうだから」と、鍾氏は片道3時間以上かけてたびたび、潮音寺に足を運び、慰霊を続けている。また現地在住の管理者が毎日、清掃し、温かい麦茶を供えているという。

戦後70周年に当たる2015年、日本人と台湾人の民間有志が実行委員会を結成し、潮音寺で初めて大規模なバシー海峡戦没者慰霊祭を執り行った。当日は遺族を中心に約160名が潮音寺に集い、台湾において事実上の大使館の機能を有する公益財団法人交流協会（現・公益財団法人日本台湾交流協会）の沼田幹夫代表（当時）も出席した。以来、1年に1度、潮音寺での慰霊祭は継続して斎行されている。慰霊祭では、バシー海峡で撃沈された駆逐艦「呉竹」の吉田宗雄

2019年の慰霊祭は11月17日に行われた

艦長の遺児である臨済宗南禅寺派禅林寺住職の吉田宗利氏が読経し、それに合わせて参列者は焼香をあげる。またバシー海峡に面した海岸で参列者は白菊を献花する。なお2019年の慰霊祭では、台湾最南端の地である鵝鑾鼻岬に赴き、台湾で最もバシー海峡に近づくことができる場所で手を合わせた。

戦後70年以上の月日が経過し、遺族の高齢化は進む一方だが、慰霊祭に参列する遺族は年々増えている。ある遺族は、近年まで戦死した家族がバシー海峡戦没者であることを特定できずにいた。しかし、調査の結果、乗っていた船がバシー海峡で沈没したことがわかり、慰霊祭に参列して「ほっとした」と話す。バシー海峡戦没者の遺骨や遺留品はいまだ家族のもとに帰らず、多くの場合は乗船していた船の名称、戦死した日時や場所など詳細がわかっていない。そうしたなかで台湾にある潮音寺の存在は遺族にとって唯一の慰めになっているのだろう。

慰霊祭を主催する実行委員会の委員長を務めている渡邊崇之氏は「今後も潮音寺での慰霊祭を粛々と続けていきたい」としており、戦後77周年に当たる2022年は11月20日に斎行した。

なお、潮音寺は通常、施錠されており、訪問の際は事前に「潮音寺管理委員会」まで希望する訪問日時を伝えておく必要がある。知られざるバシー海峡の悲劇の歴史、そして台湾人によって潮音寺が護られている事実について、実際に足を運んで考えてみてはいかがだろうか。

権田猛資（ごんだ・たけし）
バシー海峡戦没者慰霊祭実行委員会事務局長

台湾を理解する書籍、映画 ※文庫版の発行年

◆書籍

『台湾と日本・交流秘話』 許 国雄監修
1996年 展転社
　日台の意外な関係を知るうえで貴重な情報満載。

『街道をゆく40 台湾紀行』 司馬 遼太郎
2009年※ 朝日文庫
　日台関係を鋭く描く一方、李登輝総統（当時）を紹介。

『新しい台湾―独立への歴史と未来図』
　王 育徳、宗像 隆幸 1990年 弘文堂
　王育徳の台湾史を、宗像隆幸が受け継いで、書き加えた。

『台湾の主張』 李 登輝
1999年 PHP研究所
　哲人・李登輝総統（当時）の台湾経営哲学を網羅。

『台湾―四百年の歴史と展望』
伊藤 潔 1993年 中公新書
　複雑な台湾近現代史をコンパクトにまとめた一冊。

『台湾現代史 二・二八事件をめぐる歴史の再記憶』
何 義麟 2014年 平凡社
　史実をもとに、二、二八事件について再検討しながら台湾の現代史を叙述。

『もっと知りたい台湾（第2版）』
若林 正丈編 1998年 弘文堂
　台湾各分野の専門家による台湾研究書。

『日本の命運は台湾にあり―軍拡中国がある東アジアで』 永山英樹
2007年 まどか出版
　日本と中台の複雑な関係を学ぶことができる良書。

『台湾人と日本精神』 蔡 焜燦
2015年 小学館
　「元日本人」から日本人へ送る激励メッセージ。

『台湾新世代―脱中国化の行方』 近藤 伸二
2003年 凱風社
　毎日新聞初代台北支局長の台湾ウオッチ。

『台湾に残る日本鉄道遺産』 片倉佳史
2012年 交通新聞社
　台湾在住20年の著者による、鉄道ファン必読の書。

『西郷菊次郎と台湾』 佐野幸夫
2012年※ 文芸社
　西郷隆盛の息子、菊次郎は台湾で「善政」を行っているが、その真の国際人の姿を描く。

『すぐ使える！トラベル台湾語超入門！』
近藤綾・温 浩邦 2007年 日中出版
　初めて台湾語を学ぶには最適な書。

『図説 台湾都市物語』
後藤治監修 王恵君、二村悟
2010年 河出書房新社
　台湾の都市の歴史について詳しく解説しながら、各地の歴史的建築物を紹介するガイド。

『新・台湾の主張』
李 登輝 2015年 PHP新書
　『台湾の主張』から16年を経て書かれた回顧録。

『蔡英文 新時代の台湾へ』
蔡英文著 前原志保監訳
2016年 白水社
　台湾初の女性総統、蔡英文が語る今後のビジョン。

『台湾を知るための60章』
赤松美和子 若松大祐 2016年 明石書店
　台湾をいろいろな角度から解説。

『タイワニーズ 故郷喪失者の物語』
野嶋 剛 2018年 小学館
　蓮舫、東山彰良など著名な9人の在日台湾人のファミリーヒストリーを掘り下げ、彼らのアイデンティティを考察する。

『台湾探見 Discover Taiwan―ちょっぴりディープに台湾（フォルモサ）体験』
2018年 片倉真理 ウェッジ
　台湾各地の風土や祭典などを紹介する

◆映画

『悲情城市』
1989年 侯 孝賢監督
　九份を舞台に、第2次世界大戦後から二・二八事件勃発時の社会の混乱を描く。

『セデック・バレ 第一部 太陽旗／第二部 虹の橋』
2011年 魏 徳聖監督
　史上最大の抗日蜂起、霧社事件を描いた長編大作。日本の俳優も出演。

『KANO 1931海の向こうの甲子園』
2014年 馬 志翔監督
　台湾人、原住民、日本人混合の野球チーム、嘉義農林野球部が永瀬正敏演じる熱血監督の指導で甲子園出場を果たすまでを描く。

『湾生回家』
2015年 黄 銘正監督
　日本統治時代に台湾で生まれた日本人「湾生」を軸に日本と台湾の絆を描いたドキュメンタリー。

INDEX

本書に掲載されている見どころとホテルを
掲載されている日本語読みで、アイウエオ順に並べました。

408

ホテル

日本の
よさを
再発見！

地球の歩き方 国内版

2023~24
日本
Japan

世界をふたけ切くて
ニッポンを
"深"発見！

2021~22
東京
Tokyo

江戸とTOKYO
の魅力を満載！

永久保存版
東京 多摩地域
高尾・御岳・奥多摩と全30市町村を完全網羅
Tokyo Tama

武蔵野がつなぐ
東京を新発見！

日本も、はじめました。

2023~24
京都
Kyoto

1200年の歴史と
畳が息づく町へ

2023~24
沖縄
本島周辺の島々・八重山諸島・宮古諸島
Okinawa

悠久の時を経た
琉球の島々へ

2023~24
北海道
Hokkaido

旅の大事典！

2023~24
埼玉
Saitama

歴史と今を彩る
すごい埼玉新発見

2023~24
千葉
Chiba

週末セバ★千葉
房総パラダイスへ

歴史や文化を
とことん
深堀り！

【地球の歩き方 国内版】	
J00	日本
J01	東京
J02	東京　多摩地域
J03	京都
J04	沖縄
J05	北海道
J07	埼玉
J08	千葉

……さあ、次はどの街を歩きましょうか。

地球の歩き方 関連書籍のご案内

台湾と周辺各国への旅を「地球の歩き方」が応援します！

地球の歩き方 ガイドブック

D01 中国 ¥2,090		
D02 上海 杭州 蘇州 ¥1,870		
D03 北京 ¥1,760		
D04 大連 瀋陽 ハルビン ¥1,980		
D05 広州 アモイ 桂林 ¥1,980		
D06 成都 重慶 九寨溝 ¥1,980		
D07 西安 敦煌 ウルムチ ¥1,980		
D08 チベット ¥2,090		
D09 香港 マカオ ¥1,870	D20 シンガポール ¥1,980
D10 台湾 ¥2,090	D21 ベトナム ¥2,090
D11 台北 ¥1,650	D27 フィリピン マニラ ¥1,870
D13 台南 高雄 ¥1,650	D33 マカオ ¥1,760
D17 タイ ¥1,870	D34 釜山 慶州 ¥1,540
D18 バンコク ¥1,870	D37 韓国 ¥2,090
D19 マレーシア ブルネイ ¥2,090	D38 ソウル ¥1,870

地球の歩き方 aruco

02 aruco ソウル ¥1,650	23 aruco バンコク ¥1,430
03 aruco 台北 ¥1,320	29 aruco ハノイ ¥1,430
07 aruco 香港 ¥1,320	30 aruco 台湾 ¥1,320
10 aruco ホーチミン ¥1,430	34 aruco セブ ボホール ¥1,320
13 aruco 上海 ¥1,320	38 aruco ダナン ホイアン ¥1,430
22 aruco シンガポール ¥1,320	

地球の歩き方 Plat

03 Plat 台北 ¥1,100	16 Plat クアラルンプール ¥1,100
07 Plat ホーチミン ハノイ ¥1,320	20 Plat 香港 ¥1,100
10 Plat シンガポール ¥1,100	

地球の歩き方 リゾートスタイル

R12 プーケット ¥1,650	R15 セブ&ボラカイ ¥1,650
R13 ペナン ランカウイ ¥1,650	R20 ダナン ホイアン ¥1,650

地球の歩き方 旅の名言 & 絶景

心に寄り添う台湾のことばと絶景100 ¥1,650

地球の歩き方 BOOKS

ダナン&ホイアン PHOTO TRAVEL GUIDE ¥1,650
マレーシア 地元で愛される名物食堂 ¥1,430
香港 地元で愛される名物食堂 ¥1,540

地球の歩き方 aruco 国内版

aruco 東京で楽しむ台湾 ¥1,430

※表示価格は定価（税込）です。改訂時に価格が変更になる場合があります。

地球の歩き方 シリーズ一覧

2023年4月現在

*地球の歩き方ガイドブックは、改訂時に価格が変わることがあります。 *表示価格は定価(税込)です。 *最新情報は、ホームページをご覧ください。www.arukikata.co.jp/guidebook/

地球の歩き方 ガイドブック

A ヨーロッパ

A01	ヨーロッパ	¥1870
A02	イギリス	¥1870
A03	ロンドン	¥1980
A04	湖水地方&スコットランド	¥1870
A05	アイルランド	¥1980
A06	フランス	¥1870
A07	パリ&近郊の町	¥1980
A08	南仏プロヴァンス コート・ダジュール&モナコ	¥1760
A09	イタリア	¥1870
A10	ローマ	¥1760
A11	ミラノ ヴェネツィアと湖水地方	¥1870
A12	フィレンツェとトスカーナ	¥1870
A13	南イタリアとシチリア	¥1870
A14	ドイツ	¥1980
A15	南ドイツ フランクフルト ミュンヘン ロマンチック街道 古城街道	¥1760
A16	ベルリンと北ドイツ ハンブルク ドレスデン ライプツィヒ	¥1870
A17	ウィーンとオーストリア	¥2090
A18	スイス	¥1870
A19	オランダ ベルギー ルクセンブルク	¥1870
A20	スペイン	¥1870
A21	マドリードとアンダルシア	¥1760
A22	バルセロナ&近郊の町 イビサ島/マヨルカ島	¥1760
A23	ポルトガル	¥1815
A24	ギリシアとエーゲ海の島々&キプロス	¥1870
A25	中欧	¥1980
A26	チェコ ポーランド スロヴァキア	¥1870
A27	ハンガリー	¥1870
A28	ブルガリア ルーマニア	¥1980
A29	北欧 デンマーク ノルウェー スウェーデン フィンランド	¥1870
A30	バルトの国々 エストニア ラトヴィア リトアニア	¥1870
A31	ロシア ベラルーシ ウクライナ モルドヴァ コーカサスの国々	¥2090
A32	極東ロシア シベリア サハリン	¥1980
A34	クロアチア スロヴェニア	¥1760

B 南北アメリカ

B01	アメリカ	¥2090
B02	アメリカ西海岸	¥1870
B03	ロスアンゼルス	¥2090
B04	サンフランシスコとシリコンバレー	¥1870
B05	シアトル ポートランド	¥1870
B06	ニューヨーク マンハッタン&ブルックリン	¥1980
B07	ボストン	¥1980
B08	ワシントンDC	¥2420
B09	ラスベガス セドナ& グランドキャニオンと大西部	¥2090
B10	フロリダ	¥1870
B11	シカゴ	¥1870
B12	アメリカ南部	¥1980
B13	アメリカの国立公園	¥2090
B14	ダラス ヒューストン デンバー グランドサークル フェニックス サンタフェ	¥1980
B15	アラスカ	¥1980
B16	カナダ	¥1870
B17	カナダ西部 カナディアン・ロッキーとバンクーバー	¥2090
B18	カナダ東部 ナイアガラ・フォールズ メープル街道 プリンス・エドワード島 トロント オタワ モントリオール ケベック・シティ	¥2090
B19	メキシコ	¥1980
B20	中米	¥2090
B21	ブラジル ベネズエラ	¥2200
B22	アルゼンチン チリ パラグアイ ウルグアイ	¥2200
B23	ペルー ボリビア エクアドル コロンビア	¥2200
B24	キューバ バハマ ジャマイカ カリブの島々	¥2035
B25	アメリカ・ドライブ	¥1980

C 太平洋 / インド洋島々

C01	ハワイ1 オアフ島&ホノルル	¥1980
C02	ハワイ2 ハワイ島 マウイ島 カウアイ島 モロカイ島 ラナイ島	¥1760
C03	サイパン ロタ&テニアン	¥1540
C04	グアム	¥1980
C05	タヒチ イースター島	¥1870
C06	フィジー	¥1650
C07	ニューカレドニア	¥1650
C08	モルディブ	¥1870
C10	ニュージーランド	¥1870
C11	オーストラリア	¥2200
C12	ゴールドコースト&ケアンズ	¥1870
C13	シドニー&メルボルン	¥1760

D アジア

D01	中国	¥2090
D02	上海 杭州 蘇州	¥1870
D03	北京	¥1760
D04	大連 瀋陽 ハルビン 中国東北部の自然と文化	¥1980
D05	広州 アモイ 桂林 珠江デルタと華南地方	¥1980
D06	成都 重慶 九寨溝 麗江 四川 雲南	¥1980
D07	西安 敦煌 ウルムチ シルクロードと中国北西部	¥1980
D08	チベット	¥2090
D09	香港 マカオ 深セン	¥1870
D10	台湾	¥2090
D11	台北	¥16…
D13	台南 高雄 屏東&南台湾の町	¥16…
D14	モンゴル	¥20…
D15	中央アジア サマルカンドとシルクロードの国々	¥20…
D16	東南アジア	¥18…
D17	タイ	¥18…
D18	バンコク	¥18…
D19	マレーシア ブルネイ	¥20…
D20	シンガポール	¥19…
D21	ベトナム	¥20…
D22	アンコール・ワットとカンボジア	¥18…
D23	ラオス	¥20…
D24	ミャンマー（ビルマ）	¥20…
D25	インドネシア	¥18…
D26	バリ島	¥18…
D27	フィリピン マニラ セブ ボラカイ ボホール エルニド	¥18…
D28	インド	¥20…
D29	ネパールとヒマラヤトレッキング	¥22…
D30	スリランカ	¥18…
D31	ブータン	¥19…
D32	マカオ	¥17…
D34	釜山 慶州	¥15…
D35	バングラデシュ	¥20…
D37	韓国	¥20…
D38	ソウル	¥18…

E 中近東 アフリカ

E01	ドバイとアラビア半島の国々	¥20…
E02	エジプト	¥19…
E03	イスタンブールとトルコの大地	¥20…
E04	ペトラ遺跡とヨルダン レバノン	¥20…
E05	イスラエル	¥20…
E06	イラン ペルシアの旅	¥22…
E07	モロッコ	¥19…
E08	チュニジア	¥20…
E09	東アフリカ ウガンダ エチオピア ケニア タンザニア ルワンダ	¥20…
E10	南アフリカ	¥22…
E11	リビア	¥22…
E12	マダガスカル	¥19…

J 国内版

J00	日本	¥33…0
J01	東京	¥20…
J02	東京 多摩地域	¥20…
J03	京都	¥22…
J04	沖縄	¥22…
J05	北海道	¥22…
J07	埼玉	¥22…
J08	千葉	¥22…

地球の歩き方 aruco

●海外

1	パリ	¥1320
2	ソウル	¥1650
3	台北	¥1320
4	トルコ	¥1430
5	インド	¥1540
6	ロンドン	¥1320
7	香港	¥1320
9	ニューヨーク	¥1320
10	ホーチミン ダナン ホイアン	¥1430
11	ホノルル	¥1320
12	バリ島	¥1320
13	上海	¥1320
14	モロッコ	¥1540
15	チェコ	¥1320
16	ベルギー	¥1430
17	ウィーン ブダペスト	¥1320
18	イタリア	¥1320
19	スリランカ	¥1540
20	クロアチア スロヴェニア	¥1430
21	スペイン	¥1320
22	シンガポール	¥1320
23	バンコク	¥1430
24	グアム	¥1320
25	オーストラリア	¥1320
26	フィンランド エストニア	¥1430
27	アンコール・ワット	¥1430
28	ドイツ	¥1430
29	ハノイ	¥1430
30	台湾	¥1320
31	カナダ	¥1320
33	サイパン テニアン ロタ	¥1320
34	セブ ボホール エルニド	¥1320
35	ロスアンゼルス	¥1320
36	フランス	¥1430
37	ポルトガル	¥1650
38	ダナン ホイアン フエ	¥1430

●国内

東京	¥1540
東京で楽しむフランス	¥1430
東京で楽しむ韓国	¥1430
東京で楽しむ台湾	¥1430
東京の手みやげ	¥1430
東京おやつさんぽ	¥1430
東京のパン屋さん	¥1430
東京で楽しむ北欧	¥1430
東京のカフェめぐり	¥1480
東京で楽しむハワイ	¥1480
nyaruco 東京ねこさんぽ	¥1480
東京で楽しむイタリア&スペイン	¥1480
東京で楽しむアジアの国々	¥1480
東京ひとりさんぽ	¥1480
東京パワースポットさんぽ	¥1599
東京で楽しむ英国	¥1599

地球の歩き方 Plat

1	パリ	¥1320
2	ニューヨーク	¥1320
3	台北	¥1100
4	ロンドン	¥1320
6	ドイツ	¥1320
7	ホーチミン/ハノイ/ダナン/ホイアン	¥1320
8	スペイン	¥1320
9	シンガポール	¥1100
11	アイスランド	¥1540
14	マルタ	¥1540
15	フィンランド	¥1320
16	クアラルンプール/マラッカ	¥1100
17	ウラジオストク/ハバロフスク	¥1430
18	サンクトペテルブルク/モスクワ	¥1540
19	エジプト	¥1320
20	香港	¥110…
22	ブルネイ	¥143…
23	ウズベキスタン サマルカンド ブハラ ヒヴァ タシケント	¥165…
24	ドバイ	¥132…
25	サンフランシスコ	¥132…
26	パース/西オーストラリア	¥132…
27	ジョージア	¥154…

地球の歩き方 リゾートスタイル

R02	ハワイ島	¥165…
R03	マウイ島	¥165…
R04	カウアイ島	¥187…
R05	こどもと行くハワイ	¥154…
R06	ハワイ ドライブ・マップ	¥198…
R07	ハワイ バスの旅	¥143…
R08	グアム	¥143…
R09	こどもと行くグアム	¥165…
R10	パラオ	¥165…
R12	プーケット サムイ島 ピピ島	¥165…
R13	ペナン ランカウイ クアラルンプール	¥165…
R14	バリ島	¥143…
R15	セブ&ボラカイ ボホール シキホール	¥165…
R16	テーマパークin オーランド	¥187…
R17	カンクン コスメル イスラ・ムヘーレス	¥165…
R20	ダナン ホイアン ホーチミン ハノイ	¥165…

地球の歩き方 御朱印

1	御朱印でめぐる鎌倉のお寺 三十三観音完全掲載 三訂版	¥1650
2	御朱印でめぐる京都のお寺 改訂版	¥1650
3	御朱印でめぐる奈良の古寺 改訂版	¥1650
4	御朱印でめぐる東京のお寺	¥1650
5	日本全国この御朱印が凄い！ 第壱集 増補改訂版	¥1650
6	日本全国この御朱印が凄い！ 第弐集 都道府県網羅版	¥1650
7	御朱印でめぐる全国の神社 開運さんぽ	¥1430
8	御朱印でめぐる高野山 改訂版	¥1650
9	御朱印でめぐる関東の神社 週末開運さんぽ	¥1430
10	御朱印でめぐる秩父の寺社 三十四観音完全掲載 改訂版	¥1650
11	御朱印でめぐる関東の百寺 坂東三十三観音と古寺	¥1650
12	御朱印でめぐる関西の神社 週末開運さんぽ	¥1430
13	御朱印でめぐる関西の百寺 西国三十三所と古寺	¥1650
14	御朱印でめぐる東京の神社週末開運さんぽ 改訂版	¥1540
15	御朱印でめぐる神奈川の神社 週末開運さんぽ 改訂版	¥1540
16	御朱印でめぐる埼玉の神社 週末開運さんぽ	¥1430
17	御朱印でめぐる北海道の神社 週末開運さんぽ	¥1430
18	御朱印でめぐる九州の神社 週末開運さんぽ 改訂版	¥1540
19	御朱印でめぐる千葉の神社 週末開運さんぽ 改訂版	¥1540
20	御朱印でめぐる東海の神社 週末開運さんぽ	¥1430
21	御朱印でめぐる京都の神社 週末開運さんぽ 改訂版	¥1540
22	御朱印でめぐる神奈川のお寺	¥1650
23	御朱印でめぐる大阪 兵庫の神社 週末開運さんぽ	¥1430
24	御朱印でめぐる愛知の神社 週末開運さんぽ 改訂版	¥1540
25	御朱印でめぐる栃木 日光の神社 週末開運さんぽ	¥1430
26	御朱印でめぐる福岡の神社 週末開運さんぽ 改訂版	¥1540
27	御朱印でめぐる広島 岡山の神社 週末開運さんぽ	¥1430
28	御朱印でめぐる山陰 山陽の神社 週末開運さんぽ	¥1430
29	御朱印でめぐる埼玉のお寺	¥1650
30	御朱印でめぐる千葉のお寺	¥1650
31	御朱印でめぐる東京の七福神	¥1540
32	御朱印でめぐる東北の神社 週末開運さんぽ 改訂版	¥1540
33	御朱印でめぐる全国の稲荷神社 週末開運さんぽ	¥1430
34	御朱印でめぐる新潟 佐渡の神社 週末開運さんぽ	¥1430
35	御朱印でめぐる静岡 富士 伊豆の神社 週末開運さんぽ	¥1430
36	御朱印でめぐる四国の神社 週末開運さんぽ	¥1430
37	御朱印でめぐる中央線沿線の寺社 週末開運さんぽ	¥1540
38	御朱印でめぐる東急線沿線の寺社 週末開運さんぽ	¥1540
39	御朱印でめぐる茨城の神社 週末開運さんぽ	¥1430
40	御朱印でめぐる関東の聖地 週末開運さんぽ	¥1430
41	御朱印でめぐる東海のお寺	¥1650
42	日本全国日本酒でめぐる酒蔵＆ちょこっと御朱印 週末開運にゃんさんぽ	¥1760
43	御朱印でめぐる信州 甲州の神社 週末開運さんぽ	¥1430
44	御朱印でめぐる全国の聖地 週末開運さんぽ	¥1430
45	御船印でめぐる全国の魅力的な船旅	¥1650
46	御朱印でめぐる茨城のお寺	¥1650
47	御朱印でめぐる全国のお寺 週末開運さんぽ	¥1540
48	日本全国 日本酒でめぐる 酒蔵＆ちょこっと御朱印〈東日本編〉	¥1760
49	日本全国 日本酒でめぐる 酒蔵＆ちょこっと御朱印〈西日本編〉	¥1760
50	関東版ねこの御朱印＆お守りめぐり 週末開運にゃんさんぽ	
52	一生に一度は参りたい！御朱印でめぐる全国の絶景寺社図鑑	¥2479
D51	鉄印帳でめぐる全国の魅力的な鉄道40	¥1650
	御朱印はじめました 関東の神社 週末開運さんぽ	¥1210

地球の歩き方 島旅

1	五島列島 3訂版	¥1650
2	奄美大島〜奄美群島1〜 3訂版	¥1650
3	与論島 沖永良部島 徳之島（奄美群島②）改訂版	¥1650
4	利尻 礼文 4訂版	¥1650
5	天草	¥1760
6	壱岐 4訂版	¥1650
7	種子島 3訂版	¥1650
8	小笠原 父島 母島 3訂版	¥1650
9	隠岐 3訂版	¥1870
10	佐渡 3訂版	¥1650
11	宮古島 伊良部島 下地島 来間島 池間島 多良間島 大神島 改訂版	¥1650
12	久米島 渡名喜島 改訂版	¥1650
13	小豆島〜瀬戸内の島々1〜 改訂版	¥1650
14	直島 豊島 女木島 男木島 犬島〜瀬戸内の島々2〜	¥1650
15	伊豆大島 利島〜伊豆諸島1〜 改訂版	¥1650
16	新島 式根島 神津島〜伊豆諸島2〜 改訂版	¥1650
17	沖縄本島周辺15離島	¥1650
18	たけとみの島々 竹富島 西表島 波照間島 小浜島 黒島 鳩間島 新城島 由布島 加屋	¥1650
19	淡路島〜瀬戸内の島々3〜	¥1650
20	石垣島 竹富島 西表島 小浜島 由布島 新城島 波照間島	¥1650
21	対馬	¥1650
22	島旅ねこ にゃんこの島の歩き方	¥1344

地球の歩き方 旅の図鑑

W01	世界244の国と地域	¥1760
W02	世界の指導者図鑑	¥1650
W03	世界の魅力的な奇岩と巨石139選	¥1760
W04	世界246の首都と主要都市	¥1760
W05	世界のすごい島300	¥1760
W06	地球の歩き方的！世界なんでもランキング	¥1760
W07	世界のグルメ図鑑 116の国と地域の名物料理を食の雑学とともに解説	¥1760
W08	世界のすごい巨像	¥1760
W09	世界のすごい城と宮殿333	¥1760
W10	世界197ヵ国のふしぎな聖地＆パワースポット	¥1870
W11	世界の祝祭	¥1760
W12	世界のカレー図鑑	¥1980
W13	世界遺産 絶景でめぐる自然遺産 完全版	¥1980
W15	地球の果ての歩き方	¥1980
W16	世界の中華料理図鑑	¥1980
W17	世界の地元メシ図鑑	¥1980
W18	世界遺産の歩き方 学んで旅する！すごい世界遺産190選	¥1980
W19	世界の魅力的なビーチと湖	¥1980
W20	世界のすごい駅	¥1980
W21	世界のおみやげ図鑑	¥1980
W22	いつか旅してみたい世界の美しい古都	¥1980
W23	世界のすごいホテル	¥1980
W24	日本の凄い神木	¥2200
W25	世界のお菓子図鑑	¥1980
W26	世界の麺図鑑	¥1980
W27	世界のお酒図鑑	¥1980
W28	世界の魅力的な道	¥1980
W30	すごい地球！	¥2200
W31	世界のすごい墓	¥1980

地球の歩き方 旅の名言＆絶景

ALOHAを感じるハワイのことばと絶景100	¥1650
自分らしく生きるフランスのことばと絶景100	¥1650
人生観が変わるインドのことばと絶景100	¥1650
生きる知恵を授かるアラブのことばと絶景100	¥1650
心に寄り添う台湾のことばと絶景100	¥1650
道しるべとなるドイツのことばと絶景100	¥1650
共感と勇気がわく韓国のことばと絶景100	¥1650
人生を楽しみ尽くすイタリアのことばと絶景100	¥1650
今すぐ旅に出たくなる！地球の歩き方のことばと絶景100	¥1650
悠久の教えをひもとく中国のことばと絶景100	¥1650

地球の歩き方 旅と健康

地球のなぞり方 旅地図 アメリカ大陸編	¥1430
地球のなぞり方 旅地図 ヨーロッパ編	¥1430
地球のなぞり方 旅地図 アジア編	¥1430
地球のなぞり方 旅地図 日本編	¥1430
脳がどんどん強くなる！すごい地球の歩き方	¥1650

地球の歩き方 GEMSTONE

とっておきのポーランド 増補改訂版	¥1760
ラダック ザンスカール スピティ 北インドのリトル・チベット 増補改訂版	¥1925

地球の歩き方 旅の読み物

今こそ学びたい日本のこと	¥1760
週末だけで70ヵ国159都市を旅したリーマントラベラーが教える自分の時間の作り方	¥1540

地球の歩き方 BOOKS

BRAND NEW HAWAII とびきりリアルな最新ハワイガイド	¥1650
FAMILY TAIWAN TRIP #子連れ台湾	¥1518
GIRL'S GETAWAY TO LOS ANGELES	¥1760
HAWAII RISA'S FAVORITES 大人女子はハワイで美味しく美しく	¥1650
LOVELY GREEN NEW ZEALAND 未来の国を旅するガイドブック	¥1760
MAKI'S DEAREST HAWAII	¥1540
MY TRAVEL, MY LIFE Maki's Family Travel Book	¥1760
WORLD FORTUNE TRIP イヴルルド遙華の世界開運★旅案内	¥1650
いろはに北欧	¥1760
ヴィクトリア朝が教えてくれる英国の魅力	¥1320
ダナン＆ホイアン PHOTO TRAVEL GUIDE	¥1650
とっておきのフィンランド	¥1760
フィンランドでかなえる100の夢	¥1760
マレーシア 地元で愛される名物食堂	¥1430
やり直し英語革命	¥1100
気軽に始める！大人の男海外ひとり旅	¥1100
気軽に出かける！大人の男アジアひとり旅	¥1100
香港 地元で愛される名物食堂	¥1540
最高のハワイの過ごし方	¥1540
子連れで沖縄 旅のアドレス＆テクニック117	¥1100
純情ヨーロッパ 呑んで、祈って、脱いでみて	¥1408
食事作りに手間暇かけないドイツ人、手料理神話にこだわり続ける日本人	¥1100
親の介護をはじめる人へ 伝えておきたい10のこと	¥1000
人情ヨーロッパ 人生、ゆるして、ゆるされて	¥1518
総予算33万円・9日間から行く！世界一周	¥1100
台北 メトロさんぽ MRTを使って、おいしいとかわいいを巡る旅	¥1518
鳥居りんこ 親の介護をはじめたらお金の話で泣き見てばかり	¥1320
鳥居りんこの親の介護は知らなきゃバカ見ることだらけ	¥1320
北欧が好き！フィンランド・スウェーデン・デンマーク・ノルウェーの素敵な町めぐり	¥1210
北欧が好き！2 建築＆デザインでめぐるフィンランド・スウェーデン・デンマーク・ノルウェー	¥1210
地球の歩き方JAPAN ダムの歩き方 全国版 初めてのダム旅入門ガイド	¥1712
日本全国 開運神社 このお守りがすごい！	¥1522

地球の歩き方 スペシャルコラボBOOK

地球の歩き方 ムー	¥2420
地球の歩き方 JOJO ジョジョの奇妙な冒険	¥2420

地球の歩き方 旅の図鑑シリーズ

見て読んで海外のことを学ぶことができ、旅気分を楽しめる新シリーズ。
1979年の創刊以来、長年蓄積してきた世界各国の情報と取材経験を生かし、
従来の「地球の歩き方」には載せきれなかった、
旅にぐっと深みが増すような雑学や豆知識が盛り込まれています。

W01
世界244の国と地域
¥1760

W07
世界のグルメ図鑑
¥1760

W02
世界の指導者図鑑
¥1650

W03
世界の魅力的な
奇岩と巨石139選
¥1760

W04
世界246の首都と
主要都市
¥1760

W05
世界のすごい島300
¥1760

W06
世界なんでも
ランキング
¥1760

W08
世界のすごい巨像
¥1760

W09
世界のすごい城と
宮殿333
¥1760

W11
世界の祝祭
¥1760

W10 世界197ヵ国のふしぎな聖地&パワースポット ¥1870
W13 世界遺産 絶景でめぐる自然遺産 完全版 ¥1980
W16 世界の中華料理図鑑 ¥1980
W18 世界遺産の歩き方 ¥1980
W20 世界のすごい駅 ¥1980
W22 いつか旅してみたい世界の美しい古都 ¥1980
W24 日本の凄い神木 ¥2200
W26 世界の麺図鑑 ¥1980
W28 世界の魅力的な道 178 選 ¥1980
W31 世界のすごい墓 ¥1980

W12 世界のカレー図鑑 ¥1980
W15 地球の果ての歩き方 ¥1980
W17 世界の地元メシ図鑑 ¥1980
W19 世界の魅力的なビーチと湖 ¥1980
W21 世界のおみやげ図鑑 ¥1980
W23 世界のすごいホテル ¥1980
W25 世界のお菓子図鑑 ¥1980
W27 世界のお酒図鑑 ¥1980
W30 すごい地球! ¥2200

※表示価格は定価（税込）です。改訂時に価格が変更になる場合があります。

あなたの**旅の体験談**をお送りください

「地球の歩き方」は、たくさんの旅行者からご協力をいただいて、
改訂版や新刊を制作しています。
あなたの旅の体験や貴重な情報を、これから旅に出る人たちへ分けてあげてください。
なお、お送りいただいたご投稿がガイドブックに掲載された場合は、
初回掲載本を1冊プレゼントします！

ご投稿はインターネットから！

URL www.arukikata.co.jp/guidebook/toukou.html
画像も送れるカンタン「投稿フォーム」
※左記のQRコードをスマートフォンなどで読み取ってアクセス！

または「地球の歩き方　投稿」で検索してもすぐに見つかります

地球の歩き方　投稿　　🔍　　検索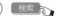

▶投稿にあたってのお願い

★ご投稿は、次のような《テーマ》に分けてお書きください。

《**新発見**》────ガイドブック未掲載のレストラン、ホテル、ショップなどの情報
《**旅の提案**》───未掲載の町や見どころ、新しいルートや楽しみ方などの情報
《**アドバイス**》──旅先で工夫したこと、注意したこと、トラブル体験など
《**訂正・反論**》──掲載されている記事・データの追加修正や更新、異論、反論など

> ※記入例「○○編20XX年度版△△ページ掲載の□□ホテルが移転していました……」

★**データはできるだけ正確に。**
　ホテルやレストランなどの情報は、名称、住所、電話番号、アクセスなどを正確にお書きください。
　ウェブサイトのURLや地図などは画像でご投稿いただくのもおすすめです。

★**ご自身の体験をお寄せください。**
　雑誌やインターネット上の情報などの丸写しはせず、実際の体験に基づいた具体的な情報をお
　待ちしています。

▶ご確認ください

※採用されたご投稿は、必ずしも該当タイトルに掲載されるわけではありません。関連他タイトルへの掲載もありえます。
※例えば「新しい市内交通バスが発売されている」など、すでに編集部で取材・調査を終えているものと同内容のご投稿をい
　ただいた場合は、ご投稿を採用したとはみなされず掲載本をプレゼントできないケースがあります。
※当社は個人情報を第三者へ提供いたしません。また、ご記入いただきましたご自身の情報については、ご投稿内容の確認
　や掲載本の送付などの用途以外には使用いたしません。
※ご投稿の採用の可否についてのお問い合わせはご遠慮ください。
※原稿は原文を尊重しますが、スペースなどの関係で編集部でリライトする場合があります。

あとがき

ほぼ3年ぶりに訪れた台湾の改訂取材。最初は「台湾も変わってしまったのかな?」とびくびくしていたのですが、相変わらず食事はおいしく、人々は優しく、コロナのブランクを忘れさせてくれる台湾でした。皆さんもぜひまた台湾を訪れて、「ただいま!」の気分を感じてみてください。

STAFF

制　　作	金子久美	Producer	Kumi Kaneko	
編　　集	谷口佳恵	Editor	Yoshie Taniguchi	
編集・取材・撮影	福原正彦	Editor/Reporter	Masahiko Fukuhara	
写　　真	竹之下三緒	Photographer	Mio Takenoshita	
コーディネート	権田猛資	Coordinator	Takeshi Gonda	
写真協力	台湾観光協会	Photo provider	TAIWAN VISITORS ASSOCIATION	
	高雄市政府観光局		Kaohsiung City Government Tourism Bureau	
デザイン	丸山雄一郎（スパイスデザイン）	Designers	Yuichiro Maruyama（SPICE DESIGN）	
	酒井デザイン室		Sakai DESIGN OFFICE	
	織田壮一郎（開成堂印刷）		Soichiro Oda（Kaiseido Co., Ltd.）	
	普天間弥（開成堂印刷）		Wataru Futenma（Kaiseido Co., Ltd.）	
地　　図	高棟　博（ムネプロ）	Maps	Hiroshi TAKAMUNE（Mune Pro.）	
	曽根　拓（株式会社ジェオ）		Hiroshi Sone（Geo）	
校　　正	東京出版サービスセンター	Proofreading	Tokyo Syuppan Service Center Co., Ltd.	
表　　紙	日出嶋昭男	Cover Design	Akio HIDEJIMA	

SPECIAL THANKS
澁谷司　近藤綾　藤樫寛子　台湾観光協会　高雄市政府観光局　©iStock［敬称略、順不同］

本書の内容について、ご意見・ご感想はこちらまで
読者投稿　〒141-8425　東京都品川区西五反田2-11-8
　　　　　　株式会社地球の歩き方
　　　　　　地球の歩き方サービスデスク「台湾編」投稿係
　　　　　　https://www.arukikata.co.jp/guidebook/toukou.html
地球の歩き方ホームページ（海外・国内旅行の総合情報）
　　　　　　https://www.arukikata.co.jp/
ガイドブック『地球の歩き方』公式サイト
　　　　　　https://www.arukikata.co.jp/guidebook/

地球の歩き方 D10

台湾　2023-2024年版

2023年6月13日　初版第1刷発行
2023年12月6日　初版第3刷発行

Published by Arukikata. Co., Ltd.
2-11-8 Nishigotanda, Shinagawa-ku, Tokyo, 141-8425, Japan

著作編集　　地球の歩き方編集室
発行人　新井 邦弘
編集人　宮田 崇
発 行 所　　株式会社地球の歩き方
　　　　　〒141-8425　東京都品川区西五反田2-11-8
発 売 元　　株式会社Gakken
　　　　　〒141-8416　東京都品川区西五反田2-11-8
印刷製本　開成堂印刷株式会社

※本書は基本的に2022年12月～2023年2月の取材データに基づいて作られています。
　発行後に料金、営業時間、定休日などが変更になる場合がありますのでご了承ください。
　更新・訂正情報：https://www.arukikata.co.jp/travel-support/

●この本に関する各種お問い合わせ先
・本の内容については、下記サイトのお問い合わせフォームよりお願いします。
　URL ▶ https://www.arukikata.co.jp/guidebook/contact.html
・広告については、下記サイトのお問い合わせフォームよりお願いします。
　URL ▶ https://www.arukikata.co.jp/ad_contact/
・在庫については　Tel 03-6431-1250（販売部）
・不良品（乱丁、落丁）については　Tel 0570-000577
　学研業務センター　〒354-0045　埼玉県入間郡三芳町上富279-1
・上記以外のお問い合わせ　Tel 05/0-056-710（学研グループ総合案内）

※本書は株式会社ダイヤモンド・ビッグ社より1987年4月に初版発行したもの（2020年4月に改訂第31版）の最新・改訂版です。
学研グループの書籍・雑誌についての新刊情報・詳細情報は、下記をご覧ください。
学研出版サイト　https://hon.gakken.jp/